[illegible]/08/2012
Fener-Gs
macini
izlemeye
Cahsiyorlar.
mac
Erzurumda
9'da
Ucak.
9:45

SERVER TANİLLİ

UYGARLIK TARİHİ

YAYIN KURULU
Doğan HIZLAN (Başkan), Turhan GÜNAY (Başkan Yardımcısı),
Ataol BEHRAMOĞLU, Deniz KAVUKÇUOĞLU, Egemen BERKÖZ,
Erdal ATABEK, Fazilet KUZA, Turgay FİŞEKÇİ

YAYIN YÖNETMENİ
Zeynep ATAYMAN

DÜZELTİ
Esen GÜRAY

GRAFİK TASARIM
Ahmet SUNGUR, Müge KAYGUSUZ

DİZGİ/SAYFA DÜZENİ
Mustafa BALABAN

KAPAK RESMİ
Kandinsky, Kızıl Küçük Bir Düş

BASKI/CİLT
KURTİŞ MATBAACILIK SAN. VE TİC. LTD. ŞTİ.
Maltepe Mahallesi Litros Yolu Fatih San. Sit.
No:12/74 Topkapı / İstanbul
Tel : (0212) 613 68 94 Sertifika No: 12992
Faks : (0212) 613 68 96
e-mail : kurtis@kurtis.com.tr

DAĞITIM
Cumhuriyet Kitapları

27. Baskı: Aralık 2011

Yeni Gün Haber Ajansı Basın ve Yayıncılık A.Ş.
Prof. Nurettin Mazhar Öktel Sk.
No: 2 34381 Şişli - İstanbul Sertifika No: 10844
Tel : (0212) 343 72 74
Faks : (0212) 343 72 65
ckk@cumhuriyet.com.tr
www.kitap.cumhuriyeti.com.tr

www.facebook.com/cumhuriyetkitaplari

www.twitter.com/kitapkulubu

SERVER TANİLLİ

UYGARLIK TARİHİ

Cumhuriyet
Kitapları

ÖNSÖZ

Bu kitap, 1972-1975 yıllarında yazıldı. Amacı da, liselerden üniversite ya da yüksekokullara gelen öğrencilerin "kültür açığı"nı gidermekti.

Gerçekten, böyle bir sorun vardı. Liseler, gençlere –hemen hemen– hiçbir şey vermiyordu. Tarih, felsefe, sosyoloji, edebiyat ve sanat gibi kültürün temel konularında, öğrencilerin kafalarına yalan yanlış, abuk sabuk, ipe sapa gelmez birtakım şeyler tıkıştırılıyordu. Ne gerçekçi ve bilimsel bir yaklaşım, ne de bir bütün olarak kucaklayış kültürü. Bir bölük pörçüklük, bir derme çatmalık, bir keşmekeş kısacası.

Niçin böyleydi bu?

Çünkü, Türkiye'de egemen sınıflar, özellikle 50'li yıllarla beraber, gençlerin uyanmasını istemiyorlardı. Öyle olduğu için de, daha liseden başlayarak, gözlerinin önüne bir "duman perdesi" çekip, içinde yaşadıkları çağa ve topluma yabancılaştırıyorlardı onları. Yaman bir oyundu oynadıkları ve doğrusu maharetle oynuyorlardı. Üniversite ya da yüksekokullara bu durumda gelen gençler de, oralarda izleyeceklerini gerektiği gibi izleyemiyor, öğreticilerle aralarında bir "kültürel diyalog" kurulamıyor, bir "kör dövüşü"dür gidiyordu özetle.

Ne yapmak gerekiyordu?

Liselerin düzeltilmesini beklerken, fakülte ve yüksekokulların ilk sınıflarına bir "uygarlık tarihi" ya da "kültür tarihi" koyarak, gençlerin "kültür açığını" gidermek! Böylece hem yükseköğretim boyunca öğrencilerle öğreticiler arasında bir diyalog kurulması olanağı yaratılmış olacak, hem de gençlerin bir dalda uzman, ama temel kültürden ve dünyadan habersiz yaşama atılmaları önlenmiş olacaktı.

1972-1973 ders yılına girerken, İstanbul'da –sonra fakülte haline gelecek olan– bir yüksekokul, Şişli İktisadi ve Ticari İlimler Yüksek Okulu, uyanık yöneticisi Prof. Kıvanç Ertop'un önayak olmasıyla, bu yolda ilk adımı attı: İlk sınıfına bir "uygarlık tarihi" dersi koydu ve öğretimi de bana verdi.

Oturdum, bu kitabı yazdım ben de.

Doğrusu, ummadığım bir ilgiyle karşılandı yazdıklarım. Ama arkasından yığınla tepki de çıkageldi: Yargılanmalar, kurşunlanmalar; özetle, acılar, gözyaşları...

Uzunca bir tedaviden sonra yurda dönünce, Uygarlık Tarihi'*ni basmak istediler. Yığınla eksiği de olsa razı oldum. Yurtdışında hastane koşulları içinde yapabildiklerime şöyle bir çekidüzen vermekle yetindim. 12 Eylül'e değin olan gelişmeleri kapsayacak biçimde noktaladığım kitabı basıma verdim.*

Kitap çıktı ve kapışıldı.

Uygarlık Tarihi'*nin 5. basısı, 1981 yılının sonbaharında çıkmıştı. Arkasından bir yenisi, çok istendiği halde gerçekleşemedi. Nedeni de şu idi: 12 Eylül rejimi, faşist çehresini, ilerici, demokrat ve devrimci kurum ve yayınlara karşı kesin olarak belirtmeye kalktığında, bu kitabı da ihmal etmedi. Milli Güvenlik Konseyi'nin onu –hem ad da vererek– yasaklamasının arkasından, Türkiye'de üniversitelerin başına bela olan, o sıralarda düpedüz faşizmin uşaklığına soyunmuş olan YÖK yöneticileri, kitabın üniversite öğrencilerine –okutulmak şöyle dursun– tavsiye bile edilemeyeceğine ilişkin bir karar verdi. Dahası, 1978 yılında mahkeme kararı ile aklanmış eser hakkında yeniden dava açıldı ve ne hikmetse, uzun yıllar bir türlü sonuçlanamadı. Özetle, kitap bir yasak çemberi içine alındı ve okuyucularından koparıldı.*

12 Eylül rejiminin bin bir ayıbı arasında bu da var.

1991 yılında yarım yamalak bir affın arkasından gidip kitabı yeniden yayımladık. Okurları her zamanki ilgilerini gösterdiler.

Ancak okurlarıma da söyleyeceklerim var: Kitap, önceki haliyle yayımlanıyor; kalemimden kaçmış bir iki yanlışı düzeltmekle yetindim ve bir de kitaplarımın iç sergilemesinde gelip bağlandığım biçimi uyguladım, o kadar! Ama hatırlatmaya gerek yok: Şu son yıllarda, dünyada ve Türkiye'de pek büyük değişiklikler oldu; okurlar, bu değişikliklerin –bir bakıma– güncelliğini yaşadıklarından, onlardan nasıl olsa haberdardırlar. Sonra, kitabın bir temel kültür kitabı olması, aradaki bu boşluğun bir ölçüde doldurulmasında yardımcı olacaktır kanısındayım. Bir söyleyeceğim de şu: Bu arada, ben de değiştim elbette. Kitaptaki bazı düşüncelerle bugün savunduklarım arasında –ki-

mi noktalarda– farklılıklar var. 1980'den bu yana yayınlarımı izlemiş bir okur, onları da görmekte güçlük çekmeyecektir.

İnanıyorum, benden çok daha uzman kişiler, bu konuda, ileriki yıllarda kuşkusuz çok daha güzel şeyler koyacaklardır ortaya. Ama şu "ilkel" biçimiyle de olsa, bu kitaptan, okurlarımın, çağdaş dünya hakkında genel bir fikir edinebileceklerini sanıyorum. Ancak bununla yetinmez de, okuma ve araştırmaları daha ilerilere götürürlerse, içinde yaşadığımız dünyanın ve toplumun tablosu onlar için çok daha anlamlı çizgilerle donanacaktır.

Bu kitabı hep arayarak yazarını hem onurlandırmış hem de yüreklendirmiş olan okurlarımın, özellikle de gençlerin önüne yeniden çıkmanın –anlatılmaz– mutluluğu içindeyim.

Bu yetiyor bana ve hep yetecek...

Strasbourg / 1 Ocak 1999
Server TANİLLİ

23. basımı için...

Uygarlık Tarihi'nin 35. yılını kutlamaya hazırlandığımız bir sırada, eseri; yakınlarda sonsuzluğa uğurladığımız, büyük bilim insanı ve eğitimi, özellikle kızların eğitimini en başta tutan ve bu uğurda –son soluğuna değin– büyük bir mücadele vermiş olan,

Profesör Türkan SAYLAN'a,

ithaf ediyor ve huzurunda bir kez daha –derin– saygılarla eğiliyoruz...

Strasbourg / 1 Eylül 2009
Server TANİLLİ

GİRİŞ

UYGARLIK NE DEMEKTİ

"Uygarlık" deyince, birbirinden farklı iki şey anlaşılır:

Bir anlamıyla uygarlık, **"doğal hal"**in, **"barbarlık"**ın karşıtı olan bir durumu anlatıyor. Bu anlamda, "uygar millet", "uygar halk" deyince, **gelişme yolunda hayli ilerlemiş, ideal ölçülere pek yaklaşmış bir topluluk** anlaşılmakta.

Kolayca fark edileceği gibi, bir "değer yargısı" taşımakta uygarlığın bu anlamı.

Bir başka anlamıyla uygarlık, bir halkı başka halklardan ayıran, onun özgün yanını ortaya koyan, **yaşayış biçimlerinin, kullanılan aletlerin, çalışma biçim ve yöntemlerinin, inançların, düşünsel ve sanatsal faaliyetlerin, siyasal ve sosyal örgütlenme biçimlerinin bütünü.**

Örneğin tanınmış bir ansiklopedi, *Meydan Larousse,* bu anlamıyla uygarlığı, "bir memleketin veya bir toplumun düşünce ve sanat hayatıyla maddi ve manevi varlığına has niteliklerin tümü" olarak tanımlamakta. Bu anlamda, tarih öncesi insanı ya da Afrika'da bugün de yaşayan –örneğin– Hotantoların, İsa'dan önce 5. yüzyılda yaşayan Atinalılar ya da 20. yüzyıl Avrupa toplulukları gibi bir uygarlıkları vardır.

Uygarlık, artık bir "değer hükmü" taşımıyor bu anlamıyla. Öyle olunca da, uygarlıklar arasında bir derecelenmeye gidilmeyecek, gidilemeyecek.

Gerçekten gidilemeyecek mi? Soruyu ilerde tartışacağız.

Ancak, şu noktaya da dikkat etmeli şimdiden: Uygarlığın ortaya çıkışı, insanlığın evriminin belli bir aşamasında oluyor. "Barbarlık"tan sonraki bir aşama olarak "uygarlık", "kent yaşamı, devlet, yazı, kanun, matematik" demek özetle. Bu anlamda, tarih öncesi insanın ya da Afrika'da bugün yaşayan Hotantoların bir uygarlığı olmasa gerek.

"Uygarlık olayı" hakkında biraz daha ayrıntılı açıklamalara girişmeden önce, kelime üzerinde duralım biraz.

UYGARLIK VE UYGARLIKLAR

Batı dillerinin çoğunda, "uygarlık" karşılığı olarak, **"civilisation"** kelimesi kullanılır. Şaşılacak olan şu ki, Batı dillerinin sözlüğünde –olsa olsa– ancak iki yüz yıllık bir geçmişi var bu kelimenin, 18. yüzyılın ikinci yarısından önce hiçbir yerde rastlanmıyor ona. Fransız Akademisi'nin ünlü sözlüğüne girişi çok sonraları –1835 basımında– olmuş. D'Alembert ile Diderot'nun *Ansiklopedi*'sinde ise, kavrama değinilmemiş bile.

"Civilisation" kelimesini ilk kullanan –1756 yılında– iktisatçı **Marki de Mirabeau** oluyor. Hani, Fransız Devrimi'nin ünlü hatibi Mirabeau var ya, onun babası.

Ondan sonra gitgide yayılır kelime, sözlüklere girer.

İster istemez akla bir soru geliyor burada: Niçin başka bir yüzyılda değil de, 18. yüzyılda böyle bir kavram yaratılmış ve karşılığında da yeni bir kelime kullanmak gereksinmesi duyulmuş Batı'da?

Çeşitli nedenler akla geliyor:

– 18. yüzyıl, büyük tartışmaların yüzyılıdır Batı'da. Tartışmaların odaklaştığı konulardan biri de **"toplum sözleşmesi".**

Ne bu?

İnsanlar, "doğal" bir halde yaşarken, bir sözleşme yapıp, "toplum yaşamı"na geçmişler. "Uygarlığı" kabul etmişler daha doğrusu. Ama sonradan hükümlerine uymayanlar çıkmış sözleşmenin. Öyle olunca da, yeniden yürürlüğünü sağlamak gerekiyor onun.

Aslında, mutlak hükümdarlıklara karşı mücadelede ortaya atılmış bir kuram bu. Doğru ya da yanlış. Ama bir savaş silahı.

İşte bu kuramda, **"doğal yaşam", "doğanın insanı", "saf ilkel"** (*bon sauvage*) gibi kavramlar büyük yer tutuyor. Düşünceler de –ister istemez– "uygar olmayan" insanı da tanımlamak zorunda bu kavramları açıklamaya yönelirken.

– Ama asıl neden şu olsa gerek: Batı Avrupa'da 18. yüzyıl, Rönesans'taki büyük uyanışın daha da büyük boyutlar kazandığı bir yüzyıl. Bilimler –o zamana değin görülmemiş– bir gelişme içine girmiş, teknik buluşlar birbirini izlemekte ve yavaş yavaş da sanayiye uygulanmakta; Batı Avrupa, dünyaya açılarak yoğun ticaret ilişkilerinin merkezi olmuş durumda. Ve bu arada burjuvazi, Batılı toplumların en zengin sınıfı haline gelmiş.

Bütün bu iktisadi ve sosyal gelişmenin, düşünceler üzerinde etkisini göstermemesi olası mı?

Düşünceler de geçmişle bağlarını koparmış, ileriye dönük bir tutum içine girmiştir. 18. yüzyılda felsefe, ana çizgileriyle, bir **"ilerleme felsefesi"**dir.

İlerleme: O zamanki kültür çevrelerinin baştacıdır bu ülkü.

İşte Batı Avrupa'da, yaşamın ve düşüncenin vardığı bu aşama, yeni bir kelime ile anlatılmak isteniyor. "Civilisation" (uygarlık), yeni bir yaşam görüşünün karşılığı oluyordu aslında.

Bir noktaya dikkat edilsin ancak: Uygarlık denince, aslında belli bir toplum tipinin yaşayışı, yani Fransa gibi, İngiltere gibi Batı'nın belli bir aşamaya varmış toplumlarının yaşayışı kast ediliyordu. Bu anlamda uygarlık, dünyanın öteki bütün topluluklarından ilerde, onlara örnek olarak sunulan bir şeydi. Bütün bu gelişmelerde önayak olan sınıf burjuva sınıfı olduğuna göre, örnek uygarlık da, son bir çözümlemede, "burjuvazinin uygarlığı" oluyordu.

Şu önemli sonuç çıkar bundan: Avrupa uygarlığı, Batı uygarlığı gibi deyimler, soyut deyimler değildir aslında, olamazlar da. Avrupa uygarlığı, daha yaygın bir terim olarak Batı uygarlığı, Avrupa'da tarihin belli bir döneminde ortaya çıkıp gelişmesini yapmış belli bir sosyal sınıfın, **"burjuva sınıfının uygarlığı"**dır.

İşin gerçeği bu!

Daha sonra önemli gelişmeler olur dünyada.

19. yüzyılda, Asya halkları, özellikle Hint, uygarlığıyla çarpar Batı'yı. Görmediğini görür, duymadığını duyar Batı onda.

Kendi uygarlığından kuşkuya düşmüştür burjuvazi.

19. yüzyılın sonlarından başlayarak, özellikle I. Dünya Savaşı'ndan sonra Avrupa'nın iktisadi ve siyasal üstünlüğü sönmeye yüz tutar zaten. Hele II. Dünya Savaşı'ndan sonra, tüm Latin Amerika ve Afrika halkları sahneye çıkmıştır.

Bütün bunlar, tek uygarlığın Batı uygarlığı olduğu düşüncesinin yanlışlığını ortaya çıkardığı gibi, Batı uygarlığının üstünlüğü söylencesini de yıkıp atar.

Sosyoloji ve etnoloji alanındaki araştırmaların, özellikle 20. yüzyılda kazandığı büyük yoğunluk ve derinlik, **"uygarlıkların çokluğu"** gerçeğini daha da doğrular.

Öyle ama, Batı'nın yüceliğine, onun uygarlığının örnek uygarlık olduğuna bugün de inananlar yok mu?

Var.

Ancak, Batılılaşmanın, giderek Batıcılığın bir tek anlamı kalmıştır bugün: Batıcılık, geri kalmış toplumlardaki aydınların, kendi toplumlarının geriliği gerçeği karşısında, ilerlemiş toplumlara bakarak aşağılık duygularını hafifletmek için yapıştıkları bir hayal, bir toplumsal sakatlığın aydınlar arasında nükseden bir belirtisidir. Hele sosyalist açıdan bakınca, Batıcılık, başı sonu belli olmayan anlamsız bir kelimedir.

İslamcılık gibi, Osmanlıcılık gibi, Türkçülük gibi...

Hiçbir yerde gerçekleşmemiş, son bir çözümlemede gericiliğe yarayan bir **bireyci aydın ütopyasıdır** Batıcılık.(1)

Bir başka gerçek de bu!

Konunun başka bir yanına değinelim şimdi.

UYGARLIĞI YAPAN NELERDİR?

Uygarlıklar ne denli çok olursa olsun, her insan topluluğu da uygarlığa yol açmıyor. Bir topluluğun uygarlık aşamasına vardığını söyleyebilmek için, kendisinde bazı koşulları ve nitelikleri toplamış olması gerekiyor.

Nedir o koşullar ve nitelikler?

Her uygarlık, **belli bir iktisadi yapının biçimlendirdiği bir değerler sistemidir.** Bir uygarlığa, kendine özgü bir nitelik kazandıran en önemli öğelerden biri, belki de birincisidir "iktisadi yapı".

Ne anlaşılır iktisadi yapı deyince?

İktisadi yapı, insanların **"doğa"** ile mücadelesini ve o mücadelenin ortaya çıkardığı **"ilişkileri"** içine alıyor: İnsanlar, yaşamak ve bunun da ötesinde –hayvanlardan farklı olarak– **"doğa'yı aşabilmek"** için çalışıp üretmek, bunun için de birtakım

---

1) Niyazi Berkes, *Türk Düşününde Batı Sorunu,* Ankara, 1975, s. 295.

üretim araçları kullanmak, üretimdeki çalışmalarını da örgütlendirmek zorundalar.

İşte, insanların üretim faaliyetinde kullandıkları maddesel araçlar ve teknik, bu üretim faaliyetinin doğurduğu ilişkiler, giderek bütün bunları kapsayan **"üretim biçimi"**, uygarlıkların tanımında önemli rol oynuyor. İnsanın belli bir toplum içindeki varlığını, bilincini etkileyen ve mülkiyet kavramını, bireylerin ya da grupların toplum içindeki görevler bakımından farklılaşmasını, başka bir deyişle **"sosyal sınıf"**ları yaratanlar da bunlar aslında.

Öyle olunca da, toplumlar, giderek uygarlıklar, bu "üretim ilişkileri"nin çevresinde oluşuyor her şeyden önce. Toplumları ve uygarlıkları anlayabilmek için de bu ilişkileri incelemek şart. Doğal kaynaklardan yararlanma koşullarını, belli bir çağdaki üretim araçlarının gelişme durumunu ve insanlar arasındaki işbölümünü yani.

Üretim ilişkilerini oluşturanlar işte bunlar.

Ama, insanların doğaya karşı mücadelesinin biçim ve tekniği elbette aynı kalmıyor, değişiyor: Yeni kaynaklar bulunuyor, araçlar gelişiyor, işbölümü yeniden düzenleniyor; bütün bunları kapsayan "üretim biçimi" değişikliğe uğruyor giderek.

Ve bütün bu gelişme, uygarlıkları da etkiliyor ister istemez.

Nasıl?

Hemen bütün ilkçağ uygarlıkları, Doğu'da olsun, Batı'da olsun, **"köleci"** üretim biçiminin biçimlendirdiği uygarlıklardır. O uygarlıkların birçok kurumlarını, bu köleci üretim biçimini ve o üretim biçimi içinde yer alan sosyal sınıfları bir yana bırakarak anlayamayız.

Batıda, ortaçağdaki Hıristiyan uygarlığını ise, "feodal" üretim biçimi biçimlendirmiştir.

Yine Batı'da, ortaçağın sonlarına doğru başlayan "kapitalist" üretim biçimi, yeni bir uygarlığı, bugünkü Batı uygarlığını doğurmuştur. Gerçekten, Batı uygarlığının –dünü ve bugünü ile– hemen hemen hiçbir belirtisini, kapitalizmi ve onun sınıfı burjuvaziyi bir yana bırakarak açıklamak olası değil. O uygarlığın kurumlarına ve o uygarlıktaki ilişkilere öylesine damgalarını vurmuşlardır kapitalizm ve burjuvazi.

Bugünkü sosyalist uygarlık için de söyleyeceğiz aynı şeyi.

Sosyalist uygarlığa da –hemen bütün kurumlarıyla– damgasını vuran, başta, belli bir üretim biçimi, yani "sosyalist" üretim biçimi değil de nedir?

İktisadi yapı, üretim faaliyetinde kullanılan maddesel araçlar ve tekniğiyle, üretim ilişkileriyle, sonuçta bütün bunları kapsayan üretim biçimiyle, insan topluluklarının, giderek uygarlıkların **"temel yapı"**sını oluşturuyor.

Ne var ki, bir uygarlığı oluşturan yalnızca bu değil. Uygarlık, aynı zamanda, bu temel yapının üstüne kurulan –bir yerde onun biçimlendirdiği, onu yansıtan– bir **"değerler sistemi"**dir de.

Neler giriyor bu değerler sisteminin içine?

Siyasal ve hukuksal kurumlar, din, ahlak, felsefe, edebiyat, sanat, özetle bir **"kültür"**ü oluşturan bütün öğeler...

Örneğin, her uygarlığın belli bir siyaset felsefesi ve belli bir siyasal örgütlenme biçimi vardır. Bazen bu felsefe ve örgütlenme, bir uygarlığın başka uygarlıklardan ayrılmasında ölçülerden biri de olabiliyor. Eski Yunan uygarlığı bir **"site uygarlığı"** idi; ilkçağ Doğu uygarlıklarının –hemen hemen– hepsi **"despotik"** yönetimli idiler.

Ve bu yönetim biçimleri, o uygarlıklarda sosyal yaşamın birçok belirtisine başka bir görünüş vermiştir.

Bunun gibi, bugünkü Batı uygarlığıyla sosyalist uygarlığı birbirinden ayıran farklardan biri de **"demokrasi"**ye verdikleri farklı anlamlar değil midir?

Batı uygarlığı demokrasiyi, **"parlamentarizm"** ve **"çok partili"** bir rejim biçiminde anlar ve uygulamaya çalışırken; sosyalist uygarlık onu, işçi sınıfının ülkülerine hizmet eden "tek partili" bir rejim biçiminde anlamakta ve uygulamaya çalışmakta.

Din, bir uygarlık yaratır mı?

Hayır!

Ama dinin, uygarlıklarda önemli rollerden birini oynadığı da gerçek.

Hiç olmazsa bugüne değin böyle olmuş.

Gerek eski uygarlıklarda gerek bugün yaşayan uygarlıklarda, dinin yeri, oynadığı rol küçümsenemez. Fransız tarihçisi **Fustel de Coulanges,** antik toplumu dinle açıklamaya kalkar, "İsrail'in eski tarihi bir kutsal tarihtir" derken, dinin o uygarlıkta gerçekten oynadığı büyük rol belirtilmek istenir aslında.

Modern çağda, özellikle Batı'da, ağırlığı gitgide artan bir "laikleşme" olayı o uygarlığın niteliklerinden biri olmuştur. Ama her şeye karşın, bugün bile, örneğin İtalya'da Katolikliğin, İngiltere'de ve Birleşik Amerika'da ise Protestanlığın etkisi göz önüne alınmadan, o toplumların bazı olayları açıklamasız kalır.

Müslümanlığın yaygın olduğu ülkelerde, uygarlık, hemen bütünüyle, aslında bir dinin, İslamlığın damgasını taşımıyor mu?

Bu ülkelerde uygarlık, bugün de bir bakıma bir "İslam uygarlığı"dır.

Son olarak, düşünce ve sanat yaşam ve faaliyetleri, bir uygarlığın en anlamlı belirtisi belki de. Düşünce ve sanat faaliyetlerinin biçim ve içeriği, uygarlıkları birbirinden ayırmada –çok kez– başta gelen ölçülerden biri oluyor.

UYGARLIKLARARASI ETKİLER VE UYGARLIKLARIN EVRİMİ

Hiçbir uygarlık türdeş (homojen) değildir.

Bir uygarlık, başka uygarlık ya da uygarlıklarla ilişki içindedir mutlaka. Böyle bir ilişki doğar doğmaz da, o uygarlık değişmeye başlar. İnsanlık tarihi, uygarlıklar arasındaki bu tür ilişkiler ve onların sonucu ortaya çıkan değişikliklerin tarihidir bir yerde: İlkçağda Asurlular, Babil uygarlığına kondular. Roma uygarlığı, aslında Yunan uygarlığının bir yetiştirmesidir. Haçlı savaşlarında karşılaşan, yalnız ordular değil, aynı zamanda iki ayrı uygarlığın, İslam uygarlığı ile Hıristiyan uygarlığının tekniği idi.

Ve bu karşılaşmanın Batı uygarlığının doğuşundaki payını kim yadsıyabilir?

Yaşadığımız çağda, haberleşme ve ulaştırma araçlarındaki dev gelişmeler, bugünün uygarlıkları arasındaki alışverişi ve karşılıklı etkilenmeleri çok daha büyük boyutlara ulaştırmış bulunmakta. Tepkili uçakların bütün mesafeleri hemen hemen anlamsız hale getirdiği, televizyonun dünyanın birbirine en uzak noktaları arasında anında ilişkiler kurabildiği, makineleşmenin hemen her yana kök saldığı, giyim kuşamın enlem ve boylamları aşarak yeknesaklığı sağladığı bugünkü dünyada, somut uygarlıkların üstünde –maddesel planda da olsa– **dünya çapında bir uygarlığın** –daha şimdiden– oluşmaya başladığını söyleyenler var.

Uygarlıklar, yaşayan her canlı varlık gibi, zaman içinde değişiyorlar.

Bu değişiklikte, bir uygarlığın her öğesi kuşkusuz aynı ritimle değişmiyor. Değişmeye karşı direnen kurumlar oluyor. Bazen de geçmişin kalıntıları –eskinin dinsel nitelikteki maskelerinin günümüzde karnavallarda kullanılmaları gibi– ilk zamanlardaki anlam ve rollerini yitirerek yaşamlarını sürdürüyorlar.

Son olarak, her canlı varlık gibi, bir uygarlık da ölüyor. Tarihte böyle göçüp gitmiş nice uygarlıklar var. Günümüzde, örneğin Batı uygarlığının da "ölüme mahkûm" bulunduğunu söyleyenler var.

Uygarlıkların –biyolojik bir benzetmeyle– doğuşu, yükselişi ve ölüşü, tarihçilerin özellikle filozofların dikkatini çekmiştir öteden beri. Bunların tümünü sergilemenin yeri burası değil. Gerekli de değil bu sergileme. Çünkü büyük Arap filozofu **İbni Haldun**'un (1334-1406) dışında çoğu nesnel gerçekliği bir yana bırakarak, metafizik düşünceler ileri sürmüşler bu konuda.

Kimine göre, insanların tarihi "Tanrı'nın iradesiyle" yönetilmekte; Tanrı nasıl istemişse öyle olmuştur ve bundan sonra da öyle olacaktır. Kimine göre ise, "büyük adamlar", bir başka deyişle "üstün düşünceler" yönetmektedir insanların tarihini. Bu büyük kişiler nasıl istemişlerse öyle olmuştur ve bundan sonra da öyle olacaktır.

Bu metafizik yaklaşım, zamanımızda daha da "hastalıklı" biçimlere bürünür.

İkisi de 20. yüzyıldan olmak üzere iki örnek verelim: **Oswald Spengler** ile **Arnold Toynbee**'yi.

Bunlar, göklere çıkarılmış iki örnektir aynı zamanda.

– *Batının Çöküşü* adlı eseriyle I. Dünya Savaşı öncesinde büyük yankılar uyandırmış olan **Oswald Spengler**'e (1880-1936) göre, insanlık tarihinde **"sekiz orijinal kültür"** var olmuştur: Babil, Mısır, Hint, Çin, Yunan, Arap ve Meksika kültürleri ve son olarak da Almanya'nın kuzeyindeki ovada (Prusya'da) doğan Faust kültürü.

Kültürlerin her birinin, 500 yükselme ve 500 de alçalma yıllarından oluşan **"biner yıllık"** ömürleri var ona göre.

Yine ona göre, her kültürün yok olmasının nedeni, "soylu sınıf"ın yok olması ya da soysuzlaşması. Bu, güçlülük ve yiğitlik üzerine kurulu aristokrasinin yerini, kentlerde türeyen para burjuvazisinin alışıyla olur. Burjuvazi devleti ele geçirince, görünüşte eşitlikçi ama aslında zorbalık olan demokrasiye gider. Batı uygarlığını, demokratik ve sosyalist düşünceler çökertecektir. Çünkü demokrasi, canlılığı ve medeni cesareti ortadan kaldırıyor ona göre.

Nedir Batı'yı çökmekten kurtaracak olan? "Faust kültürü"!

Peki, işin içine ırk karıştırılmış olmuyor mu?

Spengler'e göre, insanlığın gelişmesinde ekonominin ve tekniğin rolü ikinci plandadır zaten. Tarihte gelişme ırkların eseridir.

– İngiliz **Arnold Toynbee**'ye (1898-1975) göre, tarihin konusu uygarlıklardır gerçi. Ne var ki, uygarlıklar, kişisel karakterin, bölgesel ve siyasal niteliklerle birleşmesinden oluşur. Irksal özellikler de rol oynar bu birleşimde. Tarihte ilerleme yoktur. Dünya tarihi, büyük iniş ve çıkışlar biçiminde kendini gösteren "döngüler" içinde hareket eder.

Ve Batı uygarlığı çöküntü içindedir bugün.

Kurtuluş? Tanrı'da ve Hıristiyanlıkta!

Ne var ki, bütün bu hezeyanlar; ipe sapa gelmez düşünceler Spengler ile Toynbee'nin tekelinde değil. Çağdaş dünyanın Sorokin, Danilevski, Berdiaeff, Schweitzer, Kroeber gibi başka ünlüleri de, ötekiler gibi tutarsız ve bulanık kafalar aslında.

Bu metafizik tarih felsefelerinin dışında, tarihin ve tarih felsefesinin gerçek kurucusu, Alman düşünürü **Karl Marx'**tır. Marksizmle tarih, tarihsel gelişim bilimsel bir açıklamaya kavuşur.

Tarihle beraber uygarlıklar da kuşkusuz.

Bu konunun ayrıntılarına ileride Marksizmi anlatırken gireceğiz. Bir başka önemli noktaya değineceğiz şimdi.

"Çağdaşlık" konusuna.

UYGARLIK VE ÇAĞDAŞLIK

Reformcu Padişah III. Selim, 1789'da tahta çıktıktan sonra, "dışarda esen rüzgârlar" hakkında kendisini aydınlatması için –o zamanlar "reisülküttap" denilen– Dışişleri Bakanı Atıf

Efendi'den bir muhtıra ister. Büyük Fransız Devrimi'nin üstünden birkaç yıl geçmiştir henüz. Atıf Efendi, hazırlayıp padişaha sunduğu –ve metni bugün de elimizde bulunan– ünlü muhtırasında –özetle– şunları söyler:

> "Burada Voltaire, Rousseau adlı zındıklar ve onlardan beter ukalalar, peygamberlere sövmek, büyükleri zem etmek, bütün dinleri kaldırmak, cumhuriyet ve eşitliği ima etmekten ibaret birtakım kışkırtıcı düşünceler yaymışlardır. Aslında fitne ve fesattan başka bir şey olmayan bu düşünceler –frengi hastalığı gibi– halkın beyinlerine işlemiştir. İşin garip yanı, halk da rağbet etmektedir bu tür düşüncelere. İşte, bunların etkisinde kalanlar, birkaç yıl önce, bir fitne ve fesat ateşi tutuşturup çevreye yaymışlar, Allah korkusunu kaldırıp ar ve namusu mahvetmişler, Fransa halkını vahşi hayvan kıyafetine sokmaya çalışmışlar, bununla da yetinmeyip –her yerde kafadarlar sağlayarak– İnsan Hakları dedikleri isyan bildirilerini yabancı dillere de çevirtip, milletleri hükümdarları aleyhine kışkırtmışlardır."(2)

18. yüzyıl "Aydınlıklar felsefesi"nin –adları önünde bugün de en derin saygılarla eğildiğimiz– büyük temsilcilerini, "zındık", yani allahsız deyip –aklı sıra– küçümseyen ve kışkırtıcılıkla suçlayan, insanlık tarihinin dönüm noktalarından biri olan Büyük Fransız Devrimi'ni de "fitne ve fesat hareketi" olarak niteleyen Atıf Efendi'nin kafası nasıl bir kafadır?

Kuşkusuz, "çağdışı"!

1789'da, burjuvaziye karşı soyluları, onların düzenini –yani feodaliteyi– tutmak çağdışı idi.

Peki, ya bugün emekçilere karşı burjuvaziyi tutmak? Sosyalizme karşı kapitalizmi, milli bağımsızlığa karşı emperyalizmi, laikliğe karşı ümmetçiliği, demokrasiye karşı diktatörlüğü, giderek faşizmi tutmak?

Nasıl bir hüküm vereceğiz böylesine bir görüş, böylesine bir kafa hakkında?

"Çağdaş" mı, "çağdışı" mı yoksa?

Konu hayli önemli, görülüyor ki...

Acaba bugün, özellikle Türkiyeli bir insan için, çağdaş olmanın, giderek çağdaş kafa taşıyor olmanın "asgari" ölçütleri

---

2) *Cevdet Paşa Tarihinden Seçmeler* (Hazırlayanlar, Sadi Irmak - B. K. Çağlar), Cilt 1, İstanbul, 1973, s. 464-466.

nelerdir? Salt, belli bir zaman çerçevesi, 20. yüzyıl içinde yaşıyor olmak mı, başka şeyler mi yoksa?

Şuradan girmeli konuya: Nasıl bir çağda yaşıyoruz?

Çağımızın anlamı nedir?

İnsanlık tarihinde her çağın bir anlamı olduğu gibi, yaşadığımız çağın da bir anlamı var: Çağımız –en genel ve belirgin çizgileriyle– **"kapitalizmden sosyalizme geçiş"** çağıdır. Bizim kişisel özlem ve yeğlemelerimizin dışında, nesnel bir olgudur bu. İstesek de istemesek de, hoşumuza gitse de gitmese de, bu geçişi yaşıyor insanlık; onun sorunlarıyla yüz yüze.

İşte çağdaşlığın, çağdaş bir kafa taşıyor olmanın başta gelen ölçütü, bu nesnel olguyu kabul etmektir önce.

Gerçekten, 1917 yılına değin, salt kapitalizmin egemenliği söz konusuydu yeryüzünde. Batı'nın sanayi toplumlarında siyasal iktidarı elinde tutan burjuva sınıfı, tüm dünyayı egemenliği altına alan bir düzen kurmuştu. Bu düzenin, ileri Avrupa ülkeleriyle Birleşik Amerika dışındaki halklara dönük yüzünü emperyalizm ve sömürgecilik oluşturuyordu.

1917'de ilk kez kapitalist dünya çatlar.

Rusya'da patlayan devrim, yeni bir güç odağı yaratır yeryüzünde. Burjuva sınıfının iktidarına karşı, tarih, ilk kez emekçilerin iktidarının kuruluşuna tanık olur böylece.

O günlerden bu yana sosyalist dünya gittikçe büyüdü; koskoca Çin, devrimini gerçekleştirdi. Bugün bir milyarı aşkın insan kapitalizmin karşısına geçmiştir. Kapitalizmin egemen olduğu çoğu ülke ise, içindeki sosyalist muhalefetin gelecekteki iktidarına gebe. O sosyalist muhalefet, Fransa'da iktidara da geçmiştir bugün. Kapitalizmin vaktiyle sömürdüğü ve bugün de çeşitli yollarla sömürüsünü sürdürmeye çalıştığı dünya halkları da, emperyalizme her gün yeni bir darbe indirerek, onu geriletmekte.

Milli bağımsızlık savaşlarıyla çalkalanıyor çağımız.

Asyası, Afrikası, Latin Amerikası ile, dünya halkları, emperyalizme karşı bağımsızlıklarını elde etmenin kavgasını veriyorlar.

Bütün bu gelişmeler, düşünce dünyasını da etkilemez olur mu?

Etkilemiştir elbette.

19. yüzyıl ortalarından başlayarak, düşünce dünyasına yeni bir görüş, yeni bir dünya görüşü doğar: Marksizm.

Ve yanı sıra, yeni bir "düşünme yöntemi" de getirir.

Nasıl, Modern Çağ'a girerken, düşünce dünyasında –Descartes'ın öncülük ettiği– bir **"yöntem kavgası"** yapılmışsa, Marksizmin ortaya çıkışıyla da, insanlık, "doğru düşünebilmenin yolu" üzerine bir kez daha eğilir. Ve bugün, Marksizmin önerdiği düşünme yönteminin, özellikle çağımızın sorunlarını anlamakta ve onlara gerçekçi çözümler getirmekteki değerini, artık bütün aklı başında olanlar kabul ediyorlar. Bu düşünme yöntemine sırt çevirerek tarihsel ve toplumsal araştırmalar yapılamaz, giderek bilim yapılamaz denmektedir.

Varoluşçuluğun büyük temsilcilerinden olan **J. P. Sartre,** son büyük eserlerinden birinde, *Diyalektik Aklın Eleştirisi*'nde şunları söyler:

> "Tarihte Descartes ile Locke'un dönemi olmuştur; Kant'ın ve Hegel'in dönemi olmuştur. Son olarak –içinde yaşadığımız– Marx'ın dönemi gelmiştir. Bu üç felsefenin üçü de, sırasıyla, bütün bir düşünceyi besleyen tarla ve bütün bir kültürün ufku oluyor. Daha önce söyledim, şimdi de tekrarlıyorum: İnsanlık tarihinin tek geçerli yorumu diyalektik maddeciliktir." "Ve çünkü –yine Sartre'a göre– gerçekliğin kendisi Marksisttir ve Marksizm –hiç olmazsa çağımız için– aşılmaz durumdadır".

Böyle söylüyor J. P. Sartre, hem de bir burjuva filozof olarak böyle söylüyor.

Biz ne yapmışız? Ve ne yapıyoruz bugün de?

Bizde Marksizm öteden beri bir **"zabıta vakası"**dır; Marx'ın arkasında polis, ceza kanunu ve savcılar vardır. İnsanlığa yeni bir düşünme yöntemi öneren kişiyi böyle karşılar olmuşuzdur ülkemizde. **"Kökü dışarda ve zararlı ideoloji"** denilerek küfredilir kendisine ve kovuşturulur. Ama bu arada, –"milliyetçilik" de içinde olmak üzere– hemen bütün düşünce akımlarının bize dışardan geldiğini unutmuşuzdur.

Ve bir şeyi daha unutmuşuzdur: İnsanlık eğer yeni bir düşünce biçiminin gereksinmesi içine girmişse, bunun yasalarını Marx ya da Engels olmasa bir başkası bulacaktı. Gizli kalmasına olanak var mıydı bunların?

Aslında sanayileşmemiş ve –en başta– o yüzden çağının gerisinde, giderek dışında kalmış bir toplumun dramıdır bu. Ama Türkiye sanayileştikçe, onun toplumsal, siyasal, giderek ideolojik sonuçları da –ister istemez– kendini kabul ettirecektir.

Kaçınılmaz bundan!

Gericiliğin ve yobazlığın bugünkü karanlığından, çağımızın aydınlığına da o zaman çıkacağız.

Kapitalizmden sosyalizme geçiş çağında, Türkiyeli bir insan olarak, çağdaşlığın şu üç "asgari" ölçütünü de unutmamalı:

Milli bağımsızlığa inanmak, **laik** olmak ve **demokrat** olmak.

Bunlardan birinin eksik olduğu bir kafa, çağdaş değildir, giderek uygar değildir.

Bir şeyi daha unutmamalı: Çağdaşlık, birtakım erdemleri kendisinde toplayıp, sonra da bir kenara çekilip olup biteni "temaşa" etmek demek değildir. Çağdaşlık, çağdaşlık uğruna verilen kavgaya katılmayı da içine alıyor. Sömürülen, ezilen ve horlanan insanlar için daha güzel bir dünya, daha insanca bir düzen yaratmanın yolu buradan geçiyor çünkü.

Sömürüye ve emperyalizme karşı direnmek, özgürlük ve bağımsızlık uğrunda mücadele etmek.

Çağdaşlık bu kısacası!

Büyük Fransız şairi ve yazarı **Paul Valéry,** uygarlıkların ölümlü oldukları gerçeğini I. Dünya Savaşı'nın sonunda söylediği şu özlü sözlerle bir kez daha dile getirir:

"Biz uygarlıklar, artık ölümlü olduğumuzu biliyoruz."

Ama nasıl bir ölümdür bu?

Yüzyıllar ve binyıllar süresince, çeşitli uygarlıkların, kireçli topraklardaki kaynaklar gibi uzun süre kaybolduktan sonra –bir ölçüde– yeniden ortaya çıktıklarını görüyoruz. Örneğin tarihçiler, "Kelt uygarlığı"nın hâlâ yaşayan kalıntılarına rastlıyorlar.

Siyasal kopuşlar, büyük felaketler ve kesiklikler ötesinde, uygarlıklar, zamanda ve mekânda –bir yığın etki ve tepki ile– varlıklarını sürdürürler: Örneğin, Batı Avrupa'da, Rönesans adı verilen "uyanış", uzun süre ölmüş bilinen bir uygarlığın, Yunan ve Roma uygarlıklarının tekrar ortaya çıkmasından başka bir şey değildir. Gerçi 15. ve 16. yüzyıllarda bir Yunan ve Roma uygarlığından söz edilemez: O yüzyıllarda Avrupa'da uygarlık, bir İtalyan uygarlığıdır, bir Fransız, bir İngiliz, bir İspanyol... uygarlığıdır. Ama yine de antik kaynaklardan beslenmektedir bütün bunlar. Bunun gibi, yeraltı gömütleri zamanındaki Hıristiyanlığın, bir 18. yüzyıl Hıristiyanlığıyla ya da bugünkü Hıristiyanlıkla benzeşmediğini söyleyebiliriz.

Ama hepsinde bir sürekliliğin bulunduğu da açık.

Tarih bilimi, öteki bilimlerin de yardımı ile, yakın ya da uzak geçmişi araştırma yöntemlerini geliştirdikçe, çeşitli uygarlıklar arasındaki derin bağlılık daha açık bir biçimde ortaya çıkmakta.

Şunu da belirtelim ki, ulaştırma araçlarının hızlanması, düşünce ve sanatı yayma yollarının artması (radyo, sinema, televizyon...), teknik ilerlemenin gitgide bütün dünyaya yayılmasıyla, bugünkü uygarlıkların "tek bir uygarlık" halinde birleşmeye doğru gittiğine, bir **"Dünya Uygarlığı"**nın doğmak üzere olduğuna inananlar, ulusal geleneklerin, dil ayrılıklarının, ekonomi, sosyal yapılar ve dinsel inanışlar yüzünden beliren farklılaşmaların ne denli büyük bir engel olduğunu da hesaba katmalıdırlar.

*

İçinde yaşadığımız dünya, çeşitli uygarlıkları barındırıyor. Sayıları hakkında herhangi bir tartışmaya girmeden, bunların en belli başlıları şunlar: Batı uygarlığı, Latin Amerika uygarlıkları, Sosyalist Avrupa uygarlığı, İslam uygarlığı, Hint uygarlığı, Çin uygarlığı, Japon uygarlığı, Kara Afrika uygarlıkları.

Ne var ki, yaşadığımız dünya, uygarlıklar planındaki bu bölünüşten çok daha başka, çok daha köklü bir bölünüşü barındıran ve onun sorunlarını yaşayan bir dünya. İktisadi, sosyal ve giderek kültürel gerçekler bakımından, üçe bölünmüş durumda dünyamız: **Batı dünyası, sosyalist dünya** ve **üçüncü dünya** diye adlandırılıyor bu bölünüş.

Temeldeki bölünüşü bunlar temsil ediyor.

Uygarlıklar arasındaki bölünüş ise, bu temeldeki bölünüşün üstüne kurulu bir başka gerçek.

Açıklamalarımızı bu üçlü tablo üzerine kuracağız biz de. Türkiye'yi ise –bu tablo içindeki yerini belirledikten sonra– ayrı bir bölümde inceleyeceğiz.

OKUMA

YAMYAMLIK MASALI

Bundan bilemediniz yirmi yıl öncesine kadar Afrika, çoğumuzun kafasında insan eti yiyen ilkel ve vahşi insanların yaşadığı büyük bir kara parçasıydı. **Sömürgeci düzenin sürdürülmesi amacıyla tezgâhlanıp sunulan bir yamyamlık masalını,** sanırım çoğumuz anımsarız. **Jomo Kenyatta,** Kenya'da bağımsızlık savaşı açtığında, gazeteler Mau-Mauları, insan eti yiyen yamyamlar diye göstermişlerdi. Uygarlıkla ilişkisi olmayan bu 'yamyam'ları, eski deyimle 'zaptürapt' altında tutmak gerekiyordu. Yiyip içip sömürgecilere dua etmeliydik: Bu vahşiler günün birinde öteki kara parçalarına da atlayıverirlerse halimiz nice olurdu? Bir kazanda haşlanmamak için, Afrika'nın 'sahip'lerinin orada kalması zorunluydu.

Geçenlerde Güney Amerika'da bir uçak kazasına uğrayıp sağ kalarak And Dağları'ndaki kuş uçmaz kervan geçmez bir bölgeye düşenlerin, kurtarılmayı beklerken kazada ölenleri yemek durumunda kaldıklarını okuyunca bu 'yamyamlık' masalı geldi aklıma. Önce, "Kimbilir, belki de insan eti yiyen bu kazazedeler arasında, Kenyatta'nın yamyamlığına inanmışlardan biri de vardı" diye güldüm. Sonra düşündüm: İnsanoğlu, doğa karşısındaki savaşını, bizim uygarlık düzenimizin sınırları dışında sürdürmek durumunda kalınca nasıl da değişiyor. And Dağları'na giden kurtarma ekipleri biraz daha geç kalsaydılar, ölü insan etini yiyip tüketen sağlar, en güçsüz olandan başlayarak birbirlerini öldürüp yiyeceklerdi belki de. Buradan, William Golding'in o büyük ve seçkin romanı *Lord of the Flies*'ı anımsadım. Roman, tatile giden bir grup ilkokul çocuğunun, bir uçak kazası geçirerek ıssız bir adaya düşüşleri ile başlar. O, hepsi de seçkin ailelerin ince, uygar, çıtkırıldım çocuklarının, doğanın ilkel yaşam koşulları karşısında barbarlaşmaları; doğa yasası gereği gürbüzün zayıfa karşı giriştiği kaba, aman vermez ve korkunç zorbalık anlatılır. İlkokul çocuklarının ıssız adadaki yaşamlarını düzenlemek için örgütlenişleri ilkel bir kabile düzenindedir; avlanma, barınak kurma vb ile ilgili işbölümünün yapısı ve totem ayinleriyle tam bir kabile yaşamıdır bu.

Bizim uygarlık ölçülerimiz, içinde bulunduğumuz toplum yapısını belirleyen ilişkilerin ulaştığı düzeye bağlıdır. Afrika'daki Bororo kabilesine bağlı bir insanın dünyayı yansıtışı, elbette bizimkine benzemeyecek. Ama bu benzemezliği ölçü alıp onları 'geri'likle nitelemek geçerli sayılabilir mi? Fransız toplumbilimcisi **L. Levy Bruhl,** Bororo kabilesi insanının, kendisini hem bir papağan hem de bir buğday tanesi saymasına bakarak bir genellemeye varmış, bu ve buna benzer toplulukların insanlarının ilkel bir mantaliteye sahip olduğunu söylemişti. Bruhl, 'bizim' uygarlığımızın mantığının **"bir şey hem kendisi hem de başka şey olamaz"** ilkesine başvurarak bu sonuca varıyordu. Gelgelelim, sömürge çağının bilimi de değişiyor bugün. Çağımızın büyük düşünürlerinden biri olan **Levi-Strauss, "ilkel"** toplumla **"uygar"** toplum arasında bir ilerilik ya da gerilik ayrımından söz edilemeyeceğini ortaya koymuştur. Ona göre, Bruhl'ün **'ilkel' dediği insanlar, en az bizim kadar uygardırlar; değişiklik, her iki uygarlıkta düşüncenin birbirinden farklı semboller sistemiyle dile getirilmesindedir.** Montaigne'nin dediği gibi "Aklın kurallarına uyarak barbar diyebiliriz yamyamlara ama bize benzemiyorlar diye barbar diyemeyiz."

Söz Montaigne'den açılmışken, "Yamyamlar Üstüne" adlı denemesindeki çok sevdiğim bir bölümü buraya aktarmadan edemezdim. Kral Charles çağında Fransa'nın Rouen kentine gelen üç yamyam kralın önüne çıkarılır: "Kral uzun uzun konuştu onlarla. Yaşayışımız, zenginliğimiz, güzel şehir örneğimiz gösterildi. Sonra bizimkilerden biri ne düşündüklerini, en çok neyi beğendiklerini sordu. Yamyamlar üç şey söylediler; üçüncüsünü ne yazık ki unutmuştum. En başta şaştıkları şey sakallı, güçlü kuvvetli, silahlı bir sürü adamın çocuk yaşındaki bir krala bekçilik, uşaklık ettikleri, niçin bunlardan birinin kral seçilmediği olmuş. İkincisi, kendi dillerinde bir tek bedenin, eli, kolu, parçaları, birbirinin yarısı olarak anlatılan insanlardan kimilerinin neden bolluk, rahatlık içinde keyif sürüp de birçoklarının dilenciler gibi kapılarda açlık ve perişanlık içinde yaşadıkları olmuş."

Yamyam aklı işte, ne olacak!

(Hilmi Yavuz, "Yamyamlık Üstüne",
Yeni Ortam, 10 Ocak 1973)

SORULAR

1. Uygarlığın kaç anlamı vardır? Bunlar içinde bilimsel olanı hangisidir?

2. "Civilisation" kelimesi, Batı'da hangi yüzyılda ve hangi anlamda ortaya çıkıyor? Nedenleri?

3. Batı uygarlığının tekliği ve üstünlüğü söylencesinin sona ermesinin nedenleri nelerdir?

4. Bir uygarlığın öğeleri nelerdir? Bu öğeler içinde, bir uygarlığın gelişmesini en çok etkileyen öğe sizce hangisidir?

5. Türdeş bir uygarlık olabilir mi? Olamazsa niçin?

6. Uygarlıkların evrimi hakkında ileri sürülen görüşler nelerdir? Bunlar içinde bilimsel olanı sizce hangisidir? Niçin?

7. Bugünkü dünyada "teknolojik" gelişmeler, uygarlıklar arası etkilenmeler bakımından ne gibi bir rol oynuyor? Bunun gelecek için olası sonuçları sizce neler olabilir? Bir "Dünya Uygarlığı"nın doğmasının önünde ne gibi engeller vardır?

8. Uygarlık ile çağdaşlık arasında ne gibi bir ilişki vardır? Özellikle Türkiye'de, çağdaşlığın "asgari ölçütleri" nelerdir?

9. Yamyamlık masalı aslında niçin uydurulmuştur? Montaigne'nin denemesindeki yamyamların görüşleri hakkında ne düşünüyorsunuz?

I
BATI DÜNYASI

Batı uygarlığı, Avrupa'nın batısında doğuyor ve oradan çevreye yayılıyor. "Batı uygarlığı" deyimindeki "batı"nın coğrafi anlamı yalnızca bu. Yoksa, Batı uygarlığı, Avrupa'nın bugün doğusunda bulunan ülkeler de içinde olmak üzere, başka Avrupa ülkelerine yayıldığı gibi, Avrupa dışına da taşmıştır. Örneğin, Birleşik Amerika ile Kanada, bir başka kıtada bulundukları halde, Batı uygarlığının içindedirler. Dünyanın bir başka ucundaki Avustralya da öyle.

Batı uygarlığı, bir coğrafi deyim değil, her şeyden önce bir iktisadi ve sosyal sistemin ifadesidir ki, o da **"kapitalizm"**dir. Gerçekten, Batı uygarlığı, kapitalizmin doğup geliştiği ülkelerin uygarlığıdır.

Ve kapitalizm, bugün bir **"ileri sanayi kapitalizmi"**dir.

Ama ileri sanayi kapitalizminin bulunduğu her ülkenin bu uygarlığa girdiği de sanılmamalı. Örneğin Japonya, bir ileri sanayi kapitalizminin –hem de büyük bir güçle– yürürlükte olduğu bir ülke olmasına karşın, Batı uygarlığının dışındadır. Çünkü Japonya, bir uygarlığı uygarlık yapan başka bazı öğeler –yani sanat, edebiyat, müzik, dinsel inanışlar vb– bakımından Batı uygarlığında rastlanmayan büyük farklılıklar gösterir.

O halde, Batı uygarlığı, yalnız ileri sanayi kapitalizminin uygarlığı değil, aynı zamanda belli **"kültürel değerler"**in de uygarlığıdır.

Nedir bu kültürel değerler? Hangi kaynaklardan doğmuş, nasıl gelmiştir?

Ve nasıl bir tablo ortaya koymaktadır bugün?

Aşağıdaki paragraflarda bunları göreceğiz.

BÖLÜM I

BATI UYGARLIĞININ KAYNAKLARI

Batı uygarlığı, aslında ortaçağın sonlarına doğru başlayan bir gelişmenin ürünüdür. Bir iktisadi sistemin, **"kapitalizm"**in damgasını taşır bu gelişme. Ve bu gelişmenin bayraktarlığını yapan sosyal bir sınıf vardır bir de: **"Burjuvazi".** Ne var ki, bu gelişme, daha önceki çağların kültür mirasına da konmuştur. Bu gelişimin taşıdığı kendine özgü renklerin fon boyasında işte bu kültürel miras yatar.

Nedir o miras?

Batı uygarlığı, ilkçağdan **Yunan** ve **Roma**'nın mirasına konmuştur. İlkçağın sonlarına doğru ortaya çıkan **Hıristiyanlık** bir başka temel öğedir. Özellikle Hıristiyanlık, ortaçağda, Kilisesi ile, Batı'nın inanç dünyasına damgasını vurur.

Bu damganın, ileriki yüzyıllarda kendini duyurduğu ilişkiler ve kurumlar olacaktır.

ESKİ YUNAN'IN MİRASI

Batı uygarlığının ilkçağdaki en önemli kaynaklarından biri, Yunan uygarlığıdır.

Batı'yı iki yoldan etkiledi bu uygarlık:

– Önce, **Romalılar yoluyla.** Çünkü Yunan uygarlığı –Helenistik hükümdarlıklar aracılığı ile– Roma İmparatorluğu'nu derinden derine etkilemişti. Yunan kültürünü özümseyen Romalılar, onu aynı zamanda Batı'ya geçirmişlerdir.

Ne var ki, Yunan uygarlığı asıl etkilemesini sonraki yüzyıllarda, özellikle **Rönesans'**ta yaptı. Gerçi Ortadoğu'da da Aristoteles'in eserleri –en azından özetleri– bilinirdi. 12. yüzyılın sonlarında Araplar sayesinde, Yunan kültürünün yeni yeni metinleri Batı'ya sokulmuş ve büyük yankılar uyandırmıştı. Ama asıl Rönesans'tadır ki, Yunan uygarlığının eserleri sanki yeniden keşfedilir. Yunan uygarlığının Batı'yı doğrudan doğruya etkilemesi de, işte o tarihlerden başlar.

Yunan uygarlığı, hangi alanlarda etkiledi Batı'yı?

Başta felsefe, sanat ve edebiyat geliyor.

Ama hepsi bu değil.

Demokrasi ideali

Yunanlılar, "Doğu despotizmi"ne karşı, **"demokratik yönetim"**in ilk uygulayıcıları oldular. Rejimin yalnız biçimi değil, kelimenin kendisi de onların. Yunanca "demos" (halk) ve "kratos" (iktidar) kelimelerinden oluşuyor demokrasi: "Halkın iktidarı" demek.

Yalnız demokrasi mi?

Monarşi, aristokrasi, oligarşi, demagoji, tirani... gibi kelimeler de Batı'ya Yunancadan geçmiş. Ve edebiyatta, felsefede bugün de kullanılan yığınla kelime, gene onlardan.

Eski Yunan'da demokratik yönetim, özellikle **Atina** sitesinde uygulanmış.

> Atina'da iki önemli siyasal kurum vardı: **Beşyüzler Meclisi** ile **Eglezya.**
>
> Beşyüzler Meclisi, otuz yaşını bitirmiş olan ve halkın bir yıl için kura ile seçtiği yurttaşlardan kurulu idi. Daha çok bir yürütme organı niteliğinde idi bu meclis. Eglezya, yani Halk Meclisi ise yirmi yaşını doldurmuş olan tüm yurttaşlardan oluşuyordu. Halk Meclisi, sitenin **Agora** denilen alanında yılın her otuz beş, otuz altı gününde bir kez toplanır; savaş ilanı, barış akdi, iç ve dış politikanın belirlenmesi ve özellikle kanunların yapılması gibi temel egemenlik haklarını kullanırdı. Bu meclis, bir yasama meclisi oluyordu böylece.
>
> Halk, egemenlik hakkını temsilciler yolu ile değil, bizzat kullandığı için de, temsili bir demokrasi değil, **doğrudan demokrasi** niteliği taşıyordu Atina demokrasisi.

Atina demokrasisi, bir tek kişinin egemenliği demek olan hükümdarlığı reddetmekte; site işleriyle ilgili her çeşit düşünce ve görüşün tartışmasında **özgürlük ilkesi'**ni tanımakta, **çoğunluğun** oylarını, alınan kararların meşruluğu için yeterli görmekteydi.

Yurttaşların özgürlüklerinin gerçek güvencelerinden biri olan **kanunlara saygı** esasına dayanırdı Atina demokrasisi. Böylece, demokrasi düşüncesi gibi, kanun ve kanunlara saygı düşüncesini de Yunanlılar yaratmış ve gelecek kuşaklara miras olarak bırakmışlardır onu.

Ne var ki, günümüzdeki demokrasilerden farklı bir yanı vardı Atina demokrasisinin: Gerçekte, bir **azınlığın** demokrasisi idi o. Yani halkın ancak bir bölümü demokratik haklardan yararlanabiliyordu. "Metek" denilen yabancılar ile "köleler", bu haklardan yararlanamazlardı; kadınlar da öyle.

Ama halkın çoğunluğu da bunlardan oluşuyordu.

Niçin böyleydi bu?

Çünkü o günkü Yunan toplumunda egemen sınıflar, demokrasiyi böyle bir çerçeve içinde anlıyor ve uyguluyorlardı. Üretimi sırtlanmış olan kölelerin elini toplumun yönetimine sokmak istemiyorlardı daha doğrusu.

Böyle olmakla beraber, Atina demokrasisi, Doğu halklarının yönetim biçimi göz önünde tutulursa, büyük bir ilerilik idi insanlık tarihinde. Ve klasik Yunan kültürü, işte bu demokrasinin sağladığı siyasal özgürlük havası içinde gelişebilmiştir. Demokrasiye borçluyuz onları.

Bilim

Modern bilim, eski Yunan'a iki bakımdan borçlu:

Önce, **matematiğin** ilkelerini onlar koydular: Tales'in teoremini, Eukleides'in geometrisini, Arşimed'in (Arkhimedes) kanununu anımsayalım. Şu da var ki, yalnız kuramsal değil –özellikle tıp gibi– deneysel bilimlerde de büyük şeyler bıraktılar Yunanlılar.

Ve hâlâ her hekim, fakülteyi bitirirken, Hipokrates'e mal edilen bir andı içer. Tutar, tutmaz o ayrı. Ama ant onun andı.

İkinci olarak, Yunan bilimsel düşüncesi, doğa olaylarının incelenmesinde büyüden kendini kurtarmış olmakla, yani "akılcı" olmakla da Batı'ya örnek oldu. Gerçekte, doğa olaylarının "belli kanunlara" bağlı olduğunu, doğa düzeninin "anlaşılabilir" oluşunu ve insan aklının da bu konuları bulabileceğini, Yunan bilimsel düşüncesi ortaya koydu ilk önce.

Edebiyat ve sanat

Batı edebiyatına örneklik eden temel ve ölümsüz eserleri, Yunanlılar yarattılar:

Trajedi ve komedisi ile **tiyatro,** Yunanlılarındır. Rönesans'ta ve ondan sonra olduğu gibi, bugün bile, eski Yunan tiyatrosunun büyük yazarları, Aiskhylos, Euripides, Sofokles, Aristofanes gıpta ve esin konusudurlar.

Tarih, Yunanlılardan önce, bir ad ve kronoloji listesinden başka bir şey değildi. Herodotos, bugün bile "tarihin babası" diye anılıyor. Tukidites, eleştirici tarihin kurucusu olmak onurunu bugün de taşıyor.

Destanda, Homeros'un *İlyada* ile *Odysseia*'sı, Batı kültürünün bugün de temel eserleri arasında.

Lirik şiirde, Safo, hâlâ büyük bir zevkle okunur durur.

Masalda, Aisopos'un yüceliği ve La Fontaine üzerindeki büyük etkisini bilmeyen çok azdır.

Hitabet sanatını da Yunanlılar yarattılar. Büyük hatip Demostenes'in bıraktığı söylevler, bugün de kompozisyon ve hitabet örnekleri arasında.

Hele eski Yunan'ın **mitolojisi,** yalnız o uygarlığın edebiyat ve sanatına değil, yüzyıllarca Batı edebiyat ve sanatına da esin kaynağı oldu ve olmakta.

Yunan sanatı **mimarlıkta** ve özellikle **heykelde** öylesine şaheserler yarattı ki, Batı'nın etkilenmemesi olanaksızdı bunlar karşısında. Özellikle Rönesans'ta, Yunan sanatının etkisi kesindir. Fidias'ın ve Praksiteles'in eserleri, yüzyıllarca, güzelliğin kanunlarını temsil ettiler. Yunan sanatındaki soyluluk, ahenk ve denge, Batı sanatında sanatçıların ülküsü oldu yüzyıllarca.

Felsefe

Ama Yunanlıların, Batı kültürünü –belki de– en çok etkiledikleri alan felsefedir.

Felsefe, aslında eski Yunan'da başlamıştır; kelime de oralı. Gerçekten, felsefenin yanıtlamaya çalıştığı, "evrenin temeli ve kaynağı nedir?", "İnsan yaşamının anlamı ve amacı nerededir?" gibi soruları "akla" dayanarak yanıtlamaya çalışan ilk düşünürler Yunan dünyasında yetiştiler: Eski Yunan filozofları, dinlerin ve mitosların (söylencelerin), bu çeşit sorulara verdikleri yanıtlarla yetinmediler; "akla" dayanan yanıtlar vermeye çalıştılar. Oysa eski Doğu düşüncesinde, felsefe kendini dinden bütünüyle sıyırarak, yalnız akla dayanan bağımsız bir araştırma çabası olarak ortaya çıkamadı.

– Yunan felsefesinin ilk döneminde ele alınan temel soru, doğanın nereden geldiği, varlıkların nereden ve nasıl türediği sorusu. Bu ilk dönemde, Yunan felsefesi, **doğaya** yönelmiş ve doğanın sırlarını açığa vurmaya çalışan bir düşünce çabasıdır.

– İkinci dönemde, özellikle Sokrates'le birlikte, "İnsan nedir?" sorusunun ve ahlak sorununun önem kazandığını görüyoruz. Felsefe **insana** yönelmiştir böylece. Yine aynı dönemde, Platon ve Aristoteles gibi filozoflarla, felsefe, hem doğanın, hem insanın kavranılmasına yönelir, yani gerçekten **evrensel** bir bilgi olma amacını taşır.

– Üçüncü dönemde ise, Stoacılık ve Epikurosçuluk akımlarıyla, felsefe, **"erdemli yaşam nedir?"** ve özellikle **"insanın mutluluğu nerededir?"** sorusuna yöneliyor.

– Dördüncü dönemde, yeni bir dinle –yani Hıristiyanlıkla– karşı karşıyadır felsefe.

Batı'nın, Yunan felsefesinden etkilenmesi, giderek ona sahip çıkmasının sosyal nedeni ne?

Şu: Batı uygarlığını yaratan sınıf, yani burjuvazi, Rönesans'la beraber girdiği büyük uyanış döneminde, "iman ve otorite"nin yerine "akıl ve deney"i geçirecektir. Rönesans insanı, –ileride göreceğimiz gibi– doğa ile kendisi arasındaki bütün perdeleri kaldırarak, hem doğaya hem de kendisine yeni bir gözle bakmak, doğa ve insanı yeni bir gözle incelemek isteyen insandır. Böyle bir insanın, eğilimleri ile zıtlaşan "skolastik düşünce" ve onun temsilcileri –özellikle Kilise– ile daha iyi savaşmak için, ortaçağdan önce insanoğlunun bilgi ve kültür alanında yaratmış olduğu ürünleri arayıp bulması, ilgiyle karşılayıp benimsemesi doğaldı. İşte eski Yunan felsefesi, böyle bir gereksinme sonucunda doğan yeni bir uygarlığın, yani Batı uygarlığının felsefi düşüncesinin kaynakları arasına girdi pek haklı olarak.

Daha doğru bir deyişle, başlıca kaynağı olup çıktı.

DAHA ÇOK BİLGİ

Azra Erhat, *Mitoloji Sözlüğü,* 2. Bası, İstanbul, 1978.

Suat Yakup Baydur, *Hellen-Latin Eski Çağ Bilgisi,* İstanbul, 1948.

John Bury, *Düşünce Özgürlüğünün Tarihi* (çev. D. Bartu), İstanbul, 1978.

Gilbert Murray, *Yunan Medeniyeti Niçin Ebedidir?* (çev. Osman Derinsu), İstanbul, 1940.

OKUMA

YUNANLILARA EN ÇOK NE BORÇLUYUZ?

Uygarlığın Yunanlılara en çok hangi bakımdan borçlu olduğu sorulunca, her şeyden önce ve en doğal olarak, onların edebiyat ve sanattaki yüksek başarıları akla gelir. Fakat bu soruya, Yunanlılara karşı en derin şükran borcumuz, onların **düşünce ve tartışma özgürlüğünün** ilk yaratıcıları olmalarından dolayıdır, yanıtı verilirse daha doğru olur. Çünkü düşünce özgürlüğü, onların yalnız felsefi düşüncelerinin, bilim alanındaki görüşlerinin siyasal kurumlardaki denemelerinin ana koşulu olmakla kalmamıştır. Edebiyat ve sanatta erdikleri yüksek aşamanın da başlıca koşulu olmuştur. Örneğin, Yunan edebiyatı, yaşamın özgürce eleştirilmesi olanağından yoksun kalsaydı, bu üstünlüğüne eremezdi asla. Fakat onların yarattıkları yüksek eserler bir yana bırakılsa, hatta onlar insani faaliyet alanının büyük bir bölümünde ortaya koydukları akla hayret verecek şeyleri yapmamış olsalardı bile, sadece **özgürlük ilkesi'**ni kabul etmiş olmaları ile de insanlığın velinimetleri arasında en yüksek mertebeye çıkabilirlerdi; çünkü insanlığın ilerleyişinde en büyük adımlardan biri o ilkedir...

Klasik eski tarihi –eski Yunan tarihi kastediliyor– toptan bir bakışla gözden geçirirsek, düşünce özgürlüğünün, o devirlerde bir çeşit solunan hava gibi olduğunu görebiliriz. Bu özgürlük o kadar doğal sayılırdı ki, hiç kimse onunla uğraşmazdı. Gerçi, Atina'da, yedi sekiz düşünür, inanç ayrılığından dolayı cezaya uğradı. Fakat bunların birkaçının, belki de çoğunun cezaya uğramasında inanç ayrılığı bir bahaneden ibaretti... Eğitim görmüş Yunanlılar, hep hoşgörü sahibi insanlardı; çünkü **aklın dostu** idiler. Ve ondan üstün hiçbir otorite tanımazlardı. Düşünceler zorla değil, kanıtlama ve tanıtlamayla kabul ettirilirdi; hiç kimseden, "Gökler Saltanatı"na, küçücük çocuklar gibi inanıvermesi ya da zekâsını -yanılmazlığı ileri sürülen- bir otorite önünde secde ettirmesi istenmezdi...

(John Bury, *Düşünce Özgürlüğünün Tarihi,* çev. D. Bartu, İstanbul, 1978)

SORULAR

1. Yunan uygarlığı Batı'yı kaç yoldan etkiledi? Bu yollar içinde Arapların bir rolü olmuş mudur? Olmuşsa nasıl?
2. Yunan uygarlığı, Batı'yı hangi alanlarda etkilemiştir?
3. Eski Atina demokrasisinin nitelikleri nelerdir? O demokrasinin bu nitelikleri taşımasının başlıca neden nedir?
4. Yunan bilimsel düşüncesinin ana niteliği nedir? Yunan bilginlerinden kimleri tanıyorsunuz?
5. Yunan edebiyatı ve sanatının Batı'yı etkileme gücü nereden geliyor? Yunan edebiyatçı ve sanatçılarından kimleri biliyorsunuz? Bunların başlıca eserleri ile, sanatlarındaki özellikleri belirtiniz? Ayrıca bunlar, Batı edebiyat ve sanatında kimleri, nasıl etkilemişlerdir? Örnekler veriniz.
6. Yunan mitolojisinin büyük tanrıları ve kahramanları arasında kimleri tanıyorsunuz? Yunan mitolojisini bilmenin yararları nelerdir?
7. "Yunan düşüncesi" ile "Doğu düşüncesi" arasındaki temel fark nedir? Yunan felsefesinin gelişme aşamaları nelerdir? Rönesans'ın Yunan kültür ve felsefesini benimsemesinin nedeni nedir?
8. Yunanlılara aslında en çok neyi borçluyuz? (Okuma parçasını okuyunuz.)

ROMA'NIN MİRASI

Yunan uygarlığını Batı'ya geçiren Roma, ona, kendi katkısını da ekledi. Bu katkı, Batı uygarlığını oluşturan öğeler arasında.

Aslında, Roma'nın mirası -Yunan'ın mirası gibi- her alanda zenginlik gösteren bir nitelik taşımaz. Romalılar, bilimlerin gelişmesine pek az katkıda bulunmuşlardır; matematik olsun, doğa bilimleri olsun, tıp olsun Romalılara pek büyük şey borçlu değiller. Bu bilimlerde ya da teknikte, Romalıların hatırı sayılır herhangi bir buluşları gösterilemez. Romalılar, "Hellenistik" bilimi kabul etmekle yetinmişlerdir daha çok.

Ama buna karşılık, **asker, idareci,** büyük **mimar** ve büyük **hukukçu** idiler Romalılar. Onun içindir ki, Batı uygarlığının "fikri" temelini Yunanlılar kurmuşsa, "idari ve hukuksal" temellerini de Romalılar kurmuşlardır hiç kuşkusuz.

Roma hukuku

Roma'nın büyük yeteneği, **siyasal** bir yetenekti her şeyden önce. Gerçekten, o dönemin pek ilkel olan ulaştırma ve haberleşme araçları göz önüne alınacak olursa, Romalıların, dil ve kültür bakımından birbirinden pek farklı onca kavmi, imparatorluğun o denli geniş sınırları içinde toplayıp yüzyıllarca yönetebilmek için büyük bir siyasal güce ve –o oranda da– maharete sahip bulunmaları gerektiği kolayca anlaşılır.

Roma'nın dünyaya egemen olmasını sağlayan bu siyasal yetenek yanında, bir ikincisi **hukuksal** yeteneği idi.

Roma hukuku, ne bir kişinin ne de birkaç kişinin eseri. Tersine, bu hukuk, yüzyıllar boyunca gelişmiş ve bu gelişme, Roma tarihi boyunca sürüp gitmiştir. Zaman zaman çeşitli toplamaların konusu olan bu hukuk kuralları, son olarak, büyük Bizans İmparatoru Iustinianus'un girişimiyle –İstanbul'da– toplanıp bir araya getirildi.

Roma'nın eski görkeminin bilinç ve heyecanına sahip bir imparator olan –ve MS 527'den 565 yılına değin hüküm süren– Iustinianus, eski imparatorluğu yeniden kurmak arzusundaydı. Bir süre yaptığı başarılı savaşlarla –bir ölçüde– gerçekleştirmişti de bu emelini. Roma hukukunun, eski Roma'nın yarattığı en büyük eserlerden biri olduğunu biliyor ve bu hukuka karşı büyük bir hayranlık besliyordu böylece. Kendi girişimi üzerinedir ki, yüzyıllar boyunca işlenip gelişmiş olan Roma hukuku kaynakları, yani Romalı hukukçuların eserleri ile imparator kanunları, birkaç külliyat halinde bir araya toplandı. Biz, Iustinianus'un bu külliyatının bütününe –"medeni hukuk külliyatı" anlamına gelen– **"Corpus İuris Civilis"** diyoruz. Iustinianus'un gerçekleştirdiği bu eserin büyük önemi, Roma hukukunu gelecek kuşaklar için korumuş ve saklamış olmasıdır.

Roma hukukunun modern dünya üzerindeki etkileri de bu sayede olabilmiştir ancak.

Bu eser, 12. yüzyıldan başlayarak, İtalya'da **Bologna** Üniversitesi'nde, derin incelemelere ve çalışmalara konu oldu. Asıl metinleri "glossa" denilen haşiyelerle yorumladıkları için **glossator** adı ile anılan bilginler, öğretimlerini bu metinler üzerine yaptılar ve bir süre sonra öteki İtalyan üniversiteleri ile başka ülkelerdeki üniversiteler de aynı yolda hareket ettiler. Ortaçağın sonlarına doğru, bu Roma hukuku öğretimi, Bologna'daki beşiğinden çıkarak Batı Avrupa ülkelerine ve oradan da –gün geçtikçe daha geniş ölçüde– bütün dünya ülkelerine yayıldı.

Roma hukukuna gösterilen bu yakın ilginin ve onun gitgide yaygınlaşmasının altında, Batı'da o sıralarda doğan kapitalizm büyük rol oynamış olsa gerek. Roma hukukunun birçok ilkeleri, özellikle mülkiyetle ilgili kuralları kapitalizme uygun düşüyordu çünkü.

Roma'nın mirasçıları

Batı'da Roma'nın mirasçıları kimler olmuştur?

Roma imparatorluğu'nun yayılmış olduğu sınırlar içinde yaşayan her halk, Roma'nın damgasını aynı derecede taşımamıştır. Roma'nın mirasını temsil etme bakımından, ülkeler birbirinden ayrılıyor:

– Önce, İmparatorluğun doğu ülkeleri, Yunan etkisinde olup, Roma'nın damgasını taşımaz: Romalılar o ülkelerde, yalnızca "Hellenistik" fethinden sonra da devlet örgütünün ve kültür çevrelerinin dili olmakta devam etmiştir.

– İmparatorluğun batı bölümünde, Kuzey Afrika, önce Vandallar, sonra da Araplarca istila edilmiş ve sonuçta İslam uygarlığına girmiştir. Fas'tan Tunus'a değin, Roma'dan kalan izler, yığınla anıtın yıkıntılarıdır yalnızca. Bunun gibi, imparatorluğun batısında, İngiltere, Ren ülkeleri, Güney Almanya ve Avusturya'da, Roma etkisini sürdürmüştür.

Egemen duruma geçmese bile.

– Roma'nın gerçek mirasçıları, **İtalyanlar** olmuştur doğallıkla. Bunun gibi, dilleri Latinceden gelen bazı halkları da Roma'nın mirasçıları arasında saymalı: Rumenler, İspanyollar,

Portekizliler, Belçikalılar, İsviçreliler ve özellikle Fransızlar böyledir. Avrupa'nın **Latin halkları** adı verilir bunlara.

Son olarak, Roma İmparatorluğu'nun sınırları içinde doğup gelişmiş **Katolik Kilisesi** gelir ki, Roma'nın damgasını uzun zaman korudu. Gerçekten Roma, Katolik Kilisesi'nin merkezidir. Bu Kilisenin dili bugün de Latincedir; duasını ve ayinini onunla yapar. Ve bugün de, Avrupa'da Katolik halkın çoğunlukta olduğu ülkeler, vaktiyle Roma İmparatorluğu içindeydiler.

Roma'nın etkisine bir örnek: Fransa

Roma'nın gerçek mirasçısı İtalya'dan, ileride Rönesans bölümünde bahsedeceğiz. Burada, onun bir başka mirasçısı olan Fransa üstünde duralım biraz.

Fransızlar, ırk bakımından, Romalılardan çok Galyalıların (*Gaulois*) çocuklarıdır. Ne var ki, Fransız kültürü Roma uygarlığından doğmuştur bir bakıma.

Gerçekten Romalılar, Galyalılara, kentlerde toplaşmayı öğrettiler. Fransa'da birçok büyük kenti Romalılar kurmuşlardır. **Belediyeciliği** öğreten Romalılardır. Romalılardan kalan karayollarının, çeşitli anıtların, su yollarının, tiyatroların, hamamların yıkıntıları, Roma'nın kuruculuğunun canlı örnekleridir. Fransa'ya Roma'dan kalan büyük miraslardan biri de, hukuktur: Fransa'nın güneyinde, 1789 Devrimi'ne dek uygulanan hukuk, **Roma hukuku** idi. Devrim'den sonra yapılan ve bugün de yürürlükte olan Fransız Medeni Kanunu'nda, Roma hukukunun birçok kurum ve hükümleri korunmuştur.

Roma tarihi, edebiyatı ve sanat eserleri, Fransa'yı sürekli etkilemişlerdir. Özellikle bazı dönemlerde çok canlıdır bu etki.

– **Politikada,** Roma İmparatorluğu'nda olduğu gibi, tek bir hükümdarın otoritesi altında birleşmiş, aynı uygarlığa sahip geniş bir **imparatorluk düşüncesi,** ortaçağda, Charlemagne ile Kutsal Roma-Germen İmparatorluğu'nun kurucularının ülküsü oldu.

Daha sonra da Napolyon'un.

Fransız devrimcileri, Roma Cumhuriyet rejimi ile Roma'yı Etrüsk despotlarından kurtaran Brutus gibi kahramanlara karşı büyük bir hayranlık duymuşlardır. Plutarkos'un bahsettiği Roma yurtseverliği ve erdemleri ile Gracchus'lar ve onların ünlü toprak kanunu için de. Hele, Roma Cumhuriyet döneminin özgürlük ideali, onları büyüleyen şeyler arasındaydı.

– **Edebiyat ve sanatta,** Roma'nın etkisi, özellikle 16., 17. ve 18. yüzyıllarda büyük olmuştur:

Gerçekten 16. yüzyılda, Fransız Rönesansı, esinlendiği İtalyan Rönesansı gibi –kısmen de olsa– Yunan ve Latin yazarlarının eserleri ile, eski Roma anıtlarının öykünmesinden doğmuştur.

XIV. Louis zamanında, Fransa'nın büyük klasik yazarları Boileau, Molière, Corneille, Racine, eski Romalı yazarlardan esinlenmişlerdir. Kahramanlarını bile Romalılardan seçmiştir kimisi.

18. yüzyılın ikinci yarısında, özellikle Herculanum ve Pompei gibi eski Roma kentlerinde yapılan kazılardan sonra, eski Roma eserleri için bir merak ve giderek bir tutkunluk başlamıştır ki, ta Napolyon döneminin sonlarına değin sürecektir bu. Paris'teki birçok anıt, ünlü Zafer Takı, Madeleine Kilisesi işte bu dönemin ürünleridir.

Büyük ressam David'in kimi tabloları da.

Özetle, eski Roma, Fransız kültüründe yaşamını sürdürür gider. Latince, öğretimde bugün de önemli bir yer tutmaktadır.

DAHA ÇOK BİLGİ

R. H. Barrow, *Romalılar* (çev. E. Gürol), İstanbul, 1965.

Suat Yakup Baydur, *Hellen-Latin Eski Çağ Bilgisi,* İstanbul, 1948.

John Bury, *Düşünce Özgürlüğünün Tarihi* (çev. D. Bartu), İstanbul, 1978.

A. B. Schwarz, *Roma Hukuku Dersleri* (çev. T. Rado), 7. Bası, İstanbul, 1965.

OKUMA

ROMA'NIN TARİHSEL ROLÜ NEDİR?

Geçen yüzyılın en büyük Roma uygarlığı uzmanlarından ve hukukçularından biri olan Alman yazar **Rudolf von Jhering** (1818-1892) *Roma Hukukunun Ruhu* (*Geist des Romischen Rechts*) adlı eserinin başında şu satırları yazmaktadır: "Roma kendi kanunlarını, dünyaya üç kez kabul ettirdi; çeşitli milletleri üç kez birlik halinde bir araya topladı. İlk kez, Romalılar henüz güçlerini tam olarak korudukları bir dönemde, bu kaynaştırma bir **devlet birliği** içinde gerçekleştirildi. Siyasal yıkılıştan sonra kendini gösteren ikinci büyük birlik, **Kilise birliği** biçiminde oldu. Üçüncüsü, Roma hukukunun kabulü dolayısıyla **hukuksal bir birlik** biçiminde ortaya çıktı. Birincisinde silah gücüyle oluşturulan kaynaşma, öteki ikisinde manevi alandaki güç ve üstünlüklerin ürünüdür. Kısaca diyebiliriz ki, Roma'nın tarihsel görevi ve tarihte oynadığı rolün önemi, onun sayesinde **evrensellik ilkesinin milliyet ilkesinden üstün tutulmasındadır.**"

(A. B. Schwarz, *Roma Hukuku Dersleri*,
çev. T. Rado, 7. Bası, İstanbul, 1965, s. 9-11)
(Not: Bu çeviri Türkçeleştirilmiştir.)

SORULAR

1. Roma uygarlığı, eski Yunan uygarlığına oranla hangi bakımlardan önemlidir? Roma'nın tarihsel rolü ne olmuştur? (Okuma parçasını okuyunuz.)
2. Roma hukuku Batı hukukunu ne zaman ve nasıl etkilemeye başlamıştır? Bunun iktisadi nedenleri nedir ve sonuçları ne olmuştur?
3. Roma'nın mirasçıları Batı'da kimler olmuştur? Bu etki her ülke için aynı mıdır?
4. Roma'nın etkisine, Fransız tarih ve kültüründen örnekler veriniz.

HIRİSTİYANLIK

İsa ve öğretisi

Hıristiyanlık, Doğu mistisizminin, Yahudi mesihciliğinin, Yunan düşüncesinin ve Roma evrenselciliğinin "kavşak noktasında" ortaya çıktı.

Doğduğu yer, böylesine etkilerin odaklaştığı bir yer.

Hıristiyanlığın kurucusu İsa, ilk Roma İmparatoru Augustus zamanında, Filistin'de dünyaya geldi. Ve orada vaazda bulundu. Kurduğu din, kendisinden çok sonra, Roma İmparatorluğunun resmi dini haline gelmiş ve sonuçta tüm Batı dünyasının egemen dini olmuştur.

İsa'nın öğretisinin temeli şu: **Tanrı, şefkati bütün evreni** kapsayan bir Baba'dır. Ve yeryüzünde **"Tanrı'nın saltanatı"** hüküm sürecektir günün birinde.

İsa'nın öğretisinin temeli olan "Tanrı saltanatı" düşüncesi için "İnsan düşüncesini harekete geçiren ve kafasını değiştiren **en büyük ihtilal doktrinlerinden biridir"** der, İngiliz tarihçisi Wells.

İsa, Tanrı'nın evreni kavrayan babalığı adına, neye karşı çıkıyor ve ne getiriyordu?

Ne idi içeriği "İsa'nın ihtilalciliği"nin?

– Önce, zamanının **dar milliyet inancına** karşı çıkıyordu İsa.

İsa'dan önce Yahudiler, evrenin biricik Tanrısı olan "Yehova"nın, bir adalet Tanrısı olduğuna inanıyorlardı. Ancak Yehova, kendisiyle pazarlık da edilebilen bir Tanrı idi. Nitekim bu Tanrı, İbrahim Peygamber'le pazarlık ederek, Yahudileri yeryüzünde "egemen bir ırk" haline getireceğine söz vermiştir. Oysa, İsa'ya göre, Tanrı'yla pazarlık olmaz. Ve gelecekteki Tanrı saltanatında **ayrıcalıklı ırk, ayrıcalıklı insanlar yoktur. Bütün insanlar kardeş ve birbirine eşittirler.** Tüm insanlar bu İlahi Baba'nın evlatlarıdır.

Günahkârları da içinde olmak üzere.

– İsa, zamanının **dar aile bağlarına** da karşı çıkıyordu.

Yahudiler, aile bağları çok güçlü olan bir kavimdi. İsa'nın aşıladığı büyük Tanrı sevgisi, onların dar ve sınırlayıcı olan aile kurumunu parçalayacaktı. Tanrı saltanatı, İsa'nın arkasından gidenlerden oluşacak büyük bir aile topluluğu olacaktır.

Şöyle diyordu İsa: "Göklerde olan Babamın iradesine kim uyarsa, benim kardeşim, kız kardeşim ve anam olur."

– İsa, zamanının **iktisadi düzenine, zenginliğine ve kişisel ayrıcalıklara** da karşı çıkıyordu.

Mademki bütün insanlar Tanrı Ülkesi'nin uyruklarıydı; o halde varları yokları da bu ülkenindi. Her insan için doğru yol, biricik doğru yol, olanca varlığı ile Tanrı'ya hizmet etmektir. İsa, tekrar ve tekrar, özel servetleri ve bütünüyle Tanrı'ya adanmamış yaşamları kötüler: "Zenginin Tanrı Ülkesi'ne girmesi devenin iğne deliğinden geçmesinden daha güç olacaktır" sözü onundur.

– Son olarak, İsa, zamanındaki **yerleşik dine** bağlı kimselerin çıkarlara dayanan sahte dürüstlüklerine de tahammül edemiyordu. Gösterdiği kızgınlığın büyük bir kısmı da o zamanki din adamlarının, din kurallarıyla ilgili biçimciliklerine karşıdır.

Özetle, İsa'nın vaat ettiği göz kamaştırıcı ülkede, ne mülkiyet, ne ayrıcalık, ne gurur, ne üstlük-altlık olacaktı.

Sevgiden başka ödül bulunmayacaktı orada.

Bütün bunlarla, İsa, içinde yaşadığı toplumun düzen ve inançlarına karşı çıkıyordu. O düzenden yararlananlar da ona karşı çıktılar ve "garip bir yönetim kurmaya yeltenmekle" suçladılar.

Ve çarmıha gerdiler.

Âdet yerini bulsun diye yargılamayı da unutmadılar doğallıkla.

Hıristiyanlığın yayılması

Hıristiyanlık, başlangıçta bir **"yoksullar hareketi"** olmuştur. İlk Kilise, bir yoksullar birliği, bir kardeşler topluluğu idi; **"yoksul"** (*ebionim*) diye adlandırılırdı ilk Hıristiyanlar. "Hıristiyanlığın kurulması, halktan gelen insanların şimdiye değin başardıkları en büyük eserdir."

Büyük Fransız düşünürü Ernest Renan'ındır bu söz.

İsa'nın öğretisini, onun ölümünden sonra, **Çömezleri (Havariler)** yayar. Dinin dayandığı esasları içeren kutsal metinlerin yazılması da İsa'dan sonra olur.

Bu çömezler içinde özellikle **Aziz Paulus,** çok önemli bir yer tutar. Yahudiliği, Mithra dinini ve o zamanın İskenderiye'sinde egemen inanışlarla ilgili birçok düşünceleri ve anlatımları Hıristiyanlığa sokan o olmuştur. İsa'nın, Tanrı Osiris gibi, yeniden dirilmek ve insanlara ölümsüzlük vermek üzere ölen bir Tanrı olduğu inancını aşılayan da o. Dinin tutunması ve yayılmasındaki hizmeti ne denli büyük olursa olsun "Tanrı-İsa" ile "İnsanlığın babası olan Tanrı" arasındaki hısımlık konusunda karışık ilahiyat kavgalarına yol açan da yine Aziz Paulus olmuştur.

Kısacası, hayli azizlikler etmiştir Hıristiyanlığa Aziz Paulus!

İsa'dan sonraki iki yüzyıl boyunca, Hıristiyan dini, Roma İmparatorluğu'nda durmadan yayılıyor.

Yeni dinin, Filistin'den çıkarak Roma İmparatorluğu'nda hızla yayılmasında, taşıdığı düşünceler kadar –belki onlardan da çok– o zamanın Roma'sındaki sosyal gerçekliğin büyük payı vardır: Roma Devleti'nde düzene, kanunlara ve teamüllere olan o eski güvenden eser kalmamıştı. Bir yanda kölelik, zulüm ve korku, öte yandan israf, ihtişam ve sefahat hüküm sürüyordu. Bir huzur özlemi içinde idiler ezilen yığınlar. Onları yeni dinin, yani Hıristiyanlığın kollarına atan başta bu sosyal koşullardı.

Ve Hıristiyanlık da, bu zavallılara aradıkları huzuru verebilecek bir içerikte idi.

Bütün öteki dinlerden daha fazla.

Roma imparatorlarının bu yeni dine karşı takındıkları tavır, düşmanlıkla hoşgörü arasında değişmiştir. İsa'dan sonraki 2. ve 3. yüzyıllarda, bu yeni inanışı ortadan kaldırma yolunda girişimler olmuş ve sonuçta İmparator **Diocletianus** zamanında açıkça zulmedilmiştir Hıristiyanlara. Ne var ki, onları yıldırmamıştır bu zulümler. 317 yılında da **Büyük Constantinus** Hıristiyanlığı kabul etmiş ve böylece yeni din, imparatorluğun resmi dini olmuştur.

Batı Roma İmparatorluğu barbarların darbeleriyle yıkıldıktan sonra, Roma'daki **Katolik Kilisesi,** uzun yüzyıllar kendisini **Roma devletinin mirasçısı** olarak görecek ve gösterecektir.

DAHA ÇOK BİLGİ

John Bury, *Düşünce Özgürlüğünün Tarihi* (çev. D. Bartu), İstanbul, 1978.

Félicien Challaye, *Dinler Tarihi* (çev. S. Tiryakioğlu), İstanbul, 1960.

OKUMA

HIRİSTİYANLIK NASIL BİR SENTEZDİR?

Hıristiyanlığın öteki dinlerden esaslı şekilde ayrı bir din olmadığını tarih göstermektedir.

Bütün öteki kutsal kitaplar gibi, Hıristiyanlığın Kutsal Kitap'ı da insan eseridir.

Müslümanlık hariç olmak üzere, öteki dinlerin çoğundan daha yeni olan Hıristiyanlık, daha önceki dinlerle **şaşırtıcı benzerlikler** göstermektedir. Tanrısı, Yahudi peygamberlerin Yehova'sıdır ki, Göksel Baba haline girmiştir. Bütün ilkel tapınışlarda kutsal olan, olmayandan nasıl yüksekse, Kalde'deki tepeler nasıl ovalara hâkimse, onun yaşadığı Gök de yeryüzünden yüksektir. Perseus nasıl Danae'den doğmuşsa, İsa da bir bakireden doğmadır; o da Dionysos ve Horus gibi, düşmanlarından mucizeli bir şekilde kurtulur. Osiris, Dionysos-Zagreus gibi ölüp, sonra Attis ve Temmuz gibi, baharın başlangıcında dirilir. Ölümünün bazı ayrıntılarına Babilonya'da rastlamak mümkündür. Tıpkı Mithra'ya olduğu gibi, ona da bir Kurtarıcı sıfatıyla tapınılır. Teslis düşüncesi zaten birkaç dinde vardır. Bakire Meryem, tıpkı öteki kadın Tanrıların –İsis'in, İştar'ın, Astarte'nin, Kibele'nin yaptıkları gibi– insanların az çok sevgi dolu bir dindarlığa olan eğilimini tatmin eder; Meryem tıpkı Demeter gibi ıstıraplı bir anadır, İsa'yı kucağında taşıyan Madonna tasviri ise küçük Horus'u kolları arasında tutan İsis'in tasvirinin tıpkısıdır. Şeytan, İran'ın Angra Mainyu'sudur. Melekler, iblisler, azizler, animizmdeki ruhlardır. Son yargı gününe Zerdüşt'ün Mazdeizminde daha önce rastlanır. Hıristiyanlığın verdiği ölümsüzlük sözüne daha önceki Orfeus ve Dionysos gizli ayinlerinde de rastlanır. Komünyon, kutsal varlığın etine ve kanına ortak olmak demek olup, totemik kökten gelmektedir. Bu daha önce Eleusis'te ekmekle, Dionysos'a inananlar tarafından şarapla, Mithra dininde ise ekmek, şarap ve su ile yapılmaktaydı. Mithra dininde daha önce birtakım takdisler, örneğin vaftiz vardı. Hıristiyan pazarı, Yahudilerin sebt (şabbat: cumartesi) günü, Kaldelilerin de "tabu" sayılan günüdür. Katolik rahipleri de İsis rahipleri gibi tıraş olur, kafalarının tepesini kazırlar, uzun urbalar giyerler, üzerlerine el değdirilip kendileri "mana" ile meşbu hale getirilince kutsal bir vasıf edinirler; çanlar çalınırken müminlerin üzerine su serpip onları tütsüleyerek arıttıkları zaman ise, Hellen tapınış usullerini uygulamış olurlar.

Bu benzerlikler, hem kişisel, hem kolektif bir çeşit gururla, kendi dinlerinin tek ve eşsiz olduğuna inanan bazı dar ruhlu Hıristiyanların ağrına gidebilir. Tersine olarak da, daha geniş gönüllü insanlar, İsa'nın kişiliğine hissi bir tercih beslemekten vazgeçmeksizin, inandıkları dinin **engin bir insanlık geçmişinin sentezi** olduğunu düşünerek, sevinç dahi duyabilir.

(Félicien Challaye, *Dinler Tarihi,*
çev. Semih Tiryakioğlu, İstanbul, 1960, s. 208-209)

SORULAR

1. Metinde geçen "Doğu mistisizmi", "Yahudi mesihciliği", "Yunan düşüncesi" ve "Roma evrenselciliği" deyimlerini açıklayınız.
2. Hıristiyanlık aslında nasıl bir "sentez"dir? Bu sentezde daha önceki din ve uygarlıklardan gelen unsurları saptayınız. (Okuma parçasını okuyunuz.)
3. "İsa'nın ihtilalciliği"nin içeriği nedir?
4. Hıristiyanlık, başlangıçta nasıl bir hareketti? Daha sonraki yüzyıllarda bu niteliğini korumuş mudur? Koruyamamış ise bunun nedenleri nelerdir?
5. Hıristiyanlığın hızla yayılmasında, taşıdığı düşünsel esaslar mı, yoksa o zamanki Roma devletinde halkın sosyal durumu mu daha çok rol oynamıştır?

BÖLÜM II

BATI UYGARLIĞININ DOĞUŞU

Ortaçağ, Batı Roma İmparatorluğu'nun çöküşü (476) ile başlayan ve İstanbul'un Türklerce fethine (1453) değin sürdüğü -genellikle- kabul edilen bir tarihsel dönemin adı. Bin yıllık bir dönem aşağı yukarı.

Nedir ortaçağa özelliğini veren?

İlkçağdan farklı bir iktisadi ve sosyal düzene ve o düzeni belirten bir değerler sistemine sahip olması.

"Feodalite" (derebeylik) adı veriliyor o iktisadi ve sosyal düzene. Değerler sistemini ise –hemen hemen tek başına– **Hıristiyanlık** temsil ediyor. **Kilise,** bu temsilcilikte bir aracı rolünde.

Ortaçağın sonlarına doğru, hem iktisadi ve sosyal düzende, hem de değerler sisteminde köklü değişmeler başlar. Batı uygarlığını asıl doğuracak olan da işte bu değişikliklerdir.

FEODALİTE

Feodalitenin doğuşu

Ortaçağda, özellikle Batı Avrupa'daki toplum düzenine "feodalite" (derebeylik) adı verilir. Klasik feodalitenin –bütün çizgileriyle– ortaya çıkışı, Fransa'da Karolenj İmparatorluğu'nun batışından (10. yüzyıl), İngiltere'de ise Norman istilasından (11. yüzyıl) sonraya rastlar.

Aynı zamanda siyasal, hukuksal, iktisadi ve sosyal bir rejim olan feodal düzende "devlet birliği" yoktu. **Birçok beyliklere** ayrılmış bulunuyordu ülkeler. Gerçekten de, feodalitenin siyasal açıdan gösterdiği en büyük özellik, **devlet iktidarının parçalanmış olması** ve halkın –Fransa'da Capet Hanedanı'nın iktidarının başlarında olduğu gibi– doğrudan doğruya devletin değil, **toprakların sahibi olan senyörlerin** (derebeylerin) uyruğu durumunda olmalarıdır.

Kölelikten farklı bir durum olan "bir kişiye uyrukluk", **barbar istilasının yarattığı güvensizlik** yüzünden çok çabuk yayılmış ve genelleşmiş; koşullar, kendilerine bir senyör seçmek zorunda bırakmıştır bütün insanları. Bu dönemde, toplumda, **himaye ilişkilerinin** artmasını normal bir olay olarak kabul etmek gerekir. Böylece, **üretim tekniğinin** gelişmesi sonucunda gevşeyen kölelik bağı, dış olayların da etkisiyle, feodal rejimin kurulmasına yol açmıştır.

Feodal rejim kuruluşunda önemli rol oynayan bir başka olay, Akdeniz'in doğu ve batı kıyılarının **İslam egemenliği** altına girmiş olması. Böylece Doğu ile Batı arasındaki kültür ve ticaret ilişkilerinde en önemli rolü oynamış olan **Akdeniz yolu,** bir kısım Avrupa ülkelerine kapanmış ve bu ülkeler Doğu ve giderek dünya ticaretinin dışına atılmışlardır. Dünya ticaretiyle ilişkisi kesilip kendi içine kapanmaya başlayan ve bu yeni duruma göre yeniden örgütlenmek ve derlenip toplanmak zorunda kalan Avrupa'da, ekonomi bakımından en fazla kayda değer olay, malikâneler sisteminin genişlemesi ile "para ekonomisi"nin yerine "aynî" diyebileceğimiz bir ekonominin geçmesi ve tam anlamıyla tarımsal bir **uygarlığın** egemen olmasıdır.

Feodalitenin anlamı

Feodalite bir piramide benzetilebilir. Burada, Roma hukukunda olduğu gibi, toprağa serbestçe tasarruf edebilmek söz konusu değildir.

Senyörsüz toprak bir istisnadır.

Topraklar, **fief sözleşmesi** ile "hiyerarşik" bir düzene bağlanmıştır.

Fief sözleşmesi, iki yanlı bir sözleşme. Yanlardan biri senyördür. Senyör, tabi ya da **vasal** denilen bir ikinci kişi yararına, belirli bir toprak parçası üzerinde, adaleti dağıtma gibi bir görevi –sürekli bir hak olarak– tanır. Buna karşılık, vasal, senyörün kendisinden beklediği hizmetleri yerine getirmek zorundadır. Ayrıca vasal aldığı toprağı kısmen başkalarına verebilir ve bu yoldan kendisi de derebeyi olabilirdi. Şu var ki, bu hiyerarşi içinde, sonuncu vasalın ilk senyörle hiçbir ilişkisi yoktur.

Vassal durumunda olan senyörlerin çeşitli yükümlülükleri vardır: **Askeri alanda** yapacağı yardımla, çeşitli **maddi yardımların** yanı sıra vasal, senyöre **"danışmanlık"** yapmakla görevlidir. Senyör, vasalların düşünce ve dileklerini öğrenmeyi yararlı bulmaktadır. Vasalların düşüncelerini, çeşitli konulardaki görüşlerini senyöre bildirmeleri de bir görevdir ayrıca. Vasalların, bu amaçla bir araya geldikleri topluluğa "curia" ya da "concilium" adı verilmektedir.

Batı'da feodal düzene verilebilecek en güzel örnek, o zamanki Fransa'dır.

> Fransa Kralı, **"Fransa Dukalığı"** adıyla bilinen toprakların senyörüdür. Bu bakımdan da öbür fief sahipleriyle hiçbir ilişiği yoktur. Sadece, kendi vasallarıyla doğrudan doğruya kişisel ilişkiler kurmuştur. Öte yandan, Capet sülalesinin kralları aynı zamanda bütün Fransa'nın da kralı idiler. Bu durumda kral Fransa'daki öbür bütün senyörlerin lideri idi. Kral, en yüksek senyördü; feodal hiyerarşinin en yüksek katında bulunuyordu. Başka bir deyimle, kral, **senyörlerin senyörü** durumundadır. Bu bakımdan bütün öteki senyörler –ki kralın vasalı oluyorlardı– ona bağımlı durumdadırlar. Ancak, yukarıda değindiğimiz ilke gereğince, kendi vasalı olan senyörlerin toprağında yaşayan halkın yaşamına kralın müdahale hakkı yoktur. Kralın doğrudan yönetimi, yalnızca kendi dukalığıyla sınırlıdır.

Kralın öbür senyörlerle olan ilişkilerinin niteliği çok önemli. Çünkü bu ilişkiler, yavaş yavaş temsili rejimin doğmasına yol açacaklar, temsil anlayışının ilk çekirdeği ve kaynağı olacaklardır ilerde.

Feodal düzende sosyal sınıflar

Feodal dönemde sosyal sınıflar, dövüşen soylular, dua eden **rahipler** ve çalışan **köylüler** ile **serfler**dir.

Bu sosyal sınıfların, farklı hukuksal statüleri vardır aynı zamanda. Bu bakımdan da günümüzün sosyal sınıflarından ayrılırlar: Ortaçağda sınıflar, çağımız toplumlarındaki sınıflara kıyasla, birbirinden daha kesin çizgilerle ayrıldığı gibi –birinden öbürüne geçmek kast sistemi gibi bütünüyle önlenmiş olmamakla beraber– daha kapalıdır. Ortaçağda bir sınıftan ötekine geçmek belli törenleri ve birtakım hukuksal işlemleri gerektiriyor. İktisadi eşitsizliği, "hukuksal eşitsizlik" tamamlıyor böylece.

Soylular ile rahipler, "ayrıcalıklı sınıflar"dır. Özgür köylüler ile serfler, bütün değerleri yarattıkları halde, üretim araçlarına tam sahip olmadıkları gibi, hukuksal bakımdan durumları öteki ayrıcalıklı sınıflardan aşağıdır. Ayrıcalıklı sınıflar, aynı zamanda toprağa sahip olan sınıflardır. Toprakların iki sahibi var bu dönemde:

Soylular, yani senyörler ve **Kilise.**

Ne var ki, başlarda idari ve dinsel merkezler ya da tahkim edilmiş yerler olan kentler –ileride de göreceğimiz gibi– yavaş yavaş, meta üretiminin (piyasa için üretim) ve böylece ticaretin gelişmesine koşut olarak gelişmeye başlayacaklardır. Ticaretin ve zanaatın gelişmesi sonunda kentlerde yeni bir sınıf ortaya çıkacaktır.

Burjuva sınıfıdır bu sınıf.

Ortaçağın sonlarına doğru Batı'da kendini gösteren en önemli sosyal olaydır bu!

Burjuvaların zenginliği toprağa değil, kentlerde henüz ilkel bir durumda olan meta üretimine ve ticarete dayanmakta. Savaş sanatıyla uğraşmadıkları, toprak sahibi de olmadıkları için, soyluların yararlandıkları "hukuksal ayrıcalıklar"dan yararlanamıyorlar. Gelecekte toplumun sosyal yapısını değiştirecek olan sınıf –üretim tekniğinin gelişmesi sonucunda– yeni üretim araçlarını elinde toplayacak olan bu burjuva sınıfı olacaktır.

İngiltere ile Fransa'daki farklı gelişmeler

Feodal dünyadaki gelişmelerde dikkati çeken bir nokta da şu: İngiltere'de feodalite, Fransa'dan farklı bir biçimde yerleşip gelişiyor.

İngiltere'de **Fatih William**'ın kurduğu rejimin en önemli niteliği, feodal düzeni İngiltere'ye getirmiş olması. Kendi iktidarını güçlendirmek amacıyla yapmış bunu. Böylece, İngiltere'de feodalite, devletin zayıf oluşunun sonucu ortaya çıkmamış. Tersine, İngiltere'de, yengin Norman prensinin kurduğu ve zor kullanarak kabul ettirdiği bir rejim feodalite.

Fransa'da ise feodalite, Karolenj İmparatorluğu'nun batışının bir sonucu; devletin dağılmasının ortaya çıkardığı bir durum. Bu dönemde kral, ulusal devlet şefi sıfatıyla sahip olduğu yetkileri kabul ettirmek için yeter derecede güçlü olmadığından, ancak *prima inter pares*, yani **eşitler arasında birinci** idi.

Ne gibi sonuçları olmuş bu farklılığın?

Temsilî rejimin, Fransa ve İngiltere'de değişik yollardan gelişmesinin temelinde, bu farklılık vardır işte. Bu farklılık, İngiliz siyasal kurumları ve yönetici sınıfların birbirleriyle ilişkileri üzerinde etkisini gösterecek, İngiltere'ye has özelliklerin oluşmasında önemli bir rol oynayacaktır.

DAHA ÇOK BİLGİ

John Bury, *Düşünce Özgürlüğünün Tarihi* (çev. D. Bartu), İstanbul, 1978.

Murat Sarıca, *Siyasal Tarih,* İstanbul, 1980.

Murat Sarıca, *Siyasi Düşünce Tarihi,* 3. Bası, İstanbul, 1980.

Charles Seignobos, *Avrupa Milletleri Tarihi* (çev. S. Tiryakioğlu), İstanbul, 1960.

OKUMA

FEODALİTE VE EDEBİYAT

Derebeylik rejiminin kuvvetlenmesi, toplum hayatının düzenlenmesi, ilk Haçlı seferleri, aristokratların gücünü ve nüfuzunu artırmıştır. Bunun sonucu olarak, XII. yüzyılın daha hemen başlarında **aristokrat sınıfın** dünya görüşünü yansıtan gerçek bir edebiyatın kurulduğunu, **şövalyelik ülküsünün** en üstün değer olarak edebiyatta ve toplum hayatında kendini kabul ettirdiğini, geniş halk yığınlarını da peşinden sürüklediğini, dinsel –ulusal– bir coşkunluk akımının Fransa'yı baştan başa sardığını görüyoruz.

XII. yüzyılda, özellikle destan türü, söz konusu dünya görüşünün en tutarlı anlatım aracı olmuştur. Genellikle yazarları belli olmayan ve *"Chanson de Geste"* diye anılan manzum ve epik betiklerdir destan türünü meydana getiren eserler. Çokluk Charlemagne, Guillaume d'Orange gibi geçmiş devir kahramanlarının maceraları, yararlıkları anlatılmaktadır bu şiirlerde. Yarım kafiyeli bentlerden kurulu bu 9-10 bin mısralı şiirler şatolarda, konak yerlerinde okunur, çığrılırdı. Her sınıftan halk büyük bir ilgi ve coşku ile dinlerdi onları.

XII. yüzyılın ikinci yarısında ve özellikle XIII. yüzyılda soylulara hitap eden, *Chanson de Geste*'ler gibi çığrılmak için değil de okunmak için yazılmış eserler, "romanlar" görüyoruz. **Seçkin çevrelerde yaşayanların törelerini, aşk ve incelik anlayışlarını** gözler önüne seren bu türlü romanlar ve lirik şiirler saray edebiyatını (*courtois* edebiyatı) meydana getirir. Bu eserler, geniş halk yığınlarına seslenen *Chanson de Geste*'lerden kesin olarak ayrılır.

Fransız edebiyatının daha ilk devirlerinde "satir" türüne çok yakın eserlere rastlanır. Destan ve saray edebiyatına bağlanan, bir yandan "dinsel-ulusal kahramanlık", öte yandan da "seçkinlik" kavramlarıyla "ülkücü" bir dünya görüşünde birleşen akımların karşısında yer alan bu eserler **"gerçekçi" bir edebiyat ve dünya görüşünü** yansıtırlar.

Fransa halkının alaycı ve yergici zekâsının etkisiyle gelişen gerçekçi, satirik akımın Ortaçağ Fransası'nın **toplumsal koşullarıyla** yakın ilişkileri vardır. Gerçekten de XII. yüzyılın sonlarından itibaren köklü değişimler görülür Fransız toplumunda. Tecimin (ticaretin) günden güne gelişmesi, burjuvaların gitgide iş alanlarını genişleterek aristokrasinin manevi kuvvet ve kudreti karşısına paraya ve maddi zenginliğe dayanan bir sınıf olarak çıkmaya başlaması, toplum yapısını yakından etkilemiş, yeni bir toplumsal dengenin tohumlarını atmıştır. "Komün" hareketleri, yani burjuvazinin bazı kentler çevresinde nispi bir bağımsızlığa kavuşması ile doğrudan doğruya ilişkili olan bu değişimlere paralel olarak, iktisadi bağımsızlık, burjuvazinin düşünce ve duygu alanlarında da bağımsızlığa kavuşmasına yol açmış, burjuva çevrelerinde **yeni bir dünya görüşü** yeşermeye başlamıştır; **uyanık, diri, akılcı, alaycı** bir dünya görüşü. Bir yandan serüven heveslerini, aşırı kahramanlıkları alaya alan, bir yandan da kadını ve aşkı saray edebiyatındaki seçkin yerlerinden indirmeyi amaç edinen bir zihniyet...

(Berke Vardar, *Fransız Edebiyatı,*
cilt 1, İstanbul, 1985, s. 13-28)

SORULAR

1. Batı'da ortaçağda, feodal rejimin kurulmasının nedenleri nelerdir?

2. Feodalite, bir "piramit"e benzetilebilir derken, bununla belirtilmek istenen nedir?

3. Feodal düzende sosyal sınıflar hangileridir? Ve çağımızdaki sosyal sınıflardan ne bakımdan ayrılırlar?

4. Feodalitenin, İngiltere'de ve Fransa'da birbirinden farklı biçimde yerleşmiş olduğu doğru mudur? Doğru ise, bu farklılık, her iki ülkede –ilerdeki gelişmeler bakımından– hangi konuda, ne gibi sonuçlar doğurmuştur?

5. Feodal düzen ve bu düzendeki gelişmeler, edebiyatı nasıl etkilemiştir? Fransa'yı örnek vererek anlatınız (Okuma parçasını okuyunuz.)

KİLİSE VE ORTAÇAĞDAKİ ROLÜ

Ortaçağda uygarlık, "Hıristiyan" bir uygarlıktır bir bakıma. Ve kilise, bu uygarlığın oluşumunda başlıca rollerden birini oynar.

Bu rolü belirtmeden önce, kilise nedir onu görelim.

Kilise'nin kuruluşu

İlk Hıristiyanlar, İsa'nın yakında geri döneceğine inanıyorlardı. Gelmesi gecikince –ki bu gecikme bugün de sürmektedir!– "kilise" adıyla örgütlenmeye başladılar.

İlk iki yüzyıl boyunca, Kilise, "laik" bir birliğin niteliklerini korudu. Aslında, kilise kelimesinin geldiği Yunanca "ekklesia" sözü de sadece "topluluk" ya da "birlik" anlamında.

Bu biçimde anlaşılan Kilise'nin içinde küçük bir "hiyerarşi" kuruldu: Eskiler ya da yaşça kıdemliler (presbyterios), gözeticiler (episkopos), bahtsızlara yardımla görevli kadın-erkek arkadaşlar (diyakos) vardı. 2. yüzyıldan başlayarak presbyterios'larla episkopos'lar gittikçe artan bir önem kazanmaya başladılar ve kendilerini kilisenin tek temsilcisi saymaya başladılar. İçlerinden biri de kilisenin başı oldu. Sonra çeşitli kiliselerin başları birbirleriyle temasa geçerek, bir çeşit oligarşi halinde, "Evrensel Kilise"yi kurmuşlardır.

İlkel kilisenin yerini alan bu evrensel kilise, **Katolik Kilisesi** diye adlandırılır.

Katolik Kilisesi, kendini Roma Devleti'nin mirasçısı sayar. Bu kilise, kendinde imparatorluk kurumlarının benzerleri ile onun anlayışının bir parçasını taşımaktadır.

Katolik Kilisesi, çok sıkı bir hiyerarşiye bağlı. Başta Papa vardır. Katolik kuramına göre, papalık "Tanrısal" köktendir. Sonra Papa, ruhani bir devletin başındadır. Kilise, ortaçağda, ruhani iktidarın cismani iktidara üstün olduğunu ilan etmiştir.

2. yüzyılda Katolik Kilisesi parçalanır. Kendisini **"Ortodoks"** diye nitelendiren **Doğu Kilisesi,** Katolik Kilisesi'nden kesin olarak ayrılır. Doğulu devletler, her biri kendi şefine ve kendi hiyerarşisine sahip bağımsız kiliseler kurarlar: Yunan, Sırp, Rumen, Rus vb kiliseleridir bunlar.

Nedir Ortodoks Kilise'yi Katolik Kilise'den ayıran?

Ortodoks Kilise A'raf, Meryem'in bir erkekle ilişkide bulunmadan gebe kalışı ve Papa'nın yanılmazlığı düşüncelerini reddeder. Ortodoks papazlar evlenirler. Tapınış, eski usullere uygun olarak, her ülkenin kendi dilinde yapılır.

Daha aklı başında, bir yerde daha milli.

Ortaçağ boyunca, Katolik Kilisesi, Kilise'nin başlardaki saflığından ve halka olan yakınlığından gittikçe uzaklaşır ve tedirgin etmeye başlar insanları. Öte yandan, bazı hükümdarlar da, Kilise'nin, cismani egemenlikten üstün olarak gördüğü ruhani egemenliğine güçlükle katlanıyorlar. Ve son olarak Kilise'nin –özellikle toprak bağışları yoluyla– büyük zenginlik sahibi bir kurum haline gelmesi gibi manevi, siyasal, ekonomik nedenler, 16. yüzyılda Katolik Kilisesi'nin yeniden parçalanmasına yol açtı. Reform hareketi sonunda çeşitli **Protestan** kiliseleri böyle doğdu.

Avrupa'nın "dinsel" coğrafyası –ana çizgileriyle– tamamlanmış oluyordu böylece.

Kilise'nin rolü

Ortaçağ'da Kilise, insanların yalnız imanı ile ilgili değildir. Sosyal yaşamın hemen bütün alanlarında, Kilise, büyük bir rol oynamaktadır. Kilise'nin karışmadığı çok az şey vardır. Ancak, düşünce özgürlüğünün karşısına çıkardığı –zaman zaman korkunç– engeller bir yana bırakılırsa, Ortaçağ'da yer yer olumlu rolleri de görülüyor Kilise'nin.

a) Kültür koruyuculuğu

Gerçekten, Batı Roma İmparatorluğu, Kavimler Göçü'nün seli altında ezilip yıkılınca, Eski Yunan'la Roma'nın miras bıraktığı kültür de yok olmak tehlikesi ile karşı karşıya kalmıştı. İşte, Eski Dünya'nın yıkıntıları içinde, Yunan ve Roma'nın kültürel değerlerine sahip çıkarak, onları gelecek için kurtaran Kilise oldu. Barbar kavimlere ilkçağ kültürünü benimsetmek işinde çıkış noktası dindi gerçi. Ne var ki, kültürsüz genç kavimler, Kilise'nin aracılığı ile eski Yunan ve Roma dünyasının okuluna girip, onun kültür değerlerini yavaş yavaş benimseyerek yetiştiler.

Rönesans ile başlayan Batı'nın yeni kültürünü, bu yetiştirme hazırlamıştır bir bakıma.

Ama Kilise de, o sıralarda bunu yapacak durumda idi. Çünkü Roma İmparatorluğu yıkıldığı zaman, ayakta kalmış tek büyük güç oydu. Ne var ki, ölçü din olunca, Kilise'nin ilkçağ kültüründen ancak kendine uygun bulup aldığı düşünceler ayakta kalabilmiş, benimsemediği düşünce ve inanışlar dışarıda bırakılmıştır. Eski Yunan ve Roma kültürünün birçok değerleri karanlıklara gömülmüştür bu yüzden.

Yüzyıllarca sonra, ancak Rönesans'ta gün ışığına çıkacaktır bunlar.

Kilise, ilkçağ felsefesini benimsemiştir. Ama bu, **Hıristiyanlaştırılmış** bir antik felsefedir. Öte yandan, antikçağın "dinamik" felsefe anlayışının zıddına, ortaçağda felsefe anlayışı duruktur (statik). Sonra skolastik ve –bazı görünüşleriyle– **mistiktir** ortaçağın felsefesi.

Skolastik için temel, Kilise'nin saptadığı öğretidir; mistisizm ise, kişisel dindarlığı esas alıyor.

b) Eğitim ve öğretim

Roma İmparatorluğu yıkıldıktan sonra, okul adına ya bir piskoposun ya da manastırların okulları kalmıştı ancak. Bunlar da, **"yedi serbest sanat"** adı altında toplanmış –ve iki gruba bölünmüş– bilgileri öğretiyorlardı: "Quadrivium" müzik, aritmetik, geometri, astronomiyi içine alıyordu; "trivium" ise gramer, retorik ve Aristoteles'in birkaç parçasının çevrilmesinden ibaret olan mantıktı.

Ve aslında yüzeysel bir biçimde öğretilirdi bütün bunlar. Bir süre sonra, öğretmenlerle öğrenciler, piskoposun yönetiminde Paris'te bir birlik halinde örgütlendiler. Bu birliğe "Universitas", yani "genel birlik" adı verildi. Üniversite, hem öğretmenleri, hem öğrencileri içine almaktaydı ama birliği yalnız öğretmenler, yani papazlar yönetiyordu. Üniversite, öğretilen konulara göre **ilahiyat, kilise hukuku, sanatlar** gibi fakültelere bölünmüştü. Daha sonra açılan tıp fakültesiyle fakülte sayısı dörde yükseldi. Öğrencilerin çoğu yoksuldu. Bazı hayır sahipleri, adlarına "kolej" denen misafirhaneler açtılar. Öğrencilerin çoğu buralarda doyurulup barındırılıyor ve manastırlardakine benzer bir disipline tabi tutuluyordu.

13. yüzyılın başında **Paris Üniversitesi,** öğretmen ve öğrenci bakımından en kalabalık topluluk oldu. Her ülkeden insanlar geliyordu buraya. En ünlü öğretmenler yabancılardı. Alman Albrecht ve İtalyan **Aquino'lu Toma** da vardı bunlar arasında.

c) Güzel sanatlar

Papazlar yalnız Latince yazıyorlar, üniversitelerde de yalnız Latince konuşuyorlardı. Bunlar, canlı bir edebiyat yaratmayı başaramadılar. Ama yine de güzel sanatların oluşmasında büyük payları oldu. Mimar ve heykelcilere, binaların ve konuların seçilmesi işini ısmarlıyorlardı bunlar. "Roman" stilde olsun, "Gotik" stilde olsun, hemen hemen bütün anıtlar kiliselerdi; heykeller, kabartmalar, süslemeler hep kiliseler için yapılıyordu.

Ruhban zümresi, özellikle **müziğin** ilerlemesi işinde büyük çaba gösterdi: Orgun kullanılmasıyla, müzik, daha soylu ve daha güçlü bir anlatımı olan bir çalgı kazanmış oldu. **Teksesli müzikten çoksesli müziğe** geçişi başlatanlar da onlar oldular. **"Notalar sistemi"**ni saptayan ve notalara –bugün de taşıdıkları– adları veren bir İtalyan keşişiydi: **Guido d'Arezzo. Dies İrae, Stabat Mater** gibi en tanınmış kilise ilahilerini besteleyenler, gene İtalyan papazları oldular.

Buraya kadar söylediklerimiz, Kilise'nin "uygarlıkçı" rolüdür. Ama aynı Kilise'nin, kendi öğretisine inanmayanlara ya da ilahiyat üstüne tartışmalarda Kilise'nin yorumundan başka bir yorumu benimseyenlere karşı takındığı tavır, zaman zaman başvurduğu zulüm ve baskı, insanlık tarihinin en iğrenç sayfaları arasındadır.

Kilise, "ilerici" düşüncenin sürekli karşısında olmuştur tarih boyunca.

Dün olduğu gibi, bugün de böyledir bu...

Kilise ve siyasal iktidar

Hıristiyanlık ortaya çıktığında, yeryüzünde egemenlik kurmak savında değildi. "İnsanların öbür dünyadaki kurtuluşunu hazırlamak"tı başlıca amacı. Roma İmparatoru'na vergi verip vermemekte duraksayanlara karşı, İsa'nın verdiği yanıt ünlüdür:

"Sezar'ınkini Sezar'a, Tanrı'nınkini de Tanrı'ya!"

Bu söz, bir bakıma, yeryüzü ve gökyüzü iktidarlarının ayrılığını kabul anlamına geliyordu.

Ne var ki, başlangıçtaki bu ayrılışa karşın, Roma İmparatorluğu'nun son yıllarından başlayarak, siyasal iktidarla Kilise arasında bir yakınlaşma olur. Ama daha sonra, Kilise, kendisini **"en üstün güç"** olarak görür ve siyasal iktidarlara bunu kabul ettirmeye çalışır. Bir süre de kabul ettirir. Öyle ki, ortaçağ boyunca, aslında kendilerine bağlı senyörlere karşı güçsüz olan krallar ve hükümdarlar, bir de gökyüzündeki senyörü, yani Tanrı'yı yeryüzünde temsil eden Kilise önünde diz çökerler.

OKUMA

KİLİSE VE DÜŞÜNCE ÖZGÜRLÜĞÜ

Milano Fermanı'ndan on yıl kadar sonra, büyük Constantinus, Hıristiyanlığı kabul etti. Bu ani karar ile yeni bir dönem başladı. Bin yıl süren bu dönemde, akıl zincire vuruldu, düşünce köle oldu, bilgi ise hiç ilerlemedi.

Kilise'nin öğretilerine inanmayanların ebedi cezaya mahkûm olacakları ve ilahiyat yanlışlarını Tanrı'nın en kötü suçlar gibi cezalandıracağı hakkındaki derin kanı, onları doğal olarak zulme ve baskıya götürüyordu...

Elimizde, Kilise'nin sapıklığı şiddetle kovuşturmasının başlıca amacının **dünyevi** çıkar olduğunu belirten kanıtlar vardır; çünkü bu kovuşturmalar, ancak sapık öğretiler Kilise'nin gelirlerini düşürecek ya da toplum için bir tehdit oluşturacak aşamaya vardığı zaman şiddetlenerek zulüm halini alıyordu...

Fakat sapıklığı kökünden kaldırabilmek için onun en gizli sığınaklarını bulup ortaya çıkarmak gerekiyordu. **Albigeois'**lar [Albi'liler] tepelendi ise de öğretilerinin zehri henüz giderilememişti. Sapıkları arayıp ortaya çıkarmak için **inquisition** (engizisyon) adı ile ünlü sistem 1233 yılı dolaylarında Papa IX. Gregorius tarafından kuruldu ve IV. İnnocentius'un bir fermanı ile bu zulüm makinesi "her kentin, her devletin toplum yapısının ayrılmaz bir öğesi olmak üzere" esaslı ve düzenli bir örgüt haline getirildi.

Piskoposlar, Kilise'nin üstüne aldığı bu ödevi gereği gibi yapacak yetenekte olmadıkları için, her ruhani yönetim bölgesinde maksada elverişli keşişler seçildi ve sapıkları arayıp bulmak işi bunlara bırakıldı...

Sapıklığı tepelemek için en etkili araçlardan biri... Bütün halk engizisyon hizmetinde sayıldığı için, herkes o örgüte **hafiyelik** etmekle yükümlü tutuluyordu...

İspanya'da sapıklıkla itham edilenlerin tabi tutuldukları yargılama usulü, bir gerçeği ortaya çıkarmak için kullanılacak akla uygun ve mantıki önlemlerin hiçbirini kabul etmemişti. Mahkemeye düşen suçlu sayılırdı. Suçsuz olduğunu kendisinin tanıtlaması gerekiyordu; hâkim de fiilen davacı durumunda idi. Aleyhte olan her tanıklık, iftira bile olsa kabul edilirdi...

Engizisyon'un yargılama usulünce, tek bir suçlu cezasız kalmasın da varsın yüz suçsuz acı çeksin düşüncesi ilke hükmünde idi. Mahkûmun yakılması için odun getirenler, günahları affedilmek yoluyla ödüllendirilirdi.

(John Bury, *Düşünce Özgürlüğünün Tarihi*, çev. D. Bartu, İstanbul, 1978, s. 45-54)

DAHA ÇOK BİLGİ

John Bury, *Düşünce Özgürlüğünün Tarihi* (çev. D. Bartu), İstanbul, 1978.

Charles Seignobos, *Avrupa Milletleri Tarihi* (çev. S. Tiryakioğlu), İstanbul, 1960.

SORULAR

1. Kilise nasıl kurulmuştur? "Katolik Kilisesi", "Ortodoks Kilise" ve "Protestan Kilisesi" deyince ne anlaşılır?
2. Batı'da, ortaçağda, kilisenin kültürde koruyucu bir rolü olmuş mudur? Olmuşsa bunun çerçevesi nedir?
3. Ortaçağ felsefesinin nitelikleri nelerdir?
4. Kilise'nin, ortaçağda, eğitim ve öğretimde, sanatta ve müzikte oynadığı roller nelerdir?
5. Kilise, düşünce özgürlüğünü tanımış mıdır? Tanımamışsa, bunun sosyal nedenleri nelerdir? (Okuma parçasını okuyunuz.)
6. Ortaçağda, Kilise ve devlet ilişkileri nasıldır?

KENTLERİN UYANIŞI, BURJUVAZİNİN DOĞUŞU

Ortaçağın ilk dönemlerinde başta gelen iktisadi faaliyet, tarım üretimidir. Alışveriş henüz pek önem kazanmamıştır. Sanayi ise son derece zayıftır.

Gerçekten, Avrupa'da ortaçağda tarım, uzun süre halkın başlıca uğraşı olarak kalıyor. O da çok ilkel bir teknikle yapılmaktadır. Köylünün yaşayışı pek iyi değildir: Oldukça rahatsız evler, yetersiz eşya, kabasaba giyim ve –çok zaman ekinleri mahveden savaşlar yüzünden çıkan kıtlıkların tehlikeye düşürdüğü– yetersiz bir beslenme...

Alışveriş, ilkel ekonominin biçimciliğinden kurtarılmış olmakla beraber, pek kısıtlıdır henüz, **köy ekonomisi** kural olarak, pazarı olmayan bir ekonomidir. Malikâne üyelerinin gereksinmeleri, kendi aralarında hizmet ve mal takası ile giderilmektedir. Bu kendi kendine yeterlik (otarşi), içerde istilalardan, feodal savaşlardan, eşkıyalıktan ileri gelen güvensizlik duygusuyla güçlenmektedir. Uluslararası alanda ise, 7. yüzyıldan başlayarak, İslamlığın yayılması sonucu, deniz yoluyla alışverişlerin durmasıyla daha da güç bulmuştur bu otarşi. O zamana değin kıyılarda yaşayan halklar arasında bağlantıların kurulmasına hizmet eden Akdeniz, İslamlığın yayılmasıyla, Batı'yı Doğu'dan ayıran bir uçurum olup çıkmıştır.

11. yüzyıldan başlayarak, yukarıda çizdiğimiz tabloyu, iki büyük olay, baştan başa değiştirecektir: **Kentlerin uyanışı** ve **Haçlı Seferleri.** İlki ülkenin iç yaşamı, ikincisi dışarıyla ilgili bu olaylar, iktisadi faaliyet alanını coğrafi bakımdan geliştirecek ve daha da yoğunlaştırıp çeşitlendirecektir. Böylece, köy ekonomisinden kent ya da **komün ekonomisine** ve hemen hemen bütünüyle tarıma dayanan bir ekonomiden de **küçük el sanatları ekonomisine** geçilecek ve oldukça önemli gelişimlere yol açacaktır bu geçiş.

Gerçekten iç ve dış dinamiklerin gelişmesiyle, iktisadi faaliyetin temel hücresi, artık sadece bir "müstahkem mevki" olmaktan çıkıp toplum yaşamının gerçek merkezi haline gelen **kent** oluyor. Ve yeni bir sınıf ortaya çıkıyor şehirlerde: **Burjuvazi.** Serveti toprağa değil, meta üretimine (piyasa için üretim) ve ticarete dayanan bir sınıftır bu.

Birçok Batı Avrupa ülkesinin tarihinde birinci derecede rol oynayan **komünlerin** hamle yaptığı bir dönemdeyiz. Pazar ödevi gördükleri ve beslenme gereksinmelerini sağlamak için bağlı bulundukları çevre köylerle komünler bir bütün oluşturmaktadır.

Bunun bir sonucu, daha ileri bir **işbölümü,** daha geniş bir uzmanlaşma oluyor. İki alanda kendini gösterir bu işbölümü:

– **Önce kentlerle köyler arasında** bir işbölümü ve uzmanlaşma gelişiyor. Kentler, sanayi ve ticaretle uğraşırken, hemen her türlü tarım faaliyetinden uzak durur. Bu da onları, yiyeceklerini çevredeki köylerden satın almaya ve imal ettikleri eşyayı da bu köylere satmaya yöneltir. Böylece kentlerle köyler arasında iktisadi ilişkiler kurulmaya başlar. Bunun bir sonucu olarak da, feodal düzendeki "hiyerarşi ve bağımlılık" durumu ortadan kalkar ya da hafifler hiç olmazsa.

– Sonra, **üreticilerle zanaatkârlar arasında** da bir işbölümü ve uzmanlaşma gelişmektedir. Gittikçe daha çok sayıda meslek ortaya çıkmakta; kendi aralarında çeşitli el sanatlarına bölünmektedir bunlar da.

Bu mesleklere giriş ve çalışma rejimi, korporatif rejim adı verilen bir rejime bağlıdır.

Aynı meslekten üreticiler, **korporasyon,** "lonca" ya da "juranda" adı verilen bir topluluk içinde birleşmişlerdir. Bu kuruluşlarda –artık kölelik ya da serflikte olduğu gibi– zorla çalıştırmak yok. Ama mesleğin seçimi, uygulanması, çalıştıranlarla çalışanlar arasındaki sıkı kurallara bağlı. Korporatif rejim, Avrupa ülkelerinin çoğunda –özellikle Fransa'nın iktisadi tarihinde– birinci derecede rol oynayan öğelerden biri olacaktır.

Tarım da tek faaliyet olmaktan çıkıyor bu dönemde. Kuşkusuz, hâlâ geniş bir yer tutmaktadır ekonomide. Ama onun yanında ihmale uğratılmaya hiç gelmeyecek sanayi ve ticaret faaliyetleri de gelişiyor ve kredi çok büyük bir rol oynamaya başlıyor.

Sanayi, **el sanatı ve sanayii ya da küçük ev sanayii** biçiminde gelişiyor. Alışveriş ise, önce **yöresel,** sonra da ulusal ve uluslararası alanda yoğunlaşmaya başlamaktadır: Kentler zamanla faal ticaret merkezleri –zanaatkârların ürünlerini, köylülerin ise besin maddelerini sattıkları– pazarlar haline geliyor.

12. ile 13. yüzyıllardadır ki, büyük **"fuarlar"** kurulmaya başlar.

İnsanların ve eşyanın rahatça yol alabilmesini sağlamak amacıyla özel yasalar kabul ediliyor. Özellikle kuzey ülkelerinde, güçlü ticaret kuruluşları (Hansa Birliği) oluşmaktadır aynı zamanda. Bunlardan bazıları Kuzey Denizi'nde Baltık Denizi'ndeki ticarette hemen hemen tekel sağlamayı başaracaklardır. Bunun gibi, güney ülkelerinde, örneğin İtalya'da **Mediciler** gibi tacir aileleri büyük bir iktisadi ve siyasal güç kazanacaklar ve edebiyat ve sanatın ilerlemesinde de geniş ölçüde yararlanacaklardır bu güçten.

Kredi, yani para ticareti de gelişmeye başlıyor. Böylelikle 13. ve 14. yüzyıllara doğru özel bankalar kuruluyor ve devletlerin yaşamıyla uluslararası politikada birinci derecede rol oynayacak olan "büyük sermayedarlar" ortaya çıkıyor: Medici'ler gibi, Fugger'ler gibi... Bir süre sonra da devlet bankaları ortaya çıkacaktır (Amsterdam, Stockholm). Ve sonunda borsalar kurulacak (Brugge, Anvers, Londra) ve çok kısa zamanda –para ve taşınır değerler alışverişinde– faal merkezler durumuna geleceklerdir.

Bütün bu gelişim içinde, "feodal mülkiyet anlayışı" yavaş yavaş çözülmekte ve Roma hukuku anlayışına çok yakın bir mülkiyet kavramına yerini terk etmektedir. Bunun gibi, 13. yüzyıldan başlayarak, Batı Avrupa'da siyasal birliğe ve merkezileşmeye doğru hızlı bir gelişme görülmektedir. Özellikle Fransa ve İngiltere'de görülmektedir bu hızlı gelişme. Bu merkezileşmeye koşut olarak, önceleri soylular ve rahipler, daha sonraları burjuvalar, ayrı sınıflar halinde ve bölgelere göre toplanarak, zamanla ilk temsili organların (Fransa'da Etats Généraux, İngiltere'de Parlamento) kurulmasına yol açmışlardır.

DAHA ÇOK BİLGİ

Claude Delmas, *Avrupa Uygarlığı Tarihi* (çev. E. Gürol), İstanbul, 1967.

Charles Seignobos, *Avrupa Milletleri Tarihi* (çev. S. Tiryakioğlu), İstanbul, 1960.

OKUMA

ROMAN SANAT VE GOTİK SANAT

Roman sanat, Ortaçağ Avrupası'nda başlı başına bir devir meydana getiriyor... **Roma Kilisesi'**ne bağlı **memleketlerde** meydana getirilmiş, az çok aynı anlayışta eserlerin bütününe deniyor.

İlk zamanlarda yasak edilen heykel, sonraları sütun başlıklarındaki bitki ve hayvan süslemelerinin yerini almaya başlamıştı. İman sahiplerinin dikkatini putlara çekmemek için eskiden sütun başlıkları bitki ve bitkileştirilmiş hayvan figürleriyle süslenirdi. Sonra sonra bunlara **insan başları** yahut **hareket halinde insan vücutları** konuldu... Bu heykeller elbette **ilkçağ heykellerine** benzemiyordu. Çünkü bu devirde heykelin kendisi değil, **görevi** önemliydi.

Roman sanatta **resim** eskiydi... Kilise resmi bilhassa İtalya'da gelişmişti... Bu resimlerin hemen hepsi **aynı sahneleri** tasvir eder...

Çalışılan eser ne olursa olsun, mesela bir kitap resmine bile **fresko tekniği** hâkimdi. Yani renkler dümdüz, gölgelendirilmeden, ışıklandırılmadan, kabartma veya tonunu açma fikrine gidilmeden sürülüyordu. Resimler birkaç renge bağlı kalıyordu.

Resim yapan kimseler, genel olarak tabiata bakıp ondan pay çıkarmaya gayret etmiyorlardı. Daha ziyade kitap süslemelerini, minyatürleri, tezhibi örnek alıyorlardı... Ne resimde, ne renkte **derinlik tesiri** arıyorlardı. Zaten **perspektifin,** şu tabiatta eşyanın uzaklaştıkça küçük görünüşünün farkında bile değildiler... Bu resimlerin süsleme bakımından inkâr edilmesine imkân olmayan bir güzelliği vardı sadece...

Gotik sanat, 12. yüzyıldan itibaren görülüyor. Fransa, İngiltere ve Almanya, bu sanatın kendilerinden çıktığına inanırlar. Herhalde adıyla, yani Got'larla bir ilgisi yoktur. Bu ad, başlangıçta alay olsun diye o tarz eserlere takılmıştı.

Gotik sanat da aslında bir mimarlık okuludur. Resim ve heykel... Kilise mimarlığına yardımcı olmuştur.

Gotik heykel, katedrallerde, kapı yanlarındaki yuvalarda kendini gösterdi. Hemen de yayıldı. İlkin sadece dinle ilgiliydi. Yani İsa'yı, Meryem'i gösteren heykeller yapılıyordu. Sonra daha başkaları, ölümlü insanlar da bu heykeller arasına karıştılar. Tek figürden çok figüre geçildi... Bu heykellerde **hareket** ve **denge** başlıca önemli unsurlardı...

13. yüzyılın sonlarına doğru heykellerin **ölümlü insana benzemeye** yöneldiği görüldü. Meryem Ana, kutsal bir kadın olduğu kadar sadece ana olarak da canlandırılmak isteniyordu. Kısacası, yavaş yavaş insan yüzünün çizgi ve ifadeleri taklit edilmeye başlandı.

Gotik mimarlığının bir özelliği, **duvar satıhlarını azaltmak** olmuştu. Bunun sonucu, resim, gotik sanatında duvar resmi olmaktan çıktı. Kendine daha başka gelişme alanı aradı ve buldu: **Cam resmi...**

Gotik sanat İtalya'da kolay kolay yerleşmemiştir. Sebebi de bu memleketin çok kuvvetli bir sanat geleneğine sahip olmasıydı...

(Zahir Güvemli, *Sanat Tarihi,* İstanbul, 1968, s. 56-59)

SORULAR

1. Batı'da, ortaçağın ilk dönemlerinde, iktisadi faaliyetin tablosu nedir? Bu tabloyu, hangi yüzyıldan başlayarak, hangi olaylar değiştirmiştir?
2. "Kentlerin uyanışı"nın iktisadi ve sosyal sonuçları nelerdir?
3. Korporatif rejim nedir?
4. Batı'da, ortaçağın sonlarında, iktisadi tablonun değişmesiyle, siyasal birliğe ve merkezileşmeye doğru hızlı bir gelişmenin başlaması arasında bir ilişki var mıdır?
5. "Roman" sanat ile "gotik" sanat ne zaman ortaya çıkmışlardır ve hangi özellikleri taşırlar? (Okuma parçasını okuyunuz.)

BÖLÜM III

BATI UYGARLIĞININ YÜKSELİŞİ
(16., 17. VE 18. YÜZYILLAR)

15. yüzyılın ortalarından 16. yüzyılın sonlarına değin –Osmanlı İmparatorluğu'nun en güçlü ve görkemli yıllarına rastlayan bir buçuk yüzyıllık dönemde– Batı Avrupa'da, Ortaçağ'ın son izleri de silinir; askerî, coğrafi, iktisadi, düşünsel, dinsel ve siyasal alanlarda büyük değişiklikler olur, ufuk genişler ve Batı'nın yeniçağı belirgin özellikleriyle başlar.

Doğu'nun yükselişine karşı, Batı mücadeleye hazırlanmaktadır.

Sırayla inceleyelim bu evrimleri.

TEKNİK DÖNÜŞÜMLER, KEŞİF YILLARI

Başta askerlik, denizcilik ve coğrafya alanlarında köklü değişiklikler görüyoruz: Ortaçağda kullanılan "Grek ateşi" yerine, önce topçulukta kullanılmaya başlanan barut geçer. Özellikle pusula sayesinde gemiler büyük seferlere çıkma olanağını bulur. Son olarak, bir dizi keşiflerle, Avrupa, yeni kıtalar ve ülkeler bulur ve tanır.

Bu ise, iktisadi alanda büyük sonuçlar doğurur.

Teknik gelişmeler

Bizanslılar, beş yüzyıla yakın bir zaman, reçine, güherçile ve kükürtten oluşan bir maddeyi savaşta düşman gemilerini ve kuşatma araçlarını yakmak için kullanmışlardı. 13. yüzyıla doğru, bu karışımdaki reçine yerine kömür kullanılarak elde edilen barutun patlamasından yararlanılarak mermi atılmaya başlandı.

Top, bunun sonucudur ve 14. yüzyılda hızla genelleşir kullanılması.

Topun keşfi, mutlak hükümdarlığın, feodal rejimin yerine geçmesini kolaylaştıran en önemli araçlardan biri oldu. Derebeylerin barındığı sağlam şatoların topla yıkılması kolaylaşmıştı çünkü. Bundan başka, savaş ve tahkim biçimlerinde de değişikliklere neden oldu top. Ve top, en önemli bir silah niteliğini kazandığı için, 15. yüzyıldan başlayarak savaşların sonucu en çok topçu gücüne bağlı olmaya başladı.

Bunun gibi, ortaçağda Avrupa'daki gemiciler kıyıdan uzaklaşmaya cesaret edemezler, yalnız kıyı boyunca seyahat ederlerdi. Oysa, Güney Asya'nın mallarını Kızıldeniz'den Akdeniz kıyılarına getiren Müslüman gemiciler, uzun zamanlardan beri Hint Okyanusu'nu kolaylıkla bir baştan öbür başa geçiyorlardı. Onların yükseklik almak (öğle vakti güneşin yüksekliğini ölçüp derecesini belli etmek) ve coğrafyadaki yeri belirlemek için usturlap aletini kullandıkları kesindir. **Pusula** kullanarak yön belirlemede de usta idiler. Çin uygarlığını kuranların keşfettiği ve Müslümanların Avrupalılara tanıttığı bu araç da, 12. yüzyıldan başlayarak, Avrupa'da kullanılır oldu. 14. yüzyıldan sonra da –Müslümanların çoktan beri bildikleri– coğrafi yeri belirleme yöntemi öğrenildi.

Gemi yapımı tekniği de bu ilerlemelere koşut yürüyordu.

Müslümanlar, öteden beri Hint Okyanusu'nda açık denizlere özgü gemiler kullanıyorlardı. Avrupa'da ise, 15. yüzyıl sonlarına doğru, karavela denilen gemiler, yüksek küpeşteleri, hafiflikleri ve hızları, pek kullanışlı yelkenleri ile okyanuslarda dolaşmaya elverişli bir duruma gelmişlerdi. Manevra yapması daha güç olan **kalyon** ve **nef** denilen gemiler, daha çok ağır nakliyat için elverişli idi. Başlangıçta yalnız kürekle hareket eden **kadırgalar** da sonraları donatıldı. Ama hep Akdeniz'de kullanıldı bunlar.

Coğrafi keşifler

Avrupa'da gemicilik alanındaki ilerlemeler, hep 12. yüzyıldan, yani Haçlı seferlerinden sonra başlamış olduğuna göre, bu ilerlemeler üzerinde Doğu dünyasının büyük bir etkisi olduğunu kabul etmek gerek. Bu ilerlemelerledir ki, 15. yüzyıldan başlayarak, Avrupalıların o zamana değin tanıdığı dünyanın sınırları genişlemeye başlar.

Gerçi daha önce de, Akdeniz'den başka birçok ülkeler bilinirdi. Roma İmparatorluğu'nun sonuna doğru, kuzeyden Baltık Denizi'ne, İskoçya'ya, güneyden Büyük Sahra'ya; doğudan İndüs nehrine ve –belki de– Cava adasına dek gidilebiliyordu. 9. ve 10. yüzyıllarda, Normanlar, Grönland'a ve Kuzey Amerika'nın kuzeydoğu kıyılarına gitmişler, bir yandan da Rusya içlerine dek sokulmuşlardı. Müslüman gemileri 9. yüzyıldan 12. yüzyıla değin Arabistan, İran, Malezya ve Çin'i tanımışlardı. 13. yüzyılda, Papa'nın Cengiz Han'a gönderdiği elçiler Karakurum'a gitmişler; Marko Polo da Çin'e gitmiş, Japonya, Çin Hindi, Molük adaları hakkında bilgi alarak Hindistan yolu ile Avrupa'ya dönmüştü. Afrika'da Müslümanlar, çoktan beri Zengibar, Madagaskar kıyıları, içerde de Nijer nehri havzasına değin Sudan ile ticaret yapıyorlardı. Bununla beraber, Avrupalılar 14. yüzyılda Afrika kıyıları boyunca güneye inmekten çekiniyorlardı. Öyle de olsa, Portekizliler –özellikle "gemici" lakabıyla bilinen **Prens Henri'**nin özendirmesiyle– çeşitli seferler düzenleyerek Afrika'nın önceleri Müslümanlarca ele geçirilmiş ve Müslüman dünyasınca tanınmış olan batı kıyıları boyunca, gittikçe daha güneye doğru seyahatler yapmaya başlamışlardı.

Artık daha büyük keşiflere sıra gelmişti. Çeşitli nedenler, Batı'nın denizci ülkelerini harekete zorluyordu:

– 15. yüzyıla doğru Avrupalılar biber, tarçın, zencefil gibi **baharatı** çok kullanmaya başlamışlar ve Müslüman dünyasıyla temas, baharatı ve Doğu mallarını Avrupalılara tanıtmış, yemeklerine, şaraplarına değişik bir tat kazandırmıştı. **İpek, günlük** ve **altın** da çok aranıyordu. Baharatın Doğu Hint adalarından, ipeğin de Çin'den geldiği biliniyordu. Bunları ya Müslümanlar güneyden deniz yolu ile ya da Türkler Asya'nın ortasından karayolu ile Akdeniz ve Karadeniz'e getiriyorlar, Venedik ve Ceneviz tacirlerine satıyorlardı. Bu baharat ve altın ülkelerine –Müslümanların aracılığı olmaksızın– doğrudan doğruya denizden ya da karadan gidilmesi, bu malların asıl yerinden alınması pek büyük kazançlar sağlayacaktı.

Böylece **iktisadi** bir neden Batı'yı özendiriyordu.

– Matbaacılığın keşfi, Doğu ve Müslüman dünyası ile savaş ve ticaret ilişkileri, coğrafya bilgisinin Avrupa'da da yayılmasına neden olmuştu. Özellikle dünyanın yuvarlaklığına birçok kimseler inanmıştı. Mademki dünya yuvarlaktı, gemiler de okyanusları aşacak hale gelmişti, güneydoğudan ya da batıdan Hindistan'a gidilebilirdi. Şu halde, doğru ya da yanlış, bu dönemin bilgileri, kâşiflerin düşünceleri üzerine büyük bir etki yapıyordu.

Bu da, keşiflerin **düşünsel** nedenleri.

– Bunlara **dinsel** bazı nedenler de eklenebilir: Habeşistan'da Hıristiyan bir devletin varlığından ve orada **Rahip Jean** adında birinin yaşadığından, ona kavuşmak gereğinden söz ediliyordu.

– Bundan başka Portekiz, daha önce Müslümanlara karşı zafer kazanmış, faaliyetini yarımada dışına, denizlere ve denizlerin ötesine taşıracak duruma gelmişti. İspanya da, yüzyılın sonlarına doğru, birliğini kurmayı başarmıştı. Yarımadada Müslümanlara karşı başarılı olan ve bir sıra Haçlı seferlerinden başka bir şey olmayan mücadeleyi, bu kez ticari amaçlarla Afrika'da ve Afrika ötesinde sürdürmek de bir amaç haline gelmişti.

Keşiflerin ne biçimde ve hangi yollarda oluştuğuna gelince...

Hindistan'a başlıca dört yoldan gidilebilirdi. Bunlar da güneydoğu (Afrika'nın güneyinden dolaşan), güneybatı, kuzeybatı (Amerika'nın kuzeyinden dolaşan) ve kuzeydoğu Avrupa'nın ve Asya'nın kuzeyini izleyen yollardı.

Hepsi de denendi bu yolların.

Bunlardan birincisini Portekizliler izledi: 1487'de **Bartelmi Diaz,** Hint Okyanusu'nda Nepal kıyılarına değin gitti. On bir yıl sonra **Vasco da Gama** da Afrika'yı dolaşarak Hindistan'da Kalküta'ya vardı.

Güneybatı yolundan ilerleyen bir kâşif **Kristof Kolomb** oldu. Amerika kıtasını o buldu. Bu alandaki keşifler bundan sonra hızla birbirini izledi. **Balbua,** ilk olarak Panama aralığını aşarak Büyük Okyanus'u gördü. İspanya hizmetinde bulunan **Macellan** da Amerika'nın güneyini dolaşarak Büyük Okyanus'a geçti, Filipin Adaları'na geldi. Kendisi orada yerlilerle bir çatışmada öldürüldüğü için dünyayı ilk kez dolaşmak işi arkadaşlarına kaldı. Ve onlar da başardılar bu işi.

Portekizlilerle İspanyolların güneyden aradıkları Hindistan yolunu **İngilizler, Fransızlar, Hollandalılar** ve **Ruslar** kuzeyden aradılar. İngilizlerle Fransızların tüm çabalarına karşın, 18. yüzyılın sonlarına değin kuzeybatı yolu bulunmamıştı. Ne var ki, bu çabalar sonucunda Amerika'nın kuzeydoğu kıyıları tanınmıştır. Bunun gibi, İngilizler ve Hollandalıların aradıkları kuzeydoğu yolu da çabucak keşfedilemedi.

16. yüzyılın sonlarında ancak Avrupa'nın kuzeyi tanınabilmişti.

Özetlersek, 16. yüzyılın sonlarında, Amerika'nın, Asya'nın bir yarımadası değil, ayrı bir kıta olduğu anlaşıldı. Fakat Avustralya'nın varlığı henüz bilinmiyordu. Yalnız, güneyde geniş bir kıtanın var olması gerektiğine inanılıyordu.

O, sonraki yüzyılda bulunacaktır.

Kapitalizmin gelişmesi

Coğrafi keşiflerin Avrupa için en önemli sonuçlarından biri, **kapitalizm**deki gelişmelerdir.

Kapitalizm, kurulurken, büyük çapta sömürgeciliğe başvurmuştur. Gerçekten, Avrupalılar ticari amaçlarla çeşitli ülkelerde sömürgeler oluşturdular. Yeni ticaret yollarından, tüm dünyanın ürünleri, zenginlikleri Batı Avrupa'ya akıyordu artık.

Sömürgeciliğe ilk önce atılan uluslar, keşiflerde büyük roller oynamış olan Portekizliler ve İspanyollardır. Daha sonra Fransız, İngiliz ve Hollandalıların da sömürgeciliğe başladıkları görülür.

Dünyanın henüz, Avrupalılarca bilinmeyen parçaları olmakla beraber, Papa IX. **Alexander,** Portekizlilerle İspanyollar arasındaki uyuşmazlıklara set çekmek için, 1493'te, dünyayı bir boylam çizgisi ile bu iki ülke arasında bölüştürüvermişti. Asor adalarının 370 mil batısından geçen bu çizginin doğusunda kalan ülkeler (Afrika ve Asya) Portekizlilerin, batısında kalan ülkeler (Amerika) de İspanyolların olacaktı.

Bölüştürülen bölgeler içinde **Portekizliler,** 16. yüzyılın ilk çeyreğinde, Asya'nın Hint Okyanusu kıyılarındaki ülkelerinde öteden beri ticaretle uğraşan Müslüman toplulukları söküp atmaya çalışmışlardı. Bu hareket, daha başta Doğu ticaretinden yararlanan Venediklilerle, Mısır'daki Müslüman hükümdarların dikkatini çekti. Mısırlılar, Venediklilerin de desteği ile Portekizlilere karşı bir savaş açmak istediler. Fakat pek az sonra Mısır, Osmanlıların eline geçti.

Yavuz Selim'in Süveyş Kanalı'nı açmayı tasarlaması, işin önemini anladığını gösterir... Daha sonra, Kanuni Sultan Süleyman zamanında çeşitli donanmalar gönderilmiş, Hint'teki Türk devletleriyle el ele verilmek istenmiştir. Ne var ki, bu girişimlerdeki bazı başarısızlıklardan ve Hint'teki Türk devletlerinin denizlere ilgisiz kaldıkları anlaşıldıktan sonra, Kanuni'nin Akdeniz ve Avrupa'daki seferlere daha çok önem vermesi, Güney Asya ticaret yollarıyla ülkelerinin Portekizliler elinde kalmasına ve Osmanlı İmparatorluğu'nun bu ticaretin yararlarından yoksun kalmasına neden oldu.

Portekizliler, Kızıldeniz'den Çin'de **Kanton'**a değin kıyı boyunca ve bir de **Sonda** adalarında büyük bir sömürge imparatorluğu kurmayı başardılar. Ayrıca, Amerika'da Brezilya'yı da sömürgeleri arasına kattılar.

1493'ten 1541 tarihine değin **Konkistador** adı ile şöhret kazanan İspanyol istilacıları –en bilinenleri Cortès, Pizarro, Almagro– Meksika'yı, Peru'yu ve Şili'yi ele geçirdiler. Ele geçirilen ülkelerde Meksika'da yaşayan **Aztekler** ile **Mayalar,** Peru'da devlet kurmuş olan **İnkalar,** ileri bir uygarlığa sahiptiler.

Bütün bu uygarlıklar yerle bir edildi.

Fransa kralı **I. François** Papa'nın keyfi bölüştürmesini kabul etmemiş, kapalı deniz ilkesine karşı "açık deniz" ilkesini savunarak, keşfedilen ülkelerden yararlanmak istemişti. Ne var ki, Fransızlar yalnız Kuzey Amerika'da –şimdiki Kanada'nın doğusunda– Yeni Fransa adıyla bir sömürge kurabildiler. Fransızların Kanuni Sultan Süleyman'la uyuşmaları, yalnız Habsburg'lara karşı değil, Venedikliler, İspanyollar ve –belki de– Portekizlilerle mücadele ve yarışmada başarılı olmak içindi.

Hollandalılara gelince, sömürge kurma gereğini ancak 16. yüzyılın sonlarına doğru duydular. O zamana değin, Portekizlilerden satın aldıkları maddeleri ve eşyayı aracı olarak taşımak ve yeniden satmakla yetiniyorlardı. İspanya kralı **II. Felipe** Portekiz'i yönetimine aldıktan sonra, 1594'te Hollandalıları, bu ülke ile ticaret yapmaktan yasaklamak isteyince, onlar da kendi hesaplarına Cava ve Molük adalarında yerleşmeye karar verdiler. 17. yüzyılda, Hollandalılar, böylece –Portekizliler, İspanyollar ve İngilizler zararına– dünyanın en zengin ülkelerinden biri olan **Doğu Hint sömürgesini** kurmayı başardılar.

Coğrafi keşifler ve sömürgecilik, ulaştırma biçimini, ticaret yollarını, değiş tokuş edilen eşya ve maddelerin nitelik ve niceliği ile ticaretin niteliğini de değiştirdi:

– Gerçekten, 15. yüzyıl sonlarından başlayarak, kara ulaştırması azalmaya, buna karşı deniz ulaştırması artmaya başlar. Keşiflerden sonra, okyanus yolları, karayollarına, hatta Akdeniz yollarına oranla büyük önem kazandı. **Kara yolları çoğunlukla Türklerin ve genellikle Müslümanların elinde idi.** Bu yollardaki faaliyetin azalması, doğal olarak, Türk ve Müslüman ülkelerinin zararına oldu. Deniz yollarında ise, Türkler, çeşitli nedenler yüzünden Avrupalılarla yarışamadılar.

On beş kadar Avrupa kentinde pek işlek panayırlar kuruluyordu. Bunlar arasında Leibzig, Frankfurt, Lyon özellikle belirtilmeye değer. Ancak asıl okyanus yollarıdır ki, büyük ticareti çekiyordu.

Lizbon şehri, Venedik ve Cenova'nın yerine geçmişti. Marsilya, Osmanlı padişahının verdiği ticaret ayrıcalıkları sayesinde, gücünü yitirmekten bir derece kurtulmuştu. Buna karşı, Atlas Okyanusu limanlarının, özellikle Bordeaux ve Londra'nın zenginliği artıyordu.

Venedik, Mısır hükümeti ve Müslümanlarla anlaşarak, Portekizlilere karşı koymak ve mücadele etmek istedi. Ticaretinin sönmemesi için gerçek çarenin Süveyş Kanalı'nı açmak olduğunu anlamıştı. Bu tasarıya, Mısır'ı zapt ettikten sonra, Hindistan'a seferde bulunmak amacıyla Yavuz Selim de yandaş oldu. Ne var ki, yalnız Hindistan seferini kolaylaştırmak değil, Hindistan ve Asya ticaretinin, Osmanlı İmparatorluğu içinden geçen yollarla devam etmesini sağlayacak ve iktisadi faaliyetin bütünüyle Batı'ya geçmesini önleyebilecek olan bu tasarı –biraz da gerçekleştirilmesindeki güçlüklerden ötürü– eylem alanına çıkamadı.

– Ticaretteki değişikliklerden biri de ticaret mallarında görülür. En çok nakledilen ve satılan mallar, **sömürge ürünleri** ve **esirlerdi.** Sömürge ürünlerinden bir bölümü Amerika'da yetişiyordu. Tütün, kakao, vanilya bu türdendir. Asya, İran halılarını ve atlarını; Hindistan, ceviz, biber, tarçın ve afyonla kumaşlarını; Sonda adaları Hindistan cevizi ve karanfillerini, kâfur ve kıymetli ağaçlarını; Çin, ipeğini, porselen ve bronz mamulatını satıyordu.

Bu mallar ve ürünler çoğaldı, genelleşti, fiyatları düştü. Yeni Dünya'da madenlerde çalışacak, toprakları işleyecek yeterli el emeği bulunmuyordu. Yerliler, daha ilk zamanlardan başlayarak, vahşice yok edilmeye başlandı. Bunların yerine geçmek üzere Afrika'dan zenci getirilmesi düşünüldü.

Zenci ticareti böyle başladı.

– Sömürgeciliğin kuruluşundan ve ticaret biçiminin değişmesinden, **iktisadi düşüncelerin** de etkilenmemesi olası değildi.

> Çalışma, ortaçağda, Tanrı'nın buyurduğu bir görev, herkesin bağlı olacağı bir kural gibi kabul ediliyordu. Şu halde herkes uygun bir biçimde çalışarak yaşayabilmeli idi. Örf ve teamül ile **lonca örgütü,** patronla ücretli işçinin, satanla satın alanın, karşılıklı ve birbirine zıt çıkarlarını dengelendiriyordu. Emeğin haklı ve ılımlı bir ücreti, eşyanın da yine akla yakın ve ılımlı bir fiyatı olması gerekeceği düşünülüyordu. Hiç kimsenin yüksek kazançlar elde etmeye hakkı yoktu bu düşünceye göre.

Oysa, 15. yüzyılın sonlarından başlayarak, bu **"sınırlı kazanç kuralı"** bırakılır. Ticaret alanı ve kazancın sınırı genişler böylece.

Ticaret maddesi ve konusu sayılmayacak hiçbir şey kalmamıştır artık.

Birçok kentlerde bankalar açılmıştı. Kâşifler, sömürge işleriyle uğraşanlar, tacirler bu sayede gereksindikleri sermayeleri buluyorlardı. Girişim ve taahhüt düşüncesi böyle yayıldı, güçlendi. Deniz seferlerinin doğurabileceği tehlikelere karşı da tacirler, mallarını başlangıçta İtalya'da doğan **deniz sigortası** ile güven altına alabildiler. Daha 13. yüzyıldan başlayarak, Doğu'da ve özellikle İlhanlıların egemenliği altındaki ülkelerde kullanılmaya başlayan **poliçe** ve **çek** kullanılması daha çok yayıldı.

16. yüzyılın ilk yarısında Avrupa'ya Amerika'dan önemli miktarda değerli maden (altın, gümüş) getirilmişti. Bunun-

la, özellikle yeni sınıf, yeni burjuvazi güçlendi. Değerli madenlerin çoğalması, ayrıca eşya fiyatlarını büyük ölçüde yükseltti.

Bununla beraber, bu değişikliklerden ilk önce yararlanmayı başaran Portekizliler ve İspanyollar, emeğin ve üretimin verdiği gerçek zenginliği altınla karıştırmak, yani değerli madenleri asıl zenginlik sanmak aymazlığında bulundular. Sömürgelerden gelen altına güvenerek ülkelerindeki üretimi savsakladılar. Bunun sonucu iktisadi bir çöküş olacaktı.

Ve gecikmeden de oldu.

Sonuç olarak şunu görüyoruz: Avrupa, yüzölçümü bakımından kıtaların en küçüğü idi gerçi. Oysa, yeniçağın başlarındaki gelişmelerle kıtaların en önemlisi oldu. Öteki kıtalar ise, Avrupa'nın birer sömürgesi haline gelmeye başladı. Avrupa, ticareti ile diğer ülkeleri sömürüyor, oradaki servetler kendisine akıyordu.

Batı Avrupa'nın, 16. yüzyıldan başlayarak, iktisadi, siyasal ve giderek kültürel üstünlüğünü ele geçirmesinin temelinde bu yatar en başta.

DAHA ÇOK BİLGİ

J. G. Leithauser, *Dünyamızın Fatihleri* (çev. D. Türkömer), İstanbul, 1971.

Pierre Rousseau, *Keşifler ve İcatlar Tarihi* (çev. Ayda Düz), İstanbul, 1972.

OKUMA

AZTEKLERİN UYGARLIĞI

Cortes... Aztek İmparatorluğu'nun başkenti Tenochtitlan'a (Mexico) doğru yürüdü. Şehir, dört bir yandan sularla çevriliydi. Bu büyük uygarlığın kalbine doğru ilerledikçe, İspanyolların şaşkınlığı iyice artıyordu. Gördükleri barajlar, inip kalkan tahta köprülerle birbirlerine bağlanmıştı. Montezuma, sarayın ileri gelenleriyle birlikte İspanyolları karşıladı. Göz kamaştırıcı bir tahtırevanın üzerinde oturuyordu. İmparatorun büyük bir ihtişam içinde yaşadığı sarayına yakın binalara götürülen İspanyolları, sokaklarda, damlarda, kayıklarda birikmiş büyük bir kalabalık merakla izliyordu.

Avrupalılar, kaldıkları binaların pencerelerinden önlerindeki geniş ovaya yayılan baraj ve suyollarını, şehre su getiren kemerleri, renkli elbiseleri içinde sokakları ve pazarları dolduran insanları, çeşitli yiyecek, giyecek vb satan dükkânları şaşkınlık içinde seyredip durdular. Sokaklar öylesine temizdi ki, **"bu sokaklarda yürüyen biri, ayaklarını ancak elleri kadar kirletebilirdi"**. Şehrin ortasında piramit şeklinde yükselen kocaman bir tapınak vardı. Bunun etrafı çeşitli sütunlar, parklar ve binalarla çevrilmişti. Şehirde ayrıca birçok hastane, bitki bahçeleri, berber dükkânları, hamamlar, çeşmeler ve sıcak su dağıtım şebekesi vardı. Çok ileri düzeyde bir güzel sanatlar anlayışı, her yerde kendini göstermekteydi. Dükkânlarda renk renk halılar, güzel kokular, altın işleri, kaplumbağa kabuğundan yapılmış çanaklar, keten kumaşlar, deri ceketler satılıyordu. Şehrin mükemmel bir polis ve posta örgütüyle çeşitli kamu kuruluşları da vardı. Yiyecek ve içecek boldu. Aztek mutfağında av etleri, balıklar, reçeller ve baharatlı yemekler başta geliyordu...

Aztek'in İspanyolları şaşkınlığa düşüren bir başka yönü de namus ve ahlak anlayışlarıydı. Kimse evinin kapısını kilitlemiyordu. Evinden çıkan, içerde kimse olmadığını işaret için eşiğin üzerine ufak bir değnek koyuyor ve gönül rahatlığıyla işine gidebiliyordu. Fakat bu yüksek uygarlığın yanı sıra dinsel örf ve âdetlerde çok ilkel bir yön vardı. Büyük piramidin en üstündeki kutsal yeri gezen İspanyolların gözleri korkuyla doldu. Aztekler burada insan kurban ediyorlardı.

(J. G. Leithauser, *Dünyamızın Fatihleri,*
çev. Derin Türkömer, İstanbul, 1971, s. 190-193)

SORULAR

1. Batı'da yeniçağın başlarında ne gibi teknik gelişmeler görüyoruz ve bunların sonuçları ne olmuştur?

2. Batılıları coğrafi keşiflere götüren etkenler nelerdir? Bu etkenler arasında Osmanlıların ne gibi bir rolü olmuştur? Coğrafi keşiflerin Batı ve Osmanlı ekonomileri için sonuçları nelerdir?

3. Batılılar Amerika'yı keşfettiklerinde orada ne gibi uygarlıklarla karşılaştılar? Ve nasıl davrandılar bu uygarlıklar karşısında? Aztekler kimlerdir ve uygarlıkları hakkında ne biliyorsunuz? (Okuma parçasını okuyunuz.)

RÖNESANS VE REFORM

14. yüzyıldan 16. yüzyıl sonlarına değin, Batı Avrupalılar, yalnız okyanusların ötesindeki ülkeleri keşifle yetinmediler; edebiyat, sanat ve düşün alanlarında da büyük ilerlemeleri oldu.

"Rönesans" adı veriliyor bunların tümüne.

Kâğıt üretiminin yayılması, oymacılığın ilerlemesi ve basımcılığın, Rönesans'ın oluşmasında ve gelişmesinde rolleri büyük. Ama asıl neden, yükselen burjuvazinin varlığıyla ilgili.

Nedir Rönesans?

Burjuvazinin kültür devrimi.

Rönesans

a) Rönesans'ın anlamı

Rönesans, kelime anlamıyla, "yeniden doğuş" demek.

Ancak, Rönesans deyiminden Batı'da edebiyat ve sanatın gerçekten yeniden doğduğu ya da dirildiği anlamı çıkarılmamalı. Çünkü, Ortaçağ Avrupası'nda da, bir edebiyat ve sanat vardı. Rönesans, Batı Avrupa'da edebiyat ve sanatın **yeni bir yöne** çevrilişi.

Gerçekten, Rönesans hareketinin, görüldüğü her yerde bu hareketi simgeleyen belli nitelikleri vardır: **Eski Yunan sanatına dönmek, dinsel konularda bile insanı merkez olarak almak, dünyayı, dünya gerçeklerini değerlendirmek...** gibi. Kolayca fark edileceği gibi, ortaçağ düşünüşünün zıddı bu nitelikler. Çünkü, ortaçağ düşünüşü, yalnız öteki dünyayı merkez yapıyor, yalnız Tanrı'yı ve dini yaşama nedeni olarak kabul ediyordu.

Ancak şu noktaya da dikkat etmeli: O yüzyıllarda yaşayanlar, kendilerini ortaçağdan bütün bütüne de kurtarabilmiş değillerdi. Geçmişin kalıntıları yer yer sürüyordu hâlâ. Ne var ki, o insanlar, Greko-Romen sanatı ve edebiyatı üzerine daha çok eğilmişler, onu daha iyi incelemişlerdi. Klasik düşünceye gereken önemi vermekten kaçınmamışlardı. Bunun gibi, Latince, bu çağla ansızın önem kazanmış, eskiden kalma eserler gün ışığına çıkıvermişti.

Bütün bunlar, Rönesans'ın yalnız "yenilik" demek olmadığını gösterir. Rönesans, **modernizmin öncüsü** olduğunca, **ortaçağın da bir mirasçısı.** Daha yerinde bir deyişle, Batı'da, ortaçağ ile modern dünya arasında bir basamaktır Rönesans.

Görkemli bir basamak ama.

Ortaçağ, **"birleşmiş bir toplum"**u savunuyordu. Rönesans, **"birey"**i öne aldı.

"Bireycilik" başlamıştır.

Ve o çağa göre ilerici bir akımdır da bu.

Bireycilik, giyim ve kuşama varıncaya dek her alandadır. İnanç ve ahlakta serbestlik ister. Kilise'nin baskısına direnir, giderek başkaldırır ona.

Protestanlık, işte bu başkaldırışın dindeki görünüşü.

Bireyciliğin en güzel deyimini bulduğu hareket üstelik.

Bütün bu değişimde, Batı'daki iktisadi gelişmenin, doğan kapitalizmin ortaya çıkardığı yeni bir sınıfın, yani burjuvazinin yaşam anlayışı ve yaşayışının büyük payı var. İktisadi gelişmenin bu sınıf yararına yarattığı zenginlik ve refah, ortaçağın ve Hıristiyanlığın sıkıcı ahlak kurallarını eğip bükecekti ister istemez. Ve yaşama tutkuyla bağlılığı, zevk ve sevinç içinde yaşama arzusunu, giderek biçim ve maddenin yetkinlik ve güzelliğine önem vermeyi getirecekti arkasından doğal olarak. Maddesel ve özgür bir yaşam akışının, edebiyat ve sanatı etkilememesi de olanaksızdı aslında.

Nitekim öyle oldu.

Bundan başka, kökü Doğu'da olan İspanya'daki Müslüman uygarlık ile Kuzey Afrika Müslümanlarının Sicilya ve İtalya ile ilişkileri, güney ve batı Avrupa'nın düşünce ve sanat ufkunun genişlemesine yardım etmiştir. Endülüs medreselerinde öğrenim gören Hıristiyanlar vardı. Fransa'da İbni Sina'nın tıpla ilgili eserleri okunuyordu. Güney İtalya ve Sicilya'da Müslümanlığın etkisiyle, Avrupa'nın öteki ülkelerindeki bağnazlık hafiflemiş, dar zihniyet değişmeye başlamıştı.

Rönesans hareketi, Batı'da her ülkede aynı zamanda başlamadı. Bazı yerlerde hiç görülmedi bile. Bunun gibi, kimi sanat kollarında pek erkenden başlayan bu uyanış, kimi sanat kollarında duyulmadı. Ama Rönesans hareketinin, Batı'da önce İtalya'da başladığı ve oradan çevreye yayıldığı bir gerçek.

b) Hümanizm ve edebiyat

Hümanizm deyimi, ilkin ve dar anlamıyla, ilkçağ edebiyatı üzerindeki –daha çok filolojik nitelikte olan– çalışmalara verilen bir ad. İlkçağ edebiyatı ile ilgili uğraşların ortaya çıkması ise, yeni bir yaşam anlayış ve duygusunun kendisine biçim kazandırmak istemesinden ileri gelmiştir. Bu yeni anlayış, **dinden bağımsız bir kültür** kurmak, **insan ve dünya ile ilgili bir felsefe yaratmak** istiyordu. O halde hümanizm, sadece filolojik bir araştırma değil, modern insanın yeni yaşam anlayışını ve duygusunu dile getiren bir akım oluyor.

Ancak hümanizmi dinden, yani Hıristiyanlıktan bütün bütüne ayrı olarak da düşünmemeli. Dinle yakından ilgilenen kişilerdi hümanistlerin çoğu.

Hümanist hareket, başta İtalya'da doğar: Hareketin öncüsü, 14. yüzyılda yaşamış büyük şair **Petrarca'**dır; 15. yüzyılda, hareketin en önemli merkezi **Lorenzo di Medici'**nin Floransa'sı olur. 16. yüzyılda ise, bütün Batı'yı sarar hareket: Başta Hollandalı **Erasmus** olmak üzere, Alman **Reuchlin** ve **Pirkheimer,** Fransız **Bude** ve **Estienne,** İngiliz **Colet** ve **Thomas More** hümanist hareketin akla gelen ilk büyük adları oluyor.

– İtalya, Rönesans edebiyatının ilk tohumlarını 14. yüzyılda verecek denli olgundu. **Dante,** bir ortaçağ adamıydı, ama yeni çağların da bir habercisiydi. Çağdaşı Petrarca ise bütün bütüne bir Rönesans adamıdır. **Boccacio'**nun *Decameron'*u, İtalyan Rönesansı'nın bugüne değin ününü koruyan eserleri arasında.

15. yüzyılın ortalarından 16. yüzyılın ortalarına değin geçen dönem İtalya'da Rönesans edebiyatının altın çağıdır. Akla önce dört büyük destan yazarı geliyor: **Fulci, Boiarda** –ve özellikle– **Ariosto** ve **Tasso.** Siyasal kuramın en önemli eserlerinden biri olan *Hükümdar'*ın (*Il Principo*) yazarı o çok ünlü **Machiavelli** de (Makyavel) bu dönemde. Son olarak, otobiyog-

rafi türünün en güzel örneklerinden biri de o dönemde yazılmış: **Benvenuto Cellini'**nin otobiyografisi.

– Rönesans İspanyası, *Don Kişot'*u (*DonQuijote*) yazan **Cervantes'**i yetiştirdi. Onun adı, eseri gibi, dünya edebiyatının ölümsüzleri arasındadır.

– 1492'de başlayan İtalya Savaşları, Fransa ile bu ülke arasındaki ilişkileri çoğaltarak, Rönesans'ın Fransa'ya girmesinde büyük bir rol oynuyor. Yeni bir düşünce ve duygu dünyasının fethine çıkan **Bude, R. Estienne** gibi coşkun hümanistlerin yanı sıra özellikle **Rabelais, Ronsard, Montaigne,** Rönesans edebiyatının önde gelen temsilcileri oluyorlar Fransa'da.

– Rönesans, Kuzey Avrupa'da, edebiyattan çok mimarlığı ve resmi etkiler. Özellikle **Almanya'**da böyledir. Fakat **İngiltere'**de hele hele **Tudorlar Çağı,** İngiliz edebiyatının en parlak dönemidir belki. 16. yüzyıl, şairlerle, eşine ancak 5. yüzyıl Atinası'nda rastlanabilecek tiyatro yazarlarıyla doludur İngiltere'de. Ünlü *Utopia'*nın yazarı **Thomas More, Spencer, Francis Bacon, Marlowe, Ben Jonson,** Rönesans düşünce ve edebiyatının İngiltere'deki büyük adları.

Ama o çağ anılınca akla ilk gelen bir başka dev var: **Shakespeare.**

Shakespeare (1564-1616), iki dönemin, **can çekişen feodalizm** ile **doğan kapitalizmin karşılaştığı noktada** yaşadı ve her ikisiyle de mücadele etti bunların.

Soyluluğun miras yoluyla geçmesi, dinsel bağnazlık, ırkçı düşünceler gibi ortaçağ kavramlarına karşı çıkarken, açgözlülüğü, altın hırsını da sergiler.

Tüm insanların eşitliğinden yanadır. Örneğin kara Afrikalı Othello, ahlak ve zekâca çevresindeki Venedikli soylulardan üstündür vb... Babaların otoritesine karşı, genç kuşağın özgürlüğünü savunur. Aşk için mücadelelerinde kadın kahramanlarını korur. Erkekle kadın eşittir onun gözünde, eşit olmalıdır.

İnsanlar arasındaki ilişkilerde gerçeğe üstün bir yer verir: *Hamlet, Kral Lear, Othello* **gerçeği,** hep gerçeği –hem bıkmadan– ararlar.

Ve gerçek sonunda yalana, iki yüzlülüğe daima üstün gelir onda.

Yönetici düşünce olarak **doğa**yı alır: Hareket ve yaratış doğaldır; güzellik ve iyilik de öyle. Böylece doğa, Shakespeare için arı, güzel ve yaratıcı yaşamdır, gelişmedir; iyiye, daha güzele gidiştir.

Eserlerinin kaynakları, hayli çeşitlidir: **antik dünya**da çok şey buldu. Ama bütün bu etkilerin yanı sıra, **İngiliz halk tiyatrosu** geleneklerini de sürdürür. "Trajik" ile "komik" iç içedir bu tiyatroda ve gerçekçilik egemendir: Kullandığı dil, o büyük dil de, bu gerçekliğin bir başka görünümüdür aslında.(1)

c) Güzel sanatlar

Rönesans, büyük yeniliğini ve yaratıcılığını yalnız edebiyatta değil –belki daha çok– güzel sanatlarda gösteriyor. Batı Avrupa'daki iktisadi gelişme de özellikle güzel sanatların gelişmesinde etkili bir rol oynuyor: Asya'nın ve Amerika'nın keşfi, Batı'ya büyük gönenç ve zenginlik sağlamış, hükümdarların ve zengin burjuvaların sanat erbabına yeni eserler, anıtlar ve binalar yaptırması mümkün olmuştur. **Mesen** adı verilen bu sanat koruyucularının varlığı, sanat için doğaldır ki, çok şevklendirici bir ortam yaratmıştır.

– Sanatta Rönesans, önce İtalya'da, orada da özellikle **Floransa'**da kendini gösterdi. Hareketin başlangıcı, 15. yüzyıl başlarına değin uzanıyor.

İtalyan Rönesansı'nın kurucusu **Masaccio**'dur. **Giotto**'nun getirdiği yenilikleri daha da ileriye götürdü o. Çoklarının dediği gibi insan resmi, ilk kez Masaccio ile toprağa ayak basar.

Masaccio'nun izinden gidenler oldu: Özellikle **Fra Angelico,** insan figürlerine verdiği nurlu görünüşle, Kilise resminde yeni bir adım atar ve "ruhanilik" diyebileceğimiz, insanlara insanüstü bir anlam kazandıran bir resim biçimi ortaya koyar.

Floransa primatifleri arasında –hangi sınıfa sokulacağı bir türlü kestirilemeyen– en ünlü sanatçı, hiç kuşkusuz **Botticelli'**dir. Medicilerden birinin evi için yaptığı *İlkbahar* tablosu, konusunu Yunan mitolojisinden alması, çıplak insan figürüne yer vermesi, konudan çok görsel amacı ön planda tutması bakımından, Rönesans'ı muştulayan bir eserdir. Gerek bu tablo, gerekse *Venüs'ün Doğuşu* adlı tablo, tam bir Rönesans öncüsü durumuna getiriyor Botticelli'yi.

Rönesans'ın öncüleri, İtalya'da elbette yalnız Floransa'da yetişmedi. Ama yine de Floransa'nın etkisi açıktır hepsinde.

---

1) Bu konuda ayrıntı için bkz. A. Smirnov, *Le Sens de L'Œuvre de Shakespeare,* Recherches Internationales, s. 43.

İtalyan Rönesansı'nı her bakımdan gerçekleştiren ve yükselten üç büyük dev –hiç kuşkusuz– **Leonardo da Vinci, Michelangelo** ve **Raffaello**'dur.

Venedik Okulu, en çok 16. yüzyılda parladı. Bu okul **Giorgione, Tintoretto, Veronese, Tiziano** gibi büyük renk ustaları yetiştirir. Venedik Okulu'nun başlıca özelliği, "renkçi" olması. Bunun gibi, Floransa Okulu'nun "insan vücudunu" keşfetmesine ve buna "heykelvari" bir ifade kazandırmasına karşılık; Venedik Okulu, özellikle Giorgione ile, "doğa"yı buldu ve resme getirdi. İnsanı doğanın içinde, onun bir parçası olarak düşündü.

İtalyan Rönesansı'nı kaplayan bu iki okuldan hiçbirine sokulamayacak bir büyük ressam da **Correggio.** Correggio, ileride özellikle 18. yüzyıl Fransız ressamları üzerinde en çok etki yapan sanatçı olacaktır.

İtalyan Rönesansı, heykel yönünden de eşsiz eserler verdi. Rönesans heykeli de önce Floransa'da doğdu. Ortaçağda, dinin ağır basması yüzünden bağımsız bir sanat olarak gelişmeyen heykel, Floransa'da eski Yunan sanatının incelenmesiyle ortaya çıktı. 15. yüzyılda, Floransa, üç önemli heykelci yetiştirmiştir ki, ilerde doğacak olan heykeltıraşlığın muştucusudur onlar: **Jacopo della Quercia, Lorenzo Ghiberti** ve **Donatello.** Ama heykelde, İtalyan Rönesansı'nın en büyük dehası hiç kuşkusuz Michelangelo oldu. Freskolarından belki çok daha üstün değer taşır heykelleri onun.

İtalya'da Rönesans mimarlığına gelince... 15. yüzyıl ile 16. yüzyılın ilk yarısında yaşamış olan mimarlardan Brunelleschi eski Roma yıkıntılarını inceleyerek gotik etkisinden kurtulmaya çalışmıştı. **Bramante** ise, gotik ile ilişkisini büsbütün kesmeyi başarır.

Bramante'den sonra, Rönesans mimarlığını Michelangelo doruğuna ulaştırır.

Bramante'nin inşasına başladığı, Michelangelo'nun da kısmen tamamladığı Roma'daki **San Pietro Kilisesi,** Rönesans mimarisinin en güzel örneklerindendir. Katolik Reformu'ndan sonra Cizvit papazları, kiliseleri daha çekici hale koymak istediklerinden, yeni kiliseler yaptırmışlardı. Böylece, 16. yüzyıl ikinci yarısında, Cizvit mimari biçimi ortaya çıkmıştır. Doğaldır ki, kiliselerden başka, birçok saraylar da yapılmıştır bu dönemde.

– Rönesans sanat hareketi, İtalya dışındaki ülkelerin tümünde görülmediği gibi, bu hareketin görünümü de her yerde aynı değildir. Örneğin Fransa'da Rönesans, daha çok mimarlıkta ve –bir dereceye kadar da– heykeltıraşlık ve resimde görüldüğü halde, Almanya'da ve Hollanda'da –hemen hemen yalnız– resimde eserler vermiştir.

Rönesans mimarlığı, Fransa'da dinsel eserlerden yani kiliselerden çok, saray ve şato ortaya koydu. Dönemin en çok tanınan mimarı da **Pierre Lescot.** Heykeltıraşlık, Fransa'da, önceleri İtalyan sanatının etkisi altındayken, sonlara doğru Fransız geleneğine dönmüş ve pek güzel eserler ortaya koymuştur.

İngiltere'de heykeltıraşlık, hemen hemen yalnız süsleme sanatında kullanılmıştır. Almanya'da ise, İtalyan ressamlığı, bu ülkenin büyük ressamlarından **Albrecht Dürer'**in kişiliğini pek etkilememiştir.

Hollanda'da, 16. yüzyılda İtalyan ressamlığı ilerlemeye başlar, ama sonra milli renk bu ilerleyişin önüne düşer ve kendi kişiliğini ortaya koyar.

Fransa'da ise, İtalyan ressamlığı, çeşitli ressamlar üzerinde az ya da çok etkili olmuştur.

Özetle söylenebilir ki, İtalyan Rönesans sanatı, Batı'da kuzey ülkelerinin gerçekçiliğini boğamamış –bir dereceye değin– kural ve düzen altına girmesini sağlamıştır yalnızca.

Rönesans'tan sonra Avrupa resmi, özellikle İspanya, Hollanda, Flandres ve Fransa'da büyük bir gelişme gösterecektir. Ne var ki, İspanya ve Hollanda'da orijinal olduğu oranda, Fransa'da akademizme yönelecektir bu gelişme. İngiltere ve Almanya ise, Rönesans'tan sonra derin bir uykuya dalarlar adeta.

İtalya'da da, Rönesans sonrası, önce **"barok"** anlayışın eseri olacaktır...

Reform hareketleri

10. yüzyıldan 14. yüzyıla değin, Katolik Kilisesi, kendi içindeki bozuklukları, kendi kendine düzeltmeyi başarmıştı zaman zaman. 14. ve 15. yüzyıllarda ise bu konuda acze düşer. O yüz-

dendir ki, 1520 tarihinden başlayarak, çürüyüşe bir son vermek için, kendi dışında bir dinsel ıslahat hareketi başlar.

Reform diye adlandırılan budur.

Bu hareket sonucunda, Avrupa'nın dinsel birliği bozulmuş ve Hıristiyanlardan bir kısmı Katolik Kilisesi'nden ayrılarak Protestanlığı kabul etmiştir.

a) Protestan reformu

Protestan reformunun nedenleri dinsel, düşünsel, iktisadi ve siyasal olmak üzere çeşitlidir:

– Kilise, ortaçağ boyunca, toplumdaki etkinliğini gitgide artırırken, sınıflararası ilişkilerde de yerini seçer; **ruhban zümresi,** egemen sınıflar arasına girer böylece.

Ve çok geçmeden yaşamları da, o sınıflarınki gibi olur.

Öyle ki, ruhani başkanların çoğu, laik derebeyler gibi; birçok papazlar da günahkâr saydıkları kimseler gibi yaşamaya başlarlar. Bu nedenle kilisenin hem başı, yani papa, hem de üyeleri, yani papazlar bakımından bir yenilik gereksinmesi kendini duyurur.

Bu yenileştirme gereğine inananlardan biri de Alman **Luther'**dir.

Bir ara, durumu anlamak ve anlatmak üzere, Roma'ya kadar gelir. Ne var ki, bu gezi sadece hayal kırıklığına uğratır kendisini. Roma'da, hatta Papalık sarayında –Rönesans'ın etkisi ile– başka bir hava vardır ve ıslahata önem veren de yoktur.

Reform'un dinsel nedenlerinin başında gelir bu durum.

– Öte yandan aydınlar, hümanistler artık geniş bir düşünce ufkuna sahip bulunuyorlardı. Birçok papazlar bile ilahiyat ile yetinmeyerek –hatta onu savsaklayarak– felsefe ve edebiyat ile uğraşmayı yeğliyorlardı.

Ortaçağ, insan bedenini, kötülüğün kaynağı kabul etmişti. Bu nedenle Hıristiyanlık, aklın rolünü sınırlamış, bir otoriteye uyma düşüncesini aşılamaya çalışmıştı. Oysa, bunun tersini yapıyordu Rönesans. Doğaya dönerek çıplak bedeni anıtlaştırıyor; eleştiri düşüncesini ortaya çıkarıyor; Kutsal Kitap'ın Latince metnini denetleme olanağını verecek olan, Grek ve İbrani dillerini genelleştiriyordu.

Arka arkaya gelen keşifler ve buluşlar ise, insanlığın gururunu yükseltiyordu.

Kafalardaki bu değişiklik, Reform'un **düşünsel** nedenleridir:

– Başlarda yoksul halktan oluşan Katolik Kilisesi, zamanla büyük servetler ele geçirmişti. Almanya'da toprağın üçte biri, İsviçre'de kantonların büyük bir kısmı Kilise'nindi. 15. yüzyıl sonlarından başlayarak artan yaşam pahalılığı içinde, rahip olmayan birçok kimse, hırs ve tamahla bakıyorlardı Kilise emlakine. Soylular, Kilise'de yapılacak ilk düzeltmenin, bu emlaki Kilise'den almak olduğu kanısında idiler. Çünkü gelişmeler, soyluların servetini kararsız bir duruma getirmişti. Fransa kralı, Fransa'daki Kilise emlakini Papa ile bölüşmüştü. İngiltere kralı da bu emlaktan yararlanma arzusundaydı.

Özetle Kilise emlakinin ele geçirilmesi, sosyal sınıfları harekete getiriyordu.

Bunlar da, **iktisadi** nedenleriydi Reform'un.

– Son olarak, Katolik mezhebinden iki hanedan, Habsburg ve Fransız hanedanları arasındaki savaş da Protestanlığın yararına olmuştur.

Almanya'da **Luther,** Fransa'da **Calvin,** İsviçre'de **Zwingli,** çeşitli sorunlar hakkında –birbirinden az çok– farklı düşünce ve inanışlarla ortaya çıkmışlar ve Reform hareketinin önderleri olmuşlardır.

Saksonya'da doğan **Luther,** kurtuluşun ancak iman ile sağlanacağına inanmıştı. Bundan dolayı günahların satın alınabileceği kanısını veren "af belgesi" (Endüljans) satışı dolayısıyla Papalığa karşı bir mücadele açtı ve Papa'nın "yanılmaz" olduğu ilkesini reddetti. İmparator Kral, mücadeleye karışarak uzlaştırmaya çalıştı iki yanı. Ancak **Luther,** davasından vazgeçmedi. İmparatora karşı nüfuzlarını güçlendirmek isteyen prenslerin bir bölümü zaten kendisini tutuyor ve koruyorlardı. Büyük bir mücadele sonunda, Katolik Kilisesi'nden ayrı **Luther Kilisesi** kuruldu.

Fransız kökenli Calvin de, kurtuluşun iman ile olacağını kabul ediyordu gerçi. Ne var ki, **Luther'**den daha ileri giderek, imanın **"ilahi bir vergi"** olduğuna, Allah'ın takdiri ne ise onun da değişmeyeceğine inanıyordu. O da kabul etmiyordu Papa'nın yanılmazlığını. Azizlerin heykel ve tasvirlerine tapmayı, ayinlerin törenlerle ve sırmalı giysilerle mutlaka papazlarca yapılmasının doğru olmadığını söylüyordu.

Kovuşturmaya uğradığı için bir aralık Fransa'yı terk ederek İsviçre'de yerleşti ve örgütünü kurdu.

Luther mezhebi, az zamanda, Almanya'dan başka –İsveç ve Danimarka hükümdarlarının kabulüyle– İskandinavya ülkelerinde ve Baltık kıyılarında da yayıldı. Kalvinizm ise, İsviçre'de, Fransa'da, Hollanda'da ve İskoçya'da yer tuttu. Fransa'daki Kalvinistlere Huguenot (Hügno), İskoçya'dakilere de **Presbiteryen** adı verildi.

Protestanlık İngiltere'ye de geçti. Fakat buradaki Reform hareketi, bir mezhep yenilikçisinin görüş ve çabası ile değil, Kral VIII. Henry'nin –kişisel ve siyasal nedenler yüzünden– Papa ile ilişkisini kesmesiyle başladı. **Anglikanizm** adını alan İngiliz Protestanlığı, VIII. Henry'nin yerine geçenlerin döneminde –çeşitli eğilimlerin etkisiyle– ileri geri bazı aşamalar geçirdikten sonra, Elizabeth zamanında çıkarılan kanunlar ile iyice yerleşti ve sağlamlaştı. Anglikanizm, gerek kurallar, gerek örgüt bakımından, Protestanlığın, Katolikliğe en yakın olan bölümüdür.

Özetle, Reform, ortaçağın düşünce planındaki emperyalizmi ve teokrasisine kesin olarak son verdi.

b) Katolik karşı-reformu

Protestanlık, çeşitli ülkelerde ilerlerken, Katolikliğe bağlı kalmış ülkeleri koruma ve Protestanlığa direnme için Katolik Kilisesi'nde de bir **karşı-reform hareketi** başlamıştır.

Katolik Reformu'nda papalar, Engizisyon, Trento Konsili ve özellikle Cizvitler önemli birer rol oynamışlardır.

Gerçekten, 16. yüzyılın ortalarına doğru Papalık makamına geçenler, Kilise'yi sarmış olan hastalığın nedenlerini anlamış göründüler ve düzeltmelere giriştiler. Bunlardan **Papa Paulus,** bir yandan tehlikeli sayılan kitapların bir fihristini yaptırdı, engizisyonu faaliyete geçirdi; öte yandan Cizvit örgütünü kabul ve onaylarken Trento Konsili'ni de toplantıya çağırdı.

Papa Paulus'un başlattığı yenileme işini kendinden sonra gelenler de izlemekten geri kalmadılar.

Bilimsel gelişmeler

Batı'da, 16. yüzyıl, bir yandan geleneklere bağlılığı yıkmaya çalışırken, bir yandan da doğanın doğrudan doğruya gözlemine yöneldi.

Bilimsel gelişmelerin başlaması bunun sonucu olmuştur. Bilimlerin ilki ve temeli olan matematik ve bunun çeşitli bölümleri aritmetik, cebir ve astronomi bu dönemde büyük ilerlemeler kaydetmiştir. Polonyalı **Kopernik,** Alman **Kepler,** İtalyan **Galilei,** astronomi alanında önemli keşiflerde bulundular.

Gözlem ve araştırmalardaki bu anlayış ve gelişmeler, doğal olarak **Descartes'**ın felsefesini doğuracak, yani "akıl" bilgiye varmanın aracı olacaktır: Ona göre, ancak akıl gerçeğe varabilir. Deneysel sorunlarda, Aristoteles'in –hâlâ saygınlığını koruyan– otoritesinin karşısına, Descartes "kuşku"yu çıkarıyordu.

Bu özgür araştırma, Batı'da modern çağın büyük habercilerinden biridir.

Ancak, Avrupa'da düşün alanındaki bu gelişmenin kavgasız gerçekleştiği de sanılmasın. Hıristiyan dünyasının skolastik yönteme bağlı ilahiyatçıları ve papazları, bu ilerlemeye karşı büyük direniş göstermişler, bilim adamları –gülünç olduğu kadar– feci kovuşturmalara uğramışlardır.

DAHA ÇOK BİLGİ

J. D. Bernal, *Materyalist Bilimler Tarihi* (çev. E. Marlalı), İstanbul, 1976.

Jacop Burckhart, *İtalya'da Rönesans Kültürü* (çev. B. S. Baykal), 2 Cilt, Ankara, 1978.

E. H. Gombrich, *Sanatın Öyküsü* (çev. B. Cömert), İstanbul, 1980.

İsmail Habib Sevük, *Avrupa Edebiyatı ve Biz,* İstanbul, 1940.

OKUMA

İTALYAN RÖNESANSI'NIN ÜÇ DEVİ

İtalyan Rönesansı'nı her bakımdan gerçekleştiren ve yükselten üç büyük dev, elbette Leonardo da Vinci, Michelangelo Buonarotti ve Raffaello'dur.

Leonardo da Vinci... Bütün 16. yüzyıla egemen olmuş, resme yeni esaslar getirmiş bir devdi. Dehası, çağında onun Borgia'lar, Sforza'lar, Fransa Kralı François'ca korunmasına yol açtı. Bugün elde pek az resmi, pek az kompozisyonu kalan bu adam, ressamdan başka her şeydi ama, her şey olduğu kadar da ressamdı. Leonardo, **Rönesans sanatçısı tipini en yetkin biçimiyle temsil edebilen bir insandı.** Döneminin en büyük bilginiydi. **Matematik, mekanik, mühendislik** alanlarındaki bilgisiyle, ancak 20. yüzyıl insanının gerçekleştirebileceği birçok buluşu daha o zamandan görmüş, keşfetmiş, ama ya giderine dayanılamadığı için ya da inandıramadığından, çoğunu gerçekleştirememişti. Büyük bir biyoloji bilginiydi. **Tarih, coğrafya, siyaset, balistik, şiir** ve **edebiyat** alanlarında eşsizdi. Müzikte bir taneydi... İşte bütün bunlardan sonra, Leonardo, boş zamanlarında resimle de uğraşmıştır. Ressam olarak en büyük ihtirası, **desen**di. Renkle çok ilgilenmiş, **renklerin ahengi** ilkelerini bulmuş, ama eserlerinde renge fazla önem vermemişti.

Bugün Leonardo'dan kalan en ünlü eserler, *La Cena* (Son Yemek sahnesi), *La Gioconda* ile *Kayalıklar Bakiresi* gibi bir iki kompozisyondan, birkaç yüz desenden ibarettir...

Leonardo, **evrensel ışık** denilen ve resmi her yandan kuşatan, gölgeye pay bırakmayan ışık yerine tek kaynaktan gelen ışığı yeğlemişti... Çünkü insanları, her şeyi güzelleştiren, hayale tasarlama olanağı bırakarak doğayı bütünleme işini yüklenen hava tabakası, **yarı gölge**dir.

Bu ressamın asıl büyük buluşu, renklerin kendisinde bulunan **uzaklık, yakınlık** etkisiydi. Renkle çok uğraşmış olan Leonardo, ufka doğru uzaklaştıkça renklerin **solduğu** ve **grileştiği** gerçeğini ilk fark edenlerdendi. Son olarak, insan anatomisi üzerindeki eşsiz bilgisi, böyle gölgelere ve buğulara batmış, adaleleri hiç belli olmaz durumdayken bile, resimlerinde niçin büyük bir yapı sağlamlığı bulunduğunu bize tanıtlıyor.

İtalyan Rönesansı'nın ikinci büyük devi **Michelangelo Buonarotti'**dir. Gerçek şaheserler yaratmış olan bu heykelci ve ressam, **fres-**

kolarıyla ün salmış ve Leonardo'nun getirdiği yeniliklere başkalarını katmıştı... Şair, ressam, heykeltıraş Michelangelo, daha birçok bilgi ve marifet sahibiydi...

Michelangelo'nun resimdeki hüneri neydi?

Bir kez bu sanatçı, yağlı boya resmi sevmez, onunla uğraşmaya tenezzül etmezdi... Bugün elde bir tek yağlı boya tablosu vardır. O da, *Kutsal Aile* tablosudur. Michelangelo, birçok karton eskizleriyle hazırladığı **freskolarına** değer verirdi. **Capella Sistina'daki tavan freskoları,** bu nedenle, hem büyük kompozisyonları olduğu için, hem de sanatçının bütün özelliklerini belirttiği için, resim alanında en önemli eseridir. *Kıyamet Günü* adını verdiği bu muazzam kompozisyonda tanrılar, insanın yaratılışı, cehenneme gidiş gibi din tarihinin ve kutsal kitapların bahsettiği birçok olay, bu arada birçok tarihi kişi gösterilmişti.

Sistina Kapellası'nın incelenmesi, bize Michelangelo'nun sanatçılığına egemen anlayışı açıkça gösterir... Bu konuları canlandırmak üzere sanatçının başvurduğu tek araç, tek öğe insan bedenidir. İnsan bedeninin, hatta yalnızca insan mecrasının, din kitaplarından bile çıkarılmış olsa, eserin merkez noktası olması yönünden, Rönesans'a uygun bir şey... Michelangelo, resme, **heykel sanatının kanunlarını** uyguluyordu. Michelangelo'nun resim sanatına eklediği yenilik, **görsel anlatımın abartmasında** kendini gösterir.

Michelangelo, eski Yunan sanatını tamamlamış, o sanatı daha ileriye götürmüş, daha **insanlaştırmıştır.** Michelangelo, eserlerinin konuları ve onları işleyiş biçimiyle ileriki sanatı da haber vermektedir: **Barok sanatın** ve **Romantik görüşün** köklerini, pek belli bir biçimde onun eserinde buluyoruz.

İtalyan Rönesansı'nın üçüncü devi **Raffaello Sanzio'**dur...

Raffaello'nun birçok ünlü eseri vardır. Hemen hepsinin de konusu ya dinle ilgilidir ya klasik Yunan sanatıyla... *Sistina Madonnası, Atina Mektebi, İsa'nın Göğe Çekilişi, Parnassus* gibi büyük kompozisyonlarında olsun, Meryem Ana resimleri ve Kardinal portrelerinde olsun, Raffaello'nun figürleri **güzellik ülküsüne** göre yaratılmıştır... Raffaello, eski Yunan felsefesi sanat görüşünden işte bu güzellik ülküsünü almıştı... Çok genç ve sanatının en olgun çağında ölmüş olduğu halde, Raffaello birçok öğrenci yetiştirmişti. Onlara, sanatının gizini **ahenk** ve **denge** olarak öğretiyordu. Gerçekten de Raffaello'nun kompozisyonlarında her şey, en çok bu bakımdan ele alınmıştır.

Raffaello, kendinden önce yetişmiş Rönesans ustalarının tam bir sentezi, onların hepsinin yalnız değerli yönlerini birleştiren tam bir bireşimi olduğu için eserleri yetkin görünür.

(Zahir Güvemli, *Sanat Tarihi,* İstanbul, 1968, s. 66-67)
(Not: Metin bugünkü dile çevrilmiştir)

SORULAR

1. Rönesans ne demektir? Yeniçağın yeni insanının nitelikleri nelerdir?
2. Hümanizm nedir? Büyük hümanist yazarlardan kimleri biliyorsunuz?
3. Rönesans dönemi yazarlarından kimleri tanıyorsunuz? Shakespeare'in sanatının anlamı nedir?
4. Rönesans'ta, İtalya'da ve İtalya dışında gelişen sanatın özellikleri nelerdir? O dönemde yetişmiş sanatçılardan hangilerini tanıyorsunuz? Leonardo da Vinci, Michelangelo ve Raffaello'nun sanat anlayışlarındaki özellikler nelerdir? (Okuma parçasını okuyunuz.)
5. Protestan reformu ile Katolik karşı-reformunun nedenleri ve sonuçları nelerdir?
6. Rönesans'la başlayan bilimsel gelişmeler özellikle hangi alandadır?

İMPARATORLUKTAN ULUSAL DEVLETE

Ulusal devletler nasıl kuruldu?

Batı'da, 16. yüzyılda sosyal düşünce, Rönesans ve Reform'un getirdiği genel çerçeve içinde gelişir. Toplumla ilgili konuları kapsayan genel bir öğretiden henüz söz edilemez gerçi; ancak yeni düşüncenin ışığında bir ekonomik düşünce ve ona bağlı olarak bir devlet düşüncesi doğmuştur. Devlet düşüncesi, başka bir deyimle egemenlik ve iktidar sorunu, daha önceki çağlara, özellikle ortaçağa göre büyük yenilik göstermektedir.

Gerçekten ortaçağda, Batı'da, siyasal birim olarak, imparatorluklar içinde, bağımsız derebeylikler görülmektedir. Büyük imparatorluklar, merkezi bir otoriteden de yoksun bulunmakta, yerel kanun ve ölçüler, çeşitli halklar, birbirinden farklı örf ve âdetler imparatorluklar içinde bir kargaşalık yaratmaktadır.

İşte, 15. ve 16. yüzyıllardan başlayarak, Batı'da imparatorlukların ve imparatorluk kalıntısı derebeyliklerin yıkıldığı, yerine siyasal birim olarak bir Fransa, bir İspanya, bir İngiltere gibi **"ulusal devletler"**in kurulduğu görülür.

Niçin 16. yüzyılda bu türden ulusal devletler kurulmaya başlanmış ve ulusal sınır ve birlikten yoksun kuruluşlar geçerliliklerini yitirmişlerdir?

Bunun yanıtını, Batılı toplumların değişmekte olan ekonomik ve sosyal yapısında aramalı gene.

Merkantilizm

16. yüzyılın iktisadi düşüncesi **"merkantilizm"**dir. Tacir anlamına gelen Latince "merkator"dan geliyor kelime.

Merkantilistlere göre, bir ülke ne denli para ya da değerli madene sahip olursa o denli zengin sayılır. Şu halde olabildiğince çok değerli maddenin ülkeye girmesini sağlamak gerekir. Bu da, ancak dış ticaret yoluyla olası. Ülkeye en çok gelir sağlayan dış ticaret ise, ülkenin kendi tacirleri aracılığıyla ve kendi ticaret filosuyla yapacağı ticarettir. Hele dışsatım maddeleri, hammadde değil de işlenmiş mallarsa, daha çok kazanç sağlar.

Merkantilizm, "bir ülkenin zenginlik kaynağı nedir?" sorusuna Batı'da verilmiş ilk tutarlı yanıttır.

İşte, gelişen ticaret burjuvazisinin, güçlenebilmek ve yeni bir dünya kurabilmek için, her şeyden önce kendisini koruyacak bir üst kuruluşa, ulusal sınırlara, mal ve can güvenliğinin sağlanmasına, belli bir sınır içinde ölçü ve kanun birliğine gereksinmesi vardır. Bu gereksinmeler ise, ancak "ulusal devlet" biçimindeki bir kuruluşça gerçekleştirilebilirdi. Nitekim, merkantilist ekonomi ve burjuva sınıfı geliştikçe, ulusal devletin kuruluşu da hız kazanmıştır. İşte, 16. yüzyılın sosyal düşüncesi, daha çok, kurulmakta olan bu ulusal devletlere yönelmiş, onların sorunlarına dönük bir düşüncedir. 16. yüzyıl devlet düşüncesini belki en iyi dile getiren ve ilkelerini en iyi ortaya koyan düşünür de bir İtalyan olan **Machiavelli'**dir. Latince "status" kelimesinden gelen "stato"yu devlet anlamında ilk kez kullanan da o olmuştur.

Merkantilist politikanın başarıya ulaşabilmesi için devletin iktisadi alana karışması da gerekir. Bu karışma ve denetimden amaç, **"kapitalist sermaye birikimi"**ni ulusal sınırlar içinde sağlamak, böylece başka uluslar karşısında devleti güçlendirmektir. Çünkü, ticaret üstünlüğü siyasal üstünlüğü sağlar. Doğaldır ki, merkantilizmin öngördüğü devlet karışması aslında tümüyle ticaret burjuvazisi yararına bir karışmadır ve birikim de bu sınıfın elinde olmaktadır. Böylece, merkantilizm, Batı'da gelişmekte olan burjuva sınıfına, bu gelişmenin ilk aşamasında yararlı bir iktisadi anlayış oluyor.

Yeni yeni beliren ulusal devletler, doğmakta olan **"ticaret kapitalizmi"**ne kökten bağlıdırlar. Böyle olunca da, 16. yüzyılda, devletin, kapitalizmi geliştirici bir nitelik taşıması gerekmektedir. Öteki ülkelerden çok daha önce ulusal devlet niteliğini kazanmış olan İngiltere, merkantilizmin –İspanya ile birlikte– ilk uygulandığı ülkedir.

Fransa bu rejimi daha geç, 17. yüzyılda uygulamaya başlayacaktır.

Mutlak monarşi

Ortaya çıkan ulusal devlete egemen yönetim biçimi, 16. ve 17. yüzyıllarda **"mutlak monarşi"**dir.

Başta bir "kral" vardır. Tanrı'nın yeryüzündeki temsilcisidir o. Ülkenin bütün büyük ve önemli sorunları hakkında, son bir çözümlemede o karar verir. Kralın otoritesini, örf ve âdetlerin dışında, ancak manevi ve ahlaki kurallar sınırlar.

Kral, ekonomiden sanata, politikadan dine varıncaya dek, hemen her alana karışabilmektedir böylece.

Hükümdarlarla toplumun ilişkilerinin ne dereceye vardığını anlayabilmek için, Fransa'da XIV. Louis'nin yönetimini anımsamak yeter.

16. ve 17. yüzyılların mutlak monarşisi, 18. yüzyılda **"aydın despotluk"** haline gelecektir.

Geçen yüzyılların monarkından farklı olarak, aydın despot, örf ve âdetlere göre değil, "aklın ilkelerine göre" yönettiğini ileri sürmekte, "kamuoyu"na kulak vermekte, en azından "filozoflar"ı dinlemektedir artık. Bir yerde, buna zorunlu da duymaktadır kendisini. 18. yüzyıla gelindiğinde, burjuva sınıfı iyice güçlenmiş ve mutlak yetkili hükümdara karşı bir üstünlük mücadelesine girişmiştir çünkü. Eskiden krala karşı olan Kilise, monarşinin istibdadını cehennem tehditleriyle artırmaya çalışan bir güç olarak bu mücadelede burjuvaziye karşı kralın yanındadır.

Şu da var ama; aydın despotluğuna karşın, monarşinin ilkeleri köklü bir değişikliğe uğramış değildir. Yalnız bir ülkede farklı bir gelişim görülmektedir: İngiltere'de. İngiltere, Batı'daki bütün monarşilerden farklı olarak rejimin monarşik görünüşünü sürdürmekle beraber, **"parlamentarizm"**i kurmakta ve **"siyasal liberalizm"**in kurallarını saptamaktadır.

DAHA ÇOK BİLGİ

Murat Sarıca, *Siyasal Tarih,* İstanbul, 1980.
Murat Sarıca, *Siyasi Düşünce Tarihi,* 3. Bası, İstanbul, 1980.

OKUMA

MACHİAVELLİ

Machiavelli'nin yaşadığı yıllarda (1469-1567) İtalya'nın durumunu kısaca belirtelim. Böylelikle düşüncesini daha iyi kavrarız. Bütün papalar dünya nimetlerine göz dikmiş, bu yüzden İtalya din konusunda üstünlüğünü kaybetmişti. Henüz çökmeyen dört beş küçük devlet ise, İtalya'yı birliğe kavuşturamayacak kadar bitkindi. Buna karşın komşuları, yani Fransa ile İspanya (ve İngiltere) birliğe varmış, kendilerini dünyaya kabul ettirmişlerdi.

Bu koşulların etkisinde kalan, uzun süre beklemenin İtalya'yı yıkacağını sezen Machiavelli bir an önce **güçlü bir prensliğin** kurulmasını istemek zorundaydı. (*Hükümdar* adlı ünlü eserinde) Devletin kurulmasında **her yolu meşru sayması,** bunun İtalya için bir ölüm dirim meselesi olduğuna inanmasından ileri gelir...

Prensin vatandaşlarına kötülük etmesini, sözünden caymasını öğütlerken gerçekleştirmek istediği tek şey, **devletin bir an önce kurulması, birliğin sağlanmasıdır.** Ama Prens, bize aykırı gelen bu yollara, ancak devletin kurulması tehlikeye düşünce başvuracak. Yoksa kötülüğü kötülüktür diye savunuyor Machiavelli, kesin bir kural diye çıkarmıyor karşımıza. Nitekim, devletin kurulmasından sonraki durumunu inceleyen söylevlerde meşru olmayan yolları benimsemediğini açıkça belli ediyor.

Machiavelli'nin eserleri doğrudan doğruya **yurt sevgisine** dayanır. Bunlardan yükselen çığlık boşa gitmemiş, daha sonraları İtalya'yı birliğe kavuşturan **Cavour**'un, **Garibaldi**'nin kulağında çınlamıştır.

(İlhan F. Akın, *Devlet Doktrinleri,* İstanbul, 1964, s. 93-94)

SORULAR

1. Merkantilizm nedir?
2. Batı'da ulusal devletlerin doğuşu ile merkantilizm arasında bir ilişki var mıdır? Varsa nasıl?
3. Mutlak monarşi ile merkantilizm arasında da bir ilişki var mıdır?
4. Machiavelli kimdir? Nasıl bir siyasal düşünceye sahiptir? Bu siyasal düşüncenin tarihsel ve toplumsal kaynakları nelerdir? (Okuma parçasını okuyunuz.)

İNGİLTERE'DE PARLAMENTARİZM VE SİYASAL LİBERALİZM

Ortaçağda İngiltere'nin kendine özgü bir siyasal yaşamı vardır: Başlangıçta, tam anlamıyla Kara Avrupa feodalitesine benzeyen bir toplum düzeni görülmez. Çünkü, 11. yüzyılda İngiltere'yi egemenliğine alan **Norman kralları,** ele geçirdikleri toprakları, doğrudan doğruya kendi adamları olan soylulara dağıtır ve böylece merkeze başkaldırıp direnecek bağımsız senyörlerin türemesini önlemiş olurlar. Bununla beraber, ortaçağdaki hemen bütün hükümdarlar gibi, İngiltere'deki Norman kralları da kendi egemenliklerini tanıyan soyluları zaman zaman toplar, çeşitli konularda görüşlerini alırlardı onların.

İşte bu toprak sahibi soylular, Norman istilasından çok sonra, kralın otoritesini sınırlamak ve kendi durumlarını sağlamlaştırmak için Kral Yurtsuz Jean'a –onun halk arasındaki saygınsızlığından da yararlanarak– 1215 yılında **Magna Carta** (Büyük Berat) denen bir belge imzalatırlar. Kral, bu belgeyle, "kendi rızaları olmadıkça" vergi alamayacağına dair söz veriyordu onlara.

Daha çok **"baron"** unvanıyla anılan soylular, 13. yüzyıl boyunca, kendilerine daha sık danışılması için uğraşırlar. Danışılan kimselerin sayısı çoğalır giderek; baronların yanında, başka çevrelerden de temsilciler (şövalyeler, din adamları, kent ve kasabalardaki eşrafın temsilcileri) toplantılara çağrılır. İngiltere'de **Parlamento'**nun başlangıcı, işte bu "konuşma toplantıları"dır.

Ve kral, artık bu Parlamento'ya danışmakla yükümlüdür.

14. yüzyıldan başlayarak, Parlamento'da bir bölünme oluyor. Kendilerini krala daha yakın bilen soylular ve din adamları **"Lordlar Meclisi"**nde toplanırken, küçük şövalyelerle kentlerin ve kasabaların eşrafı, yani burjuvalar da **"Avam Meclisi"**ni oluşturuyorlar. İngiliz Parlamentosu, o tarihlerden sonra işte böyle "iki meclisli" olacaktır.

16. yüzyılda bir başka önemli gelişme görüyoruz: Kral VIII. Henry, İngiltere'de Kilise'yi Papalığın egemenliğinden kurtarıyor ve kendisine bağlı **Anglikan Kilisesi'**ni kuruyor. Kilisenin toprakları da, önce kralın, sonra da –satış yoluyla– yeni gelişen bir sınıfın, yani burjuvazinin eline geçmektedir.

18. yüzyılda, burjuvazi, artık iyice güçlenmiş ve krala karşı direnmeye başlamıştır. 1849'da Kral I. Charles'in idamına yol açan ve bir yerde çığırından çıkıp **Cromwell yönetimine** değin varan ayaklanma aslında bu çekişmeden doğmuştur.

1660'tan başlayarak, İngiltere'de "yıkılanı onarıp düzeltme" anlamına gelen bir "restorasyon" dönemi başlar: Parlamentolu ve krallı eski sisteme dönülür yeniden. Ama Avam Kamarası da ağırlığını iyice ortaya koymuştur. Çünkü burjuvazi, o çağın öncülüğünü yapmaya hazır durumdadır. Kralın yetkilerini kısıtlayan ve Parlamento'nun, giderek Avam Kamarası'nın gücünü artıran ünlü **"Haklar Yasası"** (*Bill of Rights*) da o dönemde kabul edilir. Bu yasa, Parlamento'nun haklarına kralın saygı duymasını sağlamanın yanı sıra, bireylerin hak ve özgürlüklerini de etkili bir biçimde güvence altına almaktadır.

Rejim, henüz "demokratik" değildir, ama "liberal" bir nitelik kazanmaktadır gitgide. Aşama aşama, basın ve düşünce özgürlüğü kabul edilir. Parlamento'da iki siyasal parti, **Whig** ve **Tory** mücadele halindedir. Seçimler, –kent ve kasabalarda hayli fesat karıştırılmasına karşın– yine de "temsil" düşüncesine bir ölçüde saygınlık kazandırmaktadır.

Krallar, devlet işlerine bakmak için, kendilerine, Parlamento'nun ileri gelen kişileri içinden yardımcılar seçer ve –"küçük oda" anlamına– "kabine" denen yerde toplanırlardı. 18. yüzyılın başlarında bu **"kabine usulü"** artık yerleşmiştir. Kabine –bazı nedenlerle– kralın karşısında başlı başına bir varlık kazanır giderek. Ve yine aynı yüzyılda, kralın "kabine"sindeki bakanlardan biri, ötekilere oranla sivrilir ve "başbakan" olur. İleride, Parlamento'da çoğunluğu kazanan siyasal partinin lideri bu görevi yüklenecektir.

Bakanlar, hem kendilerini atayan krala, hem de kendilerini destekleyen Avam Kamarası'na karşı "sorumlu" olurlar uzunca bir süre. Başlarda, Meclis karşısında bu sorumluluk, "cezai" bir nitelik taşırken, sonraları yalnız işbaşından çekilmekle sonuçlanan "siyasal" bir nitelik alıyor. 19. yüzyılın ortalarına kadar da, bu siyasal sorumluluk "bireysel" ya da "tek başına" olurken, o tarihlerden başlayarak "birlikte" ya da "toplu sorumluluk" ilkesi yerleşir. Bakanlar, Avam Kamarası'na karşı, kendi görev alanlarına giren işlerden tek başlarına sorumlu oldukları gibi, genel politikanın yürütülmesinden de birlikte sorumlu olurlar.

Böylece, İngiltere'de tarihsel ve toplumsal koşullar, önce **"parlamentolu"** bir rejime yol açmış ve bu rejim, giderek **"parlamenter"** bir nitelik kazanmıştır: Lordlar Kamarası dışında kalan Parlamento üyelerinin halkça seçilmesi ve kanunların da bu Parlamentoca konulması "parlamentolu" bir rejimin esasları idi; bakanların –kralca atanmalarına karşın– Parlamento'ya karşı sorumlu olmaları ve kabinenin Parlamento'da çoğunluğu kazanan siyasal partice kurulması da, bu parlamentolu rejimin "parlamenter" niteliğini belirtiyordu.

Avam Kamarası'nın temsil niteliğinde de, 19. yüzyıl boyunca köklü değişiklikler olur. Başlarda hayli "sınırlı" olan oy hakkı, 1832'deki Büyük Reform Kanunu'ndan başlayarak, özellikle 1867 ve 1884'te kabul edilen kanunlarla genişletilir. Böylece oy hakkı, 1832'lerden başlayarak, büyük toprak sahiplerinin dışına, ticaret ve sanayi burjuvazisine, giderek kentlerdeki küçük burjuvalarla işçi yığınlarına doğru yayılır.

Daha önce "liberal" bir nitelik taşıyan rejim, **"demokratik"** bir içerik de kazanır böylece.

İngiliz "parlamenter rejimi", belli bir demokrasi tipi olan "Batı demokrasisi"nin uygulamaları içinde, öteki birçok Batılı –ve Batı dışındaki– ülkelerce de taklit edilecek ve hayli geniş bir yaygınlık kazanacaktır.

DAHA ÇOK BİLGİ

Münci Kapani, *İngiliz Demokrasisine Bakışlar,* Ankara, 1960.

André Maurois, *İngiltere Tarihi* (çev. H. C. Yalçın), 2 cilt, İstanbul, 1938.

OKUMA

POLİTİKA VE EDEBİYAT

17. yüzyılın ilk yıllarında İngiltere'de ekonomik, toplumsal ve ideolojik bir değişme oldu. Aynı değişme daha sonra Fransa'da ve Amerika'da da olmuştur.

16. yüzyılda İngiltere'yi yönetenler aristokratlardı. Onlar şatolarında, köşklerinde tembel tembel keyif sürerlerken, çalışkan bir "işadamı"nın yetiştiğinin farkında bile değillerdi. İşadamı Püriten'di(2)... 1642'de Stuart Soyu'na karşı ayaklandı. Kralın adamları pek ciddiye almadılar onu. Nasıl olsa yeneceklerini sandılar. Ama 1649'da I. Charles'ın kafası celladın önündeki sepete düşüverince yanıldıklarını anladılar.

---

2) Püritanizm, İngiltere'de bir Protestan mezhebidir. "Püriten" de o mezhepten olanlara verilen ad. İnsanlara, Kutsal Kitap'la, para kazanmaktan başka hiçbir şeyin gerekmediğini savunan Püritanizm, feodal düzenin destekçisi olan Hıristiyanlığı kapitalist düzenin çıkarlarına uydurabilmek için 16. yüzyıl İngiltere'sinde atılmış dinsel adımlardan biridir. İngiliz kapitalist burjuvazisinin inancı bu idi.

1688 İhtilali'nde Püritenler yine başarı kazandılar. Stuart'ların sonuncusu olan II. James hayatını zor kurtarabildi. İngiltere de tüccarların ülkesi oldu.

Böyle kavgalarla geçen bir yüzyılda yazarların bazıları Püritenleri, bazıları da **eski düzeni** savundular. Milton, Bunyan, Jocke, Wönstanley gibi yazarlar ihtilali benimserken, Dryden, Taylor, Herrick, Popys... de kral adına konuşuyor gibiydiler. Basında kavgaların, çatışmaların arkası kesilmedi. Bu yüzden lirik şiirlerin, duygulu yazıların yazılması şaşılacak bir şeydir doğrusu...

Shakespeare'den sonra en büyük İngiliz şairi olan John **Milton,** Püritenlerin yanını tutmuş, ama hiçbir zaman tek görüşün adamı olmamıştır...

Milton nesir alanında iki önemli eser vermiştir. Bunlardan biri, *İngiliz Halkının Savunması* Püritanizm propagandasıdır. *Areopagitica* ise düşünce ve basın hürriyetini savunan ateşli bir kitaptır.

1652'de kör olduktan sonra yazdığı üç uzun şiir, onun adını da ölümsüzler listesinin başlarına eklemiştir. Din konusundaki düşüncelerini en iyi belirten, şiir gücünü en iyi veren bu üç şiir sırasıyla, *Kaybolan Cennet, Yeniden Kazanılan Cennet* ve *Samson Agonistes*'dir.

Thomas **Hobbes,** öteki yazarlara benzemez; filozoftur o... İnsanların düzenli yaşaması için başlarında bir önderin bulunması gerektiğini ileri süren Hobbes, ihtilal sırasında Stuart'ların yanını tutmuştur.

(Richard Alcock, *Kısa Dünya Edebiyatı Tarihi,*
çev. Ülkü Tamer, İstanbul, 1961, s. 96-100)

SORULAR

1. İngiltere'de siyasal liberalizmin gelişim aşamaları nelerdir?
2. "Parlamentolu" rejim ne demektir? İngiltere'de böyle bir rejim, ne zaman doğmuştur?
3. "Parlamenter" rejim ne demektir? İngiltere'de böyle bir rejimin doğuş ve gelişimi nasıl olmuştur?
4. İngiltere'de parlamentonun "demokratik" içeriğini kazanması hangi yüzyılda olmuştur? Nasıl?
5. Bir toplumda politika ile edebiyat arasında ilişki var mıdır? Varsa niçin? 17. yüzyıl İngiltere'sinde böyle bir ilişki nasıl bir tablo gösterir? (Okuma parçasını okuyunuz.)

18. YÜZYIL VE FRANSA'NIN ETKİSİ

Batı uygarlığının gelişiminde 18. yüzyıl her bakımdan önemlidir.

18. yüzyıl, bir "akıl çağı"dır. Felsefeden edebiyata "akıl" egemendir. **Neo-klasisizm** zafer yıllarını yaşar. Siyasal alanda Fransa'da ve Kuzey Afrika'da ortaya çıkan iki büyük ihtilal bu yüzyılı bitirirken, sanat ve edebiyatta Romantizmin ipuçları da görülmeye başlanacaktır.

Fransız kültürünün önemi

18. yüzyılda Avrupa'da örnek ne İtalya'dır, ne Almanya, hatta ne de İngiltere.

Fransa'dır tüm Batı'nın yıldızı.

Bazı tersliklere karşın, Avrupa kıtasının en kalabalık ve en gönençli ülkesidir Fransa. Yazarlarından sanatına dek her şeyi sonsuz bir takdir ve hayranlığın konusudur.

Avrupa'nın hemen bütün ülkelerinde, prensler, soylular, büyük burjuvalar, toplumun bütün aydın çevreleri, Paris'i "inceliğin ve zekânın başkenti" olarak görürlerdi: "Yaşamımın yarısını Paris'i görmeyi arzulamakla geçirdim; öteki yarısını da bu gecikmeye esef etmekle geçireceğim."

Prusyalı bir prensin sözleridir bunlar.

Fransızca, bir çeşit uluslararası dil haline gelmiştir: Gazeteler çok kez Fransızca çıkardı; o zaman hayli faal olan çeşitli akademilerin tutanakları Fransızca yazılırdı ve birçok Alman yazarı gibi Büyük Friedrich de meramını Fransızca dile getirirdi. Modadan kral saraylarına dek, her yanda Fransız zevki taklit edilir; Lizbon'dan Saint-Petersburg'a değin, yalnız Fransız kitapları ve sanat eserleri değil, Fransız artistleri, edebiyatçıları –ve bu arada ahçıları– taşınır durudu. Fransa'nın şatoları, Paris'in alanları, hele ünlü "Versailles Sarayı" bütün Avrupa'da taklit konusu idi. Çok kez, Fransız mimarlarına yaptırılırdı bu taklitler.

Saraylardan bahçelere dek tüm Avrupa'yı kaplayan bütün bu eserler, **"klasik sanat"**tan esinlenmektedir ve 16. yüzyılın sonlarından başlayarak tüm Avrupa'ya yayılmış olan barok akımını provensializme ve dinsel sanata doğru itmektedir.

Klasik sanat, özellikle saraylar ve konakların yapımında etkisini gösteriyor. Uluslararası ticaretten zenginleşmiş kentlerin süsü de aslında onlardır. Klasik sanatta **simetri, süsleme, yalınlık, zariflik, orantılarla yetkinlik** vardır. İlkçağ Yunan ve Roma sanatının esinleridir aslında bütün bunlar. Yüzyılın sonuna doğru, **XVI. Louis Stili** ortaya çıkacak, biçimler değirmileşecek, iri sütunlar eserleri ağırlaştırmaya başlayacaktır. Aynı zamanda **Romantizm'**e de bir başlangıçtır bu: İngilizvari bahçelerin duygusal düzensizliği, dengeli bir perspektifin yerine geçmeye başlamıştır.

Heykel ve resim, sanatın gözde alanları olmakta devam etmektedir. **Bouchardon, Falconet, Houdon, Watteau, Boucher, Fragonard...** yüzyılın büyük ustalarıdır.

Belki yalnız müziktedir ki, Fransa o yüzyılın yıldızı değildir. Gerçi –bütün 18. yüzyıl Avrupası'nda olduğu gibi– Fransa'da da canlı bir müzik yaşamı vardır. "Oda müziği" gelişmiş ve 17. yüzyılda doğan "opera" –başka ülkelerde olduğu gibi– orada da gözdedir. Bir **Rameau** büyük bir bestecidir. Ama 18. yüzyılın en büyük bestecileri, bir Johann Sebastian **Bach,** bir **Haydn** ve –son olarak– bir **Mozart** Almanya'da ve özellikle Avusturya'da dehalarını ortaya koyarlar.

Bütün bu sanat, aslında soyluların ve burjuvazinin yaşayışını renklendirmektedir. Bu sınırlar, yüzyılın bir başka özelliğini belirten **kulüpler, kahveler,** özellikle salonlarda –mideden düşünceye varıncaya dek– her şeye karşı duydukları zevki inceltmekte ve yetkinleştirmektedir.

Bilim ve felsefe

Bu aydın ve incelmiş topluluğun merakı ve zekâsı, aynı zamanda "doğa"nın incelenmesine, "bilime" de çevriliyor. 18. yüzyıl, çeşitli sözlüklerin, halkın anlayacağı biçimde yazılmış eserlerin, ansiklopedilerin yüzyılıdır. **D'Alembert** ve **Diderot'**un *Ansiklopedi*'si –çok geçmeden– yüzyılın simgesi haline gelir. "Doğa", 18. yüzyılın temel kavramlarındandır. J. J. Rousseau, **"el değmemiş doğa sevgisi"**ni dile getirir.

İngiliz filozofu **Bacon'**un (1561-1626) çömezi olan 18. yüzyıl aynı zamanda denemeler yüzyılıdır da.

Her alanda gelişme halindedir bilim. Astronomide, Newton'un genel çekim kuramı, düşünceye büyük yenilik getirmiştir. Bunun gibi, Fransız bilginlerinden **Lagrange** ve **Laplace** gök mekaniğini aydınlatmaktadırlar. Fizik, ısı ve özellikle elektrik üstüne araştırmalar da büyük gelişmeler kaydetmekte; kimya, **Lavoisier** ile gerçek bir bilim halini almakta; **Buffon,** doğa bilimleri alanında cesur birtakım bireşimler ileri sürmektedir.

Ne var ki, 18. yüzyıl, her şeyden önce **"filozoflar"** yüzyılıdır. Filozoflar, doğa incelemesinde Descartes'ın kuşkusunu uygular ve "sağduyu"nun, en çetin sorunları çözebileceğini düşünürler. Bunlardan bazıları **Locke** ile **Condillac'**ı izleyerek düşüncenin tek kaynağını duygularda görürler. Hıristiyanlık da içinde olmak üzere, bütün "tarihsel" dinleri reddeden filozoflar ya "deist"tirler ya da –nadir de olsa– "tanrıtanımaz". Felsefi eserlerde "metafizik" az yer tutar. Düşüncelere çözümleme ve yararlılık egemendir. Bunun sonucu olarak, dikkatler, çok zaman "sosyal olaylar"a çevrilmektedir.

Ve asıl yaratıcı faaliyet de o zaman kendini göstermektedir.

Böylece, **Voltaire,** birbirinden kopuk olayların ve ayrıntıların dışına çıkarak, *XIV. Louis'nin Yüzyılı* adlı eseriyle, yeniçağın ilk tarih kitabını veriyor. Bunun gibi, toplumda zenginliklerin nasıl üretildiği, dağıtıldığı ve tüketildiğini araştıran **fizyokratlar,** birtakım değişmez kanunların varlığını görüyorlar ve böylece iktisat biliminin ilk esaslarını koyuyorlar. **Montesquieu,** coğrafi etkenlerle toplumdaki örfler ve kurumların karşılaştırılmasından genel kanunlara vararak sosyal bilimin olasılığını gösteriyor; **Locke** ise, siyaset biliminin temellerini atıyor bir bakıma.

Filozoflar, işte bu kanunlara bakarak, örflere dayanan toplumu, Kilise'nin ayrıcalıklarını, köhne monarşinin geleneklerini mahkûm ediyorlar. Voltaire, Diderot ve fizyokratlar gibi bazıları için ülkü, aklın kanunlarına göre hareket edecek olan bir **"aydın despotluk"**tur. Öteki bazıları, başka çözümler öneriyorlar.

Bunlardan Montesquieu ve Rousseau'nunkiler üstelik büyük bir geleceğe de adaydırlar.

– Gerçekten **Montesquieu'**ye göre, her toplum için amaç, bireylerin özgürlüğüdür. Kimdir bu özgürlüğün düşmanı? Despotluk. O halde, özgürlüğü gerçekleştirmek için despotluktan sakınmalı. Onun da yolu, devlette özellikle yasama, yürütme ve yargıyı birbirinden ayırmaktır.

"Güçler ayrılığı" ilkesini kabul etmek yani.

– **Rousseau** ise, insanlığın gelişimi ile ilgili şöyle bir düşünceden hareket eder: Önceleri doğal bir yaşamı yaşamışlardır insanlar. O zaman özgürdüler; mutlu idiler de. Daha sonra, aralarında bir sözleşme yaparak, toplum yaşamına geçmişlerdir. Ne var ki, sözleşmenin hükümlerine uymaz olmuştur iktidardakiler. Artık doğal yaşayışa dönmek söz konusu olamaz. Ama hükümleri bozulmuş sosyal sözleşmeye de eski değerini ve gücünü vermek gerekir. Bu olasıdır ve yolu da toplumda yönetimi halka vermektir, "egemenlik halkındır" çünkü.

İngiliz parlamentarizminin etkisini taşıyan Montesquieu'nün sistemi **bireysel** ve **liberal**dir; Rousseau ise, eşitliği savunarak ve özgürlüğü, kanunların yapılışına katılma diye göstererek siyasal **demokrasinin** kurallarını koymaktadır.

Her iki düşüncenin de büyük etkileri olmuştur: Önce her ikisi bir bireşime kavuşturulmak istenmiş (örneğin Concordet); sonra da, 19. yüzyılda çeşitli ideolojik mücadelelere kaynaklık etmişlerdir. Hele Rousseau'nun "mutlak demokrasi"si, Marksist demokrasi anlayışını çok noktada etkileyecektir ilerde.

DAHA ÇOK BİLGİ

E. R. Curtius, *Fransa Üstüne Deneme* (çev. S. Eyüboğlu), İstanbul, 1953.

E. H. Gombrich, *Sanatın Öyküsü* (çev. B. Cömert), İstanbul, 1980.

Murat Sarıca, *Siyasi Düşünce Tarihi,* 3. Bası, İstanbul, 1980.

OKUMA

AYDINLANMA FELSEFESİ NEDİR?

Feodal düzen içinde yavaş yavaş gelişerek iktisadi ve sosyal alanda üstünlüğü ele geçiren sınıfın **burjuva** sınıfı olduğunu daha önceleri belirttik. İşte maddi temellere dayanan bu olay, yeni bir sosyal sınıfın ortaya çıkarak siyasi iktidara adaylığını koyması olayı, her zaman olduğu gibi, yeni bir dünya görüşü, yeni bir felsefe, yeni bir iktisadi ve sosyal doktrini de beraberinde getirmiştir. İşte burjuvaziye özgü bu genel dünya görüşüne "Aydınlanma Felsefesi" diyoruz.

İlkçağda Yunan Aydınlanması'nın merkezi Atina idi. 18. yüzyıl Aydınlanması ise **bütün Avrupa'**ya yayılmış olan bir fikir akımıdır.

Aydınlanma felsefesi önce **İngiltere'**de başlamış; oradan Fransa'ya geçmiş ve çok radikal bir nitelik kazanmıştır. **Almanya,** ya da kısmen Fransa yoluyla, kısmen de İngiltere'den gelen bu akım, Avrupa'nın bu üç büyük ülkesinde bunların sosyo-politik özelliklerine uygun şekiller almıştır. Aydınlanma felsefesi, İngiltere'de daha çok deneyci, Fransa'da daha çok akılcı, Almanya'da ise daha çok **mistik-akıl**cıdır...

Aydınlanma felsefesinin dayandığı ilkeler, yalnızca burjuvaziye değil, bütün **insanları kapsayan,** eski düzenden yana olanlara karşı (asiller, rahipler) **bütün insanların mutluluğunu** amaç edinmiş görünen ilkelerdir. **"Hürriyet", "ilerleme", "insan değeri"** gibi kavramlar, bütün insanlığı hedef tutmaktadır. İnsanın özü gereği bir değer olduğu, burjuva felsefesinin temel ilkesidir.

Aydınlanma felsefesinin amacı, **peşin yargıları yıkmaktır.** Aydınlanma felsefesi akla, doğaya, insanın mutluluğuna aykırı tüm peşin yargılara, boş inançlara karşıdır...

Aydınlanma felsefesi, her şeyden önce, Katolik dinin getirdiği peşin yargılara karşı çıkıyordu... **Dinin getirdiği peşin yargıları** ortadan kaldırmak otomatik olarak siyasi peşin yargıları da söz konusu etmek, zayıflatmak anlamına geliyordu. Bu peşin yargılara karşı çıkışın kökleri, Rönesans ve Reform hareketlerine dayanmaktadır.

(Murat Sarıca, *Fransız İhtilali,* İstanbul, 1970, s. 30-33)

SORULAR

1. Batı uygarlığının gelişiminde 18. yüzyılın önemi nedir?
2. 18. yüzyılda Fransız kültürü nasıl bir yer tutar?
3. 18. yüzyılda bilimsel gelişmeler nasıl bir tablo gösterir?
4. "Aydınlanma felsefesi" deyince ne anlaşılır? (Okuma parçasını okuyunuz.)
5. Montesquieu ile Rousseau'nun düşünceleri arasında temel ayrılıklar hangi noktalardadır? Kendilerinden sonra etkileri neler olmuştur bu düşünürlerin?

BÖLÜM IV

BATI UYGARLIĞINDA DEVRİMLER
(19. YÜZYIL)

19. yüzyıl, Batı uygarlığının tarihi için, ani ve keskin dönüşümlerin –daha yerinde bir deyimle– "devrimler"in yüzyılıdır. Yalnız "siyasal" değil, "iktisadi" ve "sosyal" alanda da böyledir bu. Öylesine değişikliklerdir ki bunlar, yeni bir "yön" verir tarihe, yeni bir hız kazandırır.

Ama yalnız Batı uygarlığının tarihine değil, bütün insanlığın tarihine de...

FRANSIZ DEVRİMİ

Devrimin nedenleri

Önce şu iki kavrama değinelim: **"İhtilal"** ve **"devrim"** kavramlarına.

İhtilal, mevcut bir durumun ya da toplum düzeninin zor kullanılarak ansızın değiştirilmesi ya da yıkılması anlamına gelir. Devrim ise, daha geniş kapsamlıdır. İhtilalin yıkıcı niteliğinin yanı sıra, "yapıcı" öğeyi de içerir. İhtilaller, tasfiye edilen "üretim ilişkileri"nin yerine, daha gelişmiş bir yeni düzen kurabildiklerinde devrime dönüşürler.

1789 İhtilali, bu anlamda bir devrimdir.

Nereden kaynaklanıyordu Fransız Devrimi?

Daha önce belirttiğimiz gibi, 18. yüzyılda "filozoflar", "akıl" adına, örflere dayanan mutlak monarşiyi sert bir eleştiriye tabi tutmuşlardı. Öte yandan, **"soylular"** ve **"ruhban"**, Fransız toplumunun bu "ayrıcalıklı" sınıf ve zümreleri, bu ayrıcalıklarını haklı gösterecek hiçbir etkin rol oynamıyorlardı; oysa **"burjuvazi"** iktisadi planda en zengin, giderek egemen bir sınıf durumuna geldiği halde, bu ayrıcalıklardan yararlanamıyor ve bunun sonucu olarak da bu ayrıcalıkların kaldırılmasını istiyordu. Ayrıcalıklı sınıf ve zümrelerin varlığı toprağa bağlı olduğu halde, burjuvazi toprağa bağlı değildir. Geçimini, ticaret ve zanaatle sağlamaktadır. Zamanla, bu sınıfın çıkarları, hem feodal toprak düzeniyle, hem de kentlerdeki zanaat erbabının ilişkilerini düzenleyen korporasyonların sıkı disiplini ile çelişmeye başlar.

Köylülere gelince, bu çok yoksul ve kültürsüz kitleler, ilkel koşullar altında ve sefalet içinde yaşıyorlardı. O zamanın bir karikatürü, köylüyü, sırtına iki kişinin bindiği bir insan olarak göstermektedir. Böylece –toplumdaki gelişmeye zaten ters düşmüş olan– "feodal haklar" ağırlığını artık çekemez olmuşlardı.

Fransa'da devrim öncesi sosyal sınıflar tablosunun bu görünüşü, devrimin temel nedenleridir.

Bu nedenlerin zorunlu sonuçlarını doğurması için uygun birtakım koşulların ortaya çıkması gerekiyordu. O yılların bir mali ve iktisadi bunalımı, bu koşulları hazırladı. Soylular, **"Etats-Généraux"**nun toplanarak, mutlakıyetin sınırlı (meşruti) bir hale getirilmesiyle, bu bunalımlardan –kendi hesaplarına– yararlanabileceklerini sandılar. Ne var ki, 1789'da toplanan "Etats Généraux"da burjuvaziyi temsil eden "Tiers-Etats", mutlakıyete son vermek konusunda ayrıcalıklı sınıf ve zümrelerle anlaşırken, ayrıcalıkları da ortadan kaldırdı.

Devrimin gelişimi

Burjuvazi, soylulara karşı giriştiği bu mücadelede başarıya ulaştı: Onun zaferi, halk kitlelerinin gözünde, "feodalite"nin ve onun "yükümlülükleri"nin tasfiyesi anlamına geliyordu çünkü. Bunun içindir ki, özellikle Paris halkı, 14 Temmuz 1789'dan başlayarak, "Eski Rejim"i kurtarmak için kralın yaptığı girişimleri etkisiz bırakacaktır.

Anayasayı hazırlayacak olan Millet Meclisi, 9 Temmuz 1789'da **"Kurucu Millet Meclisi"** adını alır. Kendilerini milletin temsilcileri olarak ilan edenler, yasama gücünü ele geçirmekle beraber, iktidarı kralla paylaşmaktan vazgeçmiş değillerdir yine de. Mecliste ve halk arasında cumhuriyetçi düşünceler henüz yaygın değildir.

26 Ağustos 1789'da **"İnsan ve Yurttaş Hakları Bildirisi"** kabul edilir. Eylül 1791'de bir Anayasa kabul edilerek "sınırlı bir monarşi" kurulur.

İlk anayasasıdır bu Fransa'nın.

XVI. Louis, elinden mutlak iktidar alındıktan sonra ayrıcalıkların kaldırılışına karşı çıkmak girişiminde bulunur. 10 Ağustos 1792 ayaklanması ile, devrim onu bütünüyle tasfiye eder; krallık yıkılır ve az sonra da "Cumhuriyet" ilan edilir. Yeni rejimin anayasası da 24 Haziran 1793'te kabul edilir.

İlk Cumhuriyetidir bu Fransa'nın.

Bunun sonucunda, bütün Avrupa monarşileri, Fransa'ya karşı birleşirler. Burjuvazinin iktidardaki ilerici kanadı, yani **Jakobenler,** bu dış tehlikeye karşı, içeride –birtakım demokratik önlemlere de başvurarak –halkla daha sıkı biçimde bağlaşıklık kurarlar: Genel oy, mülkiyetin genişletilmesi, herkese açık eğitim, sosyal yardım gibi konular bu önlemlere örnektir. Ancak **Robespierre**'in düşüşü (1794) ile, rejimin bu "demokratik ve sosyal" görünüşü kaybolur ve yeniden 1789'un "bireyci ve liberal" programına dönülür. Yeni döneme, Fransa tarihinde **"Direktuvar"** denir. Aynı zamanda bir iktisadi bunalım ve enflasyon dönemidir bu dönem.

Bir süre sonra, Direktuvar yönetimi, halkın desteğini yitirdiği gibi halktaki huzursuzluk, bazı başkaldırmalara da yol açar. Yakın çağın ilk komünist hareketi olan **Babeuf Hareketi** de bu huzursuzluklardan biridir.

Kanla bastırılır bütün bunlar.

Rejimden, burjuvazi de memnun olmamaya başlamıştır. 1799 yılında, burjuvazinin, sağlam, yerleşmiş bir rejime gereksinmesi vardır artık ve ancak böyle bir rejim, feodaliteye ve emekçi halka karşı burjuvazinin elde ettiği ayrıcalıkları koruyabilmesine olanak sağlayacaktır. Direktuvar ise, bunu yerine getirecek durumda değildir.

Fakat nasıl kurulmalıdır yeni hükümet? Nasıl bir sistem getirilmelidir?

9-10 Kasım 1799'da gerçekleştirilen bir hükümet darbesi bu soruları yanıtlar. Darbe, Fransa'yı, büyük burjuvazinin temsilcisi bir diktatöre teslim eder.

Adı, **Napolyon Bonapart**'tır bu diktatörün.

Ve onunla Fransa'da devrim dönemi gerçekten sona erer.

Kazanan burjuvazidir; kaybeden halk olacaktır.

Özgürlük ve eşitlik

Fransız Devrimi'nin ilkelerini, başta **"İnsan ve Yurttaş Hakları Bildirisi"** simgeler. J. J. Rousseau'dan esinlenen bu bildiriye göre, insanın doğuştan birtakım hakları vardır; toplum, bu haklara saygıyla yükümlüdür.

Bildiri, başta iki temel hak tanıyor: **Özgürlük** ve **eşitlik.**

Bildirideki özgürlük, bir doğal hak olarak, Anglosakson bildirilerindeki özgürlüklerden aslında pek farklı değil. Vicdan, din ve basın özgürlükleri tanınırken, dernek özgürlüğü hayli kısıtlanıyor: Bu noktada, girişim özgürlüğüne herhangi bir engel çıkarılmasından korkan burjuvazinin bireysel anlayışı görülmektedir.

Eşitlik ise, daha yeni bir ilkedir. O sırada Birleşik Amerika'da kölelik ve ırkçılıktan kaynaklanan eşitsizlikler bulunuyordu. Eşitlik ilkesi, eski rejimin dayandığı toplumsal hiyerarşinin ilkelerini çürütüyordu: Artık, kişisel ya da korporatif ayrıcalıklar yoktur. Özellikle Kilise'nin ayrıcalıkları ortadan kaldırılmıştır. Herkes istediği göreve girebilecektir; yeter ki yeteneği olsun.

Bu "medeni eşitlik", 1789'un büyük yeniliklerinden biri oldu.

Bununla beraber, fiili bir ayrıcalık sürmektedir: Paranın ayrıcalığı.

1789'un bireyci burjuvaları, zenginlerle yoksullar arasındaki farklılıkları hafifletecek önlemleri reddetmekle kalmıyorlar, üstelik, belli ölçüde bir servete sahip olmayı, seçmen olabilmek için yeterlik ölçüsü olarak ileri sürüyorlardı.

"Genel oy"u engelleyen bu kayıtlar, Fransa'da 1848 Devrimi'ne değin sürecektir.

DAHA ÇOK BİLGİ

A. Aulard, *Fransa İnkılabının Siyasi Tarihi* (çev. N. Poroy) 3 cilt, Ankara, 1944.

Pierre Gaxotte, *Fransız İhtilali Tarihi* (çev. S. Tiryakioğlu), İstanbul, 1969.

J. Lèpine, *Grachhus Babeuf* (çev. Şiar Yalçın), İstanbul, 1969.

A. Mathiez, *Fransız İhtilali* (çev. Şükrü Kaya), 3 cilt, İstanbul, 1940.

J. Michelet, *Fransa İhtilali Tarihi* (çev. H. Varoğlu), 3 cilt, İstanbul, 1967.

Murat Sarıca, *Fransız İhtilali,* 2. Bası, İstanbul, 1981.

A. Soboul, *Fransız İnkılabı Tarihi* (çev. Şerif Hulusi), İstanbul, 1969.

OKUMA

FRANSIZ DEVRİMİ'NİN ANLAMI

Fransız İhtilali'ni, Batı'da, daha kesin bir deyimle Atlantik bölgesinde, Fransa'dan önce İngiltere'de, Amerika'daki İngiliz sömürgelerinde, İsviçre'de ve Hollanda'da gerçekleşen, sonra Fransa'ya, oradan da yine İsviçre ve Hollanda'ya atlayan, ardından Almanya ve İtalya'ya geçen **burjuva ihtilallerinin sadece bir halkası** olarak görmek yanlış olacaktır. Yanlış olacaktır, çünkü bu ihtilaller sadece Batı'da, özellikle Atlantik bölgesinde patlak vermemiş, on dokuzuncu yüzyılda **kapitalist ekonominin** yerleşebildiği bütün ülkelerde (Japonya gibi) meydana gelmiştir.

İngiltere'de 1648 ve 1688 ihtilalleri, sonunda **burjuvazinin aristokrasiyle uzlaşmasına** yol açtığı halde, çeşitli bocalamalara rağmen, Fransız ihtilali tam tersi bir gelişme göstermiştir. Jean Jaurès'in dediği gibi **İngiliz burjuva devrimi "dar anlamda burjuvadır ve muhafazakârdır".** Oysa **Fransız Devrimi "geniş anlamda burjuva ve demokratiktir".**

Fransız **aristokrasinin uzlaşmaz tutumu,** büyük burjuvazinin zaman zaman küçük burjuvazi ve emekçi halkla işbirliği yapmasına ve bu kütlelerle işbirliği yaptığı ölçüde de, onların isteklerini bir dereceye kadar olsa da yerine getirmesine yol açmıştır.

İngiltere'de 1648 İhtilali sırasında ortaya çıkan fakat etkin olmayan ve Cromwel, tarafından ezilen Eşitçi (Niveleurs) Hareket bir yana, Fransız İhtilali'nin kendine özgü bir niteliği vardır. Bu da, **genel burjuva niteliği** yanında, Fransız İhtilali'ni ileriye doğru iten köylü ve kentli **emekçi kütlelerin başkaldırma hareketlerini** de içinde taşımasıdır. **Öfkeliler Jakobenizmi ve Babeuf Hareketi** bu başkaldırmanın en sivri noktalarıdır.

Halk kütlelerinin ihtilale katılması, ileride bir bütün haline gelecek olan proletarya ideolojisinin temel taşlarının atılmasına da yol açmıştır. Nitekim sonradan geliştirilecek olan proletarya diktatoryası kavramının, gerçek hürriyet-formel hürriyet ayrımının ilk tohumları Fransız İhtilali sırasında atılmıştır.

(Murat Sarıca, *Fransız İhtilali,* İstanbul, 1970, s. 182-183)

SORULAR

1. Devrim öncesinde Fransa'nın toplumsal yapısı nasıldır?
2. Devrimin akışının kabataslak tablosunu çiziniz.
3. İnsan ve Yurttaş Hakları Bildirisi nedir? Bu bildirinin, "özgürlük ve eşitlik"ten anladığı nedir?
4. Fransız Devrimi'nin insanlık tarihi içindeki anlamı nedir? Bu devrim niçin bir burjuva devrimidir ve İngiliz burjuva devrimlerinden farkı nerededir? (Okuma parçasını okuyunuz.)

MİLLİYETLER İLKESİNİN DOĞUŞU VE GELİŞMESİ

Milliyetler ilkesinin kaynakları

Milliyetler ilkesine göre, her halkın, ırkı, dili ya da gelenekleri bakımından kendine özgü bir varlığı vardır. Bunun sonucu olarak da, her halk, bir "bağımsız devlet" halinde örgütlenebilir; örgütlenmelidir daha doğrusu.

Halkların, kendine özgü bir kültüre sahip canlı varlıklar olduğu düşüncesi, Fransız Devrimi'nden önce ortaya çıkmıştır. Özellikle Alman filozofu **Herder'**in –1770'lere doğru– üzerinde işlediği bir tema idi bu.

Fransız Devrimi ise, bu düşünceyi biçimlendirmiş, ona bir saygınlık ve önem kazandırmış ve bu arada dayandığı temeli de değiştirmiştir: Gerçekten, Fransız Devrimi'ne değin, bireylerle devlet arasındaki ilişki, monarşik bir temele dayanıyordu. Fransız Devrimi'nde, kral ortadan kaldırılınca, ortaya çıkan boşluğu "ulusal egemenlik" düşüncesi doldurmaya başladı. Az sonra, "halkların kendi yazgılarını kendilerinin belirlemesi hakkı" ortaya çıktı.

Milliyetler ilkesinin, Alman kaynaklı bir **"romantik"** yorumu vardır ki "dil"e dayanır; Fransız kaynaklı **"klasik"** yorum ise, bu ilkeyi, **"halkların iradesi"**ne dayandırır.

Görüldüğü gibi, birbirine zıt her iki yorum da.

Ama en çok yayılan, Fransız Devrimi'nin temeli olan yorum oldu: 1814'lerden başlayarak, milliyetler ilkesi, Avrupa'da güçlü bir akım haline gelir. Ve sonuçta şu formüle varılır: Ulusla devlet birbiriyle bütünleşen, bütünleşmesi gereken iki gerekliktir.

Viyana Kongresi, aslında eski düzeni korumak isteyen Avrupa monarşilerinin, bu akımı durdurmak için sarf ettikleri çabanın bir belirtisidir. Ne var ki, 1830 ve hele hele 1848 tarihleri bir yana bırakılırsa, 19. yüzyılın özellikle ikinci yarısında, bazen liberal kurumlardan yararlanarak, bazen ihtilallere başvurarak, monarşilerin surlarında açtığı gedikleri durmadan genişletecektir bu ilke.

Milliyetler ilkesi ve yeni Avrupa

Ve en büyük darbelerden birini Osmanlı İmparatorluğu'na vuracaktır milliyetler ilkesi: 1830'larda Yunanistan'ın bağımsızlığını tanıyan Osmanlı Devleti'nden, daha sonraki yıllarda Sırbistan, Romanya, Bulgaristan, Arnavutluk birer birer kopacaktır. Bu kopuşlar, imparatorluğun 1918'de yıkılışına değin sürecektir. İçinde birbirinden farklı on halkı barındıran Avusturya-Macaristan İmparatorluğu da aynı akıbete uğrar. Bunun gibi 1830'da Belçika, Pays-Bas'dan; 1920'de de İrlanda İngiltere'den ayrılır. İki yeni güç ortaya çıkmıştır bunların yanı sıra: 1870'te **İtalya,** 1871'de de **Almanya** doğar.

Batı'da ortaya çıkan milliyetler ilkesi, çok geçmeden dünyanın başka kıtalarına da yayılacak; Asya'nın, Afrika'nın uyanan halkları, aynı ilkeyi, tarihin bir başka döneminde bir başka hedefe, yani emperyalizme yönelteceklerdir.

DAHA ÇOK BİLGİ

Murat Sarıca, *Siyasi Tarih,* İstanbul, 1980.

OKUMA

MİLLİYETÇİLİK VE EDEBİYAT: ŞANDOR PETÖFİ

Macarların milli şairi Petöfi (1823-1849) yirmi altı yaşında ölmüştür. En güzel şiirleri arasında yurdunun tasvirleri de yer alır. Vatan sevgisi, bu yurt tasvirlerinden başlar gibidir.

Hayatı belli bir düzen içinde geçmemişti. Zaten, bu kadar kısa bir ömür, düzene girmiş olsaydı, bu derece verimli olamazdı... Halkçıydı, samimiydi, teklifsizdi... Ancak yeni kuşakların halka, demokrasi ilkelerine yönelmeleridir ki, onun da zaferine yol açtı:

1848 ihtilalleri Macaristan'a da bulaşmıştı. Macar vatanseverleri Avusturya boyunduruğuna karşı ayaklanmışlardı. "Millet Şarkısı" adlı şiirini halkın önünde okuduğu zaman adeta kıyamet koptu. "Kalk Macar!" diyordu. "Vatan seni çağırıyor. Tam zamanıdır... Ya şimdi... Ya hiçbir zaman..." Sonra ant içiyordu: "Macarların Tanrısına ant içerim!.. Ant içeriz, artık esir olmak yok!" Ama Petöfi o kadar coşmuştu ki... **"kralları asınız"** diye şiir yazıyordu...

1849'da... General Bern'in ordusuna girdi... Avusturyalılar, Macarlarla başa çıkamayınca, Rusya'dan yardım istemişler... Petöfi de, Segesvar savaşında şehit düşmüştü. Petöfi'nin naaşı bulunamadı. Başka ölülerle birlikte müşterek bir çukura gömüldüğü anlaşıldı. "Bir düşünce bana azap veriyor: Yatakta, yastıkların arasında ölmek!" diyen ve bir savaş alanında can vererek **"Dünya hürriyeti"** için çarpışan kahramanlarla birlikte bir çukura gömülmek istediğini söyleyen Petöfi'nin dileği yerine gelmiş oluyordu...

(S. N. Özerdim, *Büyük Şairler ve Şiirleri,*
İstanbul, 1968, s. 173-175)

SORULAR

1. Milliyetler ilkesi nedir, nasıl doğmuştur? Ve Avrupa'nın siyasal coğrafyasına ne gibi değişiklikler getirmiştir?
2. Milliyetçilik ve edebiyat arasında hangi koşullarda bir ilişki doğar? (Okuma parçasını okuyarak bulmaya çalışınız.)

SANAYİ DEVRİMİ VE SONUÇLARI

İnsanları tarıma ve yerleşik yaşama götüren tarih öncesinin "neolitik" (cilalı taş) devrimiyle 19. yüzyılın "Sanayi Devrimi" arasında, Batı'da yaşam koşulları çok büyük değişikliklere uğramış değildir aslında; XV. Louis'nin çağdaşı olan insanlar, yaşayışta, eskilere, bizlerden daha yakındılar.

Sanayi öncesi dönemde Avrupa

18. yüzyıl insanlarının büyük çoğunluğu "köylü" idi.

Toprağın işlenişi, onlardan belli birtakım çabalar isterdi ve bu işte kullanılan araçlar da yalın şeylerdi. Doğaldır ki, bunun karşılığında alınan ürün de –ister istemez– yetersiz oluyordu.

Seyahat araçları, bir yerde atın yapabileceği en fazla hıza bağlı olduğundan, insanların çoğunluğu, yaşadığı bölgenin dışına pek çıkabilmiş değildir.

Ve yine insanların büyük çoğunluğu okuryazar değildir. Öyle olunca da, kültür, "bir azınlığın ayrıcalığı" olarak kalmaktaydı. O azınlık ise soylular, kilise adamları ve burjuvazidir. Kitaplar, bir yerde onlar için yazılmakta, sanat eserleri de onlar için yaratılmaktadır.

Sanayi Devrimi

Bununla beraber, 18. yüzyılın ortalarında "Sanayi Devrimi" denen yeni bir gelişmenin, bu –bir ölçüde– kapalı dünyayı sarsan ilk işaretleri de görülmektedir.

a) Sanayi Devrimi'nin anlamı

Sanayi Devrimi derken, bu deyimdeki "devrim" terimini en geniş biçimiyle anlamak gerekir.

Sanayi Devrimi, Batılı toplumların yaşamında köklü değişikliklere yol açmıştır; ama bu değişiklikler hiç de "ani" değildir. Öyle ki, 18. yüzyılın ortalarında kendini gösteren Sanayi Devrimi, bugün de sürmektedir. Bir de, Sanayi Devrimi'ni yalnız sanayi ile ilgili sanmamalı; aslında **tarımsal üretimin** biçimlerindeki köklü değişikliklerle, **ulaştırma araçlarındaki** büyük değişiklikleri de ona sokmak gerekir.

İşte Sanayi Devrimi'yle, insanlık gitgide genişleyen bir **makineleşmeye** yönelirken, **nüfus** da **artmaya,** hem de eskiyle kıyaslanmayacak ölçüde artmaya başlamıştır. Aslında birbirine bağlı olan bu iki olay, tarihte ilk kez, Batı'da 18. yüzyılın ortalarında ve İngiltere'de ortaya çıktı.

b) Sanayi Devrimi'nin özellikleri

Sanayi Devrimi bazı özellikleri taşıyor:

– Sanayi Devrimi'nin başta gelen özelliği, zincirleme birçok buluşlara yol açmasıdır. Bu buluşlar, insanların üretim için yaptıkları çabayı derece derece azaltmaya yaramıştır.

İlk buluşlar, 18. yüzyılda, çeşitli nedenlerle İngiltere'de görülüyor.

– Sanayi Devrimi, sermayenin ve el emeğinin **merkezileşmesini** de getiriyor beraberinde. Makinelerin gitgide karmaşık duruma gelmesi ve enerji kaynaklarına yakın bir yerde toplanmaları zorunluluğu, büyük fabrikaları doğuruyor. Böylece, fabrikaların sahipleri büyük kapitalistlerle işçiler arasında, eskiden olduğundan çok daha farklı **sosyal ilişkiler** kuruluyor.

– Son olarak, sanayiciler **kentlerde** yerleşiyor ya da yeni kentler kuruyorlar çok kez. Bunun sonucunda kentlerde köy ve kasabalar arasında –eskiden beri görülen– farklılık, böylece daha da derinleşiyor: Artık kentler sınai ve ticari faaliyetlerin merkezleridir; köyler ve kasabalar ise yalnızca tarım faaliyetlerinde bulunacaklardır. Kentlerin, köy ve kasabaların aleyhine olarak büyümesi öyle bir noktaya gelir ki, 20. yüzyılın başlarında Batı Avrupa nüfusunun çoğunluğu artık kentlerde bulunmaktadır.

Bugün de öyledir.

c) Sanayi Devrimi'nin aşamaları

Sanayi Devrimi'nin bu gelişme çizgisi içinde, genellikle, iki aşama birbirinden ayrılır ve başka başka adlandırılır: Bunlardan ilk aşama 1750'den 1890'lara değin sürer yaklaşık olarak. İkinci aşama ise, 19. yüzyılın sonlarında başlar.

– Sanayi Devrimi'nin ilk aşamasına, buhar çağı dendiği de olur bazen. Çünkü fabrikaların başlangıçta kullandıkları "hidrolik" enerjinin yerine "buhar" enerjisinin geçmesi bu dönemde gerçekleşmiştir.

James Watt'ın (1765) buluşudur ki, buharın sanayide kullanılmasını genelleştirir.

Sanayi Devrimi'nin ilk aşamasını nitelendiren, yalnızca buhar enerjisi değildir; büyük dokuma sanayii ile "metalurji"yi de kaydetmelidir. 18. yüzyıl ortalarının ilk yüksek fırınlarından Bessemer (1856) yöntemiyle çelik üretimine değin metalurjideki gelişmeler, özellikle "demiryolları" yapımına olanak hazırlıyor.

İlk aşamada, **Batı Avrupa,** bütün bu gelişmelerin merkezi olmuştur. Özellikle maden kömürü bakımından zengin ülkeler, hareketin başını çekmişlerdir: 19. yüzyılın ortalarına dek **İngiltere,** sonlarına doğru da **Almanya** bu ülkelere örnektir.

– 1896'dan 1928'e dek, fiyatlarda yeni bir yükseliş, Sanayi Devrimi'nin ikinci aşamasını başlatır. Birincisinden farklı nitelikleri vardır bu aşamanın:

Önce, enerji kaynakları bakımından, maden kömürü önemli bir rol oynamakta devam eder; ne var ki, başka enerji kaynakları da bulunmuştur: "Elektrik" ve "petrol" gitgide büyüyen bir rol oynamaktadır.

Sonra, yeni sanayi alanları ortaya çıkmıştır: "Kimya sanayii" ile otomobil ve uçak yapımına yarayan "mekanik sanayiler". Bu yeni sanayi, daha ileriye vardırılmış bir **"işbölümü"**ne dayanmaktadır ve işçilerin zaman kaybını önleyecek yöntemler araştırılmaktadır: "Taylorizasyon", zincirleme çalışma, meta üretimini o zamana değin işitilmemiş ölçülere çıkarır.

Son olarak, **tarım** da sanayileşiyor ve uzmanlaşıyor: Mekanik tarım araçları, el emeğinin yerine geçiyor; boşta kalan el emeği de kentlere doğru akmaya başlıyor.

Belli bölgeler, belli ürünlere ayrılmaktadır artık.

Sanayi Devrimi'nin bu ikinci aşamasında Batı Avrupa'nın dünya çapındaki eski egemen rolü de kaybolmaya başlamıştır; Rusya'sı ve Japonya'sı ile, başka kıtalardan yarışmacılar türemiştir. Özellikle Birleşik Amerika, zengin kaynaklarının işletmeye açılması ve dev işletmelerde çalışmanın rasyonalize edilmeye başlanması ile hareketin başını çekmektedir.

Sanayi Devrimi'nin sonuçları

Sanayi Devrimi'nin çok önemli sosyal sonuçları oldu: Sanayi Devrimi Batı'da, eski sosyal sınıflar tablosu yerine, yeni bir sosyal sınıflar tablosu koydu.

Ve bu yeni sınıflar tablosu, yeni bir ideolojik mücadeleye yol açtı.

a) Burjuvazi-Proletarya çatışması

Kapitalist burjuvazi, yeni bir sınıf değildir aslında. Daha önce de belirttiğimiz gibi, ta ortaçağın sonlarında doğmuş ve o tarihlerden beri gitgide gelişmiş olan bir sınıftır o. Fransız Devrimi'nde başrolü oynayan o olmuştur. 19. yüzyılda Batı Avrupa'da egemen sınıf yine bu burjuva sınıfıdır.

Kimler girmektedir bu burjuva sınıfına?

Sanayiciler, tacirler, serbest meslekten olanlar, rantiyeler... Bu zengin çevreler, büyük fabrikatörler, işletmelerinin dışında arazileri ve şatolarıyla, soyluların en yüksek tabakasının yaşamını sürdürmektedirler. Daha alçakgönüllü olanları, dükkân sahipleri ve zanaatkârlar, çalışmanın yanı sıra, faizle para vererek, çok kez orta burjuvaziye girebilmektedirler.

Burjuvazinin ülküsü **"liberalizm"**dir. Liberalizm, girişim özgürlüğünü savunur ve her türlü devlet karışımını reddeder. Bu, **iktisadi** yüzüdür liberalizmin. **Siyasal liberalizm** ise, monarşide ifadesini bulan eski rejime karşıdır ve **"bireyciliği"** (*individualisme*) savunur. Doğaldır ki, liberaller içinde de ayrılıklar vardır: Tutucu liberaller toplum düzeninin sarsılmamasını isterken, ilerici liberaller demokratik reformlardan yanadırlar.

Burjuvazinin karşısına yeni bir sınıf dikilmiştir: Proletarya.

Proletarya, gitgide silinmekte olan eski korporasyonların işçisinden farklı bir kitledir. Büyük çoğunluğu **tarım kökenlidir:** Çeşitli nedenlerle köyden ve kasabadan kopup gelmiştir.

Koparılmıştır daha doğrusu. Ve kentlerin çevresine yerleşmektedir. Kentin asıl ahalisiyle bunlar arasında yaşayış düzeyi bakımından bir fark vardır ki, "korkunç"tur.

Burjuvazi, korku ve tiksintiyle bakmaktadır bu kitlelere. Öyle de olsa, her iki sınıf arasındaki sosyal eşitsizlikler, gün gelir önce mantık ve kardeşlik adına, daha sonra başka gerekçelere dayanarak, çeşitli sosyal kökenlerden gelen aydınlarca eleştirilmeye başlanır.

Sosyalist akım böyle böyle doğar.

b) Sosyalizm

aa- Sosyalizmin anlamı

Sosyalizmin tarihi, bir bakıma, eski çağlara, ilk din kitaplarına değin uzanır. Böylesine geniş anlamda anlaşıldığında, sosyalizm, toplumdaki adaletsizliklere, insanların sömürülmesine, eşitsizliğe karşı bir tepkidir. İşte, insanların öteden beri içinde yaşayan bu ülkü, 19. yüzyılda **somut bir iktisadi ve sınıfsal temel** üzerine oturur.

Sosyalizm, Sanayi Devrimi ile doğan yeni bir sınıfın, işçi sınıfının öğretisi olur.

İşçi sınıfının öğretisi olarak sosyalizm, burjuvazinin kapitalist sistemine ve onun liberal öğretisine bir "tepki"yi dile getirir. Çünkü kapitalizm, burjuva sınıfının yararına olarak, işçi sınıfının sömürülmesine hizmet etmekte; liberalizm ise, aslında, işçi sınıfına karşı burjuvazinin haklarını savunmaktadır.

bb- Ütopyacı sosyalizm

İlk sosyalistleri, Fransız Devrimi yetiştirir. Düşünürden çok, eylem adamlarıdır bunlar.

Babeuf, Fransız Devrimi'nin emekçi halk kitlelerine hiçbir şey getirmediğini, yalnızca sömüren sınıfın değiştiğini ilk kez gören ve devrimin sınıfsal çözümlemesini yapan kişidir. Ve çözüm yolu olarak da emekçi sınıfların iktidarı ele geçirmesini ister. 1795'ten sonra kurulan Direktuvar hükümetini devirmek üzere halkı ihtilale kışkırttığı gerekçesi ile idam edilir.

1848 Devrimi'ni izleyecek bir başka grup aydınsa –sosyalizm tarihinde **Ütopyacı** da sayılsalar– büyük önem taşırlar. Bunlardan İngiliz **Robert Owen** ile Fransız **Saint-Simon, Proudhon, Bakunin, Louis Blanc** ilk akla gelen adlar. Almanya'da ise Rodbertus, Lassale, sosyalist düşüncenin –ütopyacılıktan bir ölçüde uzaklaşmış– temsilcileridir.

Aralarındaki bütün ayrılıklara karşın, ortak bir yanı vardır bu düşünürlerin: Hepsi, kapitalist düzene, liberal ekonomiye, –başkalarını sömürmeye varan– bireyciliğe karşıdırlar. Hepsi, özel mülkiyeti, hiç olmazsa üretim araçları yönünden reddetmektedirler. Ve son olarak sosyal adaletin ve sınıfsız bir toplumun gerçekleşmesini istemektedirler hepsi de. Ne var ki, bütün bu istek ve dileklerin ne yoldan, hangi araçlarla gerçekleşebileceği noktasında, aralarında ayrılıklar vardır.

Bazen derin sayılabilecek ayrılıklardır o ayrılıklar.

cc- Bilimsel sosyalizm

Bu **"Ütopyacı"** sosyalizm, gün gelir, **"bilimsel"** temeller üzerine oturtulur. Bilimsel sosyalizmin kurucusu –**Friedrich Engels'**le beraber– **Karl Marx'**tır (1818-1883).

Karl Marx, ütopyacı sosyalizmin uygulamada hiçbir sonuca varamadığını söyler. Ona göre, ütopyacı sosyalizm, modern toplumun anarşi, sınıf zıtlıkları ve baskı üstüne oturduğunu söyler ama, bu mahzurları ortadan kaldırmak üzere önerdiklerinin evrimle ve iktisadi zorunluluklarla hiçbir ilgisi yoktur. Sosyalizm, iktisadi gelişmenin somut ve ayrıntılı çözümlemesine dayanmak zorundadır oysa.

İşte Karl Marx, kapitalist sistemin böylesine bir çözümlemesi sonucunda bulduğu çelişkilerden yola çıkarak, onun "yıkılmaya mahkûm" olduğunu söyler. Kapitalizm yıkılacak ve yerine "sosyalist düzen" geçecektir.

Tarihsel ve sosyal gerekirciliğin bir sonucu olacaktır bu.

Marx'ın söyledikleri, tarihin belli bir yorumuna dayanır aslında: Hegel'in diyalektik felsefesinden ve İngiliz klasik iktisatçılarından etkilenen Marx, tarihin keskin bir gerekirciliğe bağlı olduğunu ileri sürer. Ona göre tarihi yapan şey, **"sınıflar arasındaki mücadele"**dir. Bugüne değin bütün tarih de aslında sınıf mücadelelerinin tarihi olmuştur nitekim.

Modern tarih, feodal düzenin temsilcisi olan **soylular** ile kapitalizmin kurucusu olan **burjuvazi'**nin mücadelesine sahne olmuştur önce. Bu mücadele, feodalitenin ve soyluların tasfiyesiyle sonuçlanmıştır. Kaçınılmazdı öyle olması da. Çünkü kapitalizm, feodal sisteme oranla daha ileri bir üretim biçimi idi.

Ne var ki, Sanayi Devrimi, burjuvazinin karşısına yeni bir sınıf çıkarmıştır: **Proletarya.** Bu iki sınıfın da yararları birbirine zıttır. Burjuvazi, üretim araçları üzerinde özel mülkiyete sahip olduğu için, "artıdeğer"i alıkoymakta ve böylece işçi sınıfını sömürmektedir. **"Artıdeğer"**in birikiminden oluşan sermaye günbegün artmakta ve –sanayideki merkezileşmenin bir sonucu olarak da– belli ellerde toplanmaktadır. Oysa, el emeğinden başka sermayesi olmayan proletaryanın "yoksullaşması" ise, gitgide trajik bir görünüş almaktadır.

Bu trajediyi doğuran şudur aslında: Üretim, "sosyal" bir nitelik almıştır; ama üretim araçları üzerinde burjuvazinin özel mülkiyeti bulunduğu içindir ki, aslan payını o sınıf almakta ve asıl üretimi yapanlar, onun nimetlerinden yararlanamamaktadır. **Üretim güçleri** ile **üretim ilişkileri** arasında zıtlık vardır yani. Soylular ile burjuvazi arasındaki mücadelede de böyle bir zıtlık ortaya çıkmıştı vaktiyle.

O halde?

O halde, üretim araçları üzerindeki özel mülkiyet kaldırılır, bunlar topluma mal edilirse, sömürünün de kaynağı kurutulmuş olur.

Peki kim yapacaktır bunu? **Proletarya.**

Nasıl yapacaktır? **İhtilal yoluyla!**

Proletarya, burjuvaziye başkaldıracak, yani ihtilal yapacak ve üretim araçlarını topluma mal ederek, burjuvazinin sömürüsüne son verecektir.

İşte böyle bir tarihsel görevi vardır proletaryanın ve bu görev **devrimci** bir görevdir.

Proletaryanın kuracağı toplum **sosyalist bir toplum** olacaktır. Bu toplum, kapitalist toplumun aksine **sınıfsız** bir toplumdur. Herkes, emeğinin gerçek değerine göre üretimden yararlanacaktır bu toplumda.

Marx'ın sosyalizmi, işçi sınıfının ve sosyalizmin tarihinde bir **dönüm noktasıdır.** Marksizmin ortaya çıkmasıyla, işçi hareketinin öğretisi olarak sosyalizm de, "devrimci" bir içeriğe kavuşmuş olur.

Ne var ki, 19. yüzyılın sonlarıyla 20. yüzyılın başlarında, Marx'ın düşüncelerini "gözden geçirmek" isteyenler çıkacaktır. Sosyalizmin tarihinde bunların doğurduğu akıma **"Revizyonizm"** denir.

Revizyonizm, Marksizmden hareket etmekle beraber, onu eleştirir ve sınıf mücadelesinin karşısında yer alır. Özellikle devrim kuramının karşısına çıkar ve yeni düzene ihtilal yoluyla değil, reformlar, sosyal önlemler –ve gerektiğinde– burjuva iktidarlarıyla işbirliği yoluyla ulaşılabileceğini savunur.

Revizyonizm, çeşitli biçimler altında bugün de sürmekte ve zamanımızın sosyal demokrat anlayışlarına yol açmaktadır.

c) Sendikaların doğuşu, sosyalist partiler ve Enternasyonaller

Düşünce dünyasında bu gelişmeler olurken, kapitalistlerle emekçiler arasındaki mücadele, işçilerin durumlarını düzeltecek önlemlerin alınmaya başlamasına yol açtı.

Sendikalaşma, bunların başında gelir.

İşçilerin birlikler kurarak birleşmeleri, önceleri yasaklanmış iken, zamanla bu hak kendilerine kanunlarla verilir. İngiltere'de, 1824 yılından başlayarak **"trade unions"** adı verilen ilk işçi sendikaları faaliyete geçer. Fransa'da, yasaklama 1868 yılına değin sürer. Prusya'da 1845 yılında çıkarılan bir kararname, işçilere sendika kurmayı ve grev hakkını yasaklamaktaydı. Ne var ki, 1869'da çıkarılan yeni bir kanun –bazı sınırlamalarla– işçi birliklerinin kurulmasına olanak sağlar.

Sendikalar, ilk önceleri, ücret ve çalışma koşullarının düzeltilmesi için mücadeleye başladılar. Daha sonraları, toplu iş sözleşmeleri, sosyal kanunların çıkarılması, işçilerin korunması ve sosyal kuruluşların yaratılmasında faaliyet gösterdiler.

İşçi hareketinin ortaya çıkardığı yeni bir parti tipi olan **Sosyalist Partiler,** sendikaların siyasal alanda en büyük yardımcısı rolündeydiler. Sosyalist Partiler, büyük önem kazanmaya başlarlar zamanla.

Ulusal plandaki bu örgütlenmelerin yanı sıra, sosyalizmin "uluslararası" eylemi de kendini gösterir: 1864 yılında **"Birinci Enternasyonal"**, 1889'da da **"İkinci Enternasyonal"** kurulur. Enternasyonallerin gelişimi, sosyalist partilerin eğilimlerini de etkiler. Çok geçmeden, sosyalist partiler arasında "reformcu" eğilimler görülmeye başlar. 1919'da Lenin **"Üçüncü Enternasyonal"**i kurunca, **sosyalist partilerle komünist partiler ayrılığı** ortaya çıkar. Sosyalist partiler, kesin olarak "reformcu" çizgiyi temsil ederken; komünist partiler, "devrimci"liği asıl kendilerinin temsil ettiklerini ileri süreceklerdir artık.

DAHA ÇOK BİLGİ

Rona Aybay, *Sosyalizmin Öncülerinden Robert Owen,* İstanbul, 1970.

François Barret, *Emeğin Tarihi* (çev. B. Kuzucu), İstanbul, 1970.

Max Beer, *Sosyalizmin ve Sosyal Mücadelelerin Tarihi* (çev. G. Üstün), İstanbul, 1965.

Pierre Brizon, *Emeğin ve Emekçilerin Tarihi* (çev. C. Süreya), Ankara, 1977.

Jacques Duclos, *Birinci Enternasyonal* (çev. Ö. Ufuk), İstanbul, 1969.

Friedrich Engels, *Ütopik ve Bilimsel Sosyalizm* (çev. S. Kemal), İstanbul, 1979.

Walther Kiaulehn, *Demir Melekler* (çev. H. Örs), İstanbul, 1971.

Pierre Rousseau, *Keşifler ve İcatlar Tarihi* (çev. A. Düz), İstanbul, 1972.

OKUMA

SANAYİ DEVRİMİ NİÇİN ÖNCE İNGİLTERE'DE OLMUŞTUR?

...İngiltere'nin, Endüstri Devrimi'nde bütün ülkelere öncülük etmesi, bu ülkede **birçok özelliklerin** bir araya gelmiş olmasının bir sonucu olarak gözükmektedir...

Endüstri Devrimi'ne öncülük etme yolunda, İngiltere'ye üstünlük sağlayan özelliklerin en önemlisi de, Avrupa ülkeleri arasında **en**

geniş sömürge imparatorluğunun, İngiltere'nin elinde bulunmasaydı. Asya, Afrika ve Amerika'daki pazarları ele geçirme yarışında İngiltere, İspanya, Hollanda ve Fransa'yı yenerek aslan payını kazanmıştı. Donanma gücü, rakipleri arasında İngiltere'ye üstünlük sağlamıştı...

Sömürge İmparatorluğu, İngiltere'ye hem endüstrisini kurmak için gerekli **kapital kaynaklarını** biriktirme imkânını vermiş; hem imal ettiği malları satabileceği **geniş pazarlar** sağlamış, hem de endüstrisi için gerekli hammaddeleri ve halkı için gerekli yiyeceği sömürgelerden ithal kolaylığını yaratmıştır...

(Rona Aybay, *Sosyalizmin Öncülerinden Robert Owen,* İstanbul, 1970, s. 23-25)

SORULAR

1. Sanayi Devrimi'nin anlamı ve özellikleri nelerdir?
2. Sanayi Devrimi niçin önce İngiltere'de olmuştur? (Okuma parçasını okuyunuz.)
3. Birinci Sanayi Devrimi ile İkinci Sanayi Devrimi arasında hangi farklar vardır?
4. Sanayi Devrimi'nin sonucunda ortaya çıkan sınıflar tablosu nedir?
5. Ütopyacı sosyalistlerin ortak yanları nelerdir?
6. Bilimsel sosyalizmin ana çizgileri nelerdir?
7. Sendikalar nasıl doğmuştur? İşçi hareketi nasıl bir parti çeşidi ortaya çıkarmıştır? "Enternasyonal" deyince ne anlaşılır? Üçüncü Enternasyonal'in en önemli sonucu nedir?

EMPERYALİZM

19. yüzyılın sonlarıyla 20. yüzyılın başlarında, Batı'nın iktisadi, sosyal ve siyasal yaşamını biçimlendiren yeni bir olay vardır: **"Emperyalizm"**. Emperyalizm ile, Batı'nın tarihi yeni bir aşamaya girer ve ona bağlı olarak da öteki halkların tarihi...

Emperyalizm, kelime anlamıyla **"imparatorluk kurma eğilimi"** demek. Böylece, etnik ve kültürel bakımdan birbirinden çok farklı birtakım halklar, bir başka halkın **otoriter yönetimi** altında, aynı iktisadi ve sosyal bütün içinde bir araya getirilmek istenir. Emperyalist eğilim, yalnız otoriterliği değil, **saldırganlığı** da beraberinde taşıyor.

Bunun gibi, emperyalizm olayı ile, **sömürgecilik** olayı arasında da sık sık rastlanan bir bağ var.

İmparatorluk kurma eğilimi en eski çağlardan başlamak üzere, tarih boyunca sürüp gitmiş. 16. yüzyıldan sonra ise, Batı'da imparatorlukların sömürgeci niteliği daha belirgin hale geliyor.

19. yüzyılın sonlarıyla 20. yüzyılın başlarında, Batı, tarihte emperyalizmin yeni bir örneğini ortaya koyar.

Her şeyden önce, kapitalizmin, Sanayi Devrimi'nden sonra bünyesinde ortaya çıkan bir büyük değişikliğin sonucudur bu emperyalizm.

Nedir o değişiklik?

O değişiklik, **"yarışmacı kapitalizm"**den **"tekelci kapitalizm"**e geçiştir.

Özgür yarışmanın yerini tekellerin alması, emperyalizmin temel ekonomik çizgisidir, özüdür.

> Tekelcilik, Batı kapitalizminde başlıca şu biçimlerde ortaya çıkmıştır:
>
> – Üretimin bir elde toplanması, giderek **karteller** ve **tröstler** gibi tekelci grupları oluşturmuştur;
>
> – Üç-beş büyük banka bütün iktisadi yaşamı egemenliği altına almıştır;
>
> – İlkel madde kaynaklarını, tröstler ve –tekelci hale gelmiş sanayi sermayesi ile banka sermayesinin kaynaşması demek olan– **mali oligarşi** ele geçirmiştir;
>
> – Dünya, **iktisadi bakımdan** milletlerarası karteller arasında bölüşülmüş ve –tekelci olmayan kapitalizm dönemindeki emtia dışsatımından farklı olarak– **sermaye ihracı** ön plana geçmiştir;
>
> – Dünya, yalnız iktisadi bakımdan değil, **topraklar bakımından** da bölüşülmüş ve **sömürgecilik** başlamıştır.

20. yüzyılın başlarında, dünyanın emperyalistlerce paylaşılması tamamlanmıştı. Bu durum, dünyanın yeniden paylaşılmasını günün sorunu haline getiriyordu. Sorunu gündeme getirenler de, dünyayı daha önce paylaşmış İngiltere ve Fransa gibi emperyalist ülkelere karşı, bu paylaşmaya katılmakta gecikmiş, Almanya ve İtalya gibi emperyalist ülkelerdi.

I. Dünya Savaşı bundan doğacaktır.

II. Dünya Savaşı da öyle.

Dünyanın paylaşılmasında, daha önce yeri sınırlı mücadelelerle yetinen emperyalizm, 20. yüzyılda "dünya savaşları" dönemini açacaktır böylece.

I. Dünya Savaşı'nda yenik düşen İtalya ve Almanya'da, tekelci burjuvazi, işçi sınıfına gereken ödünü veremediği içindir ki, **sosyalist devrim** tehlikesiyle yüz yüze gelir. Bu tehlikeyi savuşturmak için de şoven ve kanlı bir diktatörlüğe başvurur.

Faşizm böyle ortaya çıkar.

Böylece, faşizm olayı ile emperyalizm arasında yakın bir ilişki var.

İki dünya savaşı arasında sosyalist bir ülkenin kuruluşu; işçi hareketleri ile ulusal kurtuluş hareketlerinin gelişmesi; antiemperyalist bir cephenin ortaya çıkarak dünya ölçüsünde serpilip gelişmesi; kapitalizmin genel bunalımının gitgide yoğunlaşması, emperyalist politikada da –ister istemez– değişikliklere neden oldu. Sömürgeciliğin geleneksel biçimleri olan **askeri istila** ve sömürge halklarının güç kullanılarak köleleştirilmesinin yerine, bir eğilim ortaya çıktı.

Bu eğilime, bugün **yeni sömürgecilik** deniyor.

Nedir amacı yeni sömürgecilik politikasının?

Yeni sömürgecilik politikası, yeni bağımsız devletlerin gelişmelerini etkilemek, siyasal bağımsızlıklarını sağlamlaştırmalarını ve tam bir iktisadi bağımsızlık kazanmalarını önlemek, bu genç devletleri kapitalist ekonominin yörüngesinde tutmak ve giderek sosyalizmi kurmalarına engel olmak amacını güder.

Bu tür ülkelerdeki demokrat, giderek devrimci gelişmeleri baltalamak için, başlarına faşizmi musallat etmek de yeni sömürgeciliğin politikası içindedir. Bu politika, o ülkelerin **işbirlikçi sınıflarıyla** ortaklaşa gerçekleştiriliyor.

DAHA ÇOK BİLGİ

V. İ. Lenin, *Emperyalizm, Kapitalizmin En Yüksek Aşaması* (çev. Cemal Süreya), 7. Bası, Ankara, 1979.

Murat Sarıca, *Siyasal Tarih,* İstanbul, 1980.

OKUMA

EMPERYALİZM VE DÜŞÜNCE

...Emperyalist doktrinler, açık ve sistematik ifadelerini, sömürgeci gelişmelerin görüldüğü son yüzyıldan (19. yüzyıl) itibaren buldular ve bu **gelişmelerin ideolojisi** haline geldiler. Genişleme halinde olan her ülkede **Chamberlain, Froude, Seeley** ve **R. Kipling,** Amerika'da başkan **Th. Roosevelt,** Almanya'da **Panjermanistler,** Rusya'da bazı Panslavistler, Fransa'da büyük bir **sömürgeci fikir akımı.** Bu doktrinin yankıları Japonya'da bile kendini duyurdu. **Okakura Kakuzo** gibi orijinal nazariyetçilerin yetişmesi bunu gösterir.

Emperyalist doktrinler, kuvvete dayanarak imparatorluk kurma hakkını, **ırk, kültür, ekonomi** ve **toplum nedenleriyle** ve çoğu kere bunların tümüyle haklı çıkarmaya çalışırlar. Bu doktrinlerin, bazı başka teorilerle bağları vardır. Bunlar arasında, **kuvvet teorilerini,** hayat mücadelesi kavramına dayanan **"sosyal Darvin'cilik"**i, güçlü olma iradesine dayanan **"sosyal Nietzsche'cilik"**i, ulusal ekonomi ve büyük alanlar doktrinlerini, **"nasyonal sosyalizm"**e yönelmiş bazı akımları saymak gerekir.

(*Meydan Larousse,* "Emperyalizm" maddesi)

SORULAR

1. Emperyalizm deyince ne anlaşılır?
2. Batı kapitalizminin emperyalizme geçişi nasıl olmuştur? Ve sonuçta nasıl bir tablo ortaya çıkmıştır?
3. Faşizm nedir? Emperyalizmle ne gibi bir ilişkisi vardır?
4. Yeni sömürgecilik nedir?
5. Emperyalist öğretilerin özellikleri nelerdir? (Okuma parçasını okuyunuz.)

19. YÜZYILIN KÜLTÜREL TABLOSU

19. yüzyıl düşüncesinin niteliği

Batı'da, bir 16. yüzyılın belirgin özelliğinden, bir 18. yüzyılın belirgin özelliğinden –biraz da kolaylıkla– bahsedilebilir. Ama 19. yüzyılın belirgin özelliğinden söz açmak pek öyle kolay olmasa gerek.

Başta, böyle bir "belirgin özelliği biçimlendiren **sosyal ortam,** 1800'lerde başkadır, 1900'lerde çok daha başkadır: Yüzyılın başlarında, bilim, sanat ve felsefenin, kısacası kültürün meraklıları –18. yüzyılda olduğu gibi– bir azınlıktır; ama yüzyılın sonlarında, çerçevesi hayli genişlemiş sosyal tabakalar, kültürel gelişmeler hakkında bir düşünce sahibi olabilmektedir. Onların yardımcıları vardır artık: Basın, halkın anlayabileceği biçimde yazılmış eserler ve konferanslar... Özellikle basın tekniğindeki gelişmeler, gazetelerin fiyatını "tek kuruşa" indirerek, yüzyılın ilk yarısındaki çerçevesi hayli dar okuyucu zümresi yerine, büyük kitlelere hitap etmenin yollarını açmıştır.

Sonra, 19. yüzyılın kültürel yaşamı, önceki herhangi bir çağdan daha **karmaşıktır.**

Değişik nedenlerden ileri gelmektedir bu:

– Önce, **kültürel yaşamın coğrafi sınırları,** başka kıtalara doğru genişlemiştir: Bir Amerika, bir Rusya bu kültürel yaşamın içindedir ve önemli katkıları olmaktadır bu yaşama. Bunun gibi Avrupa, Doğu'nun, özellikle eski ve modern Hint'in edebiyat ve felsefesinin farkına varmış ve kapılarını açmıştır ona.

– 18. yüzyıldan beri yapılan yeniliklerin belli başlı kaynağı olan **bilim,** özellikle jeolojide, biyolojide, fizikte ve organik kimyada yeni fetihler yapmıştır.

– Makineli üretim, **toplum yapısını, derinden derine değiştirmiş** ve insanlara, doğa karşısındaki güçleri bakımından yeni bir görüş kazandırmıştır.

– Son olarak geleneksel düşünce, siyaset ve ekonomi sistemlerine karşı, gerek felsefe alanında, gerek siyasal alanda köklü bir **başkaldırı,** o zamana değin dokunulmaz sayılan pek çok inanca ve kuruma karşı saldırılara girişilmesine yol açtı.

Bu başkaldırmanın, biri **romantik,** öteki **akılcı** iki farklı biçimi vardır: Romantik başkaldırı, Byron, Schopenhauer ve Nietzsche'den –20. yüzyılda– faşist harekete dek uzanır. Akılcı başkaldırı ise, 18. yüzyıl Fransız filozoflarıyla başlar –biraz yumuşatılmış olarak– İngiliz felsefesi köktencilerine (radikallerine) geçer, sonra Marx'ta daha köklü bir biçime bürünürken, aynı zamanla bilimsel bir içerik de kazanarak, ilk sosyalist devrimin gerçekleştiği Sovyet Rusya'da somut sonuçlarına ulaşır.

Bilimlerin gelişimi

19. yüzyılda, Batı'da en başta göze çarpan şey, bilimlerin olağanüstü gelişimidir.

Fizik dalında, daha 17. ve 18. yüzyılda başlayan çalışmalar, 19. yüzyılın ilk yarısında yoğunlaşır. Bunda matematik dildeki zenginleşmenin payı kuşkusuz büyüktür. Fizik olaylar, artık temel kanunlara bağlanmıştır: Enerjinin sakınımı ilkesi, ışığın dalga kuramı, elektro-manyetizm kanunları...

18. yüzyılın ikinci yarısında Lavoisier'nin temellerini attığı kimyada, basit elementler birbirinden ayrılmakta ve sınıflandırılmaktadır. Kimyadaki gelişmeler giderek öyle bir boyut kazanacaktır ki, 19. yüzyılın sonlarında kimyacı ile fizikçi, yer yer ortak çalışmaya gideceklerdir. Özellikle "maddenin bünyesi" bahsinde böyle olacaktır: Atomun yapısı, elektronların rolü, radyasyon ve dalgaların yayılışı...

O zamanın tartışmalarının temel konularıdır bunlar.

Fizik ve kimyadaki bu gelişmeler, yalnız kuramsal planda kalmaz, çok geçmeden uygulamaya da geçerler. Dinamo, patlamalı motor, elektrik lambaları, yapay boyalar, insanların günlük yaşayışına girmekte ve ona bir renk ve çeşitlilik katmaktadır.

Doğa bilimlerine gelince... 18. yüzyılın ortalarında başlayan araştırma ve sınıflandırmalar, 19. yüzyılda daha büyük bir yoğunluk kazanır. Ve bunlardan dünyanın ve canlıların gelişimi ile ilgili "toplayıcı bir görüşe" varılacaktır artık: Canlılar dünyasının, gözle görülmeyen canlılardan başlayarak, insana dek uzanan –ağır ve sürekli– bir gelişme geçirmiş olduğu düşüncesi, sonuçta Darwin'le kesin bir zafer kazanır.

İngiliz bilgini **Charles Darwin** (1809-1882), türlerin doğal ayıklama, ortam ve soyaçekimle belirlenerek değişmek yoluyla oluştuklarını ileri sürer. Bu öğreti, türlerin tek tek yaratıldıklarını ve yaratıldıkları günden beri de yaratıldıkları biçimde kaldıklarını ileri süren dinci görüşleri yerle bir eden bir öğretiydi. Bu yüzden, dinciliğin egemen bulunduğu bütün ülkelerde büyük gürültüler kopardı ve Osmanlı İmparatorluğu'nda da yasaklandı.

Marx'ın sosyal bilimlerde yaptığı devrimi, Darwin doğa bilimlerinde yapmıştır.

O zamana değin hayli ampirik kalmış olan tıp, mikroplar dünyasının keşfiyle çok geçmeden gerçekten bir bilim niteliğini alacaktır.

İnsan bilimlerinde de büyük gelişmeler olmaktadır; özellikle tarihte böyledir. "Durağan" bir tarih anlayışı yerine, "dinamik" bir tarih anlayışı geçmektedir. 18. yüzyıldan gelen ve 19. yüzyılın özellikle doğa bilimlerindeki buluşlarla zenginleşen "ilerleme" kavramı tarihin açıklanmasında da kullanılmaktadır. Hegel ve Marx, bu "ilerleme"ye "diyalektik" bir içerik kazandıracaklardır. Filoloji ve arkeolojinin de yardımıyla, tarih bir bilimdir artık. Kendine özgü nesnel inceleme yöntemleri vardır; ve bunlara dayanarak, geçmişin olayları sıkı bir eleştiri süzgecinden geçirilmektedir. Ranke'ler, Mommsen'lerle önce Alman üniversitelerinde başlayan bu eleştirici tutum, çok geçmeden Fransız, İngiliz, Belçika ve İtalyan tarih kültürünü de etkileyecektir.

19. yüzyılda, insan bilimlerinde bir başka önemli gelişme, toplumbilimin (sosyoloji) doğuşudur. Toplumbilim –öğretilerden farklı olarak– sosyal olayları, doğa bilimlerindeki gibi olumlu yöntemlerle ele almak savıyla doğar. Fransa'da Auguste Comte'un yarattığı bu yeni bilim, çok geçmeden –Fransa'da ve Fransa dışında– büyük gelişmeler kaydedecektir.

Felsefi düşünce

19. yüzyılda, Batı'da, bilimlerdeki o olağanüstü gelişme ile ilerleme düşüncesinin gitgide güç kazanması, felsefi düşünceyi de etkilemiştir.

Böyle olması da doğaldı.

18. yüzyılın "filozof"larına, onların "mekanik" ve –bazılarında rastlanan– "maddeci" görüşlerine karşı, aynı yüzyılın sonlarında bir tepki başlayacaktır: Almanya'da **Kant,** metafiziğe dalmadan "manevi değerler"e –kendince– yeniden bir saygınlık kazandırmaya çalışır. Daha sonra **Hegel,** maddesel dünyadaki diyalektik gelişmelerin, düşüncenin diyalektik gelişmesinin bir yankısı olduğunu söyleyecektir. Ona göre, itici güç "düşünce"dir; diyalektiğe tabi olan da odur.

Madde düşünceyi, düşüncedeki diyalektiği izlemektedir.

Düşünceci felsefenin Hegel'le ulaştığı bu görkemli bireşim, 19. yüzyılın daha ortalarına gelmeden bir büyük tepkiyle karşılaşır: **Hegelci sol akım** –ki Karl Marx da bu akımın içindedir– Hegel'in söylediğinin tersine, düşünce dünyasındaki değişmelerin madde dünyasındaki değişmelerin bir yankısı olduğunu ileri sürer. **Marx** –Engels'le beraber– bu temel ilkeye dayanarak, **"diyalektik maddecilik"**i kurar. Böylece, düşünceci felsefenin karşısında çağdaş maddeciliği artık Marx'ın bu "diyalektik" yönteme dayanan maddeciliği temsil edecektir. Marx, az sonra –İngiliz iktisatçılarıyla Fransız sosyalistlerinin de katkısına dayanarak– bu diyalektik maddeciliği tarihe ve topluma uygulayarak **"tarihsel maddeciliği"** kuracaktır. Tarihsel maddeciliğin kurulmasıyla da, Batı'da, 19. yüzyılda başlayan burjuva ile proletarya sınıfları arasındaki zıtlık, felsefe planındaki bölünmeyi de tamamlar. Artık, "düşünceci" felsefe burjuvazinin, "diyalektik maddecilik" de proletaryanın felsefesi olarak birbiriyle çatışacaktır.

Bu çatışma, günümüzde de sürmektedir.

19. yüzyılın ortalarında, felsefi düşünce bakımından, Almanya'da bu gelişmeler olurken, Fransa'da Saint-Simon'un bir çömezi, **Auguste Comte, "Pozitivizm"**i kurmaktadır. Pozitivizme göre, gerçek bilgi "bilimsel bilgi"dir. Bu bilgi ise, denemeyle ve denemeye dayanan usavurma ile kazanılır. Denemeye gelmeyen tüm düşünceler ve kavramlar –bu arada metafizik, tanrı, ruh– dayanaksızdır, hayal ürünüdür.

Pozitivizm, görüldüğü gibi, "bilimci"dir. Bu tutumuyla, Fransa'da "laik" hareketin gelişmesinde büyük hizmeti dokunacaktır.

Pozitivizmin İngiltere'deki büyük temsilcisi **Herbert Spencer**'dir. Fransa'da ise Auguste Comte'u özellikle **Taine** ve **Re-**

nan izleyecektir. Fransa'da toplumbilimi –gene Auguste Comte– bu pozitivizmden çıkaracaktır. Ne var ki, toplumbilime, Fransa'da, gerçek kişiliğini **Emile Durkheim** kazandırır. Şu var ki, Fransa'da, toplumbilim, pozitivizm gibi, diyalektik yöntemin katkılarından yoksun bir biçimde gelişecek –aslına bakılırsa– gelişmeyip çıkmaza saplanacaktır.

"Doğaüstü"nü reddediyordu pozitivizm. 19. yüzyılın sonlarına doğru bir tepkiyle karşılaşır bu görüş: Bu tepkiyi **Bergson** temsil eder ve aklın her şeyi açıklayamayacağını söyleyerek, gerçeğe varmanın bir başka yolu olarak "sezgi"yi ileri sürer. Ve arkasından din, hatta "mistik" –eski çapında olmasa da– yeniden canlanırlar.

Pozitivizm, "geri kalmış" idi; Bergsonculuk ise açıkça "gericilik"e hizmet eder.

Bu tepkinin felsefede ve edebiyatta hayli izleyicisi olacaktır.

Dikkate değer nokta şudur: 19. yüzyılın sonlarıyla 20. yüzyılın başlarında, "akla karşı" olan felsefe akımları "burjuva" çevrelerde palazlanmaktadır. 18. yüzyılın sonlarına doğru "akla karşı" bir tutum takınmaktadır. Bunu, burjuvazinin o yıllardan başlayarak karşılaştığı ve çözümünde büyük güçlükler çektiği sosyal sorunlarda aramak doğru olur. Daha açık bir deyişle, kapitalizm emperyalist aşamaya geçerken, burjuvazinin felsefe sorunları karşısındaki tutumu da "akla karşı" –ve yer yer "karanlıkçı" (obskürantist)– olmaktadır.(1)

İlerde faşizm, bütün o karamsar, bulanık ve kaypak ideolojik malzemesini, işte bu "mezbele"den bulup çıkaracaktır.

Edebiyat ve sanat

Toplum ve düşünce planındaki gelişme ile edebiyat ile sanattaki gelişme arasında da yakın bir paralellik görülüyor:

---

1) Bu gelişimi inceleyen Georg Lukacs'ın ünlü eseri *La destruction de la raison*'un (2 cilt, Paris 1959) Türkçeye de çevrilmiş bir özetlemesi için, bkz. Henri Denis, *Ekonomik Doktrinler Tarihi* (çev. Atilla Tokatlı), İstanbul, 1974, c. 2 s. 606 vd.

19. yüzyılın ortalarına değin egemen olan **romantizm,** doğaya ve duygulara yakınlığı, lirik çıkışlarıyla, bir yerde, 19. yüzyılın ilk yarısındaki o coşkun ve tutkulu araştırıcılığın dile getirilmesidir.

Yüzyılın ortalarından başlayarak **"gerçekçilik"** (realizm) kendisini gösterecektir. Bilimlerdeki o büyük gelişmelerle gözleri büyüyen "bilimci akım" az sonra, edebiyatta da yankısını bulur: Doğalcılık (natüralizm) böyle doğar. Doğalcılık, edebiyatta ifade aracı olarak başta "roman"ı seçecektir. Müzikte o kadar değil, ama "görsel sanatları" derinden derine etkileyecektir bu akım.

İzlenimcilik (empresyonizm) bu etkilenmeler içinde ilk akla gelen bir sanat akımı.

Son olarak, 19. yüzyılın bitimine doğru gözüken o "spritualist" değişiklik, edebiyatta çeşitli arayışlara yol açıyor: **Fransız sembolizmi, İngiliz prerafaelizmi** eşyanın gizemli köşelerine eğilmek savını taşıyan akımlardır. Müziğin folklora ve ulusal kaynaklara yönelmesi de bu döneme rastlar. Bu arada Batı müziğinin temellerinden olan "gam", yavaş yavaş terk edilmekte ve yeni bir müzik dilinin araştırılması başlamaktadır. Daha 16. yüzyılda kurulmuş olan resmin temel ilkelerinden de dönüş başlamıştır: Ressamın fırçası, artık "perspektif"in kanunlarına değil, başta **sezgi** ve **hayale** dayanmaktadır.

20. yüzyıl sanatına açılan kapılar, hemen hemen belli olmuştur.

DAHA ÇOK BİLGİ

J. D. Bernal, *Materyalist Bilimler Tarihi* (çev. E. Marlalı), cilt 2, İstanbul, 1976.

Henri Denis, *Ekonomik Doktrinler Tarihi* (çev. Atilla Tokatlı), cilt 2, İstanbul, 1974.

Murat Sarıca, *Siyasi Düşünce Tarihi,* 3. Bası, İstanbul, 1980.

Boris Suchkov, *Gerçekçiliğin Tarihi* (çev. Aziz Çalışlar), İstanbul, 1976.

OKUMA

ROMANTİZM VE GERÇEKÇİLİK

Romantizmi **"kapitalist-burjuva düzenine"**, **"yitirilmiş düşler"** düzenine, iş hayatı ve kazancın bayağılığına karşı bir **ayaklanma,** tutkulu ve çelişmeli bir ayaklanma olarak tanımlıyor Ernst Fischer. Bu ayaklanma tiyatroda ilk önemli örneklerini on sekizinci yüzyılın ikinci yarısında Almanya'da **"Sturm und Drang"** (fırtına ve atılış) akımıyla verdi (1767-1785). **Goethe'**nin ve **Schiller'**in öncülük ettikleri romantik yazarlar, Rousseau'nun doğaya dönüş öğretisini benimseyerek Corneille ve Racine'in **neo-klasik kurallarına** ve neo-klasisizmle uzlaşarak gelişen **burjuva duygusallığına** şiddetle saldırdılar. Sayısız sahneye bölünmüş oyunlarda, birkaç saat içinde, yılları kapsayan olaylar anlatılarak yer ve zaman birliği bir yana bırakıldı. Avrupa'nın yaşamakta olduğu devrim bunalımı, romantiklerin oyunlarında ayaklanmalar, soygunlar, kadınların kaçırılması gibi heyecan verici olaylar biçiminde belirmeye başladı....

Romantizmin tiyatrodaki ilk örnekleri Almanya'dan gelmekle birlikte, bu oyunların en önemli esin kaynağı Shakespeare'den başkası değildi. Neo-klasisizme başkaldıran Alman yazarları, Shakespeare'in Almanca'ya çevrilen oyunlarında kendi coşkunluklarına biçim verecek üstün örnekler buldular....

Romantizmin düşünce ve duyguyu dizginleyen kurallara karşı bir ayaklanma hareketi oluşu, ilk bakışta bu akımın devrimci niteliğini çağrıştırır. Nitekim Rousseau, aynı zamanda Fransız Devrimi'ni hazırlayan düşüncelerin başlıca kaynaklarından biridir. Ama romantik akımı temsil eden yazarları ayrı ayrı ele alacak olursak, bu yazarların ortak yanının "devrimci ya da devrime karşı, ilerici ya da tepkici bir siyasal görüşü benimsemeleri değil, bu görüşe **akıl ve diyalektik dışı, hayalci bir yoldan** varmaları olduğunu" görürüz...

Romantizm, şiirin işleyebileceği konuları ve kullanabileceği dili sınırlayan neo-klasisizme başkaldırmakla birlikte, **aşırı bireysel** tutumu ve öznel yöntemi yüzünden bu başkaldırışın temelinde yatan sorunlara **olumlu bir çözüm getirmedi...** Buna karşılık Romantizm, şehirle köy arasındaki kopuşu, bireyin toplum içindeki yalnızlığını, kazanç hırsının bayağılıklarını dile getiriyordu.

Burjuva değerlerine başkaldırışın ikinci aşaması diyebileceğimiz **gerçekçilik...** yalnız **şehirleşmenin** ve **makineleşmenin** değil, aynı zamanda yayılmakta olan **demokrasi ve eşitlik düşüncelerinin... bilim ve tekniğin** getirdiği ve koşullandırdığı bir anlatım yöntemiydi... Gerçekçilik bir tutum olarak yeni bir kavram değildi. Tarihteki bütün önemli sanatçıların ortak bir özelliği olarak görebileceğimiz bu kavram romanla birlikte **nesnel olgulara, deneye ve görgüye** dayanan bir yöntem niteliği kazandı.

(Cevat Çapan, *Değişen Tiyatro,* İstanbul, 1972, s. 126-136)

SORULAR

1. Batı'da 19. yüzyıl düşüncesinin nitelikleri nelerdir?
2. Batı'da 19. yüzyılda bilimlerin gelişimi nasıl bir tablo gösterir?
3. Batı'da 19. yüzyılda felsefi düşüncedeki gelişimler nelerdir?
4. Batı'da 19. yüzyılda edebiyat ve sanattaki gelişimlerin genel tablosu nedir?
5. "Romantizm" ve "gerçekçilik", 19. yüzyılda neye karşı bir başkaldırmadır ve edebiyatla sanata ne getirmişlerdir? (Okuma parçasını okuyunuz.)

BÖLÜM V
ÇAĞDAŞ BATI UYGARLIĞI: (1)
BATI AVRUPA

Dayandığı kültürel kaynaklar bakımından olsun, tarihsel gelişimi bakımından olsun, başka uygarlıklardan ayrılan Batı uygarlığı, bugün nasıl bir tablo gösteriyor?

Bu tabloyu –temelde bazı ortak çizgiler taşısalar da– "Batı Avrupa" ile "Birleşik Amerika" için ayrı ayrı çizmek gerekiyor.

Güçlülüğün, termo-nükleer bombalar ve aya yapılan seferlerin sayısı ile ölçüldüğü bir dünyada, Batı Avrupa'nın, uluslararası planda –bugün de– büyük bir ağırlığı olması, biraz paradoks gibi görünür. Yaşadığımız dünyada, Batı Avrupa, iktisat ve teknikte –20. yüzyılın başlarına dek olduğu gibi– "sürükleyici" bir rol oynamıyor gerçi; ama edebiyatı ve sanatı ile kültürde –bugün de– yer yer öncü rolündedir.

Batı uygarlığının kültürel coğrafyası içinde ise, hâlâ bu uygarlığın "beyni"dir Batı Avrupa.

SOSYAL VE İKTİSADİ YAŞAM

Sosyal yaşam

Nüfus artışındaki yavaşlık, Batı Avrupa'da sosyal yaşamın başta gelen özelliklerinden biri bugün. Yaş oranı bakımından ise, Batı Avrupa nüfusu gitgide yaşlanmakta.

Sosyal yaşamın bir başka önemli olayı da, kentleşmenin gün geçtikçe artması. Sanayileşme ve tarımın makineleşmesi ile –çok daha önceleri– başlamış olan köylerin kentlere boşalması olayı, bugün de sürmekte.

Batı Avrupa'da bu birikme üç büyük merkezin çevresinde olmakta: Londra, Paris ve Ren Ruhr bölgesi. Doğaldır ki, kent-köy ilişkisinin gün geçtikçe değişmesi, köylerin istikrarı ve kentlerin dengesi ile ilgili olarak sosyal, iktisadi, siyasal ve kültürel çetin sorunlar çıkarmaktadır ortaya.

Kentlerin sosyal yaşamı ise, hem artan nüfus, hem de konut yetersizliği yüzünden günden güne bozulmaktadır. Gitgide devleşen yapılar içinde, kent insanının içine gömüldüğü yalnızlık, kent yaşamının doğurduğu yorgunluk, özellikle televizyon gibi eğlence araçlarının bireyselleşmesi, kent topluluklarının gelişmesinde daha bugünden insanı düşündüren noktalar oluyor. Kent dışına dinlenmeye giden insanların her yıl artması, "kamping"lerin çoğalması, futbol gibi kolektif sporların büyük kitleleri gitgide daha fazla uğraştırması –eğlendirici olmalarının yanı sıra– acaba bir **"kaçış"** da değil midir?

İktisadi yaşam

Batı Avrupa'da, iktisadi yaşam **"kapitalizm"**e dayanır. Bu kapitalizm, bir **ileri sanayi kapitalizmidir.** Ekonomide temel kesim sanayi kesimidir. Özellikle İtalya'da güneyin yer yer "azgelişmiş" bir görünümde olmaları nadir örneklerdir.

Sanayide enerji üretimi başta gelir. Termo-nükleer enerji ise –emekleme döneminde de olsa– enerji üretiminde yeni ufuklar açmaktadır. Mekanik sanayi hâlâ önemini koruyorsa da, kimya sanayii –özellikle plastik maddelerin üretiminde– dev gelişmeler kaydetmiş ve modern yaşama çok büyük katkılarda bulunmuştur.

Taşıma araçlarındaki gelişmeler, özellikle "jet"lerin bulunuşu, gidiş gelişe, giderek iktisadi yaşama büyük bir yoğunluk kazandırmaktadır.

Yaşadığımız dünyada, çeşitli ülkeler arasında iktisadi işbirliğini geliştirmek için hemen her yanda girişilen **bütünleşme** deneme ve örgütlenmelerine Batı Avrupa'da da rastlıyoruz.

– Bunlardan biri, 1950'de –İngiltere'nin önderliğinde– yedi Batı Avrupa ülkesi arasında kurulan **Avrupa Serbest Ticaret Bölgesi'**dir (EFTA).

– Ama Batı Avrupa'da bundan daha çok adı duyulan ve geniş tartışmalara konu olan, Ortak Pazar –ya da daha teknik deyimiyle– **Avrupa Ekonomik Topluluğu'**dur (AET). Bu, altı Batı ülkesi (Batı

Almanya, Fransa, İtalya, Belçika, Hollanda, Luxemburg) arasında, 1958'de kurulan bir gümrük birliğidir. Ne var ki, bu örgüt, bir gümrük birliği olarak kalmayıp, iktisadi ve giderek siyasal amaçları düşleyen bir topluluktur.

– Batı Avrupa'da, bütün ülkeleri –ve öteki ülkeleri– bir araya getiren, bir de **Avrupa İktisadi İşbirliği Örgütü** (OEEC) vardır ve 1948'de kurulmakla ötekilere öncülük etmiştir.

Batı Avrupa'nın tekelci kapitalizmi, çağdaş ekonominin artık vazgeçilmez kurumu olan "planlama"ya da başvurmakta duraksamamaktadır. Ne var ki, bu planlama –sosyalist planlamadan farklı olarak– "buyurucu" ve "zorlayıcı" değil, "özendirici" bir nitelik taşımaktadır.

Batı Avrupa ekonomisindeki gelişmelerin kolayca yürüdüğü de söylenemez. Siyasal, ulusal, psikolojik birçok engeller bugün de vardır bu konuda. Ama yine de, kapitalizmin kanunları ve zorunlulukları, bütün bu engelleri törpülemekte ve aşabilmektedir.

SİYASAL YAŞAM

Batı Avrupa, belli bir demokrasi tipinin yurdudur: **"Batı demokrasisi"** ya da **"klasik demokrasi"** denen bu demokrasi tipi, önce Batı Avrupa'da doğmuş ve oradan çevreye yayılmıştır.

Nedir Batı demokrasisi? Hangi ilkelere dayanır?

Ve bugün vardığı aşama nedir?

Siyasal liberalizm

Batı demokrasisinin egemen ilkesi, **"siyasal liberalizm"**dir.

Siyasal liberalizm, en güzel anlatımını, 1789 tarihli **"İnsan ve Yurttaş Hakları Bildirisi"**nin 1. maddesinde bulur: "İnsanlar, hakları bakımından **özgür** ve **eşit** doğar ve öyle yaşarlar."

Nedir eşitlik?

Hiç kimsenin, kendisini, başkalarının üstüne çıkaran birtakım haklara ve ayrıcalıklara "miras yoluyla" sahip olmaması.

Ve bütün insanlar birbirine eşit olduğuna göre, toplumda siyasal iktidarı kullanacak kimseleri de yurttaşların kendileri belirlemelidir.

Bunun da sonucu, hükümdarlık yerine cumhuriyet, giderek demokrasi, **"temsili sistem"** ve **"seçim"**dir.

Ya özgürlük?

Özgürlük, bir kimsenin istediği gibi düşünebilmesi, düşündüğünü yapabilmesi ve istediği gibi hareket edebilmesi. Tek sınırı vardır özgürlüğün: **"Başkalarının özgürlüğü".** Özgürlük yalnız başkalarının özgürlüğünü sınırlamaz; aynı zamanda siyasal iktidarda bulunanları da sınırlar. **"İktidarın sınırlanması",** siyasal liberalizmin dikkati çeken bir başka yanı.

Hemen bütün büyük liberal kurumlar bu amaca dönüktür.

Özgürlükler, **"kişi özgürlükleri"** ve **"kamusal özgürlükler"** olmak üzere ikiye ayrılır.

Kişi özgürlükleri, özellikle kişinin **özel faaliyetiyle** ilgilidirler. Önce, "güvenlik" ya da keyfi tutuklamalara karşı koruma gelir. Bunun hemen yanı sıra, konut dokunulmazlığı, haberleşme ve seyahat özgürlükleri gelir. Aile ile ilgili özgürlükler de bunlara girer: Evlenme hakkı, çocukları serbestçe eğitme hakkı, boşanma hakkı vb.

Kamusal özgürlükler, **kolektif** eylem, yani yurttaşların kendi aralarındaki ilişkilerle ilgilidir. Bunların başlıcaları, basın ve öteki anlatım araçları özgürlükleri, tiyatro ve sinema, toplanma ve gösteri özgürlükleri, dernek özgürlüğüdür.

Siyasal liberalizm, "eşitçi" ve "özgürlükçü" olarak, bir görüş ya da öğreti yararına tekelciliği ve ayrıcalığı kabul etmez. Özgürlüğe saygılı oldukça, her türlü görüş ve düşünceler serbesttir: Serbestçe tartışır, serbestçe örgütlenirler.

Bunun sonucu olarak Batı demokrasisi **"çoğulcu"**dur.

Ve yalnız yurttaşları değil, yönetenleri de bağlar bu ilke.

Siyasal liberalizmin uluslararası örgütlenişi

Siyasal liberalizm, Batı Avrupa'da uluslararası bir örgütlenmeye de gitmiş. İki uluslararası örgüt görüyoruz: **Avrupa Parlamentosu** ile **Avrupa Konseyi.**

Avrupa Parlamentosu ile Avrupa Konseyi birbirleriyle sık sık karıştırılan iki organ. Avrupa Parlamentosu'nun Avrupa Konseyi ile hiçbir ilişkisi yok aslında. Merkezi Luxembourg'da, ancak zaman zaman Strasbourg'da toplanıyor.

Avrupa Parlamentosu, ilk kez 1979 yılında AET üyesi ülkelerin her birinde halk tarafından doğrudan seçilen parlamenterlerle oluştu. AET ya da Ortak Pazar diye bilinen ve Yunanistan'ın kendilerine katılmasıyla sayıları ona yükselen grubun "siyasal organı".

Parlamenterler geldikleri ülkelere göre değil, taşıdıkları düşüncelere göre gruplaşıyorlar.

Avrupa Parlamentosu parlamenterlerinden 113'ü Sosyalist, 107'si Hıristiyan Demokrat, 64'ü Avrupa Demokratları (Muhafazakârlar) 44'ü Komünist, 40'ı Liberal, 22'si Avrupa İlerici Demokratları (De Gaulle'cüler) 10'u Teknik işbirliği ve 10'u Bağımsızlar grubuna mensup.

Avrupa Konseyi ise, II. Dünya Savaşı'ndan sonra 1949 yılında on Avrupa ülkesi tarafından kuruldu.

Belçika, Danimarka, İzlanda, İngiltere, Fransa, Hollanda, İtalya, İsveç, Norveç ve Luxembourg tarafından kurulan Konsey'e 1950'de Türkiye ve Yunanistan, daha sonraki yıllarda ise F. Almanya, Avusturya, İsviçre, Malta ve Kıbrıs katıldılar. İspanya ve Portekiz bu iki ülkede demokrasiye geçildikten sonra 1977'de üye olmuşlardır. Buna karşılık, Yunanistan, 1967'deki albaylar cuntasından sonra üyelikten çıkarılma noktasına gelmiş, ancak Konsey'in bu kararını beklemeden kendisi üyelikten ayrılmıştı.

Avrupa Konseyi'nin Parlamentosu olan Assamble, üye ülkelerin 170 Parlamento temsilcisinden oluşuyor.

Batı demokrasisi hedeflerine ulaşabilmiş midir?

Eleştirilere bakarsanız hayır.

Batı demokrasileri, yurttaşlarına dev ilerlemeler sağladıkları halde, hedeflerine ulaşamamışlardır. Yalnız sorunları olan bir demokrasi değil, **"bunalım"** içinde bir demokrasidir o.

Kökleri 19. yüzyıla giden, fakat 20. yüzyılda kesin çizgilerle ortaya çıkan gelişmeler, Batı demokrasisine bazı değişiklikler getirmiş ve sonuçta onu "klasik" kimliğinden sıyırıp **"sosyal demokrasi"** denen yeni bir kimliğe büründürmüştür.

Bu değişmede, sosyalist düşünce ve hareketlerin katkısı büyüktür.

Bütün bunlar sorunları çözebilmiş ve Batı demokrasisini hedeflerine ulaştırmış mıdır?

Kendisi hiç de Marksist olmayan **Claude Julien** adlı tanınmış bir Fransız yazarı, *Demokrasilerin İntiharı* adlı eserinde pek ilginç bir tablo çiziyor.

Özetle şu söyledikleri:

"Batı demokrasileri, yurttaşlarına dev ilerlemeler sağladıkları halde, hedeflerine ulaşamamışlardır. Sanayileşmiş toplumlar, asıl demokratik hedeflerini, daha başka uğraşılara feda etmişe benziyorlar. Bu hedefleri tamamen yadsımamakla beraber, bazen göremeyecek kadar uzağa, ikinci plana itiyorlar... Anlaşılan, zenginliklerin ve gücün gelişmesi, demokrasilerin özellikle üzerinde durdukları bir uğraşı olmuştur...

Demokratik sayılmak için, refahın gelişmesi, elbette zenginliklerin eşit biçimde dağıtılmasını gerektirir; oysa kalkınmanın ürünleri çok eşitsiz bir biçimde bölünmektedir. Ve bazı sosyal sınıflar eğer bir kenara itilmemişlerse, pay diye yalnız birkaç kırıntı alabilmekte, buna karşılık bir **mutlu azınlık,** aslan payına konmaktadır.

Zenginlik ve güç bütün insan topluluklarının amaçları arasında yer alır, ama demokratik bir toplumda asla öncelik tanınacak hedefler diye kabul edilemez: Böyle bir toplum için asıl olan, yine özgürlük, eşitlik, adalet, kardeşliktir. Ve bunlar hiçbir zaman ekonomik kalkınmanın yan ürünleri sayılamazlar. Yüzyılın başından beri Batı dünyası üretim mekanizmasını kökünden değiştirmiş, zenginliklerini kat kat artırmıştır, tüketim düzeyini yükseltmiş, yaşam biçimini allak bullak etmiştir. Milyonlarca insanı yokluğun, hastalıkların, cehaletin sultasından kurtarmış, bir benzetme yapmak istenirse kağnı çağından, sesten de hızlı uçak dönemine geçirmiştir.

Ama acaba özgürlük, eşitlik, adalet böylesine hızlı bir kalkınmaya tanık olmuş mudur? Bu kavramlar çok ağır bir ilerleme göstermiş, aralıksız paranın ya da **bir sınıfın ayrıcalıklarına, peşin yargılara, grupların bencilliğine ve düşüncenin katılaşmasına** toslamıştır. Toplumun en kendi halinde diye bilinen sınıfları, ortaöğrenim yapmak olanaklarına ve özel otomobile kavuşurken, bir zamanlar bunları ayrıcalık olarak bilen sınıf da, son derece gelişmiş bir uzmanlık öğrenimine ve özel uçağa sahip olmaya başlamaktadır. Refah ve güç, toplumda dev bir genel kalkınmaya neden olurken, aynı toplumu gerçekten özgür kılamamıştır. Şimdi **yoksullar daha az yoksuldur,** ama **eşitsizlikler yine alabildiğine büyüktür.** Bilgisizlikleri gerilemiştir, ama iktidar sahibi olmalarına yetecek insancıl bilgiler edinememişlerdir. Daha rahata kavuşmuşlardır, ama boş bir lüksle donanmışlardır. Seslerini belki yükseltebilmektedirler, ama kitle haberleşme araçları ya da reklamcılığın sesi kadar değil. Tek silahları, tıpkı yüzyılın başında olduğu gibi, yine oy pusulaları ve grevdir. Oysa **ekonomik ve siyasal iktidarı** ellerinde tutanlar, bilim ve teknolojinin bütün kaynaklarından yararlanarak komuta ettikleri araçları geliştirmek yolunu seçmişlerdir.

Refah ve güç, demokratik yaşamın serpilip gelişmesine yarayabilirdi; bunun yerine **bunalımlı çırpıntılar** içinde bırakıvermiştir demokrasiyi..."(1)

KÜLTÜREL YAŞAM

Batı Avrupa ülkelerinin son on yıllarda geçirdiği iktisadi ve teknik değişikliklerden, belki siyasal yaşamdan çok daha fazla kültürel yaşam etkilenmiştir.

Felsefe ve bilim

Batı Avrupa'da felsefi akımların çağdaş tablosunu birkaç satırda çizmek aslında pek kolay değil. Göze ilk çarpan noktalar şunlar oluyor:

1) Claude Julien, *Demokrasilerin İntiharı* (çev. Mehmet A. Kayabal) İstanbul, 1974, s. 351-353.

19. yüzyılda esasları konan **Marksist felsefenin,** 20. yüzyıldaki gelişmelerle daha da zenginlik kazandığı bir gerçek. Bunun yanı sıra **fenomenoloji** ile **varoluşçuluk** (existentialisme), dünyayı ve insanı yeni bir biçimde kavramak için yapılan çabaları temsil eden iki büyük felsefe akımı. Temelde kapitalizmin çıkmazlarının doğurduğu "bunaltı"nın belki en çok üzerinde duran da varoluşçuluk oluyor. **Personalizmin** de üstünde özellikle durduğu konulardan biri bu.

Bütün bu akımların içinde Marksizm, egemen durumda olanı. Varoluşçuluğun en büyük temsilcilerinden olan Jean Paul Sartre –son büyük eserlerinden biri olan– *Diyalektik Aklın Eleştirisi*'nde bunu açıkça söylüyor: "Tarihte Descartes ile Locke'un dönemi olmuştur; Kant'ın ve Hegel'in dönemi olmuştur. Bu üç felsefenin üçü de, sırasıyla, bütün bir düşünceyi besleyen tarla ve bütün bir kültürün ufku oluyor. Daha önce söyledim, şimdi de tekrarlıyorum: İnsanlık tarihinin tek geçerli yorumu diyalektik maddeciliktir." "Ve çünkü –yine Sartre'a göre– gerçekliğin kendisi Marksisttir ve Marksizm –hiç olmazsa çağımız için– aşılmaz durumdadır."

Fizik, kimya ve biyoloji gibi deneysel bilimlerdeki büyük gelişmelerin yanı sıra, Batı Avrupa'da özellikle "insan bilimleri" (antropoloji, psikoloji, toplumbilim, iktisat ve siyaset bilimleri), son on yıllarda çok büyük gelişmeler kaydetmiştir ve etmektedir.

Edebiyat

Batı Avrupa'nın çeşitli ülkelerinde edebiyatın artık klasikleşmiş biçimlerine uyarak eser veren yazarların sayısı bugün de hayli fazla. Edebi biçimler arasında, roman, bugün de başta gelen bir yer tutuyor; tiyatro ondan sonra, şiir ise daha sonra geliyor.

Ama bunların yanı sıra, konu ve biçimde bir yenileşmeyi deneyen çabalar da göze çarpmakta: Fransa'da, **Alain Robbe-Grillet**'nin "yeni roman" anlayışı bunlardan biri. Bunun gibi, Batı Avrupa'da "Amerikan romanı"nın keşfinin –biraz geç de olmuş olsa– etkileri bugün de sürüyor.

Sinemanın anlatım gücünün ulaştığı boyutlarla, resim ve müzikteki soyutlamanın genişlettiği ufuk karşısında, tiyatronun özü ve olanakları tartışma konusu oluyor. **İonesco,** yazdığı eserlerle tiyatroyu gerçekten bir sorun haline getirmiştir. Ama tiyatronun gelişiminde, son zamanlarda, en büyük yeniliklerden ve katkılardan birini büyük Alman yazarı **Bertolt Brecht** yaptı.[2]

İnsanlığın içinde yaşadığı büyük dönüşümü en iyi anlayabilenlerden biri **Bertolt Brecht** (1898-1956) oldu. Ve çağımızın getirdiği yeni öze uygun yeni sanatsal biçimlerin arkasına düştü.

Brecht'in bütün soruları, kendi özellikleriyle **çağımıza yönelmiştir.** Onun asıl özgünlüğü de buradadır. Ortaya attığı sorular ile onlara verdiği yanıtlar, hep insanlığı içinde yaşadığı hoşnutsuzluktan kurtarmak gereksinmesinden doğar.

Brecht, gerçek bir dram yazarıdır. En büyük amacı, kitleleri, piyeslerini görenleri, dinleyenleri **değiştirmektir.** İnsanlar tiyatrodan çıktıkları zaman, yalnızca sarsılmış değil, değişmiş de olmalıdırlar: Uygulamada **iyiye, bilinçli uyanışa, eyleme, ilerlemeye** yönelmişlerdir. Çünkü estetik etkinin işlevi, sosyal, ahlaksal bir dönüşüm oluşturmaktır.

Güzel sanatlar

Güzel sanatlardan resim, bugün –eskisinden çok fazla– bir bolluk ve çeşitlilik gösteriyor. Öyle olunca da, resimle ilgili akımların bir tablosunu vermek aslında hayli zor bir iş. Bununla beraber, Batı'da bugünkü resim, iki büyük akım arasında paylaşılmıştır denebilir: Bunlardan biri –bugün de savsaklanamayacak eserler veren– **figüratif** ya da **gerçekçi geleneği** temsil eder; ötekisi de **soyut resim** akımıdır.

Batı'da çağdaş resimdeki devrimin simgesi olarak da Picasso kabul edilmektedir hâlâ.

Batı'da, çağdaş heykele iki eğilim egemen durumda: İçinde Auricosto, Couturier, Giacometti'lerin bulunduğu **ekspresyonist** eğilimin yanında, **soyutçu** eğilim göze çarpıyor. Bu ikin-

---

2) Brecht konusunda özellikle bkz. Teoman Aktürel, "Bir Halk Filozofu: Bertolt Brecht", *Milliyet Sanat Dergisi,* Yeni dizi, sayı 21, s. 21-23.

ci eğilimin içinde, ilk anda akla gelen büyük adlar Calder, Arp, Henry Moore, A. Pevsner... oluyor.

Çağımızda, güzel sanatlarda ağırlık **"mimarlık"**a doğru kaymaktadır.

Çağdaş mimarlık, dünya çapında bir gelişim içindedir: Çağdaş mimarlıktaki katkıları belli bir ülkeye bağlamak hayli güç. Bu konuda, çeşitli düşünceler, Birleşik Amerika'dan gelip Avrupa'ya, giderek dünyaya yayılıyor: "Organik mimarlık" kavramına büyük bir açıklık getiren Amerikalı **Wright'**ın etkisi bu bakımdan büyük olmuştur. Mies van der Rohe, Walter Grapius, Alvor Aolto, Marcel Breuer, vb...

Batı'da çağdaş mimarlığın, giderek şehirciliğin kendisine çok şey borçlu olduğu büyük adlardan biri Fransız **Le Corbusier'**dir. Toplumların tam bir büyüme halinde olduğu bir dünyada şehirciliğin görevlerini –belki– en iyi belirten o oldu. Le Corbusier, kentte yalnız, insanca, daha konforlu yaşayabilmenin koşullarını değil, aynı zamanda **kent-doğa bütünleşmesinin** de yollarını saptamıştır. "Banliyöler kaldırılmalı, doğa kentlerin içine getirilmelidir" ilkesi onundur.

Ve bu ilke, şehirciliğin "onsuz olmaz" ilkelerinden biridir bugün.

Müzikteki gelişmeler

Batı'da çağdaş müzikteki gelişmelerin içinde, başta önemle bir olay üstünde durmak gerekir: Müzik, önceleri, dar bir seçkinler çevresine hitap eden ve konser salonlarına hapsolmuş bir durumda idi. Bugün ise, geniş kitlelere doğru yayılmaktadır. Plak sanayiindeki gelişmeler, radyo ve televizyonun bolluğu, müziği –hemen– her yere ve herkese götürmüştür.

Ve eskisinden daha yetkin bir dinleme tekniği yaratılmıştır.

Bugün Batı'da, Martinen, Lesur, Landowsky'lerin temsil ettiği "klasik" akımın karşısında –daha şimdiden klasik örneklerini vermiş sayılan– bir **"yeni müzik"** akımı vardır: Schoenberg, Bartok, Stravinski, Webern, Varese, Messiaen... çağdaş yeni müziğin ünlü adlarıdır. Bunun gibi, sibernetik müzik, elektronik müzik, somut müzik, Batı'da çağdaş müzik içindeki yeni arayışlara birer örnek olarak gösterilebilir.(3)

Dinsel yaşam

Batı Avrupa toplumlarında dinsel yaşam da, içinde yaşanılan dönemin bunalımını yansıtmaktadır.

Önce, dinin etkisinin, sosyal planda, çeşitli nedenlerle hayli gerilemiş olduğu bir gerçektir. İnsanlar, eskisinden daha az inanmakta ve dinin ayin ve törenlerine daha az katılmaktadır. Bütün bunlar, gerek Katolikliği, gerek Protestanlığı –çeşitli yönlerden– birtakım girişimlere, giderek yeniliklere götürmekte.

DAHA ÇOK BİLGİ

Aragon, *Çağımızın Sanatı* (çev. Bertan Onaran), İstanbul, 1966.

Bertolt Brecht, *Halkın Ekmeği* (çev. A. Kadir - A. Bezirci), İstanbul, 1972.

M. Ş. İpşiroğlu - S. Eyüboğlu, *Avrupa Resminde Gerçek Duygusu,* İstanbul, 1972.

Claude Julien, *Demokrasilerin İntiharı* (çev. Mehmet A. Kayabal), İstanbul, 1974.

Ernest Mandel, *Avrupa Meydan Okuyor* (çev. T. Tayanç), Ankara, 1974.

A. Mishin, *Teoride ve Pratikte Burjuva Demokrasisi* (çev. E. Aköz), İstanbul, 1976.

Herbert Read, *Manet'den Picasso'ya 20 Çağdaş Ressam* (haz. Adli Moran), İstanbul, 1966.

Boris Suchkov, *Gerçekçiliğin Tarihi* (çev. Aziz Çalışlar), İstanbul, 1976.

---

3) Batı'da son müzik gelişmeleri için bkz. Filiz Ali Laslo, "Yeniden Doğuş mu?", *Gösteri,* 1981, sayı 8, s. 46-47.

OKUMA

BRECHT VE PİCASSO

...Çağdaş yazarlardan pek azının eserleri bu büyük Alman şairinin, bu dâhi dram yazarınınki kadar **barış düşüncesiyle** dolmuş, barışa hizmetin gerekliliğini belirtmiştir. Brecht, **insanlık davasının,** iyilik için, gelecek için, yaşamak için savaşan basit insanın davasının eri olmuştur. İşin ilginç yanı, çağımızın en iyi hümanistlerinden birkaçı Prusyalı baronlarla barbar generallerin bu militarist Almanya'sından, bu kültür düşmanı Hitler Almanya'sından çıkmıştır: Heinrich ve Thomas Mann, Anna Seghers, Arnold Zweig, Bertolt Brecht. Şüphesiz, Alman halkının en derin gerçeğini onlar temsil ederler.

Brecht, bize derin görüşler, büyülü düşünceler ve yüksek duygular ile atılgan bir biçim orijinalliğinden meydana gelmiş bir eser bıraktı. Sanıyorum ki, zamanımızın herhangi bir eserinden çok, Brecht'in eserinde, sanatın gelecekte ne olacağını şimdiden görebiliriz: Sanat eserinin her türlü **şematizmden** ve **dogmacılıktan** iyice arınması... Yeni bir hayat kurulur ve insanlığın yüzü değişirken, Brecht, çağımızın getirdiği yeni öze uygun yeni sanatsal biçimlerin peşine düştü.

Halka adanan bir eserin, nasıl halkın silahı haline geldiğini, bunun için kendisini sınırlamaya, formüllere, şemalara hapsetmeye nasıl ihtiyaç olmadığını ve insanları silkelemek, etkilemek, dünyanın değişmesini var gücüyle desteklemek üzere bayağılaşmanın nasıl gerekli olmadığını gösterdi... **"Popüler"** ile **"entelektüel"**in birbirine karşıt alanlar olmadığını ispat etti. En yüksek düzeyde bir aydının dahi nasıl bir **halk yazarı** olabileceğini öğretti. Öyleyken, hiçbir zaman sadelikle yalınkatlığı, halkla ayaktakımını birbirine karıştırmadı. Bir zamanlar moda olan şu tezi de kabul etmedi: "Büyük yığınları etkilemek ve bu yığınlarca anlaşılmak için entelektüel düzeyi düşürmek, yeni biçimler aramayı boşlamak yahut duyguları ve gerçekliği sınırlandırmak gerekir." Brecht halkına karşı da, kendine karşı da namuslu, tam anlamıyla gerçekçi, eşsiz bir yazar örneği oldu.

Brecht, insanın savaştığı ve yüceldiği her yerde hazır olacaktır...

(Jorge Amado, Bertolt Brecht, *Halkın Ekmeği,*
çev. A. Kadir - A. Bezirci, İstanbul, 1972, s. 5-6)

Les Lettres Françaises dergisinin 25 Mart 1945 tarihli sayısında Picasso'nun şu bildirisi yayımlanmıştı:

"Bir sanatçı nedir dersiniz? Ressamsa yalnız gözleri, müzikçi ise yalnız kulakları, ozansa kalbinin her katında bir lir ve hatta boksörse, yalnız adaleleri olan bir ahmak mı? Tersine **aynı zamanda siyasal bir kişidir sanatçı.** Bütün varlığı ile tepki göstermesi gereken, acıklı, keskin, mutlu olayların karşısında her an bilinçli olması zorunlu bir kişidir sanatçı. Başkalarına karşı ilgi göstermeden yapabilir mi kişi... Kendisine bol bol canlılık getirenlerden kopabilir mi? **Resim, odaları süslemek için yapılmamıştır. Resim, düşmana karşı saldırıda ve savunmada kullanılması gereken bir savaş silahıdır."**

Ve **düşman,** Picasso'nun birçok defalar belirttiği gibi, bencilliği ve çıkarı için **başka insanları sömüren kişidir.**

(Herbert Read, *Manet'den Picasso'ya 20 Çağdaş Ressam ve Ötekiler,* hazırlayan: Adli Moran, İstanbul, 1966, s. 122)

HALKIN EKMEĞİ

Bilin: Halkın ekmeğidir adalet.
Bakarsınız bol olur bu ekmek,
bakarsınız kıt,
bakarsınız doyum olmaz tadına,
bakarsınız berbat.
Azaldı mı ekmek, başlar açlık,
bozuldu mu tadı, başlar hoşnutsuzluk boy atmaya.
Bozuk adalet yeter artık!
Acemi ellerde yoğrulan, iyi pişirilmemiş adalet yeter!
Yeter katıksız, kara kabuklu adalet!
Dura dura bayatlayan adalet yeter!

Bolsa insanın önünde ekmek, lezzetliyse,
gözler öbür yiyeceklere yumulsa da olur.
Ama her şey bollaşmaz ki birdenbire.
Bilirsiniz, nasıl bolluk doğurur ekmek:
Adaletin ekmeğiyle beslene beslene.

Ekmek her gün gerekliyse nasıl,
adalet de gerekli her gün,
hem o, günde birçok kez gerekli.

Sabahtan akşama dek, iş yerinde, eğlencede,
hele çalışırken canla başla,
kederliyken, sevinçliyken,
halkın ihtiyacı var pişkin, bol ekmeğe,
günlük, has ekmeğine adaletin.

Madem adaletin ekmeği bu kadar önemli,
onu kim pişirmeli, dostlar, söyleyin?
Öteki ekmeği kim pişiren?
Adaletin ekmeğini de
kendisi pişirmeli halkın,
gündelik ekmek gibi,
Bol, pişkin, verimli.

Bertolt Brecht
(Çev. A. Kadir - Asım Bezirci)

SORULAR

1. Batı Avrupa'da, son zamanlarda sosyal yaşamda ne gibi değişiklikler olmuştur ve olmaktadır?
2. Ne gibi iktisadi gelişmeler olmuştur ve olmaktadır?
3. Siyasal liberalizm nedir? "Çoğulculuk" deyince ne anlaşılır? Batı demokrasisi, hedeflerine ulaşmış bir demokrasi midir? Değilse bunun temel nedenleri nelerdir?
4. Batı Avrupa'nın kültür yaşamında son yıllarda felsefe ve bilim bakımından ne gibi gelişmeler olmuştur? Marksizmin bu yaşamdaki yeri nedir?
5. Edebiyatta, ne gibi gelişmeler olmuştur? Bertolt Brecht'in tiyatro ve Picasso'nun resim anlayışındaki özellikler nelerdir? (Okuma parçasını okuyunuz.)
6. Güzel sanatlar ve müzikte ne gibi gelişmeler olmuştur?
7. Batı Avrupa'da bugünkü dinsel yaşam ne gibi özellikler taşır?

BÖLÜM VI

ÇAĞDAŞ BATI UYGARLIĞI: (2)

BİRLEŞİK AMERİKA

Birleşik Amerika, iki yüz milyonu aşkın nüfusuyla –Kanada ile beraber– Amerika kıtasında "Batı Uygarlığı"nın temsilcisidir.

Batı Avrupa ile ortak noktaları var Birleşik Amerika'nın. İktisadi ve sosyal sistem olarak "kapitalizmi", siyasal rejim olarak da "Batı demokrasisi"ni kabul etmesi, ilk akla gelenler. Bununla beraber, Birleşik Amerika'ya has birtakım özellikler var ki, onun Batı Avrupa'dan ayrı olarak incelenmesini gerektiriyor.

BİRLEŞİK AMERİKA'NIN DOĞUŞU

Batı uygarlığını Batı Avrupa'da kuranların ataları, yüzyıllardan beri o topraklarda yaşamışlardı. Birleşik Amerika'yı kuranlar ise, 16. yüzyıldan sonra –özellikle Avrupa'dan– Amerika'ya göç edenler oldu. Amerika'nın asıl yerli ahalisinin bu kuruluştaki payı –birkaç kentin taşıdığı kızılderili kelimenin dışında– hiç denecek denli az.

Bu göçün iki rolü olmuştur:

– Avrupalı göçmenler, Amerika'ya, beraberinde, ayrıldıkları ülkenin örf ve âdetlerini de getirdiler.

– Ne var ki, göçmenler, Amerika'ya, Avrupa'daki siyasal baskıdan ve iktisadi zorluklardan kaçarak geliyorlardı. Böylece, içlerinde Avrupa'ya karşı derin bir tepkiyi taşıyorlardı. Amerika onlar için bir "özgürlük beldesi" idi. Orada hem özgürlük içinde yaşayabilir, hem de zenginleşebilirlerdi. Çok geçmeden, "Avrupalılığa" karşı çıkan ve kendisini "Amerikalı" olarak duyan bir kuşak doğmaya başladı.

Bugün Avrupalıdan birçok yönleri ile ayrılan Amerikalının atası işte bu kuşaktır.

Amerika'ya yalnız Avrupalı "beyazlar" göç etmedi. Beyazların dışında –Asyalı Çinli ve Japonlar bir yana– özellikle Afrikalı **"kara insanlar"** da geldiler, daha doğrusu getirildiler. Tarladan madenlere değin çalışan –daha doğrusu kırbaç altında çalıştırılanlar– bu kara derili bahtsızlar oldu. Bugün de Birleşik Amerika'da nüfusun –yaklaşık olarak– % 10'unu onlar oluşturuyor.

Kara insanların çoğu, beyazların yaşam biçimini benimsemiş olmakla beraber, her ikisi arasındaki ilişkiler –bugün bile– çeşitli güçlüklerle doludur; özellikle güneyli eyaletlerde, karalarla beyazlar arasında, bir **"ayırma" politikası** uygulanır. Günlük yaşayışın hemen her kesiminde böyledir bu: Karalar, ayrı mahallelerde yaşar, ayrı okullara gider, ayrı kiliselerde dua eder, ayrı araçlarda seyahat ederler. Federal devletin, bu ayırma politikasına karşı aldığı önlemler, özellikle güney eyaletlerde, bugün bile çetin güçlüklerle karşılaşmaktadır. 1861-1865 yıllarının İç Savaşı'nda "köleliğin" kaldırılması, "karaların sorunu"nu kökünden çözmeye yetmedi. Bu sorun, bugün de çeşitli görüşleri biçimlendirmekte ve bu farklı görüşler –"reformcu" ya da "devrimci" biçimler altında– eylemlere yol açmaktadır.

İKTİSADİ VE SOSYAL YAŞAM

Kapitalizm ve sosyal sınıflar

Birleşik Amerika, özellikle I. Dünya Savaşı'ndan başlayarak, dünyanın "1 numaralı" ekonomik gücü olarak ortaya çıkar. Sosyalist ekonomilerin de ağırlıklarını ortaya koydukları günümüzün iktisadi dünyasında, "kapitalist" ekonomiler içinde –özellikle "dolar"ın değerindeki sallantı ve düşüşlere karşın– bugün de "lider" durumunda olan odur.

Birleşik Amerika, "kapitalist" bir ülkedir. Ne var ki, sistem, Batı Avrupa'dakinden çok daha fazla, iktisadi ve sosyal yaşama –derinliğine– kök salmıştır. Sendikalar bile, sistemin kendisini tartışmaz. Sosyalist akım ise, Batı Avrupa'dan farklı olarak, serpilip yayılma olanağını hiçbir zaman bulamamıştır.

Başlarda "yarışmacı" bir nitelik taşıyan Amerikan kapitalizmi –kapitalizmin çağımızdaki gelişimine uyarak– **"tekelci"** bir kapitalizm haline gelmiştir. "Tekelci" nitelik, Batı Avrupa'daki kapitalizmden daha önce başlamıştır: 1929 İktisadi Bunalımı'ndan sonra, federal yönetimin tröstlere karşı aldığı önlemlere karşın, sisteme bugün de yön veren, belli tekelci gruplardır: "General Motors", "U. S. Steel", "General Electric", "ITT", Amerikan iktisadi yaşamının dizginlerini ellerinde tutan büyük tekelci gruplar içinde ilk anda akla gelenler.

Bu tekelci gruplar, Birleşik Amerika'da, yalnız iktisadi ve sosyal yaşama değil, siyasal yaşama da yön veriyorlar. Emperyalizmin özü gereği, azgelişmiş ülkelerdeki gelişmelere –siyasal iktidar değişikliklerine varıncaya dek– uzanıyor bu yön veriş. İçerde, silah fabrikatörleriyle yüksek rütbeli askerlerin oluşturduğu –kendi de bir tür faşizm olan– **"pentagonizm"**, azgelişmiş ülkelerdeki bağımsızlık isteklerine karşı oralara "ihraç" edilecek faşizmi belirliyor.

Son Şili örneği, bunun ilginç bir örneğidir.

Birleşik Amerika'da, iktisadi iktidar, çok küçük bir azınlığın elinde olmasına karşın, hayli geniş bir "orta sınıf" da var.

Bunun yanı sıra, büyük bir "işçi sınıfı" görüyoruz: Nüfusun –hemen hemen– üçte biri bu sınıfa giriyor. İşçilerin büyük bir kısmı sendikalıdır. Sendikalar, ülkenin iktisadi, giderek siyasal yaşamında büyük bir ağırlığı olan kuruluşlardır. Ne var ki, Amerikan sendikacılığı, kapitalist sistemin temelini tartışma konusu yapmayan bir sendikacılık anlayışını temsil eder. **Amerikan sendikaları,** grev aracılığıyla, yalnız daha fazla ücret ve daha iyi çalışma koşulları için mücadele ederler.

Yer yer "devrimci" bir anlayışı temsil eden Batı Avrupa sendikacılığından ayrılırlar bu bakımdan.

Birleşik Amerika'da –güney bir yana– klasik köylü zümresi yoktur. Kendi toprağında, önce kendi gereksinmesi için çeşitli şeyleri ekip biçen köylü yerine, tarım kesiminin normal tipi "*farmer*"dir: *Farmer,* tarımda makineli faaliyet gösteren ve genellikle belli bir üretim dalında uzmanlaşmış bir girişimcidir.

Toprak aşkından çok daha fazla, "verimlilik"tir onu düşündüren.

"Amerikan yaşam biçimi"

Amerikalı "orta" insan tipi "bireyci"dir. Çünkü yaşam, karşısına bir yarış alanı gibi çıkarılır. O alanda mücadele serttir ve herkesin şansı da kendinedir. Bu "orta" insan tipi, aynı zamanda, toplumun kurallarına daha çok bağlıdır; daha doğrusu, bağlı olmak zorundadır. Başta tabi olduğu eğitim sistemi, ona bunu öğütler, bunu aşılar.

Birleşik Amerika'da ilk ve orta eğitim ve öğretim, 18 yaşına değin sürer. Çocuğun eğitimi, cezalandırıcı nitelikten –olabildiğince– uzaktır. Çocuk, ailede, bir kral kadar serbesttir. İlköğretim, sonra da ortaöğretimde (*high school*), programlar az yüklüdür. Öğrenciler arasında ister istemez eşitliği bozacak olan "kompozisyon"a yer verilmez. Okulun amacı bilgi vermekten çok, kişisel görüşlerini –yüzeysel de olsa– formüllendirebilecek serbest yurttaşlar yetiştirmektir.

Okulda spora büyük yer verilir.

Boşanma bir ölçü olarak alındığında, Amerika ailesi dayanıksız ailedir. Özellikle kentlerde boşanmalar hayli sıktır (% 17). Eski genişliğini yitirip bugünkü dar çerçevesine geçen Amerikan ailesinin bir özelliği "çok çocuklu" olmasıdır. Doğurganlık, 1940'lardan başlayarak hayli yüksek oranda gelişmektedir (% 0,24). Amerikan ailesi, günlük yaşayışında "makine"ye en çok yer veren bir ailedir. Dışarıda "süpermarket" denilen büyük mağazalar, bu yaşayışı daha kolaylaştırır.

Amerikalılar, "inziva"yı çok az ararlar. Genel eğlencenin konusu, başta "üniversite futbolu"dur. Başka ülkelerdeki büyük futbol kulüpleri yerine, dev statlarda karşılaşanlar çeşitli üniversite ekipleridir. Beyzbol, ulusal sporun bir başka çeşididir. Golfe de büyük yer verilir.

Bütün bunlar Amerikan toplumunun bir yüzüdür. İleri, "uygar" Amerika'nın bir de "öbür yüzü" var.

Ne görüyoruz o yüzde?

Birleşik Amerika'da, son istatistiklere göre, insanların cebinde ya da evinde serbestçe 50 milyon silah bulunmakta, yani her dört Amerikalıdan biri tabanca taşımakta; ülkede her yirmi dört dakikada bir cinayet işlenmekte; her on saniyede bir ev soyulmakta ve her yedi saniyede bir kadının ırzına geçilmektedir.

Milyonlarca Amerikalı, özellikle büyük kent sakinleri bu korkuyu yaşarlar her gün.(1)

Koca ülkeyi saran **"cinayet humması"**nda, 19. yüzyıldan kalma uygulamaların sonucu, silah alışverişinin serbest olması ve herkesin rahatlıkla silah taşımasının rolü büyük kuşkusuz. Toplumbilimciler, ruhbilimciler, yıllardan beri bunu söylüyorlar ve silahların denetim altına alınması halinde, bu cinayet dalgasının büyük ölçüde dinebileceğini savunuyorlar.

Büyük cinayetlerden sonra, konu hep gündeme gelir. Televizyonda ve öteki forumlarda tartışılır; hatta bu konuda bir şeyler yapılması gereği üzerinde anlaşmaya da varılır. Ancak, bütün bunlar unutulur kısa bir süre sonra ve düşünülen önlemlerin hiçbiri alınmaz.

Güç değildir bunun nedenini anlamak. O dev silah sanayiinin Washington'daki etkisi büyüktür. Kongre'deki **"silah lobisi",** şimdiye dek, silah satışı üzerinde herhangi bir kısıtlamaya gidilmesini hep önlemiştir, önleyebilmiştir.

Amerikan toplumunun zaman zaman başkanları hedef alan saldırılara değin yol açan bunalımını, yalnızca silah bolluğuna bağlamamak gerek kuşkusuz. Bütün bir toplumu saran cinayet dalgası, ciddi toplumsal sorunların ortaya çıkardığı bir patlamadır. Başka bir deyişle, toplumsal ve ruhsal bir bunalım geçirmektedir Birleşik Amerika.

Nereden kaynaklanıyor bu bunalım?

Çok şey söylenmiştir bu konuda ve daha da söylenecektir.

Ama sorunun yanıtı, büyük ölçüde kapitalizme, onun bunalımına bağlı olmasın?

SİYASAL SİSTEM

Birleşik Amerika, bugün dünyanın **en yaşlı bir anayasasıyla** yönetilmektedir. 1787 tarihli bu anayasa, Amerika'da iktisadi ve sosyal gelişmelerin gerektirdiği çeşitli değişikliklere uğrayarak bugüne değin yaşayabilmiştir.

Amerikan anayasası, başta iki temel ilke üzerine dayanır: **Federalizm** ve **demokrasi.**

---

1) Bu konuda şu ilginç yazıya bkz. Haluk Şahin, "Kentleri Bekleyen Korku", *Cumhuriyet,* 30 Haziran 1981.

Federalizm

Birleşik Amerika, 50 devletten oluşan bir **federasyon**dur. Böylece, her "federe" devletin örgütünden başka, onların üstünde bir "federal örgüt" vardır.

Devlet yetkileri, bu iki çeşit otorite arasında paylaşılmıştır. Ulusal savunma, dış politika, gümrük ve posta ile ilgili önemli konular federal devletin yetkisine bırakılmış; medeni hukuk, polis, sağlık ve eğitim gibi konular da federe devletlerin yetkisine giriyor.

Çağdaş iktisadi ve sosyal zorunluluklar, federal devletin otoritesini gitgide artırmaktadır. Federe devletler, halkın seçtiği valilerin başkanlık ettiği yürütme organlarıyla, meclisleriyle ve yargı organlarıyla varlıklarını hâlâ sürdürmektedir.

Demokrasi

Amerika'da rejim, "Batı demokrasisi"nin temel ilkelerine dayanır.

Hükümet edenleri halk seçer; seçimler, "genel oy"a dayanır. Yurttaşların temel hak ve özgürlükleri kabul edilmiş olup, hepsi kanun karşısında eşittirler. Gerçi, demokrasinin bu ayrıcalıklarından "kara derili insanlar" uzun süre yoksun tutulmuşlar; ama sonuçta, onlara da bu haklar tanınmıştır. Bunun gibi, kilise ile devlet ayrılığı ilkesinin bir sonucu olarak, tüm mezhepler arasında mutlak bir eşitlik vardır.

Yasama yetkisi, **Kongre** adı verilen –iki meclisli– bir parlamentoya bırakılmıştır.

> Bu meclislerden biri **(Senato),** teker teker federe devletleri temsil ediyor. Her devletin Senato'da ikişer temsilcisi oluyor.
>
> Öteki meclis **(Temsilciler Meclisi),** her devletin nüfusu oranında seçilen temsilcilerden oluşuyor. Bu meclis, federe devletleri değil, tüm federal halkı temsil ediyor.
>
> Kanunları ve bütçeyi Kongre yapıyor; Senato'nun ayrıca uluslararası antlaşmalar konusunda birtakım yetkileri vardır.

Yürütme yetkisi, bir **"Başkan"**a verilmiş. Amerikan siyasal sisteminin asıl özelliği de bu Başkan'ın durumunda ve yetkilerinde kendini gösteriyor.

Başkan'ı, dört yıl için –iki dereceli bir seçimle ve genel oyla– halk seçiyor.

Başkan'ın elinde çok geniş yetkiler bulunuyor: Orduların başkomutanlığından, iç ve dış politikanın yürütülmesine varıncaya dek yığınla yetki. Kongre'nin yaptığı kanunları "veto" etmek de, Başkan'ın önemli yetkilerinden biri. Başkan'ın, bir de Kongre'ye "mesaj" gönderme yetkisi var ki, Kongre ile ilişkilerini düzenleyen başlıca araçlardan biri o oluyor.

Başkan, faaliyetini birtakım yardımcılarla yürütüyor. "Sekreter" adı verilen bu yardımcıları seçen de kendisi. Sekreterler, yalnız Başkan'a karşı sorumlular; parlamento karşısında sorumlulukları yok. Bunun gibi Başkan'ın kendisi de, parlamento karşısında siyasal bakımdan sorumsuz.

Başkanlık statüsündeki bu özellikler, Amerikan hükümet biçimini parlamenter hükümet biçiminden ayırıyor: Amerikan hükümet biçimi, "Batı demokrasisi"nin bir farklı uygulaması olarak, **"Başkanlık rejimi"** adıyla anılıyor.

Amerikan yargı örgütünün başı, **Yüksek Mahkeme** denen bir anayasa kurumudur. Çeşitli yetkileri içinde, asıl önemlisi, adi mahkemelerden gelen "kanunların anayasaya aykırılığı" savlarına bakmak.

Siyasal yaşam

Birleşik Amerika'da siyasal yaşam, birtakım özellikler taşıyor:

– Amerikan siyasal yaşamı, **iki partili** bir rejime dayanır. Bu partilerden biri **Cumhuriyetçi Parti,** öteki **Demokrat Parti** adını taşıyor: İktidar, bu iki parti arasında alınıp veriliyor. Seçim sistemi, bu ikisinin dışında bir üçüncü partinin desteklenmesi için seçmenlere cesaret vermiyor.

– Ama daha önemli olanı, her iki partinin de ideolojik farklılıklar taşımamaları. Daha doğrusu, her iki parti "kapitalist düzen"in sürdürülmesi konusunda anlaşmış durumda. Aralarındaki mücadele, bu önemli noktanın dışındaki konularda oluyor.

Birer öğreti partisi olmamakla beraber, iki partiden birini ya da ötekini destekleyen çevreler arasında yine de birtakım sosyal farklılıklar göze çarpar: Örneğin sendikalar, kuzeyli zenciler, daha çok

Demokrat Parti'yi desteklerken; iş çevreleri, büyük çiftlik sahipleri de daha çok Cumhuriyetçi Parti'ye oy verirler. Bunun gibi, Demokratları destekleyenler, daha çok büyük kentlerde bulunurken; Cumhuriyetçi adaylar daha çok tarımsal bölgelerin desteğine güvenirler.

– Amerikan siyasal yaşamının bir başka önemli özelliği, kapitalizmin etkisinin –bu arada tahribatının– daha gözle görülür biçimler almasıdır: **Lobbying** denen ve bir çeşit "kanun ticareti" ile uğraşan kuruluşlarla, her dört yılda bir yinelenen Başkanlık seçimleri, bu etki ve tahribatın hangi boyutlara vardığını gösteren tipik örneklerdir.

Amerikan siyasal yaşamında bugün bir adayın Başkan seçilebilmesi için, her şeyden önce paraya gereksinmesi vardır. Bu sistemde **büyük iş çevreleri** ile arası iyi olan aday, seçimlerde kampanyasını başarıyla yürütebilmekte, bu ilişkileri, gereğince sağlam tutamayan aday ise büyük sıkıntılara düşmektedir.

Para toplamak için kullanılan yöntemler pek değişiktir: Dans partileri, pahalı akşam yemekleri, poker partileri... Adaylara büyük mali yardımda bulunanlara çeşitli elçilikler dağıtıldığı ise bilinen bir gerçektir. Öte yandan, büyük şirketler de kendi çıkarlarına uygun adaya mali destekte bulunmaktadırlar. 400 milyon doların harcandığı 1972 Başkanlık seçimleri dolayısıyla, bir senatörün söylediği şu sözler ne kadar ilginç:

"Paranın böylesine güçlü oluşu, demokratik sistemimizin en büyük ayıplarından biridir."(2)

DÜŞÜNCE VE SANAT YAŞAMI

Kolej ve üniversiteler

Ancak Amerika'da yükseköğretim 18 yaşında başlar.

Ancak yükseköğretimin Birleşik Amerika'ya özgü bir özelliği vardır ki, Avrupa'da rastlanmaz: Üniversitede belli bir dalda uzmanlık öğrenimine başlamadan önce bir **kolej** aşamasından geçilir. Koleji bitirenlere, *"graduates"* (diplomalı) olarak bakılır ve *"graduate school"*da çalışmalarını sürdürürler. Bir Amerikan üniversitesi, genel olarak, bir "kolej" ile bir *"graduate school"*dan oluşur.

2) 23 Ekim 1972 tarihli *Time* dergisi.

Kolej ve üniversitelerin çoğu "özel"dir.

Ve çeşitli kaynaklardan gelen paralarla yaşarlar: Eski öğrencilerin bağışları, sanayi ve ticarette ün yapmış (Ford, Rockefeller, Carnegie gibi) büyük para babalarının kurduğu fonlarla, asıl okuyacak öğrencilerin ödedikleri paralar, bu kaynakların başında gelir.

Aslında belli bir refah düzeyine gelmiş ailelerin çocuklarını ayrıcalıklı duruma getiren bu sistemin zararları, doğrudan doğruya devletin kurduğu üniversiteler yoluyla –bir parça– giderilmek istenir.

Edebiyat ve sanat

Birleşik Amerika'da büyük bir edebiyat ve sanat faaliyeti vardır.

Bir çağdaş Fransız romanından daha az kültürlü, ama daha canlı ve daha insani olan Amerikan romanı, dünya edebiyatında sürekli büyük bir yer tutmuştur. **Marx Twain** ve **Henry James**'lerden günümüze değin ulaşan büyük bir yazarlar kafilesi içinde, I. Dünya Savaşı'ndan sonra gelen ve **"kayıp kuşak"** adı verilen yazarları –Hemingway, Faulkner, Caldwell ve Steinbeck– özellikle hatırlatmak gerekir.

Roman, bir Amerikan buluşu olan "cep kitabı" biçimiyle, büyük okuyucu kitlelerine yayılma fırsatını daha kolay bulabilmiştir.

Amerikan edebiyatı, **Edgar Allen Poe**'dan başlayarak, **Ezra Pound**'a değin şiirde büyük temsilciler yetiştirmiştir.

Tiyatronun da, **Eugene O'Neill**'den **Arthur Miller**'e değin soylu temsilcileri olmuştur.

Müzik de en popüler sanatlardan biridir. Amerikan gençlerinin büyük bir bölümü, bir müzik aleti kullanmasını bilir. Orkestralar hayli yaygındır. **Copland, Chadwick, Gershwin** gibi bestecilerin temsilcisi oldukları senfonik müziğin yanı sıra, zencilerin yarattıkları caz müziğinin etkisi büyüktür.

Bu etki, Birleşik Amerika'yla sınırlı olmayıp dünya çapındadır da...

Hollywood'da merkezleşen sinema, aynı zamanda dev bir sanayi halindedir. "Milyoner" yıldızların çevresinde "yıldız" olabilmek için yığınla insanın verdiği –yer yer dramatik– bir mücadeleye rastlanır. Film üretiminde başta gelen Amerikan sineması –genellikle– "orta düzeyde"dir. Bununla beraber "western"lerle, görkemli sahnelerin oluşturduğu filmler ve komedi filmleri içinde, sinema tarihine geçenler olmuştur.

Amerika'da, sinemanın etkisini, radyo ve özellikle televizyon tamamlar.

Görsel sanatların başında mimarlık gelir.

Amerika'nın mimarlığı "işlevsel"dir. Ev kullanışlı ve konforlu olmalıdır. İş yaşamı, büyük "gökdelen"lerde geçer. Bu gökdelenler içinde gerçekten güzel olanlar vardır. Anıtlar –fazla bir özgünlüğü olmayan– grekoromen stilde yapılır genellikle.

Amerikan resminde, Avrupa etkisinden kurtulma çabalarına karşın, bu etki hâlâ egemendir.

Heykelde de öyle.

Avrupa sanatının resim ve heykelde ortaya koyduğu başeserlerin önde gelen alıcısı da Birleşik Amerika olmaktadır.

Bu arada, çok ileri bir müzecilik görüyoruz.

Basın

Basın, Birleşik Amerika'da, Avrupa'da olduğundan çok daha önemli bir rol oynar. Yüksek düzeyde birkaç gazetenin dışında kalanlar, yerel ve sporla ilgili haberlerle çarpıcı haberlere ayrılmıştır.

Gazetelerin çoğu büyük iktisadi kuruluşlarındır. Ve böylece ister istemez kapitalizmin düşünce ve çıkarlarını savunurlar.

DİNSEL YAŞAM

Amerikalılar, kendilerini dünyanın en dindar halklarından biri olarak görürler. Gerçekten de halkın % 60'ı düzenli olarak kiliseye gitmekte; % 98'i de Tanrı'ya inandığını söylemektedir.

Birleşik Amerika'da tüm kiliseler devletten bağımsızdırlar.

Egemen din Hıristiyanlık, mezhep de Protestanlıktır: 1954'te 57 milyon Protestana karşılık, 32 milyon Katolik ve 5 milyon da Yahudi vardı.

Hemen hepsi Protestan olan zencilerin, özellikle güneyde kendilerinin olan kiliseleri vardır.

DAHA ÇOK BİLGİ

Türkkaya Ataöv, *Amerikan Emperyalizminin Doğuşu,* 2. Bası, Ankara, 1970.

Juan Bosch, *Pentagonizm* (çev. B. Kuzucu), İstanbul, 1969.

Car Van Doren, *Kısa Amerikan Edebiyatı Tarihi* (çev. O. Azizoğlu), İstanbul, 1952.

Claude Julien, *Amerikan İmparatorluğu* (çev. T. Saraç - A. Gülercan), Ankara, 1969.

André Maurois, *Amerika Birleşik Devletleri Tarihi* (çev. F. Gökbudak), 2 cilt, İstanbul, 1945.

Wright Mills, *Dinle Yankee* (çev. İ. Özgüden - D. Özgüden), İstanbul, 1969.

Vladimir Pozner, *Amerika Birleşmemiş Devletleri* (çev. C. Süreya), İstanbul, 1967.

Paul Sweezy - Paul Baran - Harry Magdoff, *Çağdaş Kapitalizmin Bunalımı,* Ankara, 1975.

David Wise - Thomas B. Ross, *Görünmeyen Hükümet CIA* (çev. A. Bilgi), 2. Bası, Ankara, 1976.

OKUMA

EDEBİYATI HALKIN MUTFAĞINA SOKAN ADAM: JACK LONDON

XX. yüzyılın başlarında Amerikan edebiyatını altüst eden, **yerleşmiş beğeni ve düşünce kalıplarını sarsarak kırıp atan** bir "serseri" çıktı ortaya. Bu adı kendisine kendisi yakıştırmıştı. Felsefi anlamda da savunuculuğunu yapıyordu bunun. Ortaokulu zar zor bitirmiş ama üniversite giriş sınavlarını beş hafta gibi kısa bir çalışma sonucunda başarıyla vermişti. Onun gerçek okulu hayatın ta kendisiydi aslında. On altı yaşında, kıyı koruma örgütünde bekçiyken beş azılı korsanın üstüne tek başına ve silahsız yürümüştü. Yirmi ikisinde Alaska'da altın arıyordu, bir yığın serüvencinin arasında. Marx'ı, Nietzsche'yi, Spencer'i kendi kendine okumuştu. Rudyard Kipling'le Herman Melville'e hayrandı. Kırk-elli cilt kitap yazdı bu "serseri", on iki-on beş kadar roman. Bir dolu da gazete, dergi yazıları, bilimsel ve gezi konularında. İyi bir gazeteciydi. 1905'teki Rus-Japon savaşını bin bir engeli atlatarak, cephenin göbeğine girerek izlemiş, unutulmaz röportajlar yapmıştı. Sınırsız bir özverisi vardı. Yılda kitaplarından ve yazılarından binlerce dolar kazanıyordu. Kazandıklarını eşine dostuna, akrabasına hesap tutmaksızın harcıyordu. Evindeki içki masasında her akşam ortalama on beş-yirmi kişi bulunurdu. Gülümsemesi, iyi yürekliliği ve korkusuzluğu ünlüydü... Yetenekli bir profesörün yasadışı evlilikten doğma oğluydu.

Tanıdınız tabii, bu göz kamaştıran insan Jack London'dan başkası değildir. **Kitaplardan değil, yaşamdan doğma bir sanatçıydı** Jack London. Her şeyi yaşamdan öğrenmişti. Kitaplardaki yanlışlıkları yaşam deneyleriyle yüzleştirerek düzeltmişti. **Sınırsız bir imge gücüne** sahip olan, ama **gerçeğin ve gerçekçiliğin aşkıyla** yanan London, **katıksız doğanın çocuğuydu.**

London'da, Anatole France'ın deyişiyle, **"kalabalıklara gizli kalan şeyi sezmek, üstün bilgisiyle geleceği görüp, tasvir etmek yeteneği"** vardır. Nitekim, bu yeteneğini, **Demir Ökçe**-*The Iron Heel* adlı imgesel romanıyla yetkin bir biçimde kanıtlamıştı. *Demir Ökçe,* dört yüz yıl sonra geleceğe bakan bir romandı. **Âdem'den Önce**-*Before Adam* bunun tersidir. Bu romanda, London, "insanın insan olma savaşını" anlatır. İlkel, vahşi ve şiirli bir dille... Bu iki romanın ortasında kalan **Deniz Kurdu**-*The Sea Wolf*'u hepiniz bilirsiniz. Çarpıtılmış bir dünyanın yirminci yüzyıl başlarındaki patlamaya her an hazır durumunu bu romandan gizli motifler halinde sezmek mümkündür...

Biyografik romanlar yazmakla ün kazanmış **Irving Stone,** London hakkında yazdığı *Doludizgin Denizci* adlı kitabında şöyle der: "Jack London, **yoğun düşünce ve gerçek sanat gücü sayesinde, ancak devlerin yapabileceği işi başarmıştı."** Bu kitabı okuyup da London'ın yaşamını yakından tanıyanlar, Irving Stone'un bu yargısında hiç de abartma olmadığını anlayacaklardır...

Türk okuru London'ı daha çok **Vahşetin Çağrısı**-*The Call of the Wild*, **Ateş Yakmak**-*To Build a Fire* ve **Yaşamak Hırsı**-*The Love of Life* gibi roman ve öykü kitaplarıyla tanır. Bunun, London gibi çok boyutlu bir yazarın, yurdumuzda tek boyutuyla tanınmış olduğu anlamına geldiğini kestirmek zor değil. Yıllar yılı yurdumuzda, London'a, yalnız çocukları ve serüvenci ruhlu kimseleri eğlendiren, doğa ve vahşet öyküleri yazan biri nazarıyla bakılmıştır. Bu kanı çok daha sonraları, yazarın **Demir Ökçe, Yanan Gün**-*Burning Daylight* ve **Martin**

Eden gibi soylu yapıtlarının çevrilmesiyle yavaş yavaş değişmiş ve London, Türk okurları arasında layık olduğu ilgiyi bulabilmiştir...

...Amerikan romanını kurtarmış, Henry James'in salon edebiyatını "halkın mutfağına sokmayı" başarmıştı...

London, kendi eliyle çizdiği bir plana göre yaşamıştır. Kimbilir, belki de Anatole France'ın sözünü ettiği "sezgiciliği" kendi alınyazısı söz konusu olunca da geçerliydi... 1916 yılı Kasımı'nda bir gün, hiç kimseye bir şey söylemeden, arkasında bir mektup bile bırakmadan morfin sülfat tabletleri alarak intihar etti. Cesedini bir krematoryumda yakarak, küllerini çiftliğinde sevdiği bir tepeye gömdüler...

(Zühtü Bayar, "Edebiyatı Halkın Mutfağına Sokan Adam: Jack London", *Yeni Ortam,* 13 Ağustos 1973)

ANNABEL LEE

Senelerce senelerce evveldi
Bir deniz ülkesinde
Yaşayan bir kız vardı bileceksiniz.
Adı Annabel Lee
Hiçbir şey düşünmezdi sevilmekten
Sevmekten başka beni.

O çocuk ben çocuk, memleketimiz
O deniz ülkesiydi
Sevdalı değil, karasevdalıydık
Ben ve Annabel Lee
Göklerde uçuşan melekler bile
Kıskanırdı bizi
Bir gün işte bu yüzden göze geldi
O deniz ülkesinde
Üşüdü rüzgârından bir bulutun
Güzelim Annabel Lee
Götürdüler el üstünde
Koyup gittiler beni
Mezarı ordadır şimdi
O deniz ülkesinde

Biz daha bahtiyardık meleklerden
Onlar kıskandı bizi
Evet –Bu yüzden şahidimdir herkes ve o deniz ülkesi–
Bir gece rüzgârından
Üşüdü gitti Annabel Lee
Sevdadan yana kim olursa olsun
Yaşça başça ileri
Geçemezdi ki bizi
Ne yedi kat gökteki melekler
Ne deniz dibi cinleri
Hiçbiri ayıramaz beni senden
Güzelim Annabel Le

Ay gelip ışır, hayalin erişir
Güzelim Annabel Lee
Bu yıldızlar gözlerin gibi parlar
Güzelim Annabel Lee
Orada gecelerim, uzanır beklerim
Sevgilim, hayatım, gelinim
O azgın sahildeki
Yattığın yerde seni.

Edgar Allan Poe
(Çev. M. C. Anday)

SORULAR

1. Birleşik Amerika'nın tarihsel kaynakları nelerdir?
2. Birleşik Amerika'nın iktisadi ve sosyal tablosunun özellikleri nelerdir? "Amerikan yaşam biçimi" nasıldır?
3. Birleşik Amerika'nın siyasal sistemi hangi ilkelere dayanmaktadır? Birleşik Amerika'da hükümet biçimi ile siyasal yaşamın özellikleri nelerdir? Kapitalizmin, Amerikan siyasal yaşamını etkilediği başlıca noktalar hangileridir?
4. Amerikan eğitim sistemi nasıldır?
5. Birleşik Amerika'da çağdaş edebiyat, sanat ve basın hakkında neler biliyorsunuz? Edgar Allan Poe ile Jack London'ın Amerikan edebiyatındaki yerleri ile sanat anlayışları nelerdir? (Okuma parçasını okuyunuz.)
6. Birleşik Amerika'da dinsel yaşam hangi özellikleri taşır?

II
SOSYALİST DÜNYA

İçinde yaşadığımız dünyada, "Batı dünyası"nın karşısında "sosyalist dünya" yer alır. Batı dünyası, nasıl çeşitli kıtalara yayıldığı halde, birtakım "ortak değerlere" sahipse, sosyalist dünyanın da, bugün, çeşitli kıtalara yayılmasına karşın, "ortak değerler"i vardır. Bu ortak değerler, Batı'da, "Batı uygarlığı"nı oluştururken, sosyalist dünyada da "sosyalist uygarlığı" oluşturmaktadır.

Sosyalist uygarlık da, Batı uygarlığı gibi, bir "ileri sanayi" uygarlığıdır. Her iki uygarlık arasındaki benzerlik –belki– yalnızca bu noktadadır. Yoksa, bu "ileri sanayi"nin üzerine kurulu olduğu "iktisadi sistem"den başlamak üzere, sosyal, siyasal, ideolojik ve kültürel değer ve kurumlar bakımından, Batı dünyası ile sosyalist dünya arasında derin farklar vardır.

Sosyalist dünya, 20. yüzyılda kurulmaya başlar. II. Dünya Savaşı'na değin, bu dünya yalnız **"Sovyetler Birliği"**nden ibaretti. II. Dünya Savaşı'yla, sosyalizm, Sovyetler Birliği dışında, yalnız Avrupa'ya yayılmakla kalmaz –Asya kıtası başta olmak üzere– Latin Amerika'ya dek yayılır. Avrupa'daki sosyalist rejimlere özel bir ad verilir: **"Halk Demokrasileri"**. Yugoslavya, Demokratik Almanya, Çekoslovakya, Polonya, Macaristan, Bulgaristan, Romanya ve Arnavutluk bu gruba girer. Sosyalist dünyanın Asya'da üç temsilcisi var: **Çin Halk Cumhuriyeti** başta olmak üzere, **Kuzey Kore** ve **Kuzey Vietnam.**

Latin Amerika'da ise, sosyalist dünyaya girmiş tek ülke görüyoruz: **Küba.**

Coğrafya planında böylesine bir yaygınlık gösteren sosyalist dünyayı, aşağıda iki ayrı paragraf halinde inceleyeceğiz. Birinci paragrafta, "Sovyetler Birliği" ile "Halk demokrasileri"ni içine alan "Sosyalist Avrupa"yı; ikinci paragrafta da "Çin ve öteki sosyalist ülkeleri" ele alacağız.

BÖLÜM I
SOSYALİST AVRUPA'NIN DOĞUŞU

Sosyalist Avrupa dünyasına giren bütün ülkelerin başta gelen ortak özelliği, hepsinin siyasal ve sosyal felsefelerinin tek bir kaynaktan çıkması: O felsefe "Marksizm"dir. Marksizm, aynı zamanda "resmî" dünya görüşüdür bu ülkelerin. Tüm siyasal, sosyal, iktisadi ve kültürel kurumlar, bu dünya görüşünden esinlenir.

Ne var ki, bugün Marksist dünya görüşünü kabul etmiş olan bütün bu ülkeler, birbirinden farklı bir tarihi yaşamışlardır. Sosyalizmi kurarken karşılaştıkları sorunların birbirinden farklılığı da, bir yerde, vaktiyle yaşadıkları tarihin birbirinden farklı çizgilerinde bulunmakta.

MARKSİZM

Marksizm, Batı'da, 19. yüzyılda, belli iktisadi ve sosyal koşulların ortaya çıkardığı yeni bir dünya görüşüdür. Nedir o iktisadi ve sosyal koşullar? Ve nasıl bir dünya görüşüdür Marksizm?

Marksizmi doğuran koşullar

Marksizm, Batı'da "Sanayi Devrimi"nin yarattığı ortamda doğdu.

Gerçekten, 18. yüzyılın ikinci yarısında, İngiltere'de, buhar gücüyle işleyen makinelerin geliştirilmesi, bunların –başta dokuma tezgâhları olmak üzere– çeşitli imalat kollarına ve madenciliğe uygulanması, fabrikalar yoluyla türlü dallardaki üretimin o zamana değin görülmemiş ölçüde artması gibi –tarihte benzeri olmayan– bir olay görülür. Genellikle "Sanayi Devrimi" diye adlandırılan bu oluşum, 19. yüzyılın başlarından başlayarak, Batı Avrupa'yı da sarar. Ve gerçekten "devrim" adına yaraşır bir oluşumdur bu: Sanayinin baş döndürücü bir hızla büyümesi, toplum yapısını kökünden sarsmıştır. O zamana değin tarımla uğraşan insanlar köylerini bırakıp kentlere koşmakta, daha önce adları bile duyulmamış yerlerde yeni sanayi merkezleri doğmakta ve ülkelerin nüfuslarında hızlı artışlar olmaktadır. Sanayi Devrimi, Batı Avrupa'ya, iktisadi ve sosyal planda bir "hareketlilik" getirmekle kalmıyor, aynı zamanda bir sefalet tablosu da çıkarıyor ortaya: Büyük işçi kitleleri, çok düşük ücretlerle, en kötü koşullar içinde çalıştırılmaktadır. Gerçi, bundan elde edilen büyük kârlar, sermaye birikimine ve yeni yatırımlara yol açtığı için Sanayi Devrimi daha da hızlanmaktadır.

Ne var ki, büyük yığınların sefaleti pahasına olmaktadır bu.

Sanayi Devrimi'nin doğduğu yıllarda, "genel oy"un henüz tanınmamış olması, sayıları çığ gibi büyüyen işçi kitlelerinin yakınmalarını parlamentolara tam anlamıyla yansıtmalarına olanak vermiyor. Üstelik, o yılların yaygın ve gözde iktisadi görüşü olan liberalizm, devletin sosyal sorunlarına karışmasını istememekte, tam bir özgürlük, tam bir yarışmayı savunmaktadır.

Sanayi Devrimi'nin ortaya çıkardığı sefalet tablosunu değiştirmek üzere, sözde birtakım "insani" önlemlere başvurulur. Çalışma yaşamını düzenlemek için bazı kanunlar çıkarılmaya başlanır. Bütün bu önlem ve kanunlara karşın çocuk ve kadın emeğinin madenlerde ve ağır sanayide sömürülmesi, işçi yığınlarının ezilircesine çalıştırılması daha uzun yıllar sürecektir.

İşte, Marksizm, Batı Avrupa'da, 19. yüzyılın ortalarında, böyle bir ortamda doğar.

Marksizmin temelleri

Marksizmin kurucuları iki Alman düşünürdür: **Karl Marx** (1818-1883) ile **Friedrich Engels** (1820-1895).

Batı Avrupa'da Sanayi Devrimi'nin doğurduğu iktisadi ve sosyal sonuçların nedenleri ile kaçınılmaz gelişmelerini araştıran bu iki düşünür, bu araştırmalarından, sonunda yepyeni bir dünya görüşü ortaya çıkarırlar. Bu yeni dünya görüşü, artık yalnız Sanayi Devrimi ile ilgili sorunların değil, tüm doğa, toplum ve insanla ilgili her sorunun karşılığını veren eksiksiz bir görüştür.

Marx ve Engels'in ortaya koydukları yeni dünya görüşüne **diyalektik maddecilik** adı verilir. Ve genellikle **Marksizm** diye anılır.

Marksizm **maddeci, diyalektik** ve **hümanist** bir dünya görüşüdür.

a) Diyalektik maddecilik

Marksizm, her şeyden önce, maddeci (materyalist) bir temele dayanır.

Nedir maddecilik?

Ve nasıl bir maddeciliktir Marksizmin maddeciliği?

Maddecilik, evrendeki tek özün "madde" olduğunu ve bütün varlıkların maddeden türediğini ileri süren bir dünya görüşü. Bu genel anlamda maddecilik, her türlü gerçekliğin tek özünün "düşünce" (idea) olduğunu ileri süren "düşüncecilik"in (idealizm) zıddı oluyor.

> Bir de, yaşamın temel değerlerinin beden ve zihin rahatlığı, servet ve hazdan başka bir şey olmadığını ileri süren bir anlayış var. "Maddeci bir insan" ya da "maddeye tapan" deyimlerinde görüldüğü gibi çoğu zaman yerici ve kötüleyici bir anlama bürünen bu anlamdaki maddeciliği, felsefi anlamdaki maddecilikle asla karıştırmamalı.
>
> Ama karıştırılır ve çoğu kasıtlı olarak yapılır bu!
>
> Marksizmin maddeciliği, işte bu felsefi anlamda maddeciliktir.

Maddecilik, felsefe tarihinde, 19. yüzyıla gelinceye dek, "mekanist" bir yoruma tabi tutulur: Madde, bizim dışımızda, bizim düşüncemizden bağımsız ve ezeli olarak var olan bir şeydir; ama ancak dış etkilerle değişen hareketsiz bir nesnedir.

Marksizmin maddeciliği böyle değildir: Marksizme göre, madde, bizim dışımızda, bizim düşüncemizden bağımsız ve ezeli olarak vardır; ama sürekli bir hareket, bir devinme içindedir de. Hareket, maddenin bir var olma biçimidir; hiçbir yerde, hiçbir zaman hareketsiz bir maddeye rastlanmamıştır.

Bu hareket, gerek uzayda, gerek moleküllerin titreşimi olarak ısıda ya da çekim akımlarında; çözümleme ve bileşim olarak kimyada, canlı yaratıklarda sürekli olarak vardır. Maddesiz hareketi kavrayamayacağımız gibi, hareketsiz madde diye bir şey de düşünemeyiz. Karşıt akımların, güçlerin çarpıştığı bir alandır madde. Bu çarpışma sonunda karşıtlar yeni bir bireşime varırlar. İşte "diyalektik" diye de, bu harekete, bu çarpışmaya ve karşıtların bireşimine varmalarının incelenmesine denir.

Diyalektik, eski Yunanca'da, "tartışma sanatı" anlamına gelen "dialektike" sözünden geliyor. "Karşıt tezler" ileri sürerek bir tartışma sanatıdır diyalektik. Bu anlamıyla, diyalektiğin unutulmaz örneklerini Eflatun'un diyaloglarında görüyoruz.

Modern çağda, diyalektik **Hegel'**le beraber, yalın bir tartışma ve karşıtlar yoluyla sonuca varma sanatı olmaktan çıkar, "kurallar"ı olan bir "düşünme yöntemi" haline gelir.

Çağdaş düşüncenin yaratıcı yöntemlerinden biri olarak üstelik.

> Hegel'e göre, doğada ve tarihte bütün oluşum, "idea"ya, "yaratıcı bir idea"ya dayanıyordu. Ama bu "idea"nın yaratıcılığı, "idea"nın doğurduğu **"çeşitleme"**lerde saklıdır: "Tez" adı verilen bir başlangıç, zamanla, kendi içinden çıkan –ama kendisinden farklı olan– **"antitez"**i yaratmakta, her ikisinin çelişmesinden de bir **"sentez"** ortaya çıkmaktadır. Sentez, daha öncekilerin her ikisini de içine alır; ama hiçbiriyle aynı değildir ve onları aşmakta, öteye geçmektedir. Başka bir deyişle, değişen, "kendi çatışmasını kendi içinde taşıdığı için" değişmektedir.

Hegel, her şeyin hareket halinde ve değişmekte olduğunu, oluşlar arasında üstelik sürekli bir bağlantı bulunduğunu ortaya koyarak diyalektik yöntemi geliştirmişti ama, bütün bu "diyalektik oluşum"un temelini "somut gerçeğe" değil, bir çeşit "düşünceleştirilmiş Tanrı"ya ya da "Tanrılaşmış düşünce"ye, kendi deyimiyle "idea"ya dayandırmaktaydı.

Hegel, felsefesini, "idea"ya dayandırdığı için, felsefi anlamıyla "idealist", yani "düşünceci" bir filozoftu. Ancak "diyalektik" düşünen bir filozof. Ve "Hegel"le beraber, düşünceci felsefe, Batı'da en görkemli bireşimine ulaşmıştır.

Marx ve Engels, nasıl maddeciliğin "mekanist" yorumu yerine ona **"bilimsel"** bir içerik kazandırmışlarsa, Hegel'in "soyut" diyalektiğini de "somut" olaylar dünyasına uyguladılar. Onlara göre, oluşum, giderek tarihsel gerçeklik "diyalektik"tir. Ama dış gerçeklikteki bu diyalektik gelişme, öyle Hegel'in sandığı gibi düşüncenin dışavurması değil, tam tersidir: Madde, düşüncenin, insan aklının büsbütün dışındadır. Tezli, antitezli ve sentezli gelişim, yani diyalektik gelişim, aslında maddenin kendisinde olur; düşüncenin diyalektiği ise, madde planındaki diyalektiğin bir yankısıdır. Marx, "Hegel'in sistemi baş aşağı duruyordu; ben onu ayakları üzerine kaldırdım" derken işte bunu belirtmek ister.

Marx ve Engels'i böylesine bir diyalektik anlayışa götüren, kendi kişisel beğenileri değildi. Batı'da, 19. yüzyılın ortalarına değin süren dönemde, doğa bilimlerindeki büyük ilerlemeler diyalektiği doğruladığı gibi, onun "nesnel" bir temele dayandığını da tanıtlıyordu. Fizik ve kimyadaki buluşlar, hele Darwin'in görüşleri, bu konuda büyük rol oynamışlardır.

Marx ve Engels, maddeci diyalektik yöntemi tarihe ve topluma uyguladıklarında, ortaya –daha önce yapılanlardan– çok daha doğru, çok daha anlamlı bir tablo çıkacaktır.

b) Tarihsel maddecilik

Marx ve Engels, "maddeci diyalektik" yöntemi, tarihin ve toplumun çözümlenmesinde de kullanırlar. Bundan, tarihsel ve sosyal birtakım sonuçlara varırlar.

Bu açıklamalarının tümüne **"tarihsel maddecilik"** adı verilir.

Önce nedir toplum?

"Toplum" deyince, Marx ve Engels'e göre, aslında yalnız insanlara ve insanlar arasındaki ilişkilere rastlarız. Bir toplumdaki insanlar gibi, insanlar arasındaki ilişkiler de **"somut"**tur.

Marx ve Engels, toplumları insanlar arasındaki somut ilişkiler açısından incelerken, bu ilişkilerin temelinde yatan etken olarak, "insanın doğa ile mücadelesi"ni görüyorlar: İnsanlar, yaşamak ve –bunun da ötesinde– hayvanlardan farklı olarak, "doğayı aşabilmek" için her şeyden önce çalışıp üretmek zorundadırlar. Üretim faaliyetinde bulunurken de, insanlar, birtakım üretim araçları kullanır ve üretimdeki çalışmalarını örgütlerler. Demek ki, bir toplumun ana ilişkileri doğa ile olan ilişkileridir. Bu ilişkiler ise, doğrudan doğruya üretime dayandığına göre, bir toplumu tanıyabilmek için, her şeyden önce, o toplumdaki **"üretim ilişkileri"**ni incelemek gerekir.

Neler girer üretim ilişkilerinin içine?

Üretim ilişkilerinin içine, doğal kaynaklar (toprağın verimi, iklim, vb), üretimi sağlayacak araçlar ve dolayısıyla bunların kullanılması, yani üretim tekniği, bir de üretimin düzene sokulması, yani işbölümü girer. Marx ve Engels, bunlara da **"üretici güçler"** diyorlar.

Bu güçlerin her biri zaman içinde –kuşkusuz– aynı kalmaz, değişirler; yeni kaynaklar bulunur, araçlar geliştirilir, işbölümü yeniden düzenlenir. İnsanların belli bir toplum içindeki varlığını, bilincini etkileyen ve özel mülkiyet kavramını, fertlerin ya da grupların toplum içindeki görevler bakımından farklılaşmasını, dolayısıyla **"sınıflar"**ı yaratanlar da bunlardır.

Üretici güçlerle üretim ilişkileri bir toplumdaki **"üretim biçimi"**ni meydana getirirler. Marx ve Engels'e göre, üretim biçimi, her toplumun **"altyapı"**sını oluşturur. Toplumların yüzeyde görülen **"üstyapı"**larını, yani siyasal ve hukuksal rejim kurumlarını, felsefe, din, ahlak, sanat ve edebiyatını, başka bir deyişle "kültür"ünü yaratan hep "altyapı"dır. Bu "altyapı"nın yansıması bakımından en çok önem taşıyan da **"mülkiyet ilişkileri"** ve özellikle toprak, araç, makine ve daha geniş anlamıyla sermaye gibi "üretim araçlarının sahipliği"dir.

Toplumların "altyapı"sı da "üstyapı"sı da aynı kalmaz, değişirler. İlk bakışta, "üstyapı"daki değişiklikler, hep bireylerin eseriymiş gibi görünür. Ne var ki, bireyler, kendi çağlarının üretim biçiminden bağımsız olarak hareket edebilmiş değildirler; tarih, aslında, üretici güçlerdeki gelişmenin üretim biçiminde yarattığı değişiklikleri yansıtmaktadır: İnsanlık tarihinde, ilkel ve daha sonraki ataerkil üretim biçimlerini büyük çapta el emeğinin kullanıldığı köleliğe çeviren, toprağa bağlı serflerin çalıştırılmasına dayandırılmış feodal düzeni yaratan ve daha sonra kapitalist düzeni doğuran, aslında hep bu üretici güçlerdeki gelişmeler olmuştur.

Üretim biçiminin böylece değişmesi, er geç üstyapıyı da değiştirir.

Ancak, toplumların oluşumunda ekonomik etken, "en güçlü, en temel ve en ağır basan etken"dir. Bir toplumda "üstyapı", "altyapı"daki değişikliklerin bir sonucudur ama, "üstyapı" kurumları da "altyapı"yı etkilemekten, daha doğrusu etkilemeye çalışmaktan geri kalmaz. Engels, işin kolayına kaçan birtakım şemacı genellemeleri önlemek için bu noktayı açıkça belirtir.

Egemen sınıfların **"ideolojik"** faaliyeti, "üstyapı" etkilemesinin tipik örneklerinden biridir: Üretim araçlarını ellerinde bulundurdukları için "egemen sınıf" durumuna gelmiş olanlar, kurulu düzenin ideolojisini kullanarak –örneğin dine başvurarak ya da sınıf çatışması gerçeğini yadsıyarak ya da yozlaştırarak– tarihsel gelişimi gözlerden kaçırmaya ve artık "aşikâr" duruma gelmiş çözümler yerine sahte çözümler ileri sürmeye çalışırlar.

Toplum düzenindeki gelişmelerin yaratıcı kaynağı nedir?

Marx ve Engels'e göre, bu **"sınıf çelişmeleri"**dir. Başka bir deyişle, üretim araçlarına sahip olan sınıflarla sahip olmayan sınıflar arasındaki çatışmadır. Gerçekten, Marksizme göre, sınıf ayrımlarını ortadan kaldırmamış olan her toplum düzeni, kendi içindeki çelişmeler sonucunda başka bir toplum düzeni doğurmaktadır. Marx ve Engels, ilkçağdaki kölelik düzeninden feodaliteye, feodaliteden de burjuvazinin kapitalist düzenine geçişi, o düzenlerden her birinin kendi içlerindeki sınıf çelişmeleriyle açıklamaktadırlar.

Kapitalist düzendeki çelişme hangi sınıflar arasındadır?

Marx ve Engels'e göre, bu çelişme **burjuvazi** ile **proletarya,** yani işçi sınıfı arasındadır. Üretim araçlarına sahip bulunan, dolayısıyla üstün ve "egemen" durumda olan burjuvazi, proletaryayı **"artıdeğer"** yoluyla sömürmektedir. Gerçekten, kapitalist düzen içinde işçiler, günlük geçimlerini sağlamak için, bedenlerinin gücünü, yani emeklerini satışa çıkarmaktadırlar. Başka bir yol da yoktur onlar için. Ne var ki, proletarya, emeğinin tam karşılığını da alamamaktadır; daha doğrusu insanca yaşaması için gerekli olandan fazla çalıştırılmakta ve aradaki fark da "artıdeğer" olarak sermayeye eklenmekte, bir başka deyişle, kapitalistin cebine girmektedir. Böylece, proletarya ile burjuvazi, aynı üretim ilişkisi içinde birbirine "karşıt" sınıflar durumundadırlar.

Bu karşıtlık, bir yerde "kutuplaşmıştır" da...

Marx ve Engels'e göre, kapitalizmin gelişmesi içinde, Sanayi Devrimi ile ortaya çıkan burjuvazi-proletarya çatışması, insanlık tarihinde son sınıf çatışmasıdır. Ve proletaryanın burjuvaziyi devirip toplumu "sınıfsız" hale getirmesiyle yalnız burjuvazi-proletarya çatışması değil, bütün tarihi kaplamış olan sınıf çatışmaları dönemi de sona erecektir. Burjuvazinin yıkılması kaçınılmazdır, mutlaka olacaktır bu. Çünkü burjuvazi gitgide zenginleşmekte ve hep yoksullaşan, durmadan da büyüyen proletarya ile çatışmaktadır; bu çatışmanın ortaya çıkardığı gerilim yıldan yıla artmaktadır. Çoğalan ve güçlenen proletarya nasıl olsa bir gün burjuvaziye üstün gelecektir.

Kendiliğinden mi olacaktır bu?

Hayır, zora başvurarak, yani "ihtilal" yoluyla!

Ama niçin bu yolla?

Tarihsel gelişimin belli bir döneminde iktidara geçen ve onu elden bırakmamak için örgütlenen, toplumda kilit noktaları ele geçiren bir burjuva sınıfından, ayrıcalıklarını kendiliğinden bırakmasını istemek, boş bir hayal arkasından koşmak olur. O yüzdendir ki, işçi sınıfı, zora başvurmadan iktidara geçemez.

Bununla beraber, Marx ve Engels, zora başvurmanın, burjuvazinin tutumuna bağlı olduğunu da belirtmişlerdir: Burjuva sınıfı anlayış gösterirse, kaçınılmaz bir oluşum adına, insanlığın iyiliği adına gelişmeyi engellemek istemezse, iktidar değişimi, **parlamento yoluyla** da gerçekleşebilir. Ancak –bu yolla da olsa– iktidara gelen işçi sınıfı –ister istemez– burjuva sınıfının ayrıcalıklarını elinden alacaktır.

Proletaryanın, aslında kendi lehine olan tarihsel gelişimi sezmesi, onun kurallarını kavraması ve kendi rolünün bilincine varması, karşısındaki sınıfın, burjuvazinin kaçınılmaz olan yıkılışını çabuklaştıracaktır.

Proletaryanın iktidarı burjuvazinin elinden almasından hemen sonra **"komünist"** bir toplum kurabilmesi olanaksızdır. Çünkü bir toplumun "komünistleşmesi" kolay erişilebilen bir aşama değildir. Böyle bir aşamaya varabilmenin zorunlu uğrak noktaları –Marksizme göre– şunlardır:

– İşçi sınıfı iktidara geçince, önce bir **"proletarya diktatörlüğü"** kurulacaktır.

Buradaki "diktatörlük", devlet yönetiminin yalnız proletarya elinde bulunması ve burjuvazinin "egemen sınıf" olmaktan çıkarılıp proletaryanın egemenliği altına alınması anlamında kullanılmaktadır. Burjuvazinin egemen sınıf olmaktan çıkarılması için, başvurulacak ilk önlem de, "üretim araçlarını topluma aktarmak"tır.

– İkinci aşama **"sosyalist"** aşamadır.

Burjuva sınıfı tasfiye edilmiş, fakat iktisadi bolluğa henüz ulaşılmamıştır. Toplumda üretim ve tüketimin "herkesten kendi gücüne, herkese kendi emeğine göre" ayarlandığı bir aşamadır bu.

– Son olarak **"komünist"** toplum aşamasına varılacaktır.

Bu aşamada, toplum, iktisadi bakımdan tam bir bolluğa ulaşacağı için, herkes "gereksinmesine göre" tüketebilecektir. Vaktiyle, burjuvazinin, "sömürü örgütü ve baskısı" demek olan "devlet" de –proletaryanın elinde eski toplum düzenini değiştirme gücü olarak kullanıldıktan sonra– ortadan kalkacaktır. Bu aşamada, "hükümet, insanların yönetimini bırakıp, üretimin yönetimini üzerine alır".

Engels, öyle diyordu.

c) Hümanist maddecilik

Marksizmin öngördüğü "komünist toplum"da, insan **"yabancılaşma"**dan da kurtulacaktır.

Nedir yabancılaşma?

Ve nasıl kurtulacaktır insan bu yabancılaşmadan?

Sınıflı toplumlar, özellikle kapitalist burjuva düzeni, insanın kendi kendisinden kopmasına, asıl bilincinden, asıl sorunlarından uzaklaşmasına yol açmakta, onu başkalaştırmakta, evrenin yüce varlığı olmaktan çıkarıp "insanlığından uzaklaştırmaktadır". Örneğin, çalışan bir işçi tutsak olmuş, alabildiğine sömürülmektedir; insanın doğaya karşı mücadelesinin bir ürünü olan zenginlik, sermaye, özel mülkiyet yoluyla belli bir sınıfın eline geçmiş, çalışanları baskı altında tutmaya yaramaktadır ve çalışanların emeği demek olan para, bu emekten ayrı tutularak çalışanların efendisi durumuna gelmiştir.

İnsanın kendi yarattığı şeylerden kopması, bunları kendi dışında birer soyut varlık, üstün birer güç gibi görmesi, onların karşısında kendi kişiliğinden, insanlığından olması, bunların boyunduruğu altına girmesi, Marx'ın dilinde **yabancılaşma** (*aliénation*) kelimesiyle dile getiriliyor.

Bütün yabancılaşmaların temelinde **iktisadi yabancılaşma** vardır. Dinler, daha genel bir deyimle, egemen sınıfların "ideoloji"si, aslında bu yabancılaşmaya hizmet etmektedir.

Sınıflı bir toplum olarak, kapitalist burjuva düzeninde hüküm süren yabancılaşmanın ortadan kaldırılması ancak **devrimle** mümkündür. Bu devrimi gerçekleştirmek görevi de işçi sınıfına düşmektedir. İşçi sınıfının kuracağı komünist toplumda, bireyin, özellikle sınıflı toplumlarda görülen kısıtlı, kusurlu, eksik ve sakat yaşamının yerini; tam gelişmiş, toplum yaşamına egemen ve özgür insan yaşamı alacaktır. Marksist düşüncede, bu duruma, **"bütünsel insana"** varmak denir. Marx, gençlik eserlerinde, tarihsel gelişmenin amacını, "bütünsel insana" ulaşma olarak görüyordu.

Yabancılaşma kavramı, Marksist düşüncenin bir **hümanizm** (insancılık) olmasını sağlayan kavramdır. Bu kavram, köklerini, ekonominin ve tarihin saptanmasından alarak "ahlaki" bir görüşe yönelir, insan yaşamının yetkin ve mutlu bir hale gelişinin "koşullarını" ve bu koşullara ulaşmak için yapılması gereken "eylemi" açıklar.

DAHA ÇOK BİLGİ

Max Beer, *Karl Marx* (çev. Şerif Hulusi - Muvaffak Şeref), İstanbul, 1968.

Emile Burns, *Marksizmin Temel Kitabı* (çev. M. Dikmen), İstanbul, 1978.

Fedoseyev ve arkadaşları, *Karl Marx –Biyografi* (çev. E. Kürkçü), İstanbul, 1976.

Roger Garaudy, *Karl Marx'ın Fikir Dünyası* (çev. A. Cemgil), İstanbul, 1969.

Henri Lefebvre, *Karl Marx, Hayatı ve Eserleri* (çev. M. Reşat Baraner), 2 cilt, Ankara, 1968.

Henri Lefebvre, *Marx'ın Sosyolojisi* (çev. S. Hilav), 2. Basıı, İstanbul, 1976.

V. İ. Lenin, *Karl Marx ve Doktrini* (çev. Şiar Yalçın), 2. Basıı, Ankara, 1980.

OKUMA

MARX'IN ELEŞTİRİSİ

Marx'a karşı çıkmaya çalışan bütün bu **"mızmız felsefeler"** (Max Sheler, Ernest Mach ve ötekiler kast ediliyor) bir yana, Marx'ın asıl eleştirisi, Marx'tan yana görünenlerce yapılmıştır. Gerçekten de Marx'çılığı bozmanın ve düşünceleri saptırmaya çalışmanın en etkili yolu Marx'çı görünmektedir. Bu yolun en tipik örnekleri **gözden geçiricilik** (revizyonizm) ve **iyileştirmecilik** (reformizm) adlarını taşırlar. Sol gösterip sağ vurmanın en yeni örneği de **Marcuse'çülük**tür.

Alman düşünür **Edouard Bernstein'**a (1850-1938) göre, "diyalektik, Marksizmin sinesinde barınan bir hain, eşyanın her türlü gözlemi yolunda kurulmuş bir tuzaktır". Bu anlamda gözden geçiricilik, diyalektik olmayan bir Marksizm gütmektedir. Gözden geçiricilik (revizyonizm), Marksizmin bu temel yapısının ve daha başka yanlarının yeniden gözden geçirilerek düzeltilmesi gerektiğini savundukları tanıtlandığı halde, korumak için çırpınmaktadırlar... Gerçekten Marx, ütopyacıların buldukları çözümü kabul etmiş ve ondan yola çıkmıştı. Ama çözüm yollarını ve kullandıkları tanımlamaları yetersiz buluyordu. Bu yüzden bunları değiştirmek istedi ve bunu bilimci bir dehanın çabası, keskin zekâsı ve gerçeğe olan sevgisiyle yaptı. Hiçbir önemli gerçeği görmemezlikten gelmedi. Bu noktaya gelinceye kadar Marx'ın yapıtında bilimsel yöntemi bozan hiçbir eğilim yoktur. İşçi sınıfının kurtuluşu için yaptığı mücadeleye genellikle yakınlık duyması bilimsel yönetimi sarsmaz. Ama son amacın ortaya çıktığı noktaya gelince, Marx'ın söyledikleri belirsiz ve güvenilmez bir biçim almaktadır. Örneğin modern toplumda gelirlerin el değiştirmesiyle ilgili parçada çelişmeler vardır. Böylece bu büyük bilim dehası, bir öğretinin esiriymiş gibi görünmektedir. Bernstein, Alman düşünürü Conrad Schmidt'le, Kant'a dönmek gerektiğini savunmuş ve Alman sosyal demokrat (sağcı toplumculuk) hareketinin öncülüğünü yapmıştır.

İyileştirmecilik (reformizm), amaçlanan genel iyiliğe azar azar gerçekleştirilen küçük iyiliklerin birikmesiyle hissedilmeden varılacağını, amaca varmak için sıçrama ve devrim gerekmediği gibi, büyük köklü reformların da gerekmediğini savunur. İyileştirmeciler... devrimleri rastlantı saymaktadırlar... Öğretiyi birçok bakımlardan düzeltmeye giriştiği için daha çok gözden geçirmeci olarak anılan Edouard Bernstein'la 1910 yılından sonraki tutumuyla **Karl Kautsky** (1854-1932) iyileştirmeciliği savunmuşlardır.

Bütün bu savlar, gerçekte, Marx'çılıkla kökten çelişik düşüncelerdir.

Amerika'ya yerleşmiş Alman Profesörü **Herbert Marcuse**'e göre, "...Dünyamız iki kampa ayrılmıştır. Her iki kamp da teknik gelişmenin en tehlikeli çizgisine varmışlardır. Teknolojinin bu çizgisi baskıyı gerektirir. Bu baskı, teknolojik toplumun yapısından doğmaktadır. Baskılı toplumlarsa karşıtlıksız toplumlardır ve tek boyutludurlar. Tek boyutlulukta niteliksel bir devrim yapılamaz, çünkü niteliksel bir sıçrama için bir karşıtlık bulunması gerekir. Diyalektik teori bir kenara atılmamıştır, ancak bir çare de getirememektedir..." Öyleyse ne yapmalı? Profesör Marcuse öğütlüyor: "Önemli olan kurumları değiştirmek değildir. Önemli olan insanı değiştirmek, görüşlerine yeni bir yön vermek, içgüdülerini yeniden biçimlendirmek, hedeflerini tazelemek ve değer ölçülerini yeni baştan düzenlemektir." Açıkçası, hayal alanında olan gerçeği elde etmek için maddeyi bir yana bırakıp ruhu işlemek gerekir.

Ruhu nasıl işlemek gerektiğine gelince... Marcuse'ün bunun için de bir öğüdü var. 1967 yılında Berlin Üniversitesi'nin konferans salonunda Alman öğrencilere şöyle sesleniyor. "Özgür sevişmenin tadına varın."

(Orhan Hançerlioğlu, *Düşünce Tarihi,* İstanbul, 1970, s. 352-353)

SORULAR

1. Batı'da Marksizmi, hangi iktisadi ve sosyal koşullar doğurmuştur?
2. Marksizmin "maddecilik" anlayışı ile, daha önceki dönemlerin maddecilik anlayışı arasında ne gibi farklar vardır?
3. "Diyalektik" kelimesi, kökeninde ne anlama geliyordu? Hegel'in, diyalektik kavramına yaptığı "katkı" nedir? Hegel'in diyalektiği ile Marksist diyalektiğin birbirinden ayrıldıkları temel nokta hangisidir?
4. "Tarihsel maddecilik" deyince, kavram olarak ne anlaşılır?
5. Marksizm, "toplum" deyince, her şeyden önce neyi inceler? "Üretim ilişkileri", "üretim güçleri", "sınıf", "üretim biçimi" ne demektir?
6. Marksizme göre, bir toplumun "altyapı"sı ile "üstyapı"sı derken ne anlaşılır? Bu ikisi arasında nasıl bir ilişki vardır?

7. "Sınıf çelişmesi" ne demektir? Marksizme göre, tarih boyunca hangi düzenlerde, başlıca hangi sınıf çelişmeleri ortaya çıkmıştır? Batı kapitalizminde, Sanayi Devrimi'nden sonra, temel çelişme hangi sınıflar arasındadır?

8. Batı kapitalizminde, burjuvazi ile proletarya niçin birbiriyle "çelişen" sınıflardır? Bu iki sınıfın "uzlaşma"sı mümkün müdür? Değil ise, bu çelişme –Marksizme göre– nasıl son bulacaktır?

9. Marksizm, "komünist toplum"a ulaşabilmek için ne gibi aşamaları öngörmektedir? Ve niçin?

10. "Yabancılaşma" nedir? Hangi toplumlarda ortaya çıkar? "Marksist hümanizm" ile "klasik hümanizm" arasında ne gibi farklar vardır?

11. Marx'ın eleştirisi, kimlerce, nasıl yapılmıştır? (Okuma parçasını okuyunuz). Bu eleştiriler karşısında siz ne düşünüyorsunuz?

KUTSAL RUSYA'DAN SOVYET RUSYA'YA

Tarihsel başlangıçlar

Ortaçağın başlarında, **Slavlar,** bütün Doğu Avrupa'yı işgal etmiş bulunuyorlardı. Slavların bir kolu olan Vareg'ler, İskandinavya'dan gelir, bugünkü Rusya'da Kiev'e yerleşirler. O günkü kervanların belli başlı merkezlerinden biri olan Kiev'e yerleşen bu Vareg'ler, bir oluşumun ilk çekirdeğidir. Efsanevi bir kişi olan Rurik'ten sonra Oleg, Kiev Prensi unvanını alır (881). Böylece tarihte ilk "Rus" devleti kurulmuş olur.

Önce Bizans'la, sonra daha başka topluluklarla ilişkiler başlar. Çeşitli dış etkiler ve katkılar, Kiev Prensliği'nin gelişimini biçimlendirir.

Çeşitli etkiler

a) Bizans ve Hıristiyanlığın etkisi

İlk etki ve katkı **Bizans'**tan gelir. Onunla **Hıristiyanlık** girer Rusya'ya. Ortodoks Hıristiyanlıktır bu.

Bu Hıristiyanlaşma, başlangıçta olumlu sonuçlar doğurur:

– O zamanki bütün Ortaçağ Avrupası'nda olduğu gibi, Rusya'da da, Hıristiyanlık manevi planda, birleştirici bir rol oynar;

– Kilise'nin hukuksal otoritesi aracılığıyla Bizans hukuku gelir, örf ve âdet hukukunun yerine geçer;

– Yine Kilise aracılığıyla, Yunan alfabesi ve arkasından Hıristiyanlığın dinsel edebiyatı gelir;

– Çok geçmeden, Bizans etkisi, mimarlıkta, resimde ve dinsel süslemede büyük gelişmelere yol açacaktır.

Bütün bu katkılar öylesine etkilidir ki, Bizans devleti 1453'te tarihe karışınca, Rusya kendisini Bizans'ın tek mirasçısı olarak görmeye ve göstermeye başlar. **Metropolit Zosim,** 1492'de bu inancı şöyle dile getirir: **"Her iki Roma da yıkıldı. Üçüncü Roma Moskova olacaktır ve bir dördüncüsü görülmeyecektir."**

Ortodoks Kilisesi'nin başlardaki olumlu etkilerine daha sonra olumsuz etkiler de katılacaktır:

– Devlet otoritesi gitgide bir istibdat halini alınca, Kilise de ona tabi ve giderek onun yardımcısı olur;

– Kilise, Rusya'yı Batı'daki gelişmelerden uzak tutacaktır: Rönesans ve Reform, Rusya'yı çok sonraları –ve o da bir ölçüde– etkileyecektir;

– Kilise'nin anlayışsızlığı, bilimin gelişmesini de engeller;

– Son olarak, Rusya'da gerçekten ulusal bir sanatın gelişmesini köstekleyenlerin başında Kilise'yi görüyoruz.

b) Asyalı etkiler

Ortaçağ Rusyası üzerinde, çeşitli Asyalı toplumların da etkileri olmuştur. Bunlardan **Moğollar** ile **Çinlilerin** etkileri özellikle önemlidir.

– Moğol istilası, çeşitli Rus devletlerinin varlığına son vermiş, onları yalnızca vergiye bağlamıştı. O dönemden en kazançlı çıkan Moskova prensleri oldu. Ve sonuçta, siyasal ağırlığın merkezi Rusya'nın güneyinden merkezî Rusya'ya geçer.

– 1852'den başlayarak, Rusya'nın Sibirya'ya doğru yayılışı başlar. Sibirya'nın fethi, Çin'le ilişkileri kolaylaştırır. Orta Asya ile Kafkasya'yı da içine alan Rus yayılışı, bütün bir 19. yüzyıl boyunca sürecektir. Artık Asya, Rus coğrafyacılarının, jeologlarının, etnograf ve arkeologlarının inceleme konusudur. Kafkasya, nice Rus yazarının eserine konu olurken, Orta Asya stepleri büyük besteci Borodin'e esin kaynağı olacaktır.

Rusların Asya'ya yayılışlarının daha önemli sonuçları da vardır:

- Önce, şu anlaşılmıştır: Doğu Avrupa'yı Asya'dan ayıran ciddi hiçbir coğrafi engel yoktur; Urallar, bir sınır olamaz.

- İkinci olarak, Asya'da o denli çeşitli topluluklarla karşılaşan Ruslar, ırkçı önyargılardan herkesten önce sıyrılmışlardır; Rusya'da 1917'den sonra kurulan "çok uluslu devlet"in koşulları aslında çok önceden gerçekleşmeye başlamıştı.

c) Batı'nın etkisi

Rusya'nın Batı ile ilişkileri, Büyük Petro'dan çok önce başlamıştır gerçi. Ama Batı uygarlığının etkilerini hızlandıran ve bunu –yer yer zora başvurarak– gerçekleştiren Büyük Petro olmuştur.

Büyük Petro'nun başlattığı hareket, 20. yüzyıl başlarına değin sürer. Bütün bu gelişim içinde birbirine zıt iki akım biçimlenir: Batıcılar, Batı uygarlığının her şeyiyle benimsenmesinin şart olduğunu savunurken; **Slavcılar,** yeni Rusya'nın kaynaklarının kendi geçmişinde aranması gerektiğini ileri sürerler. Uygulamada ortaya çıkan karmaşık bir tablodur.

Önce kılık ve kıyafette değişiklik başlar. Büyük Petro, kendi deyimiyle, "hayvan sürüsünün insanlar gibi giyinmesini", yani Avrupalı gibi giyinmeyi ister ve giyinişteki değişikliğin, giderek görüşlerde de değişiklik yapacağını düşünür. Saray ve konaklara, zamanın Fransız ve Alman örf ve âdetleri girer. 18. yüzyılda, soylular ve burjuvazi, temel olarak Fransız toplumunu örnek almıştır. Batı Avrupa'yla bu ilişkiler, 19. yüzyılda daha da sıklaşacaktır. Bu arada kadın da kapalılıktan kurtulmuştur. Ama bütün bunlar, aslında egemen sınıf ve zümrelerin çerçevesini aşmaz; kentlerin emekçi halkı ile köylüler, bu değişikliğin ve yaşayışın dışındadırlar.

Yaşayıştaki bu değişikliğin yanı sıra, **Batı sanat ve edebiyatı da** Rusya'ya girer. Özellikle Aydınlanma yüzyılının (18. yüzyıl) Fransız sanat ve edebiyatı gözdedir. Bu etkilerin açtığı yolda, 19. yüzyılın –özellikle romanda– büyük Rus edebiyatı doğacaktır. Heykel ve resimde o denli değil, ama müzikte –özellikle **Glinka'**dan başlayarak– ulusal temaları işleyen bir senfoni, bir opera, bir bale doğacaktır.

Batı'nın etkisi, **siyasal planda** daha sınırlı oldu. Zaman zaman "İngiliz parlamentarizmi" ile "Fransız Anayasacılığı"na özenilir; ama bundan, gelecek vaat eden sonuçlar doğmaz. Bu, 1905'lere değin sürecektir. 1905'te, II. Nikola, bir anayasa yayımlayıp da parlamentoyu (Duma) topladığında, aslında Batı'nın etkisi bitmiş, Rusya'da oluşmakta olan devrimin etkisi başlamıştı.

Batı, en belirleyici rolünü, **iktisadi planda** oynar. Büyük Petro'dan II. Aleksandr'a değin, ampirik yollarla, Batı öykünmesi birtakım fabrikalar kurulur. Ama ekonomideki bu canlanışın temelinde –Batı kapitalizminin gücünü oluşturan– önemli bir şey eksiktir: Ulaştırma araçlarındaki eksikliğin yanı sıra, sermaye birikimi tamamlanmamış ve örgütlenmemiştir. Ne var ki, 1914'lerin eşiğinde, Rusya –çoğu, Batı'dan aldığı ödünçlerle de olsa– ciddi sayılabilecek bir sanayi potansiyeline sahip bulunuyordu.

Bu, borçlanarak sanayileşmenin birtakım sonuçları olur:

– **Diplomatik planda,** Çar yönetimi, Batı'daki alacaklılarına bağımlı duruma düşmüş, giderek onların **denetimine girmişti;**

– Ama **sosyal planda,** önce sayıca, sonra etki bakımından ağırlığını gösteren bir işçi sınıfı (proletarya) doğar. 1905 Devrimi, hele hele 1917 Devrimi, büyük ölçüde, bu sınıfın varlığıyla açıklanabilir.

Düşünceler planında, Batı'nın etkisi, daha da ağır bastı ve Çar yönetimine karşı muhalefetin doğuşunda büyük katkısı oldu.

– Başlangıçta, siyasal sorunların yine siyasal önlemlerle çözülebileceği düşünülür; soylular sınıfının liberal kanadının bu konuda ağır bastığını görüyoruz. Bu ilk liberal canlanışı, Çar yönetimi, hapis ve Sibirya sürgünleri ile yanıtlar.

– Liberal canlanış, (1815 Aralık'ında) **Dekambrist'**lerin başkaldırısı ile daha belirgin olarak tekrarlanır; hareket, "anayasalı bir rejim" –ve belki cumhuriyet– istemektedir. Ne var ki, halkın çoğunluğunun katılmadığı başkaldırı şiddetle bastırılır.

Sosyal sorunlar sivrilik ve keskinlik kazandıkça, reform yandaşları, çözüm yolları için gözlerini daha çok Batı'ya çevirirler: **Alman felsefesi** ile ilgilenilir (özellikle Hegel ve Feuerbach); Batı'daki **bilimsel araştırmalar** dikkatleri toplar (özellikle Alman Buchner ve İngiliz Darwin); sosyal eleştiri ve **ütopyacı sosyalizm** –çok geçmeden– Fransa'dan çıkagelir. **Petraşevski**'nin kurduğu –Dostoyevski'nin de katıldığı– dernek, ünlü Fransız sosyalistlerinden Saint-Simon, Fourier ve Proudhon'un eserleri üzerine çalışıyordu. Dernek, 1849'da kapatılır.

Bazı aydınlar da Batı'ya gitmeyi yeğlerler.

Herzen ile **Bakunin** bunların ilk akla gelenleri. (Bakunin, 1. Enternasyonal'de etkin bir rol oynayacaktır.) Popülizm hareketi başarısızlığa uğrayınca Profesör Lavrov da Paris'e gelir. Zürih'te ve Cenevre'de yığınla sosyalist toplanır. Batı'daki Rus aydınları arasında kadınlar da vardır. (En tanınmışlarından biri olan **Elizabet Dimitrief** ünlü Paris Komün İhtilali'ne katılacaktır).

İşte bu dönemdedir ki, görüş ve yöntemleri uzun zamandır açıklık kazanmamış olan bütün bu düşünce hareketleri, yepyeni bir akımın Rusya'ya girmeye başlamasıyla yenileşmeye ve açıklık kazanmaya başlar.

"Marksizm"dir bu akım.

Marksizm ve 1917 Ekim Devrimi

a) Marksizmin Rusya'ya girişi ve Leninizmin doğuşu

Marksizm, Rusya'daki devrimci çevrelere, 1864 yılından başlayarak –ağır ağır– girer. Ama Marksizm asıl etkisini, Rusya'daki gelişmelerin sağladığı bir ortamda, Lenin'in öğreti ve eylemiyle gösterecektir.

Marksist düşünce, Rusya'da başta Çar yönetiminin sansürüyle karşılaşır. Bundan başka, o sıralarda hâlâ güçlü olan "Popülizm" de Marksizmin etkisini sınırlar.

Popülizm, "sınıf mücadelesi" düşüncesini kabul etmekle beraber, kapitalizmin, Rusya'da "geçici bir olay" olduğunu ileri sürmekte ve –buradan hareket ederek– "işçi sınıfının devrimci rolü"nü yadsınakta, örgütlü küçük grupların eylemine bağlı kalarak, halk kitlelerinin de bunu izleyeceğine inanmaktadır. Ancak **"şiddet hareketleri"** (terörizm) başarısızlığa uğrayıp da Çar yönetimini daha da sertliğe yöneltmekten başka bir şeye yaramadığı anlaşılınca popülizm saygınlığını yitirir.

Cenevre'de **Plekhanof** ile Rus aydınları –"Emeğin Kurtuluşu" adını taşıyan– ilk Marksist kuruluşun temellerini atarlar. Plekhanof, ayrıca, gerek kişiliği gerek eserleri ile, Marksist düşüncenin yayılmasına ve Marksist bir partinin kurulmasına elverişli bir ortamın hazırlanmasına büyük katkıda bulunur. Bunun yanı sıra, işçi hareketi de gelişmekte ve çeşitli bölgelerde örgütlenmektedir. Ne var ki, bu çeşitli hareketler arasında bir birlik yoktur.

Lenin, işte bu sırada ortaya çıkar.

1902'den başlayarak Lenin adını taşıyacak olan Vladimir İliç Ulyanov, hem bir **kuramcı,** hem de bir **militandır.** "Düşünceyle eylemin bir bütün oluşturduğunu" iyi bilmektedir.

Başlangıçta, üç yönde çaba gösterecektir:

– **Popülizmi red.** Lenin'e göre, Rusya'daki kurulu düzene karşı popülizmin verdiği mücadele büyüktür, kahramancadır. Ama yapılan özveriler olumlu bir sonuca varmamıştır, varamazdı da. "Bugüne değin tutulan yoldan başka bir yol tutacağız" der.

– **Marksist hareketlerin birleştirilmesi,** daha doğrusu emekçilerle aydınlar arasında bağı kurmak.

– **Marksizmi derinleştirmek.** Marx, Rusların yerinde olsaydı ne yapardı? Marx gibi düşünmek, ama gerçekliği hiçbir zaman gözden uzak tutmamak.

Bunun bir sonucu olarak, Lenin, önce Rusya çapında sorunu ele alır; *Rusya'da Kapitalizmin Gelişmesi* adlı eserinde (1898) böyle yapar. Bir süre sonra sorunlara, daha geniş bir tarihsel perspektiften bakmaya başlar ve özellikle **emperyalizm** olayı üzerinde durur. Marx öldüğü zaman (1883) emperyalizm yeni yeni yeşeriyordu; Ama Lenin'in tarihin sahnesinde görünmeye başladığı yıllarda, emperyalizm artık bütün nitelikleri ile ortadadır. Emperyalizmi, gelişimi içinde incelemek, niteliklerini belirtmek, tehlikelerini haber vermek gerekiyordu. *Kapitalizmin Son Aşaması Olarak Emperyalizm* adlı eserinde bunu yapar Lenin. 1905 Devrimi'ne yaklaşıldığında, ortada henüz Leninizm yoktur, ama onu haber veren birtakım yaklaşımlar da görülmektedir.

1905 Devrimi'nin öncesinde şu hedeflere varılmış bulunuyordu:

1898'de **Rus Sosyal Demokrat İşçi Partisi** kurulmuştur. Partinin programı Marksizmden esinlenmektedir, ne var ki, bütün Marksist kuruluşlar henüz bu partiye katılmış değildir.

– 1900 yılında **İskra** (Kıvılcım) çıkarılmaya başlanır. Zürih'te yayımlanır, fakat bütün Rusya'ya dağıtılır. Parti, kendisi için gerekli araştırma ve propaganda organına kavuşmuştur.

– 1903'te, Londra Kongresi'nde, Lenin, kendi parti anlayışını açıklar: Bu, doktrini açık, devrimci ve merkezci bir örgüte sahip, sert disiplinli bir partidir. Bu parti anlayışı Kongre'deki "çoğunluk"ça kabul edilir (Rusça'da çoğunluğa "bolşevik" denildiği için, bu anlayışta olanlara daha sonra "bolşevikler" denilecektir; Lenin'e karşı olanlara ise azınlık anlamında "menşevikler" denilmiştir).

Böylece daha 1905 Devrimi öncesinde ciddi temeller atılmıştır. 1905 Devrimi'yle de bu ilkeler ve örgütleniş, somut bir olayın deneyinden geçmek fırsatını bulur.

1905 Devrimi, Marksizmden esinlenmediği gibi, Marksistlerce de yönetilmiş değildir. Bu devrimi aslında "meşrutiyetçi ve demokrat" burjuvalar yönetir ve çoğu –geçici nitelikte– reformlarla kolayca yetinebilecek durumdadırlar. Bununla beraber, Marksistler, 1905 Devrimi'ne etkin olarak katılırlar. İhtilali, **burjuva demokratik devrimi** aşamasında omuzlarlar ve hareketin giderek **sosyalist devrime** dönüşmesi için çaba harcarlar.

Ama sonuç olumsuzdur.

İhtilal, Çar yönetimince bastırılır ve devrimci güçlerin çekilişi başlar.

1905 Devrimi'nin, **"Komün'den sonra proletaryanın en büyük hareketi"** olduğunu söyleyen Lenin, bu denemeden birtakım önemli dersler de çıkarmaktan geri kalmaz.

Nedir o dersler?

– Devrimci mücadele süresince, birçok kentlerde işçi delegelerden oluşan birtakım konseylerle (Sovyet), "çok küçük yerel cumhuriyetler" kurulmuş ve "yeni bir siyasal iktidar" örneği göstermişlerdir.

Bu yeni iktidar biçiminden ileriki devrim hareketinde faydalanılmak gerekir.

- Birçok noktalarda, askerler ve denizciler isyan etmişlerdir (Lenin, özellikle "Potemkin" isyanından çok duygulanmıştır). Böylece, ileriki bir devrim hareketinde bu "üniformalı mujikler"in de katılışı sağlanmalıdır.

- Birçok yerlerde, özellikle Kafkasya'da, "ulusal azınlıklar" başkaldırmıştır. Ama ortak düşmana –yani Çarlığa– karşı savaşacakları yerde, birbirlerine düşmüşlerdir. Onların hareketine de bir düzen getirmek gerekir.

- Köylüler, onlar da başkaldırmışlardır; ama bu kanlı bir ayaklanmadan öteye geçememiş ve özellikle kentlerdeki hareketlerle bir işbirliğine girmemiş ya da girememiştir. Ancak köylüler, bir devrim için gereklidirler ve ileriki bir harekete kazanılmalıdırlar.

1905 Devrimi'nin başarısızlığından Lenin'in çıkardığı dersler ve ileriki bir devrim hareketi için Marksistlere önerdiği görevler işte bunlar.

1912'de, Prag Kongresi'nde, Parti, "Bolşevik" adını alır ve yeniden eyleme koyulur.

1917 Devrimi, işte bütün bu Marksist düşünce ve eylemlerin bir sonucu olacak ve işçi sınıfı ile beraber Marksizmi de iktidara getirecektir.

b) Ekim Devrimi'nin anlamı

Marx ve Engels'in 1848 yılında yayımladıkları ünlü *Komünist Partisi Manifestosu* şöyle başlar: "Avrupa'nın üzerinde bir hayalet dolaşıyor: Komünizm hayaleti". Lenin'in liderliğindeki bolşevikler, 1917 Ekim'inde iktidarı –bir ihtilal sonucunda– ele alınca, Marx ve Engels'in bahsettiği "hayalet", 69 yıl sonra "gerçek" haline gelir.

Ekim Devrimi'nin insanlık tarihindeki anlamı nedir?

Ekim Devrimi, sosyalist devrimin Rusya'daki gerçekleşme biçimidir.

- Ekim Devrimi'yle, Rusya'daki burjuva ve toprak sahiplerinin iktidarı devrilmiş, Bolşevik Parti yönetiminde, işçi-köylü bağlaşıklığına dayanan ve Sovyet devlet biçimine dönüşen proletarya diktatoryası kurularak, "iktidar sorunu" çözülmüştür.

> Lenin'e göre, iktidara el koymak, devrimin ta kendisiydi. Gerçekten, sosyalist devrimle, sosyalist iktisat ve toplum düzeninin kuruluş sürecini, yani sosyalizmin siyasal öğesiyle, iktisadi ve sosyal öğelerini birbirine karıştırmamak gerekir.
>
> Sosyalizm, bir durum değil, bir harekettir. Sosyalist devrim, işte bu hareketin siyasal öğesini oluşturur. Sosyalist devrim, işçi sınıfının –başta geniş köylü yığınları olmak üzere– bağlaşıklarıyla birlikte, sosyalist iktisat ve toplum düzenini kurma amacıyla, devletin sınıf yapısını değiştirerek, iktidara el koyması demektir. Öyleyse, sosyalist devrim, bir sıçrama anıdır ve sosyalist hareketin, sosyalist iktisat ve toplum düzeninin kurulmasını amaçlayan devrimci mücadele sürecinin zorunlu bir uğrağıdır.

– Ekim Devrimi, yalnız burjuva ve toprak sahiplerinin iktidarını yıkmakla kalmamış, aynı zamanda, "iktisadi bakımdan geri" bir ülkede sosyalist devrimi gerçekleştirerek –emperyalist çağın koşulları içinde sosyalist bir hareket için ayak bağı haline gelmiş bulunan– dogmatik bir sosyalist devrim anlayışını da yıkmıştır.

İlk sosyalist devrimin "iktisadi bakımdan geri" bir ülke olan Rusya'da gerçekleşmesi ortaya bir tartışma konusu çıkarmıştır. Çünkü bir zamanlar, sosyalistler arasında da yaygın bulunan dogmatik anlayışa göre, kapitalizmin temel çelişmesinin çözümü, önce bu çelişmenin en keskin hale geldiği "ileri sanayi ülkeleri" için söz konusu olabilirdi.

Genel olarak Marx'ta bir "kâhin" görmekten hoşlanan çoğu burjuva yazarlar, Ekim Devrimi'ni, Marx'ın "kehaneti"ni yalanlayan bir olay olarak değerlendirirler. Onlara göre, Marx'ın çözümlemeleri doğru olsaydı, ilk sosyalist devrim Rusya gibi "geri" bir ülkede değil –örneğin İngiltere ya da Almanya gibi– "ileri" bir ülkede gerçekleşirdi. Böylece, burjuva ideolojisi, Marksizmi "çürüten" belli başlı "kanıtlar" arasında Ekim Devrimi'ne de seçkin bir yer verir.

Oysa Marx, sosyalist devrimin önce hangi ülkede gerçekleşeceği konusunda herhangi bir kehanette bulunmamıştır. Başta şu nedenle ki, Marx, bir kâhin değil, sosyal gelişmenin genel kanunlarını arayan –ve bu arada bulan– bir bilim adamıydı. Marx, yalnızca yaşamının sonlarına doğru, olayların akışına dayanarak, o zamanlar Fransa'dan Almanya'ya kaymış bulunan devrimci hareketin ağırlık merkezinin, daha da "Doğu"ya kayma eğilimini sezmiş, sosyalist devrimin Batı'da değil, Doğu'da başlaması olasılığı üzerinde durmuştur.

Kehanete benzer bir şey varsa Marx'ta, o da budur.

Özellikle II. Enternasyonal çevrelerinde yaygın ve egemen bulunan anlayışa göre, sosyalist devrimin başarı kazanması için, üretim güçlerinin sosyalist iktisat düzeninin hemen kurulmasını sağlayacak ölçüde gelişmiş; işçi sınıfının da, genel nüfus içinde çoğunluk sağlayabilecek denli genişlemiş ve yüksek bir kültür düzeyine ulaşmış olması gerekiyordu. Başka bir deyişle, sosyalizmin siyasal öğesiyle iktisadi öğesi arasında bir uygunluk bulunması gerekiyordu. Oysa, Rusya, Ekim Devrimi'nden sonra, sosyalizmin siyasal öğesini gerçekleştirdiği, sosyalist devrimi başarıya ulaştırdığı, yani işçi sınıfı –bağlaşıklarıyla birlikte– siyasal iktidara el koyduğu için **"siyasal bakımdan ileri"**; fakat, üretim güçleri henüz sosyalist iktisat düzenini kuracak kadar gelişmiş bulunmadığı için, **"iktisadi bakımdan geri"** bir ülke durumundaydı. Lenin'in sosyalist devrim anlayışı, sosyalizmin siyasal öğesiyle iktisadi öğesi arasındaki uygunluk zorunluluğunu reddeder, **siyasal öğeye** öncelik verir.

Böylece Ekim Devrimi, Lenin'in sosyalist devrim anlayışının bir gerçekleşmesidir.

Marx'ın düşüncesini emperyalist çağın koşulları içinde geliştiren Lenin'e göre, sosyalist devrim bakımından asıl önemli olan şey, şu ya da bu ülkenin iktisadi gelişme durumu değil, emperyalist sistemin bütünüydü. Emperyalizm, kapitalizmin en yüksek gelişme aşamasıydı; böyle olduğu için de, sosyalist devrim, emperyalist sistemin bütünü bakımından olası bir hale gelmiş bulunuyordu: 1914'te başlayan emperyalist savaş, bütün insanlığı ya milyonlarca insanın ölmesi ya da uygar ülkelerde siyasal iktidarın en devrimci sınıfa devredilmesi, yani sosyalist devrim arasında bir seçme zorunluluğu karşısında bırakıyordu.

Peki, emperyalist savaş koşulları içinde, bütün "uygar" ülkeler için olanaklı hale gelen sosyalist devrim, niçin yalnız Rusya'da gerçekleşebildi?

Bunun yanıtı, Rusya'nın o zamanki özel koşullarında gizlidir.

O zaman varlığı olası bütün tarihsel çelişmelerin birikip şiddetlendiği bir ülke olan Rusya, bundan dolayı **"emperyalist devletler zincirinin en çürük halkası"**nı oluşturuyordu. Rusya, emperyalist dünyanın hem bir yüzyıl gerisinde, hem de önündeydi. **Burjuva demokratik devrimini** tamamlamamış, **sosyalist devrimin** kapısına dayanmıştı.

İki devrime birden gebeydi.

Birinin tamamlanmamış oluşu, ötekini daha zorunlu kılıyordu.

DAHA ÇOK BİLGİ

Henri Lefebvre, *V. İ. Lenin, Hayatı ve Eserleri* (çev. R. N. İleri) Ankara, 1968.

Kenan Somer, *Ekim İhtilali,* İstanbul, 1970.

OKUMA

19. YÜZYIL RUS EDEBİYATI

...1812'de Napoléon'un seferinden sonra, bütün edebiyat türlerinde **devler** yetiştirmiştir Rusya.

Rus edebiyatının büyüklüğünün en büyük sebebi, **Rus dili**dir. Zengin bir kelime hazinesi ve değişik, çeşitli üsluplara yatkın bir yapısı vardır Rusçanın...

Rus halkını tanımanın en sağlam yolu, Rus edebiyatını bilmektir. Tartışmayı seven, kadere inanan, acı çektikçe şüpheci olan bir insandır Rus insanı. Arkadaşlarını, tabiatı, hayvanları sever.

Öteki Avrupa ülkeleri gibi, Rusya da önce **Fransa, İngiltere** ve **İtalya'**da yazılan eserlerden etkilenmiştir. Kendi kaynaklarını bir yana itmiş, halk türkülerini, masallarını umursamaz olmuştur.

Aleksandr **Puşkin'**le (1799-1837) birlikte, yabancı klasisizm ve romantizmin yerini, **yerli bir gerçekçilik** aldı. Gerçi Puşkin, Shakespeare'den, Scott'dan, Byron'dan, Schiller'den etkilenmişti, ama bir taklitçi değildi. Kullandığı yalın, basit dil ve ele aldığı konular birçok yazarı peşinden sürükledi. Şiirlerinden başka oyunları da (bu arada 1825'te yazdığı *Boris Godunov*) –yabancı ülkelerde bile– ilgi uyandırdı.

Puşkin'in hayatının başarısı da başarısızlığı da, 1833'te evlendiği güzel bir kadın yüzündendir. Ne sevgi, ne de eserlerine ilgi bulabilmiştir ondan... Onun yüzünden bir düelloda öldürülmüştür. Kadının tek faydası Puşkin'in edebiyata ölümsüz kadın tipleri katmasına sebep olmaktır. *Yevgeni Onegin* adlı uzun şiir geliyor insanın aklına.

Aleksandr Griboyedov (1795-1829), Moskova toplumuna dair yazdığı canlı komedilerle tanınır. Kişilerinin gerçekliği bakımından Molière'i, oyun yapısı bakımından da Beaumarchais'yi andırır biraz.

Mihail Tureviç **Lermontov** (1814-1841), Puşkin'in ölümüne dair yazdığı şiirle ülkeyi sarstığı zaman yalnız yirmi üç yaşındaydı. Çar'a seslenen bu şiir yüzünden Kafkasya'ya sürülmüştü şair. En iyi eserleri de o sürgünde yazılmıştır. 1840'ta yazdığı *Zamanımızın Bir Kahramanı* adlı romanı önemlidir.

Yazdığı bir oyun yüzünden memuriyetinden atılan Aleksandr Nikolayeviç **Ostrovski** (1823-1886), gerçekçi Rus tiyatrosunu yaratan sanatçıdır. Orta sınıf halkın yaşayışını, dertlerini yansıtan bu yazar çeşitli konulara el atmıştır. *Yoksulluk Ayıp Değil* ile *Fırtına* adlı oyunları en iyi eserleridir.

19. yüzyılda, Rus romanı deyince beş yazar geliyor insanın aklına. Bu beş yazarın ilki olan Nikolay Gogol (1809-1852), Ukrayna köylülerini anlatan bir destancıdır sanki. Gerçekçiliğine kattığı mizah apayrı bir özellik vermiştir ona.

Dört çeşit edebiyat türünde kalem oynatmıştır Gogol... Tiyatro alanında, değerli komedisi *Müfettiş*, ünlü oyun yazarları arasına sokmuştur onu. Kişiler ve durumlara uyguladığı eşsiz mizah, günümüzde bile –bütün rengiyle, canlılığıyla– durmaktadır... *Taras Bulba* gibi bir destan verebilmiş, gerçekçi romanın en güzel örneklerinden birini ustalıkla yaratabilmiştir: *Ölü Canlar.*

Bir Rus Hamleti'ni anlatan *Oblomov,* gerçekçi bir incelemedir sanki. Öteki dört yazarın yanında **Gonçarov**'un (1812-1891) adı pek anılmaz.

Zengin bir ailenin çocuğu olan İvan **Turgenyev,** (1818-1883), her çeşit Rus insanını yazmış, ama en çok köylüleri anlatırken başarı göstermiştir.

Anlatımı ve şiir gücü çok etkili bir sanatçıydı. Tabiatı anlatırken kullandığı kelimeler, benzetmeler birinci sınıf bir yazar kılmıştır onu. Aşk kavramını büyük bir anlayışla ele almış, gereken önemi vermiş ona...

En güzel romanları şunlardır: *Rudin, Akşamüstü, Babalar ve Oğullar, Duman* ve *Bakir Toprak.*

Freud, **Dostoyevski** (1821-1881) kadar hiçbir yazardan psikoloji öğrenmediğini söylemiştir. Hearn de, onun insan kalbinin derinliklerine ne kadar kolayca inebildiğini belirtmiştir. İyi ile kötüye onun kadar ustaca eğilen, kişilerin iç çatışmalarını onun kadar verebilen bir başka yazar daha yoktur belki.

Moskova'da doğup büyümüş olan Dostoyevski'nin ilk eseri *İnsancıklar*'dır. Bu eserden dört yıl sonra, sosyalist bir topluluğun üyesi olduğu için ölüme mahkûm edilmiş, ama son dakikada karar değiştirilerek Sibirya'ya sürülmüştür. *Ölü Bir Evden Hatıralar* o günleri anlatır. 1859'da bağışlandı, acı çekmeyi öğrenmiş olan bir yazardı artık. Dine, Hıristiyanlığa eğilmiş, kötülükleri değil, günah denen şeyi incelemeye başlamıştı. Onun dev romanları hakkında bilgi vermek bile sayfalarca sürer; onun için, başlıca eserlerinin adlarını vermekle yetinelim: *Ezilenler, Ecinniler, Suç ve Ceza, Budala, Karamazof Kardeşler...*

Lev **Tolstoy** (1828-1910), zengin bir ailenin çocuğuydu. St. Petersburg'a gidip hukuk öğrenimi yapmak istedi, ama eğlenmeye, kumara, aşka daldı. Askerlikten sonra köylülerin kalkınması için çalışmaya başladı; eğitim yöntemleri buldu, okuma ve aritmetik kitapları yazdı. 1862'de *Savaş ve Barış*'ı yayımlamaya başladı; bu eseri *Anna Karenina* takip etti. 1879'da içinde bulunduğu zengin, soylu sınıftan ayrılarak köylülerin arasına karıştı. 1879-92'de *İtirafım,* 1884'te *Dinim ve Sanat Nedir?,* 1886'da da *Karanlığın Gücü* adlı eserlerini yayımladı; *Diriliş* ise 1899'da yayımlanmıştır.

1881'den sonra Rusya'yı saran umutsuzluk duygusunu, yeni bir toplum olma çabasını en iyi veren oyun yazarı şüphesiz Anton **Çehov**'dur (1860-1904)... Ellerinden bir şey gelmeyen insanların umutsuzluğunu ustalıkla yansıtmıştır. Bu umutsuzluğu mizahla verebilme gücü ölümsüz yapmıştır onu...

Çehov kırk dört yaşındayken öldüğü zaman, dört eşsiz oyun bırakmıştı arkasında: *Martı, Vanya Dayı, Üç Kız Kardeş, Vişne Bahçesi...*

(Richard Alcock, *Kısa Dünya Edebiyatı,*
çev. Ülkü Tamer, İstanbul, 1961, s. 175-178, 190-193)

SORULAR

1. İlk Rus devleti nasıl kurulur?

2. Rusya, tarihsel gelişiminde, hangi etkilere uğramıştır? Bu etkiler içinde özellikle hangisi daha ağır basmıştır?

3. Marksizm, Rusya'ya ne zaman ve nasıl girer?

4. Leninizm nedir, nasıl doğar ve Marksizme katkısı hangi noktadadır?

5. Rusya'da Ekim Devrimi'nin tarihsel anlamı nedir? Sosyalist devrimin ilk kez Rusya'da gerçekleşmesinin nedenleri nelerdir?

6. 19. yüzyılda Rus edebiyatının genel nitelikleri nelerdir? Bu edebiyatın, şiir, roman ve hikâyede başlıca temsilcileri kimlerdir? Her birinin sanatındaki nitelikleri ve başlıca eserlerini belirtiniz (Okuma parçasını okuyunuz.)

ORTA VE DOĞU AVRUPA'DAKİ OLUŞUM

"Orta ve Doğu Avrupa" derken, II. Dünya Savaşı'ndan sonra kurulan "Halk demokrasileri"nin bulunduğu coğrafya parçasını kastediyoruz.

Bu topraklar, ortaçağın başlarından beri, iki ayrı merkezden gelen "Hıristiyanlaştırmanın" etkisinde kalmışlardır: Roma'dan Katoliklik, Bizans'tan Ortodoksluk gelmiştir. Daha 10. yüzyılda Avrupa'nın bu bölgesinin dinsel coğrafyası belli olmuştu: Rumenler, Bulgarlar, Sırplar Ortadoksluğu; Macarlar, Çekler, Polonyalılar ve Almanlar da Katolikliği kabul etmişlerdi. Daha sonraları, "Müslüman öğelerin" de geldiğini –ya da getirildiğini– görüyoruz: Özellikle Bosna ve Arnavutluk'ta... Katolik bölgelerde Vatikan'a karşı "ulusal" nitelikte başkaldırmalar olacaktır: 15. yüzyılda, **Jan Huss**'un hareketi gibi.

Protestanlık da, başka bir liberal hava getirecektir.

Bütün bu oluşumdan önemli sonuç doğacaktır. Din, Avrupa'nın bu bölgesinde uzun zaman ve çok kez dışarıya –özellikle Türklere– karşı ulusal direnişin etkeni olmuştur.

Asyalı etkiler iki biçimde ortaya çıkıyor:

– Önce **etnik bakımdan.** Orta ve Doğu Avrupa halklarının bir bölümü Asya'dan gelmişlerdir: Özellikle Macarlar ve Bulgarlar böyledir.

– Sonra, Avrupa'nın bu bölgesi, uzun zaman Müslüman istilasına uğramıştır. Türkler, bu bölgenin bir bölümünü fethetmişler ama yalnızca vergi almış, fakat halkı dininde ve örflerinde serbest bırakmışlardır. Doğal olarak, bu arada karşılıklı etkilenmeler olmuştur.

Batı'nın iktisadi ve siyasal etkileri, özellikle Orta Avrupa'da erkenden başlıyor. Kültürel etkiler çok daha yaygın oluyor. Özellikle Fransız kültürü Polonya, Macaristan ve Romanya'da pek etkili olmuş. Alman eğitimi, tıbba ve bilime de büyük etkilerde bulunuyor. Bazı bölgelerde, Akdeniz'den ve Doğu'dan gelen etkiler de var.

Batılı bir etki olarak Marksizmin etkisi, Almanya'da –pek doğal olarak– önemli ve yaygın; Marx ve Engels'in Almanca yazmış olmalarının yanı sıra –belki ondan fazla– Alman ekonomisinde 19. yüzyılın son çeyreğinden başlayarak görülen büyük gelişim ve bu gelişimin ortaya çıkardığı sosyal mücadelelerin büyük payı var bunda. Bütün bu gelişimlerin bir sonucu olarak, 19. yüzyılın sonlarında sosyalist partilere örnek olacak olan **Alman Sosyal Demokrat Partisi** kurulur ve seçimlerde hızlı gelişmeler kaydeder. Ama bir süre sonra partinin öğretisi kemikleşir. **Bernstein'in reformculuğu** da, devrimci eğilimlerin çoğunu zayıflatan bir rol oynar.

Marksizm, Avusturya ve Macaristan'ı daha ağırdan etkiler. İktisadi gelişmenin bu ülkelerde daha yavaş olmasının payı büyük bu ağırlıkta. Buna karşın, Avusturya'da 1888'de, Macaristan'da 1890'da sosyal demokrat parti kurulur. Ne var ki, "Austro-Marxisme" denen anlayış, Marksizmin ve devrimci güçlerin gelişmesini yer yer felce uğratır: Çünkü, monarşiye razı, ayrı milliyetten olan topluluklara –özellikle Çeklere– karşı kuşkucu, köylülere karşı da ilgisiz, kısa görüşlü ve reformcu bir anlayıştır bu. Ancak Rusya'da 1905 Devrimi'nin etkisiyledir ki, sol eğilimli bir sosyal demokrasi doğacak ve bir canlılık getirecektir.

Sırbistan'da ve Bulgaristan'da Marksizm, çok daha zayıf olarak temsil ediliyor. Sosyalist düşünce, daha çok bazı şair ve romancılara esin kaynağı oluyor oralarda.

Romanya'da sosyal demokrat parti, 1893'te kuruluyor, sonra kapatılıyor, 1910'da tekrar kuruluyor. Burada da kent emekçileriyle köyler arasında bağlar yoktur, en azından çok zayıftır; 1907'deki büyük köylü isyanının başarısızlığının nedeni biraz da bundan ileri geliyor.

Özetlemek gerekirse, bütün bu ülkelerde, ezilen insanlar çoğunluğu oluşturuyor. I. Dünya Savaşı –kayıpları ve acılarıyla– bu kitleleri isyana götürecektir.

Ve Rusya'daki 1917 Devrimi de örnek olacaktır onlara.

SORULAR

1. Orta ve Doğu Avrupa'da, Hıristiyanlaştırmanın etkisi ile Asyalı etkilerin sonucu ne olmuştur?
2. Bu ülkelerde Batı'nın etkisi neler getiriyor?
3. Marksizm, Orta ve Doğu Avrupa'yı nasıl etkiliyor ve sonuçları ne oluyor?

BÖLÜM II

SOVYETLER BİRLİĞİ

Klasik tipteki devrimler, yalnız "siyasal değişikliklerle" yetinirler; yani yalnızca iktidardaki kişileri değiştirirler. 1917 Ekim Devrimi, bu tip bir devrim değildir. O, daha "köklü" bir dönüşümü hedef almıştı. Yalnız iktidardaki kişileri değiştirmekle yetinmemiş, Rusya'da iktisadi ve sosyal temelleri de değiştirmiştir. Bu niteliğiyle, yeni bir uygarlık yaratmak istiyordu, yaratmıştır da.

Böylesine bir değişiklik, her şeyden önce, **"burjuva devleti"**nin bütün dayanaklarının ortadan kaldırılmasıyla olasıydı. Lenin, bunu, *Devlet ve Devrim* adlı eserinde açıklar. Geriye, bu kurumsal verilerin somut hale getirilmesi kalıyordu.

1917'de o yapılır.

SOVYETLER BİRLİĞİ'NİN KURULUŞU VE GELİŞİMİ

İlk önlemler

Nasıl kaldırılacaktı burjuva devletinin dayanakları ortadan?

Proletarya diktatörlüğü ile!

"Proletarya diktatörlüğü, ezenleri ezmek için, ezilenlerin öncülerinin örgütüdür. Proletarya diktatörlüğü, demokrasinin genişlemesidir: O demokrasi, artık yoksulların ve halkın demokrasisidir. Ama proletarya diktatörlüğü, aynı zamanda özgürlüklere de sınırlamalar getirir. Fakat kimlerin özgürlüğüne? Ezenlerin, sömürücülerin, kapitalistlerin... İnsanlığı ücretli kölelikten kurtarmak için, ezmemiz gerekiyor; direnişleri zorla kırmak gerekiyor."

Lenin, böyle tanımlıyordu proletarya diktatörlüğünü.

Ve böylesine bir ilke, her şeyden önce Rusya'nın o gün içinde bulunduğu koşulların doğurduğu bir zorunluluğu dile getiriyordu: Ülke savaş içindeydi ve birçok bölgeleri işgal edilmişti; karşı-devrimci öğeler ise, etkin durumdaydılar. Çarlık rejimini yeniden kurmak isteyenler, dışarıdan, emperyalist ülkelerden yardım görüyordu. Mali çöküntü, kıtlık, sanayideki yıkılış, karanlık bir iktisadi tablo sergiliyordu. Bu tabloyu karaborsa, fiyat artışları ve baltalamalar daha da karartıyordu. İlke yerindeydi. Ancak gerçekleştirmek gerekiyordu. Birtakım araçlar harekete geçirilir bu amaçla.

Proletarya diktatörlüğünü gerçekleştirmek için kullanılan araçlar şunlardır:

– Temelde, 24.000 üyesi olan **Komünist Parti;**

– **Köylülerin, işçilerin ve askerlerin konseyleri** (Sovyetler). Halk kitleleriyle ilişki kuranlar özellikle bunlardır.

– **Sovyetler Kongresi:** Hükümet örgütünü çeşitli görünüşleriyle belirleyen bu kongredir.

– Çok geçmeden iki tamamlayıcı örgüt daha kurulur: Karşıdevrimcilere, spekülasyona ve baltalamalara karşı mücadele için **Çeka** ile **Kızıl Ordu.**

Öte yandan bir seri kararnamelerle yeni rejimin temel ilkeleri konulur:

– *Barış Kararnamesi,* "insanlığa karşı işlenmiş en büyük suç" olarak tanımladığı savaşa son verilerek genel, adil ve demokratik bir barış için, derhal görüşmelere girişilmesini öneriyor.

– *Toprak Kararnamesi,* büyük toprak sahiplerinin bütün topraklarına –hiçbir tazminat ödenmeksizin– el koyar ve bütün toprakları köylülere verir.

– *Sanayi Kuruluşları Kararnamesi* ile bu kuruluşlarda denetim işçi ve ücretlilere geçer.

– *Milliyetler Kararnamesi* ile, çok uluslu federal bir devletin ilk esasları konulur.

Bunların yanı sıra, bankalar, demiryolları, iç ve dış ticaret ulusallaştırılır. Bir başka kararname kadınlara siyasal haklar tanırken, bir başkası Devlet ile Kilise'yi birbirinden ayırır.

Bütün bu önlemler, "yeni bir toplum düzeni"nin temellerini kurmak için girişilen çabalardır. Yeni Sovyet toplumu, 1917'yi izleyen yıllarda, işte bu temeller üzerinde gelişmesini sürdürecektir.

Aşamalar

1917 öncesinde, aslında bir tarım ülkesi olan Rusya'nın, devrimle hızlı bir biçimde sanayileşerek –kısa sürede– en önde gelen sanayi güçleri arasında yer alması, çeşitli ve güç aşamalardan geçmiştir:

– Devrimin hemen ardından **Savaş Komünizmi** olarak adlandırılan bir dönem başlar (1917-1921). Emperyalizmin sosyalist rejimi yıkmak için kışkırttığı bir iç savaş ve onun yarattığı cephe gereksinmeleri, yalnız büyük sanayinin ulusallaştırılmasıyla yetinmeyerek, orta sanayii, hatta bazen küçük sanayii de ulusallaştırmak zorunluluğunu ortaya çıkarır. Deyim yerindeyse, bir "aşırı ulusallaştırma" dönemidir bu.

– Bunu, **Yeni İktisat Siyaseti** (N.E.P.) dönemi izler (1922-1928). İçte ve dışta ortaya çıkan çeşitli güçlüklere karşın; sosyalist kesim yararına işleyen bir karma ekonominin uygulandığı bir dönemdir bu. 1928 yılından başlayarak ünlü **Beş Yıllık Planlar** dönemi başlayacaktır.

– Nazi Almanyası'nın yenilgisiyle sonuçlanan çetin savaşı ise, Sovyetler Birliği ile Batılı bağlaşıkları arasındaki temel anlaşmazlıkların somut sorunlar halinde ortaya çıkması ve bunun sonucu olarak beliren **Soğuk Savaş** dönemi izler.

– Stalin'in 1953'te ölümü, nihayet 1956'da toplanan 20. Kongre ile yeni bir dönem başlar.

"Buzların çözülüşü" diye de adlandırılır o dönem. İçerde Stalin putu yıkılır; dışta "barış içinde birlikte yaşama" ilkesi uygulanmaya başlanır.

Sovyetler Birliği'nde yeni bir dönem başlar.

Gerçekten, 20. Kongre, gerek içerde, gerek dışarıda yol açtığı gelişmeler bakımından, çağımızı etkileyen en önemli toplantılardan biriydi. Sovyetler Birliği'nin yanı sıra, Doğu Avrupa'da da derin çalkantılara yol açıyordu.

Kruşçev, 20. Kongre'de Lenin'in görüşlerine de önemli değişiklikler getiriyor ve dış dünyada geniş çalkantılara yol açacak "üç tez" ileri sürüyordu:

– Sosyalist dünya, büyük askerî güce ve kapitalist dünya ile –aşağı yukarı– nükleer eşitliğe ulaştığından, kapitalist blokla sosyalist blok arasında savaş, artık Lenin'in öne sürdüğü gibi kaçınılmaz değildi.

"Barışçı rekabet" gündeme geliyordu böylece.

– Devrim şiddete başvurmadan, "parlamenter yollar"dan da gerçekleştirilebilirdi.

– Ve nihayet, her ülke sosyalizme *"kendine özgü"*, değişik yollardan geçebilirdi.

Kruşçev, bu tezleri, değişen dünya koşullarının baskısı altında, pragmatik bir anlayışla öne sürmüştür.

Ne var ki, Kruşçev, bu görüşleri ile, sosyalist dünyayı ikiye bölecek olan, **"Çin-Sovyet anlaşmazlığı"**nın da tohumlarını ekiyordu. 1960'larda su yüzüne çıkan ünlü kavgada, Çinliler, Kruşçev'in 20. Kongre'de öne sürdüğü tezlere dayanarak, Sovyetler'i "revizyonizm" ve Marksizm-Leninizme ihanetle suçlayacaklardı.

Ne olursa olsun, 20. Kongre, yol açtığı gelişmeler açısından yüzyılımızı etkileyen toplantılardan biri olmuştur.(1)

– Son dönem, Kruşçev'in iş başından uzaklaştırıldığı 1964'ten günümüze değin uzanan ve **Kosigin-Brejnev ortak yönetiminin,** sanayide ve tarımda verimliliğin artırılmasına yönelen büyük reformların uygulanmasına giriştikleri bir dönem oluyor. Sovyetler Birliği, bugün bu dönemin içinde bulunmaktadır.

SİYASAL SİSTEM

Sovyetler Birliği'nde siyasal sistem, önce şu iki niteliği taşıyor:

– Sovyetler Birliği **çok uluslu** federal bir devlettir.

– Sovyetler Birliği, bir **sosyalist demokrasi'**dir.

Ülke, 1977 tarihli yeni bir anayasa ile yönetilmektedir.

Rejimin kuruluşundan sonra yapılan dördüncü anayasadır bu. İlk anayasa 1918, ikincisi ise 1924, üçüncüsü ise 1936'da yapılır.

Çokuluslu devlet

Çarların imparatorluğu –o zamanki deyimle– bir **"halklar hapishanesi"** idi. İmparatorluk sınırları içinde birbirinden ırk,

1) Bkz. Ergun Balcı, "Dünyamızı Etkileyen Üç Kongre", *Cumhuriyet,* 24 Şubat 1981.

dil, din bakımından farklı yığınla halk yaşardı. Bunların arasında imparatorluğu yalnız Slav halkının –yani Rusların– temsil ettiği kabul edilirdi. Bütün bu halkları, Petrograd'ın otoritesine bağlı tutabilmenin yolu olarak, baskı ve "Ruslaştırma" politikası uygulanırdı.

Devrimden sonra –o zamana değin ezilmiş olan– bu ulusların **birbirine hakça eşit olduklarını** kabul etmek, tutulması gereken tek yoldu. Bu yol, o ulusların topluca sosyalizme geçişlerini sağlayacak bir güvence idi aynı zamanda. Bağımsızlıkları kabul edilen uluslar, sonra, **federalizm** ilkeleri içinde yeniden bir araya getirildi.

Sovyetler Birliği, bugün 15 federe cumhuriyetten oluşmaktadır (m. 71). Ayrıca, bunların içinde de özerk cumhuriyetler, eyalet ve bölgeler var. Cumhuriyetlerden her biri –federal devletin yetkisine girmeyen konularda– egemenliğe sahip. Özellikle kültürlerini ve dillerini geliştirmek bakımından, geniş bir serbestlik tanınmıştır kendilerine. Tüm Sovyetler Birliği'ni ilgilendiren şu temel konular ise federal devletin yetkisine bırakılmıştır (m. 73):

– Sovyetler Birliği'nin uluslararası ilişkileri ile savunulması;
– Sovyetler Birliği'nin iç örgütlenişi;
– Ekonominin genel yönetimi;
– Hukuksal örgütlenme ile kültürel örgütlenmenin genel yönetimi.

Sosyalist demokrasi

1977 Anayasası –1918 tarihli anayasanın tersine– tüm Sovyet halkına yurttaşlık sıfatı tanır. Ve kadın-erkek her yurttaşın, 18 yaşından başlayarak seçimlerde oy hakkı vardır (m. 96).

Bütün öteki temel hak ve özgürlükler yurttaşlara tanınmıştır. Bunlar içinde sosyal haklar ve özgürlükler daha ağır basar.

Devlet iktidarının temel kurumu, iki meclisli Yüce Sovyet'tir (m. 108). Bu meclislerden biri (Birlik Sovyeti), Sovyetler Birliği'ndeki halkların bütününü temsil eder; ötekisi (Ulusal Topluluklar Sovyeti) ise federe cumhuriyetleri ve özerk bölgeleri.

Yüce Sovyet bir yasama organıdır. Yürütme organını oluşturan **Bakanlar Kurulu**'nu seçen bu Yüce Sovyet'tir.

Yüce Sovyet, 5 yıl için seçilir ve yılda iki kez toplanır. Olağanüstü toplantılar yaptığı da olur (m. 112). Toplantı halinde bulunmadığı zamanlar -yine kendisinin seçtiği- **Yüce Sovyet Prezidyumu** adındaki bir kurul -sonradan onaylanmak koşuluyla- onun yerine yasama yetkisini kullanır.

Görüldüğü gibi, Sovyetler Birliği'nde, Batı demokrasilerinde çeşitli biçimlerde uygulanan güçler ayrılığı ya da görev bölünmelerine benzeyen bir durum yok. Tersine **güçler birliği** bahis konusu: Devlet organları arasında "yatay bir yetki paylaşımı" değil, "dikey bir yetki devri" var. Kuramsal olarak, bütün yetkiler Yüce Sovyet'in elinde. Prezidyum, ondan aldığı yetkileri onun adına kullanıyor. Bakanlar Kurulu da alınan kararları uyguluyor. Ne var ki, doğrudan doğruya yürütme görevinin başında bulunmak, ister istemez Bakanlar Kurulu'nun önemini artırıyor ve ön plana çıkarıyor onu.

Sovyet demokrasisinin anlamı nedir?

a) Tek parti anlayışı

Sovyet demokrasisi anlayışıyla Batı demokrasisi anlayışı birbirinden farklı şeylerdir. Bu farklılık, en başta parti anlayışında kendini gösteriyor: Batı demokrasilerinden farklı olarak, Sovyet demokrasisi "tek partili"dir. Bu parti, **Sovyetler Birliği Komünist Partisi** adını taşır.

Sovyetler, bu farklılığı şöyle açıklıyorlar:

– Batı demokrasileri, gerçi çok partilidir. Ama bu partiler, kapitalist toplumlarda –çok kez birbiriyle uzlaşmaz çıkarları olan– çeşitli sınıfları temsil eder. Oysa, Sovyetler Birliği gibi *sınıfsız* bir toplumda, çok partili bir rejimin bulunmasının hikmeti yoktur. Gerçi orada da halkın çeşitli katları arasında farklı görüşler –hatta uzlaşmazlıklar– olabilir; ancak bütün bunlar, "teknik" nitelikte ve ayrıntılarla ilgili farklılıklar ya da uzlaşmazlıklardır. Ve hepsini de uygulamada çözmek olasıdır. Böylece, tek partililik, **eski düzen kalıntılarının ortadan kaldırılması, komünist dönem öncesindeki sosyalist devletin temellerinin**

atılması ve toplumun sınıfsızlaştırılması için gerekli sayılıyor. Parti için, başka kuruluşlarla çekişmek, seçim kaybedip iktidardan düşmek söz konusu değildir. Bu bakımdan, Sovyetler Birliği'nde "seçim" kavramı da Batı demokrasilerindeki anlamını ve önemini yitirmekte; bir yerde halkın Parti yönetimine güven ve bağlılık gösterisi halini almaktadır.

– Ayrıca, tek partinin yani Komünist Parti'nin bir rolü vardır: Komünist Parti, Sovyetler'e göre, toplumun **"yönetici ve yön verici gücü"**, siyasal sistemin ve tüm örgütlerin **"çekirdeği"**dir. "Marksist-Leninist öğretiyle donanmış" olan Komünist Parti, anayasaya göre, "toplumun genel gelişme perspektifini, Sovyetler Birliği'nin iç ve dış politika doğrultusunu belirler, Sovyet halkının büyük yaratıcı çalışmalarını yönetir, komünizmin zaferi uğrundaki mücadelesine planlı, sistemli ve kuramsal esaslara dayanan bir nitelik kazandırır" (m. 6).

Partinin böylesine önemli bir rolü yüklenmesi –ister istemez– kendi içinde, seçim esasına dayanan, çok ciddi bir **hiyerarşi** ve **disiplini,** partiden kişiler içinde çok dikkatli bir **seçmeyi** gerektiriyor:

– Sovyetler Birliği'nde Komünist Parti'ye girme zorunluğu yoktur; ama partiye girmeyi arzulayan bir yurttaş da, güven uyandırmak ve bir **stajdan** geçmek zorundadır.

– Bunun gibi, partinin her kademesinde sıkı bir disiplin hüküm sürer. Ancak, bu disiplin, körü körüne bir disiplin olmayıp, **demokratik merkeziyetçilik** ilkesine bağlıdır: Açık tartışma ve karar alınınca da savsaklamadan yerine getirme.

Komünist Parti'nin kendi kongrelerindeki kararları, Sovyetler Birliği'nin siyasal yaşamında bir aşama niteliği taşır. **Devlet mekanizmasının gerçek dinamosu** aslında bu parti olmaktadır.

b) Özgürlüklerin anlamı

Özgürlüklere gelince... Sovyet demokrasisinde bunun da anlamı Batı demokrasisinde olduğundan başkadır. Marksist anlayışın sonucu olarak, özgürlükler, soyut ve mutlak veriler değil, toplum yapısında belli bir sürece göre yapılacak değişiklerle gerçekleşecek şeylerdir. Bu yüzden soyut, mutlak bir özgürlük kavramı yerine, gitgide somutlaşacak **"özgürleştir-**

me"lerdir söz konusu olan. "Düşünce özgürlüğü" de bu süreç içinde ele alınmalıdır. Bu inanca göre, toplum yapısındaki değişiklikler, geriye dönüş yollarını, rejimin sarsılma olasılıklarını iyice ortadan kaldırınca, daha doğrusu bu yolda gereken adımlar atıldığı ölçüde, düşünce özgürlüğünün kalıpları da genişletilecektir.

Stalin'in ölümünden sonra (1953), rejimde –kısmi de olsa– bir "liberalleşme" olmuştur. Bu liberalleşme hareketine, **"Stalincilikten arındırma"** (destalinizasyon) adı verilmektedir. Rejimin baskıyla ayakta durur gibi göründüğü günlerin gerilerde kaldığı bir gerçektir. Bilginler, aydınlar bu liberalleşmenin çerçevesini daha da genişletmek istemekte ve zaman zaman yöneticilerle bunlar arasında "sürtüşmeler" olmaktadır. Ancak bu sürtüşmelerin, sosyalizmin kendisi ile ilgili olmayıp, rejimi yönetenlerin "tutum"u ile ilgili olduğunu da gözden uzak tutmamalı.

İKTİSADİ SİSTEM

Sovyetler Birliği'nin iktisadi gelişimi, hem üzerine kurulduğu yeni temeller, hem de nicel ilerlemeleriyle, **çağdaş tarihin en önemli olaylarından** biridir.

İlkeler

Sosyalist bir ekonominin temel ilkesini, vaktiyle **Engels** şu biçimde formüllendirmişti:

> (Kapitalist) üretimdeki anarşinin yerine, sosyalist rejimde **bilinçli** ve **sistemli bir örgüt** geçecektir. Bu, insanlığın, bir sıçrayışta, **zorunluluk alanından özgürlük alanına** geçmesidir.

Demek ki, sosyalist bir ekonomide üretimin örgütlenmesi gerekiyordu. Bu ise, başta üretim araçlarının kolektifleştirilmesini gerektiriyordu. Üretim araçlarının mülkiyetinin topluma mal edilmesi, üretim güçlerinin hızla gelişmesine yol açacaktı. **"Herkesten kendi yeteneklerine göre"** çaba beklenirken, “herkese kendi emeğine göre” dağıtım yapılacaktı. Daha sonra komünist toplum aşamasına varıldığında, toplumda üretici güçler öylesine gelişmiş, teknik düzey öyle bir çizgiye varmış olacaktı ki, artık **“herkesten kendi yeteneklerine göre”** beklenirken, **“herkese kendi gereksinmesine göre”** dağıtılabilecekti.

Ne var ki, 1917 Ekim Devrimi’nin ertesinde bu ilkeleri hemen uygulamak olanaksızdı; çünkü ekonomi, o yıllarda hem geri bir nitelik gösteriyordu, hem de ülke bir dış ve –sonra da– iç savaştan henüz çıkmıştı. Böylece sosyalist bir ekonominin gelişimi –ister istemez– aşama aşama olacaktı:

– **“Savaş komünizmi”** (1917-1921) adı verilen birinci aşamada, birtakım devrimci kararnamelerle “üretimin tekniği ve işleyişi” düzenlenmek istenir. Ama –adından da anlaşılacağı gibi– hayli güçlüklerle dolu bir dönemdir bu. Kuramsal ilkeler –ister istemez– bütün katılığı ile uygulanır. Her türlü özel mülkiyete son verilir; pazar, para ve fiyat mekanizması ortadan kaldırılır. Bütün sanayi ve tarım ürünleri toplanarak, bunlar tüketiciler arasında aynen, her birinin gereksinmesine göre ve harcadığı çaba göz önünde tutulmaksızın pay edilir.

Bu denemenin sonuçları çok kötü oldu. Sanayi üretimi azaldı; köylüler kendi hayvanlarını kestiler, karışıklıklar arttı.

– **“Yeni iktisat siyaseti”** (1922-1928) adı verilen ikinci aşama, çok belirli bir geriye dönüş dönemidir. İktisadi faaliyetin canlandırılmasına çalışılır. Sınırlı ve denetimli olmak üzere, geçici bir dönem için kapitalizme de yer verilir; tarım ile bazı küçük ve orta sanayi işletmeleri alanında yeniden özel mülkiyet kabul edilir. Özel ticarete ve onunla birlikte fiyatların sunum ve isteme göre saptandığı pazar sistemine göz yumulur.

> Bu deneme, üretimin artmasına olanak sağladı ama, bu da, ayrıcalıklı bir sınıfın yeniden doğması pahasına oldu. **“Kulak”**lar denilen bu zenginleşmiş köylü zümresi, çok geçmeden sosyalist rejimin temelleri için bir tehlike olup çıktı.

Ancak, rejim, bu arada kararlılığa kavuşup güçlendiğinden, iktisadi gelişimde “planlı ekonomi” aşamasına geçilir.

– 1928 yılında başlayıp bugün de süren **planlı ekonomi** aşamasında, sosyalizmin temel ilkeleri çerçevesinde, “Beşer yıllık" planlarla, üretim ve tüketim arasındaki ilişkiler ve üretimi artırıcı önlemler ve olanaklar açıklığa kavuşturulur. Ve yeniden sosyalist ilkelere dönülür. Ne var ki, bu sistem de zamanın gereksinmelerine göre –az ya da çok sert biçimde– uygulanmıştır. Planların genel yönelimi de, rejimin genel politikasının gereksinmelerine göre, zaman zaman değişikliklere uğramıştır.

Plan, bir yandan halkın gereksinmelerinin giderilmesi için gerekli görülen üretimin, öte yandan bu amaçların gerçekleşmesi için gerekli üretici güçlerin kullanılmasının öngörüldüğü ve emredildiği bir belgedir.

Plan, ülkenin hem iktisadi yaşamını, hem kültürel yaşamını, hem de sosyal yaşamını kapsar.

Plan, Sovyetler Birliği'nde, ortak bir çalışma ile ortaya çıkar: Onu, merkezde bir kuruluş (Gosplan) ilgili bakanlıklarla ilişki kurarak hazırlar; yetkili sendika, kooperatif ve kuruluşlarda tartışılır, bu arada uzmanların düşünceleri sorulur.

Ve plan böylece ortaya çıkar.

"Özendirici" nitelikteki kapitalist planlamanın tersine, Sovyet planlaması **"merkezî"** ve **"buyurucu"** nitelikler taşır. Bütün iktisadi kararlar, tek bir kumanda merkezinde verilir ve böylece ortaya çıkan plan, siyasal otoritenin sürekli gözetimi altında –hiçbir tartışma ve sapmaya olanak vermeyecek– bir disiplin içinde yürütülür. Doğaldır ki, üretim araçlarının tümünün devletin elinde ya da denetiminde olması da bunu olası kılmaktadır.

Bununla beraber, Sovyet planlamasında, son yıllarda, **aşırı merkeziyetçilikten uzaklaşma** yönünde bazı gelişme ve değişiklikler de göze çarpmaktadır.

Libermanizm diye adlandırılan ve gittikçe genişleme eğilimi gösteren bu yeni hareket sonucunda, Sovyetler Birliği'nde –ve bazı halk demokrasilerinde– ekonomik faaliyetlerin büyük bir bölümü, artık tek merkezden planlanmaz olmuştur. Ekonominin yönetiminin **daha esnek** ve **koşullara daha kolay uyan** bir biçime sokulması için çalışılıyor. Bunun yolunun da, sorumlulukların merkezde toplanmasından vazgeçilerek dağıtılması olduğu sanılıyor. Aslında, bu gelişmelerin nedenini –bazı planlama uzmanlarının da belirttikleri gibi– büyüyen, gelişen ve gittikçe karmaşık bir bünye kazanan bir ekonominin tümünün ayrıntılı olarak planlanmasındaki maddi olanaksızlıklarda aramak gerekir.

Ne var ki, Sovyet planlamasındaki bu yöntem değişikliğini bir sistem değişikliği olarak da görmemeli: Sovyet planlamasının genel niteliği değişmediği gibi onun uyguladığı ekonomik düzende de bir temel yapı değişikliği meydana gelmiş değildir.

Sanayi

Sovyetler Birliği'nde, sosyalist ekonominin gerçekleşme ölçüsü ve hızı, sanayi ve tarım kesimlerine göre başka başka olmuştur.

Sovyet ekonomisinde, en kolay ve en çabuk kolektifleştirme sanayi kesiminde oldu.

Sanayi, Sovyet ekonomisinde de işletmeler halinde örgütlenmiştir.

İşletmeler üretim biçimine göre gruplara ayrılmıştır: Aynı faaliyette bulunan işletme gruplarına "tröst" denir: Buğday tröstü, petrol tröstü... gibi. (Bunu, kapitalist sistemdeki tröstlerle karıştırmamalı); birbirini tamamlayıcı faaliyetlerde bulunan işletmeler **"kombina"**ları oluştururlar (özellikle maden işletmeleriyle ona bağlı metalurji ve kimya sanayilerinde böyledir).

Sanayinin kuruluşunda, daha ilk yıllardan başlayarak şu soru ortaya çıktı: "Temel maddeleri" veren **ağır sanayiye** mi, yoksa "tüketim malları" sağlayacak olan **hafif sanayiye** mi öncelik ve üstünlük tanımalı?

Uzun bir süre ağır sanayiye öncelik ve üstünlük tanındı. Çünkü sanayi, hem ekonominin gerçekten temeli idi, hem kolayca el emeği buluyordu; hem de Sovyetler Birliği'ne kapitalist ekonomi karşısında bağımsızlık sağlayacaktı.

Ağır sanayiye tanınan bu öncelik ve üstünlüğün bir sonucu olarak da, işçi sınıfı büyük bir hızla büyüdü ve kentlerin sayısıyla beraber hacmi de genişledi.

Çarlık Rusya'sı, sınai üretim hacmi bakımından, dünyada beşinci, Avrupa'da ise dördüncü sırada bulunuyordu. Sanayi üretiminin bütünü, Ekim Devrimi'nden bugüne, 60 misli artmıştır; artış, üretim araçlarında 141 misli, tüketim maddelerinde 20 mislidir. Elektrik üretimi, kimya sanayii ve makine yapımı, yani ekonominin bütünü içinde teknik ilerlemenin bağlı olduğu üç kilit sanayi dalı, 1965'te toplam sınai üretiminin % 35'ini sağlamıştır.

Bugün Sovyetler Birliği, maden kömürü, kok, demir cevheri, lokomotif, kereste, çimento, fabrika ürünü inşaat malzemesi, yün kumaş, tereyağı üretiminde dünyada ilk sırayı tutmaktadır. Sınai üretim alanında Avrupa'nın belli başlı kapitalist ülkelerini daha şimdiden geçmiştir. Yakın bir gelecekte Birleşik Amerika'nın bugünkü seviyesine ulaşması beklenmektedir.

Tarım

Sanayi planındaki bu gelişmeye oranla –daha yavaş olmakla beraber– tarım da sanayileşmeye ve kentle köy arasındaki farklılıklar ortadan silinmeye başladı.

– Devrimin başlarında çıkarılan ünlü **"Topraklar Hakkındaki Kararname"**nin bir sonucu olarak, büyük araziler, özellikle Kilise'nin, büyük toprak sahiplerinin ve imparatorluk ailesinin arazileri köylere –parasız olarak– dağıtıldı. Bu, toprakta "bireysel mülkiyet" dönemidir ki, 1927 yılına değin sürmüştür.

Bu dönem geçici olmaya mahkûmdu; sakıncaları vardı çünkü.

Özellikle iki büyük sakınca görüldü:

– **Küçük ve orta işletmeler,** tarımsal yöntemlerdeki **modernleşmeye** uymuyorlardı. Örneğin, traktör kullanımı, bu nitelikteki işletmelerde hemen hemen olanaksızdı.

– Sosyal planda, **kulaklar** denilen, "zengin köylü" zümresi ortaya çıkar ve karşı-devrimci bir tavır takınır.

Böylece **toprakların kolektifleştirilmesi** zorunlu oluyordu: 1928 yılından başlayarak buna girişildi. Böyle bir işleme direnen "kulaklar" ise –biraz da sertçe– tasfiye edildiler.

– Tarımda ortaya çıkan yeni temel işletme **"kolhoz"** adını taşır: Kolhoz, seçilmiş bir başkan ve kurulca yönetilen, "kolektif" bir tarım işletmesidir. Kolhozlarda iş, kolektif olarak örgütlenir ve gelir de üyeler arasında pay edilir. Herkesin payı, gördüğü işe göre hesaplanır.

Kolhozlar, ürettikleri ürünün büyük bir bölümünü –devletçe saptanan fiyat üzerinden– devlete verir. Karşılığında elde edilenin bir bölümü, donanımın yenilenmesi ve yetkinleştirilmesine harcanır; bir bölümü de yedek olarak saklanır.

Kolhozun her üyesi, oturduğu evin, kümesinin ve bahçenin "kullanma" hakkına sahiptir ve bunları dilediğinde işletir. Planda öngörülmüş miktarların devletçe satın alınmasından sonra, çalışması karşılığı payına düşen ürünleri ve küçük aile ekonomisinden artırdıklarını kolhoz pazarlarında serbestçe "satma" hakkına sahiptir. (Bu pazarlara gelen ürünün % 10'unun kaynağını bunlar oluşturmaktadır).

Kolhozlar, 1929'da tarımdaki işletmenin % 3,9'unu temsil ederken, 1933'te bu oran % 65,6'ya yükselmiştir. Bugün Sovyetler Birliği'nde işlenen toprakların % 96,9'u kolhozlarındır.

– Sovyetler Birliği'nde, tarımda, kolhozlara koşut olarak bir de sovhozlar vardır: Bunlar, "devlet çiftlikleri" olup, doğrudan doğruya Tarım Bakanlığı'nca yönetilir. Başlangıçta, sovhozların başlıca rolü kentlerin beslenmesini sağlamaktı; daha sonra, kolhozlara, yeni teknikleri ve yeni tarım kültürünü götürecek birer deneme istasyonu, birer "pilot çiftlik" haline geldiler.

Bir bütün olarak ele alındığında, tarım kesiminde, 1917'den bu yana büyük gelişmeler olmuş, büyük sonuçlar elde edilmiştir. Ne var ki, Sovyetler'in kendileri de, tarımdaki gelişmelerin sanayideki gelişmelerin gerisinde kaldığını kabul etmektedir. Tarımdaki gelişmeyi daha ileri boyutlara kavuşturmak için çeşitli önlemlere başvurulmaktadır: En küçük kolhozları, daha gelişmiş kolhozlara bağlayarak kolhozları büyültmek bu önlemlerden biri. Bugün Sovyet tarımına egemen genel eğilim, toprakta kolektifleştirme ilkesini bozmadan, daha yumuşak bir işleyişi sağlamaya dönük bulunmaktadır.

İç ve dış ticaret

Kolhoz pazarları bir yana bırakılırsa, Sovyetler Birliği'nde **iç ticaret** bütünüyle devlet elindedir: Onu bir özel bakanlık yönetir. Mamullerin 2/3'ü devlet mağazalarında, geri kalanı da kooperatiflerce satılır.

Önceleri daha çok halk demokrasileri ve bazı Asya ülkeleriyle olan dış ticaret ve dış iktisadi ilişkiler, şu son yıllarda daha geniş açılışlara sahne olmaktadır.

Sovyetler Birliği, biri 1917, ötekisi II. Dünya Savaşı'ndan sonra olmak üzere iki kez yeniden kurulmuştur. Her iki kuruluş da, büyük özveriler pahasına, ama yöntemle olmuştur. Sosyalist ekonominin temelleri, bugün öylesine güçlü olarak örgütlenmiştir ki, Sovyet yöneticileri, önümüzdeki 20-25 yıllık dönem içinde –Kruşçev'in vaktiyle düşündüğü gibi, "komünizmi kurmak" değil ama– komünizmin teknik ve maddi temellerini atmayı ileri sürebilmektedirler. Nitekim, bu amaca yönelen, 1976-1990 yıllarını kapsayacak on beş yıllık bir planın hazırlanmakta olduğu şimdiden açıklanmıştır.

SOSYAL TABLO

Sosyalist ilkelere dayanan üretim biçimi ve ilişkileri, Sovyetler Birliği'nde, bütün kurumlarıyla –Batı'dakinden farklı– bir toplum yapısı ortaya çıkarmıştır.

Nedir özellikleri bu yapının?

Sınıfsız toplum

Bugün, Sovyetler Birliği'nde, devrimden önceki eski sınıf ve zümreler kalmamıştır: "Soylular" sınıfı bütünüyle ortadan kalkmıştır; "ruhban" ise, sosyal planda sadece bir meslektir; "burjuvazi", bütün biçimleriyle tasfiye edilmiştir. Devrim yıllarının şu ilkesi üstüne oturmaktadır sosyal gerçeklik:

"Yemek isteyen üretmelidir."

Sovyetler Birliği'nde, erkek ve kadın, ancak kendi emekleriyle yaşarlar ve hiçbir yolla başkasının emeğini sömüremezler. Bu bakımdan, insanlar arasında eşitlik sağlanmıştır. Çeşitli mesleklerin toplumdan edindiği yararlanmalar arasında –kapitalist toplumlarda görülen– uçurum da doldurulmuştur.

Ancak sosyalizm –çokça sanıldığı gibi– yüzeysel bir eşitçilik demek değildir. Sosyalist bir rejimde de, emeğin çeşitli biçimleri arasında bir katkı farkı olduğu kabul edilir. Orada da, bir işçinin, bir mühendisin, bir opera sanatçısının topluma verdiklerinin birbirinden farklı şeyler olduğuna ve böylece emeklerinin farklı biçimde karşılanması gerektiğine inanılır.

İşte bu farklılıklar, ücret ve gelirler arasındaki farklılığı da ortaya çıkarmaktadır doğal olarak.

Ne var ki, bu farklılıklar da birtakım sınırlamalara bağlıdır:

- Spekülasyon yoluyla kazanç olası değildir. Çünkü, Sovyetler Birliği'nde ne borsa, ne de tahvil piyasası vardır. Tek yatırım, olsa olsa, devlet istikrarları için olabilir.

– Genellikle zorunlu gereksinme maddelerinin fiyatları düşük, onun dışında kalanların fiyatları ise yüksek tutulmuştur. Böylece, herkes, kısa dönemde zorunlu gereksinmelerini karşıladığına ve onun dışında kalanların satın alınması da büyük tasarrufları gerektirdiğine göre, bir yerde aileler için para biriktirmek büyük bir önem taşımamaktadır.

– Son olarak, bireyin sosyal planda yükselme olanakları –özellikle herkese açık eğitim örgütü ile– en geniş ölçülere varmıştır. Bir işçi ya da köylü çocuğu –kapitalist ülkelerde olduğundan çok daha kolaylıkla– bir teknisyen, bir mühendis, bir profesör... olabilir. Öte yandan, çalışma yöntemlerinin sürekli olarak geliştirilmesi, otomatizasyonun ilerlemesinin daha alt düzeyde olan görevleri gitgide en aza indireceği ve gerçek eşitliğe yaklaştıracağı söylenmektedir.

Özetlemek gerekirse, 1917 öncesinin aşılmaz duvarlarla bölünmüş toplumundan, **sınıfsız bir topluma** geçiş, Sovyetler Birliği'nde, güç ve nazik sorunlar ortaya çıkarmıştır. Bu sorunların –çeşitli çabalara karşın– bugün de bütünüyle çözülmüş olduğu söylenemez.

Ama 1917'den bu yana çok büyük mesafeler alındığı da bir gerçektir. Sosyalizm, halkın yaşama düzeyini gitgide yükselterek, konut, sağlık ve eğitim gibi temel yaşamsal sorunları –büyük ölçüde– çözerek kapitalizme olan üstünlüğünü tanıtlamıştır.

Halkın yaşama düzeyinin yükselmesiyle Sovyetler'in burjuvalaşacağı ya da burjuvalaştığı hakkında ileri sürülenler –ilke olarak– yanlıştır. Yaşama düzeyinin yükselmesiyle **burjuvalaşmak** arasında bir ilişki kurmaya olanak olmasa gerekir. Gerçi, Sovyetler Birliği'nde, "bürokratlar" ve "teknokratlar" diye adlandırılan –halk çoğunluğuna oranla– daha refah içinde bir "azınlık" görülmektedir. Ancak bunların refahı –her şeye karşın– kişisel yetenekleri ve topluma yaptıkları hizmetle orantılıdır. Ayrıca, herhangi bir ayrıcalıkları, hukuksal ya da iktisadi bir üstünlükleri olmadığı için sınıf sayılmazlar.

Aile, kadın ve çocuk

1917 Ekim Devrimi'nden hemen sonra –çeşitli etkilerle– aile kurumu parçalanır hale geldi: Bir yandan, bütün baskıların ortadan kaldırılmasını ve **"özgür aşk"**ı savunan bazı anarşistler, öte yandan toplumun içinde bulunduğu iktisadi ve sosyal koşullar, aileyi bir süre sarstı ve hırpaladı. Evlenme ve boşanma işleri –olabildiğine– yalınlaştırıldı. Çocuk aldırmak –bazı koşullarda– serbest bırakıldı.

Ne var ki, koşullar iyileştikçe, ailenin güçlendirilmesine çalışıldı: 1936'da çocuk düşürmek yasaklandı ve aynı zamanda gebe kadınlara devletin ilgisi ve yardımı artmaya başladı. Anababa, çocuk üzerinde bakım ve özen hakkını elde ediyordu; baba da bir **"sosyal eğitici"** idi.

1944 yılında aile ile ilgili olarak çıkarılan bir kanun, evlenme kurumuna yeniden büyük değer veriyor. Ama evlenme dışı doğan çocuk ve anası da maddi ve manevi olarak korunmakta ve yardım görmektedir.

Sovyet rejiminin ilk yaptığı şeylerden biri, kadını bütünüyle **bağımsız** hale getirmek olmuştur.

Kadına, yalnız siyasal ve medeni haklar tanınmakla kalınmamış, toplum yaşamıyla bütünleşmesi sağlanmıştır onun.

Kadın, aynı zamanda, bütün üretim faaliyetlerine katılmaktadır: Kadınlar, kolhozlarda, tarımsal yaşamda çok etkin bir rol oynadıkları gibi, maden sanayiinde çalışanların –aşağı yukarı– % 30'u kadınlardan oluşmaktadır. Bu, sanayi kapitalizminin ilk zamanlarında olduğu gibi iktisadi zorunlulukların ve sömürülmenin değil, doğrudan doğruya kadının bağımsızlığının bir sonucu.

Sovyetler Birliği'nde, **büyük bir nüfus artışı** vardır.

Başta, doğumlardaki fazlalıktan ileri geliyor bu. Çocuk, devletin doğumevlerinde doğar. Buraları parasızdır. Kadın, çifte bir role sahip olduğundan, yani hem "üretici", hem "ana" olarak görüldüğünden, doğan çocuğun bakımına, pek çok sayıda kreş ve çocuk bahçeleriyle devlet, büyük ölçüde yardımcı olmaktadır. Kreş ve çocuk bahçeleri kentlerden köylere, kolhozlara değin yayılmıştır.

Dört beş yaşına değin kreşlerde büyütülen çocuklar, okul çağına dek çocuk bahçelerinde vakit geçirirler.

Sovyetler Birliği'nde, bütün sosyalist ülkelerde olduğu gibi, çocuk birinci planda gelir. Ayrıcalıkların kaldırılmış olduğu bir toplumda, belki tek ayrıcalıklı kişidir o.

Çünkü çocuk, ana-babanın değil, toplumun malıdır daha çok.

Bütün bir gelecek yatmaktadır onda.

Toplumun üzerine titreyişi de bu yüzden.

Eğitim ve bilimsel araştırma

Çarlık Rusya'sında çocukların ve yetişkinlerin hemen hemen beşte dördü okumak olanaklarından yoksundu. Rusya'da yapılan 1897 genel nüfus sayımına göre, dokuz yaşında ve daha yukarı yaşta olup da okuma yazma bilmeyenlerin oranı, nüfusun % 76'sını buluyordu.

Kadınlarda % 88'e yükseliyordu bu oran.

Ekim Devrimi'nden sonra, eğitim sorununa, rejimin gelişmesi ve sağlamlaşmasında doğrudan katkısı olan bir sorun olarak bakıldı. 1920'lerde Lenin şöyle diyordu: "Bir anlamda, komünist toplumu yaratmak görevi gerçekten gençliğe düşecektir." Öte yandan iktisadi hamle ve gelişme, eğitimin yayılmasını zorunlu kılıyordu.

Bugün, Sovyetler Birliği'nde okuma yazma bilmeyen tek insan kalmamıştır.

Eğitim tamamıyla "laik"tir. Okullarda dinsel eğitimi, anayasa açıkça yasaklamıştır. Eğitim –14 yaşına değin– parasızdır da. Özellikle yükseköğretimde, geniş bir burs sistemi uygulanır. Üniversite öğrencilerinin halen dörtte üçü devletten para yardımı görmektedir. Bunun gibi, üniversite öğrencilerinin hemen hemen yarısı işçi ve köylü çocuğudur.

Asıl dikkati çeken de bu galiba.

Lenin, iktidarı ele geçirdikten 5 ay sonra, yani 1918 Nisan'ında, ünlü **"Bilimsel ve teknik çalışmalar için bir plan taslağı"** kaleme alır. Bu taslakta, bilimin, üretimle sıkı bir işbirliği içinde gelişmesinin yollarını çizer. Bu anlayışla ele alınan bilimsel gelişme, Sovyet iktidarının –kuruluşundan bu yana– en önem verdiği sorunlardan biri olmuştur.

Bunu rakamlarla göstermek olası.

1914'te Çarlık Rusya'sında, bilimsel araştırıcıların sayısı 10.200 idi; bu rakam, 1940'ta 98.300'ü, 1986'da ise 711.000'i bulmuştur. Sovyetler Birliği'nde yalnız fizik ve matematik alanlarında çalışan bilimsel araştırmacıların sayısı 60.000'den fazladır.

1966'da 16.600 bilimler doktoru (bizdeki profesör karşılığıdır. Bunlardan kimi yalnız bilimsel araştırma işlerinde çalışır, kimi üniversitelerde öğretim üyeliği yapar. Her iki işi birlikte yapanlar da olur); 152.300 bilimler doktoru adayı (bizde doçent karşılığı) vardı. Bunların dışında, araştırma merkezlerinde ve yükseköğretim kurumlarında, halen 90.000'den fazla asistan çalışmaktadır. Bugün, yeryüzündeki her dört araştırıcıdan biri Sovyetler Birliği'nde bulunmaktadır.

Kadınlar, Sovyetler Birliği'ndeki araştırıcıların % 40'ını oluşturur; içlerinde binden fazlası, Bilimler Akademisi üyesi ve üniversite profesörüdür.

1914'te bilimsel araştırma merkezlerinin sayısı 289'du; bu rakam, 1940'ta 1821'e ve 1965'te 4724'e yükselmiştir.

Bilimin gelişmesi için devletin ayırdığı meblağ, 1943'te 113 milyon ruble (1 ruble aşağı yukarı 1 dolardır), 1950'de 524 milyon ruble ve 1955'te 4 milyar 265 milyon rubledir.

1917'de Bilimler Akademisi'ne bağlı 52 araştırma merkezi vardı; bunlarda, 45'i akademisyen olmak üzere, 154 araştırıcı çalışıyordu. 1965 sonunda ise, Akademi'ye bağlı araştırma merkezlerinin sayısı 193'e, araştırıcıların sayısı da –538'i Akademi üyesi olmak üzere– 25.000'e yükselmiştir.

Devrimden önce araştırma merkezleri, Petersburg'da ve Moskova'da toplanmıştı; oysa bugün bütün Sovyetler Birliği'ne yayılmıştır bu merkezler.

Din sorunu

Marksizmle din uzlaşamaz.

Öyle olduğu içindir ki, daha 1919 Ocak'ında, Sovyet rejimi bu konuda kesin tavrını almış, Devlet'le Kilise'yi birbirinden ayırarak, yurttaşları da istedikleri dine inanmakta –ya da inanmamakta– serbest bırakmıştı. Ne var ki, uygulamada, Çarlık rejimini tutan bir kısım ruhban, sert yaptırımlarla karşılaşırken, "Militan Tanrıtanımazlar Derneği"nin öncülüğünde yoğun bir din aleyhtarı propaganda yürütülmüştür.

Olaylar, 1924'ten başlayarak normale dönmüş, 1929 yılında, bir dine inananların toplantı ve dernek kurmaları kabul edilmiştir. 1936 tarihli anayasaya da bu konuda şu hüküm konulmuştur: "Yurttaşlara vicdan özgürlüğü sağlamak için, Sovyetler Birliği'nde Kilise ile Devlet birbirinden ayrılmıştır; dinsel ayin ve ibadette bulunma özgürlüğü ile din aleyhtarı propaganda özgürlüğü bütün yurttaşlara tanınmıştır."

1943 yılında Ortodoks Kilisesi'nin kendisine bir patrik seçmesine ve ruhani meclis kurmasına müsaade edilmiştir. Bugün, Kilise ile Devlet arasındaki ilişkileri özel bir kurul düzenler.

Yeni 1977 Anayasası da, dinle ilgili olarak şu hükmü koymaktadır: "Sovyetler Birliği yurttaşlarının vicdan özgürlüğü, yani herhangi bir dine inanma ya da hiçbir dine inanmama, dinsel gereksinmelerini yerine getirme ya da tanrıtanımaz propaganda yapma hakkı güvence altındadır. Dinsel inanışlar dolayısıyla düşmanlık ve nefret uyandırmak yasaktır" (m. 52). Ve eklemektedir: "Sovyetler Birliği'nde kilise devletten ve okul kiliseden ayrıdır."

Denebilir ki, bugün, Sovyetler Birliği'nde, din bireylerin kendilerine ait "özel bir sorun"dan başka bir şey değildir.

EDEBİYAT VE SANAT

Sosyalist kültürün doğuşu ve dayanakları

Bütün bu Rus edebiyatında çokça rastlanan bir Slav tipi vardır: Yarı-gerçekçi, yarı-uzlaşmaz, duruksun, yeltek, çok kez eyleme pek yanaşmayan bir tip...

Ne var ki, 1917'lere gelirken, iktisadi ve sosyal gelişmeler bu tipi hayli değişikliklere uğratmıştı. Ama asıl 1917 Ekim Devrimi'dir ki, bu tipin yaşadığı koşulları altüst eder ve onu daha köklü biçimde değiştirir. Nasıl Fransızlar 1789'la yeni bir dünyaya girmişlerse, 1917'de de Rus insanı yeni bir dünyaya girmiştir: İç savaşın çetin yılları, sosyalizmin kuruluşu, sonra yeniden savaş –acının ve ıstırabın payı ne denli büyük olursa olsun– her biri başarıyla biten bütün bu olaylar, *yeni bir insan tipini* de biçimlendiriyordu beraberinde.

Marx ve Engels, daha 1848'de, *Komünist Parti Manifestosu*'nda **"Emekçilerin yurdu yoktur"** diyorlardı. Sosyalizm, Rusya'yı, başta Sovyet emekçileri bir yurt yapmıştı. Bu **"Sovyet yurtseverliği"**ni büyük şair Mayakovski, daha ihtilal döneminde selamlar ve alkışlar. Özellikle II. Dünya Savaşı'nda faşizmin istilası ve o istilaya karşı kazanılan büyük zafer, bu yurtseverliği daha da güçlendirmiştir. Hele Sovyet tekniğinin, uzay çapında fetihleri gerçekleştirmesi, Sovyet insanında gururu ve rejime bağlılığı daha da artırmaktadır.

Bütün bu gelişmeler, yeni bir ahlakı, kişiyi kendinden önce toplumu düşünmeye yönelten, emeği yücelten ve gerektiği yerde özveriye götüren bir **"Sovyet ahlakı"**nı da oluşturdu.

Bu gelişmeler, aynı zamanda yeni bir kültürü de geliştirdi. Bu kültür, geçmişi yadsımaz, zorunlu olarak sosyal amaçlara yönelmiştir. Ve bu yeni kültür anlayışı içinde, edebiyat, Lenin'in deyimiyle **"ulusal bilincin aynası"** olmuştur: Şiir ve özellikle roman, uzun zaman devrimin temalarını, sosyalizmin kuruluşunu işlemişler, 1945'lerden sonra da savaşı ve sonuçlarını ele almışlar ve bugün de almaktadırlar. 1932 yılından beri kullanılan bir deyimle, **"sosyalist gerçekçilik"** –zaman zaman hayli dar bir biçimde yorumlanmış da olsa– özellikle romanda büyük eserlerin ortaya çıkışını hazırlamıştır.

Nedir "sosyalist gerçekçilik"?

Sovyetler Birliği'nde doğduğu ve daha sonra diğer sosyalist ülkelerde geliştirildiği biçimiyle, sosyalist gerçekçilik, "sanat için sanat" anlayışına, biçimciliğe, soyuta ve izlenimciliğe karşı çıkar ve ulusal sanata, halk sanatına, folklora yönelir. Bir başka deyimle, sanat, "sosyal bilinç"in bir biçimi, bir öğretim aracı, **"içeriğiyle proletaryacı, biçimiyle ulusal"** olur.

Sosyalist gerçekçiliğin kaynakları, Rusya'da, 19. yüzyılda, **Bielinski, Çernişevski, Herzen, Plekhanov**'a değin uzanır. Ama onun en ateşli savunucularından biri Maksim **Gorki** oldu. **A. Jdanov,** bu görüşü özel olarak işledi.

Ama hayli darlaştırdı da bunu yaparken.

Sosyalist gerçekçilik, özellikle sanat ve kültür kavramlarına, sosyal ve iktisadi altyapıya ve bu yapının gelişmesiyle ortaya çıkan çelişkileri yansıtan birer üstyapı kurumu olarak bakan Marksist görüşe sıkı sıkıya bağlıdır.

Sosyalist gerçekçilik anlayışının bir sonucu olarak, örneğin resim, sanat kaygısının yanı sıra, büyük halk kitlelerini aydınlatmak ve eğitmek amacını gütmüştür. **Kapalı** *(hermetique)* edebiyat mahkûm edilmiş; soyut sanata karşı çıkılmıştır (örneğin Picasso, Matisse, "biçimci" olarak karşılanmıştır). Bunun gibi çetin müzik de saldırıya uğramıştır. (Prokofiev ve Şostakoviç de bu saldırıya uğrayanlardandır.) Ancak son yıllarda bütün bu alanlarda bir **yumuşama** açıkça göze çarpmaktadır. Bundan yararlanan bir "genç ressam kuşağı" büyük bir gelecek vaat ediyor.

Sovyetler Birliği'nde açıkça bir kitle sanatı olan sinemada, gerçekten de eserler ortaya konmuştur ve bugün de konmaktadır. Lenin, **"sinema, sanatlar arasında en fazla işimize yarayacak olandır"** diyordu. Bu alanda da büyük tarihsel ve siyasal oluşumları yansıtan bir dönemden –örneğin Ayzenştayn'ın filmleri bu dönemin temsilcileridir– insani görünüşü ele alan bir döneme geçilmiştir.

Edebiyat

1917'den önce, Rusya'da, büyük bir "gerçekçilik geleneği" kurulmuştu.

Bütün bir 19. yüzyıl boyunca, Rus edebiyatının büyük adları, Gogol, Gonçarov, Sçedrin, Ostrovski, Turgenyev, Dostoyevski, Tolstoy, Çehov, Gorki ve daha başkaları gerçekçiliğin şaheserlerini ortaya koydular.

Şiirde de öyle.

19. yüzyılın, Puşkin'le Lermontov'dan sonra en büyük şairi olan Nekrasov'da doğrudan doğruya halk vardır.

Savaş, Çarlığın yıkılması ve sosyalizmin iktidara gelmesi, edebiyatı –ister istemez– etkiledi. Gerçi ünlü bazı yazarlar göçtü, bazıları da sustu. Ama buna karşılık, bütün güçleriyle devrimi dileyenler yeni edebiyata sağlam kadrolar kazandırmak için didindi durdular.

Gorki'nin oynadığı rol bu bakımdan pek önemli olmuştur.

Etkin ve içten bir devrimci olan Maksim Gorki, romanlarında olduğunca, sahne eserlerinde de, Ekim Devrimi öncesi ve sonrasının sosyal yaşamını, tarihsel dönüşümleri kapsayan süreci içinde, "çok yönlü" ve "dramatik" bir üslup ile yansıtmıştır. Yalnız sanayi emekçileriyle köylüler arasındaki devrimci kaynaşmayı göstermekle kalmamış, büyük ve küçük burjuvazinin, *intelligentsia*'nın o çağdaki geniş bir tablosunu çizmiştir.

Devrim öncesi Rusya'nın "İnsanlık Komedyası"dır yazdığı onun.

Ne var ki, Gorki, yeni Sovyet insanının gelişimini sezdi ve gördü, ama tipik Sovyet insanını betimlemek olanağını bulamadı. Bunu, onun ölümü sırasında yetişmekte olan Ehrenburg, Simonov, Polevov, Şolohov gibi –çok boyutlu– yazarlar gerçekleştireceklerdir sonradan...(2)

Devrimin ateşli şiirini **Mayakovski** (1893-1930) yazdı. Devrimin en büyük ozanı gerçekten odur. "Pugaçev İsyanı"nı destanlaştıran genç **Yessenin** (1895-1925) şiirin, o sıralarda bir başka büyük adıdır. Lirik şiirler yazan Boris **Pasternak,** sonra bir roman verecektir: *Doktor Jivago.* Usdışı şiirleriyle Vladimir **Klebnikov'**u (1885-1922) da unutmamalı.

Doğmakta olan sosyalist edebiyatın ilk büyük yazarları iç savaşta yetiştiler ve savaşı izlediler: **İvanov** (*Zırhlı Tren)* ve **Babel** (*Kızıl Süvari),* eserlerini cephede kaleme aldılar; **Furmanov** ve **Fadeyevz** (*Çapayev),* savaşta görevlerinin bilincine varmış tipler çizdiler; on yıl sonra **Şolohov,** iç savaştan bir büyük tablo yaratacaktır: *Ve Durgun Akardı Don.*

1925-1930 yılları, Sovyet edebiyatı için bir dönüm noktası olur. İlk beş yıllık plan, bireylere, ülkenin kalkınmasında bir görev yüklüyordu. Yazarlar da bu görevden kaçınmadılar; gerek nazım, gerek nesir olarak, ülkenin harcadığı dev çabayı yansıtmaya çalıştılar. Birçok yazar, kendilerine bir fabrika, bir şantiye, bir tarım alanı seçerek buralarda çalışanları övdüler. Sonuçta belgesel değeri çok yüksek –ve belli bir edebi değeri de olan– eserler verildi: **Gladgov'**un *Çimento*'su, **Şaginyan'**ın romanları...

Bunun gibi, **Kateyev'**in komedileri büyük başarı kazandı.

Edebiyat ve sanatta yeni görüş, **"sosyalist gerçekçilik"**, işte bu sıralarda doğmaya ve gelişmeye başlar. Stalin, 1934'te,

2) Zühtü Bayar, "Gorki ile Lukacs", *Yeni Ortam,* 19 Mart 1973.

yazarları, **"insan ruhunun mühendisleri"** olarak ilan eder. İnsanlar ve olaylar, gerçi içtenlikle, ama biraz da Ortodoks bir anlayışla ele alınacaktır.

II. Dünya Savaşı başlarken, Sovyet edebiyatında büyük adlar belli olmuştur: **A. Tolstoy,** İlya **Ehrenburg,** Leonid **Leonov,** A. **Fadeyev,** M. **Şolohov,** N. **Ostrovski...**

II. Dünya Savaşı'nın yaklaşmasıyla, yurt düşüncesi, yurtseverlik yeniden ön plana çıkar. Yazarlar, faşizmin istila ettiği bölgelerdeki yaşamı ve savaşanların unutulmaz direnişini anlatarak askerlerin ve halkın moralini yükselttiler. O savaş sırasında ortaya çıkan büyük yazar **Simonov** olmuştur. II. Dünya Savaşı'ndan sonra yeni adlar da kendini gösterecektir: Fedin, Agayev, Babayevski...

1955 tarihli Sovyet Yazarlar Kongresi ile 1956 yılındaki Komünist Parti 20. Kongresi, edebiyatta çeşitli eğilimleri, yeni açılışları haber verir. Sosyal gerçekçilik üstüne tartışmalar sürer; ama Jdanov'un kuralları da geçerli olmaktan çıkmıştır. Yeni yazarlar, yeni şairler çıkar ortaya.

Romanda bir **Soljenitsin,** şiirde bir **Yevtuşenko** ve daha başkaları...

Sovyet edebiyatında sivrilenler yalnız Slav ırkından olanlar değil kuşkusuz. Slav olmayan öteki Sovyet halkları da büyük şair ve yazarlar yetiştirmiştir: Kırgız Cumhuriyeti'nden bir Cengiz **Aytmatov,** yalnız Sovyetler Birliği'nde değil, bütün dünyada ünlü. Azerbaycanlı **Resul Rıza,** Sovyetler Birliği'nin en büyük şairleri arasında anılır.

Gerçekten de büyük bir şairdir o.

Sanat

Rusya'da sanat, 10. yüzyıldan Büyük Petro'ya değin, özellikle Bizans'ın, Hıristiyanlığın ve geleneklerin etkisindedir. 1700'lere doğru, siyasette olduğu gibi sanatta da –hemen hiçbir yerde eşine rastlanmayan– büyük değişiklikler başlar. Dinden kopan sanat, gerçekçi bir görünüş alır.

Ve Batı Avrupa biçimlerine bağlanır giderek.

1917 Ekim Devrimi, Sovyetler Birliği'nde sanat yaşamının bütünüyle değişmesine yol açtı. Dışarıyla ilişkisini kesen ülke, yüzyılın başında birçok Rus sanatçısının da benimsediği estetik öğretilerin dışında kaldı. Devrimcilerin bir süre desteklediği genç yenilikçiler (Kandinskiy, Chagall, Maleviç, Pevsner, Arşipenko... vb) daha Lenin'in ölümünden önce Sovyetler Birliği'nde eserlerini sergilemekten vazgeçtiler.

Fransa'ya ya da Birleşik Amerika'ya göçtüler.

Yeni toplumda, sanatçının göreviyle geleneksel sanat anlayışı bağdaşmıyordu: Sanatçının rolü, **yeni bir dünyanın kurulmasına katılmak, eğitici, inandırıcı ve yararlı** olmaktı. Bireycilikle kolektivizm arasındaki temel ideolojik uyuşmazlığın, sanat alanında da kendisini göstermemesi olanaksızdı.

Ne var ki, gelişme ve evrim –araç ve gerece doğrudan doğruya bağlı olan– **mimarlık** ve **şehircilik** alanında en belirli biçimde kendini gösterdi.

Başka yerlerde özel yapılara kurban edilen şehircilik, Sovyetler Birliği'nde tartışılmaz bir biçimde gelişti. 1933'ten sonra mimarlık eğitimi yeniden örgütlendirildi. Daha bilimsel bir hal aldı ve Güzel Sanatlar Akademisi'nin öğretiminden ayrıldı. Sovyet mimar-mühendisleri, rasyonel inşaat yöntemleri uyguladılar; birçok yeni kentler, Moskova çevresinde ve Sibirya'nın en uzak illerinde uydu kentler kurdular. 1954-1957 yıllarından beri mesken programlarının genişlemesi ve geçmiştekinden daha iddialı binaların yapılması, **sanayileşmiş mimarlığın** ilerlemesine yol açtı. Aynı zamanda şehircilik anlayışı değişerek, sokaklara sırayla dizilmiş binaların yerini ara yollarla çevre yollarına bağlanan **bahçeli ev toplulukları** aldı.

Yeni rejim, resim ve heykelde de, ulusal sanat geleneklerini geliştirme yolunda, birçok büyük eserin ortaya çıkmasına olanak hazırlayan koşullar yaratmıştır. Bu eserler, bugün yalnız Sovyetler Birliği'nde değil, onun dışında da beğenilmekte ve takdir edilmektedir. Örneğin, yaratıcılıkları, Sovyet görsel sanatlarının daha sonraki gelişmesine de yardımcı olan **Korin, Deyneka, Favorski, Nesterov, Konçalevski** gibi ressamlar, Ermenistan ressamlarından **Kılıçev,** Azerbaycanlı sanatçı **Salahov,** Özbekistanlı sanatçı **Tansıbay** ve daha birçok sanatçı bu gelişme ve oluşuma katılmışlardır.

Özetlemek gerekirse, Ekim Devrimi, Sovyetler Birliği'nin tüm halklarının sanatlarına çok yönlü ve gür bir gelişme olanağı sağlamıştır.

19. yüzyıldan önce, Rusya'nın, üstünde önemle durulacak, kendine özgü bir sanat müziği yoktu. İtalyan ve Fransız operacıları, Alman konser müzikçileri Rusya'nın müzik yaşamını dışarıdan besler dururlardı.

Napolyon savaşlarının etkisiyle uyanan ulusal bilinç, edebiyatta gerçekçi, halka yönelen bir eğilimi geliştirirken, müzikte de **Glinka** ile **Dargomiyski'**yi ülkenin halk müziğine yöneltmiştir.

> Müzikte, ulusal bir Rus okulu kurmayı başaran besteci diye Glinka (1804-1957) gösterilir. Onun hedefi, Rus halk şarkılarıyla Batı müzik yazısını birleştirmekti.
>
> Ve birleştirmiştir.

Glinka ile Dargomiyski'yi, **"Rus Beşleri"** adıyla anılan bir bölük besteci izler: **Balakirev** (1837-1910), **Cesar Cui** (1835-1918), **Rimski-Korsakof** (1844-1908), **Musorgski** (1839-1881), **Borodin** (1838-1887).

Beşler öbeğinin çok daha seçkin bir çağdaşı **Çaykovski** (1840-1893), Rus milliciliğini yansıtmayan, yabancı eğilimlerin, özellikle Alman etkisinin simgesi bir besteci olarak gösterilir.

Rus olmaktan çok Avrupalıdır o!

Ekim Devrimi'nden sonra, müziği halka indirmek isteği, halkın anlamayacağı sanılan deneyimlere bir bakıma set çekmiş, Sovyet bestecilerinin araştırıcı çalışmalarını –bir ölçüde– engellemiştir doğrusu. Bununla beraber, Sovyetler'in ileri gelen bestecilerinde, yaratışın önüne çıkarılan bazı engellerin dışına doğru taşma istekleri de görülmektedir.

Çağdaş Sovyet bestecileri arasında ilk akla gelen büyük adlar şunlardır: Sergey **Prokofiyef** (1891-1953), unutulmaz *Leningrad Senfonisi*'nin bestecisi Dimitri **Şostakoviç** (1906-1975), Nikolai **Miyaskovski** (1881-1950). Eserlerinde bir yandan Ermeni halk müziğini, öte yandan Çaykovski'ye bağlanan Rus romantizmi geleneğini yansıtan Aram **Haçaturyan** (1903-1978) bütün dünyada haklı bir ün kazanmıştır.

Azerbaycanlı besteci **Kara Karayef** de öyle.

Geleneklerini daha Çarlık Rusyası zamanında kurmuş ve Batı'da büyük bir saygınlık kazanmış olan **bale,** Sovyetler Birliği'nde bugün de en gözde sanat dallarından biridir ve günden güne yayılmakta ve zenginleşmektedir.

DAHA ÇOK BİLGİ

Melih Cevdet Anday, *Sovyet Rusya, Azerbaycan, Özbekistan, Bulgaristan, Macaristan,* İstanbul, 1965.

Ataol Behramoğlu, "Yazın Akımları Açısından Rus Yazınına Genel Bir Bakış", *Türk Dili 1981,* sayı 349, s. 372-401.

A. Fadeyef - E. Çerminski - G. Golikof, *Sovyetler Birliği'nde Sosyalizmin Kuruluşu* (çev. Şerif Hulusi), İstanbul, 1966.

P. N. Fedoseyev, *Günümüz Dünyası ve Lenincilięin Sosyalist Devrim Teorisi* (çev. N. Özkan), İstanbul, 1978.

Nadir Nadi, *İki Sovyet Rusya, İki Polonya* (gezi notları), İstanbul, 1978.

Varlık Özmenek, *İşte Sovyetler Birliği* (SSCB gezi izlenimleri), Ankara, 1980.

İlhan Selçuk, *Sovyetler, İran, Amerika İzlenimleri,* İstanbul, 1976.

Atilla Tokatlı, *Sovyet Şairleri Antolojisi,* İstanbul, 1968.

OKUMA

SOVYET SİNEMASI

Sinemanın Rusya'ya girişi Çarlık yönetimi sırasında oldu. İlk Rus filmi 1908'de çevrildi. Rus sinema tarihinin devrim öncesi bu dönemi üzerinde söylenebilecek olan, **bazı ünlü edebiyatçıların yapıtlarının sık sık sinemaya uygulandığıdır...** Bu dönemde Rusya'da 2000'i aşkın film yapıldı.

Devrim, Rus sinemasının bu **"burjuva" dönemine** son verdi... İç savaş, bir süre sinemanın unutulmasına sebep oldu. Yeni Sovyet hükümeti, bir süre sonra, üstünde durulmayan ve gerektiğince önemsenmeyen bir alan olan sinemaya el attı. **"Sinema, bizim için sanatların en önemlisidir"** diyerek, bütün sanat dalları içinde yeniliği, özellikleri, yaygınlığı, yığınları etkilemesiyle sinemanın işlevine ve geleceğine dikkati çeken Lenin'in hükümeti, 1919 Ağustos'unda sinemayı **devletleştirdi.** 1922'de, daha da geliştirilecek olan Devlet Yüksek Sinema Teknik Okulu kuruldu.

Dziga **Vortov,** Lev **Koloşov,** Sergey Mihayloviç **Ayzenştayn,** Vsevolod **Pudovkin,** Aleksandr **Dovçenko** gibilerin oluşturduğu genç kuşak, kısa bir süre içinde Sovyet sinemasını –sesli filmin gelişine değin sürecek olan– **altın çağına** ulaştırdı.

...1924'te toplanan **13. Parti Kongresi'**nde sinemaya yeni bir düzen verildi. Sovyet sinemasının devrim döneminin başeserleri bundan sonra çevrildi. Ayzenştayn, ilk filmi olan *Grev*'in (1925) ardından "bütün zamanların en iyi filmi" olarak nitelenen *Potemkin Zırhlısı*'nı yaptı. 1905'te *Potemkin Zırhlısı*'nın Çar'a karşı ayaklanışını, "şaşırtıcı bir yalınlık içinde veren, başoyuncu olarak **kitleyi** kullanan, büyük bir çerçeveleme, sahne düzeni, ritim duygusu taşıyan, kurguyu en gelişmiş biçimiyle uygulayan" *Potemkin Zırhlısı,* bugüne değin aşılamayan bir film olarak kaldı. Ayzenştayn'ın tersine **bireyi** öne alan, bireyle toplum arasındaki çatışmaları inceleyerek yeni rejimin gerçeklerini sinemaya uygulayan Pudovkin de, Gorki'nin romanından sinemaya uyarladığı *Ana* (1926) ile başarı kazandı... "Sinemanın en büyük şairi" **Dovçenko** da *Zvenigora* (1928), *Cephanelik* (1929) ve *Toprak* (1930) gibi en güzel eserlerini bu dönemde verdi. 1930'larda sesin sinemaya girmesiyle Sovyet sinemasının altın çağı sayılan devrim dönemi sona erdi.

Sovyet sinemacıları bir süre sese karşı durdular...

Ayzenştayn ve Pudovkin'in tersine, sesli film karşısında duraksamayan **Vertov,** 1934'te *Lenin Üzerine Üç Şarkı* adlı belge filminde folklor şarkılarını ustaca kullandı. Nikolay **Ekk'**in *Hayat Yolu* (1931), Sergey **Yukoviç'**in *Altın Dağlar*'ı (1931), **Yutkeviç** ve Frederik **Ermler'**in *Karşı Plan*'ı (1932) sesli filmin ve toplumcu gerçekçiliğin ilk başarılı örnekleri oldular. Ama sosyal gerçekçilik anlayışının en kusursuz örneği ve ilk büyük sesli Sovyet filmi **Vasilyev** kardeşlerin *Çapayev*'i idi (1934). *Çapayev, Potemkin Zırhlısı* kadar ün kazandı.

Que Viva Mexico'dan sonra Ayzenştayn'ın Rusya'ya dönüşünde çevirmeye başladığı *Bejin Çayırı* da (1936) bitirilemedi. 1938'de çevirdiği *Aleksandr Nevski*'de Ayzenştayn, Rus tarihinin eski yapraklarını çeviriyordu... (Onun) ardından *Korkunç İvan* geldi... **Korkunç İvan** (1944-45), bütün sinema tarihinin en önemli filmlerinden biri oldu. Pudovkin de, Ayzenştayn gibi bir süre tarihsel konulara yöneldi.

Savaştan sonra sarsılan sinemanın durumunu yeniden düzeltmek amacıyla çeşitli çalışmalar yapıldı... Sinemanın büyük ustaları Ayzenştayn, Pudovkin, Dovçenko, Vertov gibi sinemacılar art arda göçüp gittiler.

Stalin'in ölümüyle sinemacılar üzerinde uygulanan **"düşünce kontrolü"** yavaşladı. "Buzların çözümü" diye adlandırılan serbestleme hareketi, Parti'nin 1956'daki ünlü 20. Kongresi'nde Kruşçev'in kişileri putlaştırma tutumuna çatan konuşmasıyla büsbütün kuvvet kazandı. 1954-58 arasında, eski ve orta kuşak sinemacıların yanı sıra yer alan **yeni bir kuşak,** Sovyet sinemasının tarihsel gelişimi içinde, kısır, verimsiz bir dönemin kapandığını, propagandadan, siyasal güdümlerden, özgür anlayışlara, kişisel eleştirilere kayan bir yaratma bağımsızlığını tanıyan ve kabullenen yepyeni bir dönemin açıldığını haber veriyordu.

Bir **"yeni dalga"** şeklinde ortaya çıkan genç kuşakla Sovyet sineması yeniden canlandı. Öteden beri, **öze** biçimden daha fazla değer veren anlayış, böylece genç sinemacılarla biçime de öz kadar değer kazandırdı. **"Halkın yaşama ve çalışma isteğini artırmak, olumlu kahramanlarla seyirciye toplumsal ideal kavramını vermek, halkın beğenisini eğitmek" amacı genç kuşağın eserlerinde başarıyla uygulandı. "Geçmişi eleştiren, bugünün gözüyle dünün gerçeklerine bakan"** genç sinemacıların uluslararası ilk yüz akı Sergey Samsanov'un Çehov'dan uyarladığı *Ağustos Böceği* (1956) oldu. Sovyet sinemasında yenilerin meydana getirdiği bu canlı dönemin ilgi çekici filmleri, eskilerden **Yutkeviç'**in *Othello*'su (1956), **Gerasimov'**un *Durgun Don*'u (1957), **Kozintsev'**in *Don Kişot* (1956) ve *Hamlet*'i (1964), **Heifitz'**in *Küçük Köpekli Kadın*'ı (1960), **Romm'**dan *Bir Yılın Dokuz Günü* (1952), Mihail **Kalatazov'**un *Leylekler Geçerken*'i (1957), Grigoriy **Çukray'**ın *Kırkbirinci* (1956), *Askerin Türküsü* (1956) ve *Duru Gök*'ü (1961), Sergey **Bondarcuk'**un *Bir İnsanın Alınyazısı* (1959) ve *Savaşla Barış*'ı (1965), Marlen **Kutziyev'**in *Yirmi Yaşındayım*'ı (1964), Andrey **Tarkovski'**den *İvan'ın Çocukluğu* (1962) ve *Mihail Şveitzer'in Dirilişi*'dir (1962).

Sovyet sinemasındaki bu yeni kuşağın bütün çabalarına karşın, o yüce ustalar çağının **imgesel olanla nesnel arasındaki diyalektik birliği** ustaca kuran sağlam sinemasını canlılığıyla, sarsıcılığıyla bütün sürdürebildiği, yineleyebildiği söylenemez. Ama bugün çağdaş Sovyet sineması, belli ölçülerde, o eski, parlak dönemlerinin başarısına erişmiştir.

(Sungu Çapan, "Ellinci Yılında Sovyet Sineması",
Ant, sayı 45, s. 14-15)

Bu sinemada şimdiye dek ustaca anlatılmış toplu destanlar, tarihin dönüm noktalarına eğilen kitle filmleri, kusursuz ve akademik klasik yazın uyarlamaları vardı. Ama gerçek ve çağdaş anlamında bireyler yoktu. **Sovyet sineması şimdilerde bireye gelmiş gözüküyor...**

Sovyet sinemasının bu yeni tavrı kuşkusuz bazılarınca eleştirilecektir. Bireyi anlatmaya dönüşün sanatta yeni revizyonizmlere kapı açacağı, burjuva sanatının tuzaklarına yeniden düşüşü getireceği söylenebilecektir. Biz... bireye yaklaşmanın temelde sosyalist sanatla, sosyalist gerçekçilikle hiç de çelişmediği görüşündeyiz. Sonuç olarak her türlü sanat eseri bireyi anlatır. **Sorun, bireyi ele alış biçimidir.** Burjuvazi, bunu bireyi sosyal bağlarından yalıtarak, bireyi aşırı ve zaman zaman hastalıklı bir yaklaşımla boyutlandırarak yapmıştır. Sosyalist sanat bireye yaklaşımda doğru ölçüleri koruduğu, bireyin sosyal yanını ve bağlamını belirgin tuttuğu, bireyi burjuvazinin yapageldiği gibi yalnız kendi ego'sunu değil, tüm dünyayı yansıtan bir ayna olarak aldığı sürece, bireyin işlenmesinde sosyalist sanat anlayışına ters düşen hiçbir şey yoktur. Doğru ölçüler, sağlıklı yaklaşımlar korunduğu sürece sanatın bireyi, yani insanı anlatmasından çekinilir mi? Sovyet sineması, bu açılardan bize yeni ve ilginç bir yola girmiş gibi geldi.

(Attila Dorsay, "Sovyet Sinemasında Bireyin İşlenmesi
Revizyonizm mi, Yeni Bir Açılım mı?"
Cumhuriyet, 25 Mayıs 1979)

ELİMDEN GELSE

Ben isterim ki
Bulutlar ağlasın,
Ama çocuklar ağlamasın;
Hiçbiri öksüzlük, yetimlik nedir duymasın.

Ben isterim ki
Konuşsun her çiçek kendi dilince;
Ama silahların kesilsin sesi.

Ben isterim ki
Kapansın bütün kapılar karanlığa;
Ama gözler kapanmasın
Sözler kapanmasın.

Ben isterim ki
Yangınlar sönsün,
Ama umutlar sönmesin;
Erişsin her meyva kendi dalında,
Yüreklere acı bir söz değmesin.

Ben isterim ki
Eğilsin dallar bereketten;
Ama insanoğlu başını eğmesin
Utançtan ya da güçsüzlükten.

Ben isterim ki
Gözyaşı gibi aksın pınarlar,
Toprağın üzerinde duru berrak;
Ama pınarlar gibi akmasın gözyaşı,
Yeryüzünün hiçbir yerinde.

Ben isterim ki
Bir yıldızlar kalsın uykusuz
Gökyüzünün derinliklerinde;
Ama insanlar yatıp dinlensinler,
Taze bir güçle başlamak için
Güzel sabahlara
Aydınlık sabahlara.

Ben isterim ki
Her şey
Her şey
Her şey eğilsin insanın önünde,
Ama insan, insana tutsak olmasın.

Ben isterim ki
Sevinç bol olsun,
Mutluluk bol olsun
Ülkeden ülkeye giden yol olsun.

Resul Rıza
(çev. Ataol Behramoğlu)

SORULAR

1. Ekim Devrimi'nin ertesinde, sosyalist rejimin temellerini atan hangi kararnameleri biliyorsunuz? Her birinin içeriği nedir?

2. Sovyet siyasal sistemi hangi ilkelere dayanır? "Çok uluslu devlet" ile "sosyalist demokrasi" neyi dile getirmektedir? "Sosyalist demokrasi", "Batı demokrasisi"nden hangi noktalarda ayrılmaktadır?

3. Sovyetler Birliği'nde sosyalist iktisatın kuruluşu hangi aşamalardan geçmiştir? Sovyet sanayii hangi özellikleri taşır? Kolhoz ve sovhoz neyi dile getirirler? Sovyet sanayii ile tarımı dünden bugüne hangi sorunlarla karşılaşmıştır? Bugünkü sorunları nelerdir? Sovyet ekonomisinin dışarıya açılışı hakkında ne biliyorsunuz?

4. Sovyetler Birliği'nin sosyal tablosunun özellikleri nelerdir? Bu tablo ile kapitalist ülkelerin sosyal tablosu arasında ne gibi temel farklar vardır?

5. Sovyetler Birliği'nde ailenin, kadının ve çocuğun toplumdaki yeri ne idi, ne olmuştur?

6. Sovyetler Birliği'nde eğitim ve bilimsel araştırma hangi özellikleri taşır ve nasıl bir gelişme göstermiştir?

7. Sovyetler Birliği'nde din sorununun özellikleri nelerdir? Nasıl bir gelişme göstermiştir?

8. Sovyetler Birliği'nde sosyalist kültürün doğuşu ve gelişmesi nasıl olmuştur?

9. Sosyalist gerçekçilik nedir? Ne gibi sonuçlar doğurmuştur?

10. Sovyet edebiyatı bugüne değin hangi aşamalardan geçmiştir? Yazar ve şair olarak tanıdığınız büyük Sovyet edebiyatçıları kimlerdir? Maksim Gorki'nin Sovyet edebiyatındaki yeri nedir? Resul Rıza kimdir? Okuma parçası olarak verdiğimiz şiiri hakkında ne düşünüyorsunuz?

11. Sovyetler Birliği'nde sanatın gelişmesi ne gibi özellikler taşır?

12. Müzikte, Ulusal Rus Okulu'nu kim, ne zaman kurmuştur? "Rus Beşleri" kimlerdir? Çaykovski'nin sanatının özelliği nedir? Ekim Devrimi'nden sonra müzikte ne gibi gelişmeler olmuştur? Ünlü Sovyet bestecilerinden kimleri tanıyorsunuz?

13. Sovyet sineması, nasıl doğmuş ve hangi aşamalardan geçmiştir? Ünlü Sovyet sinemacılarından kimleri tanıyorsunuz? (Okuma parçasını okuyunuz.)

BÖLÜM III

HALK DEMOKRASİLERİ

II. Dünya Savaşı'nın en önemli sonuçlarından biri, Orta ve Doğu Avrupa'da, genellikle "halk demokrasileri" adı verilen, yeni bir devlet tipinin doğmuş olmasıdır. "Halk Cumhuriyetleri" de denen bu yeni devlet tipine, Demokratik Almanya, Polonya, Çekoslovakya, Macaristan, Yugoslavya, Arnavutluk, Bulgaristan giriyor.

HALK DEMOKRASİLERİNİN KURULUŞU

I. Dünya Savaşı'ndan sonra 1919-1920 antlaşmaları, Orta ve Doğu Avrupa'da büyük değişiklikler yapmıştı: Daha önceden var olan bazı devletler büyümüş (örneğin Romanya, eski Sırbistan da Yugoslavya oluyor), bazıları da tarihe karışan Avusturya-Macaristan İmparatorluğu'ndan doğmuşlardı (Avusturya, Çekoslovakya ve Macaristan); son olarak –eksiklerle de olsa– Polonya yeni baştan kurulmuştu.

Bütün bu devletlerde –bazıları açık, bazıları gizli faaliyetlerde bulunan– Marksist gruplar ve partiler vardı. Rusya'daki 1917 Ekim Devrimi, bu gruplara ve partilere büyük bir canlılık getirdi. Bununla beraber –bir tek istisna dışında– bunlardan hiçbiri, iktidara gelebilecek duruma ulaşamadı. O tek istisna da Macaristan'da gerçekleşti (1919) ve pek az yaşayabildi.

Daha sonra, bütün bu devletler, **parlamentarizm** yoluna girdiler. Bu parlamentarizm, yalnız Çekoslovakya'da düzenli bir yol izledi; onun dışındakiler ise yer yer kralcı müdahaleler ya da sonu diktatörlüğe varan hükümet darbelerine sahne oldu.

Ortaya çıkan rejimler, gerekli sosyal reformları ya sınırladılar ya da reddettiler; bununla da kalmayıp, Marksist ve halkçı nitelikteki partileri kovuşturdular. Ve sonuçta, Çekoslovakya bir yana, hepsinin ortak niteliği, içeride **anti-sosyalizm,** dışarıda ise **anti-sovyetizm** oldu. 1938-1939'da Çekoslovakya bağımsız bir devlet olarak ortadan kaybolurken, Polonya sapmalar içinde bocalayan bir politika uyguluyordu. Ötekiler ise Berlin ve Roma'daki faşizme yaklaştılar ve onlarla beraber savaşa, II. Dünya Savaşı'na sürüklendiler.

II. Dünya Savaşı süresince, hem faşizme bağımlı hükümetlere, hem de Alman işgaline karşı, bir direniş hareketi gelişti, işçi ve komünist partiler, bu mücadelede birinci planda gelen bir rol oynadılar.

1944-45 yıllarında, Sovyet orduları, bu ülkeleri faşizmin istilasından kurtardığında, yeni bir devlet kurmak hakkı ve görevi de işte bütün bir savaş boyunca direnme hareketini yürütmüş olan güçlere ait bulunuyordu.

Yugoslavya ve Bulgaristan'da olduğu gibi, hükümdarlıklar hemen tarihe karıştılar ya da –Romanya'da olduğu gibi– pek az yaşadılar. Savaş süresince iktidarda olan partiler, düşmanla işbirliği yapmış olmalarından dolayı saygınlıklarını yitirdiklerinden, koalisyon hükümetleri kuruldu. Bu koalisyonlar, çeşitli partilerden oluşuyordu; ama hepsine egemen olan ruh, direniş hareketinin ruhu idi. Hepsinde burjuva partileri yeniden kurulmaya başlarken, komünist partiler de daha büyük bir hızla gelişiyordu.

Ve sonuçta, yönetimin dizginlerini de onlar ele geçirmeye başladılar.

Böylece, halk demokrasileri ya da halk cumhuriyetleri denen rejimler kurulmuş oldu.

ÇEŞİTLİ KURUMLAR VE SORUNLAR

Siyasal kurumlar

Halk demokrasilerinin birkaçında bir cumhurbaşkanı vardır; ötekilerde kolektif nitelikte bir "prezidyum" bu görevi yapıyor. Hepsinde, genel oyla seçilen bir meclis vardır. Kanunları o yapar. Yalnız Yugoslavya'da, federal bir rejim olduğundan, çift meclisli bir parlamento bulunuyor; ötekilerde parlamento tek bir meclisten oluşuyor.

İktisadi gelişme ve kurumlar

a) Tarım

Halk demokrasileri kurulduğunda, iktisadi bakımdan başta gelen sorun, tarım sorunu idi: Çünkü, bu ülkelerde, halkın büyük çoğunluğu köylü idi ve topraklar –feodal tipe uygun bir biçimde– belli ellerde toplanmıştı.

– Başta şu kural uygulandı: Topraklar, **"onları ekip biçenlere"** dağıtıldı. Fakat az sonra –1917'yi izleyen yıllarda– Rusya'da ortaya çıkan bir sorunla karşılaşıldı: Küçük işletmelerin çokluğu, toprağı işlemeyi güçleştirdiği gibi, emeğin verimliliğini de azaltıyordu. Bunun gibi, toprakta –asalak– soylular ortadan silinmişlerdi; ama onların yerine –vaktiyle gene Rusya'da görüldüğü gibi– zengin bir köylü zümresi ortaya çıkmıştı.

– Bu nedenle ikinci bir aşamaya geçildi: Geçici olan bu aşamada köylüye yardımın yanı sıra –Sovyetler Birliği'ndeki sovhozlara benzeyen– **devlet çiftlikleri ile makine ve traktör istasyonları** kuruldu.

– Son bir aşamada **"kolektifleştirmeye"** başvuruldu. Bunda kooperatifler büyük rol oynadı. Köylüleri direnişe götürmemek için de ağır ve temkinli hareket edildi.

Halk demokrasilerinde, tarımda çalışanlar –genel olarak– üç gruba ayrılır:

– Devlet çiftliklerinde ücretle çalışanlar. Bunlar işçilere pek benzerler;

– Kendi toprağını ekip biçenler;

– Kooperatifler halinde toplaşmış toprak sahipleri.

b) Sanayi

Sanayi alanında, halk demokrasileri arasında, başlangıçta yalnız ikisinde, Çekoslovakya ile Demokratik Almanya'da sağlam bir sanayi geleneği vardı. Ötekilerde ise, 1945'ten önce, sanayileşme pek zayıf kalmıştı. Sanayileşme zorluğu –ister istemez– **"devletleştirme"**yi de zorunlu kılıyordu.

Bütün bunların sanayi alanında sonuçları şu oldu: İşçi sınıfı büyük ölçüde çoğaldı; üretim –nicel ve nitel olarak– arttı.

Daha 1947'de bütün halk demokrasilerinde, 1938'deki üretim düzeyine erişilmiş bulunuyordu. 1947'den bu yana ise, bu ülkelerde sanayi –ekonominin öteki alanlarıyla beraber– dev adımlarıyla ilerlemektedir. Bu ilerleyiş, özellikle Doğu Almanya'da bütün dikkatleri toplayan boyutlara erişmiştir.

Bütün halk demokrasilerinde, ekonomi, **"planlı ekonomi"**dir. Uzun yıllar, sanayiye tarım karşısında, üretime tüketim maddeleri karşısında tanınan öncelik de, son yıllarda, yerini **daha liberal bir gelişmeye** bırakmıştır. Bu konuda en ileri giden ülke olarak Polonya'yı görüyoruz.

Polonya, küçük işletmeleri devlet denetiminden çıkartarak "özelleştirmekte", bürokrasinin koyduğu sınırları da gevşetmektedir.

Kültürel tablo

Demokratik Almanya ile Çekoslovakya bir yana, Orta ve Doğu Avrupa, okur yazar oranının hayli düşük olduğu bir bölge idi. Bu oran, Romanya'da ve Polonya'da % 23'e, Bulgaristan'da % 32'ye, Yugoslavya'da % 45'e, Arnavutluk'ta % 65'e ulaşıyordu.

Bu tabloyu tersine çevirmek için bütün halk demokrasilerinde büyük bir eğitim faaliyetine girişildi. Bugün, hemen hepsinde okur yazarlık sorunu çözülmüş durumdadır. Eskiden kurulmuş üniversitelere yenileri eklendi. Özellikle işçilere hitap eden işletme okulları, teknik okullar, iş fakülteleri kurulmuştur. Geniş bir gezici kütüphanecilik, konferans ve tiyatro şebekesi, büyük halk kitlelerine kültürü taşıyıp durmaktadır.

Kültürel gelişmede, hemen bütün halk demokrasilerine Sovyetler Birliği örnek olmuştur. Ne var ki, her halk, bu gelişmeye kendi rengini de katmış, katabilmiştir. Bugün, halk demokrasilerinde, edebiyatta, görsel sanatlarda, müzikte ve sinemada büyük boyutlara varan gelişmeler görülüyor: Örneğin, sinema alanında savaştan sonra dikkate değer eserler ortaya kondu.

Bu bakımdan, aralarında en şaşırtıcı ilerlemeyi gösteren de Polonya olmuştur; tiyatroda da öyle.

Sosyalist ülkelerde bugün sanat ve özellikle tiyatro yozlaşmıyorsa, bunda seyircinin maddeciliği ve diyalektiği iyi kavramış olmasının da büyük rolü var kuşkusuz. Özellikle Polonya tiyatrosunda, **sanat kaygısı** her vakit önde gelmiş; kaynaklara eğilişte, sahne sanatında uyguladıkları bir çeşit seçmecilik büyük önem kazanmıştır. Burjuva seyircisinden uzak, kapitalist düzene yaslanmayan repertuvar anlayışı, sanayileşen toplumda tiyatro ve seyirci ilişkisi gerçekçi bir gözleme dayanıyor. **Gerçekçilik,** eserlerin yorumlanışındaki her çeşit **gözlemcilik,** yönetmenlerin temel uğraşları arasında yer alıyor. Burjuva seyircisinin bu denli bir ilişkisi olmadığı için, **günümüz Batı tiyatrolarında görülegelen yozlaşma** ortaya çıkmamıştır.[1]

Din sorunu

Halk demokrasileri içinde Bulgaristan'da ve Romanya'da bir din sorunu ortaya çıkmamıştır. Bu iki ülkede Ortodoks Kilise devletten ayrı olarak, serbestçe faaliyette bulunmaktadır.

Ancak, örneğin Çekoslovakya'da, Kilise'nin **"ayrılıkçı hareketi"** desteklemek üzere, gerici öğelerle işbirliği yaptığı görülmüştür. Macaristan'da Kardinal Mindszenty, feodal papaz tipini sürdürüp durmuştur. Polonya'da da, Kilise ilgilileri –bazen bilmeden– tehlikeli siyasal davranışlara sürüklenmişlerdir.

Bu konuda, dışarıda, özellikle Vatikan'ın son derece kışkırtıcı bir rol oynadığı da açık.

HALK DEMOKRASİLERİNDEKİ GELİŞMELER

Yugoslavya dışındakiler

1945 yılında, halk demokrasileri, Sovyetler Birliği ile Birleşik Amerika arasında bir yeğlemede bulunmuş değillerdi. Gerçi, siyasal ve sosyal rejimleri, Sovyet örneğinden esinleniyordu ama, yine de Batılı devletlerle normal diplomatik ve iktisadi ilişkileri sürdürüyorlardı.

1) Hayati Asılyazıcı, "Polonya Tiyatrosu", *1973 Sinan Yıllığı,* İstanbul, 1973, s. 534-535.

1947'de –ileri sürdüğü koşullarla– siyasal amaçlar taşıyan **Marshall Planı'**nın yardımı reddedilince denge bozuldu. Marshall Planı'na karşı bir önlem ve ağırlık olmak üzere, 1949 yılında **Comecon** adlı karşılıklı bir iktisadi yardımlaşma örgütü kuruldu. Bu örgütte, bugün –Yugoslavya dışında– bütün halk demokrasileri bulunmaktadır.

Askeri planda da işbirliğine gidildi: Atlantik Paktı'na karşı 1949 yılında **Varşova Paktı** kuruldu.

Yugoslavya

Yugoslavya, 1948 yılında, başta öğretisel ve ulusal nedenlerle, Sovyetler Birliği'yle olan ilişkilerine son vererek, sosyalist dünyada apayrı bir yer seçti kendine.

Ve 1950'den sonra kendine özgü bir yol tuttu sosyalizmin kuruluşunda.

"Yugoslav yolu"nun özellikleri şunlar:

– **Devletin ve bürokrasinin ekonomi üzerinde etkisini en aza indirmek.**

– Artık, ekonomik faaliyetin genel ve ayrıntılı yönetimini devlet yüklenmiyor. Devlet, yalnız üretim ile tüketim arasındaki oranın temellerini saptamakla yetinmekte, teknik ve ekonomik kararlar ise bağımsız işletmelerde alınmaktadır.

– İşletmeler devletin malıdır ama, **işçilerce** yönetilir. Bütün işçiler, bu yönetime, seçtikleri bir kurul kanalıyla katılırlar.

– Bu işletmeler, mallarını, merkezileşmiş bir ekonominin otoriter ve bürokratik kararlarından bağımsız olarak, yarışmanın bulunduğu bir piyasaya sürer. Bağımsız gruplar arasındaki bu yarışma, gerçi merkezî egemen planca kabul edilmiş genel kurallar çerçevesinde olmaktadır ama, plan, artık ayrıntılara girmemektedir.

– Toprak, bireysel mülkiyet rejimi (10 hektardan az) ile pazar için çalışan genel kooperatifleri bağdaştıran **karma** bir sisteme bağlı.

Bu yanlarıyla, Yugoslavya'nın sosyalizmin kuruluşunda **"liberal"** bir yol izlediği ileri sürülmektedir. Bununla beraber, rejim orada da tek partilidir. Komünist Parti 1952 yılından beri de **Komünistler Birliği** adını taşır.

Dış politikada, Yugoslavya, Doğu ve Batı ile ilişkilerinde "yansız" bir politikadan esinlenmekte.

DAHA ÇOK BİLGİ

A. Alvarez, *Doğu Avrupa'da Yazar ve Toplum* (çev. Esin Örücü - Mehmet Harmancı), İstanbul, 1966.

Melih Cevdet Anday, *Sovyet Rusya, Azerbaycan, Özbekistan, Bulgaristan, Macaristan,* İstanbul, 1965.

OKUMA

M.O.M. FABRİKASININ KÜLTÜR SARAYI

Bu fabrika, büyük bir optik gereçleri fabrikasıdır ve Macaristan'da bütün fabrikaların olduğu gibi bunun da bir kültür sarayı vardır. Macarların **"Kültür Sarayı"** dedikleri bu kurumlar, bizim eski "Halkevleri"ne benzer; orada kadın erkek fabrika işçileri toplanır, çeşitli sanat ve kültür alanlarında, spor dallarında çalışır ve özel merakları için de küçük kulüpler kurarlar.

M.O.M. Fabrikası'nın Kültür Sarayı'nda, tiyatro, sinema gösterileri, eğlence toplantıları için kullanılan bir bahçe, güzel, geniş ve büyük bir yapı olan sarayın içinde de gene koca bir tiyatro ve toplantı salonu, bir sergi salonu, jimnastikhane, bale dersanesi, kütüphane ve çeşitli kültür kolları için ayrılmış odalar, dersaneler vardı.

Sergi salonunda bir resim sergisi vardı, bu sergide amatör ressamların resimleri sergilenmişti. Çeşitli anlayışlarda yapılmış ve gerçekten beğendiğim resimler gördüm orada. Soyut ve non-figüratif olanlar da vardı. Demek bu fabrikanın işçileri ve o mahallede oturanlar, modern sanat yapıtlarını kendi anlayışlarına aykırı ve kendi beğenilerinin dışında görmüyorlardı...

Başka bir salonda pul meraklıları toplanmışlardı; bunlar karşılıklı oturmuşlar, pul değiş tokuşu ile meşguldüler...

Kütüphanede bize Türkçe'den çevrilmiş olan kitapları gösterdiler. Nâzım Hikmet'in, Sabahattin Ali'nin kitaplarını hatırlıyorum.

Başka bir odada genç kızlar ve genç erkekler toplanmışlardı. Kültür Sarayı'nın direktörü, burada genç işçilerin çeşitli sosyal konular üzerinde tartışmalar yaptıklarını söyledi. O günkü konu, "kız-erkek arkadaşlığı ve flört" idi...

Oradan alt kata, dört beş yaşından, yedi sekiz yaşına kadar olan çocukların bale öğrendikleri dersaneye girdik. Bunlar çiçek gibi giyindirilmiş, sağlam, neşeli işçi çocuklarıydı. Şuracıkta söyleyeyim, **bütün sosyalist ülkelerde en büyük önem çocuklara veriliyor,** onların bahçeleri, onların okulları, onların eğlenceleri, oyuncakları... Çocuklar orada annelerinin başına dert değildiler artık, hani bizde söylendiği gibi "tatlı bela" değildiler, sadece tatlıydılar, annelerinin çalışmasına engel olmuyordu hiçbiri. Kimsesiz çocuklar daha da büyük bir itinaya layık görülmüşlerdir. Peşte'deki kimsesiz çocuklar sitesi bu bakımdan en güzel örnek...

Kültür Sarayı direktörü ile dolaşmamızı bitirip bize şarap ikram ettiği odaya girince aklımı kurcalayan bir sorunu açtım ona:

– Fabrikanız, güzelliği, eğlencesi dünyaya ün salmış büyük bir şehrin yanı başında, dedim. Üstelik bu şehirde tiyatro, müzik, sinema hayatı da çok canlı. Siz işçilerinizi böylesine hareketli bir şehrin yanı başında amatörce sanat gösterileri ile nasıl eğitebilirsiniz?

Bunu sorarken bizim "Halkevleri"ni düşünüyordum. Halkevleri sanattan ve kültürden yana yoksul bölgelerimizin kültür ihtiyaçlarını karşılamak üzere kurulmuşlardı. Ankara'da bile böyleydi...

Kültür Sarayı direktörü dedi ki:

– Bizim Kültür Sarayımız, yalnızca **işçilerimize** değil, **bütün** bu **çevrede** oturanlara açıktır. Onlar, şehir biraz uzak olduğu için bizim sinemamıza gelirler, burada hem şehirde göremedikleri eski ve sevilmiş filmleri görürler, hem de yenilerini (o sırada başka bir fabrikanın kültür sarayında Cherbourg Şemsiyeleri oynuyordu). Tiyatromuz heveslilerin boş vakitlerini değerlendirmeye yarar. Gerçekten bütün bu Kültür Sarayı, yeni hayatımızın sorunlarını halka açıklamak amacı yanında, işçilerimizin ve mahallemizin **boş vakitlerini değerlendirmek** amacı da güder.

(Melih Cevdet Anday, *Sovyet Rusya, Azerbaycan, Özbekistan, Bulgaristan, Macaristan,* İstanbul, 1965, s. 154-157)

SORULAR

1. Halk demokrasileri nasıl kurulmuştur?
2. Halk demokrasilerinde hangi siyasal kurumlar vardır?
3. Halk demokrasilerinin tarımda ve sanayide iktisadi gelişimi nasıl olmuştur ve bugün ne durumdadır iktisadi tablo?
4. Halk demokrasilerinde bugün nasıl bir kültürel tablo görüyoruz? (Okuma parçasını okuyunuz.)
5. Halk demokrasilerinde din sorunu nasıl bir çözüme kavuşturulmuştur?
6. Halk demokrasilerinde iktisadi ve siyasal bütünleşme hangi gelişme ve kurumlara yol açmıştır?
7. Halk demokrasileri içinde Yugoslavya ne türlü özellikler taşır?

BÖLÜM IV

ÇİN HALK CUMHURİYETİ

Asya'da sosyalizmi kabul etmiş üç ülke var: Çin, Vietnam ve Kuzey Kore. Latin Amerika'da ise tek bir ülke: Küba.

Aşağıda –Kuzey Kore'yi şimdilik bir yana bırakarak– bunları sırasıyla inceleyeceğiz.

Çin Halk Cumhuriyeti'nden başlayalım:

ESKİ ÇİN'DEN YENİ ÇİN'E

Çin, 4 bin yıllık yazılı tarihi ile, dünyanın en eski uygarlıklarından biri. Kâğıdı, daha 2 bin yıl önce Çinliler yapmışlar; (İsa'dan sonra 9. yüzyılda) barutu bulanlar da onlar... Bunlar, o uygarlığın teknikteki başarılarından ilk akla gelenler. Felsefede, sanat ve edebiyatta ise Çin uygarlığının insanlığa bıraktığı büyük bir "miras" var.

19. yüzyılın ortalarına değin, Çin, Batı'ya "kapalı bir ülke" olarak kalmış; Çin hükümdarları, bütün yabancı milletlere "barbar" gözüyle bakmışlar. Ama 1839-1842 yılları arasında İngiltere'ye karşı yapılan **Afyon Savaşı** ile Çin, Avrupa'ya kapılarını açmak zorunda kalıyor: İngilizler, 18. yüzyılın sonlarından başlayarak, Hindistan'da haşhaş yetiştiriyor ve elde ettikleri afyonu –yasak olmasına karşın– Çin'e satıyorlardı. 1839'da Çin İmparatoru'nun afyon ticaretini kesin olarak önleme kararı alması üzerine, İngilizler, Çin'e savaş ilan ederler. Ancak, imparator, 1842 yılında kesin bir yenilgiye uğrar ve **Nanking Antlaşması'**nı imzalamak zorunda kalır. İngiltere, böylece Hong Kong'u ele geçirdiği gibi, öteki bazı önemli limanları da İngiliz ticaretine zorla açmış olur.

Bu antlaşmadan dolayı, Çin halkında yabancı düşmanlığı daha da yoğunlaşır. 1850'de tahta çıkan bir imparator, Nanking Antlaşması'nı imzalayanları saygınlıktan düşürdüğü halde, halkın tepkisi yatışmaz ve **Taiping İsyanı** patlar. On beş yıl süren bu isyan, yalnız Çin'deki yabancıları değil, aynı zamanda başta bulunan **Mançu Hanedanı'**nı da hedef tutuyordu.

İsyan, büyük bir kıyım ile bastırılır.

İngilizler, daha sonra –Fransızların da yardımıyla– Çin'e yeni saldırılarda bulunurlar, Tientsin ve Pekin'i ele geçirir ve başka limanların da İngiliz ticaretine açılmasını sağlarlar. Bu arada, Çin'e daha çok afyon sokularak, Çinliler uyuşturulmaya başlanmış, Hıristiyan misyonerler de –halkı İngiliz emperyalizminin amacına uygun bir biçimde yetiştirmek için– Çin'in en uzak köşelerine değin yayılmıştır.

1898'de, bir saray ihtilali sonunda, **reformcular,** imparatoru, "anayasaya dayanan bir monarşi" kurmaya zorlarlar; fakat imparatoriçe –hanedanı tehlikede gördüğünden– imparatoru hapsettirir ve ölümüne değin, Çin'in gerçek egemeni olur. 1894'te, Japonya, Çin'e hücum ederek imparatoriçeyi yener ve 1900'de, Çin'e karşı yedi batılı ülke –Avusturya, İngiltere, Almanya, Fransa, İtalya, Rusya ve Birleşik Amerika– ile bağlaşma yapar. 1901 yılında başlayan **"Boxer İsyanı"**nı sekiz emperyalist ülke birlikte bastırırlar. İmparatoriçeyi korkunç bir savaş tazminatı ödemeye ve Tientsin ile Pekin'de emperyalist güçlerin üstlenmesini kabule zorlarlar.

Yabancıların Çin'e girmeleri ve Çinli yöneticilerin yetersizlikleri karşısında Mançu Hanedanı'na karşı yer yer baş gösteren isyanlar, 20. yüzyılın başında genel bir hal alır.

1894 yılında, **Sun Yat Sen** adlı bir devrimci, Mançu Hanedanı'nı devirip yerine cumhuriyeti ilan etmek amacıyla, bir ihtilal komitesi kurarak mücadeleye girişir. Çin'deki başka birçok ihtilal komiteleri de desteklerler kendisini. Sun Yat Sen, daha sonra, öteki ihtilalci gruplarla birlikte **Çin İhtilalci Birliği'**ni kurar. Çeşitli mücadelelerden sonra, 1911 yılında Mançu Hanedanı yıkılır ve 1912'de Sun Yat Sen'in liderliğinde **Çin Cumhuriyeti** kurulur.

Ve Çin İhtilalci Birliği de parti haline gelerek, **Kuomintang** adını alır.

1919 yılında ilk Marksist gruplar ortaya çıkar. 1921 yılında da **Çin Komünist Partisi** resmen kurulur ve ilk kongresini Şanghay'da yapar. Bu kongrede, Kuomintang ile –resmî olmadan– işbirliği yapılmasına karar verilir. 1923'te Komünist Parti, Kuomintang ile birleşerek onun "sol kanadını" oluşturur.

1925'te Çin'in büyük lideri Sun Yat Sen ölür ve **Çan Kay Şek** onun yerine geçer. Sağcı Çan Kay Şek'in 1926'da komünist liderleri tutuklattırması üzerine, Komünist Partisi ile Kuomintang'ın işbirliği suya düşer ve Çan Kay Şek, kısa zamanda Çin'in büyük bölümüne –zor kullanarak– tam anlamıyla egemen olur. Bu sağcı hareket karşısında komünistler güneye çekilerek o bölgede toplanırlar ve 1928 yılında da ilk Çin Komünist Ordusu –Çu Teh ile **Mao Çe Tung** liderliğinde– kurulur.

Japonların Mançurya'yı istila ettiği 1931 yılında, **Çin Sovyet Cumhuriyeti** kurulur. Çan Kay Şek, Japon işgalini hiçe sayarak komünistlerle mücadeleyi sürdürürken, Çin Sovyet Cumhuriyeti Japonlara karşı savaş ilan eder. Ancak 1934 yılında Çan Kay Şek'in Çin'de altı bölgede denetimi ele geçirmesi üzerine, Çin Sovyet Cumhuriyeti çöker ve –insanlık tarihinin en güç ve sıkıntılı çekiliş hareketi olan– 8 bin millik **Uzun Yürüyüş** başlar.

> Kiangsi'den 100 bin komünistin katılmasıyla başlayan **Uzun Yürüyüş,** tam bir yıl sürmüş ve yollarda 80 bin kişi can verdikten sonra, yalnız 20 bin komünist kuzey sınırında Shensi'ye ulaşabilmiştir.

Uzun Yürüyüş'ün de verdiği mücadele azmiyle, burada yeniden bir ordu kuran komünistler, **köylülerin de desteğini** kazanarak, yeniden büyük bir güç haline gelirler ve 1936 Aralık ayında, Çan Kay Şek'i, komünistlere karşı mücadele etmek yerine, komünistlerle işbirliği yaparak Japonlara karşı savaşmaya zorlarlar.

1937'de **Çin-Japon savaşı** başlar. Komünist Parti ile Kuomintang, istilacılara karşı "tek cephe halinde" savaşır. Komünistler, bir yandan Japonlara karşı savaşırken, bir yandan da nüfuz bölgelerini genişletirler. II. Dünya Savaşı sona erdikten sonra, Çan Kay Şek ile komünistler arasında iç savaş yeniden başlar. Sonunda, 1 Ekim 1949'da –başkent Pekin olmak üzere– **Çin Halk Cumhuriyeti** kurulur.

Çan Kay Şek de, Formoza adasına sığınır. Ölümüne değin orada kalacaktır.

İDEOLOJİK TEMELLER: MAOCULUK

Çin Halk Cumhuriyeti'nde bütün kurumlar **"Maoculuk"** öğretisine dayanır. Maoculuk, aslında Marksizmin, materyalist diyalektiğin "Çin gerçeği"ne uygulanmasından ortaya çıkan bir görüş. Bu görüş, dışarda emperyalizm ile onun içerideki ortaklarına karşı sürdürülen uzun bir savaş boyunca oluşmuştur.

Mao, klasik Marksizme, şu yeni tezleri getirmiştir:

– Birincisi, "devrimci strateji" ile ilgilidir. Sosyalist iktidar, Çin'de –Rusya'da olduğu gibi– bir proletarya devrimi sonucunda değil, kırlarda bir, "gerilla" hareketi sonucunda kurulmuştur. Bu mücadelede, Kızıl Ordu, gitgide köylülerin güvenini kazanmıştır. Sonunda **kentler, kırlarca kuşatılmış ve ele geçirilmiştir.**

Mao, aynı stratejinin, dünya çapında da uygulanabileceğini ve uygulanması gerektiğini ileri sürer. Ona göre, ileri sanayi ülkeleri, bir çeşit **"dünya kentleri"**dir: Burjuvalaşma, bu ülkelerde devrimci ateşi söndürmüştür. Devrimin bugün, en fazla yayılma şansı azgelişmiş ülkelerdir; **"dünyanın kırları"**dır bu ülkeler. Azgelişmiş ülkeler, önce sosyalist olacaklar ve sonra –yaşamak için hammaddelere gereksinmesi olan– sanayi ülkelerini kuşatacaklardır.

Asya, Afrika ve Latin Amerika'daki durum –belli bir ölçüde– bu çözümlemeye uymaktadır.

Tekrar edelim: Belli bir ölçüde...

– İkinci olarak, Mao'ya göre, üretim araçlarının kolektif mülkiyeti, sınıflar arasındaki mücadeleye son vermiyor. Böylece sosyalist toplumlarda çelişkiler sürüyor ve "yeni bir burjuvazi"nin doğması tehlikesini bile yaratıyor. Örneğin Sovyetler Birliği'nde ve –Arnavutluk bir yana– Avrupa'daki halk demokrasilerinde böyle olmuştur ona göre.

Ne yapmalı?

Mao'ya göre, sosyalist rejim, bu burjuvalaşma eğilimine karşı mücadele edebilmek için, "devrimci tansiyonu" aralıksız sürdürmelidir. Nitekim Çin'de, 1966 yılında patlayan "Kültür Devrimi", işte böyle bir tansiyonu sürdürme araçlarından biri olarak görülmüştür. Mao, dokusu sertleşen, bürokratlaşan, giderek halktan kopma yolunda görünen parti ve devlet mekanizmasına karşı gençliği harekete geçirirken –kendince– bunu amaçlıyordu.

Bu kuram –bir ölçüde– Troçki'nin **"sürekli devrim"** tezlerinden esinleniyor.

Mao'nun tezleri, gerçekleri ne ölçüde yansıtmaktadır?

Hayli tartışmalara neden olmuştur bu konu; bugün de olmakta.(1)

Mao'ya karşı olanlar, önce **"köylü sosyalizmi"** diyerek, onun getirdiğini küçümsemişlerdir. Onlara göre, Marksizmin temel ilkelerinden olan, "kentlerdeki işçi kitlelerinin önderliğinde devrim" kuralından bir sapmadır Maoculuk.

Ne var ki, Mao tarihsel bir deneyimden, 1927 yılında, Şanghay ve Kanton kentlerinde, on binlerce işçinin Çan Kay Şek'ce öldürülmesinden sonra, köylü hareketine yönelmiştir.

Eleştiriyi yapanlar, başta bu noktayı unutmaktadırlar.

Gerçekten 1927 Mart'ında, Çan Kay Şek'in orduları Şanghay'ın kapılarına dayandığında, emekçiler kenti savunmak istemişlerdi. Ancak –Stalin'in denetimindeki– **"Komintern'in Çin politikası"**, o zamanlar Çin komünistlerinin Çan Kay Şek'le "Kuomintang" içinde işbirliği yapmalarını öngörüyordu. İşte bu politika uyarınca, Şanghay'ın Çan Kay Şek'e teslim edilmesi emredilmiş ve kente elini kolunu sallayarak giren Çan Kay Şek de, iki hafta sonra on binlerce işçiyi öldürtmüştü.

Komintern, aynı yanlışı, aynı yıl içinde bir kez daha tekrarlar.

> Şu ya da bu nedenle Stalin'in etkisinde kalan Komüntern, 1927 Aralık'ında, Çin Komünist Partisi'ne, Kanton'da ayaklanma düzenlemesi emrini verir. Oysa, Çan Kay Şek'ten ağır darbeler yemiş olan Çin komünistleri, böyle bir ayaklanmaya hiç de hazırlıklı değildir. Öyle olduğu içindir ki, Kanton denemesi de büyük bir bozgunla sonuçlanacak, Çan Kay Şek, gene binlerce işçiyi öldürtecektir.

Mao, işte bu olaylardan sonra, dikkatini kentlerden kırsal kesime, giderek köylülere çevirir, Çin'in o günkü gerçekleridir kendisini etkileyen.

– Mao'nun **Kültür Devrimi** de büyük tartışmalara ve değişik görüşlere yol açmıştır.

Mao'dan yana olanlara göre, Kültür Devrimi, "bürokratik kemikleşmeye karşı kitleleri harekete geçiren, yığınları parti

---

1) Bu konuda bkz. Ergun Balcı, "Mao Yargılanıyor", *Cumhuriyet,* 6 Ocak 1981.

yönetimini eleştirmeye yönelten bir hareket" olup, sosyalizme de önemli bir katkı niteliğini taşımaktadır çağımızda.

Mao'ya karşı olanlar ise, Kültür Devrimi'ni, "bilgisiz köylü kitleleri için bir yutturmaca, Mao'nun içeride siyasal rakiplerini tasfiye için de kullandığı bir araç" olarak karşıladılar.

Gerçek nerede?

Kültür Devrimi'ni değerlendirirken, o dönemin iç ve dış koşullarını gözden kaçırmamalı.

Tersi, yanılgılara götürür insanı.

Gerçekten, Kültür Devrimi, Çin Halk Cumhuriyeti'nin tarihindeki "en bunalımlı" bir döneme rastlar: İçeride, 1961 yılında, Kruşçev'in Pekin'e tüm yardımı –ansızın– kesmesinden sonra, ekonomi felce uğramış durumdadır. Yedek parça yokluğundan çalışamayan makineler paslanmakta, yeni yapılan fabrika binaları kendi yazgılarına terk edilmektedir. Birkaç yıl önce başlatılan **"ileriye doğru büyük atılım"** programı, teknoloji ve uzman olmadan, yalnızca coşkunun ekonomik kalkınmaya yetmediğinin somut örneği olarak iflas bayrağını açmıştır.

Dışarda ise, Endonezya'da, Mao sempatizanı Komünist Parti kapatılmış, on binlerce komünist öldürülmüştür. Bu arada, Kuzey Kore ve Japon komünist partileri Çin'den uzaklaşmış: Kuzey Vietnam Komünist Partisi de Moskova ile flörte başlamıştır. Ve son olarak, Birleşik Amerika'nın Asya'daki emellerinden büyük kaygı duyan Çin'in, Sovyetler Birliği ile ilişkileri de giderek gerginleşmektedir.

İşte Mao, Kültür Devrimi'ni, Çin'in dışarıda büyük bir yalnızlık, içeride ise –aynı boyutta– bir ekonomik bunalımın içine sürüklendiği sırada başlatmıştır. Kültür Devrimi'ni, içeride ve dışarıdaki gelişmelerden derin düş kırıklığına uğrayan kitlelerin coşkusunu uyanık tutmak, dikkatlerini başka yöne yönelterek parçalanmayı önlemek amacı ile kullanmıştır.

Bunu belirtirken, o sıralarda yapılmış birtakım "soytarılıklar"ın da altını çizmeli ama.

Gerçekten Kültür Devrimi sırasında, Mao'nun Kızıl Muhafızları, Marksizm adına –Balzac, Victor Hugo, Shakespeare ve Beethoven gibi– uygarlık tarihinin büyük dehalarını, **"burjuva kültürünün çürümüş temsilcileri"** diye lanetliyor; Şanghay'da Puşkin Anıtı'na saldırıyor, Çernişevski'yi kınıyorlardı. Ama bunları yaparken, Marx'ın, yaşamı boyunca, Shakespeare ve Balzac'a hayranlık duyduğunu; Lenin'in ise, boş zamanlarında, Beethoven'ı dinleyerek ya da Puşkin'i okuyarak dinlendiğini unutuyorlardı.

Kültür Devrimi, bu anlamda, kültürden yoksun köylü kitleleri için bir yutturmaca –uzun vadede yol açacağı olumsuz sonuçlar bakımından– acı bir yutturmacaydı hem de...

Bu söylediklerimiz bir gerçek.

Ama yadsınamayacak bir başka büyük gerçek vardır ki, o da şudur: Mao, Çin halkını emperyalizmin pençesinden kurtarmış; çok yerin kapısına **"buraya köpekler ve Çinliler giremez"** diye yazılı bir ülkede, bağımsız ve onurlu bir ulus yaratmış, yaratabilmiş bir liderdir.

Tarih onu, yanlışlarından dolayı yargılamadan önce, bu niteliğiyle anacaktır kuşkusuz.

SİYASAL KURUMLAR, SİYASAL YAŞAM

1949-1954 yılları arasında Çin anayasasızdır. 1954 yılında ilk anayasa yapılır.

1954 Anayasası'nın ortaya koyduğu genel şema, Sovyetler Birliği'ndeki gibidir: Meclis, Prezidyum, Bakanlar Kurulu.

Tek meclisten oluşan parlamento 4 yıl için seçiliyor. Yılda bir kez toplanıyor. "Sürekli Komite" adını alan Prezidyum, Sovyetler Birliği'ndeki prezidyuma benzeyen yetkilere sahip. "Devlet Konseyi" adını taşıyan Bakanlar Kurulu da öyle.

Bakanlar Kurulu ile Meclis (ve onun prezidyumu) arasında Çin'e özgü bir organ var: Cumhurbaşkanı.

1966'da ortaya çıkan "Kültür Devrimi"ne değin, Çin Komünist Partisi, siyasal iktidarın temel dayanaklarından biridir. Kültür Devrimi'yle ikinci plana düşer.

Ancak geçici bir dönem için olur bu.

Resmi planda, öteki partiler varlıklarını sürdürmektedirler. (Kuomintang, Demokratik Parti, İşçi ve Köylü Demokratik Partisi...) Bunlar, "Halkçı ve Demokratik Cephe" içinde Komünist Parti'yle birleşmişlerdir. Ne var ki, uygulamada, bu öteki partilerin hemen hemen hiçbir etkisi görülmüyor.

Önemli olan yalnız Komünist Parti'dir.

Bununla beraber, Komünist Parti'nin karşısına, Çin'de bir başka büyük güç dikilmektedir: Ordu. İç savaş sırasında, halk kitleleriyle sıkı bir ilişki kurmuş olan devrimin bu temel aracı, kurumsal açıdan, Komünist Parti'nin siyasal yönetimine tabi idi. Ve öyle de olması gerekiyordu. Ne var ki, ordu, büyük bir özerklik kazanmış ve –üstelik– gelenekleri, kendisine, siyaseti etkileme olanağını vermiştir.

1966'da başlayan Kültür Devrimi –bir bakıma– Komünist Parti örgütüne karşı yönelmişti. Çünkü Mao, Parti içinde azınlığa düşmüş görünüyordu. Başında Mareşal Lin Piao'nun bulunduğu ordunun desteği ile, Mao, hasımlarına, yani Parti yöneticilerinin çoğunluğuna karşı, gençliğin devrimci duygu ve eğilimlerini harekete geçirdi. Genç **"Kızıl Muhafızlar"** hareketi, örgütün altını üstüne getirdiler. Normal durum, ordunun denetimi altında, yavaş yavaş kurulabildi. 1961 Temmuz'undaki Kongrede, Parti yönetimi yeniden örgütlendirildi.

Yeniden kurulan ve arınan Parti, rejimin içindeki önemini tekrar duyuracaktır böylece.

İkinci anayasa, 1975 yılında kabul edilir. Cumhurbaşkanlığı kurumu kaldırılırken, Komünist Parti'ye olduğunca, Mao'nun kişiliğine ve düşüncesine de ayrı ve üstün bir yer verir.

1978 yılında, Çin'in –bugün de yürürlükte olan– üçüncü anayasası yapılır.

İKTİSADİ SİSTEM VE GELİŞME

Mao Çe Tung'un iktidarı ele aldıktan sonra, uçsuz bucaksız Çin topraklarını ve kalabalık Çin halkını sosyalist düzene sokacağı pek belliydi. Ancak, o yıllarda (1949), Çin ekonomisine egemen olan koşullar, Sovyetler Birliği ile Avrupa'daki halk demokrasilerine egemen olan koşullardan o denli farklıydı ki, sosyalist ekonomiyi birden kurmak olası değildi.

Kurulacak ekonomi de, Çin'e özgü özellikler kazanacaktı ister istemez.

Başlangıçlar

Çin ekonomisinin yapısı, 1953 yılında bile, tam bir kolektifleşmeden çok uzak bulunuyordu. Yalnız pamuklu sanayii hemen hemen devletleştirilmişti ama, kamu kesimi, kooperatif kesim, küçük el sanatları kesimi yanında, hâlâ özel kapitalizme bağlı bir kesim ile devlet ve özel kapitalizmin işbirliğinden oluşan bir karma kesim vardı.

Ne var ki, bu son iki kesimin ortadan kalkmasını beklemeden müdahale edilmesi gerektiğine karar verildi: Kamu kesimi yönetici rolü oynayacak ve öteki kesimler üzerindeki denetimi (hammadde ya da kredi dağıtımı) sayesinde, kendi yayılışına hız verecekti. Aynı zamanda, özel kesimin de karma kesime katılması ve küçük el sanatları kesiminin de kooperatif kesime katılması özendiriliyordu. Böylelikle, bunlar ağır ağır ortadan kaldırılmış olacak ve sonunda, ticaret ile sanayinin devletleştirilmesine ve tarımın kolektifleştirilmesine gidilecekti.

Uygulamada kredi, ağır sanayi ve dış ticaret ilk hamlede devletleştirilen dallar oldular. Aynı zamanda 47 milyon hektarı ve 450 milyon köylüyü kapsayan geniş bir toprak reformu, yarı-feodal nitelikteki mülkiyet rejimini, küçük köylü mülkiyeti rejimi haline getiriyordu.

Planlı ekonomi

1953 yılında, **birinci beş yıllık plan** yürürlüğe girer. Plan şu ilkelere dayanıyordu:

– Üretim mallarının artırılış derecesini, tüketim mallarına oranla yükseltmek;

– Tüketim mallarını, halkın satın alma gücünün yükselmesiyle orantılı olarak geliştirmek;

– Tarım ürünleri fazlasını artırmaya yönelmiş bir tarım kalkınması sağlamak;

– El emeği veriminin ücretlerden daha hızlı artışını sağlamak yoluyla kapital birikimi yaratmak.

Yani bütün üretim dalları arasında ahenkli bir artış planı değil, dengesiz bir kalkınma planı söz konusu idi; amacı da –her ne pahasına ve ne kadar güç olursa olsun– daha hızlı bir iktisadi atılımı gerçekleştirmekti. Sovyetler Birliği'nde olduğu gibi, beş yıl içinde sanayi üretiminde % 98'lik bir artış sağlayabilmek ve on beş yıl içinde gerçekleşmesi beklenen bir sosyalist ekonominin yapısına sağlam bir temel hazırlayabilmek için ağır sanayiye mutlak öncelik tanındı.

1958'de uygulanmasına başlanan **ikinci beş yıllık plan,** bu gelişimi daha da hızlandırmak için olağanüstü bir çaba harcanmasını öngörmektedir.

– Tarım alanında, 1956'dan beri, toprak reformunun ürünü olan toprak ve hayvanların küçük mülkiyeti, **"ortak çalışmaya"** dayandırılmış, ancak taşınmaz malların gelirine dokunmayan bir yarı-sosyalist kooperatife yerini terk etmiştir. 1958'de bu yarı-sosyalist kooperatifin yerini de –yalnız ortak çalışmayı değil, konut olarak kullanılan evin dışında toprağın da ortak mülkiyetini öngören– bir **"tam sosyalist kooperatif"** almıştır.

– Aynı zamanda **köylerin sanayileşmesi** yolunda da büyük çaba harcanmaktadır.

Komün temeli üzerine yapılmaktadır bu.

Komün, köylüleri ve işçileri tek bir sosyal hücre halinde bir arada toplayan, elli bir ya da daha fazla nüfusluk bir yerleşme biçimidir.

Komün sistemi, aile yaşamı yerine topluluk içinde yaşamı koyarak, köylü kadınları ev işlerinden ve çocuk bakma külfetinden kurtarıyor. Komünün bütün üyelerini gerçek bir disipline bağlı tutuyor ve bunları yapmakla da, bütün insan gücünü gereğince üretimin emrine verme amacını güdüyor.

Maden üretimine verilen mutlak öncelik, ikinci beş yıllık planda vardır ve olabilen her yerde –köylerde bile– demir üretilmektedir.

Bu köylerin sanayileşmesi politikası ile birlikte, çelik, mekanik yapı, petrol gibi kilit sanayilerin kalkındırılması yolunda geniş bir program yürütülmektedir.

SOSYAL VE KÜLTÜREL YAŞAM

"Bugünkü Çin'i, **Çin'in modernleşme sürecinin son aşaması, Çin'in Batı'ya son "yanıtı"** saymamız olası görünmektedir" (John K. Fairbank).

Çin'in yeni düzeninde, imparatorluk geleneğinden, Batı etkisinden kalma bazı öğeler hâlâ bulunmaktadır. Ne var ki, yeni rejim, bu yerli ile yabancı öğelerin oluşturduğu karmaşımı da kullanarak, yeni bir toplum yaratmak istemektedir.

Bu yeni toplumun en dikkate değer yanlarından biri, kitlelere verilen ayrı önem ve kitlelerin kalkınmada oynadığı büyük roldür. Kendi iradelerine karşın da olsa, geleneksel toplumun bireylerini, bir kitle olarak modern siyasal yaşama katılmasını bilen bir halk haline dönüştürmek, yeni rejimin dikkat ettiği başlıca noktalardan biri. Bunun için kitlelere, siyasal yaşamın dışında ve ses çıkarmadan oturmak hakkı da tanınmamıştır.

Çin ulusu, bugün düzenli ve çalışkan bir **"mavi karıncalar"** ulusu haline gelmiş (Robert Guillain) ve hızlı bir üretim artışı sağlamak mücadelesine kendisini vermiştir. Hızlı nüfus artışı, bunu daha da zorunlu kılmaktadır. Gerçekten Çin'in nüfusu, ilk zamanlardan beri Çin'in yaşam biçimini etkilemiştir.

Bugün için de Çin'in en temel sorunlarından biridir bu.

Kentlerde oturanlar, devrimden bu yana büyük bir artış göstermiştir. Buna karşın, tüm halka oranla bu artış, yine de zayıf kalmaktadır. Her şeye karşın, kentlerin büyümesi Çin'de de en dikkati çekici noktalardan biri.

Sanayileşme ve kentleşme geliştikçe, işçi sınıfı da büyümekte ve gelişmektedir.

Köylülerin ve işçilerin yaşama düzeyi, bugün, 1949 öncesine oranla çok farklıdır. Kadın ve erkek giyimine tek örneklilik ve yalınlık egemen ama, herkes normal giyinebilmektedir.

Ne işsizlik vardır, ne de eskinin sefalet tablosu!

Yeni rejimin karşılaştığı en büyük güçlüklerden biri, bu büyük köklü değişimi yönetecek kadrolara, yetişkin teknisyen öğelere yeterince sahip bulunmayışı olmuştur. Bunu gidermek için her derecede eğitime ve teknik öğretime büyük yer verilmiştir ve verilmektedir. Dili modernleştirmek, çeşitli diyalektler yerine tek bir diyalekt (Pekin diyalekti) kabul etmek, aslında eğitim ve öğretimi daha da kolaylaştırmak amacına dönük. Hele karışık Çin yazısını yalınlaştırmakla okur-yazarlığın daha büyük bir hızla yayılacağı ileri sürülüyor.

Eğitimde, "büyük yeniliklerden" ve "Maoizmin çekici yanlarından biri" olarak **"7 Mayıs okulları"** gösterilmektedir.

Zaten çok zengin ve özgün olan edebiyat ve sanatın, Devrim'den bu yana –yeni bir ruhla– büyük eserler ortaya koymayı sürdürdüğü görülmektedir.

Çin'le ilgili konumuza son verirken şunu da belirtelim ki, Mao'dan sonra eski dönemle köprüler atılmış, Çin Halk Cumhuriyeti'nin tarihinde yeni bir sayfa açılmıştır. Yeni Çin, Batı teknolojisinin yardımı ile içeride hızlı modernleşmeye yönelen, ideolojiyi geri plana iten ve Birleşik Amerika'ya yakınlaşmayı amaçlayan bir ülkedir. Eski kabuğundan sıyrılmış, ancak yeni kabuğunu da henüz bulamamış bir Çin'dir bu. Bu Çin'in yöneldiği iddialı yolda ne mesafe alacağını zaman gösterecektir kuşkusuz.

DAHA ÇOK BİLGİ

Çin Devrimi, *Devrimler ve Karşı Devrimler Tarihi Ansiklopedisi.*

OKUMA

BİR AMERİKALININ ÇİN NOTLARI

Yedi yüz, belki de sekiz yüz milyon nüfuslu bu ülkenin **sefaleti tanımayışı,** Leontieff'i[2] etkileyen en önemli öğelerden biri. Üçüncü Dünya ülkelerinin büyük kentlerinde aç işsizler topluluğunun yarattığı acıklı görünümün, Asya'nın bu en büyük ülkesinde görülmeyişi olağandışı bir olay gibi görünüyor... "İnsanlar iyi, hatta çok iyi beslenebiliyorlar ve herkesin bir işi var"...

Leontieff'i ikinci etkileyen öğe ise, **gelir dağılımı arasındaki farkların çok küçük oluşu.** "Hangi kuruluşta olursa olsun... En yüksek gelir en düşük gelirin üç mislini geçmiyor"...

Leontieff'e göre, Çin'de **kişi başına düşen yıllık ortalama gelir,** 130 ile 150 arasında değişir. "Bir Amerikalı ya da bir Fransız böyle bir gelir ile geçinemez" diyor Leontieff. Ama satın alma gücü ile karşılaştırmazsak bu rakamların hiçbir anlamı kalmıyor... Ücretlerin satın alma gücü, **özellikle besin ve giyim maddeleri için** çok uygun. Bu maddelerin fiyatları değişken değil, hatta bazen düşüyor bile...

---

2) Rus Vassily Leontieff, çeyrek yüzyıldan beri Birleşik Amerika'ya sığınmış olup, zamanımızın –komünist rejimlere karşı sempati beslemeyen– en önemli iktisatçılarından biridir.

Kişi başına düşen yıllık gelir dağılımı ve satın alma gücü bakımından, Çin, bu konuyu **en iyi çözen ülke olarak** (Japonya'dan, Fransa'dan, hatta Amerika Birleşik Devletleri'nden önde) ilk sırayı işgal ediyor... (Bazı sanayi mallarının büyük kentler yerine köylerde yapılışı), köyden kente göçü engelleyebilmeye yarıyor. "Sanayi, **el zanaatlarını** yıkıcı değil, yanında yer alıyor ki, bu da doğallıkla çok olumlu bir iş" diyor Leontieff.

Böylece Çin'in gelişme mantığı ortaya çıkmış oluyor: **İnsan emeğinin gerektiği yerlerde, el zanaatlarının geliştirilmesi.** Üçüncü Dünya ülkelerinde, buna karşıt, yani kapitalist modele daha uygun bir uygulama yürütüldüğü biliniyor. Bu da, o ülkelerde görülen **büyük işsizliğe** neden oluyor...

Bu işlerin yürütülmesinde ordu önemli bir rol oynamıyor mu? Leontieff, "çok önemli bir rol oynuyor" diye yanıtlıyor. Ordu en önemli "sosyal hizmet" görevlisi durumunda. Kentlerdeki çimleri kesen, demiryollarını yöneten, hatta okulların ve üniversitelerin yönetimine katılan askerlere rastlanıyor.

(*Le Monde*'dan naklen *Yeni Ortam,* 21 Ocak 1973)

HİROŞİMA'YA

Güzel bir liman olacaktım
Üç yandan dağlarla çevrili
Bir yanı ovaya bakan bir liman.

Bir yelpaze gibi yayılırsın ovaya doğru
Yedi ırmakla beslenir koyun
Ilık nemli lodoslar sana eser.
Yosunların saçak ve şeritlerini yaydığı
Sahili süsleyen çiçekleri okşayarak.
Hiroşima, eski bir kentsin sen
Sandal ağacı kokan.
Barındırdığın insanlar
Yıllar yılı canları dişlerinde çalıştılar.
Gündüzleri tekneler vızır vızır gelip giderdi.
Uzun gecelere türküler, ezgiler eşlik ederdi.

Hiçbiri savaş istemiyordu–
Nagasaki'li, Hiroşima'lı
Japon işçilerin, çiftçilerin hiçbiri,
Hiçbiri, hiçbiri savaş istemiyordu.
Nefretle bakıyorlardı
Çinlilere, Malaylılara.
Ne bir kauçuk ağacı dikebildiler Seylan'a.
Ne Cava'ya hindistancevizi,
Ne de Mekong ırmağı üstüne bir koloni.
Savaş ötekileri semirtti,
Onları değil.
Yine de bir sabah
Herkes yatağından fırladı düdük sesleriyle,
Bir ışık demeti gürültüsüzce
Doğudan batıya göğü taradı.
Anlamıştı herkes yıkımın gelip çattığını.
Geride kalanlar
Sakat baştan başa,
Anlatırlar dururlar, resimler gibi,
O günlerin ürkünçlüğünü dünyaya.

Nelere tanık olmadılar ki–
Ne sahnelere.
Işık öylesine kör edici,
Rüzgâr öylesine sertti ki.
Bir patlamada koskoca kayalar tuzla buz.
Bir patlamada çelik halatlar incecik tellere dönüyordu.
Yüzbinlerce yaşam
Bir anda gidiverdi.
Aşk sanat, müzik hepsi
Bir anda can verdi.
Yeller esiyordu artık o kentin yerinde,
Dinse ya o acı –ne gezer,
Bugün bile yürekler parçalayan
Ağlamalar duyulur orada,
Aradan on yıl geçtiği halde.

Tanık, ayağa kalk!
Hiroşima, sana söylüyorum, duy beni.
Son ver artık yıkıma, acıya.
Savaşın olanca zulmüne tanık oldun.
Kim savunabilir barışı senden daha iyi?
Bağırmalısın bütün dünyaya,
Anlatmalısın ölenin nasıl ölüp,
Kalanın nasıl kaldığını,
Tanık, ayağa kalk!

Efendiler, susalım lütfen biraz,
Hiroşima konuşacak

Ai Z'ing
(Çev. Gürkal Aylan)

SORULAR

1. Eski Çin'den Yeni Çin'e geçiş nasıl olmuştur? Bu geçişte en önemli tarihsel olaylar hangileridir?
2. Mao, klasik Marksizme hangi tezleri getirmiştir? Bu tezler, gerçekleri ne ölçüde yansıtmaktadır?
3. Çin Halk Cumhuriyeti'nde siyasal yaşam ve kurumların taşıdıkları özellikler nelerdir?
4. Çin Halk Cumhuriyeti'nde iktisadi gelişme nasıl bir yol izlemiştir? Çin'in iktisadi tablosu ne gibi özellikler taşımaktadır? (Okuma parçasını okuyunuz.)
5. Çin Halk Cumhuriyeti'nde sosyal ve kültürel yaşamın toblosu hangi özellikleri göstermektedir?
6. Çin'de Mao'nun ölümünden sonraki gelişmeler hakkında ne düşünüyorsunuz?

BÖLÜM V

VİETNAM VE KÜBA

VİETNAM

Vietnam, Güneydoğu Asya'da 127 bin kilometre kare genişliğinde bir ülkedir. Ve Güneydoğu Asya'nın –hemen– en dinamik halkı yaşar bu ülkede.

Çok eskiye giden bir tarihi var Vietnam'ın: İsa'dan önce Çin'den göçerek bu ülkeye yerleşen Vietler –İsa'dan önce 1. yüzyıldan, İsa'dan sonra 10. yüzyıla değin– Çin'in egemenliği altına girmiş; daha sonra bağımsız olmuş ise de, bağımsızlığını korumak için Çin ile zaman zaman savaşmış ve sonunda gene de Çin'in himayesi altına girmiştir.

16. yüzyılda Portekizlilerin, sonra da Fransızların Vietnamlılarla ilişki kurduklarını görüyoruz. Son olarak Fransa, 1858'de Vietnam'a giderek ülkeyi "himayesi" altına alır; 1884'te de tüm Vietnam ve komşusu Laos ve Kamboçya Fransa'nın "himayesi" altına alınmış olur. Fransızlar, Çin Hindi'ni sömürmekle kalmamışlar, kültürlerini ve Katolikliği de yayarak nüfusun % 12'sini Katolikleştirmişlerdir. Katolik mezhebinin kabulü, Vietnam'ın yazgısını etkilemiştir; çünkü kurtuluş savaşlarında Katolikler, daha çok sömürgecilerden yana olmuşlardır. Fransa'nın ve sonra Birleşik Amerika'nın nüfuzlarını sürdürmek için kullandıkları kişilerin çoğu Hıristiyan Vietnamlılardır.

Vietnam, II. Dünya Savaşı'nda Japonların istilasına uğradı. Japonlar, Vietnam'da üstlenmek, İngiltere'nin sömürgesi olan Malezya'ya girmek istemişlerdi. Daha Fransızların işgali zamanlarında Vietnam'da ulusal duygular uyanmıştı. Japon işgali altında bu duygular daha da gelişti. **Ho Şi Minh** liderliğinde bağımsız programını benimseyen Vietnam Birliği kuruldu ve 2 Eylül 1945'te Ho Şi Minh, Vietnam'ın bağımsızlığını ilan etti.

Fransızlar geri gelmek istedilerse de zayıftılar ve 1946'da Fransız Birliği içinde Vietnam'ın bağımsızlığını tanıdılar. Ancak, Ho Şi Minh kayıtsız şartsız bağımsızlık istediğinden, Fransa ile 1954 yılına değin süren ulusal kurtuluş savaşı başladı. Amerikalılar, önce Vietnam'ın bağımsızlığından yana çıkarken, Çin büyük bir güç olup da Vietnam'a yardım etmeye başlayınca, Fransız yönetiminin sürmesini istediler ve Fransa'ya yardım etmeye başladılar. **Dien Bien Fu'**da sarılan Fransız askerlerinin kurtarılması için Birleşik Amerika, Fransa'ya atom bombası vermeyi bile önerdi, ancak Fransızlar kabul etmediler. 1954 Temmuzu'nda **Cenevre'**de yapılan toplantıda –Ho Şi Minh liderliğinde– Fransa'ya karşı 1946'dan beri sürüp gelen savaşa son verilerek bir bildiri imzalandı. Bu bildiri ile Fransa, Laos, Kamboç ve Vietnam'ın bağımsızlığını tanıyor, ancak Vietnam'ın kuzey bölgesi Ho Şi Minh, güney bölgesi de Mao Dai yönetiminde olduğundan, 1956 yılına değin yapılacak olan plebisit ile iki bölgenin birleşmesi öngörülüyordu.

Cenevre Antlaşması üzerine, Fransa, Çin Hindi'nden elini çekti. Ne var ki, Cenevre Bildirisi'ni imzalamak istemeyen Birleşik Amerika'nın Güney Vietnam'da yerleşmek niyetinde olduğu kimsece tahmin edilmemişti. Plebisit yapılması için kuzeyden gelen öneriyi güneydeki rejim –Birleşik Amerika'nın telkini ile– reddetti.

Cenevre Antlaşması'na aykırı olarak plebisitin reddi, güneyde plebisitten yana olan halkçı ayaklanmalara ve gerilla savaşının başlamasına yol açmış, bu savaşta Ho Şi Minh güneydeki bu hareketleri desteklediğinden, Vietnam bir iç savaşa sürüklenmişti. Bu arada zor durumda olan güneydeki rejimi kurtarmak için Birleşik Amerika –"danışman" etiketi altında– Güney Vietnam'a asker yolladı. 1964'te, kuzeyin baskısı altında, güneydeki kukla rejim yıkılma tehlikesi karşısında kalınca, Başkan Johnson –Amerikan gemilerinin Tonkin Körfezi'nde kuzeylilerin saldırısına uğradığı gerekçesiyle– Güney Vietnam'a asker yığmaya başladı. Tonkin Körfezi olayının, Vietnam'a asker yollama yetkisini Senato'dan elde etmek için uydurulmuş bir yalan olduğu da sonradan anlaşıldı. Senato Dışişleri Komitesi Başkanı Senatör Fulbright, aldatılmış olduğundan sonraları yakınmıştır.

Johnson, Vietnam'a yarım milyondan fazla asker yığdığı halde sonuç elde edemedi; barış önerdi ve görüşmeler Paris'te başlarken iktidardan çekildi. Seçim kampanyasında barış vaat eden Nixon, aslında Vietnam'dan Amerikan askerlerini çekerek, savaşın yükünü Güney Vietnam'a devretmeyi düşünüyordu. Bir yandan Paris'te görüşülürken, bir yandan da savaşı **"Vietnamlaştırmak"** adını verdiği bir programı uygulamaya başladı. Amerikan askerlerinin moralleri de bozulmuştu. Asker kaçakları, neferlerin subaylara karşı ayaklanmaları, uyuşturucu maddelerin kullanılması, sivil halka karşı zulüm ve işkence, beyaz ve zenci askerler arasında çıkan çatışmalar, disiplinsizlik Amerikan ordusunu bozguna uğratmıştı. Böyle bir ordunun zafer kazanması söz konusu olamazdı. Nixon bu askerlerin büyük bir kısmını çekti ise de, Güney Vietnam'ın bu savaş yükünü taşıyamayacağı anlaşıldı.

Bunun üzerine, Nixon, Kuzey Vietnam'a bomba yağdırmaya başladı, limanlarını abluka altına aldı. Bütün bunlar da Vietnam'ı dize getiremedi. Dünya kamuoyunun da isyan etmesi sonunda, Birleşik Amerika 1972 sonlarında "ateşkes"e razı oldu. Daha sonra kuzeyle güney birleşerek, Vietnam, bağımsızlığının yanı sıra bütünlüğünü de elde etti.

Vietnamlılar, bağımsızlık ve özgürlükleri için, emperyalizme karşı 26 yıl savaşmışlardı. Bunun 8 yılı Fransa, 18 yılı da Birleşik Amerika iledir. Emperyalizme karşı ulusal kurtuluş mücadeleleriyle dolu çağımızda, bu mücadelelerin **en görkemli** ve **en destansı** olanını kahraman Vietnam halkı vermiştir.

20. yüzyılın en büyük gerçeklerinden biridir bu.

DAHA ÇOK BİLGİ

Vietnam Devrimi, *Devrimler ve Karşı-Devrimler Tarihi Ansiklopedisi,* c. 1, s. 49-96.

OKUMA

VİETNAM EDEBİYATI VE SAVAŞ

Vietnam sanat ve edebiyatı yalnız ülkemizde değil, Avrupa'da da az tanınmıştır. Avrupalılar, bir Kuzey Vietnam romanını ilk olarak 1969'da yayımlamışlardır. *Gök Cephesi* adlı bu roman aynı yıl ülkemizde de yayımlanmıştır. Oysa, Vietnam edebiyatının çok derin kökleri, çok ünlü ataları vardır.

Yüzyılımızda da Vietnam'da pek çok roman, hikâye ve şiir çıkmıştır. Roman alanında geçen yüzyılda üçer dörder bin mısralık dev eserler yaratılmıştır. **Du** adlı yazarın *Kiyö* adlı eseri ve **Van Tien'**in *Güney Vietnam Destanı* bunların en ünlüleridir. Yüzyılımızdaki Vietnam romanları manzum romanlardan etkilenerek ortaya çıkmıştır. Çok veciz anlatımlar ve bunlara uygun biçimlerle yazılmış manzum romanların yabancı dillere çevrilmesinin çok güç olduğu belirtilmiştir. Çağdaş bir Vietnamlı yazarın da halkının geleneklerine, dilinin ince ayrıntılarına bağlı kaldığı oranda çevrilmesinin güç olduğu, eserindeki düşünceleri ve imajları yabancı dillerde karşılamak imkânının o oranda azaldığı kabul edilmektedir. Çağdaş şairlerin çevrilmesinde bu güçlüğün daha da arttığı muhakkaktır. Sözgelimi Vietnam'ın Puşkin'i denilen **To Hu'**nun şiirlerinin çevrilemez olduğu kanısı yerleşmiştir. Onun ve Kuzey Vietnam'ın kurucusu **Ho Şi Minh'**in şiirlerinin bu güçlüklere rağmen çevrilip beğenilmeleri, bu şiirlerin kendi dillerinde ne kadar güçlü olduklarını ortaya koymaktadır.

Son yılların Vietnam roman, hikâye ve şiir kitaplarında ortak bir özellik savaştır. Otuz yıl savaş içinde yaşayan bir ülkede, savaş günlük olaylardan herhangi biri olmuştur. Karartmalar, alarm düdükleri, bombardımanlar, ölümler ve yaralanmalar sanki çok olağanmış gibi karşılanmaktadır bu eserlerde. Savaşın getirdiği bütün felaketler, büyük sözlere, sloganlara başvurulmadan, gereksiz gösteriler yapılmadan, alçak sesle anlatılmaktadır.

Vietnamlı sanatçıların, yazarların büyük bir kısmı cephede ön saflarda da görev almışlardır. Fransız yazarlarından Madeleine Riffaud bu durumu şöyle anlatmıştır: "1966 yazının sonlarında Hanoi'de bulundum. Birçok yazar ve sanatçının cepheye gittiklerine tanık oldum. Hepsi de en ufak bir kaygı göstermeden üniformayı üstlerine geçiriyor, iyimserliklerini ve neşelerini hiç yitirmeden ateşin ortasına atılıyorlardı, hem de edebi tasarılarını düşünmeyi –şiirmiş, hikâyeymiş, denemeymiş– hiç aksatmadan. Ne saklayayım, bana dehşet vermiş, içime işlemişti bu manzara."

Vietnam'da son yirmi beş yılın önemli bir olayı da **dil hareketi**dir. Vietnamcada bilimsel kelimeler, terimler önceleri hiç olmadığı için dili teknik aşamaya uydurma zorunluğu ortaya çıkmıştır. Bunun için yabancı kelimelerin okundukları gibi Vietnamcaya uydurulması ya da eski Çin Vietnamcasının bilimsel kelimelerinin anlamca genişletilmesine gidilmemiş, Vietnamca kelimelerden yeni kökler türetilmesi yolu seçilmiştir. Yöneticiler, Vietnam geleneklerini göz önünde tutarak otuz bin kelime yaratmışlardır. Böylece üniversitelerde ve yüksekokullarda öğrenimin Vietnamca yapılması olanağı sağlanmıştır. Başbakan Van Dong, aydınları ve teknisyenleri yeni bir gramer hazırlamaya, teknik kelimeler için bir sözlük yapmaya, dildeki yabancı kelimeleri atmaya çağırmış ve bunlar yavaş yavaş gerçekleşmiştir. Bugünün sanatçıları da bu kurallara uymuş ve eserlerinde yabancı kelimelerden arınmış, Vietnamlı her kulağa hoş gelen bir dil kullanmışlardır. Bugün Vietnam'da Batılı bir okuru şaşırtacak kadar zengin bir çağdaş edebiyat ortaya çıkmaktadır. Korkunç bir savaşın ortasında yükselen bu edebiyat, **gençlikle ve bulunmaz bir iyimserlikle** dolu olarak kendi savaşını şakımaktadır.

(*Milliyet Sanat Dergisi,* sayı 18)

ANALIK ZANAATI

Zordur bizde analık zanaatı.
Başka ülkelerde analar
Çiçek sevgisini öğretirler çocuklarına.
Bizde, bombalardan korunmasını da öğretmeleri gerekir.

Başka ülkelerde analar
Ezgiler öğretirler, kuş seslerinin güzelliğini
Çocuklarına,
Bizde, çocuklara
B-52'yle F-105'in sesini
Öğretirler ayırt etmesini.
Ey kutsal Meryem Ana,
Bin dokuz yüz altmış dokuz yıldır
Tutuyorsun çocuğunu kollarının arasında,
Biliyor musun Vietnamlı analar
Aylardır oğullarından uzak uyuyor?

Anaların çocuklarına
İnsan olma zanaatını öğretme zamanıdır.
Zamanıdır bundan da fazlasını yapmanın
Onlara yiğit olmayı öğretmenin de zamanıdır.

Şe Lan Vien
(Çev. Eray Canberk)

SORULAR

1. Vietnam'ın çağdaş tarihinin özellikleri nelerdir?
2. Çağdaş Vietnam edebiyatının özellikleri ve önemli olayları nelerdir? (Okuma parçasını okuyunuz.)

KÜBA

Küba kurtuluş hareketleri

Güney Amerika'nın kuzeyi ile Meksika'nın doğusunda, Birleşik Amerika'nın da güneydoğusunda bulunan Karaib denizindeki Küba, Antil adalarının en büyüğüdür.

Doğudan batıya doğru bir timsah gibi uzanır.

Güneydoğuda hayvan yetiştirmeye elverişli olan dağlık bölge bir yana bırakılırsa, adanın geri kalan bölümünde yer yer kalkerli ovalar ve yaylalar uzanır. Küçük birkaç ırmağın suladığı bereketli topraklarda, tarihin her döneminde çeşitli bitkiler yetiştirildiği halde, son zamanlarda burası yalnız şekerkamışı, kahve ve tütünden oluşan –sömürgelere özgü– tek tip ürün yetiştiren bir tarım ülkesi haline gelmişti.

Büyük bir yeraltı zenginliğine sahip olan adanın 7 milyona yakın nüfusunu, Güney Amerika'nın İspanyollarca istilası sırasında buraya gelip yerleşen İspanyollarla, Kızılderili denilen –ve sayıca yok denecek denli az olan– yerliler ve –16. yüzyıldan başlayarak çalıştırılmak üzere getirilmiş– Afrikalı zenci köleler oluşturur.

Bereketli bir toprağa bağlılık, dışardan gelenlerin (önce İspanyollar, sonra Amerikalılar) kendilerini sömürdükleri duygusu, 19. yüzyılda, ortaya özgün bir ulus çıkarmıştır.

Küba'nın çağdaş tarihi, **"sömürgecilikten kurtulmak"** için verilen mücadelelerle doludur. Çoğu, Birleşik Amerika'ya karşı verilen mücadelelerle...

Bugünkü rejim

Bugünkü Küba rejimi, 1 Ocak 1959'da, **Fidel Castro'**nun "guerilleros"larının **Batista'**nın tutucu ve korkunç diktatörlüğüne karşı zaferi sonucunda kuruluyor.

Fidel Castro, başlangıçta, sosyalist değildi. Bununla beraber, kurduğu rejim, ekonomiyi sosyalistleştirdi. Çünkü, bu ekonomi, bütünüyle yabancı –özellikle Amerikan– ortakların egemen olduğu, sömürge tipinde bir ekonomi idi.

Fidel Castro, yavaş yavaş sosyalizme kaydı. Çünkü, kurduğu rejime karşı Birleşik Amerika'nın beslediği düşmanlık, kendisine başka bir yol bırakmıyordu. Küba, kapitalist ve yarı feodal bir yapıdan sosyalist kesimin egemen rol oynadığı bir yapıya çok hızlı olarak geçmiş bir ülkedir. Dünyanın hiçbir ülkesi, bu denli kısa zamanda bu türlü yapı değişiklikleri geçirmemiştir. Bu yapı değişiklikleri, hatta sürekli denebilecek bir hareket içinde olmuştur; hem de nitelikçe bir kopma olmadan ve siyasal kadroda pek önemli bir değişikliğe uğramadan...

Küba'da bugünkü siyasal kurumlar, aslında pek basittir; parlamento yoktur. Bütün yetkiler cumhurbaşkanı ile bakanlar kurulundadır. Cumhurbaşkanını halk seçer. Bakanlar kurulunu ise cumhurbaşkanı seçer. Bununla beraber, çeşitli konularda, halk referandum yolu ile katılır. Yetkilerin böylesine "tek elde" toplanmasına örnek verilebilecek pek az sosyalist rejim vardır. Öyle de olsa, Küba rejimi, siyasal bakımdan, öteki sosyalist ülkelerden daha liberaldir.

Resmi planda Küba'da çok partililik vardır. Fiili planda ise, tek bir parti görülüyor: 1965'ten önce **"Küba Sosyalist Devrim Partisi"** adını taşıyan Komünist Parti. Komünist Parti'nin devlet yönetimindeki rolü sosyalist ülkelerde olduğu gibidir.

Bütün bunlara karşın, Küba'da bugün, temel siyasal güç, aslında Fidel Castro'dur.

DAHA ÇOK BİLGİ

Küba Devrimi, *Devrimler ve Karşı-Devrimler Tarihi Ansiklopedisi*, c. 1, s. 97-120.

OKUMA

KÜBA'DA KÜLTÜR SİYASETİ

Gerek edebiyatta, gerek göze ve kulağa seslenen öbür sanatlarda uygulanagelmekte bulunan **anlatım özgürlüğünün** temeli, Başkanımız Fidel Castro'nun ünlü *Palabras a los intellectuales* (aydınlara sözcükler) adlı söylevinde açıkladığı kültürel siyasete dayanmaktadır. Bu söylev, yaratıcının, anlatacağı şeye en uygun gelecek biçim ve deyişi seçip seçemeyeceği konusundaki bütün kuşkuları ortadan kaldırdı, ayrıca devrimci olmayan yazarların izleyeceği yolu da çizdi. **Bütün sanatsal eğilimleri hoş karşılayan** bu bilgece tutum, Küba'daki geniş sanatsal verimi açıklayan başlıca nedenlerden biridir. Bununla birlikte, Fidel Castro'nun devrimci olmayan aydınların durumuna parmak basması çok daha önemlidir: "Devrim, ancak **yola gelmeyecek derecede gerici, karşı devrimci** olanları gözden çıkaracaktır... Devrim bu gerçeği anlamalı, dolayısıyla da, sahiden devrimci olmayan bütün sanatçı ve aydınları Devrim içinde çalışabilecek bir ortama kavuşturacak, onların yaratıcı aklını, devrimci yazar ya da sanatçı olmasalar bile, Devrim içinde eser verebilecek olanak ve özgürlüğe sahip kılacak biçimde davranmalıdır. Bunun anlamı şu: **Devrim içinde her şey yapılabilir; ama Devrim'e karşı hiçbir şey yapılamaz."**

Karşı-devrimciler bir yana, herkese gösterilen bu anlatım özgürlüğü ve olanağı, Devrim'in türlü eğilim ve görüşteki aydınlarca kararlı bir biçimde desteklenişinin başlıca nedenlerinden biridir.

(Jose Rodriguez Feo, "Küba'da Edebiyat",
çev. Bertan Onaran, *Yeni Dergi,* sayı 50, s. 329)

ANGELA DAVIS

Güzel olduğunu söylemeye gelmedim.
Biliyorum, güzelsin.
Ama konu bu değil şimdi,
konu ölünü istemeleri,
Kafatasını istiyorlar, Angela,
Jackson'un, Lumumba'nın kafatasları gibi,
Büyük Şef'in çadırını süslemek için.

Ve biz
gülüşünü istiyoruz senin.

Değiştireceğiz kin duvarlarını
havanın saydam duvarlarıyla,
çektiğin acıların çatısını
bulutların, kuşların çatısıyla,
başında nöbet tutan gözcüyü
elinde kılıç tutan bir melekle.

Nasıl da yanılıyor cellatların, Angela!
Sert ve ışıltılı bir dokudan yaratılmışsın,
paslanmaz bir atılımdan;
güneşlere, yağmurlara karşı koyarsın,
rüzgârlara, aylara,
karşı koyarsın fırtınalara.
Düşler vardır hani,
o düşlerde heykellere can verir zaman
ve boyuna türküler yaratır,
sen o düşlerin parçasısın.
Aşktan söz etmeye gelmedim buraya,
seni sevdiğimi söylemeye gelmedim,
seni tutkuyla istediğimi...
Ah, konu bu değil şimdi.
Güçlüsün, dirençlisin, bunu söyleyeceğim,
yapışırsan boğazlarına, kırarsın kafalarını
seni diri diri yakmak isteyenlerin
ülkenin güneyinde bir direğe bağlayıp,
kor kesilmiş bir direğe bağlayıp
yapraksız bir meşe ağacına bağlayıp
güneyde alev alev bir çarmıha bağlayıp
seni yakmak isteyenlerin boynuna sarılırsın.

Beceriksiz bir düşman bu,
Kendi sesiyle bastırmaya kalkıyor senin sesini,
ama biliyoruz hepimiz
yalnız senin sesin çınlıyor şimdi,
bir dinamit gibi patlıyor gecede
tutuklanmış bir şimşek gibi çakıyor,

göklere yükselen bir alev gibi,
ışığında zencileri gördüğümüz,
yırtıcı tırnaklarıyla zencileri,
ve yoksul insanları, öfkeli insanları gördüğümüz
bir yıldırım gibi düşüyor sesin.

İçinde yaşadığım o gerçekleşmiş düşten,
kararlı insanların yanından,
bu azgın ama dostça denizin kıyısından,
yırtıcı dalgalara bakarak rıhtımda,
bağırıyorum, sırtına biniyor rüzgârın sesim,
o büyük rüzgâr götürüyor sesimi
benim rüzgârım babamız Karaipler.

Adını söylüyorum, Angela, bağırıyorum.
Kavuşturuyorum ellerimi, yalvarmak için değil,
yakarmak için değil cellatlarına,
alkışlamak için seni,
tutmak için elimde senin ellerini,
güçlü ellerini, o güçlü ellerini,
senin olduğumu bilmen için, Angela

Nicolas Guillen
(Çev. Ülkü Tamer)

SORULAR

1. Küba'da kurtuluş hareketleri nasıl bir yol izlemiştir ve sonucu ne olmuştur?
2. Küba'da bugünkü rejimin özellikleri nelerdir?
3. Küba'da bugün nasıl bir kültür siyaseti izlenmektedir? (Okuma parçasını okuyunuz.)

III
ÜÇÜNCÜ DÜNYA

20. yüzyıl başladığında, bir tek dünya vardı: Egemenliğini hemen bütün yeryüzüne kabul ettirmiş **"Batı dünyası"**. Bir başka deyişle "kapitalist dünya". 1917'lerden başlayarak ikinci bir dünya doğar: **"Sosyalist dünya"**. II. Dünya Savaşı'nın bitiminden bu yana da, kitaplarda bir "Üçüncü Dünya" terimi yer almıştır.

Nedir Üçüncü Dünya?

Üçüncü Dünya, **"azgelişmiş"** de denen, belli nitelikleri olan birtakım toplumların oluşturduğu bir dünya.

O toplumlarda, kapitalist olsun, sosyalist olsun, "ileri sanayi" aşamasına varmış toplumların niteliklerine rastlanmaz. Bambaşka gerçeklerin, bambaşka sorunların dünyasıdır bu. Günümüzün iktisatçıları, sosyologları, demografları ve politikacıları da, bu ayrı dünyaya giren ülkeleri, "gelişmiş" ülkelerden ayırt etmek için bu deyimleri kullanmaktadır.

Bu bölümde işte bu Üçüncü Dünya'nın, azgelişmiş ülkeler dünyasının gerçeklerini ve sorunlarını ele alacağız; bu dünyayı oluşturan başlıca gruplardan söz açacağız.

BÖLÜM I

AZGELİŞMİŞLİK NEDİR?

İktisadi ve sosyal bakımdan **"azgelişmiş ülke"** deyince, "gelişmiş" kapitalist ve sosyalist ülkeler dışında kalan ülkeler anlaşılır.

Ancak, her şeyden önce, nedir **"azgelişmişlik"**?

Azgelişmişliğin, gelişmişlikten ayrılan **"belirtileri"** nelerdir?

Ve hangi **"etkenler"** azgelişmişliği doğurmuştur ve bugün de sürdürmektedir?

AZGELİŞMİŞLİĞİN BELİRTİLERİ VE ETKENLERİ

Bir ülkenin "azgelişmişliği"ni gösteren çeşitli belirtiler vardır.

Ve bu belirtilerden hiçbiri de "gelişmiş" bir ülkede yoktur.

Azgelişmişliğin belirtileri

Azgelişmişliğin, gelişmişlikten ayrılan belirtileri nelerdir?

Bir ülkede okur-yazar olmayanların çoğunlukta olması, kadının erkekten aşağıda tutulması, beslenme yetersizliği, sağlığı korumada yetersizlik, milli ve iktisadi bütünlüğün zayıflığı, yapısal işsizlik, ortalama ulusal gelirin düşüklüğü, sınırlı bir sanayileşme, tarımda uğraşanların çokluğu ve şişkin bir hizmet kesimi, iktisadi bakımdan –özellikle– kapitalist ülkelere bağımlılık... Akla ilk gelen belirtiler oluyor.

Bunlardan birkaçı üzerinde durmak, konuya berraklık getirmesi bakımından yararlı olacak.

– **"Ümmilik"** (*analphabetisme*) kelimesiyle dile getirilen, genel nüfus içindeki okur-yazar olmayanların oranı bakımından azgelişmiş ülkelerle gelişmiş ülkeler arasında önemli bir fark vardır. (Gelişmiş ülkelerde 10 ve daha yukarı yaşlarda okur-yazar olmayanların bütün nüfusa oranı % 0-5 arasında değişirken; bu oran azgelişmiş ülkelerde % 90'a dek ulaşmaktadır).

Azgelişmiş ülkelerle gelişmiş ülkelerde okur-yazar oranlarındaki bu büyük farkı şu nedenlere bağlamak olası: Ulusal gelirden eğitim ve öğretim için ayrılan miktar yetersiz kalmaktadır: Azgelişmiş ülkelerde yeterli öğretmen, okul ve ders aracı yoktur; hele çeşitli dillerin konuşulduğu azgelişmiş ülkelerde, bu durum engelleyici ve eğitimin maliyetini yükseltici bir rol oynamaktadır; eğitim nimetinden faydalanmada cinsiyet, yerleşme düzeni (köy ve kent yerleşmeleri) ve sosyal sınıflar açısından büyük farklar vardır.

Azgelişmiş ülkeler bakımından, durumu daha da kötüleştiren bir olay, **"beyin göçü"** adı verilen ve gelişmiş ülkelere doğru yönelen kalifiye insanların yurtlarından ayrılmaları olayı. Gelişmiş ülkeler arasında bundan en çok yararlanan da Birleşik Amerika olmaktadır.

– Objektif bir ölçü olarak kabul edilen **"ulusal gelir"**, azgelişmiş ülkelerle gelişmiş ülkeler karşılaştırılmasında en çok başvurulan ölçülerden biridir. Çünkü "ulusal gelir"in sayılarla belirtilmesinin, iktisadi durumu göstermesi kadar, sosyal ve kültürel durumlarla da yakın bağlılığı vardır.

Ulusal gelirin gelişmiş ve azgelişmiş ülkelerdeki özellikleri şöyle özetlenebilir:

Ulusal gelirin artışı, gelişmiş ülkelerde, azgelişmiş ülkelerden daha büyük ve daha hızlı olmaktadır. Azgelişmiş ülkelerde, ulusal gelirin dağılışında, sosyal sınıflar ve bölgeler bakımından büyük eşitsizlikler vardır. Bu tür ülkelerde, ulusal gelirin çok büyük bir kısmı, küçük bir azınlığın eline geçer. Örneğin ulusal gelirin % 80'ini % 5'lik bir azınlığın ele geçirdiği ülkeler vardır Üçüncü Dünya içinde.

– Genel olarak gelişmiş ülkeler, en başta sanayinin çok gelişmiş olduğu ülkelerdir. Azgelişmiş ülkelerde yaygın olan tarım yaşamının yanı sıra, **sınırlı bir sanayileşme** görülmektedir. Bir yandan, tarım kesimi ile birlikte ele alınmayan hızlı bir sanayileşme, ödemeler dengesinde açık, enflasyon, hızlı bir kentleşme ve geleneksel sosyal yapıda anarşi yaratırken; bir yandan da azgelişmiş ülkelerin sanayileşmesi bazı engellerle karşılaşmaktadır. Bu engellerin, iktisadi çevrelerin kusurları, sosyal ve demokratik sorunlar, üretim etkenlerinin yetersizliği olmak üzere başlıca üç grupta toplandığı görülür.

– Azgelişmiş ülkeleri gelişmiş ülkelerden ayıran güvenilir ölçülerden biri de, çalışan nüfus içinde **tarımla uğraşanların** büyük oranlarla yer almasıdır. Gelişmiş ülkelerde tarım kesiminde çalışan nüfus oranının düşük olmasına karşılık, azgelişmiş ülkelerde bu oran % 40'ı aşarak, örneğin Kongo'da % 86'ya varmaktadır.

Azgelişmiş ülkelerde, sınırlı bir sanayileşmeye karşılık, ticari faaliyet şaşırtıcı bir görünüş kazanmaktadır. Bu ülkelerde aile ekonomisinin yaygın oluşunun "ticaret"i sınırlandırması beklenirken çalışan nüfusun iktisadi faaliyet dallarına göre bölünüşünde **ticaretle uğraşanlar** dikkati çeken bir oran gösterir. Daha da şaşırtıcı olan, ulusal gelirin dağılışında ticaret kesiminin bu ülkelerde aldığı aşırı paydır.

– Son olarak, azgelişmiş ülkelerin ekonomisi, çeşitli bakımlardan gelişmiş ülkelere, özellikle **kapitalist ülkelere** bağlıdır.

Bazı azgelişmiş ülkeler için tarihsel nedenlere dayanır bu bağlılık. Çünkü bu ülkeler, siyasal bağımsızlıklarını kazanmadan önce, sömürge ya da yarı-sömürge döneminden geçmişlerdir ve bunun yarattığı ilişkilerden bütünüyle kurtulamamışlardır.

Bununla beraber, tarihleri boyunca bir bağımlılığa konu olmamış bulunan azgelişmiş ülkeler de, bugün derece farkları ile, iktisadi bakımdan bağımlı durumdadırlar.

Azgelişmişliğin etkenleri

Azgelişmişlik neden doğmuştur? Hangi etkenler, azgelişmeyi ortaya çıkarmıştır ve –bugün de– sürmektedir?

a) Coğrafi etken, tek başına azgelişmeyi belirleyebilir mi?

Coğrafi etkenin, tek başına azgelişmeyi belirleyemeyeceği bir gerçektir. Gerçi, dünya haritasına bakıldığında, azgelişmiş ülkelerin çoğunlukla tropik ve yarı tropik bölgelerde toplandığı görülür. Ancak bunun, azgelişmiş ülke olmakla ilişkisi bulunduğu söylenemez. Çünkü bu kuşak dışında da (Akdeniz çevresinde bazı ülkeler ve Ortadoğu gibi) azgelişmiş ülkeler vardır.

Öte yandan, yalnız İsrail örneği bile coğrafi etkenle azgelişme arasında kesin ve katı bir bağın kurulamayacağını açıkça gösterir.

b) Irk, azgelişmenin etkeni olabilir mi?

Irk etkeni de tek başına gelişmeyi etkileyemez. Gerçi beyaz ırkın üstün olduğu görüşü yaygındır ve Akdeniz, Orta Avrupa, Ortadoğu ile Latin Amerika ülkelerinde, beyaz ırkın egemen olduğunu görüyoruz. Ancak bu ülkeler içinde de azgelişmiş olanları vardır. Bu da, beyaz ırkın üstünlüğünden bahsedilemeyeceğini gösterir.

Bunun içindir ki, coğrafi etken gibi ırk etkenini de azgelişmenin nedeni olarak göstermek doğru olmaz.

c) Din, azgelişmişliği açıklayabilir mi?

Din, toplumların gelişmesinde, onların ileri gitmesinde ya da geri kalmasında nasıl bir rol oynamaktadır? Örneğin bütün Müslüman ülkelerin azgelişmiş ülkeler arasında bulunması ne dereceye kadar dine bağlanabilir?

Başka dinlere göz atmadan, yalnız Müslümanlık ile ilgili olarak şöyle yanıtlayabiliriz bu soruyu: Başlangıçtan 11. yüzyıla değin Müslüman ülkelerdeki büyük ilerleyiş, başta iktisadi ve ona bağlı olarak sosyal gelişme ile ilgilidir. O yüzyıldan sonraki duraklama ve gerileme, başta iktisadi çözülmenin bir sonucu olmuştur. İşte, iktisadi ve sosyal koşulların zaman içinde değişikliği, Müslümanlığın değişik biçimlerde yorumlanmasına neden olmuştur: İktisadi bakımdan gelişmiş bir dönemde ve çevrede, Müslümanlık ilerlemeye yardım eden bir biçimde yorumlanırken, iktisadi çözülüş ve gerileyiş döneminde ve bu durumdaki çevrelerde Müslümanlık gelişmeyi engelleyici biçimde yorumlanmıştır. Ve bunun doğal sonucu olarak da, engelleyici bir yoruma tabi tutulduğu ülkelerde ve zamanlarda da, Müslümanlık, toplumların ilerlemesine çeşitli biçimlerde engel olan bir din halini almıştır. Daha kısa bir deyişle, Müslümanlık ülkelerin geri kalışında etken olmamıştır.

Olamazdı da...

Sonuç olarak denilebilir ki, azgelişmeyi tek bir etkene dayanarak açıklamak olası değildir. Azgelişmişlik, bir "karmaşıklık" içinde karşımıza çıkmaktadır aslında. Ancak, hemen bütün azgelişmiş ülkeler için geçerli olan bir tarihsel neden vardır ki, azgelişmişliğin genel çerçevesini çizmiştir ve bugün de çizmektedir.

Nedir o?

Batı kapitalizmi ve emperyalizmi.

d) Kapitalizm, emperyalizm ve yeni sömürgecilik

Gerçekten 15. ve 16. yüzyıllarda "büyük keşifler"le başlayan **"Batı sömürgeciliği"**, genellikle doğal zenginliklerin ve değerli madenlerin talan edilmesine dayanıyordu. Fethedilen yerler anatavanın bir çeşit çiftliği durumundaydı, 18. yüzyılın sonlarından kalkarak –önce İngiltere'de olmak üzere– başlayan Sanayi Devrimi ile, bu eski tip sömürgeciliğin yerini, anavatanda elde edilen fabrika ürünlerine pazar bulmak çabası aldı. Kapitalist ülkeler, kendi üretim düzenlerini, yani kapitalizmi ayakta tutabilmek için, büyük **"hammadde ve pazar imparatorlukları"** kurarak dünyayı paylaştılar. Doğaldır ki, bu paylaşma, kendi aralarında da zaman zaman büyük çatışmalara neden oldu. Özellikle I. ve II. Dünya savaşlarının kaynağında, en başta bu paylaşmanın ortaya çıkardığı uzlaşmazlıklar yatar.

Burada, konumuz bakımından asıl dikkat edilecek nokta şudur: Batı kapitalizminin hammadde deposu ve pazarı haline getirilen bütün ülkeler, bugün "azgelişmiş ülkeler" diye adlandırılan kategorinin içine girmektedir. Bütün bu ülkeler, Batı'da olduğu gibi "kapitalizmi" kuramadıkları gibi, "Sanayi Devrimi"ni de gerçekleştirememişlerdir. Ama bu "geri kalış"ın nedeni –en başta– "Batı kapitalizmi"nin kendisidir. Çünkü Batı kapitalizminin varlığını sürdürebilmesi, bu ülkelerin bir "hammadde deposu" ve "pazar" olarak kalmasını zorunlu kılmaktaydı. Başka bir deyişle, bu ülkeler, "Sanayi Devrimi"ni gerçekleştirdikleri takdirde, giderek Batı kapitalizminin pazarı olmaktan kurtulacaklarından ve bu da –doğal olarak– Batı kapitalizminin aleyhine olacağından, bu ülkelerin böyle bir süreç içine girmelerine, Batı her türlü yola başvurarak –çok kez silah zoruyla– engel olmuştur. Böylece, azgelişmiş ülkelerin "geri kalmışlığı"ndan değil, aslında **"geri bırakılmışlığı"**ndan bahsetmek daha uygun düşer tarihsel gerçeklere.

Çeşitli nedenlerle, II. Dünya Savaşı'ndan sonra, artık silah zoruyla toprak elde edip sömürge ve pazar durumuna getirmek yolu terk edildi. Doğaldır ki, bu gelişmede en önemli etken "Üçüncü Dünya"nın uyanışı ve **"ulusal bağımsızlık hareketleri"**nin şiddetlenişi oldu. Bugün –dünya kamuoyunca pek "ayıp" karşılanan– "askerî işgal" yoluna arada sırada yine başvurulduğu oluyor ama, **"yeni sömürgecilik"** denen yollar kullanılıyor genellikle.

Nedir yeni sömürgecilik?

Yeni sömürgecilik, kapitalist sömürgecilik ve emperyalizmin, azgelişmiş ülkede ulusal bağımsızlık kazanıldıktan sonra süren biçimine verilen ad. Ulusal bağımsızlık kazanılmıştır ama, eski sömürgeci ülkeyle iktisadi bağlantılar sürmektedir ya da başka birtakım kapitalist ülkelerle –yine sömürülmeye dayanan– yeni ilişkiler kurulmuştur. Yeni sömürgecilik arkasında koşan devletler de, sömürecekleri ülkelerde sağlam bir sosyal temele dayanabilmek için, kendi kültürlerini yaymak, özellikle **"yabancı sermaye ile kalkınma zorunluluğu"** gibi kavramları benimsetmek yoluna gitmekte, hatta gerektiğinde, kendilerine yakın çevreleri iktidara getirmek için siyasal tertiplere girişmekten kaçınmamaktadırlar. İnsancıl düşüncelere dayanır gibi gözüken "dış yardımlar", çoğu zaman, yeni sömürgeciliğe doğru atılmış birer adım olmakta, yardımda bulunan ülke ile yardım alan ülke arasındaki ticaret ilişkilerini geliştirmek ve giderek azgelişmiş ekonomileri denetim altında tutmak hedeflerine yönelmektedir.

İşin içine, siyasal ve askerî amaçlar da girmektedir doğallıkla.

Yeni sömürgecilik, azgelişmiş ülkelerde, genellikle **"tutucu"** güçlerle işbirliği yapmaktadır. Ancak, bu güçlerin toplum düzenini altüst olmaktan kurtaramayacağını gördüğü hallerde de, hafif **"reformcu"** hareketlerle işbirliği yapmayı kendisi için daha kârlı bulmaktadır.

AZGELİŞMİŞ ÜLKELERDE SOSYAL SINIFLAR VE SİYASAL REJİMLER

Azgelişmiş ülkelerde sosyal sınıflar

Sosyal sınıflar bakımından azgelişmiş ülkelerle Batılı ülkeler karşılaştırıldığında şu noktalar dikkati çekiyor:

– Bu ülkeler, temelde birer tarım ülkesi olduğundan, sanayileşme de yeni ve zayıf olduğundan, nüfusun büyük bir bölümünü **köylü** kitleler oluşturur. "Feodal" ilişkilerin köylü kitleler üzerinde ağırlığını hâlâ duyurduğu bazı azgelişmiş ülkelerin bulunduğu da görülüyor.

– Azgelişmiş ülkelerde işçi sınıfı, sayı, örgütlenme derecesi ve yapısı bakımından ülkeden ülkeye büyük farklar gösteriyor. Bazı ülkelerde, kendi partileri çevresinde toplanmış bilinçli bir işçi sınıfı vardır; bazılarında ise, işçi sınıfı henüz ilk adımlarını atmakta ve örgütlü politik bir güç olarak ortaya çıkamamaktadır. Bazı azgelişmiş ülkelerde ise, sanayi işçisi ya yoktur ya da yeni yeni ortaya çıkmaktadır.

– Bu karşılaştırmada **"orta sınıflar"**ın durumu da dikkati çekmektedir.

"Orta sınıflar" deyince, toplumda bağımsız olarak çalışanların oluşturduğu kesim anlaşılır. Bu sınıfın içine, bir kısım esnaf, bağımsız zanaat erbabı, orta memur tabakası, serbest meslek erbabı, müstahdemler, orta ve küçük satıcılar girmektedir.

Gelişmiş ülkelerde, bir ölçüde "denge ve kararlılık öğesi" olarak rol oynayan, iktisadi ve kültürel gelişmelerde bir yeri olan orta sınıfların azgelişmiş ülkelerde neden bu rolü oynamadıkları sorulabilir. Hemen akla gelen, orta sınıfların azgelişmiş ülkelerdeki zayıflığıdır. Gerçekten, gelişmiş ülkelerin sınıf piramidinde orta sınıfların büyük yer tutmasına karşılık, azgelişmiş ülkelerde orta sınıflar az yer tutar. Örneğin Fransa'da nüfusun % 30'unu, İngiltere'de % 33-37'sini ve Birleşik Amerika'da % 50'sini orta sınıflar oluştururken, bu oran azgelişmiş ülkeler için % 5-10 arasında değişmektedir.

Azgelişmiş ülkelerde orta sınıfların zayıf olmasının nedenleri arasında şunlar var:

– Batılı toplumlar, **feodalite döneminden geçerek ulus halini almışlardır.** Bu dönemde köylülerin özgürlüklerini kazanmaları, büyük kentlerin kurulması, ticaret yaşamıyla sanayiye başlangıç olan el sanatları, bu ülkelerde orta sınıfların çekirdeğini oluşturmuştur. Oysa azgelişmiş ülkeler bu tarihsel gelişimin dışında kalmışlardır.

– Azgelişmiş ülkelerde, iktisadi faaliyetlerin **dış güçler yararına** işletilmesi, orta sınıfların gelişmesini sınırlandırmıştır. Çünkü çoğu hallerde, özellikle sömürge döneminde, iktisadi ve ticari faaliyet yabancılarca yürütülmüştür.

– Azgelişmiş ülkelerin –zayıf da olsa– burjuvazisi, yaratıcı iktisadi faaliyetler yerine **spekülasyona** ve aracılığa eğilim duymuştur. Hâlâ da duymaktadır...

Sonuç olarak, azgelişmiş ülkelerde, orta sınıflar nicelik ve nitelik olarak zayıftır. Kendilerinden beklenen görevleri yerine getirdikleri kolaylıkla söylenemez. Buna karşılık, azgelişmiş ülkelerin gelişmiş ülkeler düzeyine ulaşmalarını orta sınıfların gelişmesine bağlı görenler de vardır. Çünkü, bunlara göre, iktisadi gelişmenin öncüsü olan, rizikoyu göze alarak yatırım faaliyetine girişen "girişimci" tip, orta sınıflardan çıkar.

Azgelişmiş ülkelerde siyasal rejimler

Azgelişmiş ülkeler, ister uzun bir geçmişe dayansınlar, ister bağımsızlıklarını yeni kazanmış olsunlar, geleneksel demokratik kurumlardan yoksun bulunmaktadırlar. Bu ülkelerin sosyal yapıları, çeşitli biçimler altında **otoriter yönetim** eğilimlerini beslemektedir. Öyle ki, "demokratik yönetim"in yürürlükte olduğu azgelişmiş ülkelerde bile kendini göstermektedir bu eğilim.

Gerçekten monarşi ya da **diktatörlük** ile yönetilen azgelişmiş ülkelerin yanı sıra, görünüşte **demokratik kurumları** olan azgelişmiş ülkeler de vardır. Başta seçim ve parlamento olmak üzere ülkenin yönetiminin "halk iradesi"ne dayandığı kanısını veren bir durumun olmasına karşın, bu demokratik görünüşün altında –çok kez– bir çeşit "zümre egemenliği" hüküm sürmektedir.

Azgelişmiş ülkelerde demokratik yönetimle birlikte ortaya çıkan başlıca üç görünüş vardır:

– Tek parti eğilimi.

Özellikle Ortadoğu ve Afrika ülkelerinde tek parti eğilimine **"Kemalist"** tek parti modellik etmektedir. Ne var ki, özellikle iktisadi bakımdan yetersiz sayılmaktadır bu model.

– Egemen partili rejim.

Bu rejim, "demokratik çoğulculuk" ile "tek partili diktatörlük" arasında yer almaktadır: Ülkede birçok partiler vardır, ama bunların içinde biri, çeşitli nedenlerle –sürekli olarak– siyasal iktidara egemen bulunmaktadır. **"Meksika modeli"** de denen bu rejim, "başkanlık sistemi" ile birleşmiş olarak, Latin Amerika ülkelerinde yaygındır.

– Silahlı güçlerin ağırlığı.

Askerlerin siyasete müdahalesi, azgelişmiş ülkelere özgü bir durumdur.

Her şeyden önce, bu ülkelerin yapılarında toplumsal güçsüzlük egemendir. Bu genel güçsüzlük ortamında, "en iyi örgütlenmiş" ve "en etkili güç" olan ordu, kendiliğinden siyasal sisteme ağırlığını koyabilmektedir.

Ayrıca, azgelişmiş ülkelerin büyük çoğunluğunun ulusal kurtuluş savaşından yeni çıkmış olmasından dolayı, siyasal ve askerî kadroların iç içeliği ve rol karmaşıklığı, savaştan sonra da etkinliğini sürdürmektedir.

Bu ülkelerde izlenen bir başka önemli olgu da şu: İktisadi ve kültürel bakımdan egemen olan **"atomlaşma"** genel güçsüzlüğe katkıda bulunurken, "uluslaşma" sürecini de geciktiriyor ve ulusal savunma görevini üstlenmiş olan orduya, müdahale için, hem olanak, hem de gerekçe hazırlamış oluyor.(1)

Azgelişmiş ülkelerde zaman zaman karşılaşılan askerî yönetim –her ülkede aynı niteliği taşımamakla beraber– çoğunlukla **sosyal adaletten yana, giderek ilerici** görünmektedir. Bunun başlıca nedeni, gelişmiş ülkelerden farklı olarak, azgelişmiş ülkelerdeki orduların **"halkçı"** olmasına yol açan sosyal sınıf ve tabakalardan gelmesidir.

> Ama her şeye karşın, bu tür ülkelerde, ordunun "ilerici" rolünü fazla abartmamak da gerekir. Böyle bir rolün oynanmadığı, tersine "tutucu", giderek "faşist" bir rol oynadığı da çok görülmüştür. Özellikle Latin Amerika'da olanlar, bunun belirgin bir örneğidir.

---

1) Bu konuda şu ilginç yazıya bkz. Türker Alkan, "Azgelişmişlerde Askerî Müdahaleler ve Türkiye..." *Milliyet,* 18 Şubat 1980.

Azgelişmiş ülkelerde görünüşte var olan demokratik kurumlara karşın "seçim"lerin yurttaş oylarını ne ölçüde yansıttığı, araya birtakım etkilerin girip girmediği üzerinde düşünülebilir. Şurası açıktır ki, bu tür ülkelerde seçim mekanizması ve parlamentonun varlığı, demokratik yönetim için yeter değildir. Anayasalardaki parlak ifadelere karşın, "uygulama"lar hiç de tam anlamıyla demokratik bir nitelik taşımamaktadır. Bu farklılığın da azgelişmiş ülkelerin sosyal yapılarına has özelliklerinden doğduğu artık bilinen bir gerçektir.

DAHA ÇOK BİLGİ

Y. Lacoste, *Azgelişmiş Ülkeler* (çev. Y. Gürbüz), İstanbul.

Y. Lacoste, *Sınıf Açısından Azgelişmişlik* (çev. S. Avcıoğlu), İstanbul, 1966.

Cavit Orhan Tütengil, *Azgelişmenin Sosyolojisi,* 3. bası, İstanbul, 1980.

OKUMA

YOKSUL, AMA DEV KENTLER...

2000 yılının dünyası, yeryüzünün **yoksul** toplumlarında **kentlerin patladığı bir çağ** olacaktır. Ne New York, ne Paris ve ne de Londra, yakın gelecekte en kalabalık başkentler denince, ilk düşünülen yerler arasında yer alabileceklerdir. Dünya Bankası'nın yaptığı araştırmalara bakılırsa, Meksiko, 31,6 milyon kişilik nüfusuyla 2000 yılının en dev başkenti olmaya şimdiden adaylığını koymuş gibidir. Sao Paulo 26 milyon, Kalküta 19,6 milyon, Rio de Janeiro ya da Bombay ise, 19 milyon kişilik dev metropoller olacaktır. Bir zamanlar üstünde güneşin batmak bilmediği bir imparatorluğa merkezlik etmiş bulunan Londra, bütün bu yoksul dünya başkentlerinin yanında, ancak 12,7 milyon kişinin yaşayabileceği bir kent görünümündedir.(2) Dünyanın var olan yığılım noktalarını böylesine değiştirme potansiyelini taşıyan olay, **Üçüncü Dünya** diye de tanımlanan yoksul toplumların uyanışı sürecidir. XX. yüzyıl sona erdiği gün, ortalama nüfus artış beklentilerine gö-

2) "The World Bank Report", *The Financial Times,* 16.8.1979, s. 2.

re, yeryüzünün gelişme savaşımındaki genç toplumlarının insan yığınları da **1 milyar** kişi daha büyümüş bulunacaktır.

2000 yılında, toplam emek gücü 1 milyar 250 milyon insana ulaşması beklenen genç toplumlarda, **kentlerin gerçek sorunu,** hem gelir dağılım ve bölüşümünde, hem de sosyal hizmetlerde köklü dönüşümlerin başarılabilmesidir. Dünya Bankası'nın önerdiği çözüm, kentlerde, sorunlarına ağırlık verilen grupların öncelikle yoksul kesimler olmasıdır. Başka bir deyişle, geleceğin büyük kentleri, sağlık, eğitim, konut, ulaştırma alanlarında salt **varlıklı sınıfları gözeten politikalardan** kesinlikle uzak durabilmelidirler...

Kuşkusuz, ussal düşünce yoluyla ulaşılan bu modeli yaşama geçirmek, ne uluslararası yapıdan ve ne de söz konusu toplumların iç sosyopolitik dinamiklerinden soyutlanılabilir. Saf akıl yeryüzüne öylesine kolay biçimde istediği modelleri uygulayabilseydi, tarihin gittiği yol, çok kısa ve kolay olabilirdi. Oysa, bir başka dünya düzeni yaratabilmenin, olağanüstü ağır sınıfsal engelleri ve kurumsal ayakbağları da vardır. Dünyayı değiştirmek için, yeni kentsel uygarlıklarda, yeni bir yığınsal demokrasinin tüm alt ve üstyapılarını kurmak gerekir. Bunun için de, öncelikle, soğuk savaştan devralınan yakın geçmişin bütün darboğazlarının birer birer yok edilmesi zorunlulaşıyor. **Yarının en stratejik düğümü,** büyüyen ve dönüşen Üçüncü Dünya'ya, **toplumcu bir demokrasinin** nasıl yerleştirileceği sorusunda özetlenebilir.

(Ali Gevgilili, "Yoksul, Ama Dev Kentler..."
Milliyet, 23 Ağutsot 1979)

SORULAR

1. "Azgelişmişlik" deyince ne anlaşılır? Belirtileri nelerdir? Hangi etkenler "azgelişmişliği" doğurmuştur? Bu konuda emperyalizmin rolü ne olmuştur?
2. Azgelişmiş ülkelerde sosyal sınıfların tablosu nedir? Bu tablo, kapitalist ülkelerin sosyal sınıflar tablosundan hangi noktalardan farklılıklar gösterir? Niçin?
3. Azgelişmiş ülkelerde siyasal rejimin özellikleri nelerdir? Siyasal yaşamda ne gibi eğilimler ve kurumlar ağır basmaktadır?
4. Azgelişmiş ülkelerde "kentlerin patlaması" olayı deyince ne anlaşılır? Bu ülkelerde kentlerin gerçek sorunları nelerdir? Bu sorunların üstesinden nasıl bir demokrasi gelebilir? (Okuma parçasını okuyunuz.)

BÖLÜM II

KALKINMA VE BAĞIMSIZLIK

Bir azgelişmiş ülkenin en başta gelen özelliği büyük dengesizlikler ve çelişmeler ülkesi olması. Bütün bu dengesizlik ve çelişmeler ise, çözülmesi –olanaksız değilse de– çok güç sorunlar ortaya çıkartmakta. Bu sorunlar iktisadi, sosyal ve kültürel sorunlardır ve hepsi de iç içedir.

Ama bütün bu sorunların çözümü, asıl temel bir sorunun çözümüne bağlıdır ki, o da **kalkınma ve bağımsızlık** sorunudur.

KALKINMA VE ÖNÜNDEKİ ENGELLER

Kalkınmanın anlamı

Özellikle azgelişmiş ülkeler için kalkınma, yalnız **iktisadi** değil, aynı zamanda **sosyal** ve **kültürel** içeriği olan bir kavramdır. Çünkü azgelişmiş ülkelerin, kapitalist ya da sosyalist ülkelere oranla geride kalışı, yalnız iktisadi planda değil, sosyal ve kültürel plandadır da.

Böylece kalkınma bütün bu alanları kapsıyor zorunlu olarak.

Ne var ki, kalkınmanın temelinde, **iktisadi kalkınma** yatar. İktisadi bakımdan kalkınmayan bir ülkenin sosyal ve kültürel kalkınmasını yapması olanaksızdır. Sosyal ve kültürel alanlardaki kalkınma, iktisadi kalkınmayı da beraberinde getirmez. Kalkınma treninin lokomotifi "iktisadi"dir. O götürür sosyal ve kültürel gelişmeyi arkasından.

Nedir iktisadi kalkınma?

İktisadi kalkınma, başta **sanayileşme** demektir.

İktisadi kalkınma ile sanayileşmek, bir bakıma eşanlamlıdır. Kapitalist olsun, sosyalist olsun bütün "ileri" toplumlar, kalkınmalarını en başta sanayileşerek gerçekleştirmişlerdir. O toplumlara bugün aynı zamanda "sanayi toplumu" derken, sanayinin önemi kendiliğinden belirmiş olur. Böylece, içinde yaşadığımız dünyada gerçekten ileri bir toplum düzeyine varmanın yolu sanayileşmektir.

Sanayi, en başta **ağır** sanayi demektir. Ağır sanayi ise **makine yapan makine sanayii**dir.

> Ağır sanayide bugün öncü kesim de, **motor ve donanım sanayii**dir. Bir toplumda, sanayinin yapısında **dinamik** gelişmeleri, ancak, ağır sanayi fabrikaları, makine ve donanım tesisleri sağlar. Bir toplumda **gerçek teknolojiyi** yaratan sanayi kesimleri, işte bu kesimlerdir. Sanayide, giderek toplum olarak, "dışa bağlılığın zincirleri"ni kıran da yine bu kesimlerdir.

Ancak, "kalkınma nedir" sorusunu yanıtlarken, bütün bu söylediklerimiz doğru olmakla beraber, çok önemli bir noktayı da gözden uzak tutmamalıdır: Gerçekten, bir kısım iktisatçılara göre, kalkınma "ekonomik büyüme" ile eşanlamlıdır. Yani ulusal geliri yüksek, üretim hacmi fazla, zengin, sanayileşmiş toplumlar kalkınmıştır. Buna göre, ulusal gelirdeki artışlar, üretimdeki artışlar, dış alımlarla dış satımlardaki artışlar, fabrika sayısındaki artışlar, hep kalkınmanın belirtileridir.

Ne var ki, bir yandan rakamlar, öte yandan da kalkınmayı yalnızca göstergelerin büyüklüğüne bağlamak yanıltıcıdır. Kalkınmanın tek doğru tanımı vardır. Rakam oyunlarıyla çarpıtılamayacak olan, tek bir sınıfın değil, toplumun kalkınması anlamına gelen, kalkınmanın asıl hedefi olan "insan"ı makinelere ve maddeye feda etmeyen ya da geniş emekçi kitleleri bir azınlığın çıkarlarına feda etmeyen tek bir doğru tanım... O da şudur:

Kalkınma, insanı hedef alan bir biçimde, **üretici güçlerin alabildiğine gelişmesi, emek verimliliğinin buna bağlı olarak artması** ve bunun sonucunda da insanın **daha insanca ve doğaya daha fazla egemen** olarak yaşayabilmesidir.

Ne demektir üretici güçlerin gelişmesi?

Doğaldır ki, yalnızca üretim araçlarının, teknolojinin gelişmesiyle sınırlı bir kavram değildir bu. Üretici güçler kavramı içinde **"insan"**, insanın bilgisi, hüneri, aklı ve yaratıcılığı da vardır. Böyle olunca da, üretici güçlerin alabildiğine gelişmesi olarak tanımlanacak kalkınma, bir yerde insanın alabildiğine gelişmesinden başka bir şey değildir.

Kalkınma, yalnız insanlar içindir. "Soyut", havada bir hedefi olamaz kalkınmanın. Böyle bir hedefi varmış gibi göründüğü anda, aslında tek bir sınıfın, sermaye sahibi sınıfın çıkarları doğrultusunda bir kalkınmadır söz konusu edilen.

Kısaca "bir" sınıfın kalkındırılmasıdır bu...

İnsanın alabildiğine ezildiği bir kalkınma modeli, 19. yüzyılın modeliydi. 20. yüzyılın son çeyreğinde, bu model, geçerliğini artık kesin olarak yitirmiştir. "Önce kalkınma, sonra insan" formülü bir aldatmacadan başka bir şey değildir bugün. Özellikle, emekçi kitlelerin de hak ettiği payı alamadığı, giderek yalnızca toplumun dar bir kesiminin sebeplendiği bir kalkınma, artık üretici güçleri gerçekten geliştirici olamaz. Emeğin verimliliğini artırmakta geri kalır.

"İnsan"ı hiçe saydığı için de duraklamaya mahkûmdur.

Sanayileşmenin önündeki engel: Emperyalizm ve yeni sömürgecilik

Azgelişmiş ülkeleri, bugün gerçek anlamıyla sanayileşmekten alıkoyan en başta **emperyalizm** ve özellikle onun yeni sömürgecilik politikasıdır. Emperyalizmin ve yabancı sermayenin sömürü mekanizması ise, son yıllarda, eskisinden farklı biçimlere bürünmüş bulunmaktadır. Bu yeni sömürme yolları, özellikle **"montaj sanayii"** ve **"patent sömürüsü"**nden geçmektedir.

Nedir montaj sanayii denen şey?

Emperyalist sömürünün yeni biçimlerinden biri olan "montaj sanayii" şudur: Emperyalist ülkeler, kendi ülkelerinde belli mamulleri baştan sona imal etmek ve sonra da yarı-sömürge durumundaki ülkelere satmak yolunu –bazı sanayi kollarında– artık terk etmeye başlamışlardır. Şöyle ki, emperyalist ülke, sanayi yatırımını bizzat sömürülen ülkede yaparak, geri kalmış ülkede çok daha ucuz el emeği sağlamakta ve dolayısıyla maliyeti düşürmektedir. Emperyalist ülke, bu yolla, ekonomisi için artık yük olmaya başlamış bazı yan sanayi kollarını ülkesi dışına çıkarmış, ama yine de denetimi elinden bırakmamış olur. Örneğin, otomobilin donanımını dışarıda yaptırır; fakat motorunu kendisi yapar. Ve asıl önemli olan motor sanayiini kendi elinde tutmakla kontrolü de sağlamış olur. Geri kalmış ülkede, aynı zamanda "tekelci" bir sistem de kurabilmiş ise, yabancı sermayenin sömürü oranı daha da artmış olmaktadır doğal olarak.

Ayrıca, montaj sanayiini kurmak, çeşitli dışalım kayıtlamaları yüzünden mallarını azgelişmiş ülkeye rahatça süremeyen emperyalist ülkelere, azgelişmiş ülke pazarlarını ta içinden fethetme olanağını da vermektedir. Yerli sermayedarlarla ortaklaşa kurdukları montaj fabrikalarının, nasıl olsa hammaddesini (bunlar işlenmemiş hammadde olmayıp, montaj sanayiinin kullanacağı parçalar ya da esas maddeler, yani yine sınai ürünlerdir) yine kendileri dışarıdan sağlamakta, kendi ulaşım araçlarıyla azgelişmiş ülkeye bunları taşımaktadırlar. Böylece, yabancı sermaye, montaj sanayiine yatırdığı parayı çok kısa bir süre içinde çıkarmakta ve kısa zamanda kâra geçerek, kazancını kendi ülkesine serbestçe aktarabilmektedir. Ve üstelik geri kalmış bir ülkeyi, o ülkede göstermelik bir sanayi kurarak sömürmenin psikolojik avantajı da vardır. Yabancılar olsun, onların yerli ortakları olan montaj sanayicileri olsun ve bunların hizmetine koşulmuş politikacılar olsun, bütün bu işbirlikçi sınıf ve tabakalar, halka, "Yabancılardan ne istiyorsunuz? Bakın size ekmek kapısı açıyorlar" biçiminde demagoji yapmak olanağını bulabilmektedirler.

Görülüyor ki, montaj sanayii, her şeyiyle kökü dışarıda, ulusal olmayan bir sanayidir. Ve sonuçları bakımından, azgelişmiş bir ülkeyi sanayileştirmesi, giderek kalkındırması şöyle dursun, o ülkenin ulusal bir sanayi kurma olanaklarını da –bütünüyle ortadan kaldırması olasılığı bir yana– en azından engeller.

Azgelişmiş bir ülkede herhangi bir yatırım yapmak gereksinmesini bile duymadığında, emperyalizmin yeğlediği bir başka yol daha vardır: Belli maddelerin üretimi konusunda elde tutulan gizli bir formülü, **"patent hakkı"** biçiminde –ya da **"royalty"** denilen başka biçimlerde– azgelişmiş ülkelere satmak. Her yıl –o malın üretimine hiçbir katkıda bulunmadığı halde– salt patent hakkı ya da royalty yoluyla milyonlarca lirayı kendi ülkelerine aktarır.

Coca-Cola, patent hakkı yoluyla sömürünün tipik örneğidir.

KALKINMANIN ÖTEKİ SORUNLARI VE SOSYAL YAPIDA DEĞİŞİKLİK

Kalkınmanın öteki sorunları

Azgelişmiş ülkelerin kalkınması, tek başına sanayileşme ile de sağlanamaz. Sanayileşmenin yanı sıra tarım sorunlarının, ortaya çıkacak **sosyal** ve **kültürel** başka sorunların da birlikte ele alınması gerekmektedir:

– Sanayileşme, **kentleşme** ve **işgücünün merkezleşmesi** ile beraber yürümektedir. Öte yandan **beslenme, mesken** ve **sağlık** konuları da önem kazanmaktadır. Bunun yanı sıra, gecekonduların ortaya çıkması, kesinleşen sınıf çelişmeleri, ailedeki gevşemenin artırdığı çocuk suçluluğu, yarı köylü-yarı kentli bir yaşamın ortaya çıkardığı sorunlar dikkatleri çekmektedir.

– Sanayileşme ile birlikte **"köyün sorunları"** üzerinde de durulması gerekmektedir.

– Bir başka sorun da **gelirin ve iktidarın bir zümre elinde toplanmasının** önlenmesidir: Azgelişmiş ülkelerin çoğunda, o ülkeler için yaşamsal bir değer taşıyan iktisadi kalkınma amacını bir yana bırakarak, yalnızca servet ve ayrıcalıklarının korunmasına ilgi duyan küçük bir azınlık vardır ve iktidarı da onlar ellerinde tutmaktadır.

– Son olarak, iktisadi gelişmenin sosyal ve kültürel koşulları, kalkınmadaki yeri gözetilerek **"insan"**ın ele alınmasıyla sağlanabilir. Bu da, bir yandan eğitim ve öğretim yoluyla, "kalkınma"nın gerektirdiği nitelikte ve sayıda "insan"ın yaşama hazırlanması, bir yandan da insan gücü ve bilgi birikiminin iyi bir biçimde kullanılması ile olasıdır.

Sosyal yapıda değişiklik

Yer yer ve zaman zaman birer "çıkmaz" görünüşünü alan bütün bu çetin sorunların çözülmesi zorunluluğu, azgelişmiş ülkeleri, bir başka önemli sorunla karşı karşıya getirmektedir ki, o da **sosyal yapı değişikliği** sorunudur. Günübirlik önlemlerin, geçici çabaların zaman savurganlığından başka bir şey olmadığı, bugün iyice anlaşılmıştır. Çeşitli yanları ile bir bütün olan azgelişme olayı, ancak bütün kesimlerdeki ahenkli bir atılım ile ortadan kaldırılabilir. Bu durumda, devletin rolü ve görevleri artmakta, iktisadi ve sosyal planlama önem kazanmakta, var olan dengesizlikleri ortadan kaldırmak için çeşitli alanlarda **köklü değişiklik** gereksinmesi kendini göstermektedir.

Azgelişmiş ülkelerin geçmişiyle ve bugünüyle ilgili bütün bu bilgiler bize şu iki temel gerçeği öğretiyor:

– Azgelişmiş bir ülke, başta iktisadi bakımdan emperyalizme **"bağımlı"** bir ülke olup, bu bağımlılık gitgide artmaktadır. Bunun gibi, azgelişmiş ülkeler, **"kapitalist yol"**dan **kalkınma olanağını yitirmişlerdir.** Bu yolu denedikçe emperyalizme bağımlı kalmaya da mahkûmdurlar.

– Emperyalizme bağımlılık ve onun bir pazarı olma, siyasal yaşamda da kendini göstermekte, ülke bağımlı hale geldikçe **siyasal iktidarların işbirlikçi niteliği** artmakta, onların bu niteliği arttıkça da **emperyalizmin sızması** –aynı oranda– çoğalmaktadır.

Bu iki olay, bize bir ülkede, ekonomik yapı ile siyasal yapı arasındaki yakın ilişkiyi açık bir biçimde göstermektedir. Bu ilişki, azgelişmiş ülkelerde çok daha derindir.

Azgelişmiş bir ülkede, kalkınmanın –aynı zamanda "emperyalizme bağlılık" ile **"emperyalizmin işbirlikçilerinin ortadan kaldırılması"**na yönelmiş– başlıca programının şu olması gerekir:

– **Temel sanayi kollarında** yabancı sermaye yatırımlarına son vermek ve var olan yabancı sermaye kuruluşlarını da **millileştirmek;**

– Emperyalizmin azgelişmiş bir ülke içindeki kolu olan **dış ticareti, bankacılığı** ve **sigortacılığı millileştirmek;**

– Emperyalizmin o azgelişmiş ülkeyi bir daha pazar haline getirmemesi için, **devlet öncülüğünde sanayileşme,** bunu da **merkezî ve buyurucu bir planlamayla** gerçekleştirmek;

– Emperyalizmin azgelişmiş ülkelerin birçoğundaki kolu olan yarı feodal ilişkilere son vererek, büyük köylü kitlelerinin kurtuluşuna olanak sağlayacak bir **toprak reformu** yapmak.

DAHA ÇOK BİLGİ

Fethi Naci, *Az Gelişmiş Ülkeler ve Sosyalizm,* 2. Bası, 1966.

Fethi Naci, *Askerî Darbeler ve Demokrasi,* İstanbul, 1966.

Harbi - Rodriguez - Vien, *Sosyalizm ve Köylüler* (çev. A. Tokatlı), İstanbul.

Osman Nuri Koçtürk, *Yeni Sömürgecilik Açısından Gıda Emperyalizmi,* Ankara, 1966.

Malawya, *Sovyetler Birliği ile Azgelişmiş Ülkeler Arasında Ekonomik İşbirliği* (çev. Selahattin Hilav), İstanbul, 1965.

Vasili Vahruşev, *Yöntemleri ve Manevraları ile Yeni Sömürgecilik* (çev. A. Cemgil), İstanbul, 1978.

J. Woddis, *Milliyetçilik ve Enternasyonalizm* (çev. A. Koç), İstanbul, 1975.

OKUMA

YOKSUL TOPLUMLAR NEYE DAYANMALIDIRLAR?

(Sorbonne Üniversitesi'nden Prof. Tibor Mende, özellikle Üçüncü Dünya ekonomileri konusunda çağımızın en ünlü otoritelerinden birisidir. Aşağıdaki ilginç konuşmada Prof. Mende, varlıklı ve yoksul toplumlar çatışmasına ilişkin sorunları ele almaktadır).

– Dünyanın varlıklı ve yoksul ülkeleri arasındaki **uçurum** her yıl biraz daha büyümektedir. Bu durumu değiştirecek bir çare var mıdır?

MENDE– Bir **aldatmaca** ve tuzak olan mevcut yardım sistemi ile azgelişmişlik uçurumunun değiştirilmesine imkân yoktur. Zira, dış yardımlardan en büyük çıkarı sağlayanlar, azgelişmiş ülkelerde **statükonun** temsilcisi olan **yönetici üst sınıflardır.** İktidardaki bu sınıflar o ülkelere daha önce egemen olan yabancı güçler tarafından kendi isteklerine kolayca uyacakları için güvenilerek bu yere getirilmişlerdir... **Tüketim düzeyleri** ise toplumun öteki sınıflarının çok üstünde, dolayısıyla dışındadır. Ülkelerinin gübreye ihtiyacı varken bunlar teyp satın alırlar. Çocukları ileri cerrahlık ve yabancı edebiyat öğrenimi görürlerken, gerçekte tarımcılara ihtiyaç vardır. Azgelişmiş ülkeler **yeni iş alanları yaratmak zorundadırlar.** Fakat gelişmiş ülkelerin sattığı **modern teknoloji** işsizliği artırmaktadır...

– Yakın zamanda *Dış Yardımdan Yeni Sömürgeciliğe – Başarısızlığın Dersleri* adlı bir kitap yayımladınız. **"Yeni sömürgeleştirme"** terimini neden seçtiniz?

MENDE– Zengin ülkeler ile azgelişmiş ülkelerin yönetici sınıflarının çıkarları öylesine iç içe girmektedir ki, bu olay –belki de hiç istemeksizin– **ekonomik bozulmayı** devam ettirmekte ve dışa bağlılığı görülmemiş biçimde artırarak durumu **yeni bir ekonomik sömürgeleştirmeye** benzetmektedir.

– Dünyanın Kuzey ve Güney yarı küreleri arasındaki **ekonomik açık** büyümeye devam edecek midir?

MENDE– Birçok durumlarda evet... Asıl sorun, yapılan yardımın dolar olarak ne miktara eriştiği değil, **yardımın türü, nasıl kullanıldığı** ve –yardımı alanlara zarar vermek suretiyle– **ne kadarının geri alındığıdır.**

– Ne şekilde zarar vererek?

MENDE– Yapılan yardımların çoğu, sözgelişi Racine ya da Shakespeare öğretimi gibi kültürel faaliyetlere gitmektedir. Böylece yöneticilerle yönetimler arasında **kültürel farklılık** artmaktadır. (Ayrıca) azgelişmiş ülkelerin çoğu **ihracat gelirlerinin** üçte birini ya da yarısını gelişmiş ülkelere olan borçlarını ödemekte kullanıyor. Beş yıl içinde bir yerden aldıklarını başka yerden vermiş oluyorlar. Bu açık seçik bir saçmalıktır. Ve bütün bu durumda, **silahlara harcanan milyarlarca para,** azgelişmiş ülkelerin yetiştirdikleri ve ihtiyaçları olan **beyinlerin gelişmiş ülkelere göçü, sermayenin gizli banka hesaplarına akışı...** gibi terslikler hiç göz önüne alınmamaktadır.

– Sizce zengin ülkelerin oyun kurallarını değiştirerek azgelişmiş ülkelere kendileriyle mücadele şansı tanımaları için neler gereklidir?

MENDE– Azgelişmiş ülkelerle gelişmiş ülkelerin bütün ilişkileri **yeniden** düşünülmelidir. Sadece cömertlik hiçbir şeyi değiştirmeyecektir. **İki tarafın çıkarlarının bağdaşabileceği de şüphelidir.**

– İki tarafın çıkarları bağdaşamadığına göre ne yapılmalıdır?

MENDE– Doksan yedi azgelişmiş ülkeden çok azı gelecekte ümitsiz durumlarını sürdüreceklerdir. Birçoğu ise yakınlarındaki dev ekonomilere dayanmayı daha uygun bulacaklardır... Komünizm hakkında ne düşünürseniz düşünün –ben kesinlikle komünist değilim– şurası açıktır ki, Çin, içinde bulunduğu ekonomik durumdan dış borç yapmaksızın kurtulmuş, besin sorununu hemen hemen çözmüş ve dış ihtiyaçlarını kredisiz, peşin parayla satın alabilecek duruma gelmiştir.

– Dünyanın yoksul ülkelerinin ileri Batı ekonomileri tarafından ortaya konan örneğe benzemeye çalışmaları önlenmeli midir?

MENDE– Bu ülkeler, ithal edilen modele değil de, kendi kültürel miraslarına dayanırlarsa bu benzemeye çalışma azalacaktır. Kaldı ki gelişmiş ülkelerin değerleri de çok çabuk değişmektedir...

(*Newsweek,* 23 Ekim 1972, s. 60,
Çev. Nilgün Himmetoğlu, *Milliyet,* 27 Ekim 1972)

SORULAR

1. Azgelişmiş ülkeler için gerçek kalkınmanın anlamı nedir? "Önce kalkınma, sonra insan" formülü ne bakımdan yanlıştır? Bu formülü kimler, niçin savunmaktadırlar?
2. Azgelişmiş ülkelerin gerçekten sanayileşmelerinin önündeki baş engel nedir?
3. Montaj sanayii ile patent sömürüsünden ne anlaşılmaktadır?
4. Azgelişmiş ülkelerde kalkınmanın sanayileşme dışındaki sorunları nelerdir?
5. Azgelişmiş ülkelerde "sosyal yapıda değişiklik" niçin zorunludur? Ve böyle bir değişikliğin içeriği nedir?
6. Azgelişmiş ülkeler, kalkınmak için, temelde neye dayanmalıdırlar? (Okuma parçasını okuyunuz.)

BÖLÜM III

BAŞLICA AZGELİŞMİŞ ÜLKE GRUPLARI

Üçüncü Dünya içinde, bağımsızlığını kazanan ülkelerin sayısı gitgide artmakta. Bu ülkeler, daha bugünden büyük bir liste tutuyor.

Bunları kesin gruplara ayırmak hayli güç. Bazıları daha "hükümdarlık" aşamasında kalmış iken (örneğin Suudi Arabistan, Fas), bazıları Cumhuriyet aşamasına varmış; bazılarında "tutucu" bir yönetim varken, bazıları "ilerici" yönetimler kurmayı başarabilmiş; bazıları "tek partiyle" yönetilirken, bazılarında –görünüşte de olsa– "çok partili" bir uygulama var: Örneğin Hindistan.

Teker teker özellikler taşıyan bu örnekler dışında, yine de –kaba çizgilerle– bazı gruplar saptamak olası.

LATİN AMERİKA

"Latin Amerika" deyince, Amerika kıtasının ortasıyla güneyindeki ülkelerin bütünü anlaşılıyor. Bunlardan hemen hepsi de, vaktiyle Avrupa'dan gelen Portekiz ve İspanyol gibi Latin göçmenlerle yerlilerin karışımından oluşmuş toplumlar. "Uygarlık" bakımından ise, Latin Amerika, öteki uygarlıklardan ayrılan "özgün" çizgiler taşıyor.

Latin Amerika ülkelerinin çağdaş tarihi ile toplum yapılarının bazı özellikleri var:

– Latin Amerika ülkeleri, bağımsızlıklarına çok önce, genellikle 19. yüzyılın ilk yarısında kavuşmuşlardır. Ancak bu bağımsızlık, bugünkü anlamıyla "sömürgeciliğe karşı bir kurtuluş savaşı" sonunda kazanılmış değil: İspanya'dan, Portekiz'den gelip o topraklara yerleşen ve oraları "sömüren" göçmenler, bu sömürüye ortak olmak isteyen anavatanlarına karşı başkaldırırlar. Sonunda anavatana karşı bağımsızlık kazanılır, ama içerdeki egemen sınıfların sömürüsü sürer. Bir tarihte "emperyalizm" işin içine girince, iç sömürüye dış sömürü de katılır. Ve burjuvazi, açıkça **"komprador"** bir nitelik kazanır. Ordu da, çok kez bu komprador burjuvazinin çıkarlarına hizmet eden "gerici" bir işlevi temsil ediyor. Latin Amerika'da **"faşist"** ordu darbelerinin sık sık birbirini izlemesi bundandır.

– Siyasal sistem olarak, Latin Amerika ülkelerinin hemen hepsi, Birleşik Amerika'da görülen **"başkanlık rejimi"**ni benimsemiş durumda. Bir yerde, bu rejim tipi, Latin Amerika'daki "otoriter" gelişmelere de uygun geliyor.

Bununla beraber, Latin Amerika'da, "ilerici" nitelikte gelişmeler de olmuyor değil:

– Tarihsel bakımdan, başta, daha 1917'lerde işe girişen ve bugün de süren, yer yer toplumun yapısını değiştirmeyi, özellikle doğal kaynakları yabancılara kaptırmamayı hedef tutan bir **"Meksika örneği"** var.

– Daha yakın tarihlerde, çok daha değişik **Küba örneği** var. Küba'da **Fidel Castro'**nun önderliğiyle gerçekleştirilen 1959 Devrimi, daha önceki Batista rejiminin halk yığınlarını ezen diktatörlüğüne ve dış çıkarlara bağlı yönetimine bir tepki olarak doğmuştur. Bugün de, Küba örneğinin gösterdiği gibi, Marksizm-Leninizm, Latin Amerika'da çok kimseye düzeni kökünden değiştirmenin tek yolu olarak görünüyor. Latin Amerika'nın bazı ülkelerinde son yıllarda görülen gerilla hareketleri de aslında aynı özlemleri taşımakta.

– Son olarak, **Şili'**de Marksist Başkan **Allende'**nin, "çok partili" düzeni bozmadan, "sosyalist" bir düzeni kurmak için, önce Amerikan emperyalizminin Şili'deki çıkarlarını hedef tutan ve bir seri "millileştirme"lerle yürüttüğü hareketi hatırlamalı.

Ve doğallıkla sonunu da.

Çünkü o son, geri kalmış ülkelerin devrimcileri için sayısız derslerle dolu.

KARA AFRİKA

Kara Afrika'da bugün bağımsız olan ülkelerin büyük çoğunluğu, vaktiyle İngiliz ve Fransız sömürgesi idiler. Onların bağımsızlıklarını kazanmaları da, genellikle II. Dünya Savaşı'nın bitimini izleyen yıllarda olmuştur. Bu yüzden, Afrika'da, büyük çoğunluğu "genç" devletler oluşturuyor.

Kara Afrika'da, bağımsız devletler hayli büyük yekûn tutuyor. Nedeni de şu: Afrika'da bugün bağımsız duruma gelmiş ülkelerin sınırları, çoğunlukla, Avrupa başkentlerindeki sömürge pazarlıkları sırasında çizilmiş. Zaten **"kabileler"** halinde parçalanmış olan toplulukların büyük bir kısmı, bu uydurma sınırlar dolayısıyla biraz daha bölünmüş.

Bugünkü alaca bulacalık oradan geliyor.

Kara Afrika'da, İngiliz ve Fransız sömürgeleri –çoğunlukla– büyük bir çekişme döneminden geçmeden bağımsızlıklarına kavuşmuşlardır. Üçüncü Dünya'nın uyanışı karşısında, İngilizler **aşamalı,** Fransızlar da **referandum yoluyla** bağımsızlık bağışlamayı kendi çıkarlarına daha uygun bulmuşlardır. Çünkü, siyasal bağımsızlık perdesinin arkasında, yeni sömürgecilik ilişkilerini sürdürmek daha kolay olmaktadır.

Bağımsızlıklarını kazanan ülkeler, siyasal kurumlarını da, başlangıçta eski sömürgeci devletten kopya ediyor. Ne var ki, "Batı demokrasisi" denemeleri, gerekli iktisadi ve sosyal koşulların bulunmaması yüzünden çok yaşamıyor.

Kara Afrika'da da askerî **darbelerin** sıklığı bu yüzdendir.

İSLAM DÜNYASI

İslam ülkelerinin hemen hepsinin ortak yanı, "azgelişmiş" bir yapıya sahip olmaları. Azgelişmişlikten kurtulmanın yolları bakımından ise, İslam dünyasında farklı rejimler yer alıyor.

Bunlar içinde –"monarşik" yapılarıyla– "tutucu rejimler" gitgide azınlığa düşmekte. İslam ülkelerinin büyük bir bölümü, genellikle **"İslam sosyalizmi"** denen bir siyasal ve sosyal felsefeyi benimsemiş durumdadır:

– İslam sosyalizmi, aslında çeşitli ideolojileri uzlaştırmak isteyen "karma" bir nitelik taşıyor. Rejimlerin genel tutumları, sosyalizmden çok, **"kapitalist olmayan yol"** formülüne daha uygun düşüyor. Ne var ki, böyle bir yol, zorunlu olarak "anti-emperyalist bir durumu da içermekte. Böylece, İslam sosyalizmi ülküsüne bağlı ülkeler, anti-emperyalist bir politikanın uygulayıcısıdırlar.

– İslam dünyasındaki feodal-burjuva yönetimlerin egemenliğine ve emperyalist sömürüye karşı İslam sosyalizmi adı altında yürütülen mücadelelerin bir ortak özelliği de, sağlam kitle dayanaklarından yoksun bulunması ve "küçük burjuva ideolojisi"nin dar çerçevesini aşamamış olmasıdır. Emperyalizmle işbirliği halindeki tutucu rejimleri devirerek yönetime el koyan küçük burjuva öğeler, anti-emperyalist nitelikleri yanı sıra, geniş kitlelerin bilinçlenmesi ve yönetime katılmasına kapılarını kapayan bir ortamı da –ister istemez– yaratıyorlar.

Mısır, ilginç bir örneğidir bunun.

Bugünkü durumda, ilerici İslam rejimlerinin genel ekonomik niteliği, **küçük burjuva reformculuğunun** koşutunda, **millileştirme** uygulamaları ve feodal toprakların belirli ölçülerde dağıtılmasıyla gerçekleştirilen, tarım üretiminin ağır bastığı, sanayileşmenin ise çok cılız düzeylerde bulunduğu bir **"millilik"** ifade etmektedir.

Son olarak düşünülmesi gereken, İslam'ın çağdaş sorunlara karşılık verme ve bu sorunların çözümünde görev yüklenme gücüdür. Mümtaz Soysal'ın dediği gibi, bugünün dünyasında İslam ülkelerinin sık sık kendilerinden söz ettirmeleri ya da elde tutulan petrol zenginliklerinin dünyayı İslam'a kul köle etmesi, İslam'ın çağdaş sorunların üstesinden gelebilme gücünü açıklamaya yetmez.

Sorunların merkezi olmakla, sorunlara çözüm getirebilmek başka başka şeylerdir.

Çağdaş insancıl yaklaşımlar bakımından İslam'ın üstünlüklerini sıralamakla iş bitmiyor. Salt İslam'daki kardeşlik düşünceleriyle temel sorunların üstesinden gelmek olanaksız. Çağdaş dünya, açık düşmanlıkların değil, süslü örtüler altında kıran kırana sürdürülen sinsi ve acımasız yarışmaların dünyasıdır. Çağdaş dünyanın sorunlarıyla başa çıkabilmek için, çağdaş dünyanın ekonomisine ve teknolojisine egemen olanların karşısına aynı silahlarla dikilebilmek gerek.

Ayetler ve hadislerle değil yoksa!

İslamın zayıf kaldığı yön başta bu yöndür.

Daha da kötüsü, İslam, bu zayıflığı sürüp gitsin diye kendi kendisine karşı kullanılmaktadır.

Örneğin, kadınları örterek ve çalışmalarını güçleştirerek –Müslümanlık adına– evin içine tıkmaya çalışan Humeyni, ülkesindeki işgücünün –en az– yarısını iktisadi bakımdan battal ettiğinin farkında değildir.

İran'da **Humeyni'**nin, Pakistan'da **Ziya-Ül-Hak'**ın uyguladıkları İslam düzeni, içki yasaklamaya, kol kesmeye, peçe örtmeye ağırlık veren ve karşıdaki ahtapotun asıl vantuzlarını pek düşünmeyen –daha doğrusu düşünemeyen– yönleriyle, bugünün sorunları karşısında yetersiz kalmaktadır.

Ve eğer yetersiz kalmasaydı, İslam'ın üzerine başka bir şeyler ekleyip onu çağdaş dünya için geçerli kılmaya çalışan yeni ideolojiler türemez, Michel Eflak'ın **"Baasçılık"**ından Burgiba'nın **"Yeni Düstur"**una ve Kaddafi'nin **"Evrensel Kuram"**ına değin değişik düşünce sistemleri ortaya çıkmazdı.

Yalın Müslümanlık, ilerici formüllerle tamamlanmadıkça, bu çağın koşulları içinde gericiliğin ve dış sömürünün aracı olmaya dönüşüyor.

Ve öyle görünüyor ki, daha bir süre dönüşecek de...

ASYA'DAKİ AZGELİŞMİŞLİK

Asya'daki azgelişmişliğin coğrafi alanı hayli geniştir. Asya'nın güneydoğu ülkelerinden Hindistan'a değin yığınla ülke var bu alana giren.

Bunlar arasında, Hindistan'ın görünüşü –çok yönleriyle– hayli ilgi çekicidir.

Hindistan'da, siyasal yaşam –"Komünist Parti"ye varıncaya değin– alabildiğine bir örgütlenme özgürlüğü içindedir. Öyle ki, komünist hareketin bile, kendi içindeki bölünüşleri ayrı ayrı örgütlenebilmiş. Ama iktidar, vaktiyle emperyalizme karşı mücadeleyi temsil etmiş olan, "milliyetçi" ve "sosyal demokrat" nitelikteki "Kongre Partisi"nin elinde.

"Karma ekonomi"yi bugüne değin ısrarla savunan ve uygulayan bir parti bu.

Ne var ki, bağımsızlığın kazanılmasının üstünden hayli bir yıl geçtiği halde, Hindistan "azgelişmişliğin" çemberini parçalayabilmiş de değil. "Açlık" sorunu bile kökünden çözülememiş durumda. Sosyal tablodaki gelişmeler, hâlâ kaygılandırıcı niteliklerini koruyorlar.

DAHA ÇOK BİLGİ

Türkkaya Ataöv, *Sömürgelerin Uluslaşması: Asya ve Afrika Halklarının Ortaya Çıkışları,* Ankara, 1955.

Türkkaya Ataöv, *Afrika Ulusal Kurtuluş Mücadeleleri,* Ankara, 1977.

B. Davidson, *Afrika'da Milli Kurtuluş ve Sosyalizm Hareketleri,* (çev. A. Tokatlı), İstanbul, 1965.

Pablo Neruda, *Şiirler* (Türkçesi Enver Gökçe), İstanbul, 1971.

Mümtaz Soysal, *Anayasaya Giriş,* Ankara, 1966.

OKUMA

PABLO NERUDA

"Eliot'ın, Jimenez'in şiirlerinin kaynakları nereye çıkıyor? Kitaplara, eğitime, kültüre değil mi? Ama yanardağlar, çöller ve pampalarla kaplı bir ülkenin şiirini yazmak istiyorsanız, soyluca döşenmiş salonlar ve oturma odaları için yazdığınız gibi yazamazsınız." Bu sözler, geçen pazartesi günü ölümünü büyük bir acıyla duyduğumuz, Şilili ozan Pablo Neruda'nındır. Şili'de Başkan Allende'nin özgür ve demokratik seçimle işbaşında bulunan toplumcu yönetimini deviren askerî cuntanın, bir süredir hasta olan bu büyük ozanı gözaltına aldığını okumuştuk önce. Başkan Allende'nin yakın arkadaşı olan Neruda, İspanyol İç Savaşı'ndan bu yana Şili'de gerçekleşmesine çalıştığı, bunun için zorbalıklara yiğitçe karşı durup sürgünlere katlandığı düzenin yıkılışını görmekle belki kırgın, ama umudunu yitirmeden ölmüş olmalıdır. Çünkü, o, **"biz halkız yeniden doğarız ölümlerde"** diyebilmiş bir ozandır.

Pablo Neruda'nın ilk şiir başlangıçları, daha çok, doğa karşısında insanın durumunu yansıtır. Neruda üzerine önemli bir inceleme yayımlamış olan Jorge Edvards'ın da belirttiği gibi (*Europe* dergisi, Mart/Nisan, 1964) ozan, doğa, insan ve şiir arasındaki ilişkinin bilincindedir. Neruda'nın doğanın bütün görünümleri karşısındaki tavrı, onun şiirinin evrimini temellendirmek konusunda bize yol gösterir. Siyasal şiirlerinde bile, imgeler sisteminin dayanakları, Neruda'nın ilk gençlik yıllarından kalma doğa görünümleridir. Bir şiirinde geçen "dünya bir elmanın çıplak renginde" dizesi, bu tavrın belirgin örneklerinden biridir.

Neruda'nın şiirinin siyasal doğrultuda kesin ve radikal bir dönüşüm kazanması ise, İspanyol İç Savaşı'ndan sonradır. *Espana en el Corazon (Yüreğimdeki İspanya)* adlı şiir kitabı bu savaşın büyük umutlarla başlayıp büyük ve acı yıkımlarla son bulan tragedyasını içeren şiirlerden kuruludur. Neruda için, İspanyol İç Savaşı ile birlikte, **"gelinciklerle örtülü metafizik"** dönemi kapanmış, onun yerini sorunlara bir dünya görüşünün bütünselliği perspektifinden bakan, devrimci bir duyarlık almıştır. Bu doğrultudaki şiirini evrensel bir destana doğru geliştirecek ve 1950 yılında *Canto General*'i yazacaktır.

Pablo Neruda için bundan sonra "o yıllarda faşizme karşı tek savaş silahı" saydığı toplumcu bağlanım dönemi başlar. **"Geçmişten artakalanlara dönmek** ya da **düşlerin labirentini araştırmak çağımıza yakışan bir uğraşı değildir"** diyecektir. "Saf Şiir"i *(pure poetry)* savunanlara karşı "saf olmayan şiir" *(impure poetry)* ile çıkar. "Saf Olmayan Şiir" ise **"yaptığımız her şeyle bulanmış, siyasal inançlar, kuşkular ve yergilerle dolu bir şiir"**dir.

Neruda'yı sürgüne götürecek olan da onun siyasal inançlarından ödün vermeyen yiğit tavrı olacaktır. II. Dünya Savaşı'ndan sonra Şili diktatörü Gonzales Videla'nın polisleri, büyük ozanın evini ateşe verecek; 1948 yılında da, yurduna ihanet ettiği gibi akıl almaz bir gerekçeyle yargı önüne çıkarılacaktır.

Pablo Neruda, bu kez de 1973 yılında gene ihanet suçuyla yargı önüne çıkarılacaktı belki de. Büyük ozan ölüm döşeğinde sokaktan gelen çarpışma seslerini duymuşsa acıyla gülümsemiş, İspanyol İç Savaşı için yazdığı **"Açıklayalım"** şiirinin son dizelerini mırıldanmış olmalıydı: "Bir de bana şiirlerim / Neden söz açmazlar diye soruyormuşsunuzdur / Düşlerden, yapraklardan / Doğduğun ülkenin koca yanardağlarından / Gelin görün sokaklar kan / Gelin görün kanı / Sokaklar boyunca akan..."

(Hilmi Yavuz, "Pablo Neruda'ya Saygı",
Milliyet Sanat Dergisi, s. 47)

ANLATALIM

Hani ya leylaklar,
Diyeceksiniz?
Hani ya diyeceksiniz
Gelincikler bürünmüş,
Metafizik?
Kuşlarla, boşluklarla elenmiş,
Kelime yağmuru;
Hani ya diyeceksiniz?

Al buyur:
Bir mahallesinde yaşıyordum,
Madrid'in:
Canlı, çalar-saatli, ağaçlı.
Kocaman,
Meşin bir Okyanus gibi,
Uzaktan görünürdü Kastil'in
Kuru çehresi.
Çiçekler Evi'ydi,
Evimin adı.
Itırlar fışkırırdı.
Köşe bucak,
Güzel evdi bu.
Köpekleri, bebeleriyle,
Raoul, hatırında mı?
Ya senin, Raphael?
Sen Federico,
Hatırında mı?
Sen, yer altında yatan,
Hatırladın mı,
Balkonlu evimi?
Haziran güneşi hani,
Çiçekler basardı ağzına,
Orda...

Kardeş, kardeş,
Ateşli seslerden ibaretti,
Her şey;

Mallardaki tuzdan,
Çırpınan ekmek yığınından,
İbaretti her şey;
Donuk bir hokka gibi duran,
Heykeliyle;
Argüelles'deki mahallemin,
Çarşıları...

Yağ akardı kaşıklara,
Caddeleri doldururdu,
El-ayak sesleri, derin...

Metreler, litreler,
Kıvıl-kıvıl hayat;
İstif-istif balık yığınları,
Çatılar;
Yorgun çan kulelerinin,
Yüceldiği;
Soğuk güneşle kaynaşan,
Çatılar...
Patateslerdeki,
Yumak yumak dalgası,
Domateslerin:
Tıngır mıngır, haydi denize...
Bütün bunlar
Tutuşuyorlardı.
Bir sabah;
Közler,
İnsanları dağlayarak,
Topraktan çıktılar,
Bir sabah;
Nah bu anda ateş,
Nah bu anda barut,
Bu anda kan.
Bebekleri öldürmek için,
Göğün yücesinden geldiler
Göğün:
Uçakları, Magriplileriyle,
Haydutlar;

Yüzükleri, kurumlu avratlarıyla.

Haydutlar;
Kara keşişleri, dualarıyla,
Haydutlar;
Ve,
Çocuk kanları, caddelerden,
Aktı tıpı tıpış,
Çocuksu-çocuksu.
Çakallar,
Çakalların tiksineceği
Çakallar!

Taşlar,
Dalan dikenlerin dişlerken
Tu diyeceği taşlar:
Engerekler,
Engereklerin kin güdeceği
Engerekler!
Sizleri,
Gurur ve bıçaklardan bir dalgayla,
Boğmak için;
Önünüzde gördüm İspanya'nın,
Kıyamet kanını
Generaller,
Gelin de,
Yıkılmış evimi görün.

Görün,
Yaralı İspanya'yı.
Her göçük evden,
Bir ateş-metal çıkar ama,
Çiçek yerine.
Her yarısından,
İspanya'nın;
Doğar İspanya.
Her ölmüş bebekten,
Çıkar, bir mavzer:
Gözleri de var, gözleri,

Her cürümden;
Mermileri ki gün ola
Kalbinizde yeri.

Neden diyorsunuz şiirlerin,
Söz açmaz, düşten yapraktan;
Doğduğun yerin,
Yüce volkanlarından?
Gel de gör:
Caddeler kan-revan.
Gel de gör:
Caddeler kan-revan.
Gel de gör:
Caddeler kan-revan

(Pablo Neruda, *Şiirler,*
Türkçesi: Enver Gökçe, İstanbul, 1971)

SORULAR

1. Latin Amerika'daki sosyal yapının özellikleri nelerdir? Kendine özgü ne gibi gelişmeler olmuştur bu ülkelerde? Özellikle Şili'de olanların anlamı nedir?

2. Kara Afrika'da kendine özgü ne gibi gelişmeler olmuştur?

3. İslam dünyasının sorunları nelerdir? "İslam sosyalizmi" hangi nitelikleri taşımaktadır? İslam dünyasının sorunlarını çözmeye –ideoloji olarak– İslam'ın kendisi yeterli midir?

4. Pablo Neruda kimdir? Sanatı neyi temsil eder ve hangi özellikleri taşır? "Anlatalım" şiirini, Neruda, ne zaman ve hangi nedenle yazdı? Bu şiirin çevirmeni Enver Gökçe hakkında bildikleriniz?

IV
TÜRKİYE

"Dünyanın hiçbir yerinde, insan serüvenini bu denli temsil eden bir toprak bulunamaz: Savaş toprağı, istila toprağı, karşılaşma toprağı ve bazen hatta kıyım toprağı... Ama aynı zamanda da birlikte yaşama, sentez ve ahenkli anlaşma toprağı. Fakat özellikle bu diyalektik yazgının ötesinde İyonyalı filozofların çağından beri, Diyojen'den Selçuk Çağı ozanı Mevlana'dan geçerek, Cumhuriyet'in kurucusu Kemal Atatürk'e kadar, yaşamlarını kendi düşüncelerinin somut örneği haline getirmeye çalışmış insanların toprağı. Sert bir topraktır Anadolu: Ne iki yüzlülüğü, ne değişkenliği kabul eder. Bizans olsun, Osmanlı İmparatorluğu olsun, ana hoşgörüsünün temel ilkelerine ihanet etmeye cüret eden bir siyasi örgütü cezalandırır."

Bu sözleri bir ödül dağıtımında Mümtaz Soysal söylüyordu.

Günümüzün dünyasında Türkiye'nin yeri neresidir?

Türkiye bütün Batılılaşma çabalarına karşın, bugün, **"tarım toplumundan sanayi toplumuna geçiş aşaması"**nı yaşayan ve **"kapitalistleşme süreci"** içinde bulunan bir Üçüncü Dünya ülkesidir.

"Geri kalmış" bir ülkedir bir başka deyişle.

Ve iki yüz yıla yaklaşan çabalarına karşın, dar çemberini de henüz kıramamıştır bu geri kalmışlığın.

Ama, öyle de olsa, Türkiye, öteki geri kalmış ülkelerle kıyaslanamayacak denli köklü bir kültüre, eski ve büyük bir tarihe sahiptir. Stratejik öneminden –az görülür– bir folklor çeşitliliğine ve renkliliğine dek uzanan özellikleri, bölgesel bir liderliğin potansiyel gücü, kalkınmanın insan ve hammadde olarak zengin kaynakları vardır onda.

Bu bakımdan, Türkiye geri kalmış ülkeler içinde, gerçekten **"ayrıcalıklı"** bir durumdadır.

Aşağıdaki paragraflarda, onun, önce iktisadi ve sosyal tablosunu, sonra siyasal tablosunu, son olarak da kültürel tablosunu gözden geçireceğiz. Geri kalmış yanlarına dokunurken ayrıcalıklarına da işaret ederek.

BÖLÜM I

TÜRKİYE'DE KAPİTALİZM VE SORUNLARI

Çağdaş Türkiye, **kapitalizm öncesi bir yapıdan kapitalizme doğru gelişen** –daha doğrusu geliştirilmek istenen– bir toplumdur. Bu süreci bugün de yaşamaktadır. Daha şimdiden toplumda egemen üretim biçimi **"kapitalizm"**dir. İktisadi yaşam, çoğu kapitalizmin doğurduğu çeşitli sorunlarla doludur. Sosyal yaşam ise, yeni kapitalizmin doğurduğu –başta sınıflararası çelişmeler olmak üzere– çeşitli "çelişmeleri" sergiler.

Türk kapitalizminin, giderek tüm ekonominin de iki egemen niteliği vardır: **"Bağımlı"** ve **"geri"** oluşu.

Türk kapitalizmi, giderek tüm ekonomi, **dünya kapitalist sistemine,** yani **emperyalizme "bağımlı"**dır. Ekonominin egemen tepelerini emperyalizm ele geçirmiştir. Kapitalist gelişmenin yönünü ve çerçevesini o belirlemektedir. Türkiye'de ulusal sanayinin kurulamamış, ağır sanayiye geçilememiş olmasının yanı sıra, kapitalizmin, bugünkü güdük, hastalıklı, ağır aksak gelişimi de bu bağımlılık yüzünden.

Ve Türk kapitalizmi, giderek tüm ekonomi ve toplum **"geri"**dir. Çünkü, Türkiye'de, kapitalist düzenle ve kapitalizmin ürünü olan modern sınıflarla birlikte, **kapitalizm öncesinden kalma sınıflar, tabakalar ve kalıntılar,** varlıklarını, etki ve güçlerini sürdürmektedirler.

Peki, niçin bu bağımlılık ve geri kalmışlık?

Bu sorulara sağlıklı bir yanıt verebilmek için, Türkiye'de kapitalizmin doğuşuna eğilmek ve gelişim çizgisine bakmak gerekir.

Yanıtlar, bunların içinde gizli çünkü.

TÜRKİYE'DE KAPİTALİZMİN DOĞUŞU VE GELİŞİMİ

İki farklı gelişim

Türkiye'de, kapitalizmin, giderek tüm ekonominin "geri" oluşunun sosyo-ekonomik ve tarihsel bir nedeni vardır: Kapitalizmin Batı'daki doğuş ve gelişimi ile Türkiye'deki doğuş ve gelişimi **birbirinden farklı sosyal yapılarda** olmuş ve her iki oluşum zaman planında da birbirinden farklı tarihsel dönemlerde geçmiştir.

Gerçekten, 19. yüzyıla gelinceye değin Osmanlı İmparatorluğu'nda, Batı'daki biçimde kapitalist bir gelişmeye rastlanmadığı gibi, 19. yüzyılda Osmanlı İmparatorluğu'nun, 20. yüzyılda da Türkiye Cumhuriyeti'nin kapitalist gelişmesi, **emperyalizmin** dünyaya egemen olmaya başlaması, giderek egemen olduğu bir döneme rastlamıştır.

Peki, nedir nedenleri her iki gelişmedeki bu farklılığın?

a) Klasik Osmanlı düzeninin anlamı

Osmanlı İmparatorluğu'nda, başta **sosyo-ekonomik yapının Batı'dakinden farklı oluşu,** bunun sonucu olarak da **iç dinamiğin yetersizliği,** toplumun Batı'yla aynı zaman süreci içinde, kapitalist üretime evrilmesine engel olmuştur. İç dinamiğin yetersizliği, Batı'da olduğu gibi bir burjuva sınıfının doğup gelişmesini de engellemiştir.

İlk bakıştaki bütün benzerliklere karşın, klasik Osmanlı toplumunu Batı feodalitesinden ayıran önemli bir nokta vardır ki, kapitalist ilişkilerin Osmanlı toplumunda gelişmesini engellemiştir.

Nedir o önemli farklılık?

O önemli farklılık, mülkiyet ve sömürü ilişkileri açısından, **artık-ürünün doğrudan üreticilerden (köylüler) alınış biçiminden** doğmaktadır.

Gerçekten, feodal üretim biçiminde, artık-ürünün doğrudan üreticilerden alınış biçimi toprak sahibi senyörün mülkiyet hakkından doğar ve toprağa bağlı köylülerin yarattıkları **artık-**

ürünün doğrudan doğruya senyörce ele geçirilmesi ile belirlenir. Osmanlı toplumunda ise, toprağın mülkiyeti, genel olarak, devlete aitti. Bu hakka dayanarak, Osmanlılarda artık ürünün, –ister sipahide kalsın, ister merkezî otoriteye gitsin– **çeşitli vergilerle devlete aktarılması** biçiminde belirlenmekteydi.

Özellikle 14. ve 15. yüzyıllardaki Osmanlı ekonomisinde var olan üretim güçleri ve bunların düzeyi –her ortaçağ ekonomisi gibi– **emek** ve **toprak** ile belirlenmiştir. Bundan dolayı, klasik Osmanlı ekonomisi, aslında bir **"köylü ekonomisi"**dir. Kentlerde merkezleşen sanayi, ekonominin bütünü içinde ufak bir yer tutar.

Üretim güçlerinin bu düzeyinde, asıl önemli olanı, **toprağın mülkiyetinin "devlet"e ait olması:** "Mülk sultanındır." Sultanın, yani devletin. Çünkü sultanla devlet özdeştir. Öyle olunca, Osmanlı toplumunda, devleti temsil edenler, egemen sınıftır. Bunlar, **"saray-ulema-asker üçlüsü"**dür. Toprağın yanında, bir başka üretim etkeni olan emeği, "reaya" denen köylüler temsil eder. Ne var ki, toprağın mülkiyetinden yoksun, toprak üzerinde "irsi ve sürekli bir kiracı" durumundadır onlar. Devlet yönetimine katılmaz, tabi olurlar yalnızca.

Toprağın işlenişi ve artık-ürünün reayadan, toprağın asıl sahibi olan devlete geçişi, **"tımar sistemi"** aracılığıyla olmaktadır. Tımar sistemi ise –geniş anlamıyla– belli bir bölge vergilerinden bir bölümünün, padişahça, bir kimseye, özellikle savaşta yararlık göstermiş bir sipahiye bırakılmasıdır. Buna karşılık, o kimse, Osmanlı ordusuna –elde ettiği gelire göre– belli sayıda asker sağlamakla yükümlüdür.

Böylece, **devletin tarımsal temeli** ile **askerî politikası** arasında bir ahenk kurulmuştur. O denli ki, ilerde **Osmanlı devletinin çöküşü ile tımar sisteminin çöküşü arasında bir koşutluk** olduğu görülecektir.

Artık-ürünü ele geçiren sınıfın niteliği, Osmanlı toplumunda, senyörden hayli farklıdır: Senyörün, aldığı artığı **istediği gibi kullanma ve sömürüyü artırma** olanakları vardır. Ne var ki, bu olanaklar tımar sahibi sipahi için bahis konusu değildir: Önce, sipahinin alacağı vergilerin sayısı ve oranı bellidir ve bunları **azaltmak ya da artırmak yetkisine sahip değildir.** Sonra, sipahi, aldığı artık-ürününün kendisinde kalan bölümüne karşılık, **merkezî otoritenin istediği harcamaları yapmak zorundaydı.** Çünkü, devlete karşı belli yükümlülükleri vardı onun.

Batı feodal toplumu ile klasik Osmanlı toplum yapısı arasındaki benzemezlik, son bir çözümlemede, **toprağın mülkiyet biçiminin her iki toplumda farklı oluşuna** indirgenebilir. Bu farklılıktır ki, Osmanlı toplumunda kapitalist ilişkilerin doğup gelişmesini engellemiştir. Kapitalist üretime geçişin temel koşullarından biri, **"toprakta özel mülkiyetin varlığı"**dır çünkü.

Batı'da, 15. ve 16. yüzyıllardaki gelişmelerin genel tablosu şudur: Bir yandan lüksün ve fiyatların yükselmesiyle, gereksinmelerinin çoğalması yüzünden senyörlerin sömürüyü artırmaları, belli bir köylü kitlesinin köylerden kaçmalarına olanak sağlarken; öte yandan, feodal üretim biçiminin iyice kokuştuğu bir anda, senyörler, daha da artan gereksinmelerinin sonucu, büyükçe bir bedel karşılığında köylüyü topraktan uzaklaştırmaya (azat etmeye) başlamışlardır. Senyörler, köylülerin bıraktıkları bu toprakları ya satıyorlar ya da –daha yüksek bir gelir karşılığında– kiraya veriyorlardı. Böylece, bir yandan senyör, artan gereksinmeleri karşısında sömürüyü artırıp ve ayrıca artık-ürünü nakit olarak isterken; öte yandan, tüccar ve tefeciler, hem senyörleri, hem de doğrudan üreticileri büyük borçlar altına sokmakta idiler. Bütün bunlar, doğrudan üreticileri **pazar için üretime zorluyor ve dolayısıyla feodal üretim biçimiyle çelişen burjuva sınıfın gelişmesine** olanak sağlıyordu.

Ama, aynı dönemde Osmanlı toplumunda, bu gelişmelerden eser yoktu. Apayrı bir toplum yapısı, kapitalist ilişkilerin toplumda gelişmesine ayakbağı olmaktaydı çünkü.

b) Klasik Osmanlı düzeni ve dış dinamikler

19. yüzyıldan çok önce, dış dinamik de, Osmanlı toplumunun kapitalist üretime evrilmesine engel olmaya başlar.

Birinci olarak, Batı'nın yeni ticaret yolları bulmasıyla, **Doğu ticaret yolu yön değiştirir** ve bu durum, Osmanlıların önemli bir gelir kaynağından yoksun kalmalarına neden olur.

İkinci olarak, Amerika'dan talan edilen altın ve gümüşün Avrupa'yı istilası, **Avrupa'da fiyatları hızla yükseltir.** Hammadde ve besin maddelerine Avrupalı tacirlerin yüksek paralar ödemesi, Osmanlı ekonomisini de altüst etmeye başlar.

Akçe, hızla değer yitirmeye başlamıştır.

Böylece ülkede fiyatların hızla artışı yalnız halkın değil, devletin durumunu da olumsuz yönde etkilemektedir. Yerli sanayi, hammadde sıkıntısından çökmek üzeredir. Batılı tacirlerin ödedikleri yüksek bedeli bizde lonca örgütü biçimindeki sanayicinin ödeyebilmesi olanaksızdı. Ama, **bir kapıdan altın ülkeye hücum ederken, başka kapıdan daha fazlasıyla çıkıp gitmektedir.** Osmanlı ekonomisi, dışarıya hammadde veren ve karşılığında mamul mal alan geri bir ülke durumuna düşmektedir yavaş yavaş.

Gerek akçenin değer yitirmesi, gerekse tarımsal ürünlerde kaçakçılığın artması, yalnız devleti iktisadi bunalım içine sokmakla kalmıyor, öteki askerleri de hoşnutsuz kılıyordu. Fiyat yükselişleriyle sipahilerin gelirleri azalıyor, bu durum **sipahi-saray uyuşmazlığını körüklüyordu.**

Bu koşullar altında, devlet, varlığını koruyabilmek ya da sürdürebilmek için, yeni maddi kaynaklar bulmak zorundaydı. Ne var ki, o dönemde, topraktan başka el atabilecek başka bir kaynak da yoktur. Ona el atar. **İltizam uygulaması** denen yeni bir uygulama başlar: Devlet, toprak gelirini –ihale ile ve belli bir bedel karşılığında– mültezimlere (bir çeşit derebeyi, âyan, eşraf) devretmektedir. Tarımdaki bu yeni uygulama, üretim ilişkilerini de değiştirir: **Sipahi-reaya ilişkileri,** yerini **mültezim-reaya ilişkilerine** bırakır. Ne var ki, yeni uygulama, köylü için vahim sonuçlar doğuracaktır.

Devlet için de öyle...

Osmanlı düzeninin 19. yüzyıl başlarındaki tablosu

Daha 16. yüzyıl sonlarından başlayarak, gitgide çözülen düzenin, 19. yüzyılın başlarındaki tablosu şöyledir:

– Gerek tarım ve gerek sanayi kesimlerinde üretici güçlerin gerilemesi, giderek yıkılması sonucu olarak, iktisadi yapıdaki çöküntü gözle görülmektedir.

Mülkiyeti aslında devlete ait olan temel üretim aracı toprağa **âyan** ve **derebeyler** sahip çıkmıştır. Öyle olunca da, artık-ürünün reayadan alınış biçimi de değişmiştir: Tımar sahibinin dolaylı biçimde aldığı artık-ürünü, toprağın yeni sahipleri dolaysız bir biçimde alır olmuşlardır, hem de miktarını artırarak... Üstelik, derebeyler, tarımdan aldıkları artığın merkezî otoriteye düşen bölümünü de vermez olmuşlardır. Üretim ilişkilerindeki bu değişme, köylünün daha fazla sömürülmesi demekti. Gitgide artan iktisadi baskıya köylünün can ve mal güvenliğini ortadan kaldıran siyasal baskı da eklenince, köylü toprağı bırakmak zorunda kalır.

Bu da, tarımsal üretimin düşmesi demekti.

Yeni oluşan âyan ve derebeylerin egemenliği bir tarihte belgelenir de.

> 1808 yılında, Anadolu ve Rumeli âyanı ile Padişah arasında imzalanan **"Sened-i İttifak"** hükümdarın yetkilerini sınırlamaya kalkar. Bazılarının –İngiltere'deki bir örneğe benzeterek– ileri bir hamle, demokratik gelişmenin başlangıcı diye gösterdikleri bu belge, tersine, merkezî otoritenin zayıflamasıyla **feodaliteye doğru çözülmenin** bir simgesidir.

Tarımdaki çöküntünün yanı sıra, Batı'nın sanayi ürünleri ülkeyi tehdide başlamış, sınai üretim düşmüş, hatta kesin bir yıkılımın eşiğine gelmiştir. Gelmiştir, çünkü Osmanlı toplumunun 17. yüzyıla değin uzanan döneminde, var olan üretim ilişkileri, giderek dış etkenler, toplumun –Batı'da olduğu gibi– "kapitalist üretim"e verilmesine olanak sağlayamamıştır.

– İktisadi yapıdaki bu çöküntü toplumun tüm üstyapı kurumlarını da etkilemiştir. Tımarların bozulmasıyla başta **ordu** çökmüş, Osmanlı Devleti askerî yönden de Batı karşısındaki üstün durumunu yitirmiştir. Ordunun zayıflamasının yanı sıra, Osmanlı Devleti'ndeki çeşitli halkların ulusal bilince vararak bağımsızlıklarını kazanmak istemeleri ve bunun için de silaha sarılmaları, imparatorluğa toprak kaybettirmektedir.

Bütün bunlar, başka birtakım nedenlerle beraber, bir yandan devletin gereksinmelerini artıran, öte yandan da gelirlerini eksilten nedenler olmaktadır. Artık, devletin giderleri gelirlerinden kat kat yüksektir.

19. yüzyılın başlarında Osmanlı toplumunun tablosu işte budur.

Ne yapmak gerekiyordu?

Başlarda iki görüş ağır basar.

Bir görüş –Osmanlı Devleti'nin geleneksel anayasasını oluşturan– **şeriat hükümlerine dönülmesi** ve bu hükümlerin tam uygulanmasını ileri sürer.

Bir ikinci görüş, **Batı'yı taklit** ederek, ordudan başlayan bir reform hareketiyle kalkınmaya çalışılmasını savunur.

Batılılaşmayı kimler istemektedir?

Yönetici kadronun belli bir kesimi ile birkaç iyi niyetli aydın, Batı kurumları topluma aktarılınca geriliğin üstesinden gelinebileceğine ve böylece çökmekte olan imparatorluğun kurtarılabileceğine inanmışlardı. Ama Batılılaşma hareketinin asıl itici gücünü, **Osmanlı egemen güçleri ile Batı kapitalizminin kendisi** oluşturmaktaydı.

> Başta **sivil-asker bürokrasi,** artık-üründen aldıkları paylarla biriktirilen servetlerini ve canlarını güven altına almak istiyordu. Batılılaşmanın ilk ve en ateşli savunucuları bunlar olmuştur. İkinci olarak, temel üretim aracı olan toprağın yeni sahipleri, **eşraf, âyan ve derebeyler,** fiili olarak el koydukları toprağın hukuksal olarak mülkiyetini de ister olmuşlardı. Batı'nın özel mülkiyete ilişkin hukuk kuralları bunu sağlayacaktı kendilerine. Üçüncü olarak, **ticaret ve maliye kesimlerine egemen işbirlikçi azınlıklarla, yabancı uyruklu tacirler (levantenler),** toplumda, liberal ekonominin tüm gereklerinin yerine getirilmesini istemekte ve Batılılaşmadan bunu anlamaktaydılar.
>
> Batılılaşmanın bir büyük desteği de bizzat **Batı'nın kendisidir.** Çünkü sanayi kapitalizmini bütün temelleriyle kurmuş olan Batı, bir yandan sanayi ürünlerini satabilecek, öte yandan da sanayi üretimi için ucuz hammadde sağlayacak dış pazarlara gereksinme duymaktaydı. Bu nedenle, gümrük duvarlarının kaldırılması, ticaret ve mülkiyet haklarının yabancı uyruklulara da tanınması ve yabancıların can ve mala ilişkin haklarının güven altına alınmasında çıkarı vardır Batı'nın.
>
> İşte bütün bu olanakların kapısını açacaktı Batılılaşma.

Böylece, Osmanlı toplumunda artık-ürünü ele geçiren kesimle Batı'nın istekleri bu dönemde birbirine uygun düşüyordu. Öyle olunca da –hiç çekinilmeden– tam bir "liberal uygulama"ya geçildi.

Bağımsız imparatorluktan yarı-sömürgeleşmeye

1838 yılında İngilizlerle imzalanan bir ticaret antlaşması, Türkiye'nin Batı'nın açık pazarı haline gelmesine neden olacak çığırı açar.

Bu antlaşmayla, Osmanlı İmparatorluğu'nda, ticarete –vaktiyle– konmuş olan kayıtlar (yed-i vâhid-tekel usulü) kaldırılır; İngilizlerin iç ticarete girmelerine izin verilir. İngiliz tacirlerinin –Osmanlı tacirlerinden çok daha avantajlı biçimde– iç ve dış ticareti yapabilmesi olanağı sağlanır. 1838'de İngilizlerle yapılan bu antlaşmanın benzerleri daha sonraki yıllarda öteki Batı devletleriyle de yapılır.

Sonuç, çok geçmeden eldeki **yerli sanayinin çökmesi** olur. Atölyeler ve tezgâhlar birbiri ardından kapanırken, işsizler ordusu da yeni eklemelerle büyür.

Osmanlı ekonomisinin sömürgeleşme süreci başlamıştır.

Aslında, gelişen Batı kapitalizminin etkisiyle zaten gerileyen Osmanlı üretici güçlerinin kesin tasfiyesine engel olmak için, Batı'nın sanayi ürünlerine gümrük duvarları çekmek ya da var olan gümrük duvarlarını daha da yükseltmek gerekirdi. Ne var ki, bunun tam tersi yapılıyordu; gerçekte yetersiz olan gümrük engelleri de kaldırılıyor ve tam bir liberalizmin uygulanmasına razı olunuyordu. Ama aynı dönemde, dünyanın en gelişmiş ve sanayileşmiş ülkesi olan ve liberalizmin şampiyonluğunu yapan İngiltere, başka ülkelerin sanayi mallarına kendi gümrük kapılarını kapıyordu.

Batı kapitalizminin Osmanlı İmparatorluğu içindeki köprübaşları olan azınlıklardan oluşan **işbirlikçi burjuvazinin güvenliğini sağlayıcı** –yine Batı'dan gelen– istek ve öneriler, *"reform"* diye, 1839 Gülhane Hatt-ı Hümayunu'nda, 1856 Islahat Fermanı'nda, 1859 Arazi Kanunnamesi'nde bürokrasice karşılanmaya çalışılır.

Bu arada, ticaret antlaşmalarıyla başlayan sömürgeleşme çığırı, Osmanlı Devleti'ni, **maliyesi bakımından tam bir iflasa** sürükler. Dış borçların hızla artmasına karşılık, ülkenin ve devletin gelir kaynakları artmıyor ve gün geçtikçe yabancıların eline geçiyordu. Ve gün gelir, devlet, elindeki parayla dış borçların yıllık faizlerini bile tam olarak ödeyemez duruma düşer. Bu iflasın kesin belgesi, 1881'de **"Düyun-ı Umumiye"** (Genel Borçlar) yönetiminin kurulması olacaktır.

Düyun-ı Umumiye Meclisi, Osmanlı Devleti'nin alacaklarının temsilcilerinden oluşan bir kuruldu. Görevi, borçlara karşılık gösterilen vergileri toplamak ve alacaklılara dağıtmaktı. Yalnız bununla da yetinmiyor, aynı zamanda işletmecilik de yapıyordu: Tuz ve tütün tekeli (imalatı ve ticareti) bu kuruluşa verilmişti: Görülüyor ki, Düyun-ı Umumiye, bir ülkenin iktisadi ve mali bağımsızlığını kesin olarak ortadan kaldıran bir kurumdu ve emperyalizmin Türkiye'deki beşinci kolu durumundaydı.

Türkiye, artık emperyalizmin boyunduruğunda **sömürge tipi, yarı feodal-yarı kapitalist** bir ekonomidir. Bu arada, ülke, gitgide "Batılılaşmakta"dır. Ama –ne hikmetse– Batılılaştıkça da "sömürgeleşmekte"dir. Bunun gibi, Batı'ya benzemek için Batı kanun ve kurumlarını aktarmak, "halka karşın" yapılmıştı. Bütün bu çabalar, hep halktan kopuk, giderek halkın zararına ve tepeden inme bir nitelik taşıyınca, Batıcılar, halka ters düşecek ve toplum, iki yüzyıla yakın bir süredir devam eden bir "ikileşmenin" içine itilecekti.

Devleti o günün Batı modeline uyarak kurtarmak isteyenler de ikiye ayrılıyor zamanla.

Bir görüş, reformların **yukarıdan aşağıya ve devlet eliyle** yapılmasını öneriyor. Ahmet Rıza Bey ile Ziya Gökalp savunuyor bu görüşü. Başka bir görüşe göre, burjuva yetişebilmesi için, yeni "teşebbüs-i şahsi"nin gelişebilmesi için, **merkezî devletin zayıflaması,** "ademi merkeziyet" gerekiyor. Bu görüşü de Prens Sabahattin Bey savunuyor. Türkiye'de uzun süre etkinliğini sürdürecek **iki siyasal akımın** temelleri atılmış oluyor böylece.

Birinci görüşün en önemli temsilcileri, İttihat ve Terakki ile –1960'ların sonuna değin– CHP'dir. 27 Mayıs Hareketi'ni de bu doğrultuda değerlendirmek gerekiyor. Hürriyet ve İtilaf, Terakkiperver Fırka, Serbest Fırka, Demokrat Parti ve Adalet Partisi de ikinci akımın temsilcileridir.

İmparatorluğun yarı sömürge haline gelişi, özellikle İstanbul ve İzmir gibi liman kentlerinin nüfus yapısında açıkça görülüyordu. Bu kentlerde, yabancı sermayeyle işbirliği yapan bir **komprador burjuvazi** doğmuştur. Saray ve büyük paşalar da, bu emperyalist sömürü düzeninden pay alan zümrelerdir.

İstanbul'un bu işbirlikçi ve çoğu da Rum, Ermeni olan burjuvazisinin imparatorluk ekonomisinde kurduğu tekelci sömürü sisteminden yararlanamayan ticaret burjuvazisi ise, Rumeli'nde, özellikle Selanik'te üstlenmiştir. Bunlar, İstanbul'da gerçekleşen bir iktidar değişikliğinin kendilerine, bu tekelci sistemi yıkma fırsatını vereceğini umuyorlardı.

Bu arada meşruti ve liberal bir rejim yanlısı Jön Türk aydınları da gizli olarak örgütlenir ve İstanbul'a karşı harekete geçerler. 1908 İkinci Meşrutiyet hareketi ve onun İttihat ve Terakki iktidarı –Balkanlar'ın milliyetçi ideolojik havasından etkilenen– ilerici asker-sivil aydınlarla, Rumeli ticaret burjuvazisinin özlemlerini temsil edecektir.

"Milli iktisat" görüş ve denemeleri

İttihat ve Terakki iktidarı, İngiliz ve Fransız emperyalizmine karşı **"milli iktisat"** denemesine girişir: 1914'te kapitülasyonları kaldırır. İmparatorluğun para çıkarma yetkisi, Osmanlı Bankası'nın elinden alınır. Tarımı ve sanayii özendirecek yeni bir gümrük sistemi kurar.

Daha da ilginç olanı, devlet eliyle *"milli tüccar"* yaratma politikası gütmeye başlar.

Ancak, başarı sağlayamaz bütün bu denemeler. Yarı-sömürge toplum yapısı değişmeden, olduğu gibi kalır. Fransız ve İngiliz emperyalizmine karşı çıkan İttihat ve Terakki kadroları, sonuçta, imparatorluğu **Alman emperyalizmi ve militarizminin** kucağına tutup atacaklardır.

Milli Kurtuluş Hareketi, asker-sivil aydın kadroların, Anadolu eşrafıyla birlikte yürütüp gerçekleştirdikleri bir orta sınıf hareketidir. Bu hareket, sonuç olarak, emperyalizmin Türkiye'deki nüfuzuna darbe vuran "millici", "antiemperyalist" bir hareket olmuştur. Devrimci milliyetçi kadrolar, bir yandan padişah, saltanat, hilafet gibi, emperyalizmin bağlaşığı bazı siyasal organ ve kurumları ortadan kaldırırken ve giderek cumhuriyeti ilan ederken; öte yandan, emperyalizme karşı verilecek asıl mücadelenin "iktisadi bir mücadele" olacağını da biliyorlardı. Ancak, bu mücadelenin yollarının neler olacağı konusunda berrak bir düşünceleri yoktu. Daha doğrusu, o günkü koşullarda, kapitalizmden başka bir sistemin uygulanmasına olanak olmadığına göre, soru şöyle ortaya konabilirdi:

Nasıl bir kapitalizm uygulanacaktı?

Liberal mi, yoksa, **devlet müdahaleciliğine** açık bir kapitalizm mi?

1923 yılında, İzmir'de, Türkiye'nin iktisadi geleceğini kararlaştırmakla görevli bir kongre toplanır: **İzmir İktisat Kongresi.**

> İzmir İktisat Kongresi, iki yönden tarihsel bir anlam taşır.
>
> Birincisi, kongrenin tarihiyle ilgilidir. Gerçekten kongre, Lozan görüşmelerinin yarıda kesildiği bir dönemde toplanır. Lozan'a giden yol açılmış, savaş alanları geride kalmış, yeni Türkiye'nin uluslararası alanda her yönden benimsenmesi kalmıştır. İşte bu sırada toplanır kongre.
>
> Kongrenin ikinci önemi, orada alınan kararlarda kendini gösterir: 1930'ların başına değin uygulanacak ekonomik politikanın temelleri burada atılır. Aslında dışarıyla bütünleşen ve Kurtuluş Hareketi'ne karşı çıkmış olan İstanbul'un öncülüğündeki sermaye çevreleri, kongrenin havasına egemen olurlar ve "liberalizm" lehine kararların çıkarılmasını sağlarlar.
>
> İstanbul'un İzmir İktisat Kongresi'nde yer alması, siyasal doğurganlığını ilerde gösterecek, Terakkiperver Cumhuriyet Fırkası ve Serbest Fırka denemeleri kaynağını gerçekte İzmir İktisat Kongresi'nde yatan "çelişkili birlik"te bulacaktır.(1)

Ne var ki, özel girişim öncülüğünde kalkınma politikasının başarı sağlamadığı ve sağlayamayacağı çok geçmeden görülür. 1929 yılında kapitalizmin büyük bunalımlarından birinin patlak vermesi de, "devletçi" bir politikaya gidilmesini zorunlu kılar. 1923-1931 yılları arasında girişilen "milli müteşebbis" yaratma çabası, sonuçta, yabancı iş çevreleriyle uzlaşmaya yatkın "işbirlikçi bir sınıfın" gelişmesine yol açmıştı. 1932'de başlayan ve 1950'ye değin sürecek olan dönem, artık devletçilik yılları olacaktır. Devlet, ekonomik yaşamda, doğrudan doğruya girişimci rolünü oynayacak, yalnız –demiryolları gibi– birtakım altyapı yatırımlarını yapıp, bunları özel girişimin yararına sunmakla kalmayacaktı.

Ancak, Türkiye'de devletçilik, kapitalizmin zıttı olan bir sistem olarak düşünülmemiş; tersine, kapitalizmi ve kapitalistleri geliştirici bir "yedek güç" olarak ele alınmıştır. "Devlet kapitalizmi" sözü de bunu belirtmektedir. Türkiye'de devletçilik, en sorumlu mevkide olanlarca bile, "özel girişimin yapabildiği-

---

1) Bu konuda çok ilginç bir yazı için bkz. Yalçın Doğan, "Anadolu-İstanbul Ayrımı", *Cumhuriyet,* 19 Mayıs 1981.

ni ona bırakmak, yapamadıklarını yapmak ve gerektiğinde yine ona devretmek" biçiminde anlaşılmış ve uygulanmıştır. Devletçiliğin anlaşılış ve uygulanış biçimi bu olunca da, sonuçta bu uygulamadan halkın değil, doğrudan doğruya –özel girişim adı altında– bir azınlığın yararlanacağı açıktı.

Nitekim öyle oldu.

Ama, öyle de olsa, devletçilik politikası, ülke ekonomisinin temel yapısının kurulması, iktisadi bağımsızlığın sağlanması yolunda önemli kazançlar sağlamıştır. Bunların başında, özellikle 1933'ten sonra yabancı ortaklıkların millileştirilmesine hız verilmesi, 1933-1938 yılları arasında ilk 5 yıllık kalkınma planının uygulanması gelir. Ayrıca, özel sermayenin kârlı bulmadığı için kurmaya girişmediği bazı modern kuruluşlar, fabrikalar yine devlet eliyle kurulmuştur. Bu arada Osmanlılardan kalma dış borçların da ödenmesine devam olunmuştur.

Devletçilik politikası, bütün yanlış tutumlarına karşın –dış yardım ve borçlanmalar olmaksızın– bir ülkenin kendi kaynaklarıyla kalkınabileceğini, sanayileşebileceğini tanıtlamıştır. Bu politika sayesindedir ki, genç Cumhuriyet, emperyalist devletlerin nüfuz alanı olmaktan büyük çapta kurtulmaya başlamış, **"ulusal iktisat, ulusal sanayi"** hedefine –bir ölçüde– yaklaşmayı başarmıştır. Böylece, 1931-1945 yılları arasında uygulanan devletçilik politikası, Türkiye'nin son 150 yıllık yarı sömürgeleşme tarihinde, emperyalizme karşı yürüttüğü en ciddi ve tutarlı başkaldırış olmuştur. Ne var ki, Türkiye'de emperyalizme yarayışlı ortam kökünden silinip atılamamış; emperyalizmin yerli ortakları ortadan kaldırılmamış; ulusal ve bağımsız bir ekonomi tastamam gerçekleştirilememiştir. Bu durum, II. Dünya Savaşı ertesinde, iktisadi, sosyal ve giderek siyasal planda bambaşka bir gelişmeye kapıları açacaktır.

II. Dünya Savaşı ve ertesi, dünya tarihinde olduğu gibi, Türkiye tarihinde de gerçekten bir dönüm noktasıdır.

Yeniden bağımlı ekonomiye

II. Dünya Savaşı ertesinde, Türkiye'nin iktisadi ve sosyal tablosu hayli ilginçtir. Siyasal iktidar, Cumhuriyet'in ilk yıllarından beri **asker-sivil bürokrat kadroların** elindedir. Ne var ki, o yıllardan bu yana –bir ölçüde– burjuvalaşmış olan bu kadrolar, toplumda çeşitli sınıf ve zümrelerin muhalefeti ile karşı karşıyadır.

– Başta, özellikle II. Dünya Savaşı sırasında daha da **palazlanan ticaret ve maliye burjuvazisi** (dışalım ve satımcılar, bankerler ve tefeciler...) muhalefet etmektedir. Aydın-bürokrat kadroların hâlâ iktidarda söz sahibi oluşu, onların daha büyük kâr hayallerini köstekleyen bir engeldir. Oysa bu kadroların iktidardan indirilmesi, yabancı sermayeyle ortaklıklar kurma, giderek "emperyalizmle bütünleşme" yolunu daha da açacak, yeni ve daha büyük sömürü alanları doğurabilecektir.

– **Esnaf ve toprak ağaları** muhalefet etmektedir. Bir "toprak reformu" yapmamış bile olsa, "Köy Enstitüleri" gibi kuruluşlarla köylü kitlelere –bir ölçüde– ışık götürmeyi başarabilmiş aydın bürokrasisinin, bir gün, köylü kitlelerin uyanışından daha da başka önlemlere başvurmasından kaygı duymaktadır. Hele, büyük toprak çıkarlarını sarsacak Çiftçiyi Topraklandırma Kanunu'nun –1945 yılında– kabul edilmesiyle, tarım kesimindeki egemen zümrelerin hoşnutsuzluğu büsbütün artmıştır. Bütün bunlara son vermek için, onlar da iktidarda söz sahibi olmak istemektedir böylece.

– Daha önemlisi, küçük memuru, işçisi ve fakir köylüsü ile büyük **halk yığınları** memnun değildir. Özellikle II. Dünya Savaşı sırasında –biraz da bürokrasinin beceriksizliklerinin doğurduğu– sıkıntılar küçük memur ve işçileri iktidardan soğutmuş, yoksul köylüler ise –başta toprak reformunun yapılmamış olması yüzünden– Cumhuriyet'in nimetlerinden faydalanamamıştır.

– Bu tepkilere, II. Dünya Savaşı sonlarında **totaliter rejimlerin yıkılışı ve demokrasinin üstünlüğü** de eklenmiştir.

Böylece iç ve dış zorunluluklar, tek partili dönemden çok partili döneme geçişi gerektirmektedir. Ve "ideolojik" bir engel de yoktur buna. Asker-sivil bürokrasinin bir siyaset felsefesi olarak kabul ettiği, devlet-toplum ilişkilerinde de uyguladığı **"Kemalizm"** bu geçişe engel değil.

Demokrat Parti, işte böyle bir ortamda doğar (7 Ocak 1946) ve kısa zamanda gelişir. Halk yığınlarının geniş ilgi ve desteğini görmesine karşın, özünde "halka karşı" bir harekettir. Çünkü, çıkarları geniş halk kitlelerinin çıkarlarıyla zıtlaşan sınıf ve zümrelerin sözcüsüdür. Demokrat Parti'yi, Terakkiperver Fırka ve Serbest Fırka ile aynı çizgide saymak olasıdır.

"Çiftçiyi Topraklandırma Kanunu"na muhalefetten doğan partinin kurucularından bazılarının kimlikleri, partinin yapısı konusunda bir fikir vermektedir: Adnan Menderes, büyük bir kapitalist tarım işletmesi sahibi; Celal Bayar ise finans-kapitalin –daha 1925'te İş Bankası'nın başına getirdiği ve sonraları uzun bir süre İktisat vekilliğini elinde tutmuş– bir temsilcisidir.

Ticaret ve maliye burjuvazisinin sözcüsü olarak ortaya çıkan Demokrat Parti, toplumdaki **en geri ve kapitalizm öncesi kesimlerle,** yani tefeci, ağa, şeyh ve dinci ideolojiyle bağlaşıklıklar kurarak, onların sömürü ağı içindeki geniş halk yığınlarını çevresine toplar ve 14 Mayıs 1950'de iktidara gelir.

Demokrat Parti'nin iktidar yılları (1950-1960), işte bu sınıf ve zümrelerin çıkarlarının nasıl korunup geliştirildiğinin örnekleriyle doludur.

– Demokrat Parti, "Toprak ağalığı düzeni"ni korumakla, Çiftçiyi Topraklandırma Kanunu'nu rafa kaldırmakla, büyük toprak mütegallibesinin gönüllerini hoş etti. Bununla da yetinmeyerek, Hazine topraklarını büyük çiftçilere peşkeş çekerek tarımdaki sömürü düzenini sürdürdü. Bü yüzdendir ki, toprakların belli ellerde toplanması olayı hızlandı. Gittikçe yoksullaşan, topraklarını yitiren köylü yığınları da selameti **kentlere göçte** buldu. Bugünkü kentlerin gecekondu, sosyal mesken, belediye hizmetleri, trafik gibi dertlerinin kaynağı aslında bu olayda yatar.

– Demokrat Parti, ticaret ve maliye burjuvazisine ve bunların da gerisindeki emperyalizme olan borcunu da, **ticarette devlet karışmacılığını azaltmak, yabancı sermayeye ayrıcalıklar sağlayarak özendirmek, onunla tatlı ortaklıkların kurulmasını desteklemekle** yerine getirdi.

Demokrat Parti'nin yabancı sermayeye kapıları açan ilk kanunu 1951 yılına rastlar. Ne var ki, bu kanun yetersiz görülür ve 1954 yılında **"Yabancı Sermayeyi Teşvik Kanunu"** adıyla –yabancılara tanıdığı haklar bakımından dünyada bir eşi daha bulunmayan– bir başka kanun çıkarılır. Aynı yıl –Amerikalı uzmanlara hazırlattırılan– ünlü **"Petrol Kanunu"** kabul edilir. Ve kalkınmaya temel olabilecek bir kaynak, emperyalizmin –Türkiye'ninkiyle çelişen– çıkarlarına terk edilir.

Böylece, on yıllık Demokrat Parti dönemi (1950-1960), Türkiye'nin yeniden emperyalizme "bağımlı" bir ülke haline gelmesine yol açtı. Ondan sonraki yıllar, bu bağımlılığı gitgide daha çok artıracaktır.

Üstelik, bağımlılaşma ve yarı-sömürgeleşme politikası, Türkiye'yi yeni bir "iflas"ın eşiğine getirmiş ve "dış borçlar", kuşaklar boyu sürüp gidecek bir düzeye ulaşmıştır. Türkiye'de, küçük bir azınlığın palazlanması uğrunda yapılan bu borçların ödenmesi yükü de, halk yığınlarının, emekçi kitlelerin omuzlarına yüklenmiştir.

Türk ekonomisinin bugünkü görünümü şudur: Tarımda olsun, ticarette ve sanayide olsun, emperyalizmin etkileri açıkça görülür. Ve ekonominin bütün bu kesimleri –emperyalizmin çarpıtıcı etkileri yüzünden– kapitalistleşmelerini bile, yarı-sömürgelerde rastlanan biçimlerde idrak etmektedirler. Ortaya çıkan, gerçek bir kapitalizm değil, **dışa bağımlı ve geri bir kapitalizm**dir.

Kaldı ki, ekonominin geriliği, yalnız kapitalizmin bu çarpık, eğri büğrü, dışa bağımlı niteliği göstermesiyle de kalmaz. Ülke, yer yer **kapitalizm öncesi bazı ilişkileri** de barındırır.

Böylece, Türkiye, kapitalizm öncesi bazı ilişkileri barındırmakla beraber, **emperyalizme bağımlı bir biçimde kapitalistleşen** bir üretim biçimine sahiptir.

Kapitalizm, bu niteliğiyle, Türkiye'de, kalkınmanın, bağımsız ve ileri bir ekonominin kurulmasının yöntemi olabilir mi?

Türkiye'de sanayi kesimi ile tarım kesimini de inceleyip, temel sorunlarını saptadıktan sonra bu sorunun yanıtını araştırmaya çalışacağız.

DAHA ÇOK BİLGİ

Mustafa Akdağ, *Türkiye'nin İktisadi ve İçtimai Tarihi,* 2 Cilt, Ankara, 1971.

Doğan Avcıoğlu, *Türkiye'nin Düzeni,* İstanbul, 1968.

Niyazi Berkes, *İkiyüz Yıldır Neden Bocalıyoruz?* İstanbul, 1965.

İsmail Cem, *Türkiye'de Geri Kalmışlığın Tarihi,* İstanbul, 1979.

Tevfik Çavdar, *Osmanlıların Yarı-sömürge Oluşu,* İstanbul, 1969.

Çağlar Keyder, *Emperyalizm, Azgelişmişlik ve Türkiye,* İstanbul, 1976.

Karl Marx, *Türkiye Üzerine* (çev. S. Hilav - A. Tokatlı), 2. Bası, İstanbul, 1974.

M. Oka, - İ. Perceval, *Japon Kalkınması ve Türkiye* (çev. F. Naci), İstanbul, 1966.

Gündüz Ökçün, *İktisat Kongresi,* 2. Bası, Ankara, 1971.

Özgür Özlem, *Türkiye'de Kapitalizmin Gelişmesi,* İstanbul, 1972.

Y. N. Rozaliev, *Türkiye'de Kapitalizmin Gelişme Özellikleri (1923-1960)* (çev. Azer Yaran), Ankara, 1978.

Oya Sencer, *Türk Toplumunun Tarihsel Evrimi,* İstanbul, 1969.

Stefanos Yerasimos, *Azgelişmişlik Sürecinde Türkiye* (çev. B. Kuzucu), 2. Bası, İstanbul, 1980.

OKUMA

JAPON KAPİTALİZMİ NASIL KURULDU?

Japonya, Batı dünyasının dışında kapitalist kalkınma yöntemiyle endüstrileşmiş tek ülkedir. Türkiye'de öteden beri Japonya'ya özenenler çoktur. Bu özenti iki boyutludur. Bazıları derler ki:

– Japonya Batı'nın tekniğini aldı, kültürünü dışladı, Japon törelerini ve geleneklerini sürdürdü, biz de öyle yapmalıyız.

Ayrıca **"Japon mucizesi"**ne yakınlığımız kapitalizme bağlılığımızla özdeşleşir. Türkiye'nin de kapitalist kalkınma yoluyla çağdaş endüstri toplumu olabileceğine inanmak ve çevremizi inandırmak isteriz. Bu istek Japonya örneği ile desteklenir.

Peki, acaba Japonya nasıl kalkınmıştır?

Gerçek şudur ki, Japonya'da çağdaşlaşma akımları Türkiye'den sonra başlamıştır. 19. yüzyılın üçüncü çeyreğinde bile Japonya dünyaya kapalı bir ülkeydi. Toplumun tutucu ve gerici güçleri yenileşmeye ve kalkınmaya karşı direnişlerini sürdürüyorlardı. Bu dönemde Japonya dünyanın lunaparkında tarihsel bir pavyon görünümündeydi.

Peki nasıl oldu da "mucize" gerçekleşti ve Japonya, Türkiye'nin yapamadığını yapıp kapitalist yöntemlerle sanayileşmeyi başardı?

Bu sorunun yanıtı bilim adamlarınca araştırılıp cilt cilt kitap yazılmıştır. Japonya'nın hangi koşullarda kalkındığını merak edenler, belirgin yanıtlar alabileceklerdir. Kısaca ve madde madde Japonya'nın kalkınma koşulları şöyle saptanabilir:

1) Japon kalkınması **yoksul köylü yığınlarının sömürüsüne** dayanan bir nitelik taşır. Kalkınma süreci içinde köylünün en küçük bir siyasal ve sosyal hakkı yoktur.

2) Yine bu kalkınma yönteminde dünyanın en ucuz işçisi Japon işçisiydi. Sendikacılık, toplu sözleşme, grev gibi çağdaş hakları Japon emekçisi sanayileşme gerçekleşinceye dek tanımamıştır.

3) Kalkınmanın lokomotifi devletçiliktir. Japonya'da kalkınmanın temel ve öncü yatırımları **devlet eliyle** yapılmış ve yürütülmüştür. Daha sonra devlet fabrikaları ve şirketleri, özel sektöre ucuz fiyatla satılmıştır.

4) **Doğa zenginlikleri bakımından yoksul** Japon adaları, kapitalist yöntemle sanayileşme sürecinde **demokrasiden uzak** yaşamış, dikta rejimlerinin düzeni süregelmiştir.

5) Çok önemli bir nokta da, kalkınma sürecinde Japonya'nın **Batı kapitalizminin baskılarından ve sömürüsünden uzak** yaşayabilmesidir. Çin ve Hindistan pazarları üzerinde paylaşım çatışmasına girmiş emperyalizm, yoksul ve küçük Japon adalarını kendi haline bırakmıştır.

6) Japon kalkınması **"önce tüketim, sonra üretim" modeline ters bir gelişmeyi** simgeler. Töresel tutumluluk göreneğinde yaşayan Japon halkının yoksulluğu süregelirken Japonya bütün dünyaya ipek satmak olanaklarını uzun yıllar sürdürebilmiş ve dış-satım darboğazını böylece aşabilmiştir.

7) **Bağımsız ve milliyetçi bir siyasal politikayı** Japonya kuşaklar boyu sürdürebilmiştir. Sanayileşme süreciyle bağımsızlık ve milliyetçilik ilkeleri ekonomide ve siyasada tutarlı bir bütünleşmeye dönüşmüştür.

İçeriye dönük yüzünde otoriter, dışarıya dönük yüzünde bağımsız bir rejimle Japonya uzun sürede sanayileşmesini gerçekleştirdi. Uzakdoğu'nun uzak denizinde coğrafyası oluşan bu "kapalı adalar devleti" ne AET'ye üyeydi, ne NATO'ya, ne Avrupa Konseyi'ne ve ne de Amerika'ya bağlıydı.

(İlhan Selçuk, "Japon Mucizesi ve Türkiye..."
Cumhuriyet, 18 Ekim 1980)

SORULAR

1. Türkiye, bugün, iktisadi ve sosyal planda, hangi süreç içinde bulunmaktadır?

2. Türkiye'de, bugün egemen üretim biçimi nedir? Ve başlıca nitelikleri nedir bu üretim biçiminin?

3. Kapitalizmin Batı'daki ve Türkiye'deki doğuş ve gelişimleri birbirinden farklı mıdır? Farklı ise, ne çeşit bir farklılıktır bu ve hangi nedenlerden ileri gelmektedir?

4. Klasik Osmanlı düzeninin sosyo-ekonomik özellikleri nelerdir ve Batı feodalitesinden temelde hangi noktalarda ayrılmaktadır?

5. Osmanlı düzeninin 19. yüzyıl başlarındaki tablosu nasıldır?

6. Batılılaşmanın anlamı nedir? Batılılaşmayı kimler, ne için istemiştir? Ve ne olmuştur sonuçları?

7. 17. yüzyılda, Osmanlı İmparatorluğu, yarı-sömürge bir toplum durumuna nasıl gelmiştir? İngilizlerle imzalanan 1838 tarihli ticaret antlaşmasının ne gibi bir rolü olmuştur bunda? "Düyun-ı Umumiye"nin kuruluşu, aslında neyi dile getirmektedir?

8. Çağdaş iktisat tarihimizde "millici" arayışlar ne zaman başlar ve ne gibi denemelere yol açar?

9. Türk Milli Kuruluş Hareketi, hangi nitelikleri taşır?

10. 1923 "İzmir İktisat Kongresi" nasıl bir kalkınma modeli önerir ve hangi sonuçlara ulaştırır bu model Türkiye'yi?

11. Türkiye'de devletçilik, niçin, ne zaman ve nasıl ortaya çıkar? Taşıdığı anlam nedir ve hangi sonuçları doğurur? Bu sonuçların olumlu ve olumsuz olanlarından hangileri daha ağır basar?

12. Türkiye'nin, II. Dünya Savaşı ertesindeki tablosu nedir ve ne gibi gelişmelere yol açar?

13. Demokrat Parti, aslında hangi sınıf ve zümrelerin sözcüsü olarak doğmuştur? Ve iktidar yıllarında iktisadi ve sosyal planda neler yapmış ve Türkiye'ye nelere mal olmuştur bu yaptıkları?

14. Türk kapitalizmi, giderek Türk ekonomisi, bugün hangi nitelikleri taşımaktadır? Bu niteliklerin ortaya çıkması, temeldeki hangi bozukluğun sonucudur aslında?

15. Japon kapitalizminin kuruluşu, hangi koşullarda olmuştur? Bu koşullar Türkiye'de dün var mıydı? Ya bugün? (Okuma parçasını okuyunuz.)

SANAYİ KESİMİ

Sanayinin anlamı ve Türk ekonomisindeki yeri

Bir ekonomide **sanayi** ve **tarım,** asıl üretken kesimleri –inşaat bir yana– ötekiler, **hizmet kesimini** oluşturur. Sanayi kesimi de, kendi içinde, yapım (imalat), istihraç (maden çıkarma ve taş ocağı sanayii), elektrik ve havagazı sanayii olarak üç ana kesime ayrılır. Ama, genellikle sanayi denildiğinde, ilk akla gelen ve anlatılmak istenen **yapım sanayii**dir. Çünkü günümüz ekonomilerinde, yapım sanayii kesimine oranla, öteki sanayi kesimlerinin önemi oldukça küçüktür. Yapım sanayiinde üretilen mallar da üçe ayrılır: **Tüketim malları, ara malları, üretim araçları.** Gerek kapitalist, gerek sosyalist üretimde olsun, sanayileşme, asıl anlamıyla **üretim aracı** üretmek demektir.

Öyle olduğu için de, sanayileşme, iktisadi kalkınma ile özdeştir bir anlamda.

Sanayi kesiminin Türk ekonomisinde önem kazanmaya başlaması, 1950'lerden ve özellikle 1960'lardan sonraki gelişmelerle mümkün olabilmiştir. Bugün ulaşılmış olan nokta şudur: Türkiye'de gelişen kapitalizmin niteliği sonucu, "dışarıya bağımlı" da olsa, sanayi, Türk ekonomisinde, tarıma oranla, birinci kesimdir artık.

> 1971 yılının verilerine göre, **sınai üretimin toplumsal üretim içindeki** payı 90,3 milyar liralık bir üretimle % 60 dolayındadır. Aynı yıl içinde, tarımsal üretim –çok elverişli doğal koşullara karşın– ancak 58,4 milyar liralık bir üretim düzeyine ulaşabilmiştir. Bunun gibi, 1972 yılının verilerine göre, **gayri safi ulusal hasıla içinde** –cari fiyatlarla– tarımsal gelir 49,8 milyar lira iken, sanayinin katkısı 52,7 milyar liraya yükselmiştir. Ayrıca, son yıllarda sanayi, gelişme hızı açısından da, tarımı sürekli olarak gerilerde bırakmıştır: Son on yıllık dönemde, tarımsal üretimdeki % 125'lik artışa karşılık, sanayide % 290'lık bir artış gerçekleştirilebilmiştir.

Son on yıllık dönemde, sanayinin bünyesel değişimi ve ekonominin öncülüğüne yükselmesi, siyasal sonuçlar yaratmakta da gecikmemiştir: "Milli Selamet Partisi"nin doğuşu ve AP içinden bir grubun ayrılarak "Demokratik Parti"yi kurmaları, sanayideki gelişmelerin doğurduğu iktisadi çıkar çatışmalarının siyasal plana aktarılmasıyla yakından ilişkilidir.

Sanayi kesiminin ana sorunları

Bütün bu gelişmelere karşın, sanayi kesiminin –Türkiye'de gelişen kapitalizmin niteliklerinin sonucu– önemli sorunları vardır.

Nedir o sorunlar?

Türk ekonomisinde, sanayi kesiminin ana sorunlarını şu noktalar çevresinde toplayabiliriz:

– Son on yılda, sanayileşmemizde ortaya çıkan gelişme göz önünde tutulursa, **tüketim malları sanayiinin** hâlâ ön planda olduğu görülür. Tüketim malları sanayii –kısmen "montaj"a dayanarak– büyük bir gelişme göstermiştir.

Bu durum, bir bakıma piyasa koşullarından, bir bakıma da kamu kesiminin tutumundan doğmaktadır.

Piyasa koşulları ve ekonominin içinde bulunduğu durumun bir sonucu olarak, özel kesim, yatırımlarını, daha çok tüketim malları üretimine yöneltmektedir. Çünkü bu dalda, **küçük çaplı yatırımlarda bulunarak kısa dönem kâr hesapları yapmak** olanağı vardır. Öte yandan, kamu kesimi, yatırım malları sanayiine plan metinlerinde yer vermekle beraber, çeşitli nedenlerle **uygulamada** aynı titizliği göstermemiştir. Özellikle, İkinci Beş Yıllık Plan, bunun örnekleriyle doludur.

Aslında "sosyal verimliliği" düşük olan tüketim malları sanayiindeki gelişmenin gerçek bir sanayileşme rayına oturtulması, **yatırım malları sanayiinin geliştirilmesine ve ara malları sanayiindeki gelişmenin sürdürülmesine bağlıdır.** Eğer, gerek kamu kesimi, gerek özel kesim bu konuda yeterli atılımı göstermezlerse, yapım sanayiinde –tüketim malları lehine olan– dengesizlik sürecektir. Ekonomiyi "dışa bağımlı" tutan dallardan birinin tüketim malları sanayii olduğu göz önüne alınırsa, daha da belirir sorunun önemi.

– Türkiye'de yapım sanayii ile ilgili kuruluşlar, dengesiz ve düzensiz bir biçimde **birkaç merkezde** toplanmıştır.

Devlet İstatistik Enstitüsü'nün verdiği rakamlara göre, İstanbul, Ankara, İzmir, Bursa ve Adana gibi beş ildeki özel sanayi işyerleri, Türkiye'deki yapım sanayiinin % 69,2'sini kapsarken, öteki bütün illere, toplam olarak % 30,8 gibi bir pay düşmektedir.

Bu rakamlar, bize, Türkiye'de sanayileşmenin, **coğrafi planda** ne denli dengesiz oluştuğunu göstermektedir. Türkiye'nin sanayileşmeden beklediği yararlar, sınai faaliyetlerin, dengeli bir biçimde, **bütün yurt düzeyinde** gerçekleştirilmesine bağlıdır. Bu sağlanmadıkça, Türkiye'de, bölgeler arasında, özellikle **Batı ile Doğu arasındaki farklılık** daha da derinleşecektir. Bunun ortaya çıkaracağı iktisadi ve sosyal sorunları çözümleme güçlüğü, aşılmaz bir engel haline gelebilir.

– Sanayi kesimindeki gelişmenin günümüzdeki bir başka sorunu, **yeni kaynakların bulunması** ve bu kaynakların maliyetiyle ilgilidir.

"Sermaye piyasası" üzerindeki tartışmaların özü şöyle açıklanabilir: Sanayi, bundan sonraki gelişmeleri için "yeni", "koşulsuz" ve "ucuz" kaynak aramaktadır. Geleneksel olarak, bireylerden bankalara, bankalardan da sanayiciye doğru işleyen "kredi" mekanizmasını bir ölçüde değiştirmek; para kaynağının bireylerden sanayi kuruluşlarına doğrudan yönelmesini istemektedir.

Nitekim, yalnızca 1970 yılında "tahvil çıkararak" kişilerden alınan "doğrudan borç" toplamı, 387 milyon lirayı bulmuştur. Bu rakam, "sermaye piyasası"nın gelişmesiyle kuşkusuz büyüyecek ve sanayi, özlediği bir kaynağa kavuşmuş olacaktır. Ne var ki, böyle bir kaynak bulma yolu, bir ölçüde **geleneksel kredi kuruluşlarının** (özellikle bankaların) çıkarına dokunabilecektir. Dolayısıyla, bu konuda da bir çelişme, özel kesimin kendi bünyesindeki bir sürtüşme söz konusudur.

– Türk sanayiinin daha başka sorunları da var: **"Dışarıdan teknoloji getirme"** sorunundan **"atıl kapasite" sorununa** değin yığınla sorun... Ve hepsi de önemli. Ne var ki –bahsi uzatmamak için– yalnızca hatırlatmakla yetiniyoruz bunları. Ama, son olarak, çok önemli bir sorun üzerinde duracağız ki, o da **"satma"** sorunudur.

Türk ekonomisi, sanayileşme yolunda, birinci aşamayı tamamlamış, dayanıksız tüketim malları ile –bir oranda– dayanıklı tüketim malları üretiminde belli bir uzmanlaşmaya kavuşabilmiştir. Ne var ki, tam bu noktada, 1969'lardan başlayarak, satma sorunu, bütün açıklığıyla kendini göstermiştir. Bir kere, üretilen ürünlerin fiyatları –dünya pazarlarına oranla– hayli yüksek olduğundan, yapım sanayii, "iç pazar"a dayanmak zorundaydı. İç pazar da belli bir doymuşluğa gelince, üretim yavaşlamış ve 1970'te Türk ekonomisi ciddi bir bunalımla yüz yüze gelmişti.

Bu sorun, hâlâ çözümlenebilmiş değildir.

Yapım sanayiinde açık bir biçimde ortaya çıkan satma ve –buna bağlı olarak da– yatırım sorunu, iki yanlı çözüm olanağına sahiptir: Birinci olarak, iç pazar için yeni istemlerin yaratılması; ikinci olarak da, dış pazar olanaklarının genişletilmesi gerekmektedir. Bütün bunlar, ara malı ve üretim araçları üretiminde yoğunlaşmak ve dolayısıyla daha ucuza mal üretmekle gerçekleşebilir ancak. İşte, tam bu noktada, Türk yapım sanayiinin, geniş ölçüde, **"dışa bağımlı"** oluşunun ortaya çıkardığı engeller dikilmektedir: Bu bağlılık, kısmen ara-malı üretimindeki yetersizlikten, büyük ölçüde de yatırım malları sanayiinin geliştirilememiş olmasından ileri gelmektedir. İç sınai üretimin yürütülebilmesi için büyük çapta ara malı ve yatırım malı dışalımı gerekmektedir. Bu durum, hem iç piyasanın büyüme hızını sınırlamakta, hem de **dış ödemeler dengesi** üzerinde sürekli bir baskı öğesi olmaktadır.

DAHA ÇOK BİLGİ

Özlem Özgür, *Sanayileşme ve Türkiye,* İstanbul, 1976.

OKUMA

SANAYİLEŞMENİN NERESİNDEYİZ?

...Türkiye'de 1950'den bu yana önemli bir sanayi gelişmesi olmuştur ve 1950'lerdeki enflasyon sırasında yurtta bulunmayan birtakım tüketim malları bugün piyasada yerli sanayi tarafından karşılanmaktadır. Ancak, bu gelişme Türkiye'nin dünya sınıflaması içinde **"yarı sanayileşmiş" ülkelerin alt basamaklarında bir toplum** olmak durumunu değiştirmemiş ve ulusal gelir içindeki sanayi payının hızla artmasına henüz yol açmamıştır. Sanayi kesimindeki gelişme yavaşlığı, bizim öngörülerimize oranla, bir **gelişme yavaşlığı** olarak da nitelendirilebilir...

Çağımızda **"sanayileşme"** ölçüsü değişmektedir. Şöyle ki: Tüketim malları üreten sanayilerin önemli bir bölümü geleneksel bir teknolojiye dayandığı için, bunların bir ülkenin "sanayileşme göstergesi" olarak kullanılmasına birçok iktisatçı ve istatikçinin karşı çıktığını görüyoruz. Artık daha çok **yeni teknolojiye dayanan dinamik sanayi dalları** ülkenin "sanayileşme göstergesi" olarak kullanılıyor. Ölçü bu olursa, Türkiye'nin "yarı sanayileşmiş" ülkelerin neden alt basamağında kabul edildiği daha kolay anlaşılır. Çünkü "dinamik sanayi dalları"ndan sayılan kimya, elektronik makine, taşıt araçları vb sanayileri Türkiye'de henüz **emekleme döneminde** bulunmaktadır:

Yarı sanayileşmiş bir ülke olmanın birlikte getirdiği birtakım sorunlar vardır:

1. Sanayimiz henüz **"yaratıcı"** olma aşamasına gelmemiştir. Bu bir küçümseme değildir. Japonya ve İtalya da uzun süre yaratıcı olmayan, taklide dayanan bir sanayileşme sürecini yaşamışlardır. Ancak, bu ülkeler artık yenilik yaratabilecek sanayileşme biçimlerine girmiş bulunuyorlar. Bu aşamaya erişememiş olmak Türk halkının kapasitesini küçümsemek de değildir. Nitekim Batı Almanya'da Türk işçilerinin çalıştıkları fabrikalarda ufak buluşlarla organizasyona ve teknolojiye katkılar yaptığını öğreniyoruz.

2. **Tüketim malları** henüz toplam sanayi mallarının yüzde 48'ini, **ara mallar sanayii** ise yüzde 38'ini vermektedir. **Yatırım malları** ise toplam sanayi malları içinde daha yüzde 15'i bulmayan bir düzeydedir. Başka bir deyişle, Türkiye, **tüketim malları sanayiinin ağır bastığı, ara mallar sanayiinin gelişmekte bulunduğu, fakat yatırım malları sanayiinin ise emekleme döneminde olduğu bir aşamadadır.** Oysa, dinamik sanayi dalları bu ikinci ve üçüncüler içinde bulunmaktadır.

(Gülten Kazgan, "Türk Sanayiinin Gelişim Düzeyi ve Yarını" konusundaki forumdan, *Milliyet,* 26 Kasım 1972)

SORULAR

1. Sanayi deyince, aslında ne anlaşılmalıdır?
2. Türkiye ekonomisinde, sanayi bugün nasıl bir yer tutmaktadır? Sanayileşmemizin hangi aşamasındayız? (Okuma parçasını okuyunuz.)
3. Türkiye'de bugün, sanayi kesiminin ana sorunları nelerdir?
4. Tüketim malları sanayii, nasıl bir yer tutmaktadır? Nedenleri? Bu yerin fayda ya da sakıncaları nelerdir?
5. Türkiye'nin sanayileşmesinde "bölgeler arası dengesizlik" derken ne anlaşılır? Bu dengesizliği gidermenin yolları nelerdir?
6. "Sermaye piyasası" üzerindeki tartışmaların özü nedir?
7. Sanayide "teknoloji getirilmesi" ve "atıl kapasite" sorunları deyince ne anlaşılır?
8. Sanayide "satma" sorunu ne demektir? Bu sorunun çözümü Türkiye bakımından niçin yaşamsaldır? Ve ne gibi engeller vardır çözümün karşısına dikilen?

TARIM KESİMİ

Türkiye'de, 1960'lardan başlayarak, tarımın ulusal gelir içindeki payı –sanayi lehine– gitgide düşmüş ve bugün ekonomide **birinci kesim olma niteliğini yitirmiş** olmakla beraber, tarım kesimine ilişkin sorunlar ve tartışmalar, gündemde önemlerini korumaktadırlar. Şaşmamalı da buna. Çünkü, tüm sosyal değişme ve gelişmelere karşın, **toplam nüfusun büyük bir çoğunluğu** (% 61,2) hâlâ kırsal kesimde oturmakta ve geçimlerini tarımdan sağlamaktadır.

Tarımdaki kapitalistleşme ve yapısal değişimler

Tarımdaki sorun –çokça sanıldığı gibi– salt "adil bir toprak dağılımı" sorunu değildir. Tüm toplum ve ekonomiyi ilgilendiren başka önemli sorunları da karşımıza çıkarmaktadır. Ve çoğu, **kapitalistleşmenin** doğurduğu, **tarımdaki yapısal değişmelerin** ortaya çıkardığı sorunlardır bunlar.

Gerçekten, Cumhuriyet'in ilk yıllarından 1950'lere değin olan sürede, Türkiye'nin iktisadi yapısına damgasını vuran kesim tarım kesimi olmuştur. Kapitalist ilişkilerde, 1950'lerden başlayarak görülen hızlı gelişme, tarımı da etkiler. 1950'den başlayarak –özellikle ilk dört yılda– tarım kesiminde kendini gösteren önemli üretim artışı –başka nedenlerin yanı sıra– yeni toprakların üretime açılması, tarımda ileri girdilerin kullanılmaya başlanması, doğal koşulların tarımsal üretime elverişli gitmesiyle ilgilidir.

> 1948 yılında 13,9 milyon hektar olan tarım topraklarının genişliği, 9 milyona yakın bir artışla, 1956 yılında 22,5 milyon hektara ulaşmıştır. 1948-1960 arası ekilen topraklardan ortaya çıkan 10 milyonluk artışın, onda biri kadarı devletin dağıtımıyla, geri kalan bölümü ise Hazine'den ve köy orta mallarından yapılan "özelleştirmelerle" ilgilidir. Bu gelişmelere bağlı olarak, **tarımın ulusal gelire katkısı** 1950'den 1960'a değin % 54,8 **oranında** artmıştır. Aynı dönemdeki **tarımsal mallar üretimindeki artış** daha da yüksektir. 1950'de 7,8 milyon ton olan tahıl üretimi, on yılda iki katına yakın bir artışla, 1960 yılında 15,2 milyon tona ulaşmıştır. Kapitalizmin gelişmesi gereği, **sınai bitkilerdeki artış,** tahıl üretimine

oranla daha da hızlı olmuştur. Türkiye tarihinde on yıl[illegible] bir dönem yoktur ki, tarımda böylesine hızlı bir gelişmeye tan[illegible] olunmuş olsun.

Tarım kesiminde kendini gösteren bu gelişmeler, diğer kesimleri de etkilemiş, sanayi ve hizmet kesimlerinde de önemli gelişmeler olmuştur. Bu değişme ve gelişmelere bağlı olarak **nüfusun niteliği** de değişmiş, kırsal nüfusun payı –görece– azalırken, kentli nüfusun payı artmaya başlamıştır. **Pazar için üretim** yaygınlaşmış ve köylülerin pazarla olan ilişkileri büyük düzeylere ulaşmıştır.

Tarımdaki kapitalistleşme bir gerçek olmakla beraber, 1960'lardan sonra Türkiye'nin iktisadi yapısını –"dışa bağımlı" da olsa– tarımdan sanayiye dönüştüren gelişmenin bir sonucu olarak, tarımın ulusal gelir içindeki payı –sanayi lehine– gitgide azalmaya başlayacaktır. Bugün ise, sınai üretim toplamı, tarımsal üretim toplamını aştığı gibi, sanayi kesiminin ulusal gelire katkısı tarımı geçmiş ve gelir açısından tarım birinci kesim olma niteliğini yitirmiştir.

Ekonominin yapısal açıdan nitelik değiştirmesi, **sosyal ve siyasal yapıda** da önemli değişme ve gelişmeleri beraberinde getirmiştir. 1970'ler Türkiye'sinin sosyal yapısında güçler dengesi ve ilişkiler, 1960'lardakinden hayli farklıdır. Egemen sınıflar arasındaki ilişkiler –geniş ölçüde– değişmiştir. 1960'lara değin siyasal iktidara damgasını vuran ticaret burjuvazisi, bu yerini büyük oranda kaybederken, **sanayi burjuvazisi ve mali burjuvazi** güçlenmiştir. Toprak sahipleri de siyasal plandaki güçlerini geniş ölçüde yitirmişlerdir. İşte 1970'ler Türkiye'sinin böylesine değişik yeni ortamında, tarım kesimine ilişkin sorunların nasıl çözümlenmesi gerektiğine herhalde **sanayi burjuvazisi karar verecektir.**

Fakat nedir o sorunlar?

Tarım kesiminin ana sorunları

Türkiye'de, tarım kesiminin çözüm bekleyen sorunları –belki– sayılamayacak denli çoktur. Bunların içinde en önemlileri şunlar olsa gerek:

– Önce, tarım kesiminde önemli gelişmeler olmasına karşın, üretim hâlâ **doğal koşullara** bağlıdır büyük oranda. Bundan ötürü, üretim ve dolayısıyla gelir düzeyi, hem çok düşük ve hem de yıllara göre büyük dalgalanmalar göstermektedir. Çeşitli tarımsal ürünlerin hektar başına verimleri, dünya ölçülerine göre oldukça düşüktür. Bunu doğuran en önemli neden de, **ileri girdilerin** Türk tarımında henüz yeterince kullanılmamasıdır.

Örneğin, Türkiye tarımında bin hektara düşen traktör sayısı, İtalya'dan 15, Belçika'dan 31, Lüksemburg'dan 45 ve Batı Almanya'dan 60 kez daha küçüktür. Keza gübre kullanımı İspanya'dan 5, Yunanistan'dan 8, Fransa'dan 18 ve Hollanda'dan 70 kez daha azdır.

Geri kalmış bir ülke ekonomisi için, hızlı gelişmenin temel gereklerinden biri, **tarımın açılmasıyla** ilgilidir. Kapitalist mantık içinde sanayileşme tarımsız düşünülemez. Kentli nüfusun gerek duyduğu besin maddeleri ile, sanayi için gerekli yatırım mallarının dışardan satın alınabilmesi, büyük ölçüde tarımsal ürünlerin dışsatımının artırılabilmesine bağlı bir durumdur.

Bugüne değin tarımın bu görevlerini gereğince yerine getirdiği söylenemez. Eğer yerine getirebilmiş olsaydı, sanayileşme çabaları için dış kaynaklara gerek duyulmaz ve –belirli ölçüde de olsa– ekonomi dışa bağımlı bir hale gelmezdi. Bugünkü durumuyla, tarım kapitalist mantık içinde hızlı büyümeyi köstekleyecek bir niteliktedir.

– Ayrıca, tarım topraklarının, gerek **mülkiyet** ve gerekse **işletme büyüklüğü** açısından **dağılımı,** büyük bir dengesizlik göstermektedir. Çeşitli tarımsal işletmeler, fazla sayıda ve dağınık parçalardan oluşmakta ve bu durum, olumsuz yönde etkilemektedir üretimi.

Aslında, kapitalist üretim koşulları altında, toprakların ve buna bağlı olarak da üretimin çiftçi aileleri arasındaki dağılımının adaletsiz olması doğaldır. Hatta, kapitalist ilişkiler geliştikçe gelir dağılımı daha da adaletsiz bir durum alacaktır. Kapitalist üretimin değişmez bir yasasıdır bu. Türkiye tarımında bu dengesizlik yeterince vardır ve gelir paylaşımına olduğu gibi yansımaktadır: Tarımda en az gelirli ailelerin % 20'si toplam gelirin % 6'sını alırken, son dilimdeki % 20'si tarımsal gelirin % 49,6'sını ele geçirmektedir. Başka bir deyişle tarımcı ailerin % 80'i, yani 3 milyon 200 bin çiftçi ailesi toplam tarımsal gelirin ancak % 50,4'üne sahip olurken, % 20'yi oluşturan öteki 800 bin çiftçi ailesi toplam gelirin yarısını denetleyebilmektedir.

Bu durumdaki tarım kesiminin **klasik bir toprak reformuyla** dertlerinden kurtulacağı, hele ekonomik gücünü artıracağı pek söylenemez. Büyük işletmelerin elinde 10 milyon dönüm kadar toprak bulunmaktadır. Bunun tümünün devletleştirildiği düşünülse bile, en az verimlilik koşulları göz önünde tutulduğunda, yararlanacak aile sayısı 100.000'i geçmez. Oysa yalnız topraksız aileler, 1963 sayımına göre, 300.000'den fazladır. Geçmişteki artış temposuna bakılarak 1970 yıllarında 500.000'e vardığı söylenebilir. Toprağı kendine yetmeyen, ortakçılık, yarıcılık yapan, cüce işletmelerde günübirlik yaşayan aile sayısı ise milyonun üzerinde hesaplanmaktadır. Böylece, klasik çerçevedeki bir toprak reformu Türkiye'de ancak **siyasal amaca** hizmet edebilir: **Kasaba eşrafıyla köy ağasının geleneksel egemenliğini kurmakta** yardımcı olabilir. Bu açıdan, önemli ve gereklidir. Yoksa, üretimin artması ve yığınların daha yüksek bir düzeye erişmeleri için, bu reformun, **güçlü bir sanayileşmeyle** ve **kooperatifçilikle** beraber gerçekleşmesi şarttır.

– Tarım kesiminde çözüm bekleyen önemli sorunlardan birisi de, Türkiye'nin temel sorunlarına sıkı sıkıya bağlı olan **tarımsal nüfusla** ilgilidir. Türkiye'de son yirmi yıldır, kentleşme olayında büyük mesafeler alınmasına karşın, tarımda yaşayan nüfusun sayısı hâlâ kabarık bir yekûn tutmaktadır. Çoğu kez, gizli ve açık bir biçimde işsiz olan bu kesim, önemli bir istihdam sorunu olarak karşımızda durmaktadır.

Sonuç olarak, kapitalist mantık içinde sanayileşme olayının gerçekleştirilebilmesi, büyük oranda, tarımla ilgili bir durumdur. Tarımda bu anlamda gündemde bekleyen sorunlar çözümlenmeden, hızlı büyümeye ilişkin amaçların gerçekleşmesi oldukça güçtür.

DAHA ÇOK BİLGİ

S. Aksoy, *Türkiye'de Toprak Meselesi,* İstanbul, 1969.

B. Akşit, *Türkiye'de "Azgelişmiş Kapitalizm" ve Köylere Girişi,* Ankara, 1967.

Cavit Orhan Tütengil, *Kırsal Türkiye'nin Yapısı ve Sorunları,* İstanbul, 1975.

OKUMA

KÖYDEN KENTE GÖÇ

"Köyün iticiliği"nin ağır bastığı, "olanaklar/rahatlıklar ve umutlar" dünyasını simgeleyen "kentin çekiciliği"nin de yer aldığı "köyden kente göç", bir "geçiş" döneminin bunalımlarını yaşayan 1970'ler Türkiyesi'ni bütün boyutlarıyla gözler önüne seren, çok yanlı bir olaydır. Sanayileşme ile atbaşı yürümeyen, sağlıksız, bir başka bir deyişle "demografik" nitelikleri ağır basan azgelişmiş kentleşmemiz, kırsal bunalımın kente taşınmasının ötesinde bir oluşumu ortaya koymaktadır: Bu oluşum, **"köylü"lerin "kentlileşmesi"** olarak adlandırılabilir.

"Mevsimlik göç"lere bağlı "köylü-işçi tipi"nden sonra, şimdi de sürekli yerleşmeye dayalı **"ne köylü, ne kentli"** yeni kuşaklar aşamasında bulunan köyden kente göç olayı, "geçiş" dönemi sona erince **"yeni" bir toplumu** önümüze koyacaktır.

Ana çizgileriyle ufukta belirmeye başlayan "yeni toplum" şu nitelikleriyle dikkatimizi çekecektir.

– Toplumsal tarihimizde ilk kez, nüfusumuzun çoğunluğu "köy" yerleşmeleri yerine "kent" yerleşmelerinde oturacaktır.

– Sanayi ve hizmetler kesiminde çalışanlar oranı büyük bir artış gösterecektir.

– Laik düşünce, rasyonel dünya görüşü, işbölümü ve uzmanlaşma, yatay ve dikey örgütleşme bizim toplumumuzun da temel öğeleri olacaktır.

– Kırsal yerleşmelerde yeni bir düzenleme ve iş organizasyonu zorunlu hale gelecektir.

– Artan sosyal refah ve dengeli dağılım, bölgelerarası dengesizlikle kır/kent yerleşmelerindeki nitelik farklarını nicelik farkları haline getirecektir.

– Demokratik yönetimin koşulları yaratılmış bulunacaktır.

– Toplumumuz başka toplumlara öykünme dönemini geride bırakarak, yeniden yaratıcı ve yapıcı olma niteliklerini kazanacaktır.

– Tarım toplumundan sanayi toplumuna geçiş aşaması tamamlanacak, devlet-yurttaş ilişkilerinde sevgi egemen olacaktır.

Görüldüğü gibi, toplumumuzun büyük oluşumunu somutlaştıran "kentleşme" kırsal etkenlerden kaynaklanmaktadır. Geçiş döneminin bunalımları içinde yaşayan bizler, çoğu kez, gül yerine diken üzerinde durup düşünüyoruz. Elbette, gülün dikeni olduğu gibi, kentleşmenin de olumsuz yanları vardır. Ne var ki, **kentleşmeden doğan sakıncalar, en sağlıklı biçimde, yine kentleşme ile ortadan kaldırılabilir.** Öte yandan, eğer olaylar bizim önümüze geçmişse, bundan olayları sorumlu tutarak işin içinden çıkamayız. Toplumumuzun iç dinamiklerince yaratılan olayları düzenlemek, yönlendirmek ve sakıncalarını gidermek bize düşer. Köyden kente göçü, buna bağlı olan "kentleşme" ve "kentlileşme" sürecini **toplumumuza aydınlık getiren bir umut ışığı** saymak gerekir.

(Cavit Orhan Tütengil, *Kırsal Türkiye'nin Yapısı ve Sorunları,* İstanbul, 1975. s. 226-227).

SORULAR

1. Tarım kesiminin, bugün Türkiye ekonomisindeki yeri nedir? Tarım kesimi ile ilgili sorunlar niçin çok önemli sorunlardır?
2. Türkiye'de, tarımın kapitalistleşmesi süreci ne zaman başlar, öncelikle hangi dönemde hızlanır ve ne gibi sonuçlar doğurur?
3. "1970'ler Türkiye'sinde, tarım kesimine ilişkin sorunların nasıl çözümlenmesi gerektiğine herhalde sanayi burjuvazisi karar verecektir" derken anlatılmak istenen nedir?
4. Türkiye'de tarım kesiminin ana sorunları nelerdir?
5. Toprak mülkiyetinin dağılımındaki dengesizlik hangi önlemlerle giderilebilir? Bu önlemler içinde, özellikle toprak reformunun bugünkü değeri hakkında ne düşünüyorsunuz?
6. Türkiye'de köylerden kentlere göçün iktisadi ve sosyal nedenleri nelerdir? Bu olay, giderek "kentleşme", Türkiye'ye nasıl bir gelecek hazırlıyor? (Okuma parçasını okuyunuz.)

KAPİTALİZMİN SORUNLARI VE GELECEĞİ

Gelişmeler ve hedefler

Türkiye'de 1950'den ve özellikle 1960'lardan sonraki gelişmenin rakamlarla ifadesi şöyledir:

– 1963'te 108,7 milyar lira dolayında olan gayri safi ulusal hasıla % 65 artarak 1971'de 179,3 milyar liraya yükselmiştir.

– **Tarımın ulusal gelirdeki payı** % 41,7'den 1971'de % 28,1'e düşmüş, sanayininki ise % 16,9'dan % 22,6'ya çıkmıştır.

– Bu dönemde kişi başına gelir 3640 liradan 4901 liraya yükselmiştir.

– 1963-1971 döneminde, dışalım ortalama yılda % 8,7, dışsatım ise % 7 dolaylarında bir hızla artmış, böylece 1963'te 1,05 milyar dolar civarında olan dış ticaret hacmi 1971'de 1,85 milyar dolara ulaşmıştır.

– Aynı dönemde yatırımlar –1971 fiyatlarıyla– yılda ortalama % 8,6 dolaylarında bir hızla artarak, 16,7 milyar liradan 32,4 milyar liraya yükselmiştir.

Bütün bunlara karşın, Türkiye'nin sanayileşme sorununu büyük ölçüde çözümlediğini söylemek hayli güçtür. Türk kapitalizmini önümüzdeki yıllarda güç ve karmaşık sorunlar beklemektedir.

Önce, toplumun önümüzdeki yirmi yılda ulaşmak istediği hedefler nelerdir?

Devlet Planlama Teşkilatı'nın **"Yeni Strateji"** adıyla yayımladığı belgede, toplumun önümüzdeki yirmi yılda ulaşmak istediği hedefler şöyle gösteriliyor:

– 1995'lerde 65 milyonluk bir nüfus kitlesine ulaşacak olan Türk toplumu, yaklaşık olarak 27 milyon kişiye iş olanakları bulabilecek bir gelişmişlik düzeyini kendisine hedef almak zorundadır. Bunun anlamı, bugüne oranla hem 13-14 milyon kişiye ek iş olanağı yaratılacak ve hem de –günümüzün koşullarında– gizli ya da açık bir biçimde işsiz olanlara çalışma olanakları sağlanacak demektir.

– Bütün bunların gerçekleşebilmesi, 1995'lere gelindiğinde, ekonominin çeşitli kesimlerinde belli büyüklüklere ulaşılabilmiş olmasına bağlıdır: 1) Kişi başına bugünkünün 4 katı dolayında bir gayri safi ulusal hasıla; 2) Gayri safi yurtiçi hasılada, yaklaşık olarak tarımın payının % 10, sanayinin % 40, hizmetlerin % 50 oranında yer tuttuğu bir ekonomik yapıya ulaşılmış olmalıdır. Bu hedeflerin gerçekleşmesi için ise, yılda –ortalama olarak– gayri safi ulusal hasılanın % 7,9, tarımsal hasılada yılda ortalama % 3,7, sanayide % 11,2 ve hizmetlerde % 7,7 dolayında **artış hızına** ulaşmak gerekmektedir.

– Bu hedeflere ulaşabilmek için, sanayide bazı önemli malların üretiminde 1970'ten 1995'e şu gelişmelerin olması amaçlanmaktadır: 1970'te 1,5 milyon ton olan demir-çelik üretiminin 1995'te 20 milyon tona; kâğıt üretiminin 151.000 tondan, 4 milyon tona; elektrik üretiminin 8,5 milyar Kw/saatten 125 milyar Kw/saate; plastik üretiminin 17,6 bin tondan 1 milyon tona çıkarılması gerekmektedir.

Günümüz Türkiyesi, **"kapitalist üretim biçimi"**nin egemen olduğu bir toplumdur ve önümüzdeki yıllara ilişkin büyük önerileri kapitalist mantık çerçevesinde ele alınmaktadır. Ne var ki, öngörülen hedeflerin gerçekleştirilebilmesi için bazı önemli –önemli olduğu kadar da çetin ve karmaşık– sorunlar gündeme girmiştir. Aslında, bütün bu sorunlar, Türkiye'de kapitalizmin gelişmesini engelleyen sorunlardır. "Yapısal" bir nitelik taşımaktadırlar çünkü.

Önce nedir bu sorunlar?

Ve niçin kapitalizmin gelişmesine engel olmaktadırlar?

Çeşitli sorunlar

Bugün ekonomimizin karşı karşıya bulunduğu başta üç önemli sorun vardır. Bunlar, **işsizlik, enflasyon ve döviz kıtlığıdır.**

Şimdi her birine kısaca bakalım ve işsizlikten başlayalım önce:

– Bilindiği gibi, ülkemiz, bağlı olduğu kapitalist dünya sistemiyle birlikte –bu sistemin yinelenen bir hastalığı olan– bir **ekonomik bunalım dönemine** girmiş bulunuyor. Dışsatımımız azalmış, yatırımlar duraklamış ve bazı üretim faaliyetlerinde gerilemeler olmuştur. Öte yandan, dünyadaki bunalım ve işsizlikten ötürü, dışarıya işçi gönderme olanağı da kalmamıştır.

Bütün bunlar –aslında ciddi olan– **işsizlik sorununu,** bütün bütün çeşitlendirici yönde etki yapmaktadır. Üstelik bu seferki ekonomik bunalım –öncekilerden farklı olarak– **fiyat artışlarıyla** (enflasyon) bir arada bulunmaktadır. Oysa, bilindiği gibi, **enflasyon ve ekonomik durgunluk, yani işsizlik, birbirinin zıttı olan hastalıklardır. Birini iyileştirecek ilaç ve önlem ötekini azdırır.** Bu durum çözümü daha da güçleştirmektedir. Çünkü işsizliği azaltmak için yatırımları ve genel olarak harcamaları artırmak gereklidir. Ama bu yapılınca enflasyon daha da kışkırtılmış olur. Bunun tersi de doğrudur: Enflasyonu önlemek için harcamaları kısmak gereklidir. Ama bu yapıldığı zaman işsizlik daha da artar.

– **Enflasyona** gelince... Türkiye'nin 20. yüzyılın son yirmi yılına yılda % 50 düzeyinde bir enflasyon hızıyla adımını attığı, resmi çevrelerin yadsımasına karşın, bir gerçek. Batı'nın tanık olduğu enflasyonun da korkunç biçimde üstüne taşan bir hızdır bu. İktisadi açıdan kendi başına **stratejik kaynak, birikim, dağılım ve kullanım sorunları** getiren enflasyon olayı, sosyal yönden de **bütün sınıfsal yapıyı altüst eden gelişmelere** öncülük ediyor.

Bugün, Türkiye'deki enflasyon, tam bir gelir çekişmesi, yani bir gelir dağılımı sorunu halini almıştır. Bundan ötürü de, kendi kendini iteleyen, kendi kendini besleyen bir nitelik kazanmıştır. Her gelir grubu, her sınıf ve tabaka, fiyat artışlarının altında ezilmemek için, kendi gelirini (ücretini, maaşını, taban fiyatını, kâr haddini, aldığı kirayı) artırmak için çaba göstermektedir. Bir gelir dağılımı dengesine ulaşılamadıkça, bu uğraşlar ve onun sonucu olarak da enflasyon sürecektir.

– Ekonomimizin karşı karşıya bulunduğu bir başka önemli sorun, **döviz birikimimizin yetersizliği** sorunudur.

Bilindiği gibi, Türkiye sürekli bir döviz sıkıntısı çekmiştir. Kalkınmamızı frenleyen darboğazların en önemlilerinden biri, hep bu döviz kıtlığı olmuştur. Gerçi, son yıllarda dışarda çalışan işçilerimizin gönderdikleri dövizler sayesinde bu darboğazdan zaman zaman çıktığımız olmuştur. Ancak, yine son yılların dış ticaret açığı bu döviz rezervlerini silip süpürmüştür.

Bütün tarihimizde görülmemiş oranda ve miktarda bir ticaret açığıdır bu. Hele, 1981'in dışalım-satım açığı, 4,5 milyar dolarla, Cumhuriyet tarihinin rekorunu kırmıştır.

Ufukta durumun düzeleceğine dair bir işaret de yoktur. Kapitalizmin bunalımı sürdükçe, dışsatımımızı artırmamız söz konusu değildir. Turizm ve işçi dövizleri için de geçerlidir aynı yargı. Bu iki kaynaktan gelen dövizler de kapitalist dünyadaki bunalım sürdükçe artmayacak, hatta azalacaktır belki de.

Açıktır ki, bu konuda alınabilecek bir önlem de yoktur. Daha doğrusu alınacak önlemlerin bir etki yapmaları söz konusu değildir. Hele 24 Ocak Kararları'yla uygulanmaya başlanan salt parasal önlemlerle çıkmazlardan kurtulmak hiç söz konusu değildir.

Yapısal açıdan çarpık bir sanayileşmenin ceremesini çekiyoruz. Tam anlamıyla **"kökü dışarda"** bir sanayi bahis konusudur. Bugün, Türkiye sanayii, getirdiği dövizin üç buçuk katını yutmaktadır. Böylesine çarpık bir düzende dışsatımı ne denli artırmaya uğraşsak, dışalım daha büyük oranda yükselecek ve dış ödeme zorlukları yoğunlaşacaktır. Plansız, programsız, önceliksiz, sonralıksız dışsatım özendirmeleriyle pompalanacak "ihracat patlaması" bazı çevreleri zengin edecek; ama dengeli bir ekonomi kurmak için yeterli olamayacaktır.

Özetle, bu her üç sorunun da, kapitalist düzen içinde sürekli ve doyurucu bir biçimde çözümlenmesinde zaten temelli güçlükler vardır. Üstelik şu sırada, bunlar, kapitalizmin ekonomik bunalımı ile de bağlantılıdırlar. Bundan ötürü, her üç sorun da, daha bir süre –ve belki daha da şiddetlenerek– sürecekler dir.

Türkiye'de kapitalizmin gelişmesini sınırlayan sorunları daha da çoğaltmak olası. Aslında –planda belirtilen ve savunulanın tersine– Türkiye'de kapitalizmin gelişmesini sınırlayan temel neden, yine bizde **çarpık gelişen kapitalizmin kendisidir.** Yani toplumdaki **üretim biçiminin niteliğidir.** Soruna, dünya kapitalist sisteminin bütünlüğü, geri kalmış ülkeler için uyguladığı politika açısından baktığımızda, kapitalizmin iktisadi kalkınmamızda ne dereceye dek yöntem olabileceği daha açık bir biçimde ortaya çıkacaktır.

Kapitalizm, Türkiye'nin kalkınmasını gerçekleştirebilir mi?

Bilindiği gibi, dünya kapitalist sisteminin ekonomik yönetimi, **tekelci kapitalist (emperyalist) aşamaya gelmiş olan devletler ve çokuluslu ortaklarca** yürütülür. Bu yönetim esası, kapitalist sistemin egemen olduğu dünya kesimine, buradaki ülkelere, belli bir **işbölümünü** kabul ettirmek ve buna uygun bir finansman ve ticaret ağı kurup işletmektir.

Emperyalizmin dayattığı bu uluslararası işbölümünde, Türkiye gibi azgelişmiş ülkelerin yeri, **az kâr, az gelir getiren** işleri yapmaktır. Tarım, madencilik, turizm ve basit imalat sanayii böyle işlerdir. Emperyalizm, bir ülkenin söz konusu işbölümünde kendisine ayrılmış olan alanlarda gelişmesine engel olmaz, tersine buna yardım bile eder. Çünkü yönetici durumda olan büyük tekelci sermayenin büyüyebilmesi, ancak sistemin de bütünüyle büyümesine bağlıdır. Bu da, açıktır ki, sistemi oluşturan bütün ülkelerin her birinin kendisine düşen işi daha iyi yapmasıyla gerçekleşir.

Şunu belirtmek gerekir ki, tekelci kapitalizmin planlamış olduğu uluslararası işbölümünde bir yapaylık ve –alelade anlamda– bir zorbalık söz konusu değildir. Kapitalizmin işleyiş kurallarına göre, böyle bir işbölümü doğaldır. Örneğin, çok büyük araştırma giderleri ve kuruluş sermayesi isteyen ağır sanayi dallarına, Amerika, İngiltere, Almanya, Japonya gibi zengin, gelişmiş ülkeler dururken bizim el atmamız –kapitalizmin mantığına göre– ekonomik bakımdan yanlıştır. Böyle olunca, bu alanların onlara bırakılması ve bizim de daha basit –dolayısıyla daha az gelir sağlayan– işlerle uğraşmamız gerekmektedir.

İşte, **emperyalizmin temel sömürüsü,** başka ülkelere dayatmış olduğu bu **işbölümüdür.**

Türkiye'de gelişmekte olan büyük sermaye sınıfı –**tekelci dünya kapitalizminin bir temsilcisi olarak–** Türkiye'nin söz konusu işbölümüne uygun hareket etmesini sağlar. Demek oluyor ki, Türkiye'deki çağdaş kapitalist gelişmenin yürütücüsü ve temel gücü olan büyük sermayedarlar, **emperyalizmin bir parçası** ve buradaki uygulayıcılarıdırlar.

Emperyalist sömürünün –yukarıda değinmiş olduğumuzdan– başka biçimleri de vardır. Bunların başında, **yurtiçindeki yabancı sermayenin kâr aktarmaları** gelir. Birçok hallerde bu kârlar çok büyük oranlara çıkarlar. Başka bir sömürü yolu, **bağlı** krediler vermektir. Bu yolla krediyi veren ülke, borçlu ülkeden, verdiğinden çok fazlasını geri alır. Son olarak, **marka, lisans, ihtira beratı** gibi sınai ve ticari haklarının fahiş fiyatlarla satılması da bir sömürü yoludur.

Bu biçimlerde yapılan sömürü, daha açık seçik olmakla beraber daha önemsizdir. Çünkü, bundan kurtulmak için, kapitalist ilişkiler sisteminin dışına çıkmak zorunluğu yoktur. Kapitalist ilişkiler içinde kalkınarak da, buna karşı mücadele verilebilir. Ama **emperyalizmin temel sömürüsünden, yani onun bir ülkeye dayattığı işbölümünden kurtulmak için, mutlaka bu**

sistemin dışına çıkmak zorunluğu vardır. Çünkü, bu yapılmadıkça, söz konusu işbölümünün boyunduruğundan kurtulmak olanaksızdır.

Nasıl çıkılabilir bu sistemin dışına?

İşte bu noktada, karşımıza, **emperyalizmin silahlı zorba gücü** çıkmaktadır. Emperyalizm etki alanının daralmasını asla istemez. Bu tür kopma eğilimlerine **şiddetle karşı koyar** ve daha olmazsa **askerî müdahale** bile yapar.

II. Dünya Savaşı'ndan sonra, dünya tekelci kapitalizminin silahlı gücünü **NATO** ve onun içinde bir **Birleşik Amerika** temsil etmektedir. Açıktır ki, bu güç, yalnız ve sadece dünya tekelci kapitalizminin çıkarları uğruna kullanılacaktır. Böylece, bu bağlaşığa girmiş bir ülkenin, silahlı güçlerini yalnız kendi hesabına kullanmaya kalkışması, **NATO ve Amerikan bağlaşıklığının mantığına** ve işleyiş düzenine aykırıdır. 1964'teki **Johnson mektubu** ve –Kıbrıs çıkartması dolayısıyla da– **askeri yardımın kesilmesi,** bunun böyle olduğuna artık hiçbir kuşku bırakmamıştır.

Açıktır ki, sömüren değil sömürülen bir ülke olarak, Türkiye'nin tekelci dünya kapitalizminin sömürü alanını savunmak gibi bir görevi, böyle bir görevi yerine getirmekte hiçbir çıkarı yoktur. Tersine zararı vardır. Bizim için yaşamsal olan, bir yandan ulusal savunmamızı güvence altına almak; öte yandan, emperyalizmin sınırlamalarından kurtulup –istediğimiz gibi– bir kalkınma olanağına kavuşmaktır. Bu her iki amacı gerçekleştirmenin yolu da, artık iyice ortaya çıkmıştır ki, ülkemizi –NATO, Amerikan üsleri ve Ortak Pazar da içine girmek üzere– bütün emperyalist ilişkilerden arındırmaktır.

Ne var ki, egemen sınıflar böyle bir gerçeğin bilincinde değildirler. Aslında yararları da yoktur bunda. Emperyalizmle işbirliği içinde, Türkiye'yi doğasıyla ve insanıyla yağmalamak bir varlık nedenidir onlar için.

"İstikrar programı" diye uyguladıkları da, bir aldatmacadır bugün. IMF'nin "İstikrar programı" yalnız bu dönemde uygulanmıyor. 27 Mayıs'la birlikte uygulandı, 12 Mart'la birlikte uygulandı, 12 Eylül'le birlikte uygulanıyor. Ama Türkiye de, her on yılda bir, birbirine benzer darboğazlara girmekten kurtulamıyor ne hikmetse!

Üstünde özenle düşünülmesi gereken bir olgudur bu.

Öyle sanılır ki, bugün kapitalist üretim koşulları içinde planlanan hedefler, yarının Türkiye'sinde sosyal sınıfları daha da belirginleştirecek ve bunun bir sonucu olarak da, **toplumun daha üst düzeyde devinmesini** kolaylaştıracaktır. Ama, kapitalist ilişkiler geliştikçe, kapitalizmin ne menem bir şey olduğu daha iyi gözlenecek ve kapitalist mantık içinde kalkınmanın nasıl **halk yığınlarının omuzlarına yüklendiği,** daha yalın bir biçimde görülecektir. Türkiye'de, bugün egemen sınıflar, kalkınmada "kapitalist yolu" yeğlemişlerdir gerçi. Ancak unutmamak gerekir ki, çağımızda bir ülkeyi kalkındırmak, giderek kurtarmak için, Batı sermaye çevrelerinin zorladığı modelden başka modeller de var. Hele ekonomiyi düze çıkarmanın bedeli, mutlaka demokrasiden ve özgürlükten vazgeçmek olamaz. Ama bunu ispatlayacak olanlar da, Türkiye'de bugünkü modelin uygulayıcıları değildir. İspat külfeti, hem emeğin hakkına, hem de **demokrasiye** ve **özgürlüğe** sahip çıkmayı becerecek olanlardadır. İlerici, demokrat ve devrimci güçlerde kısacası.

KAYNAKLAR

Fethi Naci, *Kompradorsuz Türkiye,* İstanbul, 1967.
Yalçın Doğan, *IMF Kıskacında Türkiye,* Ankara, 1981.

OKUMA

YENİ SEVR: 24 OCAK KARARLARI

Lord Curzon haklı çıkıyor. **Lozan'da İsmet Paşa'ya "Ekonomik alanda bir süre sonra nasıl olsa bize geleceksiniz"** derken, gerçekte Türkiye'nin siyasal tarihinin bu "gidiş-gelişin" bir öyküsü olacağını, daha o zamandan vurguluyordu.

Demirel hükümetinin aldığı son ekonomik kararlar işte Lord Curzon'un dile getirdiği **"teslimiyet"in** en çarpıcı örneğini oluşturmaktadır. Demirel hükümetinin aldığı kararlar, zamlar ve devalüasyon bir yana, asıl o kararlar Türkiye'nin Batı sistemiyle olan ilişkilerini tümüyle ve derinden etkileyecek, **Türkiye'yi tümüyle dışa daha da yoğun bir biçimde bağlayacak boyutlardadır.**

Her şeyden önce, bu kararlarla **devlet ekonomik alanda yeniden örgütlenmektedir.** Kararların uygulanabilmesi için yeni "Kurullar" oluşturulmuştur. Örneğin "Para-Kredi Kurulu" Merkez Bankası'nı, eski deyimiyle "ilga etmekte", yani ortadan kaldırmakta ve Merkez Bankası'nın işlevlerini üstlenmektedir. "Yabancı Sermaye ve Teşvik Uygulama Kurulu" Ticaret, Maliye, Sanayi ve Teknoloji Bakanlıkları ile DPT'nin işlevlerini kendisinde toplamakta, bu bakanlık ve kuruluşların yetkileri kaldırılmaktadır. Ekonomiye yön veren bakanlıklar, kuruluşlar adı ne olursa olsun, yetkisiz kılınmakta ve bu kurullar söz sahibi edilmektedir. Hele **"Koordinasyon Kurulu"**, neredeyse Bakanlar Kurulu yerine geçmektedir. Bunun Türkçesi "Bakanlar Kurulu ilga edilmiş, yerine Koordinasyon Kurulu getirilmiştir" demekten farksızdır. Devlet büyük ölçüde yeniden ve yeniden, **Batı'nın ve yerli özel sermayenin istekleri doğrultusunda** örgütlenmektedir.

İşin kısa bir geçmişi vardır. Demirel hükümeti iktidara geldikten kısa bir süre sonra Ankara'ya dört bankacı gelmiş ve Demirel ile birkaç bakanın katıldığı bir toplantı yapılmıştır. Aslında, kararlar bu toplantının doğrultusundadır. Şimdi Demirel bu toplantı doğrultusunda döviz bulabileceğini ummakla, bankerlerin kendisini **"böyle karar alırsanız, para gelir"** biçimindeki sözleriyle bağlamış görünmektedir. Ama, bunu yaparken de, hiçbir ilke tanımamaktadır.

1920 Temmuzu'nda arka arkaya alınan yenilgilerden sonra **Damat Ferit Paşa kabinesine** Batı on gün zaman tanımıştır. "Ya bu kararları alırsınız ya da koşulları daha ağırlaştırırız" demişlerdir. Damat Ferit "daha ağır koşullarla karşılaşmamak için" Sevr'in altına imzayı basmıştır. Nedir Sevr'de imzalanan belge?..

Çeşitli maddelerinin özeti şudur: "Bilcümle Türk liman ve demiryollarının serbestçe kullanımı... Kapitülasyonların yeniden yürürlüğe girmesi... İngiliz, Fransız, İtalyan üyelerden oluşan mali komisyonun devletin gelirlerini artırmak amacıyla önlemler almaya yetkili kılınması... Memurların atanması ve uzaklaştırılmasıyla ilgili kararların hızlandırılması... Para işlemlerinin hızlandırılması ve dışardan borç bulmakla ilgili olarak bu mali komisyonun yetkilerle donatılması... Ülkenin ekonomisinin iktisadi ve sınai rekabete açılması... Yüzde sekizden daha yüksek gümrük vergisi alınmaması ve gümrük vergilerinin indirilmesi..."

Sevr Antlaşması siyasal alanda Lozan Antlaşması'yla son bulmuştur. Ekonomik alanda Türkiye çeşitli tarihlerde, çeşitli iktidarlar yoluyla Sevr'in son bulmasına çalışmış, ne var ki, bunu zaman zaman gerçekleştirebilmiştir. Bugün vardığı noktada ise, Lord Curzon'un haklılığı daha ağırlık taşımaktadır. **İçerde ve dışardaki sermaye kendisine en uygun ortamı işte bu kararlarla bulmuş durumdadır.** Ekonomideki tekelleşme, devletin yeniden örgütlenmesinde de kendisini göstermektedir. Tekelleşmenin uygulanması, bu konuda bir aksaklık çıkmaması için devletin "Kurullar" aracılığıyla yeniden örgütlenmesi gündeme getirilmiştir. Sermayenin iktidarı budur işte. 141-142'ye aykırı durum budur işte. "Bir sosyal sınıfın bir başka sosyal sınıf üzerine tahakkümü" budur işte. Sevr'e dönüş budur işte.

Siyasal örgütlenmenin en gerekli olduğu bir dönemde, **demokratik kitle örgütlenmesinin** en zorunlu olduğu bir dönemde, Türkiye bundan yoksun bulunmaktadır. Kararlardan daha acı olan da budur.

(Yalçın Doğan, "Sevr'e Dönüş", *Cumhuriyet,* 4 Şubat 1980)

SORULAR

1. Türkiye'de, 1950'den, özellikle 1960'tan sonraki gelişmenin rakamlarla ifadesi nasıldır? Bütün bu gelişmelere karşın, Türkiye sanayileşme sorununu çözebilmiş midir?
2. Devlet Planlama Teşkilatı'nın "yeni stratejisi"ne göre, Türkiye'nin 1995 yılına değin ulaşması gereken hedefler nelerdir?
3. Türkiye'de kapitalist gelişmeyi engelleyen temel sorunlar nelerdir? Ve niçin kapitalizmin gelişmesine engel olmaktadırlar?
4. Kapitalizm, Türkiye'nin kalkınmasını gerçekleştirebilir mi? Soruya, Türk kapitalizminin yapısal sorunlarını ve dünya kapitalist sisteminin bütününün, özellikle dayattığı işbölümünü göz önünde tutarak cevap veririz.
5. Ortak Pazar nedir? Türkiye'nin ilerisi için neler vaat etmektedir. Türkiye'yi, Ortak Pazar'a geçiş dönemine sokan "Katma Protokol" ile 1838 tarihli "Ticaret Sözleşmesi" arasında bir benzerlik kurulabilir mi? Kurulabilirse niçin? Kurulamazsa niçin?
6. 24 Ocak Kararları'nın anlamı nedir? (Okuma parçasını okuyunuz.)

BÖLÜM II

TÜRKİYE'DE SOSYAL SINIFLAR

Türkiye'nin sosyal tablosuna baktığımızda, her şeyden önce, **sınıflı bir toplum** olduğunu görürüz onun. Ne var ki, "geri kalmış", fakat "kapitalistleşme süreci" içine girmiş bir toplumun sınıflarıdır bunlar. Böylece **"kapitalist"** ilişkilerin ortaya çıkardığı sınıf ve tabakaların yanı sıra; geri kalmışlığın sonucu olarak, **"kapitalizm öncesi"** sınıf ve tabakalar da sosyal tabloda yer alır. Her bakımdan, gerçek anlamıyla kapitalist bir toplumun sınıflar tablosundan farklı bir tablodur bu.

Ve her sınıflı toplum gibi, Türk toplumu da **"sınıf çatışmaları"**na sahnedir. Burjuvazi ve kapitalizm öncesi sınıflardan oluşan **"egemen güçler"**le –başta işçi sınıf olmak üzere– **"emekçi sınıflar"** arasında geçen bir kavgadır bu.

Aşağıda, Türkiye'de bugün var olan sosyal sınıfları **–burjuvazi, işçi sınıfı** ve **köylülük** olmak üzere– "üçlü" bir ayrıma uyarak inceleyeceğiz. Doğallıkla bu incelemeyi yaparken, **"emperyalizmin yerli egemen güçler"**le olan ilişkisini de gözden uzak tutmayacağız. Çünkü Türkiye'de bugün emperyalizm eğer iktisadi, giderek askeri, siyasal ve ideolojik baskısıyla varsa, bu baskıyı, ancak yerli egemen güçlerle "ortak çıkarlar" güderek koyabilmiş ve koruyabilmiştir.

BURJUVAZİ

Türkiye'de bugün, egemen sınıf ve zümrelerin başında, **"burjuvazi"** gelmektedir. Onun içinde, giderek sosyal güçler dengesinde en etkin olanı da **"sanayi burjuvazisi"**dir.

Türkiye'de burjuvazinin doğuşu

Klasik Osmanlı toplumu da sınıflı bir toplumdu: Bir yanda, **"sultan, asker ve ulema üçlüsü"**nden oluşan ve devleti temsil eden bir sınıf; öte yanda, toprakta çalışan ve **"reaya"** denen sınıf. Toprakların asıl sahibi devlettir. Reaya ise, o toprakları –bir çeşit kiracı sıfatı ile– kullanır. Toprağın mülkiyeti devletin olduğundan, reayanın yarattığı artık-ürün de devlete aittir. Böylece devleti temsil eden sultan, asker ve ulema üçlüsü "egemen", reaya ise "tabi" sınıftır.

Bu tabloda burjuvazi yoktur. Böyle bir sınıf, ancak 19. yüzyılda, dış dinamiğin yani **Batı kapitalizminin etkisiyle ve ona tabi olarak** doğacaktır.

Gerçekten, daha önce de belirttiğimiz gibi, başta iç dinamiğin yetersizliği yüzünden, klasik Osmanlı düzeninde kapitalist bir gelişme olmadı. Osmanlı İmparatorluğu'nda kapitalist gelişme, ancak 19. yüzyılda, o da emperyalizmin dünyaya egemen olmaya başladığı bir döneme rastladı. Bu gelişme, imparatorluğun özellikle İstanbul ve İzmir gibi liman şehirlerinde, çoğu Rum ve Ermenilerden oluşan bir burjuvaziyi de doğuruyordu; ama, o burjuvazi, aslında yabancı sermayeyle işbirliği yapan bir **komprador burjuvazi** idi. Başka bir deyişle "ulusal" değildi, olamazdı da... Çünkü kapitalizm, Osmanlı İmparatorluğu'nda, uluslararası mali sermayenin ülkeye soktuğu yabancı bir meta gibidir. Öyle olunca da, ortakları, ulusal bir nitelik taşıyamazdı. **Bizde, kapitalizm gibi, burjuvazi de, doğuşlarında ulusal bir nitelik taşımazlar.** Bunun sonucu olarak, kapitalizmin devrimci bir yoldan gerçekleşmesi, ulusal burjuvazinin, sermayenin ilkel biçimlerini ve kapitalizm öncesi ilişkilerini –kendi gelişmesini sağlamak üzere– yıkması ve üretim güçlerini hızla geliştirmesi olanağı, daha imparatorluk zamanında –tarihsel olarak– kapanmış bulunuyordu.

Daha sonraları **devlet eliyle** bir **"ulusal burjuvazi"** yaratılmak istenecektir. Böyle bir denemeye, önce, imparatorluk zamanında, İttihat ve Terakki iktidarı girişecek ve başaramayacaktır. Cumhuriyet Türkiyesi'nin ilk hükümetlerinin programları da budur aslında. Ne var ki, 1930'lara değin süren dönemde, ulusal burjuvazi yaratma ve ulusal sanayiyi bu yoldan geliştirme çabaları başarıya ulaşamaz: 1930'larda başlayan **"devletçilik"** politikası, sadece özel kesimin el atmadığı alanla kısıtlı kalmış ve gerçekte çıkarları uluslararası mali sermaye ile birleşen bir kesimi –devlet eliyle– zengin etmekten öteye gidememiştir.

Dışa bağımlı, bu yüzden de ulusal bir sanayi kurmaya hiçbir zaman aday olmayan büyük kentlerin ticaret burjuvazisi, II. Dünya Savaşı sonrasında **uluslararası tekelci sermayeyle yeni bir bütünleşmeye** gitmek isteyecek ve feodal sınıf ve zümrelerle beraber –tefeci-tacir sermayesi gibi– sermayenin ilkel biçimleriyle çok daha önceden kurduğu bağlaşığa dayanarak, 1950'de iktidara gelecektir.

Ve 1950'lerden başlayarak da, siyasal iktidarda, burjuvazinin ağırlıkta olduğu görülecektir hep...

Ticaret burjuvazisinin egemenliğinden,
sanayi burjuvazisinin egemenliğine

1950-1960 arasında sanayileşmenin büyük düzeylere ulaştığı söylenemezse de, 1960'lardan sonra sanayi yatırımlarına giden önemli birikimler bu dönemde oluşur. Bu dönemde, burjuvazinin en güçlü kanadı **ticaret burjuvazisi**dir. İktidarın, yani Demokrat Parti'nin de en güçlü kanadı odur. Ne var ki, 1960'lardan sonra, özellikle 1963-1970 yılları arasında, sanayileşmede, özellikle yapım sanayiinde önemli gelişmeler olur. Bu gelişmeler, ticaret burjuvazisini sürekli bir gerileyiş içine sokarken, sanayi burjuvazisini de egemen bir güç haline getirir.

> 1970'lerin başından başlayarak, sanayi burjuvazisinin siyasal iktidardaki etkisi geniş ölçüde artmış, AP'den 41'lerin tasfiyesiyle, siyasal iktidara büyük burjuvazi içinde damgasını vuran kesim **sanayi burjuvazisi** olmaya başlamıştır. Bunu, birçok siyasal ve iktisadi göstergeden çıkarmak olasıdır: Kredilerin sanayi burjuvazisine doğru açık bir biçimde kayması, kotaların sanayi burjuvazisinin isteklerine göre düzenlenmesi, vb... Devalüasyon ve bunu izleyen bir sürü ekonomik karar, büyük burjuvazi içinde sanayicilerin kazandığı ağırlığın belirtileridir. İşletme vergisi, emlak ve öteki alım-satım vergileri, sanayii kolayca desteklemek için çıkarılan önlemlerdir aslında.

Günümüzde, ticaret burjuvazisi, büyük ölçüde, sanayi **burjuvazisine bağımlı ve ona uyumlu** bir durumda görünmektedir.

Sanayi burjuvazisinin, büyük bir hızla gelişerek, iktisadi ve siyasal alanda ağırlığını iyiden iyiye ortaya koyduğu bir gerçek olmakla beraber, henüz özlemini çektiği hedeflere ulaşmaktan epeyce uzak bulunduğu da bir başka gerçektir.

Türkiye'de, burjuvaziyi incelerken, **"tekelci sermaye"**den ve onun ortaya çıkardığı çelişmelerden de söz açmak gerekiyor. Çünkü, bu çelişmeler, Türkiye'nin, iktisadi ve sosyal gündeminde önemli bir yer tutmaktadır.

Tekelci sermaye adı verilen bu zümre, **en büyük banka, sanayi, ticaret, tarım ve emlak kodamanları ile bir kısım büyük bürokratlardan** oluşur. Bu oligarşi, sadece ekonomiyi değil, aynı zamanda tüm üstyapıyı denetimi altında tutar. Tekelci sermayenin alabildiğine örgütlü olmasının nedeni buradadır. Ama bu zümreyi, iç ve dış sömürü ağından bağımsız, dar bir çerçevede görmemek gerekir.

Yerli tekelci sermaye, **uluslararası tekelci sermaye ile bütünleşmiş** ve iç içe geçerek kaynaşmış bir durumdadır. Bu kaynaşım, başlıca, ortak yatırımlar, dış krediler, dış ticaret, emperyalist burjuvaziye verilen –çoğu kez onun dayattığı– büyük ihaleler, emperyalizmin amaçlarına ve çalışma tarzına uygun olarak yetiştirilmiş sivil ya da resmi yönetici kadronun ekonomiyi yönetmesi biçiminde somutlanmaktadır.

Türk burjuvazisi içinde azınlıkta bir zümreyi temsil eden tekelci kesim, denetim altında tuttuğu sermayenin sağladığı güçten yararlanarak ekonomik ve siyasal karar mekanizmalarını elinde bulundurmaktadır. Buna karşılık, burjuvazinin bir kesimi, tekelci sermaye kesiminin dışında kalmıştır. Tekelci sermayenin gücü ve ülke çapındaki etkinliği, bunların gelişip güçlenmesini olanaksızlaştırmaktadır. Bu burjuva kesimi, işçilerin artı değerine el koyarak kapitalist sömürü sayesinde varlığını sürdürmekle birlikte, tekelci gidişten zarar görmektedir.

Bu bakımdan söz konusu burjuva dilimi tekelciliğe karşıdır. Kendi aralarında amansız bir yarışmayı sürdüren bu burjuva kesimine, küçük sanayi işletmeleri, çoğu çırçır fabrikaları, küçük müteahhitler, tuğla ve un fabrikaları, konfeksiyon-trikotaj, torna-tesviye vb... atölyeleri girer.

"Orta burjuvazi" adı da verilebilir bu zümreye.

Bu zümrenin tekelci sermaye ile olan çelişkisinin ana öğelerini şöyle sıralayabiliriz:

– Tekelci sermayenin, kendi üretim alanlarına da el atarak, nisbeten yüksek teknoloji, pazarlama gücü, yarışmayı önleyecek üstün sermayesi ile kendilerini bu üretim alanlarının dışına itmesi;

– Üretimde kullanılan ham ve yarı mamul maddelerin fiyatlarının genellikle tekelci odaklarca yüksek düzeylerde tutulması, buna karşılık ürettikleri malların fiyatlarının kendi aralarındaki kıyasıya bir yarışma sonucu düşük düzeyde kalması, yani kâr oranının düşmesi;

– En önemlisi, sermayeleri ve örgütlenme düzeyleri güçsüz olduğu için bütün modern sanayinin can damarı demek olan banka sermayesinin kesin denetimi altındaki kredi mekanizmasından etkili ölçüde yararlanamamaları...

Şunu da belirtmek gerekir: Türkiye'de, orta burjuvazi diye adlandırdığımız, tekelci sermayeye karşı olan bu kesim, yalnız içerde tekelci sermaye ile çelişme halinde bulunmamakta, dış planda **emperyalizm ile de çelişmektedir.** Orta burjuvazinin zaman zaman "ulusal" birtakım tavırları görülüyorsa, bu, onun dış planda emperyalizm ile çelişkisinden doğmaktadır aslında. Burjuvazinin, tekelci sermaye dışında kalmış bu kanadının da, aslında sömürücü bir kesim olduğunu unutmamak, tekelci sermaye ile olan çelişkilerine karşın –eninde sonunda– tekelcileşmeyi ve tekel kârlarından pay almayı amaçladığını gözden uzak tutmamak gerekir.

Küçük burjuvazi

Kent küçük burjuvazisi, **küçük esnaf ve zanaatkâr ile öğretmen, memur, işçi olmayan üreticiler, bir kısım serbest meslek sahipleri** ve **benzeri emekçilerden** oluşur. Bu toplum kesimleri, gelirleri, artan yaşam pahalılığını karşılayacak oranda artmadığı için, maddesel gereksinmelerinin sağlanmasında –her geçen gün daha büyük– güçlüklerle karşı karşıya kalmaktadırlar. Kent küçük burjuvazisi, son derece ağırlaşan yaşam koşullarının başlıca sorumlusunun egemen güçler bağlaşıklığının sömürüsü olduğunun bilincine vardıkları ölçüde **demokrat eğilimler** göstermektedirler.

Egemen güçler bağlaşıklığının bir parçası olan **yüksek bürokratlar** ve **yüksek gelirli serbest meslek sahipleri dışında,** kent küçük burjuvazisinin önemli bir kesimi, toplumumuzun kalkınma sürecinde, demokratik ilişkiler içinde kendine düşen görevi yerine getirmeye adaydır.

Küçük burjuvazinin ileriye en dönük ve işçi sınıfına en yakın kesimi, **aydın küçük burjuvazi**dir. Kent küçük burjuvazisinin çeşitli katlarından çağın gerçeklerini ve toplumun hastalıklarını görüp sosyal adalet isteyen ve kendileri de egemen bağlaşıkla çelişki halinde olan bu kesim, toplumumuzda önemli bir demokratik güçtür.

Aydın küçük burjuvazinin dinamik kesimi olan gençliğe gelince...

Bütün dünyada, 1960'tan ve özellikle 1967-1968'den sonra, **gençlik hareketlerinin** gittikçe geliştiğini, ülke siyaseti üzerinde daha etkin rol oynadığını görürüz. Fransa'da 1968'de ortaya çıkan ve gelişen gençlik hareketleri, birçok Avrupa ülkesine sıçramış, daha sonra da sömürge, yarı-sömürge ülkelerin gençliğinin etkin kitle hareketleri görülmüştür. Burjuva toplumunun içine girdiği bunalımın, kendisine büyük zararlar verdiğini gören kapitalist toplumların gençliği, gittikçe artan bir biçimde mücadeleye atılmaktadır.

Türkiye'de, gençlik hareketleri, 1968-69 yıllarından sonra hızla gelişmiş ve hareketler 12 Mart dönemine, yani faşizmin açık bir nitelik kazandığı döneme değin, yoğun bir biçimde sürmüştür. 1968-69 yıllarında Türkiye'nin üniversite gençliği akademik bazı sorunlarını çözmek ve üniversite içinde antidemokratik uygulamaya son vermek amacıyla harekete geçmiştir. Bu hareketler; kısa zamanda gençliğe, **kendi sorunlarının, ülke sorunlarından soyutlanamayacağı gerçeğini** göstermiştir.

Ve gelişim de bu yönde olmuştur. Bugün genç kuşak olaylara çok daha duyarlı olup, çağın gelişmeleri karşısında –yaşlı kuşaklara oranla– daha dolaysız tepki göstermektedir.

İşte, bazılarının gençliği **"bağımsız bir sınıf"** olarak, hatta **toplumun "en ileri sınıfı"** gibi göstermek istedikleri ve yine bazılarının da gençliğin sosyal mücadeledeki yerini görmezlikten geldiği bir ortamda, sosyal bir grup olan gençliğin özelliklerini, toplumdaki yerini iyi saptamak gerekmektedir.

Gençlik, aslında nedir?

Gençlik, **kendine özgü nitelikleri** ve **görece bir bağımsızlığı** olan "sosyal bir grup"tur.

Gençliğin bu kendine özgü nitelikleri, belli bir ölçüde, **yaşının özelliklerine** bağlıdır. Ne var ki, gençliğin bu özelliklerini, genç kuşağın **sosyal ve ekonomik yaşamının nesnel koşulları** ile bağlantılı olarak incelemedikçe, gençliğin sosyal yaşamdaki rolünü aydınlatmak olası değildir.

Geçmişte ve günümüzde gençlik hareketlerinin yapısındaki çelişkileri görmezlikten gelen, gençliğin "tamamen devrimci niteliği"ni ileri süren görüşler olmuştur. Gençlik hareketlerini doğuran başlıca nedenler olarak, gençliğin atılganlığını ya da "devrimci geleneği"ni göstermek, sorunu basite indirgemek ve saptırmaktan öteye gidemez. Gençliği harekete geçiren güç, her yerde **içinde bulunduğu maddesel koşullar ve zorunluluklardır.** Ülkedeki ekonomik ve sosyal bunalım, gençliği harekete geçiren başlıca etkendir. 1967-68'de bütün dünyada gençlik hareketlerinin başlaması ve özel olarak Türkiye'de 1968-69 sonrası gençlik hareketlerinin yoğunlaşması –ancak ve ancak– bununla açıklanabilir.

DAHA ÇOK BİLGİ

Fulya Gürses - Hasan Basri Gürses, *Dünyada ve Türkiye'de Gençlik,* İstanbul, 1979.

OKUMA

BİR GÖRGÜSÜZ SINIF: TÜRKİYE BURJUVAZİSİ

Devrimini gerçekleştiremeyen sınıf görgüsüzdür.

Kabaca üç sınıf, yeryüzü tarihinde geçmişten geleceğe egemenliklerini kurmuş, toplumların yaşamına damgasını vurmuştur. Eskilerde **aristokrasi,** büyük toprak sahibi... Sonra **burjuva,** fabrika sahibi... Ve **proletarya,** emek sahibi...

Tarihte tarımdan endüstriye geçişin öncülüğünü yapan burjuvazi, yapısı ve yaratıcı özelliğini İngiltere ve Fransa'dan başlayarak Batı'da ispatladı. Bilim adamları, mucitleri, gezginleri, ressamları, romancıları, ozanları, müzisyenleri ve her şeyiyle yeni bir yaşam biçiminin haritasını çizdi dünyaya... **Batı dediğimiz zaman, temelde burjuva devrimlerinin yapısal ve biçimsel dünyasını anlıyoruz.**

Ve şimdi kendi içinde fışkıran bir yeni gücün ve bir yeni devrimin sancılarıyla kıvranıyor bu dünya... Fabrika uygarlığının ürettiği proletarya yığınları sendikaların, üniversitelerin, siyasal partilerin örgütlenmesinde gümbür gümbür gelişiyor. Çağımızın yaratıcı gücü, alın teri felsefesinin kaynağı, kendine özgü bir yeni dünyanın koşullarını için için hazırlıyor bilim adamlarıyla, ressamlarıyla, romancılarıyla, ozanlarıyla, sosyologlarıyla, ekonomistleriyle... Yarınların dünyası, emekçilerin dünyasıdır kuşkusuz. Batıda burjuvazi proletaryanın gücünü, fikrini, sanatını benimsemiş; toplum yaşamında yeni bir sentezin aranışını insan haklarının ve özgürlüklerin gereği saymıştır.

Bir de bizimki gibi, daha burjuva devrimlerini gerçekleştirememiş ülkeler var.

Batı burjuva sınıfına özenen mukallit çevrelerin köksüz, düşünsüz, edebiyatsız, sanatsız, bilimsiz, resimsiz, müziksiz, heykelsiz; ama parasal görgüsüzlüğü, bu ülkelerin apartman yığınlarından konaklarına, zengin salonlarından sözde üniversitelerine dek her yanı sarmış, bilim ve sanat düşmanlığını yaşanan toplumun hayat biçimi olarak benimsetmiştir.

Ticaret odalarına kiralanmış maskeli balo profesörleri, mütevelli heyetlerine sokulmuş sahte bilim adamları, ucuz alıp, pahalıya satmak üzerine kazıkçı işadamları, yurdun emekçisine düşman kuruludüzen koruyucuları, yeryüzündeki tüm ileri eylemlere ve insanlığın yaratıcı bütün yeniliklerine kapalı kalmaktan kokuşmuş bir anlayış içinde, banknot saltanatı üzerine kurulmuş yozlaşmış bir düzenin çürük kokuları...

Bir herif-i naşerif düşünün ki, Anadolu'daki Amerikan kasalarından İsviçre'deki Siyonist bankalarına dek her yerde sağdan bol sıfırlı hesapları bulunsun, ama hayatı banknotun yeşili gibi öğürmekle geçsin gündüz ve gece... Kendisine birazcık yakınlaşıp;

– Gel kardeşim, şu güzelim evrende yaşamak, hayatın tadını damağında duymak için bir şeyler yap...

– Ne yapalım?

– Al Aziz Nesin'in, Yaşar Kemal'in, Orhan Kemal'in romanlarını, bir kitaplık kur evinde...

– Allah göstermesin, hepsi komünist!..

– Ruhi'nin plaklarını al, türkülerini dinle...

– Şeytan görsün yüzünü...

– Ulan herif! Duvarına birkaç güzel resim as. Abidin, Avni, Cihat, Selim bizim ressamlarımız bunlar...

– Boş ver, kimini sürdüm, kimini vatandaşlıktan attım, kimini defterden sildim...

– Nâzım'ı oku be!.. Türk dilinin büyük ozanını tanı! Dilini sevmeyen insan yurdunu sevemez ve yaşamın tadıdır şiir okumak...

– Nâzım mı? Düşmanım benim o... Mezardan çıksa yine gömerim ellerimle...

Duvarında ressamı, dilinde şiiri, kitaplığında romancısı, üniversitelerinde bilim adamı bulunmayan bir görgüsüz sınıf... Hilton'da düğün yapıp, göbekçinin külotuna banknot sokuşturmaktan başka zevki olmayan, kasaba hovardalığıyla play-boy mukallitliğinde ömür tüketen; çarpık, zevksiz, renksiz, utanç verici bir sınıf Türkiye'nin yazgısına egemen bugün...

Evet, devrimini gerçekleştiremeyen sınıf görgüsüzdür ve Türkiye'nin yarını, mazlum ulusun uyanışı, emekçi yığınlarının iktidarı ve alın teri ülküsünün yükselmesiyle kurtulacaktır. Görgüsüzlüğün çirkinliğinden gerçeğin güzelliğine yöneleceğiz o zaman...

(İlhan Selçuk, "Görgüsüz Sınıf", *Cumhuriyet,* 1 Mart 1975)

SORULAR

1. Türkiye'nin sosyal tablosuna bakıldığında, her şeyden önce, görülen nedir? Bu bakımdan, kapitalist toplumların sosyal tablosundan farkı nelerdir?
2. Türkiye'de bugün var olan sosyal sınıflar hangileridir? Türkiye'de sosyal sınıfları incelerken, emperyalizmle olan ilişkileri niçin gözden uzak tutmamak gerekir?
3. Türkiye'de, bugün, egemen sınıf ve zümrelerin başında hangi sınıf ve onun içinde de hangi zümre gelir?
4. Türkiye'de burjuvazi ne zaman ve nasıl doğmuş ve gelişmiştir? Bu bakımlardan Batı burjuvazisinden farkları nelerdir bizim burjuvazinin? Özellikle kültür planında sonuçları neler olmuştur bu farklılığın? (Okuma parçasını okuyunuz.)
5. Türkiye'de, ticaret burjuvazisinin egemenliğinden sanayi burjuvazisinin egemenliğine, ne zaman ve nasıl geçilmiştir? Bu geçişin siyasal bakımdan sonuçları ne olmuştur?

6. Türkiye'de "tekelci sermaye" deyince ne anlaşılır? Ve burjuvazinin hangi kesimiyle ne gibi çelişmeler doğurmuştur bu sermaye kesimi?
7. Türkiye'de "orta burjuvazi" derken ne anlaşılır? Orta burjuvazinin "ulusal" tavırlarının kaynağı nedir?
8. Küçük burjuvazi derken ne anlaşılır? Küçük burjuvazinin yer yer demokratik eğilimler göstermesinin nedenleri nelerdir? Küçük burjuvazi içinde, ileriye en dönük ve işçi sınıfına en yakın kesim hangisidir?
9. Türkiye'de, gençlik konusunda ne gibi görüşler ileri sürülmüştür? Bunların doğruluğu ya da yanlışlığı nerededir? Gençlik deyince, aslında ne anlaşılmalıdır?

İŞÇİ SINIFI

Türkiye'de, emekçi kitleler içinde en başta geleni ve en önemlisi işçi sınıfıdır: "Devrimci" ve –emekçi yığınlar içinde– "en çok örgütlü" olmasından ileri gelmektedir bu.

Türkiye işçi sınıfının doğuşu ve gelişimi

Türkiye işçi sınıfı, el sanayiinin çökmeye başladığı, ilk fabrikaların kurulmasına geçildiği sıralarda, **19. yüzyıl başlarında** doğmuştur. Çalışma koşullarının bozukluğu, geçinme olanaklarının azlığı ve yönetimin aksaklığı, işçi sınıfının ekonomik mücadeleye atılışını hızlandırmıştır. Bundan dolayıdır ki, 1872'den bu yana grevler olmuş ve işçiler arasında örgütlenmeye önem verilmiştir.

İşçi sınıfının ekonomik mücadelesini grevlerle sürdürmüş bulunması işçi sınıfındaki birlik ve beraberlik ilkesinin çok öncelerden yerleşmiş olduğu kanısını güçlendirmektedir. Nitekim, Türk işçisi, 1875 yılında 2, ertesi yıl 3, iki yıl sonra 1878'de 3, bir yıl sonra 1879'da 4 grev hareketine girişmiştir. Hele 1908 İkinci Meşrutiyet döneminde işçilerin ekonomik mücadeleleri, siyasal izler de taşımış ve işçi sınıfının bilincine erenler kendi ideolojilerinin yaygınlaşması için örgütlenmeye geçmişlerdir.

Sendikalar kurarak haklarını aramada birleşen işçiler, bu haklarını aralıksız kullanmayı sağlayamamışlardır. Cumhuriyet'in ilanından sonra, işçi sınıfının, ne ekonomik alanda, ne de politik alanda kendi gücünü göstermesine olanak verilmemiştir. Hatta uzun yıllar **"sınıfsız toplum"** edebiyatı ile vakit geçirilmiş, işçiler aldatılmış, daha kötüsü, işçi sınıfından söz etmek, grevi savunmak, işçi haklarını gözetmek ağır cezaları gerektiren suçlardan sayılmıştır. 1946'da, Türkiye'nin, çok partili ve demokratik bir düzene doğru geçişi zorunlu olunca, işçi sendikalarının ve sınıf esasına dayanan partiler kurmanın kanunsal olanakları hazırlanmıştır. Ne var ki, kısa bir süre sonra, iktidar, işçileri, giriştikleri parti kurma, sendika kurma yolunda duraklatmış ve cezalandırmıştır. Ancak bir yıl sonra göstermelik sendikalar kurulması için yeni bir kanun çıkarılmıştır.

İşçi sınıfı, 1947-1960 dönemini, sıkıntılar ve baskılar altında geçirdikten sonra, 1961 Anayasası ile doğal haklarına kavuşmuştur.

1961 Anayasası'yla açılan yeni dönemde, Türk işçi hareketi, yalnız iktisadi mücadele ile yetinmeyerek, yeniden siyasal iktidara adaylığını koyar ve **"Türkiye İşçi Partisi"**ni (TİP) kurar (13 Şubat 1961).

Bu yeni dönem, Türk sendikacılığında da bir aşamadır. 1962 yılında kurulan ve **"TÜRK-İŞ"** diye adlandırılan hareket, aslında **Amerikan tipi** bir sendikacılık anlayışını temsil etmektedir. **"Partiler üstü"** bir sendikacılık anlayışıdır bu.

> Bu anlayış aslında şöyle özetlenebilir: "Türk işçisi, sağa da sola da karşıdır. Bütün siyasal partilere uzaktır. Siyasal iktidara, ister sermaye sınıfından, ister işçi sınıfından yana bir parti gelsin, sendikacı için fark etmez. Sendikanın kapısından particilik girmemeli. Fabrikaya siyaset sokulmamalı. Partiler üstü kalmalı sendikacılık. Sendikacı olarak biz ücretimize bakarız. Ekmek partisinden yanayız. Giden ağam, gelen paşamdır!"

Uzun yıllar, bu anlayış geçerli kalır. Yarım milyon işçiyi kapsayan, Türkiye'nin en büyük işçi örgütü (TÜRK-İŞ) bunu savunur. Ne var ki, bu tür sendikacılığın, temelde işçi kitlelerini uyutmaktan başka bir şey olmadığı zamanla ortaya çıkar. Emekçi yığınların siyasal iktidarda söz sahibi olmadıkça ezileceği, sömürüleceği gerçeği kendisini belli eder. Bu bilinçlenme, sendikacılık hareketi içinde yeni bir kuruluşa yol açar ve işçiler, kısaca DİSK diye anılan **"Devrimci İşçi Sendikaları Konfederasyonu"**nun çatısı altında toplanmaya başlar.

DİSK'i kuranların bir kısmı, daha önce TİP'i de kuranlardır.

1960-1970 yılları, Türk işçi hareketinin ideoloji ve eylem planında "altın yılları"dır. İşçi sınıfı, nicel ve nitel planda büyük gelişmeler kaydeder. Ama aynı yıllar, egemen sınıfların gelişen hareket karşısında büyük korkuya kapıldıkları yıllardır da. Bu korku ve egemen sınıfların düştükleri bunalım, onları –kendi açılarından– bir çözüme götürür: "12 Mart faşizmi" böyle doğar. 1970 yılında, Sendikalar Kanunu'nun bazı hükümleri, sürekli büyüme halindeki DİSK'in gelişmesini engelleyici yönde değiştirilir ve 12 Mart Muhtırası'nın hemen arkasından, kanun dışı hiçbir eylemi görülmediği halde –"bölücülük yaptığı" bahanesiyle– Türkiye İşçi Partisi kapatılır. Ve işçi sınıfı ve onun ideolojisine (yani Marksizme) karşı yoğun bir baskıya geçilir.

İşçi sınıfı için en kahırlı yıllardır o yıllar.

Türkiye işçi hareketinin bugünkü tablosu

Türk işçi hareketinin günümüzdeki tablosu şudur:

– 1970'ler Türkiye'sinde işçi sınıfı, toplam nüfus içindeki yeri bakımından da önemli bir ağırlık oluşturmaktadır. Toplam ücretliler içerisinde sigortalı işçi ve emekçi oranı, 1972 yılında % 54,4'e yükselmiştir.

Yapılan tahminlere göre, 1972'de 14,3 milyon dolaylarında olan işgücü arzının 8,8 milyonunun tarım, 1,5 milyonunun sanayi, 3,2 milyonunun hizmet kesiminde istihdam edildiği ve 750 bin kişinin de kentsel yörelerde, verimliliği çok düşük işlerde çalıştığı ya da işsiz olduğu söylenebilir. Bunun yanı sıra, –çoğunluğu Federal Almanya'da olmak üzere– 1 milyon dolaylarında Türk işçisinin de yurtdışında çalıştığı göz önüne alınmalıdır. Üstelik bu kesimin önemli bir bölümü, nitelikli işçilerden oluşmaktadır.

İstihdam alanının günden güne artan işgücü arzı karşısında gitgide yetersiz hale geldiği ve işgücü ihracının bir donma noktasına vardığı Türkiye'de, nesnel koşullar, Türk işçi hareketini, sendikal mücadele alanında olsun, siyasal mücadele alanında olsun gitgide artan bir hızla etkilemektedir.

– 1967 yılında, TÜRK-İŞ'in Amerikan tipi partiler üstü sendikacılık anlayışının bir aldatmaca olduğu gerçeği karşısında, DİSK çatısı altında örgütlenen Türkiye işçi sınıfı, iktidarın ve işverenlerin bütün baskıcı engellemelerine karşın, bu örgüte doğru akmaktadır. Günümüzde, sözü geçen örgüte üye sayısı yüz binlerle ölçülmektedir. Takvim artık DİSK için çalışmaktadır. Öte yandan TÜRK-İŞ'in bünyesinde baş gösteren çözülmeler, günden güne bu örgütü zaafa uğratmakta, örgüt içindeki **sosyal demokrat muhalefet** gitgide gücünü artırırken, DİSK'e doğru kaymalar çoğalmaktadır. Ekonomik yapı ve uluslararası ticari ve ekonomik ilişkiler bakımından Amerika ile taban tabana zıt bir durumda bulunan Türkiye'de, Amerikan tipi sendikacılığın uzun ömürlü olması bir hayli zor görünmektedir. 1967'de gerçekleştirilen DİSK hareketi, 1971'de beliren "sosyal demokrat" sendikacılık hareketi, "Amerikan tipi" sendikacılıktan ayrılış hareketleridir.

Bugün için, sendikalı işçi kitlesinin önemli bir kesimi, CHP bünyesinde, küçük burjuvazinin ilerici kanatlarıyla birleşerek, tekelci burjuvaziye karşı kurduğu bağlaşıklık içinde siyasal potansiyelini kanalize etmek olanağını bulmuştur. Ancak, bugüne değin, gücünü –geniş ölçüde– burjuvaziyi temsil eden siyasal partilerin desteğinde siyasal mücadele alanına aktarmış bulunan işçi sınıfını, nesnel koşullar, siyasal mücadele düzeyinde –TİP denemesinin de verdiği bir olgunlukla– daha etkili bir örgütlenmeye zorlayacaktır.

Demokrasinin yurdumuzda yerleşmesi ve kökleşmesi için gereklidir de bu...

DAHA ÇOK BİLGİ

Nermin Abadan, *Batı Almanya'daki Türk İşçileri ve Sorunları,* Ankara, 1964.

Lütfi Erişçi, *Türkiye İşçi Sınıfı Tarihi,* İstanbul, 1951.

Kurthan Fişek, *Türkiye'de Kapitalizmin Gelişmesi ve İşçi Sınıfı,* Ankara, 1969.

Dimitır Şişmanov, *Türkiye İşçi ve Sosyalist Hareketi* (çev. A. R. Zarakolu), İstanbul, 1978.

OKUMA

NASIL BİR SENDİKACILIK?

Türkiye'de sendikacılık, **hiçbir zaman yapısal gereklere uygun ve özgür bir gelişme gösterememiş, hep güdümlenmiştir.** Uzun yasakçılık yıllarında, **"işbirlikçi" bir modele** göre düzenlenmek istenen Türk sendikacılığı, ülke siyasetinde burjuva demokrasisi ilkelerinin benimsenmesinden bu yana **"tutucu" bir Amerikan modeline göre** kalıplanmakta. Oysa, Türkiye gibi **"gelişen"** bir ülkenin sendikacılığı, ABD gibi **"süper kapitalist"** bir ülke sendikacılığına benzeyemez. Nitekim, son birkaç yıl içinde patlak veren DİSK ve sosyal demokrat hareketleri TÜRK-İŞ'in temsil ettiği bu zoraki kalıbın başarısızlığını ortaya koymaktadır. Türkiye'de, sendikacılık, **devrimci bir nitelik** taşımak zorundadır: Ancak, bu devrimcilik... Burjuva demokrasisinin sağladığı imkânları reddeden **"Anarşist" bir çizgide değil, demokratik yollardan sonuna kadar yararlanan ve işçi sınıfının temel hakları çerçevesini genişletmeye çalışan bir çizgide** olacaktır.

(Mete Tunçay, Alpaslan Işıklı'nın *Sendikacılık ve Siyaset* adlı eserinin tanıtma yazısı)

SORULAR

1. Türkiye'de, emekçi kitleler içinde, en başta gelen ve en önemli sınıf hangisidir? Niçin?
2. Türkiye'de işçi sınıfı, ne zaman ve nasıl doğar ve gelişir? Bu gelişimin aşamaları ve sendikal plandaki özellikleri nelerdir? 1960-1970 yıllarının bu bakımdan önemi nedir?
3. Türk işçi hareketinin günümüzdeki tablosu, nicelik ve nitelik bakımından ne gibi özellikler taşımaktadır? Özellikle sendikacılık hareketi içinde ne gibi eğilimler çatışmaktadır? Niçin?
4. Türkiye'de sendikacılık, nasıl bir çizgi izlemelidir sizce? (Okuma parçasını okuyunuz.)

Türkiye'de, tarım kesimindeki sınıfsal bölünme ya da köylülük –topraktaki üretim ilişkilerine göre– dört bölümde incelenebilir: 1) **Tarım işçileri,** 2) **Küçük üreticiler,** 3) **Orta köylülük,** 4) **Büyük toprak sahipleri.** Bunlardan tarım işçileri ve büyük toprak sahipleri (kapitalist çiftçiler) temel sınıfları, ötekileri de ara tabakaları oluşturur.

Tarım işçileri, küçük üreticiler ve orta köylülük

– Türkiye'de, hiç toprağı olmayanlardan bir milyon dolayında aile **tarım işçiliği** yapmaktadır. Kapitalist üretim koşulları altında genellikle büyük ve orta çiftçilerce sömürülen bu kesim, örgütlü olmadığı gibi, hemen hemen hiçbir sosyal güvenlik hakları da yoktur. Çoğu kez, ücret belirlenmesinde bile söz sahibi olmadıklarından yoğun bir sömürünün boyunduruğu altındadırlar...

> Bu durumu doğuran nedenler birden fazladır: Önce, tarımda işgücü gereksinmesi hem çok düşük ve hem de mevsimliktir. Tarım kesiminde büyük bir işgücü, gizli ve açık bir biçimde işsiz olunca, ücretlerin çok düşük bir noktada oluşması doğaldır. Ayrıca tarım işçiliğinin sürekli bir nitelik taşımaması, tarım işçilerini belli mevsimlerde çalışmak için kentlere sürüklemektedir.
>
> Bütün bunlar, tarım proletaryasının örgütlenmesini ve sınıf bilincine kavuşmasını güçleştiren önemli etkenler.

– **Küçük üreticiler,** Türk tarımında tarım işçileriyle birlikte en büyük kitleyi oluştururlar. İki milyondan daha fazla çiftçi ailesinden oluşan küçük üreticilerin, "yarı proleter" bir niteliği vardır. Sınırlı toprağa sahip olmaktan dolayı, ikili bir sömürü yöntemiyle varlıklı sınıfların baskısı altındadırlar: Bir yandan, sahip oldukları toprakların büyüklüğü ailelerinin gerekli gereksinmelerini karşılamakta yeterli olmadığından, tarım işçiliği yapmak zorunda kalmaktadırlar. Bu durum, küçük üreticilerin, kapitalist üretim koşulları altında genellikle büyük ve orta çiftçilerce sömürülmesi demektir. Öte yandan, gerek tüketim harcamaları, gerekse üretim giderleri için gerekli olan nakit para sıkıntısı içindedirler. Sürekli olarak tarımda izlenen bu gerçek, küçük üreticiyi bir de tüccar ve tefeci sermayesinin sömürüsü altına sokar. Çoğu kez küçük üretici, ürününü ya daha hasat etmeden borçlandığı tüccara devreder ya da tefeciden ipotek karşılığı yüksek bir faizle borç alarak, sonunda elindeki toprağından da olur.

Üretilen ürünlerin niteliğine bağlı olarak, küçük üreticilerin belli bir bölümü ücretli işçi kullanmaktadır. Örneğin, pamuk ve tütün gibi bazı teknik bitkilerin üretimi, 10 dönüm büyüklükten sonra ücretli işçiliği –süreksiz de olsa– kullanmak zorundadır.

Burada bir soru sorulabilir: Ücretli işçilik kullanıldığına göre, bu tip işletmelerin kapitalist işletme sayılması gerekmez mi?

Bunu bir örnekle açıklamak gerekirse, 20 dönüm toprağa sahip bir tütün ekicisi, üretimin niteliği gereği ücretli işçi kullanmaktadır. Türkiye'de tütünün dönüm başına verimi 47 kg'dır. 20 dönümlük bir tütün işletmesinin, yılda üretebileceği tütün miktarı bir ton ve bunun satışından elde edeceği para da 100 bin lira dolayındadır. Üretim giderleri çıktıktan sonra elde kalan paranın, çiftçi ailesini ancak geçindirecek büyüklükte olduğu ve ayrıca bu küçük üreticinin bizzat kendisinin de sömürü altında olduğu düşünülürse, bu tür işletmelerin kapitalist nitelik taşıdığını söylemek olası değildir.

– Gene kırsal kesim için **orta köylülük** diyebileceğimiz bir tabaka, yeterince toprağı olduğu gibi, özellikle iyi hasat mevsimlerinde yanında birkaç tarım emekçisi çalıştırma olanağını da bulur. Bu köylüler, toprağa iyice bağlı ve "zenginleşme umudu" içinde olduklarından küçük burjuva nitelikleri daha belirgindir.

Bir yandan tefeci bezirgânlığın sömürüsü altında olmasının, öte yandan gelişen tarım kapitalizminin etkisiyle, egemen sömürü bağışıklığı ile çelişki halinde olan bu köylü tabakasının, gerek toprak mülkiyeti koşullanması, gerekse öteki yoğun üstyapı koşullanmaları nedeniyle, ilerici bir tutum göstermesi için hayli sabırlı çalışma gereklidir.

Büyük toprak sahipleri (kapitalist çiftçiler)

Türkiye'de, bugün kapitalist üretim koşulları altında üretimde bulunan 150 bin dolayında tarımsal işletme vardır. Bunların çiftçi aileleri içindeki payı % 4 dolayında küçük bir oran olmasına karşılık, toprakların % 40'ını ve toplam tarımsal üretimin yarısına yakınını denetleyebilmektedirler.

Türkiye'de, büyük toprak sahiplerinin kapitalistleşmeleri, Cumhuriyet'in kuruluşundan epeyce önce başlamıştır.

> Osmanlı İmparatorluğu'nda, tarımda kapitalizmden söz edildiği dönem, genellikle 19. yüzyılın son çeyreğini kapsar. Özellikle sanayi bitkilerinin ekim alanlarının genişletilmesi, Cumhuriyet öncesi Türkiye'sinde –küçümsenemeyecek ölçüde– bir tarım kapitalizminin oluşmasına yol açmıştır. Kurtuluş Savaşı'nı izleyen yıllarda Batı Anadolu ve Trakya'da Rumlardan, Orta ve Kuzeydoğu Anadolu'da ise Ermenilerden boşalan topraklar, pazar için üretim yapan tarım işletmeciliğini ve buna koşut olarak büyük toprak mülkiyetini geliştirmişti.
>
> Tarım üretimi –geniş ölçüde– geleneksel ilkel araçlarla yapılıyordu; ama feodal ilişkilerin kalıntıları da günden güne gerileyerek, yerini kapitalist mülkiyet ilişkilerine bırakmaya devam etmekteydi. 1929 dünya ekonomik bunalımıyla tarım ürünleri fiyatlarındaki önemli düşüşler ve kötü ürün yılları, Cumhuriyet yönetimini büyük tarım üreticilerini koruma önlemlerine yöneltmiş, bu alanda kooperatifçilik **denemelerine** girişilmişti.
>
> Bu önlemler de, tarım kapitalizminin gelişmesine ayrıca yardımcı olmuştur.

II. Dünya Savaşı yıllarında tarım ürünleri fiyatlarındaki hızlı yükselişler, büyük toprak sahiplerini büsbütün güçlendirecektir. Öyle ki, savaşın bitiminden hemen sonra, bürokratların yönetimindeki CHP'den rahatsızlık duymaya başlayan büyük toprak sahipleri, 1946 yılında –ticaret burjuvazisinin bağlaşıklığıyla– DP'yi kuracak ve bu parti aracılığıyla 1950 yılında da siyasal iktidarın ortaklarından biri haline gelecektir.

Birleşik Amerika'nın Marshall yardımı çerçevesinde sağladığı tarım donanımı, "makineli tarımın" geniş ölçüde yaygınlaşmasına ve büyük toprak sahiplerinin iktidardaki durumlarının güçlenmesine yardım ettiği gibi, karşılık olarak, büyük toprak sahiplerinin emperyalizmle bağlaşıklığını da güçlendirmiştir. Büyük toprak sahiplerinin ellerinde biriken kazançlar ise, sürekli olarak kentlere doğru akmaktadır. Önemli bir birikim olan bu kazançlar, ticarethanelerin, bankaların ve sanayi işletmelerinin sermayesi haline gelecektir.

DP iktidarına son veren 27 Mayıs hareketi, büyük toprak sahiplerinin ekonomi ve politika yaşamındaki önemlerinin

–görece– azalması sürecinde önemli bir dönemeçtir. Bu tarihten sonra büyük toprak sahipleri, politik alanda ön plandaki yerlerini yitirmiş ve gerilemişlerdir. Bu gerilemede, bunların bağlaşıkları durumundaki ticaret burjuvazisinin de arka plana itilmiş olmasının, 1960'tan sonra politikada birdenbire ön plana yükselen bürokratlar ve sanayicilerle çıkar zıtlığı içinde bulunmalarının, köylü kitleler üzerindeki ideolojik denetimlerinin –görece– zayıflamasının ve son olarak Türkiye'de kent dünyasındakilerin çok daha ağır basmasının payı büyüktür.

Büyük toprak sahipleri, günümüzde, büyük bir savunma savaşı vermekte, sanayi burjuvazisi ve bürokrasice ayrı ayrı planlanan **toprak reformundan** –en az zayiatla– sıyrılmaya çabalamaktadırlar. Büyük kapitalist tarım işletmeciliğinin verimliliğini savunarak, toprak reformunun uygulama alanını –hâlâ feodal kalıntıları barındıran– Doğu Anadolu'ya ve –siyasal gerekçelerle– Güneydoğu Anadolu'ya kaydırmaya can atmaktadırlar.

Ne var ki, ekonomi ve politika dünyasının Türkiye'deki yeni temsilcileri, büyük tarım gelirlerinin vergilendirilmesi yoluyla sanayileşme için yeni fonlar yaratılmasını, kent emekçilerinin ücret istemlerinin frenlenebilmesi için tarım ürünlerinin fiyatlarının –bir ölçüde– düşürülmesini, köylü kitlelerin satın alma gücünün, ulusal sanayi mamullerinin sürümünü artıracak biçimde yükseltilmesini planlayadururken, büyük toprak sahiplerinin toprak reformundan az zayiatla kurtulmaları bile büyük bir önem taşımamaktadır.

Günümüzde büyük toprak sahipleri, kendi sosyal ortamlarında önemlerini bir ölçüde korumakla birlikte, ulusal ekonomi ve siyasal yaşamda rolü gitgide azalan bir sosyal tabaka görünümündedir. Geleneksel sömürücü nitelikleri, kapitalist düzenin yeni temsilcilerinden amansız darbeler yemelerine karşın, onları daima baskıcı ve gerici politikaların bağlaşığı ve destekçisi, demokratik ve ilerici politikaların ise düşmanı durumunda tutmaktadır.

Feodal kalıntılar sorunu

Türk tarım kesiminde kapitalizm öncesi üretim ilişkileri var mıdır?

Varsa bu kalıntıların ağırlığı ne kadardır?

Belli bir üretim biçimi söz konusu edildiğinde, genellikle o üretim biçimi eski üretim ilişkilerinden tüm arınmış bir durum göstermez. Örneğin kapitalist üretim biçiminin egemen olduğu bir toplumda, feodal üretim ilişkilerinin kalıntıları bulunabileceği gibi, bu kalıntılar toplumda uzunca bir süre daha tutunabilir.

Feodal ilişki koşulları altında üretimde bulunan köylü, artık-ürünü, derebeyi ya da toprak ağasına, genellikle ayni ve angarya olarak öderdi. Artık-ürünün ödenme biçimi ve niceliğine derebeyleri karar verirdi. Doğrudan üretici, toprağı terk edemeyeceği gibi, hiçbir özgürlüğe de sahip değildi. Bu zorlayıcı güç, derebeyin sahip olduğu askerî bir güç olabileceği gibi, bir çeşit yargı düzeniyle desteklenen bir gelenekten ya da hukuktan gelebiliyordu.

Türkiye'de böyle bir sömürü biçiminin olmadığını söylemek olasıdır. Fakat buna karşın, ülkede feodalitenin çözülme çağındakine benzeyen ilişkilere –az da olsa– rastlanabilmektedir. Yöresel bazı araştırmalar, **aşiret reisliği, şeyhlik** ve **tarikat reisliği** gibi geleneksel ve dinsel etkenlerle köylünün, tipik feodal ilişkilerle sömürüldüğünü göstermektedir.

Tarımda feodal ilişkiler, **toprakların bütününe kişi, aile ve sülalelerin sahip olması** ya da **ortakçılık** biçiminde kendini belli etmektedir.

Köy envanter etütlerine göre, toprakların bütünü bir kişiye, bir aile ya da bir sülaleye ait köylerin sayısı, toplam köy sayısına oranla % 2'den daha küçük bir rakamdır. Bu oranın en yüksek olduğu iller **Doğu** ve **Güneydoğu bölgelerinde** yer almaktadır. Türkiye'de bu tip köylerin 700 dolayında olduğu ve bunun da % 70'inin altı ilde olduğu düşünülürse, bu kalıntının % 2 oranında bir ağırlık taşıdığı söylenebilir.

Ortakçılık biçiminde tarımsal üretimde bulunan ailelerin sayısına gelince... Köy envanter etütlerine göre, bu sayı 71.077'dir; 1970 tarım sayımı sonuçlarına göre ise, 77.543 aile Türkiye'de ortakçılık yapmaktadır. Bu tür işletme biçiminin en yaygın olduğu iller Urfa, Diyarbakır, Adana, Adıyaman, Mardin ve Erzurum'dur. Tüm ortakçı aileleri feodal kalıntı varsayarak, 70 bin dolayındaki ortakçı ailenin, 3 milyon 800 bin çiftçi ailesi içindeki ağırlığı % 1,8'dir. Ortakçılıkla işlenen tarım topraklarının genişliği ise, 3 milyon 415 bin dönümdür.

Türkiye'de 280 milyon dönüm toprağın tarımsal üretimde kullanıldığı düşünülürse, feodal kalıntıların işlenen toprak açısından ağırlığının % 1'den biraz daha büyük olduğu görülür. Ayrıca, Türkiye'deki tüm ortakçılık kurumlarına feodal kalıntı demek de oldukça güçtür.

Sonuç olarak, tarımda feodal kalıntıların % 2 dolayında bir ağırlık taşıdığını söylemek olasıdır. Bu da büyük bir ağırlık demek değildir.

DAHA ÇOK BİLGİ

S. Aksoy, *Türkiye'de Toprak Meselesi,* İstanbul, 1969.

B. Akşit, *Türkiye'de "Azgelişmiş Kapitalizm" ve Köylere Girişi,* Ankara, 1967.

İsmail Beşikçi, *Doğu'da Değişim ve Yapısal Sorunlar,* Ankara, 1969.

İsmail Beşikçi, *Doğu Anadolu'nun Düzeni, Sosyo-Ekonomik ve Etnik Temeller,* İstanbul, 1969.

M. E. Bozarslan, *İslamiyet Açısından Şeyhlik-Ağalık,* Ankara, 1984.

Cavit Orhan Tütengil, *Kırsal Türkiye'nin Yapısı ve Sorunları,* İstanbul, 1975.

OKUMA

TARIM İŞÇİLERİNİN DRAMI

Türkiye'deki tarım işçileri sorunu, o çok sözü edilen **toprak reformundan bile belki daha önemlidir.**

Rakamlar ve gerçekler incelendiğinde, toprak reformundan sağlanacak yararların ekonomi geliştikçe azaldığını görüyoruz. 1923'ün, 1945'in bir toprak reformu çok daha etkili olabilecekken, günümüzün toprak reformu ancak **Güneydoğu'da** ve **Orta Anadolu'**nun bir bölümünde yararlı olabilecek. Toprak reformundan beklenen sonuçların önemli bölümü, örneğin **ağalık düzeninin tasfiyesi,** toplumun normal gelişme sürecinde fakat gecikme pahasına gerçekleşebiliyor. Reformun bu sürece katabileceği hız, zamanla azalıyor.

Ekonomik gelişme oranında reformun önemi küçülürken, buna karşılık, tarım işçilerinin sayısı ve önemi –aynı gelişmeden ötürü– hızla artıyor. Tarımdaki makineleşme ve kapitalist işletmelerin kuruluşu, eskiden kendi küçük toprağında çalışanları yahut ağaların yanında ortakçılık gibi işler bulanları, bir anda topraklarından ve eski usullerden koparıyor. Onları, **emeklerinden başka satacak bir şeyi olmayanların kategorisine** dahil ediyor.

Bu gelişmeyi rakamlardan izlemek mümkün: 1950 yılında tarım kesiminde bulunan **"topraksız" ailelerin** sayısı 90.000 olarak belirtilmektedir. Türkiye'nin kapitalistleşme sürecinde hız kazandığı ve tarımda makine kullanımının başladığı 1950'yi izleyen 13 yılda, topraksız ailelerin sayısı % 400 artarak 1963'te 400.000'e ulaşıyor. Aynı rakam, 1969'da 600.000 olarak belirtiliyor. Hiç toprağı olmayan bu köylü ailelerine bir de çok az toprağı olup da geçimini ırgatlıkla sağlayanlar eklenince (1963'te 400.000), ülkemizde **1 milyondan fazla köylü ailesinin** "tarım işçisi" kategorisine girdiği anlaşılıyor.

Gene istatistiklere göre, bu topraksız ailelere her yıl 50.000 aile daha ekleniyor. Tarım işçilerinin sayısal artış oranı da ekonomik gelişme paralelinde büyüyerek 1952'de toplam tarım nüfusunun % 9'uyken, 1963'te % 17'ye, 1968'de % 29'a varıyor...

Tarım işçilerinin bu artan önemine karşılık, **ekonomik ve sosyal durumları** her dönem ihmal edilmiş, hakları hiçe sayılmıştır. Geri kalmış ülkeler edebiyatının **"toprağın lanetlenmişleri"** deyimi, bizim tarım işçilerimizin bir bölümü için rahatlıkla kullanılabilir. Türkiye'nin tarım işçisi, yıllardır, hiçbir güvenliği olmaksızın ağalar ve aracılar tarafından sömürülmüş, perişan edilmiştir.

Tarım işçilerinin günümüzdeki sorunları, en basite indirildiğinde, şu **üç noktada** özetlenmektedir: **Asgari ücretlerin saptanıp fiilen uygulanması;** "dayı", "kâhya" gibi deyimlerle tanımlanan **aracıların ortadan kaldırılması;** tarım işçilerine sosyal güvenliğin sağlanması.

Gerçekten, tarım kesimindeki işçi ücretleri görülmemiş ölçüde düşüktür...

Mevsimlik tarım işçilerinin yüz binlere ulaştığı bölgelerde, örneğin **Çukurova**'da emek arzı ile talebin dengesizliği, **güçlü bir aracı zümre** yaratmıştır. Belirli işler için toprak sahibi adına işçi toplayan bu aracılar, komisyonlarını işverenden alır gözüküp aslında işçi ücretinin % 10 kadar bir bölümüne sahip çıkmaktadırlar. Şöyle ki, haftalık ücretinde 80 lira alacağı bir durumda, aracı, işçiye 70 liralık ücreti kabul ettirmekte ve aradaki 10 lirayı patrondan almaktadır.

Bir milyonluk tarım işçileri kitlesinin sosyal hakkı, güvenliği ise yok gibidir.

Tarım işçilerinin bir bölümüyle mevsimlik ve geçici işlerde çalışmaları, dağınık işletmelerde küçük topluluklar halinde bulunmaları ve güçlü örgütlere yeni yeni sahip olmaları, bu kesime bir çalışma düzeni getirilmesini zorlaştırmıştır.

Önümüzde hazırlıkları yapılan **"Tarım İş Kanunu Tasarısı"** ise, başarılı olduğu ve uygulama imkânı bulduğu ölçüde tarım işçilerinin sorunlarını bir ölçüde cevaplayacaktır.

Tasarı, asgari ücretleri, aracıların yerini devlet kuruluşlarının almasını ve sosyal güvenlik kurallarını bu kesime getirip yerleştirebilirse, bir milyonluk bir kitlenin dertleri bir oranda azalacaktır. En az toprak reformu kadar önemli olan bir sorun kamuoyunda etraflı şekilde tartışılır ve asıl ilgililerin uyarıları dikkate alınırsa, tarım işçilerinin durumu belki bir ölçüde düzelecektir.

"Toprağın lanetlenmişleri", artık bütün dünyada benzeri azalan, yok olan bir insan türüdür. Bu tanımın Türkiye'de hâlâ var olması, geçmişin olduğu gibi günümüzün de sırtına yüklenmiş bir sorumluluktur.

(İsmail Cem, "Tarım İşçileri", *Milliyet,* 8 Mart 1972)

SORULAR

1. Türkiye'de tarım kesimindeki sınıfsal bölünme ya da köylülük hangi sınıf ve tabakalardan oluşmaktadır?

2. Tarım işçilerinin durumunu rakamlarla belirtiniz. Onların durumu niçin "dramatik"tir? Ve ne yapılmak gerekir durumlarını düzeltmek için? (Okuma parçasını okuyunuz.)

3. Tarımda küçük üreticilerin durumu ne gibi özellikler taşımaktadır?

4. Orta köylülük hangi özellikleri taşır?

5. Büyük toprak sahiplerinin tarımdaki ayrıcalıklı yerini belirtiniz. Büyük toprak sahipleri, ne zaman kapitalistleşmeye başlar? Ve nasıl bir çizgi izler bu kapitalistleşme? Büyük toprak sahipleri, Türkiye'nin ekonomi ve siyaset yaşamında bugün nasıl bir rol oynamaktadır?

6. Türk tarım kesiminde, bugün, kapitalizm öncesi üretim ilişkileri var mıdır? Varsa bu kalıntıların ağırlığı ne ölçüdedir?

BÖLÜM III

TÜRKİYE'DE DEMOKRASİ VE SORUNLARI

Türkiye'nin siyasal yaşamının, bugün göze ilk çarpan özelliklerinden biri şu: **Demokrasi,** siyasal idealler içinde "egemen" olanı.

Siyasal tablo, "demokrasi adına" yapılan mücadeleler ve onların doğurduğu sorunlarla dolu. Sınıflı bir toplum olmanın zorunlu bir sonucu olarak ortaya çıkan çeşitli siyasal güçlerin büyük bir çoğunluğu, "demokrasiden yana" olduklarını ileri sürüyor. Otoriter eğilimler –hatta "12 Mart Rejimi"nde olduğu gibi faşist uygulamalar– siyasal yaşamı zaman zaman karanlığa gömse de, geniş zaman boyutları içinde ele alındığında, Türkiye –gözle görülür biçimde– bir **demokratikleşme süreci** içindedir.

Ne zaman girer bu sürecin içine Türkiye? Ve nasıl girer?

Bugün hangi aşamasında bulunuyoruz bu sürecin? "Demokratik oyun"un hukuksal kuralları nelerdir? Siyasal yaşamımızda rol almış siyasal güçler hangileridir ve demokrasiyi nasıl bir "yorum"a tabi tutmaktadırlar? Son olarak, Türkiye'de, demokratik mücadelenin ortaya çıkardığı sorunlar nelerdir? Ve nasıl bir gelecek beklemektedir demokrasimizi?

Türkiye'de, demokrasi ve sorunları, aslında II. Dünya Savaşı'ndan sonra siyasal gündemin başına geçer. Ne var ki, gündemi o içeriğe kavuşturan daha önceki gelişmelerdir.

TÜRKİYE'DE DEMOKRASİNİN DOĞUŞU VE GELİŞİMİ

Demokratikleşme sürecinin başlangıçları

Türkiye, demokratikleşme sürecine ne zaman girer? Bu süreci, tarihimiz içinde hayli gerilerden başlatanlar vardır. Örneğin Profesör Bahri Savcı, bu sürecin başlangıcını, **Koçi Bey**

Risalesi'ne değin götürmektedir.[1] Götürülebilir de bir bakıma. Ama, asıl anlamlı çizgiler, 19. yüzyıldaki gelişmelerin içinde ortaya çıkıyor.

19. yüzyılın Türk toplumu için başta gelen iki özelliği vardır: **"Kapitalizm"in girişi** ve **"Batı kurumlarının" kabulü.** Birbirine bağlı bu iki olay Türkiye'de hemen bütün kurumlardaki değişikliği belirlerken, demokrasinin iktisadi ve sosyal çerçevesiyle tipini de belirler.

Bu tarihsel ve sosyal çerçeve içinde demokratikleşmenin, önce **anayasacılık hareketleri** ile yakın bir ilişkisi var. Anayasacılık hareketleri de, bizde, 19. yüzyılın sonlarına doğru doğar. Bunları, "Batı'daki anayasacılık hareketlerinin birer serpintisi" saymak doğrudur. Ne var ki, sınıfsal temellerden yoksun birer serpintidirler aslında...

Gerçekten, Batı'daki anayasacılık hareketleri, o toplumların temel yapılarındaki köklü bir değişikliğin sonucu olarak göründüğü, daha açık bir deyişle, burjuvazinin –daha 18. yüzyılda– devlet yönetimine sahip çıkma çabasıyla ilişkili olduğu halde, Osmanlı İmparatorluğu'nda 19. yüzyılın ikinci yarısında beliren anayasacılık hareketleri böyle sınıfsal bir nitelik taşımıyor.

Niçin?

Çünkü, daha önce de belirttiğimiz gibi, Osmanlı İmparatorluğu'nun başta iç dinamiği, Batı'daki gibi bir burjuva sınıfının ortaya çıkıp siyasal iktidarı ele geçirmesine engel olmuştur. Başlangıçtaki ıslahat fermanları ve ondan sonra gelen hareketler, daha çok, "bürokrasiden gelen bir avuç insanın" çökmekte olan devleti kurtarmak için düşünebildikleri ve genellikle Batı'dan aktardıkları çarelerden başka bir şey değil. Öyle olunca da, yenileşme hareketleri gibi, Osmanlı İmparatorluğu'ndaki anayasacılık hareketleri, giderek "demokratikleşme" çabaları da "halkın dışında" –hatta "halka karşın"– yürütülen yüzeysel birer çaba olmaktan öteye geçememiştir.

– Bizde, modern anlamıyla ilk anayasa, 1876 tarihli **"Kanun-ı Esasi"**dir.

Gerçi, Osmanlı İmparatorluğu'nda, 19. yüzyılın ilk yıllarında, hatta 18. yüzyılın sonlarında "ıslahat" ve yenileşme ha-

---

1) Bahri Savcı, "Demokratik Yapı Sorunumuz", *Cumhuriyet,* 5 Mart 1974.

reketleri başlamış, giderek **"meşveret usulü"** doğmuş ve bununla ilgili kurumlar ortaya çıkmıştır. Ama bunlar, olsa olsa, mutlak otoritenin, işlerin daha iyi bilenlere danışılarak yürütülmesini sağlayan yardımcı organlarıdır. Ve ne bunlar, ne de 1839 tarihli **"Gülhane Hatt-ı Hümayunu"** ile başlayan Tanzimat döneminin fermanları, iktidarı sınırlama niteliğini taşımadıkları gibi, böyle bir amaçları da yoktur.

Tanzimat fermanlarının gerisinde asıl zorlayıcı gücün "dış baskı" olduğu da çok açıktır.

1876 Anayasası ile, ilk kez "parlamentolu" bir düzene geçilir.

> Anayasa, "Meclis-i Umumi" adını taşıyan iki meclisli bir parlamento kurmaktadır. Meclislerden "Heyet-i Âyan"ın üyeleri, padişahca –ve ömür boyunca görevde kalmak üzere– atanmaktadır. "Heyet-i Mebusan"ın üyelerini ise halk seçmektedir. Ne var ki, "iki dereceli" ve "kısıtlı oy"a dayanan bir seçimdir bu.

1876 Anayasası, "parlamentolu" bir düzen getirmiştir, ama "parlamenter" değildir o düzen: Bakanlar, giderek hükümet, hükümdardan başka kimseye hesap vermek zorunda olmadığı gibi, padişahın durumu da, gelişmiş parlamenter sistemlerde görülen "sembolik devlet başkanı"nın durumundan çok farklı. Fiilen olduğu gibi hukuksal bakımdan da, yasamanın ve yürütmenin dizginleri aslında padişahın elinde. Mutlakıyetten meşrutiyete geçilmiştir ama, bir yerde sadece bir ad değişikliğidir bu.

Osmanlı İmparatorluğu'nda, parlamentolu düzenin –hiç olmazsa biçim bakımından– "parlamenter" bir nitelik kazanması, **İkinci Meşrutiyet**'in ilanından (1908) sonra gerçekleştirilen çeşitli anayasa değişiklikleri ile mümkün olacaktır. Hükümdarın parlamenter bir düzende görülmeyen yetkileri kaldırılacak, hükümet de, Meclis-i Mebusan'a sorumlu duruma getirilecektir.

– Osmanlı İmparatorluğu'nda meşrutiyet denemeleri I. Dünya Savaşı'yla sona erer. Hemen arkasından başlayan **Milli Kurtuluş Savaşı dönemi,** anayasacılık hareketleri bakımından da yepyeni bir aşamanın başlangıcı olur.

Gerçekten, Türkiye Büyük Millet Meclisi'nin toplanmasıyla, devlette **egemenliğin kaynağı ve kullanılışı bakımından** köklü bir değişiklik olmuştur: Egemenlik milletindir ve tüm iktidar meclistedir.

2 Nisan 1920'de Ankara'da kurulan **Türkiye Büyük Millet Meclisi,** yalnızca yasama yetkisini kullanan basit bir parlamento değildir; bütün yetkiler onda toplanmıştır (meclis hükümeti sistemi). Artık, hükümdarlı ve parlamentolu bir "meşruti sistem" yerine, doğrudan doğruya **"meclis üstünlüğü"**ne dayanan bir **ihtilal yönetimi** söz konusudur.

1921 Anayasası, işte bu ihtilalci yönetim biçimini düzenler.

Bu gelişimi, Cumhuriyet'in ilanı tamamlar. Ve meclis hükümeti sistemi ile parlamenter sistemi bir araya getirme çabasında olan **1924 Anayasası** gelir arkadan.

1945'lere dek, Cumhuriyet'in siyasal yaşamı **"tek partili"**dir. 1945'lerde, yeni bir döneme girmektedir Türkiye'nin siyasal yaşamı: **"Çok partili"** düzene geçilmektedir. Kurtuluş Savaşı sonrasının özel koşullarına göre yapılan 1924 Anayasası tek partili dönemde rahatlıkla işler. Fakat 1945'ten sonra ağır bir yük altına girer Anayasa "çok partili" bir düzene çerçevelik edecektir artık. Bunun için birtakım değişiklikler geçirmesi gerekirdi; onlar da yapılmamıştır.

Böylece, çok partili dönemde, anayasanın aksaması kaçınılmazdı. Nitekim öyle oldu.

Tek partili yaşamdan çok partili yaşama

II. Dünya Savaşı ertesinde, Türkiye'nin iktisadi ve sosyal tablosu hayli ilginçtir. Siyasal iktidar, Cumhuriyet'in ilk yıllarından beri **asker-sivil bürokrat kadroların** elindedir. Ne var ki, o yıllardan bu yana –bir ölçüde– burjuvalaşmış olan bu kadrolar –daha önce de belirttiğimiz gibi– toplumda çeşitli sınıf ve zümrelerin muhalefeti ile karşı karşıyadır: Başta, **ticaret ve maliye burjuvazisi** olmak üzere, **eşraf ve toprak ağaları** muhalefet etmektedir. Daha önemlisi, küçük memuru, işçisi ve fakir köylüsü ile büyük halk yığınları memnun değildir iktidardan. Bu tepkilere, II. Dünya Savaşı sonlarında **totaliter rejimlerin yıkılışı** ve demokrasinin üstünlüğü de eklenir.

İç ve dış zorunluluklar, tek partili dönemden çok partili döneme geçişi gerektirmektedir böylece. Ve "ideolojik" bir engel de yoktur buna. Asker-sivil aydın bürokrasinin bir siyaset felsefesi olarak kabul ettiği, devlet-toplum ilişkilerinde de uyguladığı **"Kemalizm"** bu geçişe engel değildir.

Aslında **Kemalizm,** pozitivist, laik, milliyetçi ve anti-emperyalist niteliklerinin yanı sıra, "çok partili demokrasi"ye de inanıyor. Cumhuriyet'in ilk yıllarından başlayarak bir "tek parti" yönetimine gidilmişse, toplum düzenini değiştirmek için gerekli görülmüştür de ondandır bu. Yoksa asıl amaç, çağdaş uygarlık düzeyine varmak, Batı'ya karşın Batı gibi olmak ve Batı'nın en büyük özelliği olan "çok partili demokrasi"ye geçmektir. Nitekim, Atatürk daha yaşarken, iki kez denemesi de yapılmış bu geçişin: 1925'te **"Terakkiperver Cumhuriyet Fırkası"**, 1930'da da **"Serbest Fırka"** kurulmuş. Ne var ki, her ikisi de başarısızlıkla sonuçlanan denemelerdir bunlar.

Demokrat Parti'nin doğuşu (7 Ocak 1946) böyle bir ortamda olur ve kısa zamanda gelişir. Halk yığınlarının geniş ilgi ve desteğini de görse, özünde "halka karşı" bir harekettir. Çünkü çıkarları geniş halk kitlelerinin çıkarlarıyla zıtlaşan sınıf ve zümrelerin sözcüsüdür. **Dışa bağımlı büyük sermayenin sözcüsü** olarak çıkmıştır tarih sahnesine. Ve toplumdaki **en geri ve kapitalizm öncesi kesimlerle** bağlaşıklığını sağlamlaştırır; onların sömürü ağı içindeki geniş halk yığınlarına dayanarak iktidara gelir (14 Mayıs 1950).

İktidara geldikten sonra da, sözcülüğünü yaptığı sınıf ve zümrelere borcunu ödeyerek, Türkiye'yi –yeniden– **emperyalizme bağımlı bir ülke** haline getirir. Daha başlarda kendisini gösteren ve gitgide yoğunlaşan muhalefete karşı da tahammül etmemeye başlar. Parti, "demokrat" adını taşımaktadır, ama demokrasiyi de yanlış biçimde yorumlamaktadır. 1924 Anayasası'nın aksayan yönleri de siyasal yaşamın bunalımını yoğunlaştırmaktadır.

1924 Anayasası'nın, çok partili dönemde en çok aksayan yönleri neler olmuştur?

Milli kurtuluş hareketinin meclisli bir yönetim sayesinde başarılması yepyeni bir egemenlik anlayışı doğurmuş, **ulus iradesiyle meclisin iradesini birbirine kaynaştırarak,** meclis dışında bir ulusal irade aranmasını olanaksızlaştırmıştı. 1921 ve

1924 Anayasaları –Türk tarihinde ilk kez– **"ulusal egemenlik"** kavramını, parlamentonun varlığıyla kaynaştırılmış bir biçimde, siyasal felsefesinin temel kuralları arasına koyuyordu. Böyle bir yorum, tek partili bir yönetimde aksaklık doğurmayabilirdi, nitekim doğurmamıştır. Ama çok partili bir düzende, mecliste çoğunluğu ele geçiren bir partinin kendisini ulusal iradeyle bir tutması gibi bir sapmaya da yol açabilirdi.

Nitekim açtı da...

Demokrat Parti 1950'de, büyük bir çoğunlukla iktidara gelince, kendi çoğunluğunun iradesini ulusal irade ile özdeşleştirdi ve –aslında ulusal iradenin bir parçasını temsil eden– muhalefete karşı üvey evlat muamelesi yapmaya başladı. Böylesine bir zihniyetin egemen olduğu bir ortamda, parlamenter düzenin gerektirdiği ve büyük bir kısmı Meclis içtüzüğünde zaten bulunan davranış kurallarının uygulanmasına olanak yoktu. Aslında, anayasanın yeni bir yorumla, giderek yapılacak bir değişiklikle, çok partili yeni döneme uydurulması olasıydı. Ve anayasada bir değişikliğin gerektiği yıllar da asıl o yıllardı. Ne var ki, Demokrat Parti'nin temsil ettiği çıkarlar, öylesine bir yorum ya da değişikliği sürgit önleyecekti.

Önledi de...

Ve ortam bu olunca, tartışmalar da anayasa sorunları üzerinde toplandı.

Ancak, Türkiye'nin sorunları, doğrudan doğruya anayasa sorunları olmaktan çok, iktisadi ve sosyal yapı sorunlarıyla ilgili idi. "Demokrasinin ön koşulları"nı, ancak bu sorunların çözülmesi sağlayabilirdi. Sorunları yalnız anayasa sorunlarından ibaret saymada –türlü etkenlerin yanı sıra– o yılların siyasal kadrolarının yetersizliği de rol oynamıştır elbette.

27 Mayıs öncesindeki tablo budur.

27 Mayıs hareketi ve 1961 Anayasası

1959 yılına gelindiğinde Demokrat Parti ve büyük sermaye bir çıkmazın içindedir. Tarım ve ticaret alanlarında çok dar bir kesimin elinde tekelleşmiş sermayenin çıkarları dışında kalan bütün toplum kesimleri, başta kapitalizmin 1950 sonrası gelişmesinden gerekli payı alamamış sanayi kesimi olmak üzere, **küçük burjuvazinin bürokrat kesimleri, köylülük, kent orta sınıfları** DP'ye cephe almaya başlamışlardır.

Muhalefete karşı tahammülsüzlüğü zaten çok daha önceki yıllarda başlamış olan DP, son yıllarda çevresindeki muhalefet yoğunlaştıkça daha da tahammülsüz olmuştur. Aldığı önlemlerle sosyolojik anlamda olmasa bile, hukuksal anlamda "meşruluğunu yitirmeye başlamıştır".

Egemen sınıfların içine girdiği bunalıma çözüm, **27 Mayıs 1960 darbesi** ile bulunur.

27 Mayıs hareketinin vurucu gücü, **bürokrasinin silahlı kanadı,** destekçisi ise, genellikle DP iktidarı döneminde uygulanan ekonomi politikasından en fazla zarar görmüş öteki **bürokrat aydın kesimler** olmuştur. Bununla birlikte uluslararası kapitalizmin ve artık sanayiye yönelme eğilimindeki yerli tekelci kesimin darbeye karşı çıktığı söylenemez. 27 Mayıs hareketi, büyük sermayenin kendi iç çelişkilerini çözümleyebilmesine bir vesile olmuştur. Ama öte yandan, **küçük burjuva köktenciliği** de zaman zaman sermayenin denetimi dışına çıkarak harekete damgasını vurmuştur.

Bu köktenciliğin, özellikle 1961 Anayasası'nın "ilerici" bir nitelik kazanmasında büyük payı olacaktır.

27 Mayıs'tan sonra, hemen ilk günden başlayarak, Türkiye, yoğun bir "anayasacılık hareketi"nin içine girer. Akla ilk gelen yeni bir anayasa yapmaktır. Bunun için faaliyete geçilir. Anayasanın yapılması, her şeyden önce bir "bilim işi" sayıldığından, İstanbul'da çalışacak bir bilim kuruluna havale edilir. Daha sonra bir **"Kurucu Meclis"** toplanır (6 Ocak 1961). Ve çeşitli görüşmelerden sonra, 27 Mayıs 1961 günü yeni anayasayı kabul eder.

9 Temmuz 1961'de halkoyuna sunulan anayasayı halk da kabul eder.

2. maddesinde **"milli, demokratik, laik ve sosyal bir hukuk devleti"** kurduğunu söyleyen anayasa, "içerik" olarak şu özellikleri taşıyor:

– Anayasanın göze ilk çarpan özelliklerinden biri –27 Mayıs'ın hemen sonrasındaki anayasacılık hareketlerinin birer kalıntısı olarak– yer yer **"genel oy"a karşı çekingenlik** ile bazı görevler için **"seviye" aramak eğilimi.**

– 1961 Anayasası'nın bir başka özelliği, **iktidarın sınırlanmasında** getirdiği yeniliktedir. Anayasanın bu bakımdan en önemli yeniliği, hiç kuşkusuz kanunların anayasaya uygunluğunu denetleyecek bir **Anayasa Mahkemesi** kurmasıdır. Böyle bir mekanizmanın, parlamento bakımından büyük bir sınırlama getirdiği pek açık.

– Anayasanın, son olarak bir özelliği de, **çağdaş özgürlük anlayışını** benimsemiş olmasında görülüyor. 1924 Anayasası'ndan farklı olarak, yalnız "klasik" hakları değil, **"iktisadi ve sosyal hakları"** da kabul ediyor.

Ve yine 1924 Anayasası'nda olmayan bir "güvenceler sistemi" getirerek...

27 Mayıs'tan 12 Mart'a

1960-70 dönemi tarihimize başlıca iki özelliğiyle geçecektir:

– 1960 sonrasında burjuvazi, sanayiye yönelmiş ve biriktirebildiği sermayeyi, montajcılık, basit tüketim maddeleri imali vb dallarında yatırımlara ayırmıştır. Başka bir deyişle, Türkiye'de kapitalizm, ağır sanayiden uzak kalmakla birlikte, yine de **sanayileşmeyi** hızlandırmış ve sermayenin tekelleşmesi güçlenmiştir. 1970'lere gelindiğinde, Türk burjuvazisi, artık uluslararası tekelci kapitalizm ile daha çok bütünleşmiş ve onun yurdumuzdaki bir uzantısı durumuna gelmiştir.

Bunun bir sonucu olarak da, iç ortakları üstündeki gücünü artırmak niyetindedir.

Tekelci kesim dışında kalan **Anadolu burjuvazisinin ve tefeci-tüccar kesimlerin** çıkarları ile tekelci sermayenin çıkarları da çatışmaya başlamıştır. Bu çatışma, 1969 seçimlerinden sonra somut sonuçlarını verir: Aracı-tefeci tüccarlığın temsilcileri Adalet Partisi'nden ayrılarak Demokratik Parti'yi kurarlar.

Büyük sermayenin parlamenter iktidarı zaafa uğramıştır.

– 1960 sonrası dönemin ikinci belirgin özelliği, 1961 Anayasası'nın getirdiği demokratik ortamda, **aydınların sola açılması,** sosyalizmin önce aydınlarca benimsenmesi ve giderek emekçilere değin uzanmasıdır. 1960 sonrası dönemde, sosyal uyanış, geçmişe oranla büyük hız ve yaygınlık göstermiş, nicel olarak güçlenmekle kalmayıp, nitelik bakımından da bir içerik kazanmıştır. Bu uyanış içinde –işçi sınıfı başta olmak üzere– çeşitli emekçi kesimler, ekonomik ve demokratik istemler, hatta siyasal amaçlar doğrultusunda hareketlenerek, uluslararası ve yerli tekelci burjuvazi ile diğer iç ortaklarına karşı mücadeleye girişmişlerdir.

Tekelci sermayeyi ve öteki sömürücü kesimleri asıl kaygılandıran nokta da budur.

Egemen sınıfların güçlenmekte olan sosyalist harekete ve emekçi uyanışına uygulamakta oldukları politika, bir yandan İsmet Paşa'nın denetiminde bir **Ortanın Solu** icat ederek sol potansiyeli denetlemek; öte yandan sosyalistler üzerine gizli açık saldırılar düzenleyerek, sosyalist hareketi sindirmek biçimindedir. **Sosyalistler arasındaki** bölünmeler, hareketin henüz işçi sınıfına bütünüyle mal olmamış bulunması, küçük burjuva niteliğinin çeşitli kesimleriyle ağır basması da bu planı kolaylaştırmaktaydı. Ayrıca dünyada o yıllarda yaygınlaşan **öğrenci hareketleri** ve **küçük burjuva terörizmi** de, egemen sınıfların işini kolaylaştırdı. Yine de, sol hareketin bölünmesi, şiddet eylemlerinin yoğunlaşması, kendisine yeni çıkış yolları ve gelişme olanakları arayan büyük sermaye kesimi için –olsa olsa– bir bahane olmuştur.

Türkiye, 1971 yılına, işte böyle bir ortamda girdi.

Ortamda bir bunalım vardı. Ama bu bunalım, gerçekte egemen sınıfların bunalımıydı; onların çözümsüzlüğüydü.

12 Mart Muhtırası, bunalıma bir çözüm getirmek ister.

12 Mart 1971 tarihinde başlayıp 14 Ekim 1973 seçimlerine değin süren ve adına kısaca **"12 Mart rejimi"** denen dönem, tarihimize çeşitli özellikleriyle geçecektir. Onları teker teker belirtmenin yeri burası değildir. 12 Mart rejiminin konumuz yönünden başlıca özelliği, yaptığı değişikliklerle, 1961 Anayasası'nın, gerçekten demokrat, özgürlükçü, giderek "sola açık" sistemini altüst etmesidir. Bu değişiklikler, anayasayı kurulu düzenin savunulması için çok daha rahatlıkla kullanılabilecek bir metin durumuna getirir.

Özetle, 12 Mart rejimi, **karşı-devrimci güçlerin** büyük fırsatlar yakaladığı bir dönem olmuş, 1961 Anayasası'na karşı olan çevreler, 27 Mayıs'ın sağladığı özgürlükleri kısıtlama olanağı bulmuşlardır. Bununla da yetinilmemiş, devrimci güçlerin tasfiyesine girişilerek, rejim, sola kapatılmak istenmiştir. Ama bütün bunlara karşın, toplumun ilerici ve demokrat güçleri, 12 Mart'tan sonra uygulanan **"parlamenter faşizm"**e direnmesini bilmişler; geriye doğru zorlanan çarkı ileriye çevirmek gücünü göstermişlerdir.

14 Ekim 1973 seçimlerine böyle ulaşılmıştır.

1973 seçimlerinin anlamı

14 Ekim 1973 seçimlerinin, Türkiye'nin demokrasi tarihinde birkaç bakımdan özel bir anlamı ve kendine özgü bir yeri vardır:

– Birincisi, bu seçimler, genç Türk demokrasisinin kritik ve karanlık bir aşamadan geçerek bir **varlık savaşından** çıktığı ve ağır darbe ve baskılar altında büyük bir sınav vererek **yaşama şansını kazandığı** bir dönemin başlangıcıdır.

– İkincisi, 1973 seçimleri, Türk siyasal tarihinin uzun yıllardan beri süregelen geleneksel tablosunu önemli bir biçimde değiştirmiş, başka bir deyişle, 1950'den bu yana Türkiye'nin siyasal yaşamına damgasını vuran ve siyasal iktidarı belirleyen **bir uzlaşmaya son vermiştir.**

Bahis konusu uzlaşma, büyük sermayenin çeşitli kesimleriyle küçük köylü, esnaf ve zanaatkârlar arasındaki güç birliğidir.

> Bu uzlaşmanın çözülmesi, 1960'tan başlayarak, büyük kentlerin tacir ve sanayicilerinin sözcüsü olan AP saflarında bütünleşmiş bulunan oyların parçalanması ve büyük toprak sahiplerinin partisi olan Demokratik Parti ile küçük üreticilerin temsilcisi olan Milli Selamet Partisi arasında bölüşülmesi biçiminde belirmiştir.

– Üçüncüsü, bu seçimler, CHP'nin, işçi, köylü, küçük memur, küçük esnaf ve zanaatkârın, kısacası yoksul ve dar gelirli halkın geleneksel ve donmuş oy potansiyelinin çerçevesini kırarak gösterdiği önemli bir gelişmeyi dile getirir.

Ama, Ekim 1973 seçimlerinin ortaya koyduğu en temel gerçek, halkın büyük bir çoğunluğunun tekelci kapitalist gidişe karşı olduğu, bu düzenin değişmesini istediğidir.

Kitlelerin sınıfsal bilinci daha da gelişmiştir.

CHP-MSP ortaklığından MC ortaklığına

14 Ekim 1973 seçimleri CHP'nin büyük zaferi ile sonuçlanmıştı ama, parti yalnız başına bir hükümet kurabilmek için Millet Meclisi'nde yeterli çoğunluğu sağlayamamıştı. İster istemez bir başka partiyle ortaklığa gitme zorunluluğu vardı.

Ve öyle oldu: CHP-MSP, ortaklaşa hükümet kurdular.

Bu bağlaşıklık, aynı zamanda, Cumhuriyet'in başlarından beri süregelen bir **"tarihsel yanılgı"**nın da sonunu getiriyordu.

CHP-MSP ortaklığının iç politikadan çok dış politikada birtakım başarılı gelişmelerin kapısını açtığı söylenebilir. İç politikada "düşünce özgürlüğü" açısından "liberal" bir hava eserken, o tarihlere değin –bir başka "tarihsel yanılgı"nın sonucu olarak– sırtımızı çevirdiğimiz "Üçüncü Dünya"ya doğru da güler bir yüzle bakmaya başlar.

Özellikle İslam ülkeleri, bu yeni ilginin merkezini oluştururlar.

> O tarihlere değin, Türkiye, Batı'nın dümen suyunda bir dış politika izlemiştir. Kemalist dış politikanın bütünüyle zıttı olan bu politika, Türkiye'yi, İslam ülkeleri, giderek Üçüncü Dünya önünde bir yalnızlığa iterken, bazen en haklı göründüğü durumlarda bile, onun elini kolunu bağlar hale getirmiştir.
>
> "Kıbrıs sorunu" bunun acı bir örneğidir.

İşte CHP-MSP ortaklığı, bu olağanüstü karmaşık soruna bir çözüm getirme girişiminde bulunan tek iktidar olmuştur. O soruna kalıcı bir çözüm getirilememiştir belki, ama dış politikada Batı'ya bağlı **"teslimiyetçi"** politikaya bir darbe vurulduğu da gerçektir.

Ne var ki, bu başarı, kendisinden çok şey beklenen o siyasal ortaklığın yıkılışının da bir nedeni olmuştur aynı zamanda. Bu yıkılışta, MSP'nin sorumsuz davranışlarının büyük payı olmakla beraber, CHP'nin kısa vadeli hesaplarının ağır bastığı da bir gerçektir. Daha açık söylemek gerekirse, CHP, Kıbrıs eylemindeki başarıyı, hemen gidilecek bir seçimde kendisine parlamentoda çoğunluğu sağlayabilmek için bir koz olarak kullanmak istiyordu. Ne var ki, bir erken seçime gidilemedi, olan da ortaklığa oldu.

Siyasal yaşamda, kendi kendisini yok eden ilk ve son iktidar da –herhalde– budur.

Sonraki yıllarda terörün tırmanışında CHP-MSP ortaklığının bozulmasının büyük sorumluluğu vardır. Nitekim veriler, şiddet olaylarında ölenlerin sayısının 1971'de 22, 1972'de 22, 1973'te 15, 1974'te 37 kişi olduğunu gösteriyor. Katillerin devletçe korunduğu mahkemelerce saptanmış olan "Cephe hükümetleri" dönemi başlar başlamaz, ölümler yükselecek ve sayıları yüzlere, giderek binlere ulaşacaktır. Bunun günahı, bir ölçüde CHP-MSP ortaklığını sürdüremeyenlerindir de...

CHP-MSP ortaklığının yerini, AP-CGP-MSP-MHP ortaklığı alır. Bu işe önayak olanların adlandırmasıyla, bir "Milliyetçi Cephe" hükümetidir bu.

Ama nasıl bir milliyetçilik? Ve neyin cephesi?

Toplumda tüm anti-emperyalist, ilerici, demokrat ve devrimci güçlere karşı düşmanlık üzerine kurulu bir milliyetçilik, onun cephesi.

Yani sahte bir milliyetçilik; gerici bir cephe!

Başı çeken partinin, yani AP'nin tekelci sermayenin partisi olması, yalnızca bu ortaklığın niteliğini göstermeye yeter. AP, üstelik hükümetin kurulmasında hiçbir zorunluluk olmadığı halde, MHP'yi ortaklığa almıştır ve bilerek almıştır.

MHP, o tarihe değin, faşist eğilimleri su yüzüne çıkmış, özellikle –bir bölüm– gençler arasında –"komando" adı verilen– vurucu güçlerini yetiştirmiş bir partidir. Tırmanışa hazırdır. Tekelci sermaye bu fırsatı verir ona; çünkü kendisi de duymaktadır böyle bir gereksinmeyi.

Böylece siyasal tarihimizde –kendine has özellikleri olan– yeni bir dönem başlar: **Devlet kadrolarının faşistleştirilmesi ve terör,** en başta gelen özellikleridir bu dönemin.

Devlet, üç parti arasında "bölünmüş"tür. MHP'nin payına düşen bakanlıklarda, tam bir faşistleştirmeye gidilir. Parti, bu bakımdan, özellikle AP elindeki bakanlıklara da sızmaktadır. Terör ise hızlı bir tırmanış gösterir. Çünkü devlet içindeki odaklardan yönetilmekte ve korunmaktadır. Polisin, burjuva devletindeki –görece de olsa– yansızlığı kalkmıştır.

Bu süreç, 1977 seçimlerinden sonra daha da hızlanır. MHP, hükümete ortak olmanın verdiği devlet olanaklarından da yararlanarak, seçimlerde önemli bir kazanç sağlamıştır. Öyle ki, parlamentoda üç üyesi varken, on altı üyesi vardır bu kez. Yeni bir ortaklığa giderken bu kozunu kullanacaktır.

Seçimlerde CHP yine çoğunluğu kazanamamıştır. Çoğunluğa dayanacak bir hükümet kurabilmesi için, "kumar borcu olmayan on bir namuslu adam" gereksinmesi vardır.

Ama bulamaz!

Ve yeni hükümeti gene AP-MSP-MHP ortaklığı kurar. "Milliyetçi Cephe"nin ikinci dönemi başlamıştır.

Bu dönem, birincisini –daha geniş boyutlarda olmak üzere– tekrarlar. Devletin işgali akıl almaz ölülere varmıştır. Terör –başta MHP olmak üzere– devlet içinde yuvalanmış faşist odaklardan kaynaklanmakta ve tırmanışını günden güne artırmaktadır. Kişinin en önemli ve doğal hakkı olan "can güvenliği" yalnızca kâğıt üzerindedir. Bir başka yenilik de şu: Bireysel kıyımdan, "kitlesel kıyım"a yönelmektedir terör.

Uluslararası mali çevrelerin baskısı da üst düzeydedir. Devalüasyon-enflasyon sarmalı Türkiye'yi boğmaktadır. "Dövize çevrilebilir mevduat" rezaleti, tam bir yağmayı sergilemektedir. Merkez Bankası'nın yerine "Tahtakale" geçmiştir. Ve devlet, en doğal ödemelerini yapamaz duruma düşmüştür. Öyle ki, dönemin başbakanı, bir gün şunu itiraftan çekinmeyecektir: "Devlet, 75 sente muhtaç durumdadır."

Hiçbir şeye çözüm getiremeyen hükümet yıkılmaya mahkûmdur. Ve yıkılır.

Yerine "sosyal demokrat" parti, CHP geçer.

CHP ağırlıklı hükümetten AP azınlık hükümetine

CHP, bağımsız birtakım üyelerin yanı sıra, AP'den ayrılan bazı üyelerle Meclis'te çoğunluğu sağlar –ve onların da katılmasıyla– hükümeti kurar. Kendisine büyük "umut"ların bağlandığı bir hükümettir bu.

Başta gelen iki sorun vardır ki, ivedi çözüm beklemektedir: **"iktisadi sorun"** ve **"terör sorunu"**.

İktisadi tablo fecidir. İkinci MC Hükümeti, arkasında gerçekten bir "enkaz" bırakmıştır. Devletin içeriye ve dışarıya olan borçları korkunçtur. Paranın değeri büyük bir hızla düşmekte ve fiyatlar alabildiğine yükselmektedir. Yaşam pahalılığı halk kitlelerini kıvrandırıp durmaktadır.

Ekonomiyi Batı'ya bağımlı olmaktan kurtaracak birtakım önlemler almak, içeride gelir dağılımını-sosyal adalet ölçülerine göre yeniden ayarlayacak ciddi bir vergi reformuna gitmek, ilk yapılması gerekenler arasındadır. Ancak CHP, aslında parti olarak kendi programına da girdiği halde, bunları yapmaz. Daha doğrusu yapamaz. Çünkü, örneğin bir vergi reformuna gitmek istese, hükümette buna, en başta dışarıdan katılanlar karşı çıkacaktır büyük bir olasılıkla.

Umudunu –ister istemez– dışarıdan gelecek "yardım"a bağlar. Batı, o yardımı hem ciddi olarak yapmaz; hem de paranın değerinde yeni ayarlamaları dayatır. Arka arkaya birkaç devalüasyonla Türk parasının değeri yeniden düşürülür. Doğaldır ki, bunlar da enflasyonu körükler ve fiyatlar başını alır gider. Kitlelerde gitgide artan bir hoşnutsuzluk, giderek umutsuzluk vardır.

Buna, "can güvenliği" sorunu –daha da katmerleşerek– eklenir.

Terör tırmanışını sürdürmektedir, ama anlamı gün geçtikçe daha çok ortaya çıkarak... Ecevit Hükümeti'nin –beceriksiz ve duraksamalı da olsa– attığı adımlarla maskeler düşmüştür. Gerçek "sol"la ilgisi ve ilişiği de olmayan –sözde devrimci– birtakım "maceracı" grupların da katıldığı terörün yanı sıra, terörün asıl kaynağı belli olmuştur artık: Terör, parlamentoda örgütlenmiş, devletin içine yuvalanmış odakların politika aracı niteliğine dönmüştür. Ana muhalefet partisinin teröre karşı tavır takınması da söz konusu değildir; çünkü, en başta o, teröre dayanarak hükümeti düşürme taktiğini sürdürmektedir. Genel olarak, muhalefetle terör arasındaki bağ, hayat-memat bağı olup çıkmıştır. Ne yazık ki, "CHP ağırlıklı hükümet", devletin bazı örgütlerine egemen olamamış, terörün kaynağına –gördüğü halde– inememiş, elindeki araçları etkinlikle kullanamamıştır. Daha kötüsü, halkın faşizme karşı bilinçlenmesi, kamuoyunun terör konusunda aydınlatılması için bir şey yapmamaktadır.

Tam bir aymazlık içindedir özetle.

Ya gerçek sol? O da öyle. "Meleklerin cinsiyeti"ni tartışmaktadır!

1979 Ekim seçimlerine, bu koşullar içinde ulaşılır.

Seçim sonuçları, CHP'nin aleyhinedir. Hükümetten çekilir. Yerine, MHP'nin "kayıtsız şartsız", MSP'nin ise "kerhen" desteklediği AP, hükümeti kurar.

Tekelci sermayenin partisi yeniden iktidardadır.

AP'nin, hiçbir soruna, getireceği hiçbir çözüm yoktur aslında. Ne ekonomik sorunları çözer, ne de terör sorununu. Ama bir sorunu çözer: Tekelci sermayeyi daha da palazlandırmayı. **"24 Ocak Kararları"**yla bunu yapar. Bu kararlarla, karma ekonomik sistem terk edilerek, 19. yüzyıl kapitalizminin "bırakınız yapsınlar, bırakınız geçsinler" ilkesi kabul edilir. İşin faturasını halk kitleleri ödeyecektir.

Bunları yaparken, anayasa kurumlarıyla oynamaktan, giderek alay etmekten de çekinmez. Cumhurbaşkanı seçimindeki tutumuyla bunu tanıtlar.

Olan, demokrasiye olmaktadır...

DAHA ÇOK BİLGİ

Yavuz Abadan - Bahri Savcı, *Türkiye'nin Anayasa Gelişmelerine Bir Bakış,* Ankara, 1959.

Türkkaya Ataöv, *Amerika, Nato ve Türkiye,* 2. Bası, Ankara, 1969.

Niyazi Berkes, *İki Yüz Yıldır Neden Bocalıyoruz?* İstanbul, 1965.

Niyazi Berkes, *Türkiye'de Çağdaşlaşma,* Ankara, 1973.

İsmail Cem, *Türkiye'de Geri Kalmışlığın Tarihi,* İstanbul, 1973.

Ali Gevgilili, *Türkiye'de 1971 Rejimi,* İstanbul, 1973.

Kemal Karpat, *Türk Demokrasisi Tarihi,* 1967.

Murat Sarıca, *Siyasi Düşünce Tarihi,* 2. Bası, İstanbul, 1977.

Mümtaz Soysal, *Anayasaya Giriş,* 2. Bası, Ankara, 1969.

Kurt Steinhaus, *Atatürk Devrimi Sosyolojisi* (çev. M. Akkas), İstanbul, 1973.

Taner Timur, *Türk Devrimi (Tarihi Anlamı ve Felsefi Temeli),* Ankara, 1968.

Taner Timur, *Türk Devrimi ve Sonrası (1919-1936),* Ankara, 1971.

Tarık Zafer Tunaya, *Türkiye'nin Siyasi Gelişmeleri,* İstanbul, 1970.

OKUMA

TÜRKİYE'DE DEMOKRATİK SÜRECİN DİYALEKTİĞİ

Eski Atina bilgelerinden bu yana, demokrasi kavramı insan soyunun dilinden hemen hiç düşmedi. Her yeni kuşak, gelişim süreci içinde, demokratik özlemlere bir halka daha ekledi. Yirminci yüzyıl ise, giderek sona ermek üzeredir. Ama, demokrasinin öyküsü bitmiş olmak bir yana, daha belirli bir kesinliğe varabilmiş bile değildir. Büyük olasılıkla, demokratik oluşum süreci konusunda, en azından uygulama alanında bir somutluk sağlamak kolay da olmayacaktır. Toplumcu teoriye göre, bunun ana nedenlerinden birisi, **kuram** ile **sosyal gerçeklikler** arasındaki diyalektik bağlardır. Her tarihsel sınıf, şimdiye değin, ancak kendi konum ya da gerçekliğinin zorunlu kıldığı kadar demokrasi istemiş; ondan ötesinin adı ya **anarşi** ya da **sosyal başkaldırı** diye nitelenmiştir. Egemen sınıf ilişkilerine göre biçimlenen kısıtlı bir demokrasi ise, kuşkusuz, insan soyunun son ereği olan **özgürleşme**'nin uzun süreli gereksinimlerini karşılayamazdı.

Demokratik hak ve özgürlüklerin **soyut** ve **somut** görünümleri arasındaki kaçınılmaz çelişkiler özellikle 80'li yıllara doğru, bütün Türkiye için ilginç boyutlara uzanıyor. Soyut olarak, **demokrasi, yüz yılı aşkın süredir Türkiye gündemindedir.** Cumhuriyet'in ikinci çeyreğinden bu yana da hiçbir ülke parçası yoktur ki, "demokrasi" istemleriyle çınlamamış bulunsun... Ne var ki, CHP sultasına karşı Demokrat Parti aracılığıyla sahneye çıkan o ilk yığınsal tepkilerden geride kalan, ancak iktidar olmak isteyen öncü kesimlerin, salt **kendileri için** önerdikleri bir sosyal çerçeveden ibarettir. Klasik demokrasi, tarih süreci içindeki amacını, **herkes adına** ortaya koymakla, hiç değilse, belirli bir haklılık elde edebiliyordu. Modern kapitalist üretim ilişkilerinin getirdiği derin sancıları çekmekte olan Türkiye'de ise, egemen ideolojik eğilimlerin bekledikleri demokrasi, çokluk kendi dünya görüşü dışındaki hiçbir sosyal gerçekliğe hak tanımak istememektedir. Başkalarına düşen şey, **ezme** tehditleridir ya da apaçık bir **terör**...

Demokrat olabilmek ile **demokrat görünmek,** birbirinden son derece farklı olgulardır. Tarihsel etkenler altında sosyal ve ekonomik gelişmeleri çok gecikmiş toplumlarda, var olan büyük **gelişme uçurumu,** demokrat olabilmeyi olağanüstü zorlaştırmaktadır. Sermaye açısından biricik önemli öğe, kendi **büyüme** zorunluluklarıdır. Belki, yeryüzünün pazar ve kaynaklar bakımından daha paylaşılmamış bulunduğu dönemlerde, ülke içindeki sermaye açığı, **uluslararası sömürü** aracılığıyla kapatılabiliyordu. Yirminci yüzyılın ikinci yarısı, sömürge ve yarı sömürgeler bulma olasılıklarının da genç toplumlar bakımından olanaksızlığını simgelemektedir. **Büyümenin dinamikleri, toplum içinde üretilecektir.** Hem de, dış egemen ekonomiler, uluslararası fiyat mekanizması yoluyla, genç ülkelerin ulusal gelirlerinden önemli payları Batı metropollerine akıtmayı sürdürürlerken... Aslında, sermaye birikimi, böylece, kendi içinde daha da çelişkili bir yapı kazanmış olmaktadır. İçte öylesine **yüksek artıkdeğer düzeyleri** yaratılmalıdır ki, bu değer hem dış sömürüye, hem de iç büyümeye yetsin.

Somut deneylerin öğrettiği ders, genç ülkelerde böylesine **geniş ölçekli bir kapitalist modeli** yeniden üretebilmenin hiç de kolay, hatta çoğu kez olası görünmediğidir. Türkiye'nin 1980'li yıllara **yirmi milyar dolar** yakınında bir dış borç yükü ile girmesini yalnız bir avuç politikacının beceriksizlik ya da yeteneksizliğine vermek, dünyayı bir **bütün** olarak anlamamak ve eşsiz bir yanılgıya düşmek demektir. Oysa, belirli araçları yaratan yine üretim ilişkilerinin ta kendisidir. Bir toplumda, model, belki politikacılar aracılığıyla işletilmiştir. Ama bir başka toplumda modelin Bonapartist güçler eliyle uygulanmasının yarattığı sonuç da, daha aydınlık olmamaktadır. Eğer yirminci yüzyıl sonu dünyasında, Latin Amerika'nın **muz cumhuriyetleri**nden, Asya'nın **bürokratik despotlukları**na kadar içtenlikle benimsenebilecek bir tek düzen artık ortada kalmamışsa, bütün bu bunalımların ardında yine aynı ortak yazgı yatar. Yığınların susturulduğu, demokratikleşmenin askıya alındığı bir düzende, etkin bir kalkınma umudu **ıssız bir çöl'**e dönüşmededir. Demokrat olabilmek için, önce, üretim ilişkilerinin toplumsal bedeli konusunda açıklığa varmak gerekir. Gelişimi, yığınların gönüllü katkılarıyla başarabilmenin yolu, öncelikle politik arenayı **yepyeni ve ileri örgütleniş biçimlerine açmaktır.** Genç toplum güçlerinin, kendi sosyo-politik bilinç ve istemlerini yansıtamadıkları bir düzen, en sonunda, ancak bir başka iç ve dış **talan** ve **çöküş** alanı olmaya mahkûmdur.

Demokratik süreç, pratikte, **dünyayı değiştirme** eyleminin de ana dinamosudur. Modern çağ, bu anlamda, demokrasi ile **üretimin toplumsal niteliği** arasında somut bağlar kurmadadır. Bir zamanlar kan akmayan damarları bile canlılığa kavuşturan şey, yığınların bağrında serpilen **toplumcu örgütler** ve onların yeni bir geleceği dokuyan dünya görüşleridir. Türkiye için tarih bu anlamda **demokrat** olma sınavını, gündemin belki de en belirleyici görevine dönüştürmedir.

(Ali Gevgilili, "Türkiye ve... Demokrat Olmak",
Milliyet, 10 Ekim 1979)

SORULAR

1. Türkiye'de, bugün egemen siyasal ideal nedir?
2. Türkiye, demokratikleşme sürecine ne zaman ve nasıl girer?
3. Batı'daki anayasacılık hareketleri ile Türkiye'deki anayasacılık hareketleri arasında temel farklılık nedir?
4. 1876 tarihli "Kanuni Esasi", nasıl bir devlet düzeni kurar? Bu Anayasanın İkinci Meşrutiyet'teki değişiklikleri ne gibi yenilikler getirir?
5. Türkiye'de, Milli Kurtuluş Savaşı dönemi, anayasacılık hareketleri bakımından niçin yepyeni bir aşamadır?
6. "Kemalizm" nedir? Demokrasi bakımından nasıl bir anlayışı temsil eder?
7. Türkiye'de tek partili yaşamdan çok partili yaşama geçiş, hangi iç ve dış etkenlerle olmuştur?
8. Demokrat Parti, aslında hangi sınıf ve zümrelerin partisi olmuştur? Niçin?
9. Türkiye'de 1945-1960 yıllarının siyasal yaşamının tipik özelliği nedir? Bu bakımdan 1924 Anayasası ne gibi bir rol oynamıştır? Bu dönemde siyasal muhalefet hangi sorunlarla meşgul olmuştur? Niçin?
10. 27 Mayıs hareketinin anlamı nedir? Bu hareket, niçin ve ne bakımdan "ilerici" bir hareket niteliği taşır?
11. 1961 Anayasası'nın anlamı nedir? Bu anayasa "içerik" bakımından ne gibi özelliklere sahiptir? Ve nasıl bir devlet düzeni kurmuştur? 1961 Anayasası'nın demokrasi anlayışının özelliği nedir?
12. Türkiye'de 1960-1970 döneminin başlıca özellikleri nelerdir?
13. Türkiye'de egemen sınıflar, 1970'lerin başlarında nasıl bir bunalım içine düşmüştür ve ne gibi bir çözüm getirmişlerdir bu bunalıma? "12 Mart rejimi", 1961 Anayasası'nda ne gibi değişiklikler yapmıştır? Bu değişikliklerin sonunda ortaya çıkan tablo nedir? 12 Mart rejimi, niçin "faşist" bir rejimdir ve ne yolla uygulamıştır bu faşizmi?
14. 14 Ekim 1973 seçimlerinin, Türkiye'nin demokrasi tarihinde hangi bakımlardan kendine özgü bir yeri vardır?
15. CHP-MSP koalisyonu, Türkiye'ye neler getirmiştir?

16. Birinci ve ikinci MC hükümetlerinin, Türkiye'nin iktisadi, sosyal ve siyasal yaşamında açtığı yaralar nelerdir?

17. 1977 yılında kurulan "CHP ağırlıklı hükümet" zamanında temel sorunlar nelerdi? Bu hükümet, o sorunlara ne ölçüde bir çözüm getirmiştir?

18. 1979 Ekim seçimleri sonucunda kurulan "AP azınlık hükümeti"nin, Türkiye'nin iktisadi, sosyal ve siyasal sorunlar karşısındaki tutumu ne olmuştur? Niçin?

DEMOKRASİMİZİN SORUNLARI VE GELECEĞİ

Demokratik hak ve özgürlükler, hiçbir zaman, egemen sınıfların bir ihsanı olmadı. Demokratik hak ve özgürlükler, yerleşmiş oldukları her yerde, uzun ve süreli mücadelelerle, **emekçi kitlelerin inançlı, kararlı ve örgütlü çabalarıyla** kazanıldı. İmrendiğimiz Batı demokrasisi de –bütün eksikliklerine karşın– yüzyılların köklü mücadele geleneğinin ürünü olmuştur.

Türkiye'de, demokratik mücadelenin –geniş ölçüde– kitlelere mal olmasının, öyle pek uzun bir geleneği yok. Altmış, yetmiş yıldan bu yana süren "özgürlük ve demokrasi mücadelesi", uzun süreler –toplumun sosyal yapısı gereği– bir **aydın azınlığın** elinde kaldı. Bu yüzden de hep tepeden inme "demokrasiler" getirilmeye, yerleştirilmeye çalışıldı Türkiye'de.

Ve yine bu yüzden, demokratik hak ve özgürlüklerin verildiği gibi geri alınması da kolay oldu.

Ancak bugün durum değişmiş görünüyor. Demokrasi mücadelesi, artık emekçi kitlelerin malı olma noktasına gelmiş, onların eline geçmeye başlamıştır. Ve bir kez bu noktaya gelindi mi, artık mücadele geleneği yerleşiyor, kökleşiyor, sağlamlaşıyor demektir.

Halk kitleleri, Türkiye'nin çok partili yaşamında, her türlü baskı ve sindirmeden, daha da bilenmiş ve bilinçlenmiş olarak çıkmış ve demokratik istemlerini ve eğilimlerini dile getirmiştir.

Özetle, demokrasi ve demokratik mücadele sorunu, yaşadığımız yıllarda, Türkiye'de –büyük boyutlarıyla– topluma mal olmuştur artık.

Ve yaşadığımız yılların en büyük gerçeklerinden biridir bu.

Ne var ki, bu önemli gelişme, aynı zamanda çetin sorunları da birlikte getiriyor. Demokrasi için mücadelenin **en etkili, en güçlü olabilecek biçimde örgütlenebilmesi, güçlerin birleştirilmesi, demokratik bir cephenin kurulabilmesi sorunları...**

Bunun neden bir gereksinme olduğu ve bugün her zamankinden daha fazla önem taşıdığı ise ortada: Halkın demokratik bilinci ve demokratik istemleri geliştikçe, iç ve dış sömürücü güçler, zaman zaman baskı ve terörlerini artırmakta, giderek **faşizm denemelerine** girişmektedirler.

Böylece, demokratik mücadelede güç birliğine gidilirken, halkın bir an önce örgütlenmesi zorunluluğu da kendini dayatıyor. Ve eğer demokrasiye gerçekten inanılıyor, Batı demokrasisi sözü ediliyorsa, Batı demokrasisinin ön koşulunun **toplumdaki bütün sınıf ve zümrelerin özgürce örgütlenebilmeleri** olduğu da bilinmelidir.

Açık ve demokratik örgütlenme olanaklarının kısıtlı olduğu toplumlarda, demokrasi sözü ağıza alınamaz, alınmamalıdır da. Çünkü demokrasinin bir başka yönü olan düşünce özgürlüğü, ancak ve ancak **kitlelerin özgürce örgütlenebilmeleriyle** bir anlam taşır ve süreklilik kazanabilir. Birbirinden ayrılmaz bir bütündür bunlar.

141. ve 142. maddelerin birbirinden ayrılmazlığı ve her ikisinin demokrasiye karşıt şeyler oluşları da buradadır.

Halkımızın demokratik özlemlerinin su yüzüne çıktığı, demokratik mücadelenin halkın malı olmaya başladığı tarihimizin bu önemli yıllarında, demokratik mücadelenin bir **güç birliği** ve **cephe mücadelesi** olduğunu da unutmayalım.

Ne var ki, Türkiye'de, bugün, demokrasinin sınırlarının genişletilmesi, halkın demokrasi özlemleri, bu yolda atılmak istenen adımlar, demokratik hak ve özgürlüklerin –bir ölçüde de olsa– güven altına alındığı bir ortam, aslında **halka karşı olan güçleri** ürkütmektedir. Demokratik bir ortamda –başta işçi sınıfı olmak üzere– emekçi yığınların örgütlenmesinin, siyasete ağırlıklarını koymalarının, faşist bir yönetim altında olduğundan daha yaygın ve daha hızlı olabileceğini bilmektedirler. Ve yine onlar, Batı demokrasisinin ilk koşulu olan bu örgütlenmelerden –gelecek için– büyük bir kaygı duymaktadırlar.

Korktukları ne sosyalizmdir bugün, ne de komünizm. Korktukları demokrasidir!

Ancak unutulmamalıdır ki, demokrasi, **kendi kuralları içinde** oynanırsa bir anlam taşır. Bu rejimde, belli başlı kurallar çiğnenemez. Çiğnenen her kural, sistemi demokratik niteliğinden uzaklaştırır. Eğer rejimin kaybı, yalnızca birkaç alandaysa, toplumun bu yanlışları zaman içinde düzeltmesi, sistemin kendi kendini onarması olasıdır. Yok eğer sistem, hemen her alanda kuralların dışına çıkmışsa, kendi çözümünü kendisi yaratamaz. Ad olarak "demokrasi" varsa da, demokrasiden başka her şeye benzeyen bir garip rejim olur bu.

Unutulmaması gereken bir başka önemli nokta da, demokrasinin yukardan kararlarla biçimlendirilebilecek bir şey olmadığıdır. Demokrasiye yeniden biçimini verecek olan –son bir değerlendirme de– toplumun temellerindeki gereksinmeler ve maddesel güçlerdir.

Söz konusu olan, demokrasinin kurallarına, anayasanın ruhuna ve rejimin özüne sahip çıkmaktır. Türkiye halkının çıkarı, zaten kuralları zedelenmiş, **çoğulcu ve sivil özelliğinden kaybetmiş** olan demokrasiyi büsbütün kural dışına zorlamakta değildir. Benzer çözümler, demokrasiden çekinen kimi çıkar çevresinin özlemine yanıt verebilir ya da bir bölüm aydın taslağının zümreci yeğlemelerine ve imgelemlerine denk düşebilir ama, **halk kitlelerinin** çıkarları –dün olduğu gibi bugün de– demokraside saklıdır.

DAHA ÇOK BİLGİ

Halit Çelenk, *141-142 Üzerine,* Ankara, 1976.

M. Emin Değer, *CIA-Kontr-Gerilla ve Türkiye,* Ankara, 1977.

Mehmet Kemal, *Celal Bayar Efsanesi ve Raftaki Demokrasi,* İstanbul, 1980.

Çetin Özek, *141-142,* İstanbul, 1968.

Murat Sarıca, *Anayasayı Niçin Savunmalıyız?* İstanbul, 1969.

Bahri Savcı, *Demokrasimiz Üzerine Düşünceler,* Ankara, 1963.

Bülent Tanör, *TCK. 142. Madde, Düşünce Özgürlüğü ve Uygulama,* İstanbul, 1979.

Bülent Tanör, *Siyasi Düşünce Hürriyeti ve 1961 Türk Anayasası,* İstanbul, 1967.

Hıfzı Veldet Velidedeoğlu, *Sağsız Solsuz Demokrasi,* İstanbul, 1973.

OKUMA

DÜŞÜNCE ÖZGÜRLÜĞÜ NE DEMEKTİR?

Hükümet programı üzerindeki görüşmelerde de söz konusu oldu: Düşünce özgürlüğü Anayasayla sınırlı mıdır?

Adalet Partisi Genel Başkanı, "sokaklar yürümekle aşınmaz" gibi liberal görünümlü sloganların sahibi olmakla birlikte, yıllar yılı şu düşünceyi de inatla savunur: "Evet, Türkiye'de düşünce özgürlüğü vardır; ama bu özgürlük kimseye Anayasadan farklı düşünceleri yaymak hakkını vermez." Bu görüşe göre Anayasaya ters düşen düşünceler ancak kafalarda durabilir; bunların yayılması temel nitelikleri Anayasa'yla belirtilen Cumhuriyet'in yıkılması için propaganda yapmak demektir; dolayısıyla yasaktır.

Aslına bakarsanız, Anayasa Mahkemesi de, düşünce özgürlüğünü sınırlayan Tedbirler Kanunu'nun ya da Türk Ceza Kanunu'nun bazı maddelerini Anayasa'ya uygun bulurken bundan farklı bir temel gerekçeye dayanmıyordu. Acaba sanıldığı kadar doğru mu bu gerekçe? Ya da, doğruluğu kabul edilirse, işin sonu nereye varır?

Galiba tartışmaya Anayasa denen metnin öz niteliğiyle başlamak doğru olacak. Bu yapılırsa, "Anayasa'ya aykırı yasa" ile "Anayasa'ya aykırı düşünce" arasındaki fark açıkça ortaya çıkacak.

Anayasaların özelliklerinden biri de, bir çeşit **"toplum sözleşmesi"** anlamını taşımaları. Başka bir deyişle, Anayasa'yı benimseyen belirli bir toplum, tarihinin belirli bir döneminde, belirli bir metnin getirdiği temel kurallara göre yöneltilmeyi, bu temel kurallar çerçevesinde yaşamayı kabul etmiş oluyor. Asıl kuruculuk yetkisini şu ya da bu yoldan kullanan ulus, Anayasa'yı yapmakla ya da onaylamakla, böyle bir toplumsal sözleşmeyi de benimsemiş oluyor. Genellikle kabul edilen başka bir ilke de şu: böylece benimsenen bir Anayasa'dan sonra artık, o toplumu yönetmek için çıkarılacak yasaların da Anayasa'daki kurallara uygun olması gerekiyor. Hatta, 1961 Anayasası'na göre, bu uygunluğu taşımayan yasalar Anayasa Mahkemesi'nce iptal edilecektir; çünkü yasalar, o sözleşmeye göre yönetilmeyi kabul etmiş olan toplumun bütününe uygulanır. Toplum, sözleşmenin dışına çıkan kuralların kendisine uygulanmasını istemez.

Düşünceler için aynı şeyi söyleyebilir misiniz? Kimseyi zorlayıcı bir niteliği var mıdır düşüncenin? Doğrudur, yanlıştır, beğenirsiniz, beğenmezsiniz; benimsersiniz, benimsemezsiniz. Ama beğenmek zorunda olmadığınız gibi, beğenmeyişinizi, hatta sizi rahatsız edişini bir yasaklama nedeni haline de getiremezsiniz. Çünkü toplum sözleşmesi niteliğindeki Anayasa'nın kurallarından biri de, "herkesin düşünce ve kanaatlerini açıklama ve yayma özgürlüğüne sahip olması".

Anayasa, **serbestçe açıklanabilecek olan düşüncelerin tavanı değil, tabanıdır.** Anayasa tabanına, daha doğrusu Anayasa'daki düşünce özgürlüğü tabanına dayanılarak, onun güvencesi altında, her düşünce serbestçe açıklanabilecek. Nitekim, Anayasa'nın kendi de, şimdilik kendisine ters gelen düşüncelerin toplumdaki belirli bir çoğunlukça benimsenmesi halinde, belirli kurallara uyularak değiştirilmeye açık.

Hem sonra, düşünceler için Anayasa'nın sınırını nerede çizeceksiniz? Hangi düşünce Anayasa'nın sınırları içinde, hangisi dışında sayılacak? Örneğin, Anayasa'nın temellerinden sayabileceğiniz mülkiyet hakkı, taksitli kamulaştırmalarda yirmi yıllık süreden fazlasını savunmayı yasaklamak hakkını verir mi size? Anayasa'nın öngördüğü yirmi yıllık süreden fazlasının mülkiyet hakkını zedelediğini, böylece Anayasa ötesi bir düşünceyi savunmak anlamına geldiğini, dolayısıyla yasaklanması gerektiğini söyleyebilir misiniz?

Tabii, **düşünce özgürlüğünün sınırlanmasını isteyenler, hiçbir zaman, kendi çıkarlarının savunmasını yapar görünmek istemezler.** Onlar, başka sınırlamalarda olduğu gibi, burada da Anayasa'nın değişik 11. maddesini imdada çağırıp "Devletin ülkesiyle ve milletiyle bütünlüğünü, Cumhuriyeti, mali güvenliği, kamu düzenini, kamu yararını, genel ahlakı ve genel sağlığı" korumaktan söz edecekler, düşünce özgürlüğünün, özüne dokunmadan, bu nedenlerle sınırlanabileceğini söyleyeceklerdir.

Düşünce özgürlüğünün özünün düşünceden ibaret olduğunu unutarak.

Düşünce özgürlüğü, özle öz olmayanın ayrılamadığı bir özgürlük. Azıcık sınırlandığı zaman bütünüyle yok olan bir özgürlük bu. Çünkü, düşüncenin sınırı yok.

Kaldı ki, sınırsız düşünce özgürlüğünün kurulu düzeni yıkmaya varacağından korkanları teselli edecek çare de yine düşünce özgürlüğünde gizli. **Tehlikeli sayılabilecek bir düşünce, başka bir düşünceyle çürütülebiliyorsa tehlikeli olmaktan çıkar.**

Bakın, şunu da unutmayalım: Kendi dünya görüşünüzü doğru belleyip zor kullanarak başkalarına ağız açtırmamaya, kalem oynattırmamaya **zorbalık** derler. Kurulu düzendeki ekonomik çıkarlarla birleşince de bunun adı **faşizm** olur. Çıkıp bunun doğruluğunu da savunabilirsiniz. Ama, ne olur, **demokrasi adına faşizmi savunmayın.**

(Mümtaz Soysal, "Sınırlı Düşünmek", *Barış,* 7 Şubat 1974)

SORULAR

1. Türkiye'de demokratik gelişim, bugün ne gibi sorunları gündeme sokmuştur?
2. Düşünce özgürlüğü ne demektir? (Okuma parçasını da okuyunuz.) Düşünce özgürlüğünün, "kitlelerin özgürce örgütlenebilmeleri" özgürlüğüyle ne gibi bir ilişkisi vardır?
3. Demokratik mücadelede güç birliği ve cephe mücadelesi niçin zorunludur?
4. Türkiye'de, bugün, gerçek anlamıyla bir demokrasinin "dostları" ve "düşmanları" kimlerdir?

BÖLÜM IV

TÜRKİYE'DE SİYASAL PARTİLER

Türkiye'de, siyasal yaşam **"çok partili"**dir. Bu çok partililiğin "anayasal plan"daki görünüşünden –daha önce– bahsettik. Şimdi "sosyolojik plan"daki görünüşünü belirtmeye çalışacağız.

Önce, şu gerçekten hareket edelim: Siyasal partiler, aslında, toplumdaki çeşitli sosyal sınıfların ve kesimlerin siyasal iktidar için mücadele araçlarıdır. Sınıf gerçeği bir yana bırakılarak parti gerçeği anlaşılamaz. Siyasal partilerin **"sınıfsal yapısı"** bilinmeden de, bir toplumdaki siyasal yaşam ve onun içindeki siyasal iktidar mücadelesi hakkında doğru bir yorumda bulunmaya olanak yoktur.

Bu "sosyolojik" gerçekten hareket ederek, Türkiye'nin bugünkü siyasal yaşamına baktığımızda nasıl bir siyasal partiler tablosu ile karşılaşıyoruz.

SAĞ KANAT

"Sağ kanat" deyince, **"yerleşik düzeni"**, başka bir deyişle **"kapitalizmi ve kapitalizm öncesi ilişkileri"** savunan sınıf ve zümrelerin kuruluşları, en başta partileri anlaşılır.

Aşağıda, önce sağ kanattaki "partiler"den, sonra da bu partilere egemen "eğilimler"den bahsedeceğiz.

Sağ kanat partileri

Türkiye'de, bugün, bu nitelikteki partiler şunlardır: Adalet Partisi, Cumhuriyetçi Güven Partisi, Milli Selamet Partisi ve Milliyetçi Hareket Partisi.

a) Adalet Partisi

Adalet Partisi, 1961 yılında, 27 Mayıs Hareketi'nden sonra kapatılan Demokrat Parti'nin yerine kuruldu. Demokrat Parti'nin tabanına ve dağılmış olan örgütüne dayanarak, daha 1961 genel seçimlerinde 158 milletvekilliği kazandı. Ancak gerçek yolunu, 1965'te, **Süleyman Demirel'**in başkanlığa getirilmesinden sonra buldu.

1961'in AP'sinin DP'nin devamı olduğu söylenebilir. Ama 1965'in AP'si, DP'nin aynı sınıfsal özdeki, ancak 15 yılın ekonomik gelişmesine uygun olarak, bir başka düzeyden devamıdır. DP dönemi, tarım burjuvazisinin, genel olarak tarım çıkarlarının, büyük ölçüde sanayi, bir ölçüde de ticaret çıkarları aleyhine gelişmesi, büyük sermayenin tarım ve ticareti yeğlemesinin ağır basması olarak özetlenebilir.

DP'nin, yükselişi gibi düşüşü de böyle bir politikaya bağlıdır.

AP, hele 1965'te Süleyman Demirel'in genel başkanlığından sonra, **tekelci kesimin, büyük ticaret ve sanayi çıkarlarının** siyasal örgütü oldu. Büyük sermayenin, en geri sömürücü sınıflarla, tefeci, aracı, ağa ile olan geleneksel bağlaşıklığı, bu kesimlerin güdümündeki kitlelerin oylarını, dolayısıyla parlamenter rejimi de güvence altına alıyordu.

Ne var ki, 1965 sonrasındaki hızlı kapitalist gelişme sürecinde, **sermaye içi çelişkiler,** kendini daha güçlü biçimde duyurmaya başladı:

AP döneminde izlenen sanayileşme politikası (çeşitli özendirmeler, sübvansiyonlar, kredi, yatırım indirimi), hele ikinci 5 yıllık plan döneminde, artık sanayiye yönelmiş olan büyük sermaye kesimine en büyük yararları sağlarken; **"orta burjuvazi"**nin çıkarlarını da zedeledi. Üstelik, büyük sermayenin eski ortakları olan tefeci-tüccar kesimi, geri sömürgen sınıflar da çıkarlarının sarsıldığını gördüler. Bu çıkar çatışması, 1969 yılında tekelci kesim yararına çıkarılan yeni kanun ve uygulamalarla büsbütün güçlendi.

Egemen sınıfların ve siyasal örgütlerinin bütünselliği sarsılmakta, **çatlamalar** kendini göstermektedir.

Çatlamanın ilk habercisi, Necmettin Erbakan olayı ve **Milli Nizam Partisi**'nin kuruluşu oldu. Erbakan, "büyük şehir tüccarı, komprador-mason azınlığa" karşı, "Anadolu tüccarının, Anadolu sanayiinin, küçük kent sermayesinin" muhalefetini dile getirmeye çalıştı ve AP taşra örgütünden önemli kopmalar sağlayabildi.

AP içinde daha önemli bir kopma, **Demokratik Parti**'nin kuruluşu ile oldu.

Bugün AP –"dışa bağımlı" da olsa– sanayiye yönelen sanayi **burjuvazisinin örgütüdür.** Büyük burjuvazi içinde, **"tekelci kesim"** de, kendisine en yakın kuruluş olarak AP'yi görmektedir.

AP konusunda, sapmalara yol açabilecek en önemli yanılgı, Demirel'in çizgisini "ilerici sanayi kesiminin çizgisi" olarak tanımlamak ve AP'yi üretici güçleri, yani kapitalizmi en hızlı geliştirecek siyasal örgüt olarak görmektir.

Halk kitlelerine, emekçilere ve özellikle işçilere karşı tekelci sermayeden yana olduğu için, AP'yi ilerici bir örgüt olarak nitelemek olası değildir.

Kaldı ki, çağımızda, üretici güçleri çok daha hızlı geliştirebilecek farklı toplum ve kalkınma modelleri vardır. AP'yi "ileri sanayi toplumunun önde gelen siyasal örgütü" saymak, "kapitalizmi" seçeneği olmayan tek ekonomik model, giderek en ileri sistem olarak kabul etmek demek olur.

Ki baş yanılgılardan biridir bu.

b) Cumhuriyetçi Güven Partisi

CHP'nin "ortanın solu" siyasetini benimsemesinden sonra, "partinin programından ve demokratik usullerden ayrılarak sosyalizm yoluna saptırıldığını" ileri süren 47 milletvekili ve senatörün, 1967 yılında CHP'den ayrılarak kurdukları bir parti bu.

1973 seçimlerinde sandalye sayısı 13'e düşen CGP, bugün parlamentoda grup kurma olanağını bile kaybetmiştir.

CGP –Cumhuriyet Halk Partisi'nin eski sağ kanadı olarak– hâlâ modası biraz geçmiş bir Kemalizm anlayışının etkisindedir. Kemalizmi, ileriye dönük biçimiyle değil de, kurulu düzeni sürdürmeye yarayacak biçimiyle benimser. Hatta, daha da ileri giderek, onu sol düşmanlığı için rahatça kullanabilecek bir silah haline getirmiştir.

c) Milli Selamet Partisi

14 Ekim 1973 seçimlerinden sonra en fazla tartışılan siyasal parti –kuşkusuz– Milli Selamet Partisi oldu. Bu siyasal partinin hangi sosyal sınıfların ve katların çıkarlarını temsil ettiği uzun uzun tartışıldı.

1971'de Anayasa Mahkemesi'nce kapatılan **Milli Nizam Partisi'**nin de başkanı olan MSP Genel Başkanı Necmettin Erbakan'ın 1969 Odalar Birliği seçimlerindeki tutumu, partinin sınıfsal yapısına ışık tutmak bakımından ilgi çekicidir. 1969'da Erbakan, Odalar Birliği'nde, **"komprador-mason azınlık, büyük kent tüccar ve sanayicisi"** adını verdiği –uluslararası tekelci kapitalizmle bütünleşmiş– büyük tekelci sermayeye karşı mücadele ediyordu.

Kimler adınaydı bu mücadele?

"Anadolu tüccar ve sanayicisi adına" diye yanıtlıyordu kendisi.

MNP'nin devamı olan MSP'yi –ana çizgileriyle pek farklılaşmamış da olsa– bugün yalnızca Anadolu burjuvazisinin siyasal örgütü olarak görmek olası değil. Bu kesimin tarımcıları ve tacirleri, daha çok Demokratik Parti'yi desteklediler, sanayicilerin bir bölümü ise CHP'nin destekçisi oldu.

MSP'nin seçim propagandalarında ve Erbakan'ın konuşmalarında, **dinci tema ve bir çeşit temelsiz İslam sosyalizmi** teması hep ağır basmıştır. MSP'yi destekleyen seçmen kitlesi ise kırsal bölgelerin, küçük üreticiliğin yaygın olduğu bölgelerin küçük köylüsü, küçük üreticisi, kent küçük burjuvazisinin en geri ve dinsel ideolojinin etkisi altındaki kesimleri oldu.

Araya giren ve hâlâ etkili olan dinsel motif; en az uyanık ve en az bilinçli kesimlerin tekelciliğe karşı duygularına ve tepkilerine tercüman olan İslam sosyalizmi teması, servet düşmanlığı, Batı düşmanlığı gibi etkenler yüzünden, MSP'nin sınıfsal yapısının, öteki bütün partilerden daha ayrışık ve daha kaygan olduğu, henüz belli bir kesinlik kazanmadığı söylenebilir.

Bu bakımdan, MSP'ye –hemen olmasa bile zaman içinde– tabanını kendi kendine yitirecek bir siyasal kuruluş olarak bakmak doğrudur.

d) Milliyetçi Hareket Partisi

27 Mayıs'la kurulan Milli Birlik Komitesi'nden çıkarılarak yabancı ülkelerdeki temsilciliklerde danışman olarak görevlendirilen 14'lerden bazıları yurda dönünce (1963), liderleri **Alparslan Türkeş** ile birlikte, düşüncelerine en yakın buldukları **Cumhuriyetçi Köylü Millet Partisi'**ne girdiler. Bunun üzerine, genel başkan Osman Bölükbaşı –bir kısım üyelerle birlikte– partiden ayrıldı.

1965'te genel başkanlığa Alparslan Türkeş seçildi.

Bu tarihten sonra, CKMP, yeni bir görünüş kazandı.

Yeni genel başkan, partinin görüşünü, **Dokuz Işık** adını verdiği birtakım ilkelerle belirledi. Bunlar –kendi adlandırmalarıyla– 1. Türk milliyetçiliği; 2. Ülkücülük; 3. Ahlakçılık; 4. Özel teşebbüsçülük; 5. İlimcilik; 6. Hürriyetçilik; 7. Köycülük; 8. Gelişimcilik ve halkçılık; 9. Endüstricilik ve teknikçilik.

Bu ilkelerle yeni bir hareket ve eylem programına kavuşan CKMP, 1969'da Adana'da yapılan genel kurul toplantısında **Milliyetçi Hareket Partisi** adını aldı.

Programı "totaliter" bir nitelik taşıyan MHP, **orta sınıfın küçük bir kesimi** ile –çok azınlıktaki– **bazı gençlik gruplarınca** benimsenmiştir.

> Parti, özellikle 1969'dan sonra gençliğe büyük önem verdi. Hazırladığı özel programda gençliği, kurmak istediği düzenin ana hazırlayıcısı saydı. Halk arasında ve basında üyelerine **komando** adı verilen gençlik kollarını (Ülkü Ocakları) kurdu. Bu gençleri silahlı eğitimden geçirdikten sonra parti hizmetinde kullanmaya başladı.
>
> Partinin, zaman zaman adı değiştirilen bu "yan kuruluşları", terörün başta gelen öğeleri olacaktır.

1973 seçimlerinde oy sayısını % 3'ten (1969) % 4'e çıkaran MHP, 1977 seçimlerine değin parlamentoda üç milletvekilince temsil edilmiş; bu seçimlerde ise temsilci sayısını 16'ya çıkarmıştır.

1965'ten sonra grafiği gitgide yükselmeye başlayan terörün içinde yer alan MHP, özellikle 1977 seçimlerinden sonra sağ terörün başta gelen odağı olmuş; düşüncesi, örgütlenmesi ve eylemi bakımından, **faşist** bir parti niteliğini –kuşkuya hiç yer bırakmayacak biçimde– ortaya koymuştur.

Sağ kanattaki eğilimler ve gelişmeler

1975 yılından başlayarak, Türkiye'de, sağ kanat partilerin –birkaç istisnasıyla– aralarında birleşip bir hükümet kurmaları dikkatleri topluyor. Gerçekten, CHP-MSP Koalisyonu'nun bozulmasından sonra –DP dışında kalan– dört sağcı parti (AP, CGP, MSP, MHP), **"Milliyetçi Cephe"** adı altında bir hükümet kurmuş; aynı ortaklık 1977 seçimlerinden sonra yinelenmiş; son olarak, 1979 Ekim seçimlerinin ertesinde AP'nin kurduğu hükümet, MHP'ce "kayıtsız şartsız" ve MSP'ce –"kerhen" de olsa– sonuna değin desteklenmiştir.

"Komünizmle mücadele" gerekçesinin yanı sıra, **"istikrarlı hükümet"** kurma gerekçesine de dayanan bu ortaklıklar, çeşitli bakımlardan, üzerinde önemle durulması gereken bir olaydır.

- Önce şu noktayı belirtelim: **"İstikrarlı hükümet" sorunu,** Türkiye'de, genel olarak **burjuva iktidarının gelip dayandığı noktaya** ilişkindir. Türkiye, artık Batı'daki birçok ülke gibi istikrarsız, **güçsüz hükümetler dönemine** girmiştir. Nedeni de, "sosyal yapıda"dır bunun. İktisadi ve sosyal sorunlara, artık, kapitalizm çerçevesinde ve burjuva iktidarlarınca geçerli ve sürekli bir çözüm getirilememektedir. Üstelik, **geri ve dışa bağlı kapitalizmin** yarattığı sorunlar gittikçe büyüyor ve büyüyecek; dar boğazlar daha da daralıyor ve daralacak. Genel bir deyişle, Türkiye'de, üretim güçleriyle üretim ilişkileri çelişkisi keskinleşiyor. Ve bunun sonucu, halk kitlelerinin ve işçi sınıfının mücadelesi hızlanıyor, yayılıyor.

İstikrarsız hükümetlerin birinci nedeni bu.

Sermaye sınıfları arasındaki çekişme ve sürtüşmelerin yarattığı **"iktidar boşluğu"** istikrarlı ve süreli hükümetlerin kurulmasını önleyen bir ikinci neden.

- Aslında, sağ kanatta böyle bir birleşmeyi, başta **büyük sermaye çevreleri** istemektedir. Bunun gibi, kapitalizmin, dünyanın üçte birini sosyalizme kaptırarak daralmış olan alanının daha da daralmasını ve bu arada Türkiye'nin sola kaymasını önlemeye kararlı **Amerika** da böyle bir birleşmeyi ister.

Sağ kanattaki bütünleşmenin ilerde daha da yoğunlaşacağı bir gerçektir. Gelişmelerin, sağcı partileri tek bir parti çatısı altında birleşmeye götürmesi de uzak bir olasılık değil. Egemen sınıfların kendi içindeki sürtüşme ve çekişmelerin temel, uzlaşmaz çelişkiler olmadığını da unutmamak gerekir. AP, MSP ve MHP arasındaki ayrımlar kesin ve derin değildir. **"Komünizmle mücadele"**, **"mukaddesatçılık"** ve **"ırkçılık"** arasında uzlaşamayacak ne vardır? Böylece, egemen sınıfların birbirinden ayrı görünen eğilimleri, giderek bir potada eriyip kaynaşarak daha açık ideolojik ve siyasal bir bütünleşmeye yönelebilir ya da biri ötekilere egemen duruma gelebilir.

Önemli olan, böyle bir gelişme karşısında, **ilerici demokrat** ve **devrimci güçlerin** durumu, onların **bilinç, örgütlülük ve gelişme** düzeyidir.

DAHA ÇOK BİLGİ

Abdi İpekçi, *Liderler Diyorlar ki (röportajlar),* İstanbul, 1969.

Kerem Noyan, *Faşizmin Yalanları,* İstanbul, 1978.

Muzaffer Sencer, *Türkiye'de Partilerin Sosyal Temelleri,* İstanbul, 1971.

Erdoğan Teziç, *Siyasi Partiler (Partilerin Hukuki Rejimi ve Türkiye'de Partiler),* İstanbul, 1976.

Tarık Zafer Tunaya, *Türkiye'de Siyasi Partiler,* İstanbul, 1952.

OKUMA

SAĞ, MİLLİYETÇİLİKTEN NE ANLIYOR?

Ağızlarda en sık dolaşan etiket olarak en sık kullanılan "Milliyetçilik" kavramını alalım. Hepsi milliyetçidirler ama, hepsinin milliyetçiliği aynı mıdır?

Adalet Partisi, milliyetçiliği, eskiden beri bir **"Kalkınma coşkunluğu"** ve kalkınmada aranması gereken bir **"Milli heyecan"** olarak almıştır. Barajlar, yollar yapıldıkça, fabrika bacaları yükseldikçe, Türk ulusu da yükselecektir. Kalkınmanın özel girişimle gerçekleştirilmesi ve kullanılan yöntemlerin özel çıkarlara yaraması bu heyecanı azaltmaz, tersine artırır. "Her mahalleye bir milyoner" felsefesidir bu. Adalet Partisi'nin milliyetçiliğinde bir yabancı düşmanlığı, içteki azınlıklara karşı bir burukluk, toplum adına devleti ön plana çıkarma yönünde bir eğilim bulamazsınız. Ama bütün bunlar, Milliyetçi Hareket Partisi'nin milliyetçiliğinde vardır, hem de fazlasıyla vardır. Coşku, Türkiye sınırlarını aşar, uzaklardaki bir **"Büyük Türkiye"** hayaline ulaşır. **Disiplinli toplumculuk, nerdeyse sermaye düşmanlığına kadar varan bir planlı devletçilikle** karışıktır. Yine bu anlayışa göre Türk, kendine dönüp titreyince, azınlıklara da pılıyı pırtıyı toplayıp gitmek düşecektir.

Aynı çelişkileri Cumhuriyetçi Güven Partisi'nin ya da Milli Selamet Partisi'nin milliyetçilik anlayışlarını deştiğiniz zaman da görürsünüz. CGP, Cumhuriyet Halk Partisi'nin eski sağ kanadı olarak, **hâlâ modası biraz geçmiş Kemalizm anlayışının** etkisindedir. Kemalizmi, ileriye dönük biçimiyle değil de kurulu düzeni sürdürmeye yarayacak biçimiyle benimser. Hatta, daha da ileri giderek, onu sol düşmanlığı için rahatça kullanılabilecek bir silah haline getirmiştir. Ama CGP'lilerin **"Atatürk Milliyetçiliği"** dedikleri şey bile, MSP'nin **"milli görüş"**ünden fersah fersah uzaktır. Orada, din ve dolayısıyla **"ümmet" düşüncesi** ön plana geçer. Milliyetçilik, bu anlayışla bağdaşabildiği ölçüde vardır. Onunla çatışmaya başladığı andan itibaren, MSP de milliyetçilikle külahları değiştirmeye hazırdır.

Milliyetçilik konusundaki nüansları, hatta nüanstan da öteye, bir çatışma noktası olarak ortaya çıkan başkalıkları daha artırabilirsiniz.

Bunlar daha da artabileceği içindir ki, cephe partilerinin konuyu öbür ucundan alıp **"Anti"ler üzerinde, "Olumsuzluklar" çevresinde bir yakınlaşma** aramalarından daha doğal bir şey olamaz. Başka bir deyimle, milliyetçiliğin tanımlanması konusunda vakit kaybedeceklerine, **"sola karşı olmak"**la işin içinden çıkmaları daha kolaydır.

...Birbiriyle çatışmamak için bir şey "yapmak"tan kaçınan ve sadece "karşı olmak"la yetinen partilerden kurulu bir Cephe, "sola karşı siper kazıyorum" derken, kendi çukurunu da kazmış olur.

(Mümtaz Soysal, "Cephe Gerisi", *Milliyet,* 3 Mayıs 1975)

SORULAR

1. Türkiye'de siyasal yaşamın niteliği nedir?

2. Siyasal parti deyince, sosyolojik planda ne anlaşılır? Siyasal partilerle bir toplumdaki sosyal sınıflar arasında bir ilişki var mıdır? Varsa, nasıl bir ilişkidir bu?

3. "Sağ kanat" derken ne anlaşılır? Türkiye'de sağ kanat partileri hangileridir?

4. Adalet Partisi ne zaman kurulmuştur ve hangi sosyal sınıf ve zümrelerin temsilcisidir? Türkiye'de, büyük burjuvazi içinde egemenliğin ticaret burjuvazisinden sanayi burjuvazisine geçişi AP içinde ne gibi gelişmelere yol açmıştır? Bunun gibi, AP konusunda sapmalara yol açabilecek en önemli yanılgı hangisidir?

5. Cumhuriyetçi Güven Partisi, niçin ve nasıl kurulmuştur? Bu partinin Kemalizm anlayışındaki özellik nedir?

6. Milli Selamet Partisi ne zaman kurulmuştur ve hangi sosyal sınıf ve zümrelerin partisidir?

7. Milliyetçi Hareket Partisi ne zaman ve nasıl kurulmuştur? Bu parti, "ideoloji" ve "eylem" planında, öteki sağcı partilerden farklı olarak ne gibi özelliklere sahiptir?

8. Türkiye'de, sağ kanattaki son eğilimler ve gelişmeler nasıldır? Sağ kanattaki partiler, milliyetçiliği nasıl anlatmaktadırlar? (Okuma parçasını okuyunuz.)

SOSYAL DEMOKRASİ

14 Ekim 1973 ve –onu izleyen– 9 Aralık seçimlerinde elde ettiği umulmadık sonuçlar, Cumhuriyet Halk Partisi'nin yapısı, nereden nereye geldiği, ne gibi bir sınıfsal değişme geçirdiği ve bugün de hangi sınıfların temsilcisi olduğu sorularını gündeme getiriyor. Gerçekten de, 1950, hele 1960 sonrasında hız kazanan **kapitalist gelişme, en çok CHP'yi etkilemiş görünüyor.**

1923'ün Halk Fırkası, 1943'ün Cumhuriyet Halk Partisi ve 1972'nin yeni CHP'si –aynı çizginin devamı olmakla birlikte, sınıfsal dayanakları bakımından– birbirinden oldukça farklı siyasal kuruluşlardır. Bu farklılık, doğrudan doğruya, toplumun geçirmekte olduğu **ekonomik ve sosyal değişmeye** bağlıdır.

CHP'nin doğuşu

Halk Partisi'ni, 1923'te Atatürk, "bir sınıfın değil **bütün ulusun partisi olacağı**"nı bildirerek kurdu. Bu ülkenin temelinde, Türkiye'de farklı sınıfların var olmadığı görüşü yatıyordu. Ama sosyal gerçek bu muydu? Halk Fırkası, gerçekten de bütün bir ulusun partisi miydi? Olabilir miydi?

Halk Partisi'nin kuruluşundaki sınıf dayanaklarının incelenmesi, aslında Türkiye'de 1908'lerde başlayan ve 1923'te gelişen **"burjuva demokratik devrimi"**nin incelenmesi anlamına gelir. Burada son derece önemli olan bu konuyu bir yana bırakarak, Kurtuluş Savaşı'nın ve 1923 hareketinin –kendine özgü koşullar içinde gerçekleşen– bir "burjuva demokratik devrimi" olduğunu söylemekle yetinelim.

Ancak, 1923 burjuva demokratik devriminin mutlaka belirtilmesi gereken tarihsel özelliği, devrimin temel sınıfı olan **burjuvazinin güçsüzlüğüdür.**

Burjuvazinin bu tarihsel güçsüzlüğü, asalaklığı ve bağımlılığı, devrimin fiili gücü haline gelen **küçük burjuva bürokratlarına,** asker-sivil aydınlara ulusal burjuvazinin görevlerini de yüklemiştir.

Böylece Halk Partisi –ana çizgileriyle– güçsüz burjuvazinin ve onun güçsüzlüğü yüzünden burjuva demokratik devriminde burjuvazinin görevlerini üstlenmiş olan küçük burjuva bürokrat kesiminin siyasal örgütü olarak doğmuştur.

> Halk Partisi'nin ideolojisi, devrimin yapısına uygun olarak bir **"burjuva ideolojisidir"**: Halk Partisi'nin altı okunu oluşturan ilkeleri yani cumhuriyetçilik, laiklik, milliyetçilik, inkılapçılık ve –özel koşulların zorunlu sonucu olan– halkçılık ve devletçilik, devrimini gerçekleştirmeye çalışan burjuvazinin klasik ilkeleridir.

Halk Partisi, bu sınıfsal yapısıyla, 1950'lere –hatta bir ölçüde– 1970'lere değin, **ikili bir dengeyi** içinde barındırmıştır: Bir yanda, ulusal burjuvazinin görevlerini yüklenen **bürokrat küçük burjuva kesimi,** öte yandan uluslararası kapitalizmle bütünleşmekte ve komprador burjuvazinin yerini almakta gecikmeyen dışa bağımlı burjuvazi.

Halk Partisi'nin tarihindeki, **"Terakkiperver Cumhuriyet Fırkası"** (1924) ve **"Serbest Fırka"** (1930) muhalefetleri, dışa bağımlı büyük sermayenin, ulusal burjuvazinin görevlerini yüklenen küçük burjuva bürokratlarına karşı tepkisinin ve iktidara ağırlık koyma mücadelesinin örnekleridir.

Kısaca özetlenecek olursa, Kurtuluş Savaşı ve sonrası –genel çizgileriyle– bir burjuva devrimi olarak nitelenmelidir. Cumhuriyet döneminin bütün uygulamaları, **burjuvaziyi güçlendirmeye ve kapitalist toplumu kurmaya** yönelmiştir. 1930 sonrasının iç ve dış koşullarının zorladığı bir uygulama olan "ekonomik devletçilik", yani **"devlet kapitalizmi"** de güçsüz burjuvaziyi güçlendirmeyi, yerli sermaye için koruyucu bir şemsiye görevini görmeyi amaçlamaktadır.

İktidardan muhalefete

II. Dünya Savaşı ve sonrası, Türkiye tarihinde olduğu gibi, CHP tarihinde de bir dönüm noktasıdır. Savaşın başladığı yıllarda, CHP ve iktidar içindeki ikili denge varlığını sürdürmekle beraber, **devletçi kanadın,** siyasal ağırlığı ve etkinliği tartışılmaz. Ancak, II. Dünya Savaşı'nın sonuna doğru –özellikle savaş koşullarının gerektirdiği– olağanüstü önlem ve sınırlamalar, CHP'ye karşı hoşnutsuzluğu artırmıştır. Savaş yıllarında ortaya çıkan spekülatif servetler, karaborsa kârları, kapkaççı sermayeler, **küçük burjuva köktenciliği** ve **CHP'nin devletçiliği** karşısında güçlü bir cephe oluşturmuştur.

1945 yılında CHP, bir yandan ezilen ve baskı altında tutulan halk kitlelerinden, bir yandan da sermaye kesiminin büyük bir çoğunluğundan, özellikle de uluslararası kapitalizmle ortaklık içindeki büyük sermaye kesiminden, tüccardan, tarımcıdan, sanayiciden gelen tepkilerle karşı karşıyadır.

Bu tepkilere, II. Dünya Savaşı sonrasında totaliter rejimlerin yıkılışı ve demokrasilerin üstünlüğü de eklenmiştir. Türkiye, 1945'te –uluslararası kapitalizmin ve yerli ortaklarının da isteğine bağlı olarak– kapitalist dünyanın bir parçası olma, giderek Amerika ile sıkı ilişkiler kurma yolundadır.

Genel çizgileriyle burjuvazinin siyasal örgütü olan CHP içinde uzun süreden beri devam eden ikili yapı, 1945'te artık **çatlama noktasına** gelmiştir. **Demokrat Parti,** işte bu çatlamanın sonunda, dışa bağımlı büyük ticaret sermayesinin ve toprak sahiplerinin temsilcisi, siyasal örgütü olarak doğar, gelişir ve 1950'de iktidara gelir.

İktidara geldikten sonra, büyük sermayeye ve toprak sahiplerine borçlarını –bol bol– ödeyen DP –daha önce anlattığımız nedenlerle– 1960'ta, 27 Mayıs hareketiyle iktidardan indirilir.

27 Mayıs hareketini izleyen günlerde, artık planlı ve sanayiyi ön sıraya koyan bir kapitalistleşmeden yana olan sermaye kesimi, CHP'nin –İnönü'nün başkanlığında– yeniden ağırlık kazanmasına engel olmadı. Böylece, bir yandan küçük burjuva bürokratlarını tatmin etmiş, öte yandan da kırk yılın sermayeye yontan "devletçi"si İsmet Paşa'yı bu kez de tekelci kesimin planlı gelişmesinin vasisi durumuna getirmiş oluyordu. Giderek CHP, 1960 sonrasında –ve en son arınmanın gerçekleştiği 1972'ye değin– **bürokrat küçük burjuvazinin,** öteki **bazı küçük burjuva kesimlerinin ve "sanayiciliği ağır basan"** bir bölüm tekelcinin partisi oldu.

1960-1970 arası, istatistik verilerin büyük bir açıklıkla gösterdiği gibi, sanayinin tarım ve ticarete üstün geldiği; sanayi çıkarları ön plana geçerken, tarım çıkarlarının ve bir bölüm ticaret çıkarlarının zedelendiği, kemirildiği bir dönemdir. Bu dönemde ekonomide sanayi kesiminin payı artarken, uluslararası tekelci kapitalizmin ortağı tekelci kesimin zorunlu yeğlemesi de sanayi doğrultusunda olmuştur.

1965 seçimlerine doğru İsmet Paşa'nın **"ortanın solu"** sloganını atması, bir yandan Türkiye İşçi Partisi oylarını bölmek için bir taktik olarak görülebileceği gibi, sanayiye yönelen tekelci kesimin uzun vadeli siyasal çıkarlarının gerçek güvencesi olabilecek bir sosyal demokrasi adımı olarak da görülebilir. Ortanın solu sloganının parti içinde yarattığı büyük çalkantıya ve gruplaşmalara karşın, büyük sermayenin CHP içinde kalan sözcüleri partiyi terk etmek gereğini duymamışlar, hatta "ortanın solu" sloganını savunmuşlardır.

1970'ler, sanayiye yönelen büyük sermayenin yeni bunalımlarla karşı karşıya olduğu bir dönemdir. Tekelci kesim, bir yandan öteki sermaye kesimlerine karşı, öte yandan da 1961 sonrasının –görece– demokratik ortamından yararlanarak gelişen ve bilinçlenen işçi sınıfına, yoksul köylülüğe, küçük burjuvazinin bürokrat ve teknokrat bölümlerine karşı, iktidarını pekiştirmek zorundadır. Bu zorluğun sonucu olan **12 Mart olayı** ve sonrası, CHP içindeki en büyük dönüşüme yol açmıştır.

1971 sonrası, Türkiye'de bütün baskılara karşın, sınıf farklılaşmasının en fazla keskinleştiği ve çeşitli toplum kesimlerinin tekelci sermayenin gelişmesinin etkilerini en açık biçimde duydukları bir dönemdir. CHP içindeki büyük sermaye kanadıyla, küçük burjuva ve tekelci olmayan sermaye kanatlarının birbirinden kopması, tam bu döneme rastlar.

1972 yılında gelişen olaylar, tekelci kesimle diğer toplum kesimleri arasında derinleşen uçurum ve artan çelişkiler, CHP içinden yeni ve kesin bir kopmayı da birlikte getirir böylece. Ve –İnönü de içinde olmak üzere– büyük sermayenin temsilcileri partiyi terk ederler.

CHP, bugün hangi sınıfların temsilcisidir?

1973 seçimlerine, CHP, bu anlamda arınmış olarak girmiştir.

12 Mart sonrasının ve üç yıllık olağanüstü dönem uygulamasının koşullarından da yararlanarak –o sıralarda kendi siyasal örgütlerine sahip bulunmayan ve hızla bilinçlenmekte olan işçiler başta olmak üzere– **bütün demokratik güçlerin ve tekelciliğe karşı kesimlerin** oylarını da toplamayı bilmiştir. En fazla oy aldığı ya da oy artırdığı bölgelerin incelenmesi bu yargıyı doğrulamaktadır.

CHP nedir, ne değildir?

Programına bakılırsa, CHP ne işçi sınıfı ideolojisini benimsemiştir, ne de dünya görüşü sınıfsal bir mantığa oturur. Bilimsel sosyalizm ile CHP arasındaki kesin sınır böylece oluşur.

CHP, "sosyal demokrat" olmak savındadır ve "Sosyalist Enternasyonal"e üyedir. Ne var ki, Batı'daki sosyal demokrat partilerden ayrı nitelikleri vardır CHP'nin. Batılı sosyal demokrat, çağımızda tekelci kapitalizm ile bütünleşmiştir. Programında kapitalizme karşı "demokratik devrim"den söz açan CHP gibi bir örgütle, Batılı sosyal demokratlar arasında derin bir çelişki vardır.

CHP'nin çıkmazı buradadır!

Böylece, Türkiye'deki demokratik sol parti emperyalizmin örgütlerine boyun eğdikçe, hem uluslararası kapitalizme bağımlılaşır, hem Türkiye'de komprador kapitalizmiyle bütünleşir; hem programına ve halka ters düşer, hem de "demokratik devrim" yolunda yaya kalır. CHP'nin 22 aylık hükümet deneyimi, bu gerçeği acı bir biçimde gözler önüne sermiştir.

CHP, bu çemberi kırabilir miydi?

Ne yazık ki, CHP hükümet döneminde, ülkenin içine düştüğü çemberi parçalayacak bir strateji ve taktik saptayamamıştır. Parti içi muhalefetin görüşleri ise –"sol kanatçılar" da içinde olmak üzere– bir türlü berraklaşmamış; sen-ben kavgasından ileriye geçememiştir. Böyle bir ortamda, Ecevit'in kişiliği, yine tek toparlayıcı ağırlık olarak kalmıştır.

CHP için, bugün artık salt birtakım genel doğruları söylemekle kalan bir "orta sol" parti görünümüyle yetinme dönemi sona ermiştir.

Bugünkünden çok daha iyisini ve ilerisini isteyen bir Türkiye'de, CHP de, dün önerdiklerinden daha sağlıklı, daha tutarlı ve ileri dönük olanları ortaya koyma zorunluluğundadır. Üstelik, ilk deneyin acılığı açık seçik öğretmiştir ki, sözler ve sloganlar da bazen tek başına hiçbir anlam taşımayabilirler. Partiler, ancak toplumun "değişime açık" sosyal güçleri ya da sınıfları arasında yaptıkları seçimler, kurdukları bağlantılarla, "çağdaş" ve "inandırıcı" olabilirler.

1970'lerin kanlı arenasında olanlar bitmiştir.

Şimdi, bütün bunların arasından, demokratik atılımlara ve derlenişlere yönelmiş bir başka CHP'yi yaratma savaşına girişilmesi gereken günler başlamıştır.

DAHA ÇOK BİLGİ

Muammer Aksoy, *Sosyalist Enternasyonal ve CHP,* İstanbul, 1977.

Bülent Ecevit, *Ortanın Solu,* 7. Bası, İstanbul, 1975.

Bülent Ecevit, *Sömürü Düzeninde Yeni Aşama,* 2. Bası, Ankara, 1980.

Bülent Ecevit, *Türkiye'nin İktisadi Kalkınmasında Sosyal Adalet ve Demokratik Devletçilik,* İstanbul, 1963.

OKUMA

TÜRKİYE'DE SOSYAL DEMOKRATLIĞIN ANLAMI

Alman Sosyal Demokrat Partisi (SPD) lideri **Willy Brandt,** CHP Genel Başkanı **Ecevit'**in gezisi nedeniyle bir demeç vererek iki parti arasında geniş bir işbirliği önermiştir. Brandt'ın bu konudaki sözleri ilginçtir:

"Geniş alanlarda benzer amaçlara yönelmeleri, birbirleriyle bağlar kurup danışmaları, ilerdeki politikalarıyla yönelecekleri yeni biçimler açısından bir işbirliğini geliştirmeleri, her iki parti bakımından yerinde olur..."

Alman Sosyal Demokrat Partisi, tarihsel kökleri geçen yüzyıla uzanan bir kuruluştur. Bugün Avrupa'nın çeşitli ülkelerinde, İngiltere, Fransa, İsveç vb'de birbirine benzer sosyal demokrat partiler vardır. Bu örgütlerin geçmişleri ve bugünleri arasında ortak yanlar bulunabilir. Ama Ecevit'in CHP'si ile Brandt'ın SPD'si arasında ne geçmiş, ne bugün, ne de gelecek bakımından bir benzerlik bulunduğunu sanmıyoruz. Gerçi SPD ile CHP arasında bir işbirliği çeşitli açılardan yararlı olabilir ama, işbirliğini yaratan nedenlerde yanlışa düşmemek yerinde olur.

SPD, 1860'larda Marx ve Engels'in devrimci ilkelerinden esinlenerek kurulmuştu. Zaman içinde bazen yeraltında, bazen yerüstünde çalışan parti, bir süre sonra, **devrimci niteliğini yitirdi. Kapitalizmin yedeğinde ılımlı işlevini sürdürmeye başladı.** Parlamentoda güçlü bir orta direk olan SPD'nin bugünkü durumu artık belirgindir:

Amerika'ya bağlı bir Avrupa kavramında ve yüksek düzeyde bir kapitalizmde sosyal adaleti gerçekleştirmek...

Bazı sivri dilli eleştiriciler, Avrupa sosyal demokratlarının **sermaye sınıfının aşırı kârlarından doğan rüşvetle** yaşadıklarını ileri sürerler. Belki insafsız bir suçlamadır bu; ama yeryüzü emekçileri göz önüne alınırsa, **Alman işçilerinin burjuvalaştığını** söyleyebiliriz. Düşünmeliyiz ki, Federal Almanya'da çöpçülük yapan bir Türk'ün ücretiyle Türkiye parlamentosundaki bir milletvekili maaşının arasında pek fark yoktur. Bunun yanı sıra Alman Sosyal Demokrat Partinin gündeminde şu **üç sorun** bulunmamaktadır:

1) Fikir özgürlüğü
2) Emperyalizm
3) Sanayileşme

Oysa **CHP'nin gündeminde bu üç konu birincil sıradadır.** CHP'yi Avrupa sosyal demokrat partilerine benzetmek, kolay ama yanlış bir varsayım olur. Bir kez CHP'nin kökeni ayrıdır. Avrupa sosyal demokratları, çoğunlukla sanayileşmiş ülkelerdeki işçi sınıfının Marksist ilkelerden esinlenerek kurdukları örgütlerdir. Oysa CHP, **emperyalizme karşı ulusal kurtuluş savaşı veren mazlum ülkede küçük burjuva çevrelerince** kurulmuştur; şimdi de endüstrileşme yolunda tıknefes bir toplumda, kendine özgü sorunlarla karşı karşıyadır. CHP, Türkiye'de fikir özgürlüğünü sağlamak, demokrasiyi genişletmek, sanayileşme aşamasını tamamlamak gibi Alman sosyal demokratlarının bütünüyle yabancı oldukları bir uğraşın ortasındadır.

Siyasi sözlükte "sosyal demokrat" kavramı zaman ve yere göre anlam kazanır. Bugün Batı sosyal demokratının solunda sosyalistler ve komünistler bulunur...

Türkiye'de CHP'nin solunda **mahpushane** bulunur.

Batı sosyal demokratı, **fikir özgürlüğü** için kavga vermek zorunda değildir. Türk sosyal demokratı, bu görevi yerine getirmek zorundadır. Batı sosyal demokratı, **emperyalizmle** savaşmak zorunda değildir. Türk sosyal demokratı mazlum bir ülkede yaşadığı için emperyalizmin sultasını kırmak ödeviyle karşı karşıyadır. Gelişmiş Batı kapitalizminin egemenliği altında bulunan Türkiye'de **anti-emperyalist bir programı** gündeme getirmeden "sol siyasal parti" niteliği kazanmaya olanak yoktur.

Görüldüğü gibi CHP ile SPD arasında hem geçmiş, hem de bugün açısından büyük ayrımlar vardır. Bu ayrımları bilerek oluşturulacak bir işbirliği kuşkusuz yararlı olacaktır, ama bu ayrımları görmeden işbirliği girişimi boşluğa düşer.

(İlhan Selçuk, "SPD ve CHP", *Cumhuriyet,* 14 Mart 1975)

SORULAR

1. CHP ne zaman ve hangi sosyal sınıf ve zümrelerin temsilcisi olarak doğmuştur?

2. CHP'nin 1950'de iktidardan muhalefete geçmesinin sosyal nedenleri nelerdir?

3. CHP'nin "ortanın solu" politikasını benimsemesi, hangi nedenlerle olmuştur? 12 Mart ve sonrası, CHP içinde niçin büyük dönüşümlere yol açmıştır ve ne olmuştur bunların sonucu?

4. CHP bugün hangi sosyal sınıf ve zümrelerin temsilcisidir? CHP niçin işçi sınıfının partisi değildir ve olamaz da? CHP'ye "sosyal demokrat" bir parti denebilir mi? CHP ile Alman SPD'nin karşılaştırılmasından ne gibi farklılıklar ortaya çıkmaktadır? Türkiye'de sosyal demokratlığın anlamı nedir? (Okuma parçasını okuyunuz.)

5. CHP'nin, burjuvazinin tutucu, işbirlikçi ve gerici kesimlerine oranla özelliği ve önemi nerededir?

SOSYALİZM

Çağdaş Türkiye'de, sosyalist akım ve hareketin önemli bir yeri vardır. İşçi sınıfının doğup serpilmesiyle –aşağı yukarı· aynı koşutluk içinde o da doğar ve gelişir.

Türkiye'de sosyalist hareket ve partiler

İlk sosyalist parti, **İkinci Meşrutiyet yıllarında** kurulur (1910). Milli Kurtuluş Savaşı yılları, sosyalist hareketin örgütlendiği bir başka önemli dönemdir.

Ne var ki, Cumhuriyet'le beraber, sosyalist hareket büyük engellerle karşı karşıya gelir. Çünkü, Batı'nın "çok partili" demokrasi anlayışını yürekten hiçbir zaman benimsememiş olan Türk burjuvazisi, Cumhuriyet'in kuruluşundan başlayarak, **"sol"a karşı kalın bir duvar** çekme çabası içinde görünmüştür hep.

Nedeni de vardır bunun.

Türk burjuvazisi, kendi güçsüzlüğünün ve ülkenin "sol"a, sosyalizme kayma potansiyelinin her zaman bilincinde –en azından– sezisinde olmuştur.

1945 yıllarında başlayarak "çok partili" yaşama geçilirken, sosyalist düşünce ve hareketin de siyasal yaşamda yerini alması beklenirdi. Bu yolda gelişmeler de olur. Ama hemen arkasından yasaklamalar gelip bastırır bu gelişmeleri. 1950-1960 yılları arasında, siyasal yaşamın kapıları, yalnız egemen sınıf ve zümrelerin düşünce ve örgütlenmelerine açıktır. Bunun sonucu olarak, siyasal plandaki çatışma da yalnızca onlar arasındaki bir çatışma olup çıkar.

1960 sonrasında, 1961 Anayasası'nın da yarattığı demokratik ortamın etkisiyle, "sol"a set çeken duvarda, giderek bir "yarılma" durumuna gelen bir "çatlama" olur: 1961 yılında, Türkiye İşçi Partisi kurulur. "Sol"a açılma, aydınlardan başlayarak emekçilere dek uzanır. İşçi sınıfının –dışa bağımlı da olsa– gelişen sanayileşme sonucunda "nicel" olarak büyümesi, sosyalist harekete bir canlılık getirir. Sendikacılık hareketi içinde de –Amerikan sendikacılık anlayışının yanı sıra– "devrimci" sendikacılık anlayışı doğmuş ve gelişmeye başlamıştır. Geçmişe oranla çok büyük bir hız ve yaygınlık kazanan "sosyal uyanış" içinde –işçi sınıfı başta olmak üzere– çeşitli emekçi kesimler, iktisadi ve demokratik istekler, giderek siyasal amaçlar doğrultusunda hareketlenerek, burjuvazi ile öteki ortaklarına karşı mücadeleye girişir.

1961-1971 yılları boyunca burjuva iktidarlar, bu gelişmeye karşı çareler aramışlardır. 12 Mart 1971'den başlayarak çatlağı giderme çabaları yoğunlaşmış ve sertleşmiştir. Türkiye İşçi Partisi kapatılmış, sosyalist hareket tasfiye edilmek istenmiştir. Ne var ki, 14 Ekim 1973 seçimlerinin sonuçları, bu girişimlere –geçici de olsa– bir son verir.

Sosyalist hareketin sorunları

14 Ekim 1973'ten başlayarak girilen yeni dönemde, sosyalist hareket de, düşünce ve örgütlenme planında yeniden bir gelişme içine girer. Ne var ki, hareket, kendi içindeki sorunları bugün de çözebilmiş değildir. Örneğin, 1971'den önceki dönemde –o son derece eleştirilen– "bölünmüşlük" sendikal planda olsun, partisel planda olsun bugün de sürmektedir. 12 Mart faşizminin giderek 1975'lerle yeniden –ve çok daha baş-

ka boyutlarda– tırmanmaya başlayan faşist terörün döktüğü kanlara, çektirdiği acılara karşın böyle bu.

Bugün Türk siyasal yaşamında, sosyalist hareketi temsil ettiğini ileri süren –yürürlükteki yasalara göre örgütlenmiş– beş siyasi parti vardır; Türkiye Sosyalist İşçi Partisi, Vatan Partisi, –30 Nisan 1975'te yeniden kurulan– Türkiye İşçi Partisi, Sosyalist Devrim Partisi, son olarak da Türkiye İşçi Köylü Partisi.

Bir altıncısı, Türkiye Emekçi Partisi, 1980 yılında, Anayasa Mahkemesi'nce kapatılmış bulunuyor.

DAHA ÇOK BİLGİ

Behice Boran, *Türkiye ve Sosyalizm Sorunları,* İstanbul, 1968.

A. Cerrahoğlu, *Türkiye'de Sosyalizm Tarihine Katkı,* İstanbul, 1975.

Lütfi Erişçi, *Türkiye'de İşçi Sınıfının Tarihi,* İstanbul, 1951.

George S. Harris, *Türkiye'de Komünizmin Kaynakları,* İstanbul, 1976.

George Haupt - Paul Dumont, *Osmanlı İmparatorluğu'nda Sosyalist Hareketler,* İstanbul, 1977.

Dimitır Şişmanov, *Türkiye İşçi ve Sosyalist Hareketi,* İstanbul, 1978.

Mete Tunçay, *Türkiye'de Sol Akımlar,* Ankara, 1967.

Çetin Yetkin, *Türkiye'de Soldaki Bölünmeler (1960-1970),* İstanbul, 1970.

OKUMA

DEMOKRASİ VE SOSYALİZM

...Klasik demokrasi, bir anlamda, çeşitli çıkarların ve görüşlerin toplum çıkarı açısından tartılması ve yarışması demektir.

Bu tartıda ve yarışta, başka çıkarların ve görüşlerin olduğu gibi, **işçi sınıfına özgü çıkarların ve görüşlerin** de yeri vardır. Tıpkı sosyalizme kadar varmayan ve işçi sınıfını temel olarak almayan bir **"sosyal demokrat"** görüşe yer olduğu gibi. Tıpkı ekonomik ve sosyal konularda sağ tutumu savunmakla birlikte özgürlük düzenini de ayakta tutmaya yönelik bir **"liberal" görüşe** yer olduğu gibi. Tıpkı, dinsel inanç ve gelenekçilik yönü ağır bassa da, toplumun temel kuruluşunu ve kurumlarını demokratik bir ortam içinde sürdürmeye çalışan bir **"muhafazakâr" görüşe** yer olduğu gibi. Hatta, bu **yelpazenin ileriye açık ve canlı tutulabilmesi için, sosyalist görüşün yalnız "bir yere sahip" olmakla kalmayıp "gerekli ve zorunlu" olduğu bile söylenebilir.**

Öte yandan, CHP **solundaki sosyalist partilerin sayıca çok ve görünüşçe "küçük" oluşları, bir umutsuzluk kaynağı olmamalı. Bu, biraz da solun kendi özünde var.** Toplumdaki yeni güçlere, toplum yapısındaki değişimlerin yeniden yorumlanmasına dayanan bir siyasal akımın başka türlü gelişmesi zaten olanaksız. **Önemli olan, sonrasıdır,** bu canlı bölünmeden anlamlı bir bütün çıkarabilmektir.

Bu anlamlı bütünlüğü araştırırken, şöyle bir düşünceyle yola çıkmak yanlış olur: "Türkiye'de önce doğru dürüst bir demokrasi kurulsun, ondan sonra sosyalizme geçişin yolları aranır; bu yollar için mücadele edilir."

Böyle bir düşünceye verilebilecek bir sürü cevap var. Hepsi de şu sorunun cevabında saklı: Sosyalist partisiz "doğru dürüst" bir demokrasi olabilir mi? Ya da "demokrasi" ile "sosyalizm" birbirinden böylesine ayrılabilecek kavramlar mıdır?

Belki, böyle bir düşüncenin gerisinde, "solun bölünmesi yoluyla sağın ekmeğine yağ sürmekten kaçınmak" endişesi yatıyor. Özde doğru bir endişe bu. Onun için de, sosyalist parti kurmak değil, yanlış olan **şu iki tutumdan sakınmak** gerekir:

1) **Sırf "bir sosyalist parti kurmuş olmak için" parti kurmak.** Sosyalist partiyi, büyük kentin bir köşesinde oda tutup tabela asarak ve dört beş aydınla üç-dört sendikacı bularak konuşmak biçiminde almak, elbette eninde sonunda solun bölünmesi sonucuna varır. Bu bir avuç insan, kendi küçük bütünlüklerini sürdürebilmek için, karşılarında bulunan güçlerle değil, en yakınlarında bulunanlarla mücadele etmeyi, onlara anlaşılmaz bir terminolojinin ağız köpürten şehvetiyle saldırmayı daha uygun bulurlar.

2) **Peşte sürüklenebilen insanları, düşünce ve oy gücünü, ne kadar küçük olursa olsun, sağın işine gelecek biçimde kullanmak. En sık yapılan yanlış da** budur. Birinci nedeni, **perspektif eksikliğine** dayanır: Bir toplumun önce hangi engelleri aşmak zorunda olduğunu, bu engellerin aşılması için hangi güçlerle işbirliği yapmak gerektiğini bilmemek, sağın işine gelecek tutumlara iter yöneticileri. İkinci nedeni de, düpedüz **bencilliktir.** Bir toplumun ya da sınıfın çıkarını kollamak yerine, kendi kişisel durumunu sürdürmek.

Böylesine tutumlar, sağda çok kişinin sevinçle el ovuşturmasına yol açar...

...İşçi sınıfına dayalı bir parti ile yalnız işçileri değil, halkın başka kesimlerini de seferber edebilen daha geniş tabanlı bir başka parti arasında belirli amaçlar için işbirliği yapılmasından daha doğal bir şey olamaz.

Sağ partilerin gerçekleştirmeye çalıştıkları "ortak liste" ya da "seçim birleşmesi" gibi değişikliklerden ne sosyalist partilerin korkması gerekir, ne de CHP'nin. Bu değişiklikler keşke gerçekleşse. Solun daha çok işine yarar.

Üstelik, böyle bir işbirliğinin sağlanması ve bir "demokrasi cephesi"nin kurulması, liderlerin bunu isteyip istememesine de bağlı değil. Durumların gerektireceği bir zorunluluk olacak bu.

Sağ partiler, sorunların karşısında bocalayıp sokak zorbalarına yaslanmak zorunda kalınca, sol partiler "demokrasi cephesi" kurmayıp da ne yapacaklar? Birazcık dünya tarihi bilenler, kurtların yalnız kalmış kuzulardan çok hoşlandıklarını da bilirler.

(Mümtaz Soysal, "Demokrasi Cephesi", *Milliyet,* 3 Mayıs 1975)

SORULAR

1. Türkiye'de sosyalist hareket ve partilerin gelişme çizgisi nasıl olmuştur? Bu hareket, Cumhuriyet'ten başlayarak niçin engellerle karşılaşmıştır hep?
2. Türkiye'de, 1950-1960 dönemi ile 1961-1970 dönemi, sosyalist hareket bakımından ne gibi özellikler taşırlar? "12 Mart rejimi", sosyalist hareket karşısında hangi nedenlerle, nasıl bir tutum takınmıştır?
3. Türkiye'de sosyalist hareketin bugünkü sorunları nelerdir? Bunlardan en önde geleni hangisidir? (Okuma parçasını okuyunuz.)

BÖLÜM V

KÜLTÜRÜMÜZÜN KAYNAKLARI VE SORUNLARI

Türkiye, kendisini iktisadi ve sosyal yapı değişikliğine zorlayan büyük oluşumlar içindedir. Bu oluşumu hızlandıran birikimleri de var. İnsan ve madde kaynaklarının yanı sıra, kültürünün bu birikim içindeki payı büyük. Aslında, öteki geri kalmış ülkelerle kıyaslanamayacak denli köklü ve zengin bir kültürdür bu.

Ne var ki, büyük sorunları da vardır bu kültürün. Tarım toplumundan sanayi toplumuna geçişin sancılarını çeken –bir başka bakışla– "kapitalistleşme süreci" içinde olan bir toplumda, kültürün sorunlardan uzak olması beklenir mi?

Batı'nın etkisine girmiş Doğu toplumlarını inceleyen bir Fransız sosyoloğu şu çözümlemeyi yapıyor: "Bütün kültürler, zamanın akışı içinde bazı değişimlere uğrarlar. Başka kültürlerle temasın ve toplumlardaki doğal gelişmenin sonucunda ortaya çıkan yeni görüşler, **toplumun temel değer yargılarının çerçevesinde kalmak koşuluyla** onun kültürünü etkiler. Toplum, temeliyle çelişmeyen görüşleri zaman içinde benimseyebilirken, çelişenleri reddeder. Bu **seçme hakkı** yitirilmediği sürece, kültür, dengesini ve benliğini korur. Seçme hakkının ortadan kalktığı durumlarda ise (yeni sömürgecilik, vb) temel değerler değişebilir ve yaşamsal kurallar sarsılabilir. Bu gelişme sonucunda kültür yıkılır, parçalanır ve **kültürsüzleşme** (*déculturation*) dediğimiz durum ortaya çıkar."

Türkiye, 200 yıldan beri, işte bu anlamda bir kültürsüzleşme sürecinin içindedir.

Hangi etkenlerdir onu bu sürecin içine sokan? Kültürümüz ne iken ne olmuştur?

Bu soruları yanıtlayabilmek için, kültürümüzün kaynaklarına eğilmek, değişim evrelerini saptamak ve bir evre olarak, özellikle "Batılılaşma" üzerinde durmak gerekir.

Türk tarihinde belli başlı dört kültür değişim evresi vardır: Türklerin İslam dinine geçmeleri, kültür değişmesinde bir evredir. Anadolu'ya yerleşmeleri, bu topraklarda daha önce yaşamış ya da o sıralarda yaşayan uygarlıklarla alışverişleri ikinci bir evredir. Osmanlı İmparatorluğu'nun yayılışı, çeşitli dinlerde ve etnik ayrımlarda çeşitli halkları yönetmesi de, gene karşılıklı bir kültür alışverişi çerçevesinde bir evredir.

Ve son olarak, Batılılaşma isteği ve bu yoldaki denemeler, geçirdiğimiz değişim evrelerinin son halkasıdır.

Anadolu ve İslam-Türk bireşimi

İlk üç evre, sonuçta, Osmanlı kültürünün kişiliğinde bir **"İslam-Türk bireşimi"**ne ulaşmıştır.

Anadolu, bir bireşimin yurdudur.

Gerçekten, "Anadolu, kültür bakımından önemli nitelikleri olan bir toprak parçasıdır. Bir çeşit köprü durumundaki Anadolu'dan tarih boyunca çok sayıda ve değişik özellikte kavimler geçmiş, bunların önemli bölümü bu toprakları yurt edinerek yerleşmiş, Anadolu halkıyla kaynaşmış, onu meydana getirmiştir. Anadolu, çeşitli kavimlerden kurulu bir imparatorluğun temeli olması nedeniyle, çok değişik geleneklere sahip toplulukları barındırabilmiş; farklı gelenekler, düşünüş ve deyiş tarzlarını günümüze dek yaşatabilmiştir. Ancak, bütün bu topluluklar, özelliklerini **İslam-Türk kütürünün çerçevesinde** korumuş, onunla özdeşleşmişlerdir. Bölgesel, dinsel ve etnik ayrılıklar, çelişen kültürlerin anarşik görünüşüne bürünmemiş, her birinde kendini duyuran aynı temel kültürün göze ve kulağa hoş gelen değişik ifadeleri şeklinde belirmişlerdir."(1)

Anadolu'da oluşmuş İslam-Türk bireşiminin ana çizgileri nelerdir?

Aslında, **pratik** ve **"akılcı"** yanı ağır basan bir dünya görüşüdür bu. Gerçekten, çağı içinde ele alındığında, örgütünün ve yönetiminin "akılcı" ilkelere dayanması bakımından, Osmanlı

---

1) İsmail Cem, *Türkiye'de Geri Kalmışlığın Tarihi,* 2. Bası, İstanbul, 1971, s. 443-444.

İmparatorluğu ayrıca dikkati çekmektedir. Çeşitli ülkelerin ve halkların merkezî bir yönetim altında toplanması ve yüzyıllar boyunca birlik halinde yönetilmesi de, pratik ve "akılcı" yanı ağır basan bir dünya görüşü ile olabilirdi ancak. **"Cemaatçilik, toplu güvenlik, kanaatkârlık, düzen ve uyum"** bu dünya görüşünün birer parçasıdırlar.

"Birey"i, bireyle toplum ilişkilerini de, kendine özgü bir biçimde yorumlar bu dünya görüşü.

> "Anadolu Türk toplumu, insanla toplumun tam anlamıyla birlik ve bütünlük teşkil ettiği bir toplum değildir. Böyle bir topluma, ancak ilkel topluluk ya da aşiret dediğimiz kuruluşlarda rastlıyoruz. Ama, Anadolu Türk toplumu, köleci, feodal ya da kapitalist toplumlar gibi, sınıfların birbirinden kesin olarak ayrıldığı ve fertlerin tam anlamıyla ortaya çıktığı bir toplum da değildir... Bu toplumda, **fert ile toplum arasındaki kaynaşmışlık ve birlik tamamen kaybolmamıştır; ama fert, kendini topluma bağlayan göbek bağını da tamamen kopartmamıştır...** Bu toplumda sınıflar vardır... Ama tek tek sınıflara karşılık, **toplumun bütünlüğü ve birliği** ağır basmaktadır. Ayrıca, belli sınıflara mensup fertlerin bir başka sınıfa geçmesindeki kolaylık (mesela köylü çocuğunun sadrazam olması gibi), sınıf mücadelelerinin Batı'da görüldüğü gibi keskin ve amansız olmasını imkânsız kılan bir başka nedendir. **Toplumun birlik ve bütünlük olarak ağır basması ve sınıf mücadelelerinin iktidara yönelmiş bir ölüm-kalım meselesi haline gelmemiş olması,** Anadolu Türk toplumuna mensup ferdin de Batı'daki gibi bir **"fert" haline gelmemesi sonucunu** doğurmuştur."(2)

Anadolu, kültür kişiliğini ve bütünlüğünü –aşağı yukarı– 19. yüzyıla değin koruyacaktır. Ne var ki, kendi içindeki ters gelişmelerin de yer yer zorlamakta olduğu bu kültürel yapı, Batı ile temasın sonucunda yaralar alacak ve iktisadi çöküntüye koşut olarak gelişen bir yozlaşma, etkisini kültür planında gösterecektir.

Batılılaşma ve kültür ikileşmesi

19. yüzyıl Türkiye'de, **"Batılılaşma hareketi"**nin başladığı bir yüzyıldır. Türkiye'nin yalnız iktisadi, sosyal ve siyasal yaşa-

---

2) Selahattin Hilav, *Felsefe Elkitabı,* 2. Bası, 1975, s. 140-141.

mı bakımından değil, aynı zamanda kültürel yaşamı bakımından da önemli sonuçlar doğuran bir harekettir bu.

Nedir Batılılaşma hareketi?

Ve niçin 19. yüzyılda ortaya çıkar?

Batılılaşma hareketi, 1800'lerde III. Selim ve II. Mahmud dönemlerinde başlatılan, ilk kez **Gülhane Hatt-ı Hümayunu** (1839) ile hukuksal bir biçim kazanan ve günümüze değin süren bir olgudur.

Tarihimizde, 1800'lerden önce, örneğin Kanuni döneminde Batılılaşma diye bir sorun yoktur. Ama, 19. yüzyılda vardır.

Niçin?

Osmanlılar, Batı karşısında ilk yenilgilerinde Batı'ya ilgi duymaya başlamışlardır. Ancak, Batılılaşmanın ortaya çıkışını bu ilgiden çok, Batı **kapitalizminin** gelişmesi ve kendi ulusal sınırlarını aşarak Osmanlı İmparatorluğu'na karşı tezgâhladığı girişimlerde aramak tarihsel gerçeklere daha uygun olur.

Böylece, Batılılaşma ile, Türkiye'de kapitalizmin bir iktisadi sistem olarak girişi arasında bir koşutluk olduğu açıktır.

Ne var ki, Osmanlı İmparatorluğu, bir burjuva sınıfı yaratarak kapitalizme geçme konusunda, zaman bakımından da geç kalmıştı. Kesin ıslahat hareketlerine girişildiği dönemde, yani 19. yüzyılda, kapitalizm, kendisine ortak kabul etmeyecek ölçüde güçlenmişti çünkü. Böylece Türkiye'de, **Batı kapitalizmiyle işbirliği yapabilecek derme çatma bir ticaret burjuvazisinin** doğup gelişmesine izin verilebilirdi ancak. Doğuşunda **"ulusal"** olmayan bu sınıf, "dışarıya bağımlı" olarak kalacaktır.

Gelişen kapitalizm de öyle.

Yönetici kadronun belli bir kesimi ile birkaç iyi niyetli aydın, Batı kurumları topluma aktarılınca geriliğin üstesinden gelinebileceğine ve böylece çökmekte olan imparatorluğun kurtarılabileceğine inanmışlardı. Ne var ki, Batılılaşma hareketinin asıl itici gücünü, **Osmanlı egemen güçleriyle, Batı kapitalizminin kendisi** oluşturmuştur: Osmanlı toplumunda artıkürünü ele geçiren kesimle, Batı'nın istekleri bu dönemde birbirine uygun düşüyordu. Öyle olunca da, hiç çekinilmeden, tam bir liberal uygulamaya geçilir ve Batı kurumlarını topluma aktarma da "reform" diye halka sunulur.

Ancak, bizdeki Batılılaşma hareketi, aşağıdan gelmez. İç dinamiğin, giderek halk kitlelerinden gelen istemlerin ortaya çıkardığı bir hareket değildir. Tersine, egemen sınıf ve zümrelerin kendi iktidarlarını uzatmak için giriştikleri; böylece, yığınların yararına herhangi bir yapı değişimini içermeyen yalınkat bir hareket olarak kalır. Hareketin iktisadi, sosyal ve siyasal alandaki bu yalınkatlığı, düşünce akımlarında, daha genel bir deyimle, kültürde de apaçık görülür. Son olarak, Batılılaşma, ekonomik ve sosyal açıdan etkinlik taşıyan bir hareket değildir; ne toplumun temellerine ne de halkın yaşamına işlemiştir.

19. yüzyılda başlayan ve bugün de sürdürülen Batılılaşma hareketi, nasıl bir tablo ortaya çıkarır?

– İktisadi planda, **Batı kapitalizminin Türkiye üzerindeki emelleri gerçekleşir.**

Daha önce de anlattığımız gibi, 1838'de İngilizlerle imzalanan Ticaret Antlaşması'nın açtığı, daha sonra çeşitli "reform"larla gelişen çığır, imparatorluğu sonunda **Batı kapitalizminin "yarı-sömürgesi"** durumuna düşürür. Bu anlamda, Batılılaşma ile Osmanlıların yarı-sömürgeleşmeleri arasında bir koşutluk vardır.

Ve yalnızca kötü bir rastlantı da değildir bu.

Bugün de, Türk ekonomisini Batı kapitalizmine daha da bağımlı kılacak birtakım girişimlerde (örneğin Ortak Pazar'a girme) bulunurken –dışarıdan ve içeriden– ortaya atılan gerekçeler arasında "Türkiye'yi Batılı bir ülke haline getirmek" düşüncesine sık sık rastlanır.

– Sosyal planda, bir **"ikileşme"**nin içine itilir toplum.

Gerçekten Batı'ya benzemek için Batı kurumlarını aktarmak, çoğu halka karşın yapılmıştı. Bütün bu çabalar, hep halktan kopuk, giderek halkın zararına ve tepeden inme bir nitelik taşıyınca, Batıcılık halka ters düşecek ve toplum, iki yüzyıla yakın bir süredir devam eden bu ikileşmenin içine itilecekti.

Bu ikileşmenin sosyal yaşamdaki görünüşünü, İsmail Cem güzel belirtiyor: "Batılılaşmaya yönelenlerin ilk yapacakları, üzerinde iğreti duracak bir **Avrupai görünüşe** bürünmektir. Uzun süre Batılılaşma, cümleler arasına sıkıştırılan ve çoklukla yanlış kullanılan üç-beş Fransızca sözcükte ifadesini bulacak; Türkiye'nin koşullarıyla ve halkla alay edermişçesine sürdürülen **israfçı bir yaşantı** önce eski

İstanbul'un "Cercle"lerinde, sonra Cumhuriyet Ankarası'nın "Palas"larında, giderek modern İstanbul'un "Kulüp"lerinde yeni kültürün nişanesi olarak belirecektir. Batı kültürünün üstün nitelikleri olan **araştırıcılık, yaratıcılık, hoşgörürlük** gibi özelliklerin bizim yerli Batılılarca benimsenmesi boş yere beklenecektir.

Geleneksel kültürlerini koruyanların içe dönüklüğü ise, onları sömüren ve ekonomik anlamda tutucu olan zümrelerin eline güçlü bir koz verecektir. Halkın, kendi erdemlerine çok yabancı bulduğu yeni kültür karşısında gösterdiği tepkinin kapsamını, bu zümreler ustalıkla genişletecek ve tepkinin koruyucu kanadı altına bütün bir ekonomik düzen de sokulacaktır."(3)

– Kültürel planda, Batılılaşmanın yarattığı çoğu edebiyat ve düşünce ürünleri de, **topluma yabancı kalmışlığın ve taklitçiliğin** belgeleridir.

Türk düşünce dünyası, tam anlamıyla bu yabancılaşmayı aşabilmiş, giderek taklitçilikten kurtulabilmiş değildir henüz. Batı, her yaptığımız işin ölçüsüdür. "Doğrunun araştırılması", yerini "Batı'ya uygunluğa" bırakmıştır. Hiçbir gerçek felsefi gereksinmenin karşılığı olmayan ve sadece taklitçilikle şu ya da bu düşünceyi Türkiye'de tanıtmakla yetinmek, yani "fikir ithalatçılığı" yapmak bizim kültür yaşamımızın temel özelliklerinden biridir. Öyle olduğu içindir ki, Batılılaşma hareketi içinde gerçek bir felsefe okulundan ve "filozof"tan bahsedilemez. Ancak, Osmanlı toplumunun eski ideolojik yapısının yerine konmak üzere, Batı'dan aktarılmış ve sadece günümüz gereksinmelerine yanıt verir yalınkat düşünceler ile süren "ideologlar"dan ya da dayanıksız bazı fantezilerden bahsedilebilir.

Bu süreç içinde, belli bir "aydın tipi" de ortaya çıkar.

Selahattin Hilav'ın deyimiyle, **"iki dünya arasında kalmış; eski dünyasını kaybetmiş, ama yeni dünyasına henüz ulaşmamış"** bir aydın tipidir bu. "Kendi durumunu açıkça göremez; kendi bilincine ulaşmasını sağlayacak şartlar ve birikim henüz ortaya çıkmamıştır. Taklitle ve 'kendini şu ya da bu sanma' ile tatmin olur; düşüncesini derinleştirmeye, köklü eleştirilere yönelmeye, kendini aşmaya ihtiyaç duymaz. Henüz iyimserliğini kaybetmemiş; içinde bulunduğu çıkmazı fark etmemiştir. Batıdan Le Play'nin* 'sosyal bilimler' metodunu ya da Durkheim'ın 'sosyolojisi'ni getirmekle, her derde deva

3) İsmail Cem, *a.g.e.,* s. 445.

bulacağını sanır. Islahat devri aydını, hem **iyimser,** hem de felsefi bakımdan 'idealist'tir. Yani fikir, bilgi ve eğitim yoluyla toplum hayatını düzene kavuşturacağına inanır, meselenin her şeyden önce **'bir kültür ve ahlak meselesi'** olduğunu söyler. Kültür ve ahlakın bir 'neden' değil bir sonuç olduğunu göremez. Bundan ötürü emir vererek **tepeden 'devrim'** yapılabileceğini sanır; halkın bu 'devrimleri' benimsemeyişini anlayamaz ve hayretle karşılar. Kısacası, bu aydın tipi henüz kendi yalınkat düşüncelerinin ötesine geçememiş, kendisini, içinde yaşadığı toplumu ve bu toplumun öteki toplumlarla olan ilintisini nesnel bir şekilde kavrayamamıştır. Yani **'kendinin-bilinci'**ne ulaşmamıştır."(4)

Bu aydın tipine, toplumumuzda, yalnız "Batılılaşmacı" burjuva çevrelerde rastlanmaz. Onun bir başka çeşidi, "sol" çevrelerde dolaşır: "Diyalektik materyalizm"e inandığını söylediği ve gerçekten de inandığı halde, "metafizik" yöntemle düşünen ve eyleme kalkan; çok daha başka koşullarda başarıya ulaşmış şu ya da bu "sosyalist devrim"i kuru bir model olarak alıp, her türlü nesnel koşulları göz ardı ederek, Türkiye'de tıpatıp gerçekleştirmek isteyen, taklitçi, ezberci, slogancı, şamatacı bir tip.

"Türkiye solu"nun baş belalarından biri de budur!

Ve halk kitlelerine uzaklık bakımından, bu tiple "Batılılaşmacı" tip arasında pek büyük bir fark da yoktur!

Sonuç

Bu açıklamalardan sonra –yakın tarihimizin bize öğrettiklerine de dayanarak– bir değerlendirmede bulunacak olursak, Batılılaşmacı görüşün Türk toplumunun çoğu sorunlarını yanlış yansıttığını, yetersizliğini kabul etmek zorundayız.

Gerçekten, Batılılaşma düşüncesi, toplumun somut verilerini, olanı çarpık bir şekilde yansıtmıştır, saptamaları yanlıştır. Bu saptamalardan hareket ederek doğru sonuçlara ulaşmak olanaksızdır. Hareket noktası yanlış olursa, doğru bir sonuç vermemesi doğaldır. Gerçekten en iyi niyetli ve yetenekli yaklaşımlar, sığ bir yerde takılıp kalmıştır. Türk toplumunun sosyo-ekonomik yapısını, tarihsel plandaki yaşanmışlığını dik-

4) Selahattin Hilav, *a.g.e.,* s. 147.

kate almayan girişimler, toplumu ve içindeki insanları çarpıtmaktan başka bir işe yaramamıştır. Burjuvası olmayan bir toplumda burjuva dünya görüşünü uygulamaya çalışmakla; ne bir burjuva sınıfı yaratabilmiş, ne de burjuva dünya görüşü –bütün boyutlarıyla– yerleştirilebilmiştir. Toplum, kendine yabancılaştırılmış, iktisadi yapısında zorla ortaya çıkarılan çarpıklıklara uygun, ama tarihsel ve sosyal gelişimine yabancı bir ideolojinin arkasından gitmeye mahkûm edilmiştir. Türkiye'nin ve Türkiyeli insanın gerçeklerine hiç –ama hiç– uymayan bir ekonomik, sosyal, kültürel ve hukuksal düzeni ona zorla kabul ettirmeye uğraşmak, günümüzdeki bütün tutarsızlıkların nedenidir.

Batılılaşma, iktisadi plandaki **"sömürünün üstünü örtmeye yarayan bir şal"**dır aslında.

Böylece, Tanzimat'la başlatılan üstyapı değerlendirmelerinin toplumu ileri götürür bir niteliğinin bulunmadığını kabul etmek zorundayız. Batılılaşma hareketinin bu niteliği, tarihe ve sosyal olaylara, bilimsel açıdan yaklaşan yazarlarca iyice açığa çıkarılmıştır. Ne var ki, yeni yeni ortaya çıkan bu bilimsel gerçekler, düşünce dünyamızda kolay kolay kabul edilmemekte, tepkiyle karşılanmaktadır.

Gerçekler, kendilerini kesin olarak kabul ettirinceye dek, sürecektir bu tepkiler de...

DAHA ÇOK BİLGİ

Selahattin Bağdatlı, "Batılılaşma Düşüncesine Başlangıç Taslağı", *Türkiye Defteri,* Nisan 1975, sayı 18, s. 502-506.

Niyazi Berkes, *Türkiye'de Çağdaşlaşma,* Ankara, 1973.

Niyazi Berkes, *Türk Düşününde Batı Sorunu,* Ankara, 1975.

C. W. Ceram, *Tanrıların Vatanı Anadolu,* İstanbul, 1979.

İsmet Zeki Eyüboğlu, *Tanrı Yaratan Toprak,* İstanbul, 1973.

Halikarnas Balıkçısı, *Anadolu'nun Sesi (Tarih ve Hellenizm),* İstanbul, 1971.

Mümtaz Turhan, *Kültür Değişmeleri,* İstanbul, 1972.

Hilmi Ziya Ülken, *Türkiye'de Çağdaş Düşünce Tarihi,* 2. Bası, İstanbul, 1979.

OKUMA

KÜLTÜRÜMÜZÜN KÖKENLERİ SORUNUNA NASIL YAKLAŞMALIYIZ?

Yarım yüzyıla yakın bir süredir **Türk kültürünün kökenlerini araştırma** çabası içindeyiz. Ama, doğrusu, bu alanda belirli bir bileşime, bir senteze varmak şöyle dursun, kültürümüzün kökenleri konusunda bir anlaşmaya bile varmış değiliz. Kültürümüzün kaynakları nerededir, nereden çıkmaktadır? Şimdiye değin öne sürülen görüşlere bu sorunun egemen olduğu anlaşılıyor; soru kapsamlı olarak ve yeterince yanıtlanmadan bir bileşime varmanın olanaksız olduğu sanılıyor. Başka bir deyişle, bugüne değin süregelmekte olan yöntem, "önce kültürümüzün kökenlerini araştırmaya yönelmeli, ondan sonra ulusal bir bileşime gidilmeli" biçiminde ortaya konulmuştur. Doğallıkla bu, doğru bir yöntemdir. Ancak, büyük bir yanılgıya düşülüyor. Kültür kaynakları saptandıktan sonra, bu kaynaklardan yararlanarak bir bileşime gidilecek yerde, kökendeki kültür bir bileşim sayılıyor. Oysa geçmiş bir kültürden bir bileşime gitmek başka, geçmiş bir kültürü bir bileşim sayarak çağımızda geçerli kılmak başkadır. Bu yanılgıya sürekli olarak düşülüyor.

1932'de toplanan **Birinci Türk Tarih Kongresi,** bu yanılgının ilk örneğini vermiştir. Türk kültürünün kökenlerinin bilimsel bir yaklaşımla ele alınması savını taşıyan bu kongre, resmî tarih görüşünün yürürlüğe konduğu bir kongre olmuştur. "Orta Asya'nın otokton halkının Türk olduğu" savında düğümlenen bu tarih görüşü, üstü kapalı bir kültür anlayışını içeriyordu. Birinci Türk Tarih Kongresi'ne katılanlardan İhsan Şerif Bey'in sözlerine bakılırsa, "bütün dünyaya şamil olan medeniyetin mebde ve menşei Orta Asya yaylasıdır. Orta Asya'nın otokton halkı da Türkler olduğuna göre, o medeniyetin naşir ve nakilleri de Türkler olacaktır." Bu görüş, Türk kültürünün geçmiş bütün kültürleri kapsayan, onlara yol açıcılık eden bir kültür olduğu doğrultusundadır. Birinci Türk Tarih Kongresi, kültürümüzün kökenlerini **Orta Asya Türk halklarının geliştirdikleri kültürlere** bağlıyor böylece.

Bundan sonraki yıllarda kültürümüzün temellendirilmesi işinin ertelendiğini, ulusal bir bileşime varılması amacıyla Türk kültürünün kökenlerinin araştırılmasının bir yana bırakılarak **Batı kültürünün** benimsenmek istendiğini görüyoruz. Burada Birinci Türk Tarih Kongresi'nde egemen olan görüşten radikal bir sapma söz konusudur. Batı kültürü, Orta Asya'nın otokton halkı olan Türklerin oluşturdukları bir kültür sayılmamaya başlanıyor. Bu konuda en "Batılı" düşünürümüz Ataç olmuştur. Ancak, o da belirli bir çelişkiyi getiriyordu: Batı uygarlığını hazırlayan kültür birikimini Orta Asya'nın otokton halkı olan Türklerin sağladığı konusundaki **aşırı ulusçu tez, bilim doğrularından uzak bir duygusallığa dayandığı** için bir yana bırakılmıştı. Ataç, bu tezi benimsememekle "olumlu" bir gelişmeyi hazırlıyordu ama, Batı kültürü varken ulusal bir bileşime gitmenin gereksizliğine kapılarak "olumsuz" bir gelişmeye de öncülük ediyordu. Yazılarından anlaşıldığı kadarıyla Ataç'ın kültür anlayışı, **Batı kültürünün evrenselliği** düşüncesine dayanıyordu; evrensel bir kültürün temellendirilmesi söz konusu olunca, ulusal bileşime, Türk kültürü açısından özgün, "sui generis" yapılara gitmek gereksizdir. Batı kültürünün temellendirilmesi işini üstlenmek, giderek, eski Yunanca ve Latince öğrenmektir yapılacak iş. Görülüyor ki, Birinci Türk Tarih Kongresi'nin, "Batı kültürünün temelini oluşturan Orta Asya'nın otokton Türk halklarıdır" tezi gibi bilimsellikten uzak ve aşırı duygusal ulusçuluk bilincinin yerini, **"Türk kültürünü temellendirmek diye bir şey söz konusu olamaz. Batı kültürünü benimsemek gerekir"** gibi ters doğrultuda, ama o ölçüde aşırı duygusal bir evrensellik bilinci almıştır. Bu kültür anlayışının aman vermez savunucusu da Ataç'tır.

Kuşkusuz, aşırı Batıcılık ya da evrenselcilik tezinin gerçeklik kazanmasında tek parti yöntemi siyasasının büyük payı olduğu kadar, 1930'ların aydınlarının kültür problemlerini edebiyatın ötesinde bir yapı sorunu olarak ele almayı düşünmemiş olmalarının da payı vardır. Ataç bir edebiyat adamıydı, bir kültür adamı değil. Onun "bölmeli kafa"lılığı, kültür problemlerine bir edebiyat adamı olarak yaklaşmasındadır. **Bir bileşim bilinci yoktur Ataç'ta.** Edebiyat adamlarımızın kültür problemlerine özellikle Türk kültürü bağlamı içinde yaklaşmayı denemeleri ise, ister istemez, Ataç'ı aşacaktı elbet.

Tek parti yönteminin aşırı Batıcı kütür politikasından çıkarak, Türk kültürünün kökenleri üzerinde düşünen aydınlarımızın başında **Sabahattin Eyüboğlu** geliyor. Kültür problemlerine, edebiyatın ötesinde bir yapı olarak yaklaşan Eyüboğlu, bir başka tezle çıkar karşımıza: Türk kültürünün kökenini, Orta Asya'da ya da Batı'da değil, **Anadolu'**da aramak gerekir. Türk kültürü, **Anadolu toprakları üzerinde uygarlıklar kurmuş halkların, Anadolu halklarının oluşturdukları kültürlerin özemsemesidir.** Böylece, Anadolu insanının geçmiş yüzyıllarda geliştirdiği kültür birikimlerini temellendiren hümanizmacı bir kültür anlayışına varılmak istenir. Kültürler arasındaki yapı farkları önemsenmeyerek Yunus'la Homeros, Anadolu hümanizmasının birer büyük yol açıcısı sayılır. Giderek Anadolu hümanizmasının "bütün insanı" ortaya koyan bir kültürle biçimlendiği öne sürülür. 1960 sonrasına kadar hümanizmacı tezin aydınlar kesiminde büyük yankılar uyandırdığını görüyoruz. Bu ilgi bugün de süregitmektedir, ama eskisi kadar saygınlık görmemektedir.

Hümanizmacı tezin karşısına bir başka tezle, **Osmanlı tezi** ile çıkılmıştır. Türk kültürünün kökenlerinin Osmanlı kültürüne indirgenmesi savında beliren Osmanlıcılık tezinin kuramcısı **Kemal Tahir**'in tarih ve uygarlık görüşü, Osmanlı kültürünün getirdiği perspektiflerle sınırlıdır. Ona göre **bize her türlü kötülük Batı'dan, Batılılaşma'dan gelmiştir. Bu yüzden Osmanlı kültürü egemen kılınmalı, bir tür Osmanlı revivalizmine gidilmelidir.** Bu tezin, Osmanlıcılık konusunda art niyetler taşıyan reaksiyoner çevrelerde uyandırdığı yankılar üzerinde duracak değiliz. Ancak bunlardan bazılarının Kemal Tarih'in adını anarak bir Osmanlı Rönesansı'ndan söz ettiklerini söylemekle yetinelim. Osmanlıcılık tezinin sinema alanında uygulanmasını yürekten üstlenmiş görünen bir film adamımızın ise, işi Yusuf Vehbi'li Arap filmlerinin övgüsüne vardırdığına tanık olmak, Türk kültürünün kökenlerini saptama ile ulusal bir bileşime varma sorununun birbirine nasıl karıştırıldığının en iyi örneği olsa gerekir.

Orta Asya tezi, Batıcılık tezi, hümanizma tezi, Osmanlılık tezi derken, son günlerde bir başka düşünce ortaya çıkmıştır: **Selçuk tezi. "Selçuklu Işığı"** tezinin kuramcısı **Ferit Öngören**'dir ve ona göre Türk kültürünün kaynaklarını Selçuklu devletinde aramak gerekir. Görülüyor ki, son kırk yıldır kültürümüzün kökenleri üzerinde bir uzlaşmaya varılmamıştır. Gerçekten sorun bu değildir. Türk kültürünün kökenleri Orta Asya'da mıdır, Batı'da mıdır? Anadolu'da mıdır, Osmanlı'da mıdır, Selçuklu'da mıdır? Sorun bu doğrultuda ele alındığı sürece işin içinden çıkmanın olasılığı yoktur. Bu tür önerilerin sonu olmadığı gibi, belirli bir ulusal bileşime varma amacı göz önünde tutulmadan, kültürümüzün kökenleri üzerinde varsayımlara girişmenin anlamı da olamaz.

Öyleyse ne yapılacaktır?

Yapılması gereken, sorunu bir yöntemle ele almaktır. Türk kültürünün kökenlerinin araştırılması ancak bir dünya görüşünü içeren ulusal bir kültür bileşimine varılması amacını taşıdığı sürece bir anlam kazanır. Bu yapılmadıkça, kökenlerin Osmanlı ya da Selçuklu kültür yapılarına dayandırılmasının somut ve yapıcı bir işlevi olamaz. Bu işlevi, ancak, belirli bir amacı, **ulusal ve çağdaş bir kültür bileşimine** varma amacını sürekli olarak göz önünde bulundurmakla sağlayabiliriz. Demek ki sorun, Türk kültürünün kökenlerinin saptanması gibi bir başına ele alınacak basit ve tarihsel bir sorun olmaktan çok, ulusal bir kültür bileşimine varılmasını öngörmek gibi bir **yöntem sorunu** olarak çıkıyor karşımıza. Bu kültür bileşimine varmak ise, geçmişte var olan bir kültürün bulgulanması, aydınlığa çıkarılması anlamında edilgen (pasif) bir iş değil, geçmişte var olan kültürlerden yararlanarak ortaya bir yapı çıkarmak anlamında etkin (aktif) bir uğraştır. Bunun için de, önce **içinde yaşadığımız çağı ve toplumu,** bu toplumun **belirgin yapısal karakteristiklerini** dikkate almak, **bu karakteristiklerin geçmiş kültürlerle olan köklü ve derin ilişkilerini aydınlığa çıkarmak gerekiyor.** Ulusal bir kültür bileşimine varmak için tutulacak yol, **dünden bugüne gelmek değil,** tam tersine, **bugünden düne gitmektir.** Dünden bugüne gelmek ister istemez, geçmiş bir kültürü bugün de geçerli kılmak eğilimini de birlikte getiriyor. Üstelik, çağdaş Türk toplumunun yapılarına geçmiş ya da bugün süregitmekte olan kültürlerin ne ölçüde yansıdığını bulup irdelemek, bizi kültürümüzün kökenleri konusunda çok daha sağlam, tutarlı ve nesnel varsayımlara ulaştırabilir.

(Hilmi Yavuz, "Kültürümüzün Kökenleri mi?"
Varlık, sayı 781, s. 5, 26)

SORULAR

1. Kültür tarihimizde belli başlı kaç kültür değişimi evresi vardır? Ve hangileridir bunlar?

2. Anadolu'nun, kültür tarihi bakımından önemli özellikleri hangileridir?

3. "Batılılaşma hareketi" deyince ne anlaşılır? Bu hareket, ne zaman ve niçin doğar? İktisadi, sosyal ve kültürel bakımlardan ne gibi sonuçlar doğurur bu hareket?

4. Batılılaşma hareketinin ortaya çıkardığı aydın tipi, nasıl bir tiptir?

5. Batılılaşma hareketi hakkında siz ne düşünüyorsunuz?

6. Kültürümüzün kökenleri konusunda ne gibi tezler ileri sürülmüştür? Bu düşüncelerin eksik yanları nelerdir? "Ulusal ve çağdaş bir kültür bireşimi"ne varmak için ne gibi bir yönteme başvurmalıdır aslında? (Okuma parçasını okuyunuz.)

KÜLTÜRÜMÜZÜN SORUNLARI VE GELECEĞİ

Sorunlar

Kültürümüzün yığınla sorunu var bugün.

Yerini düzensiz, beğenisiz, iğreti, bayağı ve yoz bir "yığın kültürü"nün aldığı, halkımızın yüzyıllar boyu oluşturup yaşattığı, ama bugün gitgide aşınıp yok olmaya yüz tutan gerçek "halk kültürü"ne sahip çıkma sorunu var; "kitlelere ulaşma" sorunu var; "burjuva kültürü ile sosyalist kültür arasındaki ilişkiler" sorunu var...

Ve bütün bu sorunlar, aslında koşulları son derece ağır ve nankör bir ortamda çözüm bekliyor.

Halk kitlelerine, "her şeyi talihe bırakmayı" aşılayan –bir yazarımızın **"piyango kültürü"** dediği– gerçek bir **"kültürsüzleştirme"** politikasının beyinleri yıkayıp koşullandırdığı, egemen sınıfların, giderek tekelci sermayenin özgür düşünce ve onun ürünlerine karşı açıkça kültür düşmanlığı yaptığı bir ortamdır bu.

Kapitalistleşme sürecine geç girip, bir çıkmazın içinde iki yüzyıldır bocalayan bir toplumda, aslında olağan bir sonuçtur bu gelişmeler...

Doğrusu istenirse, Türkiye'de bir **"kültür devrimi"**ne gerek var.

Bu gerek, dışardan aktarma değer yargılarını bir yana iterek, bilimi egemen kılma dönemini açacaktır. İnsanlığın ve uygarlığın Yunan ile başlayıp Batı ile bitmediğine parmak basmak zorundayız. Yeni bir dünya kuruluyor; bu dünyanın dışında kalmak, **çağdaş uygarlığa** sırtımızı dönmek demektir.

Batılılaşamayız, doğru; ama çağdaşlaşabiliriz.

Çağdaşlaşmak ise, her şeyden önce bir **"yöntem"** sorunudur: Doğaya, topluma ve insana, "akılcı" ve "diyalektik" bir açıdan bakmak yani. Ve sorun, bu yöntemi egemen kılma sorunudur aynı zamanda; soyuttan somuta, kuramdan uygulamaya, tek kelimeyle yaşama geçirmek...

Geleceğe uzanan bir oluşum içinde sanat ve edebiyatın işlevi nedir?

Bu soruya sağlıklı bir yanıt verebilmek için, Türkiye'de sanat ve edebiyatın dünden bugüne izlediği çizgiyi saptamak gerekir.

Türkiye'de sanat ve edebiyatın izlediği çizgi

Osmanlı toplumunun kuruluşundan 19. yüzyıla değin geçen dönem içerisinde sanat ve edebiyat, **halk sanat ve edebiyatı ile egemen sınıfın sanat ve edebiyatı** olmak üzere **ikili bir nitelik** taşımıştır.

Halk sanat ve edebiyatı, bir ölçüde, egemen sınıfın sanat ve edebiyatından etkilenmişse de –genel olarak– sosyal değişime bağlı bir evrim çizgisi izlemiş, **dinselden sosyale doğru** gelişmiştir. Egemen sınıf sanat ve edebiyatı ise –ıslahat yoluyla toplumu düzeltme anlayışının uç verdiği Nâbi dönemi ile, gününü gün etme anlayışının etkinleştiği Nedim dönemini saymazsak– 19. yüzyıla değin "zaman ve mekân dışı bir nitelik" taşımış, yerli koşulların belirlediği bir evren yerine, **"dışarıdan aktarma bir evren"**'in, özellikle İran sanat ve edebiyatının sözcülüğünü yapmıştır.

Ne var ki, 19. yüzyılda ortaya çıkan ve Batı'nın yörüngesine girmekle eşanlamlı olan Batılılaşma çabaları içerisinde, egemen sınıf sanat ve edebiyatında bir yarışma ortaya çıkar: O güne dek süregelen değerlerin sözcülüğünü yapmak isteyenlerin oluşturdukları sanat ve edebiyatın karşısına, Batı'nın belli bir tarihsel evrim sonucu oluşturmuş olduğu değerleri yansıtmak isteyenlerin sanat ve edebiyatı çıkar.

Birinci gruptakiler, Batılılaşma çabalarının sonuçlarını saptama yönünden gerçekçi olmakla beraber, eskiye sarılmakla "gerici"; ikinci gruptakiler ise, sözcülüğünü yaptıkları değerleri besleyecek iktisadi bir tabana dayanmamaları yüzünden **"taklitçi"** bir nitelik kazanırlar. Böylece, geri bıraktırılmış bir ülke durumuna düşen Osmanlı toplumunda sanat ve edebiyat, giderek toplumun çıkarlarını değil de, emperyalist Batı'nın çıkarlarını savunan bir duruma düşer.

Cumhuriyet'le beraber, sanat ve edebiyat planında önemli değişiklikler ortaya çıkar.

Bu dönemde, bürokratik mekanizma ile bütünleşme halinde olan sanat ve edebiyatçılar, Osmanlı sanat ve edebiyat geleneğinin bütününe sırt çevirmişler; laikleşme çabalarına koşut olarak bu kalıpları ayıklamışlardır. Roman, Osmanlı egemenlerinin yaslanmış olduğu değerleri mahkûm etmekte ve Cumhuriyetçi değerleri yükseltmekte bir araç olarak kullanılırken, şiir alanında, aruz veznine cephe alınarak –ulusal vezin olarak kabul edilen– hece vezni baş köşeye geçirilmektedir. Yerli bir açıya ulaşmak yönünden olumlu gibi gözüken bu tutum hece vezninin belli bir işlevi yerine getirdiği dönem koşullarının dikkate alınmaması nedeniyle, geriye dönük bir nitelik kazanacaktır giderek.

Bu gelişmeler içinde, olumlu adımlar, **Nâzım Hikmet**'le **Sabahattin Ali**'den gelir.

> Her iki yazarın gelenek karşısındaki tutumları, geleneksel kalıplar içerisine sıkışmak değil de, onu aşmak niteliğinde olduğundan, **ilerici** bir özellik taşımış; sözcülüğünü ettikleri sınıfın niteliği sonucu olarak da, **devrimci** bir boyuta varmıştır.
>
> Hatırlatmaya gerek yok: Emek-sermaye çelişkisini eserlerinde işleyen bu iki sanatçı baskıdan baskıya uğrarlar...

Nâzım Hikmet ve Sabahattin Ali ile beraber, 1940 yılları içerisinde anti-faşist bir tutum takınan öteki devrimci yazarlar –yapay yollarla– okurlardan koparılmaya çalışılırken; onların yerine –uyuşmacı bir sanat çizgisi olan– **"Garip Çizgisi"**nin yerleştirilmeye çalışıldığını görüyoruz.

1950-1960 dönemi içerisinde ise –ekonomide olduğu gibi– sanat ve edebiyatta da emperyalizm egemendir. Marksizmin panzehiri olarak görülen varoluşçuluk gündemdedir artık. İkinci Yeni, ilerici-devrimci bir sanatmış gibi tezgâhlanmaya çalışılmaktadır. 1960'lara değin uzanan bir karanlık dönem içerisinde, ülkenin geri kalmışlığı edebiyat üzerinde de etkilerini göstermekte; sanat, emperyalist güçlerin çıkarlarının sözcülüğünü yapmaktadır: Bunaltıyı, boğuntuyu, yılgınlığı... ön plana alarak. 1960 sonrası dönemde, anti-emperyalist güçlerin siyasal planda ağırlıklarını duyurmalarına koşut olarak, **anti-emperyalist yanı ağır basan bir devrimci sanat ve edebiyat cephesi** oluşmaya başlamış; iç ve dış hasımlarına karşı –amansız– bir mücadeleye girişmiştir.

Bu açıdan bakıldığında, bugün Türkiye'de birbirlerinden keskin çizgilerle ayrılan iki sanat ve edebiyat cephesinin var olduğu görülür: Devrimci sanat ve edebiyat cephesi ile **karşı-devrimci sanat ve edebiyat cephesi.**

Bunları kısaca görelim.(5)

---

5) Bu konuda ayrıntı için bkz. Mehmet Ergün, "Geri Bıraktırılmış Ülke Sanatı ve Bir Örnek Türkiye", *Yarına Doğru,* sayı 1.

– Devrimci sanat ve edebiyat cephesi nelerden oluşuyor?

Türkiye'nin içinde bulunduğu geri kalmışlıktan kurtulması için kitlelere soluk iletmeye çalışan devrimci sanat ve edebiyat cephesinin iki bileşeni vardır: **İşçi sınıfı sanat ve edebiyatı ile etkin küçük burjuva sanat ve edebiyatı.**

– Günümüze değin gelen zaman süresi içerisinde **işçi sınıfı sanat ve edebiyatının,** onun ideolojisini benimseyen ve onun özgürlüğü yolunda mücadele eden kişilerce oluşturulmuş olduğunu görüyoruz. Nâzım Hikmet'le başlayıp, Sabahattin Ali, Orhan Kemal, Ahmet Arif... kanalıyla günümüze ulaşan bu sanat ve edebiyatın geçmiş dönemdeki görünümü, emek-sermaye çelişkisini emekten yana işlemiş olmasıdır.

Günümüzdeki görünümü ise, **anti-emperyalist ve emekten yana olma** biçimindedir.

– **Küçük burjuva sanat ve edebiyatının, etkin ve edilgen** küçük burjuva sanat ve edebiyatı biçiminde bir ayrışmaya uğraması, emperyalizmle ülke halkı arasındaki çelişkinin baş çelişki durumuna gelmesiyle söz konusu olmuştur. Bu sınıf sanat ve edebiyatının belirleyici özelliği, **küçük burjuvazinin emperyalizmle olan çelişkisini** dile getirmesidir, işçi sınıfı sanat ve edebiyatından, emperyalizmle olan çelişkinin çözümlenmesinden sonra kurulacak olan sistemin niteliklerini yansıtması açısından ayrılır.

– Karşı devrimci sanat ve edebiyat, işçi sınıfının ve onun anti-emperyalist nitelikli yandaşlarının uyanışını geciktirmeyi ve ülke içerisindeki feodal artıklarla tekelci sermaye sahipleri arasındaki bağlaşıklığın sürmesini arzulayanların ortaya koydukları sanat ve edebiyattır.

Bu sanat ve edebiyat, üç bileşenlidir: **Kozmopolit** sanat ve **edebiyat, edilgen küçük** burjuva sanat ve edebiyatı ile **feodal** sanat ve edebiyat.

– **Kozmopolit sanat ve edebiyat** deyince, akla önce **emperyalist toplumların değerlerini** dayatmaya çalışan, o değerlerin taşıyıcılığını yapan sanat ve edebiyat gelir. Bu sanat ve edebiyat, fotoroman kültüründen "best-seller" kitaplara; erotik seks şaheserlerinden (!), kurgu-bilim "özel merakları"na değin... geniş bir alanı kapsar.

– **Edilgen küçük burjuva sanat ve edebiyatı,** küçük burjuvazinin kaypak, uyuşmacı niteliğinin sanat planındaki yansıması sonucu ortaya çıkan sanat ve edebiyattır. **Dünyanın değiştirilmezliğini ve anlaşılmazlığını** odaklaştıran bu sanat ve edebiyat, kitleleri eylemsizliğe iteleyici etkin bir afyondur.

– Giderek etkinliğini yitirmekle beraber, "ideolojik tortu" olarak zaman zaman beyinleri bulandıran **feodal** sanat ve edebiyat ise, **geçmişi bugünde yaşamak** ister ve bugünün baskısından kurtulmanın **geçmiş değerlere sığınmakla** gerçekleşeceğini savunur.

Özellikle dinci kültürün bir uzantısı olarak karşımıza çıkan, sinsi bir sanat ve edebiyattır bu.

İster kozmopolit, ister edilgen küçük burjuva ve ister feodal nitelik taşısın, her üçüne de karşı durmak gerekir.

Ancak, bunların yanı sıra, karşı-devrimci bir başka sanat ve edebiyat kesimi daha vardır ki, **burjuva ideolojisinin kılık değiştirerek devrimci saflara sızmasıyla** oluşur. Yeteneksiz, fırsatçı şarlatanlar, sanat ve edebiyatı, bir kişisel doyma aracı olarak almaları sonucu, yanlış bir bilinci kitlelere aktarma olanağını kendilerine sağlarlar.

Ve bunlar, dıştaki hasımlardan daha tehlikelidirler aslında.

Bir de sapmalar vardır ki, devrimci sanat ve edebiyat açısından en önemlisi **"popülizm"**dir. Popülizm, iki noktada kendini gösterir: Birim olarak sınıfın değil de halkın alınması; yaşantı değiştirmeden, işçi sınıfının sanat ve edebiyatını yapmaya kalkışanların içerisine sürüklendikleri slogancı ve özentili hava...

Bütün bu eğilimlere karşı da ciddi bir mücadele vermek gerekir.

Şurası da bir gerçektir ki, devrimci sanat ve edebiyatımız, anti-emperyalist çizgi geliştikçe, ulusal kurtuluş aşamasındaki öteki geri kalmış ülkelerde somut olarak izlediğimiz gibi, daha da gürbüzleşecek, kültür cephesinin en etkin silahı olacaktır.

DAHA ÇOK BİLGİ

P. N. Boratav - A. Dino - F. Edgü - G. Dino - A. Abdülmalik, *Kültür Emperyalizmi Üstüne Konuşmalar,* İstanbul, 1967.

Gülçin Çaylıgil, "Kültür Düşmanlığı", *Cumhuriyet,* 22.10.1973.

Mehmet Ergün, "Geri Bıraktırılmış Ülke Sanatı ve Bir Örnek: Türkiye", *Yarına Doğru,* sayı 1.

Demir Özlü, "Burjuva Kültürü-Sosyalist Kültür", *Yeni Ortam*, 6.7.1974.

Muammer Sun - Murat Katoğlu, "Türk Kalarak Çağdaşlaşmak", *Cumhuriyet*, 13-17 Haziran 1974.

Hilmi Yavuz, "1980'ler Türkiye'sinde Lümpen Kültür: Ne O, Ne Öteki", *Milliyet*, 4 Ocak 1981.

Suut Kemal Yetkin, "Kültür Sorunumuz", *Milliyet Sanat Dergisi*, sayı 89.

OKUMA

"KÜLTÜR EMPERYALİZMİ"NİN ANLAMI

"Kültür emperyalizmi" kavramı üstüne Türkiye'de şimdiye kadar sık sık yazı yayımlandı. Bu yazıların çoğunda şüphesiz birçok önemli noktaya değinildi, bazı olgular deşildi. Ama bence öncelikle **kavramın kendisi** eleştiriye ihtiyaç gösteriyor.

Kavramlar karşımıza tek bir kelime, terim ya da "kültür emperyalizmi" konusunda olduğu gibi bir "tamlama" şeklinde çıkarlar: Ama hiçbir zaman bir kelime ya da tamlamadan ibaret değildirler; belirli bir düşünce sistematiğinin ürünüdürler. "Kültür emperyalizmi" kavramının ardında gizli yatan düşünce sistematiği, belli bir emperyalizm tanımının sistematiğidir ki, bugünkü dünya koşullarında bu çeşit emperyalizm pek kalmadığı için, bu sistematik de çağdaş gerçekliğin çözülmesinde geçerli olma şansını yitirmiştir.

"Kültür emperyalizmi" kavramı, bugünün emperyalist dünya sisteminden çok daha önceki **"kolonyalist" sistemin** koşullarını açıklamakta yararlı olabilecek bir kavramdır. Çünkü kolonyalist sistem içinde, sömürge ve sömürgesi vardır; sömürgeci sömürgeye dışardan gelir, zapt eder, kendi valisi, polisi, sivil ve askerî bürokrasisi ile orayı yönetir. Geldiği sömürgede, maddi ve manevi bakımlardan tamamen kendisine bağlı bir azınlık, bir kolon sınıfı yaratır. Bu sınıf yoluyla kendi kültürünü sömürgeye empoze eder. Dolayısıyla sömürge **dışarıdan gelme bir kültür olayıyla** karşı karşıya kalır.

Oysa emperyalist sistemde bu anlamda dışa bağlı, "komprador" nitelikte bir sınıf yoktur. Çağdaş geri bıraktırılmış ülkenin bir yerli burjuvazisi vardır ve bir dünya sistemi olan emperyalist sistemde, bu sınıfın dışarıyla bu anlamda bağları vardır. Böylece, emperyalizmde olanlar, kolonyalist dönemde olanlar gibi, birtakım dışsal güçlerle açıklanamaz. Emperyalizm geri bıraktırılmış ülkede içsel bir olaydır.

Kolonlar, kompradorlar, feodaller kolonyalist dönemin zorunlu parçalarıdır. Çağdaş emperyalizmde bu sınıflar, dolayısıyla bu terimler tarih dışı kalır. Yeni olayı, yeni kavramlarla açıklamak zorundayız. "İşbirlikçi burjuvazi-ulusal burjuvazi" ya da "milli demokratik devrim" gibi kavramlar bugünün kavramları değildir. Nitekim Türkiye solu geçtiğimiz dönemde, durumumuzu bu kavramlarla anlamaya çalışmanın bedelini oldukça pahalıya ödedi.

İşte "kültür emperyalizmi" kavramı da, bu yeni koşullar altında **eskimiş** bir kavramdır, işimize yaramaz. Çünkü bu kavram, daha işin başında bugünkü kültürümüzün **dışarıda hazırlanıp sonra bize ihraç edildiğini** ima ediyor. Oysa bu, sakat bir anlayıştır. Gerek altyapısal olaylarımızın, gerekse üstyapısal gelişmelerimizin, kendi toplumumuz içindeki dinamiklerini tamamen görmezden gelmektedir: A faktörü ile açıklanacak bir şeyi B faktörüyle açıklamaya kalktığımızda, hiçbir şeyi açıklayamadığımız gibi, üstelik açıkladığımızı hayal edip, yanlış üstüne yanlış yaparız.

Tarihimizde "Batılılaşma" odak noktası olarak alınmıştır. Bu, soruna ulusçu ve idealist gözle yaklaşmak demektir. Çünkü "Batılılaşma" denen üstyapısal olay, altyapıdaki "üretim tarzı" değişikliğini kapatmaktadır. "Feodalizm mi? Yoksa ATÜT mü?" gibi tartışmalara girişmeksizin, kestirmeden şunu söylemeli: Batılılaşma denen süreç üstyapıda devam ederken, altyapıda Türkiye pre-kapitalist bir yapıdan kapitalist bir yapıya geçiyordu. Ancak bu, Batılı ülkelerin kapitalizmi değil, başlangıç noktasını Batı ülkelerinin zorla müdahalesinden (bu öncelikle iktisadi zor da olabilir) alan, azgelişmiş ülke kapitalizmiydi.

Şu halde, Batılılaşma-öncesi yapıyı, Osmanlı, yabancı sayıp, Batılılaşma ile uluslaştığımızı savunan görüş de, Batılılaşma öncesi yapıyı öz varlığımız sayıp, Batılılaşma ile kendimize yabancılaştığımızı savunan görüş de... yanlıştır; altyapı analizinin öncelik kazandığı bir anda ulusçu üstyapı analizine öncelik vermektir.

Bu durum yalnız bize özgü değildir. "Geri-bıraktırılmış ülke" olmanın talihidir bu. Ve bizler bu konumuzu bu geniş çerçeve içinde düşünmek zorundayız.

Bugünkü kültürümüz, Batı dünyasından ithal etmekle yetindiğimiz bir kolonyalist çağ kültürü değildir. **Emperyalizmle iç içe gelişen, ama kökü gene bizde olan, dinamiğini kendi özgül toplumsal yapı-**

mızdan alan, bizim kendi çarpık yapımızın ürünü, kendi geri bıraktırılmış kapitalizmimizin "helezoni" gelişme temposuna uygun, dolayısıyla kapitalizmin pre-kapitalizmle kucak kucağa geliştiği, azgelişmişliğin kendi büyüme süreci içinde gelişmişlik değil (yani gerçek anlamda kapitalizm), gene azgelişmişlik yarattığı bir toplumsal yapının, gene çarpık, **kapitalizmle pre-kapitalizmin gene kucak kucağa olduğu bir kültürdür...**

(Murat Belge, "'Kültür Emperyalizmi', Marksizm ve Freud Üzerine", *Yansıma,* sayı 34, s. 221-223)

SORULAR

1. Kültürümüzün bugün belli başlı temel sorunları nelerdir? Ve nasıl bir ortamda çözüm bekliyorlar?
2. Türkiye'de niçin bir "kültür devrimi"ne gerek vardır?
3. Osmanlı toplumunda, 19. yüzyıla gelinceye değin, sanat ve edebiyat nasıl bir nitelik taşır? "Batılılaşma" hareketi ile ortaya çıkan tablo nasıldır?
4. Cumhuriyet döneminde –başlangıçtan bugüne– sanat ve edebiyat planında ortaya çıkan önemli değişiklikler ve gelişmeler nelerdir?
5. Türkiye'de bugün, sanat ve edebiyat başlıca hangi cephelere bölünmüştür?
6. "Devrimci" sanat ve edebiyat cephesi nasıl bir görüşü temsil eder ve kimlerden oluşur?
7. "Karşı-devrimci" sanat ve edebiyat cephesi nasıl bir görüşü temsil eder ve hangi kesimlerden oluşur? Her kesimin özelliklerini belirtiniz.
8. "Kültür emperyalizmi" kavramından ne anlıyorsunuz? (Okuma parçasını okuyunuz.)

BÖLÜM VI

TÜRKİYE'DE EĞİTİM VE ÖĞRETİM

Türkiye'nin eğitim düzeni, bütün geri kalmış ülkelerde olduğu gibi, "geri"dir: Eğitimden yararlananların genel oranının düşüklüğünden tutun, eğitim ve öğretimin düzeyi, örgütünün işleyişine varıncaya dek böyledir bu.

Bir "keşmekeş"tir, eğitim ve öğretim alanında görülen. Düzendeki en büyük keşmekeşlerden biri hem de.

KİMLER EĞİTİLİYOR? NE, NASIL ÖĞRETİLİYOR?

Kimler eğitiliyor?

Önce, Anayasa'mızın bir maddesini belirtelim:

> "Halkın öğrenim ve eğitim ihtiyaçlarını sağlama, **devletin başta gelen ödevlerindendir.**
>
> İlköğrenim, kız ve erkek bütün vatandaşlar için **mecburidir** ve devlet okullarında parasızdır.
>
> Devlet, **maddi imkânlardan yoksun başarılı öğrencilerin,** en yüksek öğretim derecelerine kadar çıkmalarını sağlama amacıyla burslar ve başka yollarla gerekli yardımları yapar.
>
> Devlet, durumları sebebiyle **özel eğitim** ihtiyacı olanları, topluma yararlı kılacak tedbirleri alır" (m. 50).

Eğitimin –Anayasa'daki bu hükme karşın– **gerçekler planındaki** görünüşünün rakamlarla dile gelişi ise şudur:

İlkokul çağındaki her yüz çocuktan 83'ü okula gidebilmektedir. 6-11 yaşları arasında 6 milyon çocuktan 1 milyonu okul dışı kalmıştır ve Cumhuriyet'in 50 yılını geçtiğimiz halde, hâlâ **bütün çocuklarımızı okuryazar hale getirememişizdir.**

İlkokulları bitiren çocukların büyük çoğunluğunun bir üst okula gidemedikleri devlet istatistiklerinden belli olmaktadır. Ortaokul çağında 12-15 yaşlar arasındaki 3,5 milyon çocuktan 750 bini öğrenciliklerini sürdürebilmektedir. Her yüz çocuktan 21'i ortaokula gidebilmektedir. Demek ki, **ilkokulu bitiren her yüz çocuğun 79'u eğitimlerini bu noktada kesmektedirler.**

Liselerdeki duruma gelince... Lise çağında bugün 3,4 milyon genç vardır. Bunlar 15-19 yaşları arasındadır ve bugün liselere yalnızca 200 bin genç devam etmektedir. Yani **lise eğitiminden geçebilecek her yüz gencin yalnızca 6'sı böyle bir olanaktan yararlanabilmekte.** 15-19 yaşları arasındaki yüz gençten 94'ü, eğitimlerini ilk ya da ortaokulda bitirmiş oluyor.

Yükseköğrenimde bu grafik biraz daha düşüyor. 18-24 yaş arasındaki 4 milyon gençten ancak 200.000'i bir yükseköğrenim kurumuna gidebilmektedir. Yani, her 100 gençten 5'i bir üniversite ya da yüksekokulda, 95'i dışarıdadır.

Yaşları 24'ün altındaki 21 milyon gencin, genel nüfusla orantısına baktığınız zaman, **Türkiye'de 100 kişiden sadece birinin** yükseköğrenim yapma özgürlüğünden yararlandığı açıkça görülmektedir.

Bütün planlama raporları, Türkiye'nin kalkınması için **teknik öğrenime** hız verilmesini öneriyorlar. Oysa bugün, 12-20 yaşları arasındaki 7 milyon çocuk ve gençten 220 binine teknik bilgiler öğretiliyor ve onların çoğu da, devletin bürokrat kadroları arasında eriyip gidiyor. Elde, taptaze büyük bir cevher olduğu halde, 100 çocuğun 97'sinden yararlanılmıyor. Kalkınmamızın büyük gereksinme duyduğu teknik işgücü yaratılmıyor. Bütün başarısızlığına karşın, kör topal ilerleyen eğitim sistemimizin hedefi, zaten kanserli hale gelmiş olan bürokrat kadrolardaki uru büyütmekten başka bir işe yaramıyor.

Eğitim nimetinden, toplumdaki **çeşitli sınıf ve zümrelere düşen payı** göstermek üzere de bir rakam verelim. Devrimci Eğitim Şurası yayınlarında yer alan bir istatistikte, Türkiye'de üniversite öğrencilerinin sınıfsal durumu şöyle gösterilmiştir:

Nüfusumuzdaki yeri		Üniversitedeki oranı
Tarım kesimi	: % 76	% 17
İşçi kesimi	: % 20	% 8
Memurlar	: % 2,62	% 42
Girişimciler	: % 0,67	% 33

Bu sayıların öğrettiği ilk gerçek, nüfusumuzun binde 67'sini oluşturan girişimci aile çocukları, 100 üniversite öğrencisinden 37'sini oluştururken; % 20'sini meydana getiren işçi aile çocuklarının 100 üniversite öğrencisinden ancak 8'ini oluşturduğu gerçeğidir.

Kasaba ve kentlerde yaşayan 14 milyonun çocuklarını eğitmekte aciz kalmış bir eğitim politikası, köy kesiminde yaşayan 22 milyonun üzerine bir karanlık perde çekmekten başka hiçbir şey yapmamıştır. 1960-1970 arasındaki dönemde, köy çocuklarından **15 bin imam-hatip mezunu ve 190 bin Kuran kursu mezunu** yaratılmıştır. Köy çocukları için sadece dinsel öğretim kapısı açık bırakılarak, Atatürkçü eğitim politikasına ihanet edilmiş, 1961 Anayasası çiğnenmiştir. Bugün, imam-hatip okulları yılda 4 bin, Kuran kursları yılda 30 bin "zekâsı köreltilmiş ve beyni dondurulmuş" köy çocuğu yetiştirir kuruluşlar olarak faaliyette bulunmakta.

Bütün bu rakamlardan varılacak sonuç şudur: Türkiye'de, **egemen sınıf ve zümreler** –emekçi ve köylülere oranla– eğitim kurumlarından en çok yararlananlardır ve bu bakımdan da **"ayrıcalıkları"** vardır. Anayasamızda "hiçbir kişiye, aileye, zümreye veya sınıfa imtiyaz tanınmaz" (m. 12/2) diye de bir madde vardır.

Sınıfsal plandaki bu eşitsizliğin yanı sıra, **bölgeler arasındaki,** özellikle Türkiye'nin **doğusu ile batısı arasındaki eşitsizliğin** –her konuda olduğu gibi– eğitime de yansıdığını görüyoruz.

> Doğu Marmara bölgesinde orta dereceli okullarda okullaşma oranı % 34,4 iken, Diyarbakır'da 12'dir. Aradaki fark % 400'dür. Van'da 100 kızın ancak 4'ü ortaöğretime devam ederken, bu oran Doğu Marmara bölgesinde % 27'dir. Aradaki fark % 800'dür. Bitlis'te okuma-yazma oranı % 14,5 iken, bu oran İstanbul'da % 71,5'tir. Aradaki fark % 600'dür.

Eğitim düzenimizde hiç mi eşitlik yoktur?

Doğruyu söylemek gerekirse vardır.

Örneğin, her lise mezunu, üniversite ya da yüksekokullara girebilmek için giriş sınavlarına katılabilir ve sınavlarda bütün öğrencilere aynı sorular sorulur!..

Ne, nasıl öğretiliyor?

Türk eğitim sistemi **ekonomik ve işlevsel** olmayan özellikler taşır ve bu özellikleri topluma her gün yeni bir sorun getirmektedir.

Gerçekten çağdaş dünyada, eğitim ile yaşanan sosyal çevrenin ilişkisini birbirinden koparmış modern bir toplum düşünmek olası değildir. Eğitimin görevi, soyut bir bilgiler yığınıyla yüklenmiş insanlar yaratmak değil; içinde bulundukları ortamın maddesel ve kültürel gereklerini karşılayacak yetenekleri yetiştirmektir. İkinci Beş Yıllık Plan'da, **"yurttaşların devamlı değişen bir dünya için hazırlanması"** hedefinin ilke olarak alınması gerçekçi bir tavrın sonucudur. Ne var ki, Türkiye'de **eğitimin yapısal bozuklukları** ile saptanan hedefler arasındaki çelişki, fonksiyonel bir eğitimi olanaksız kılmaktadır.

Plan, eğitim alanında bütünleyici bir çerçeve çizer. Örneğin, ilköğretim, ilkokul çağındaki bütün çocukları kapsayacaktır. Bunun yanı sıra, yurttaşlık haklarının kullanılması ve görevlerinin yerine getirilmesi yönünden gerekli olan okuryazarlık oranı yükseltilecektir. Sanayide, özellikle verimliliği artırmak üzere, yaygın eğitim çabalarına girişilecek, köylerden kentlere gelenleri yeni çevre koşullarına ve çalışma alanlarına uygun duruma getirmek amacı güdülecektir. Bütün eğitim kademelerinde, öğretim programları **eğitimde iş ilkesini** gerçekleştirecek yönde yeniden düzenlenecektir.

Oysa, dün olduğu gibi bugün de Türkiye'de eğitim uygulaması **sosyal dinamikleri** kavrayabilmiş, giderek, onların önüne geçebilmiş değildir. Her yurttaşa eğitim ilkesi, 1930-1965 arasındaki otuz beş yılda Türkiye'de okuryazar oranını ancak % 19'dan % 48'e yükseltebilmiştir. Yılda binde 8 olan okuryazarlık artış oranının, topluma ne oranda pratik yarar verebileceğini ise hesaplayabilmek bile olanaksız. Kaldı ki, **önemli olan salt okutmak değil, okunan bilgiyle, edinilen becerilerle kendilerine yeni bir dünya yaratabilecek yığınları geliştirmektir.** Okuma yazma bilmeyen, ilkokul çağının üstündeki nüfusun 1972'de 14 milyon, 1977'de ise 18 milyon kişiye ulaşması, eğitim ile maddesel yaşamın pratiklerini birleştiremeyen bir toplumda belki de hiç önemsenmeyecektir.

Eğitimin yapısındaki işlevsel bozukluklar, günümüzün Türkiye'sinde okul, öğrenci ve öğretmen ilişkilerini köklerinden sarsmaktadır. Verim düşüklüğü ve öğrenci-öğretmen oranının ters yönde gerileyişi, bu sarsıntının iki genel sonucudur. İçinde yüzdükleri gerçeklerin ötesindeki soyutlamalar, öğrencileri, eğitimin daha ilk aşamalarında başarısızlığa mahkûm kılmaktadır. Başarısızlıkların sonucu olarak sınıflar arası öğrenci yığılması ve kapasitenin aşırı zorlanışı, Türk eğitimini ekonomik anlamda gerçek bir kısır döngüye düşürmüş bulunmaktadır. Ortaokullarda sınıf geçme oranının 1960'ta % 70 iken, 1965'te % 50'ye düşmesi ya da liselerdeki % 62'lik oranın aynı sürede % 49'a gerilemesi, **eğitimin yaşanan gerçeklere yabancılaşması** olayının somut görüntüleridir. Pratik yaşamda karşılığı bulunmayan bir bilgiyi edinmek çabasını hemen hiçbir öğrenci gösteremez.

Göstermesi de kolay istenemez. Yetiştiremedikleri öğrenciler ve ücretlerindeki yetersizlikler karşısında, öğretmenler, son yıllarda, Türkiye gibi **öğretmen açlığı** çekilen bir toplumdan kopup, yurtdışında işçi olarak çalışmayı seçme durumuna gelmişlerdir. Yalnız Federal Almanya'da Türk işçileri arasındaki öğretmen sayısının on bin kişiye yaklaşması, bir bütün olarak, bastığı topraklarla, onun ekonomik ve sosyal gerekleriyle bağı kopan Türk eğitim sisteminin suçudur. Suç, öğretmenden önce, kendisine yabancılaşmış düzenindir.

Okulu gerçeklerin sağlam toprağına indirmedikçe; bilgi ile uygulama arasındaki bütünleşmeyi gerçekleştirmedikçe eğitimdeki yabancılaşmayı aşamayız.

DAHA ÇOK BİLGİ

Devrimci Eğitim Şurası, Ankara, 1969.

Cavit Orhan Tütengil, "Cumhuriyet Türkiyesi'nde Milli Eğitim", *Cumhuriyet Gazetesi'nin "50. Yıl" eki.*

Oward E. Wilson - İlhan Başgöz, *Türkiye Cumhuriyeti'nde Milli Eğitim ve Atatürk,* Ankara, 1968.

Fehmi Yavuz, *Din Eğitimi ve Toplumumuz,* Ankara, 1969.

OKUMA

EĞİTİMDEKİ KEŞMEKEŞ

Türkiye, bir **eğitim keşmekeşinde** çırpınmaktadır. Bir memleketin milli eğitimi piyasanın alışveriş usullerine terk edilirse, o memleketin yarınlarından hayır gelmez. Türk milli eğitiminde simsarlık, tüccarlık, komisyonculuk politikası almış yürümüştür. **İnanılmaz adaletsizlikler içinde** yetişmektedir çocuklarımız.

Bir kere ilkokullardan başlayarak zengin çocukları hizmetinde özel eğitim toplumda ağır basmaktadır. Özel eğitim büyük şehirlerin iyi okullarını zengin çocuklarına açmakla kalmıyor, her bir üst okulun ve üniversitenin giriş kapılarını yine varlıklı ailelerin çocuklarına aralıyor. Devlet eğitimindeki adaletsizliği katmerleştiren bu gidişin kökeni elbette toplumdaki sosyal adaletsizliktir. Her vatandaş kendi kendine şu soruyu yöneltmelidir:

– Bir toplumda gelir dağılımı ve kazançlar arasında korkunç uçurumlar varsa, zenginler gittikçe daha zengin, yoksullar gittikçe daha yoksul olurlarsa, o toplumun eğitiminde sosyal adalet sağlanabilir mi?

Elbette bu soruya verilecek cevap olumsuzdur.

Türk milletinin çocukları doğdukları dakikadan başlayarak adaletsizliğin pençesine düşmektedirler. Kimisi imtiyazlar içinde, kimisi haksızlıklar içinde büyümektedir. Bu yetişmenin sonucunda kaybeden gene millettir. Çünkü nice genç istidat adaletsiz düzenin karanlığında kaybolmaktadır. Özel eğitim sorunu ilkokuldan başlamaktadır. Ortaokula yazılacak çocuklar arasında yeni bir eşitsizliğin tohumları atılmaktadır. Büyük kentlerde Amerikan Kız Koleji, Dame de Sion, Amerikan Koleji, Saint Joseph, Galatasaray, Alman Lisesi gibi okullara öğrenci sokmak isteyen aileler çocuklarına özel dersler verdirmektedirler. Sözgelişi İstanbul'da bu yüzden hararetli bir piyasa meydana gelmiştir. Zengin çocuklarını giriş sınavlarına hazırlamakta şöhret yapmış özel öğretmenler vardır. İmtiyazlı büyük şehir okullarından mezun olan çocukların üniversite giriş sınavlarında baş sırayı tuttukları 4-5 yıldan beri yapılan anketlerle ispatlanmıştır.

Bir de üniversite keşmekeşi var bunun üstüne, imam-hatip okulları politikası var, askerî ortaokulların ve liselerin kaldırılarak orduya subay yetiştirecek kurumlarda halk kökeninin yok edilmesi var, iktidar koltuğunda oturan politikacıların kürsüye çıkıp;

– Her ilde her ilçede imam-hatip okulları açacağız... demesi var, on binlerce hafız kursunun memleketi ağ gibi sarıp sarmalaması var... Zenginlerin çocuklarına Avrupa-Amerika olanakları var...

Bu adaletsiz sistem **bilinçli bir politikayla** yaratılmıştır ve yürütülmektedir.

Atatürk döneminde **halka dönük eğitimi** gerçekleştirmek yolunda bugünkünden çok ileriydik. **Köy enstitüleri** ise eğitimdeki kısır çemberi kırıp atacak kadar büyük bir atılımdı. Bundan yirmi beş yıl önce halk çocukları için enstitülere, askerî okullara girme şansı vardı. Yatılı parasız okuyanların oranı da bugünkünden çok daha büyüktü. **Komprador kapitalizmi boy attıkça, kendine uygun bir eğitimin ilkelerini de gerçekleştirdi.**

Komprador kapitalizminin amacı açıktır: Bir yanda hafız kursları ve imam okullarını köylüyü uyutmak yolunda kullanırlar. Öte yandan milli eğitimi özel ticaretlerine açmışlardır. Zaten komisyon, vurgunculuk, üçkâğıtçılık genel politikamız olmuştur. Anadolu topraklarını satıp kiralamaktan başlayarak her işimizde bezirgân ruhuyla ve fahiş kâr, tefecilik, aldım-sattım üstüne aracılıkla kalkınacağımızı sanarak bir çeyrek asır geçirdik. Bezirgân ruhu topluma hakim olmuş ve yabancı kapitalistlerin komisyoncuları bu ruhu cümlenin yüreğine oturtmasını bilmişlerdir.

Bu ülkenin bezirgânlıkla değil, üretim gücünü alın teriyle yükselterek kalkınacağını düşünmekten çok uzaklarda yetiştiriyoruz çocuklarımızı...

İşte üniversitedeki öğrenci başkaldırmasını bu tablonun orta yerinde **adaletsizliğe direnme** olarak nitelemek gerekir. Eğer birtakım genç insanlar her soy tehlikeyi göze alarak başkaldırmışlarsa onların üstüne hücum etmek yerine onları anlamaya çalışmalıyız:

– Gençlik bunalıyor... dedikleri zaman, bunalımın toplumun kirli havasından ileri geldiğini itiraf etmeliyiz. Adaletsizlik ve erdemsizlik bizim toplumun yaşamına ağır bir sis gibi çökmüştür. Bazı ciğerler bu zifiri teneffüs etmeye alışmış olabilirler, gençliğin körpe ve temiz ciğerlerinden aynı alışkanlığı bekleyemeyiz.

(İlhan Selçuk, *Yeni Krallar... Yeni Soytarılar*, İstanbul, 1974, s. 95-98)

SORULAR

1. 1961 Anayasası, eğitim ve öğretimle ilgili olarak ne gibi kurallar koymuştur?
2. Anayasa'daki bu hükme karşın, Türkiye'de, eğitimin gerçekleri planındaki görünüşü nasıldır?
3. Türkiye'de, eğitim nimetinden, toplumdaki çeşitli sınıf ve zümrelere düşen pay aynı mıdır? Değilse niçin? Bir örnek vererek sorunu tartışınız.
4. Türkiye'de, bölgeler arasındaki eşitsizlik, eğitime nasıl yansımaktadır?
5. Türk eğitim sisteminin iktisadi ve işlevsel olmayan özellikleri nelerdir? Ne gibi sorunlar ortaya çıkarmaktadır bu özellikler?
6. Türkiye'de eğitim bir "keşmekeş" içindedir derken anlatılmak istenen nedir? Bu keşmekeşi doğuran temeldeki neden ya da nedenler, sizce hangisidir? (Okuma parçasını okuyunuz.)

EĞİTİM VE ÖĞRETİMİN ÖRGÜTÜ

Türkiye'de eğitim, **ilk, orta ve yükseköğretim** diye üç kademeli olarak örgütlenmiştir.

Aşağıda bunların her birinin özelliklerinden bahsedeceğiz ve yükseköğretim içinde "üniversiteler"in üzerinde –özel önemlerinden dolayı– ayrıca duracağız.

İlk ve ortaöğretim

Eylül 1869'da yayımlanan Maarif-i Umumiye Nizamnamesi'nde, ilköğretim, iki dönemli olarak kabul edilmiş, birinci döneme **sıbyan okulları** alınmış ve bu okullar zorunlu öğrenim kurumları ilan edilmişti. Zorunlu öğrenim çağı, kızlar için 6-10, erkekler için 7-11 yaşları olarak belirtiliyordu.

İkinci Meşrutiyet (1908) döneminde, 1913 yılında kabul edilen ve yayımlanan, Tedrisat-ı İptidaiye Kanun-ı Muvakkati ile ilköğretimde temelli değişiklikler yapıldı. Bir önceki dönemin sıbyan okulları ile rüştiyeleri birleştirildi ve öğretim süresi altı yıl olan ilkokullar (mekâtib-i iptidaiye) kuruldu. Ayrıca, sıbyan okulları yerine anaokulları açıldı. İlköğrenim, bu dönemde de –hiç olmazsa kanun maddesi olarak– zorunlu kılındı.

Cumhuriyet'in ilanından sonra çıkarılan kanunlarla ulusal eğitimin, bu arada ilköğretimin yeni temelleri atılır ve çeşitli tarihlerde çeşitli yenileştirmeler yapıla yapıla bugüne gelinir.

İlköğretimdeki gelişmeler içinde, köy eğitim ve öğretimi alanında da yeni ve çok önemli atılımlar olmuştur. Bunlardan ilki **"köy eğitmen kursları"** ile –onu izleyen– **"Köy Enstitüleri"**dir. Bunlardan Köy Enstitüleri, çok önemli ve yararlı kuruluşlar oldukları halde, toplumda geri, giderek gerici güçlerin saldırısına uğramış, bir süre sonra nitelikleri değiştirilerek yozlaştırılmışlardır.

Bugün, Türkiye'de ortaöğretim, üç bölüme ayrılır: Orta dereceli **genel kültür okulları** (ortaokul, lise), orta dereceli **meslek okulları** (ticaret lisesi, öğretmen okulu, imam-hatip okulu vb) ve orta dereceli teknik okullar (orta sanat okulu, sanat enstitüsü).

Yükseköğretime gelince...

Yükseköğretim ve üniversiteler

a) Yükseköğretimdeki gelişmeler

Cumhuriyet'in ilk yıllarında Türkiye'de yükseköğretim kurumu çok azdı.

1924-1925 yıllarında, hemen hepsi İstanbul'da olmak üzere 1 üniversite (5 fakülte, 2 yüksekokul) ve çeşitli bakanlıklara bağlı 10 yüksekokul vardı. Sayıları ancak 17'yi bulan bu fakülte ve yüksekokullarda 357 öğretim üyesi, 3551 öğrenci bulunuyordu. Yükseköğrenim gören öğrenci sayısının ülke nüfusuna oranı ise, 10.000'de 3'ü geçmiyordu. 1940'a değin, öğretim üyesi ve öğrenci sayısında üç kat artış sağlanmasına karşılık, yükseköğretim kurumu sayısında önemli bir artış olmadı. Ancak, 1936'da girişilen ilköğretim seferberliği, 1940'tan sonra ürünlerini vermeye başlayınca ilkin ortaöğretim kurumlarında –onların etkisiyle de– yükseköğretim kurumlarında hızla bir gelişme görüldü. 1945-1970 döneminde 8 yeni üniversite açıldı ve fakültelerin sayısı 82'yi buldu.

1970-1980 döneminde üniversitelerin, bu arada yüksekokulların sayısı daha da artacak; deyim yerindeyse tam bir "enflasyon" başlayacaktır.

Ve doğaldır ki, beraberinde yığınla sorunu da getirecek...

Yükseköğretim kurumları, başta üniversiteler olmak üzere, çeşitli yüksekokullar ve akademilerden oluşuyor bugün. Bunlar içinde, üniversiteler üzerinde ayrıca durmak gerekiyor.

b) Üniversiteler

Bugünkü üniversitelerin temeli, Cumhuriyet döneminde, 1933 yılında atılır.

Cumhuriyet'ten önce ve Cumhuriyet döneminin ilk yarısında Türkiye'de bir tek üniversite vardı: **Dârülfünun.** 1863'te açılan ilk Dârülfünun, aslında bugünkü anlamda bir bilim yurdu değildi; yalnız hikmet (fizik), hayvanat (zooloji), nebatat (botanik) ve tarih konularında genel derslerin verildiği bir çeşit okuldu. Bu ilk Dârülfünun'un ömrü pek kısa oldu. Öğretim üyelerinden Hoca Tahsin Efendi'nin, canlıların havasız yaşayamayacağını tanıtlamak için, bir güvercini havası boşaltılmış bir fanus içinde bırakması ve bir başka öğretim üyesinin, Cemaleddin Efgani'nin "peygamberlik bir sanattır" demesi yüzünden kapatıldı.

Dârülfünun, ikinci kez **Dârülfünun-u Şâhâne** adıyla 1900'de açıldı. Meşrutiyet'ten sonra biraz düzeltilerek **Dârülfünun-ı Osmanî** adını alan bu kuruma, tıp ve hukuk okulları da bağlandı. I. Dünya Savaşı yıllarında, Almanya'dan getirilen profesörlerle az çok yola yordama giren Dârülfünun, savaş sonunda ağır sarsıntılar geçirdi. 1923'ten 1932'ye değin geçen süre içinde, Dârülfünun Cumhuriyet yönetim ve ilkelerine ayak uyduramadı; beklenen düzelme, gelişme ve ilerlemeyi gösteremedi. Bunun üzerine 1933 yılında bir kanunla kapatıldı ve yerine Milli Eğitim Bakanlığı'na bağlı **İstanbul Üniversitesi** kuruldu.

1933 yılında başlayarak, özellikle yabancı öğretim üyeleri görevlendirildikten sonra, üniversitenin bütün fakültelerinde canlı bir araştırma dönemi başlar.

1946 yılı üniversiteler için bir başka önemli yıldır. O yıl çıkarılan yeni bir kanunla, üniversite yeni bir statüye kavuşturulur; daha da önemlisi "özerklik" kabul edilir üniversiteler için.

Daha sonraki yıllarda üniversitelerin sayısı artacak, İstanbul ve Ankara'nın dışında da yayılacaktır. Ne var ki, üniversitelerin yeni bir "reform"a tabi tutulmaları gereksinmesi de ortaya çıkacaktır. İşleyişinde olsun, öğretiminde olsun, **"demokratik"** bir üniversitenin kurulması, bütün mücadelelere karşın, bugün de gerçekleşmemiş durumda. 1973 yılında çıkarılan yeni Üniversiteler Kanunu ise, bu sorunu çözebilmiş değil, çözemezdi de... Tersine, 1946 tarihli kanunun getirdiği noktadan da gerilere atmıştır üniversiteleri.

Ve başta, "üniversite özerkliği"ni zedeleyerek.

Aslında, düşünce özgürlüğünden yoksun bir ülkede, üniversite özerkliği ne anlam taşır?

Bir ülke düşünülsün ki, bilim adamları yazdıkları ya da çevirdikleri kitaplardan ötürü, ağır hapis cezası istemiyle mahkemeye verilirler.

Böyle bir ülkede bilim gelişebilir mi?

Ne denli acı olursa olsun, bir gerçek de şu: Üniversite düzenimiz, **emperyalizmin sultasında** yaşayan Türkiye'de, **komprador kapitalizminin felsefesine** bağlanmıştır bugün. Parasal amaçlar, bilimsel amaçlardan daha ağır basmaktadır. **"Kürsü ticareti"** almış yürümüştür. Başına geçtikleri kürsüleri altın yumurtlayan tavuğun folluğu gibi kullanan profesörler az değildir. Ve bu kârlı ticareti sağlama bağlamak için **"sadık asistanlar"** seçilmekte, yeni kadrolar oluşturulmaktadır. Çeşitli yöntemlerle kürsülere bağlı muayenehaneler, hukuk büroları, müteahhitlik firmaları, ticaret ve iktisat danışmanlıkları –aksamadan– işlemektedir. Yaşadığımız bozuk düzenle iç içe bir alışveriş içine girmiştir üniversitelerimiz. Bazı ayrıcalıklı üniversiteler, Birleşik Amerika'ya çeşitli yollardan bağlıdırlar. Bunlar, bir yandan **"burs turizmi"**ni geliştirmekte, bir yandan Anadolu'da kurulan **"kırsal üniversiteleri"** sömürge gibi kullanmaktadırlar. Bilim adamlığı değil, tacirlik ruhu çoğu üniversite ve fakültelerimizde kurumsallaşmıştır.

Bugün üniversitelerimizde bilim üretildiğini kimse savunamaz.

Nasıl savunabilir ki, daha **"düşünme yöntemi"** sorununu –çağdaş boyutlar içinde– çözebilmiş değildir bilim adamlarımız. Ve öyle olduğu için de, bilim dünyasında –hemen hemen– bir "hiç"iz.

Üniversitelerimizi düzeltmenin yolu nedir peki?

Özerkliklerini kaldırmak mı?

Elbette hayır! Üniversiteyi, toplumsal görevini yaparken, siyasal iktidara karşı korumak gerekir. Bu zırh, "özerklik"tir.

Unutmayalım, özerkliğin olmadığı bir yerde, üniversite de yok demektir.

Özetle, üniversitelerimizle ilgili yığınla sorun, çözüm için geleceği bekliyor.

DAHA ÇOK BİLGİ

Ernst Hirsch, *Dünya Üniversiteleri ve Türkiye'de Üniversitelerin Gelişmesi,* 2 cilt, İstanbul, 1950.

Engin Tonguç, *Devrim Açısından Köy Enstitüleri ve Tonguç,* İstanbul, 1970.

OKUMA

ÜNİVERSİTE ÖZERKLİĞİNİN ANLAMI

..."Üniversite özerkliği" kavramı, **diyalektik yorum boyutları** ile zenginleştirilmelidir. Günümüzde "üniversite özerkliği", salt siyasal iktidara karşı ve salt kürsü başkanlarına özgü göstermelik bir özerklik eğrisinde tutulmaktadır. Oysa ki, gerçek bir üniversite özerkliği, her üniversite üyesini **tüm egemen çevrelere** ve bu arada **üniversitenin kendi bünyesi içindeki egemen tabakalara** karşı koruyan bir özerklik anlamına yüceltilmelidir. Öyle ki, her üniversite üyesi, yalnız kendi iradesinden gelen buyruğa göre davranabilsin; araştırmasının ve öğretiminin konusunu ve yöntemini kendi başına saptayabilsin; görüşlerinden ötürü hiçbir güç tarafından bir ayrıcalığa kavuşturulmasın ya da zarara uğratılmasın. Böyle bir "özerklik kalkanı" ancak şu araçlarla çelikleştirilebilecektir: Bilim niteliği ile asla bağdaştırılamaz, feodalite kalıntısı **kürsü hiyerarşisinin** ve (kişiyi adamakıllı yabancılaştıran anlamsız fetişlerden ibaret) **akademik "asalet" unvanlarının kaldırılması... Öğrencilerin ve asistanların öğretim üyeleri ile eşit ağırlıklarla oy hakkı sahibi olarak üniversite yönetimine katılmaları...** Ders programlarının kökten değiştirilerek, dogmatik meslek dersleri yerine, toplumbilim derslerine ağırlık verilmesi... Üniversite öğretim üyelerini yabancılaştıran, kurulu düzene bağımlı kılan üniversite dışında çalışma serbestliğinin kaldırılarak deliksiz bir tam gün çalışma ilkesinin kabulü... Öğretim üyeliğini halk çocukları için olanaksız kılmış tüm maddi koşulların (asistanlığa girişte yabancı dil sınavını başarma koşulunun ve maaş düşüklüğünün) giderilmesi...

...İnsanlık bugüne değin, üniversite üyelerinin **politika dışı, toplumdan kopuk ve soyut "bilim için bilim" saplantısını,** savaş, ölüm, hastalık, yoksulluk, bilgisizlik, kölelik, sömürü ve onursuzluk ile yüklü pek pahalı bir fatura ile ödemiştir.

Nasıl insanı doğa karşısında özgür ve onurlu kılabilmek için önce kilise öğretisinin hacri altından sıyrılmak gerekmişse, insanın insan karşısında özgür ve onurlu kılınabilmesi için de egemen sınıfların **"politika üstü üniversite" aldatmacasının** hacri altından sıyrılmak gerekecektir.

İnsanı özgürlüğe götüren bilgi, doğal-ruhsal-toplumsal tüm "zorunluluklar"ı ve "yabancılaşmalar"ı, bunların yenilebilirliği, aşılabilirliği, değiştirilebilirliği bilinciyle kavrayan ve bu kavrayışın doğrultusunda, aktif-pratik-kritik-politik tavırlar alan "bilim"dir. Yoksa insanı "zorunluluklar" karşısında pasif, "mütevekkil", boynu bükük, dizleri üstüne çökük bir "köle" kılmış olan metafizik "bilgicilik" değil...

Pratik-kritik-politik, özlü ve özgür bir bilim ise, ancak **iç yapısı eksiksiz demokratlaştırılmış bir gerçekten "özerk" üniversitede** söz konusu olabilir.

(Rona Serozan, "Üniversite, Politika ve Özerklik",
Mukayeseli Hukuk Araştırmaları Dergisi, sayı 5)

SORULAR

1. Türkiye'de eğitim ve öğretim nasıl örgütlenmiştir? Bunlardan ilk, orta ve yükseköğretimin gelişimlerini ve bugünkü durumlarını anlatınız.

2. Türkiye'de yükseköğretim içinde üniversitelerin yeri nedir? Nasıl bir gelişmeye tabi olmuşlardır? Bugün Türk üniversitelerine "demokratik üniversite" denebilir mi? Denemezse niçin? Bir üniversitenin "demokratik" sayılabilmesi için ne gibi nitelikleri olmalıdır sizce?

3. Üniversite niçin "özerk" olmalıdır? Ve aslında ne anlaşılmalıdır bu özerklikten? (Okuma parçasını okuyunuz.)

BÖLÜM VII

ŞİİR, ROMAN VE HİKÂYE

Çağdaş Türkiye, büyük ve hızlı değişikliklerle doludur: İmparatorluktan ulusal devlete, dinci hükümdarlıktan laik cumhuriyete, Osmanlıcadan Türkçeye, geleneksel uygarlıktan Batı uygarlığına geçişlerin bütün süreçleri hep çağdaş dönemde yaşandı. Bu sürekli değişim ve hızlanan sosyal olaylar arasında edebiyatımız da, geleneksel başlangıçlardan değişik ürünlere yöneldi.

Başta şiirde, romanda ve hikâyede çok açık bu.

ŞİİR

"Nesir" gibi "nazım"ı, yani şiiri de, Cumhuriyet'ten önce ve sonra diye iki ayrı dönemde incelemek doğru olur. Yalnız hatırlatmada kolaylık getirdiği için değil, şiirin dili ve içeriğindeki köklü değişiklikleri de göstermesi bakımından yerinde olur böyle bir ayırma.

Cumhuriyet öncesi dönemde şiir

Edebiyatımız, 19. yüzyılda değin, **"halk edebiyatı-divan edebiyatı ikiliği"**ne dayanır. Bunların her ikisi de, başka başka sosyal sınıfların edebiyatıdır.

Divan edebiyatının en güçlü yanı "şiir", "en güçsüz" yanı da "nesir"dir.

> Osmanlı İmparatorluğu'nda Tanzimat'a değin geçen beş yüz yıl içinde, birçok şair yetişti. Ama **Evliya Çelebi'**yi bir yana bırakırsak hiç yazar yetişmedi hemen hemen. Bunda, matbaanın, icadından iki yüz yılı aşkın bir süre sonra imparatorluğa gelmesiyle, okuryazar sayısının çok düşük bulunmasının da etkileri olmuştur herhalde.

Nasıl bir şiirdir divan şiiri?

Aslında, "doğa ve toplum sorunlarına kayıtsız", "yaşam ve gerçeklerle beslenmeyen" bir şiirdir bu. Öyle olduğu için de, "soyut düşüncelerden oluşmuş bir evren"in içine kapanmış, bu yüzden boş bir kelimecilik ve hayalciliğe gömülmüştür.

Halk edebiyatındaki şiirin niteliklerinden ne kadar farklı nitelikler!..

Tanzimat edebiyatıyla başlayan yenileşme, özellikle nesir alanında görünecek; şiirde ise, önce eski nazım biçimlerine yeni bir öz yerleştirme çabasına girişilecektir.

Gelişmeleri, Rauf Mutluay'la beraber izleyelim.(1)

> **Şinasi, Ziya Paşa, Namık Kemal,** bir düşünce şiiri, sosyal gözlem ve eleştiri şiiri, siyasal kavramlar ve ülkücü duygular şiiri yaratmak isterler. **Abdülhak Hamit ve Recaizade Ekrem,** insanın duygu dünyasına, acılarına ve tutkularına yönelen bakışlarla, şiirin konularını genişletirler ve eski biçimlere bağlı kalarak alışkanlıklarını sürdüren ilk kuşağa göre yeni denemelere girişirler.

Öyle de olsa, Tanzimat şiiri dengesiz, yıktığı değerler yerine yenisini koyamamış, başta dilini bulamamış bir şiirdir. **Muallim Naci'**nin yenilikleri kendi geleneğimizden çıkarma konusundaki umutsuz direnişine karşın, Batı taklitçiliği gittikçe yayılarak Serveti Fünûn'un –o yakıştırma– duyarlığına varacaktır sonunda.

"Servet-i Fünûn topluluğu"nun başlıca iki şairi vardır: **Cenap Şahabettin** ve **Tevfik Fikret.** Yaşadığı dönemde en etkili olan Tevfik Fikret'tir; geleceğe de o kalır. Diliyle olmasa bile, "insancı", "özgürlükçü" ve "ilerici" düşünceleriyle.

> Önceleri, bireysel duygu ve betimlemeler, manzum portreler, yalın düşünce şiirleri yazarak işe başlayan Tevfik Fikret, özellikle 1900'lerde, **yurt ve özgürlük sorunlarının ekseninde** sosyal konulara yönelir. Abdülhamit yönetimindeki toplumun acı tablosunu çizer. Sarsıcı, ama karamsardır eleştirileri. 1908'de İkinci Meşrutiyet'in ilanından sonra da durumda pek büyük değişiklikler olmadığını görür; yine hırçınlaşır ve giderek küser.
>
> Toplumda bir "han-ı yağma" (yağma sofrası) kurulmuşsa, komprador düzenine dayanıyordu ayakları. Ve bu düzenin içerdeki

---

1) Bkz. Rauf Mutluay, *Tanzimattan Günümüze Kadar Türk Şiiri,* İstanbul, 1973, s. 15-62.

ve dışardaki sömürücüleriydi yağmayı yapanlar. Aslında, o koşullar içinde, hangi kadro iktidara geçse nafiledir. Abdülhamit'i tahtından indirip yerine bir başkasını geçirmek.

Neyi değiştirir ki?

İşte Fikret, yabancı kumpanyaların ortağı levantenler, paşazadeler, kişizadeler, ülkede tam bir kompradorluk düzeni kurmuşken, onları görmeden görüntülere saldırıyordu.

İkinci Meşrutiyet'in çalkantılı, birbiri arkasına çıkan savaş ve dağılış yıllarında, Türk edebiyatı, millici gelişmelerin etkişinde kalacaktır: **"Milli edebiyat akımı"** böyle doğar. 20. yüzyıl edebiyatımız, çoğu bu eksen çevresinde oluşacaktır artık.

Romanda öyle, hikâyede öyle, şiirde de öyle...

Cumhuriyet döneminde şiir

Cumhuriyet dönemi Türk şiirinin ilk yıllarında **Milli Edebiyat akımı şairlerinin** önemli bir yeri vardır.

Bu akımın, yalın ve açık Türkçeyi, ulusal vezin olarak hece ölçüsünü kullanma, yurt gerçeklerine yönelme ilkesini, Cumhuriyet'in ilk kuşak şairlerinin uyguladıkları görülür. Halk edebiyatının nazım geleneğini yerel bir duygusallıkla birleştirerek kullanan ve toplu olarak **"Hececiler"** diye anılan bir bölük şair (Faruk Nafiz Çamlıbel, Enis Behiç Koryürek, Orhan Seyfi Orhon, Yusuf Ziya Ortaç, Halit Fahri Ozansoy) daha I. Dünya Savaşı yıllarında başlayan sanat çalışmalarını Cumhuriyet döneminde de sürdürürler.

Şiirleri, geniş bir çevreyi etkiler.

Bunlardan **Faruk Nafiz Çamlıbel**'in, Kurtuluş Savaşı sonrası Anadolu'sunun bazı ilginç yanlarına yöneldiğini görüyoruz. Önceleri romantik bir duyarlıkla şairane söyleyişleri göze çarparken; yaşadığı kısa bir "gurbet" (!) döneminin abarttığı yurt gerçeklerini işlemeye başlar. Hece ölçüsünün doruk noktasını temsil eden eserinin ardından hayli yürüyenler olacaktır. Ve şiire gözlerini açanlar, en önce onun sesini taklide kalkacaklardır bir süre.

Bu arada, Cumhuriyet öncesi dönemde sanatlarını geliştirmiş ve kendilerini kabul ettirmiş iki şair vardır ki, yeni dönemde de uzun süre egemen olacaklardır.

Ahmet Haşim ile **Yahya Kemal**'dir bunlar.

"Sanat sanat içindir" ilkesinden hareket eden **Ahmet Haşim**'in "simgeci" anlayıştaki şiiri –konuşma dilinden oldukça uzak sözlüğüyle– ancak bir azınlığa seslenebilmiştir. Ama her şeye karşın, bir büyük ustanın yazdıklarıdır yazdıkları.

Türk tarihinin fetih ve hareketli yıllarına özlemlerle dolu olan **Yahya Kemal,** divan şiirinin inceliklerini Batılı etkilerle bir bireşime kavuşturarak, geçmişimizle kopuk olan ilişkileri yeniden kurmaya çalışır. Ne var ki, yaşadığı dönemin büyük sosyal olaylarına kapalıdır sanatı. "Kökü mazide olan bir âtiyim" dese de, geleceğe gönderdiği hiçbir mesaj yoktur.

Cumhuriyetçi bile olamamıştır o.

Her şeye karşın, büyük bir etkidir Yahya Kemal. Ondan sonra ve onun yanında sanata başlayan her yetenek, onun gölgesinde serpilir ve neden sonra kendi ışığını aramaya çıkar. Bu açıdan yüzyılın başında doğan kuşağın çok belirgin özellikleri olacaktır: Örneğin **Ahmet Hamdi Tanpınar**'la **Ahmet Muhip Dıranas,** hecenin olanakları içinde, onun şiirinin ahengini sağlamaya çalışacak; bunu yaparken de apayrı bir derinlik ve bir tat getireceklerdir şiirimize.

Yahya Kemal'in ortaya attığı, fakat kendi şiirinde uygulamadığı için eleştirilere hedef olan "mektepten memlekete" formülü, Cumhuriyet şiirinin ana niteliklerinden birini işaret ediyordu. "Han Duvarları" şairi **Faruk Nafiz** ile, Anadolu'ya ait görüntüleri, Anadolu insanı karşısında duygulanışları dile getiren **Ömer Bedrettin Uşaklı, Kemalettin Kamu,** halk şiirini ince bir duyarlıkla birleştiren **Ahmet Kutsi Tecer,** halk şiirinin epik yönüne ve betimleyici anlatıma yatkın **Behçet Kemal Çağlar** ve başkaları, bu formülün uygulayıcıları arasında yer aldılar. Ne var ki "insansız" ve "sorunsuz" eserlerdir ortaya çıkan ürünler. Hemen hepsi de yalınkat bir yurt edebiyatının coşkusunu paylaşırlar. Ve bürokrasiyle uzlaşmışlardır hepsi de. Yurt gerçeklerini, daha derinliğine ve daha etkileyici biçimde dile getirenler ise, **toplumcu şiirin temsilcileri** oldu.

Ve uzlaşmaya gitmeden yaptılar bunu.

Onların başında **Nâzım Hikmet** gelir.

Şiire Mütareke yıllarında başlayıp, Cumhuriyet sonrasında bambaşka bir sesle ortaya çıkan Nâzım Hikmet (1902-1963), heceden yola koyulur. Ama az sonra, özgün bir serbest nazım yapısı kurarak ve şiirinin özüne güçlü bir sosyalizm inancını yerleştirerek **"iki yanlı bir etki"** kazanır.

Hece ölçüsünün yapabileceği şeylerin bittiğini ilk görenler arasındaydı Nâzım Hikmet. İlerde "Garip"çilerin kıracağı dar kalıpları, daha önceden o parçalamıştı. **"Yeni şiirimizin biçim özgürlüğü aslında ondan gelir."** Böylece yüzyılın başında doğanlardan yalnız Nâzım Hikmet değişik bir şiirin temsilcisi oldu ve 20. yüzyıl şiirimizin ardından gideceği **odak noktalarından biri** haline geldi.

Ne var ki, bu ses uzun yıllar hapishane duvarlarının arkasından söyleyecektir söyleyeceğini...

Nâzım Hikmet'in horlanmış ve yasaklanmış şiirinin, çeşitli kaygılarla başka yollara çektiği sanatçılar, yüklü bir öz getiremediler. **"Yedi Meşaleciler"**den –ölüm gününe değin– şiirde direnen yalnız **Ziya Osman Saba** oldu. Ve geleceğe kalan da o oldu o bölükten. Yedi Meşaleciler'i **1940 kuşağına** bağlayan şairler arasında **Ahmet Muhip Dıranas** ile **Ahmet Hamdi Tanpınar'**ın yanı sıra, **Cahit Sıtkı Tarancı** dikkatleri toplar. Ölümden yaşama sevincine değin uzanan şiir temalarını derinliğine inmeden işledi gerçi.

Ama geniş topluluklarca benimsenen de o oldu.

Başka ülkelerin büyük savaş yıkımlarıyla altüst olduğu 1940-1941 yıllarında iki kitap yayımlanır: **Fazıl Hüsnü Dağlarca'**nın *Çocuk ve Allah*'ı ile **Orhan Veli-Melih Cevdet-Oktay Rifat'**ın *Garip*'i.

Şiirimizin değişiminde iki büyük habercidir her ikisi de. Gerçekten, Cahit Sıtkı'nın, şiirin ses olanaklarını araştıran sürekli çabası, ölüm korkuları ve mutluluk düşlerini karşılaştıran özel dünyası alışılmış konular iken, iki ayrı yönden çağrılar gelmektedir: Şairanelikten kurtulmayı ilk amaç sayan bir eğilimin yanı sıra, insan kişiliğinin oluşumunu çocukluktan başlatarak evrenin sorunlarına yönelen bir başka eğilim.

Garip ile *Çocuk ve Allah* bu yolları açıyorlardı.

Orhan Veli-Oktay Rifat-Melih Cevdet üçlüsünün başlatmak istedikleri neydi?

Konuşma dilinin doğallığı içinde şiirsel değeri bulmak, günlük sorunlara ve sıradan insanlara eğilmek, söylev havasından kurtulmak, süsten ve söz sanatlarından bir yardım beklememek, ölçü-uyak tutsaklığından nazım kolaylıklarının tuzağına düşmemek, içten geldiği gibi yaşamak ve yazmak, halk dilinin yatkınlığını kitap anlatımının yerine koymak...

Öyle olduğu için de büyük olur etkileri.

Fazıl Hüsnü Dağlarca, hece vezninden serbest nazıma, şairane bir sözlükten öztürkçeye, metafizikten toplum gerçeklerine geçerek, kendini sürekli yenileyip duracaktır.

Aynı yıllarda **Bedri Rahmi Eyüboğlu, Cahit Külebi, Ceyhun Atuf Kansu, Behçet Necatigil, Sabahattin Kudret Aksal, Necati Cumalı, İlhan Berk** de –değişik kişilikleriyle– şiir dünyasına girmiş, yılların kalıplaşmış söyleyişlerinin yerine, bambaşka deyişlerin insanları olmuşlardır.

Her çeşit baskıya karşın yavaş yavaş uyanmaya başlayan **toplumcu şairler** de (A. Kadir, Ahmet Arif, Rıfat Ilgaz, Enver Gökçe, Arif Damar, Hasan İzzettin Dinamo, S. Taşer, Ömer Faruk Toprak, Cahit Irgat, Niyazi Akıncıoğlu) yeni koşullarda seslerini duyurmaya başlarlar. Toplumcu şiirin büyük ustasının yaşadığı yıllarda, onu taklide düşmeden toplumcu şiir yazmak güçtü gerçi.

Ama yenerler bu güçlüğü.

Seslerini yükseltirken kendilerine reva görülen nice acıyı göğüslemesini de bilerek...

II. Dünya Savaşı'nın bitimiyle başlayan yıllar, şiir dünyamız bakımından da önemli yıllardır. **Attilâ İlhan,** "şuara bezmine" işte o yıllarda gelir; gelir ve baş köşelerden birine kurulur.

Ve **Metin Eloğlu**'su, **Salâh Birsel**'i, **Özdemir Asaf**'ıyla yeni, yepyeni sesler de vardır...

1948'de, **Attilâ İlhan,** daha ilk kitabıyla, büyük bir ilgi ve saygınlığa erişir. Romantik coşkunluğu, delikanlı pervasızlığı ile savaş sonu dünyasının sorunlarını –kendine özgü biçimlerde– sunmaya başlar. Metin Eloğlu, bambaşka bir özellikle ortaya çıkar. Tatlı bir alay görünümündeki sosyal özü, ilginç bir kelime hazinesi ve deyiş rahatlığı ile sürdüren şiirleri, önceleri çağdaş bir eleştiriyken yavaş yavaş özgün bir kelime seçimine doğru gelişecektir. Bu nükte ve eleştiri gücüne **Salâh Birsel**'de de rastlarız. Bu yolda, **Özdemir Asaf**'ın beklenmez sürprizlerle sonuçlanan nükteli şiirleri, bir devam gibidir.

Böylece, 1950 sonrasında –kısa bir süre– yeniden sosyal özü konu edinen toplumcu bir şiir tutumu belirirse de –1954 seçimiyle iktidarını güçlendiren– DP'nin baskılara yönelişi, yavaş yavaş bir kaçış yaratmaktadır aydınlarda.

"İkinci Yeni" akımı bu yılların, bu kaçışın ürünü olacaktır.

İkinci Yeni akımı şairleri **(Turgut Uyar, Edip Cansever, Cemal Süreya, Ece Ayhan...)** imgeye yeniden geniş yer veriyor, halk dilinden uzaklaşıyor, toplum sorunlarından yüz çeviriyor, kapanıklığa ve soyutluğa yöneliyorlar.

Akım, uzun ömürlü olmayacaktır, olamazdı da...

1960'tan sonraki siyasal ve sosyal gelişmeler, özellikle Nâzım Hikmet'in şiirlerinin yeniden yayımlanma olanağı kazanması, yeni şiirin gelişmesini daha da etkiledi. Yeni kişilikler çıktı ortaya. İlk akla gelenler de **Hasan Hüseyin, Ataol Behramoğlu, İsmet Özel, Süreyya Berfe, Tekin Sönmez, Özkan Mert** oluyor. İkinci Yeni'nin çıkmazını görüp döndükten sonra asıl kişiliğini bulan **Kemal Özer**'i de katmalıyız bunlara.

1960 sonrası, kişiliğini daha önceki yıllarda ortaya koyduğu halde susturulmuş bir şaire yeniden kavuşturur bizi: **Şükran Kurdakul**'a.

Cumhuriyet döneminde, halk şiirini, **Âşık Veysel,** uzun süre –hemen hemen tek başına– temsil etti. Onun şiirinde geleneğe dayanan hikmetli söyleyiş, kişisel bir lirizmle birleşiyordu.

Ne var ki, bürokrasiyle "uzlaşmış" bir şairdir o!

"Sadık yâri" kara topraktan, hem de büyük bir içtenlikle bahseder; ama sadık yârinin "koynuna girenleri", toprağın adaletsiz dağılımını görmez, göremez.

Halk şiiri geleneği, 1960 sonrasının ortamından da etkilenerek, sosyal içerikli yeni bir kuşak yaratacaktır.

Âşık İhsani, Âşık Mahzuni ve daha başkaları işte bu kuşaktandır.

12 Mart Rejimi'nin bütün faşist kısıtlamalarına karşın, gün gelir sesler yeniden yükselmeye başlar. Suçlanmış, acı çektirilmiş nice insan, inançlarının sorumluluğuyla ve şiirin ele geçmez güzelliklerine sığınarak söyleyeceklerini söylemeye başlarlar.

Hilmi Yavuz, Can Yücel, Nihat Behram, Erol Çankaya, Veysel Çolak, Abdülkadir Bulut, yeni dönemin akla ilk gelen adları oluyor. Daha da yeni yıllarda, bir **Refik Durbaş,** bir **İsmail Uyaroğlu,** bir **Yaşar Miraç** katılacaktır kafileye.

Şiirimizin büyük akışı sürüyor; toprağı bereketlidir onun.

DAHA ÇOK BİLGİ

Reşit Rahmeti Arat, *Eski Türk Şiiri,* Ankara, 1965.

Zühtü Bayar - Günel Altıntaş, *Yazdık Nâzım Nâzım Diye,* İstanbul, 1974.

Asım Bezirci, *2. Yeni Olayı,* İstanbul, 1974.

Mehmet Kaplan - Behçet Necatigil - İlhan Berk - Cemal Süreya, "Türk Şiirinin Gelişimi, Düşünenlerin Forumu", *Milliyet,* 16 Mart 1975.

Mehmet Kaplan, *Şiir Tahlilleri,* İstanbul, 1971.

Fuat Köprülü, *Eski Şairlerimiz, Divan Edebiyatı Antolojisi,* İstanbul, 1934.

Rauf Mutluay, *Tanzimattan Günümüze Kadar Türk Şiiri,* İstanbul, 1973, s. 15-62.

Sabiha Sertel, *Tevfik Fikret İdeolojisi ve Felsefesi,* İstanbul, 1946.

İlhami Soysal, *20. Yüzyıl Türk Şiiri Antolojisi,* İstanbul, 1973.

Kemal Sülker, *Şair Nâzım Hikmet,* İstanbul, 1976.

Ahmet Hamdi Tanpınar, *19. Asır Türk Edebiyatı,* İstanbul, 1960.

Türkiye (1923-1973) Ansiklopedisi, "şiir" maddesi.

Yansıma Dergisi, "Günümüz Türk Şiiri" özel sayısı (sayı 18).

OKUMA

NÂZIM HİKMET'İN ŞİİRİNİN ANLAMI

"Tarih, insan toplumlarının ayıklayıcı bir hikâyesiyse, sanat da bileşik bir anlatımı oluyor." Tepeden bakılırsa, her sanat eserinin **siyasal bir anlamı** vardır: **Belli bir sınıfın, belli bir hayat görüşünün koşullarıyla** yüklüdür; belli **hayat ve kültür değerlerini** taşır. Ne var ki, burada siyasal deyimi geniş anlamdadır, daha çok tarih açısındandır, tek eserden çok bir sanat kuşağına bakıldığında daha çok doğrulanır. Sanatçının siyasal bir niyetle hareket etmediği halde, sonuçta ister istemez siyasal bir konum kazanacağını anlatmaktadır. Bir de sanatçının daha çıkış noktasında siyasal bir tutumda olduğu, işe başlarken tarihi üstlendiği durum var. Nâzım Hikmet'in şiiri bu anlamda da siyasaldır. Bu anlamda siyasal şiirin başarısı üstlendiği hayat değerleriyle yeni şiir değerleri arasında kurulacak bileşkeye bağlıdır; yeni hayat değerleri yeni şiir değerleri yaratmalıdır. Düşünce, şiirsel akışı engellememeli, şairi ezmemelidir.

Tanzimat'tan bu yana şiirimiz hızlı ve toplumsal değişmelere paralel bir gelişme içinde olmuştur. Bu arada yetişmiş şairlerden bazılarının **siyasal eylem sahibi** olduğunu görüyoruz: Namık Kemal, Tevfik Fikret, Mehmet Akif, Nâzım Hikmet, Necip Fazıl Kısakürek... Listeyi uzatabiliriz: Ziya Paşa, Süleyman Nafiz, Hüseyin Siret, Rıza Tevfik vb. **Her dönem kendi görünüşüne ve çatışmalarına uygun siyasal şiiri sunmuştur. Hatta Tanzimat'tan bu yana uzayan şiirimizde şairin siyasal işlev taşıma açısından bir gelenek kurulduğunu bile söyleyebiliriz. Bu işlev bazen şiirde görünür, bazen de şairin sadece hayatında.** Sözgelimi Tanzimat düşüncesi kendini **Namık Kemal**'de özetlemiştir. Meşrutiyet, Tevfik Fikret'i yaratmıştır. Bununla birlikte, Nâzım Hikmet'i ayrık tutarsak, içlerinde bir dünya görüşünü, bir ideolojiyi, bir eğilimi ayrıntılara indireni pek azdır: Biraz Tevfik Fikret, biraz Mehmet Akif, bir de Yahya Kemal Beyatlı. Ama bunu şiirde bir **girişim** haline getireni hemen hemen yok gibidir. Namık Kemal, âşıkane ve hâkimane şiirinde Divan şiirinin yedeğindedir, vatanperverane şiirinde ise siyasal öğe sadece herhangi bir öğedir. Yine de Namık Kemal'in bu sonuncu tip şiirinde düşüncenin geliştirdiği ve başka bir potaya aktarır gibi olduğu yeni bir şiirsel içeriğin ipuçlarına rastlarız. Ziya Paşa'da ise siyasal öğe, şiirin dokusunda hiçbir değişime yol açmaz. Çünkü siyasal bir düşünce düzeni değildir onun için; siyasal şiirden Nefi'nin kişisel hicviyeden anladığının biraz daha genişini anlar gibidir Ziya Paşa. Süleyman Nazif de aynı davranış içindedir. Hüseyin Siret'te o kadarı da yoktur. Tevfik Fikret'le Mehmet Akif yukarda söylediğimiz gibi kendi dünya görüşlerinin şiirsel karşılığını bulma yolunda çalışmış ve onu ayrıntıya indirebilmiş iki şairimizdir. Bu bakımdan ikisini de başarılı örnek olarak alabiliriz, ikisi de hayatlarıyla şiirlerini doğrulamışlar, güç bir şeyi, dünya görüşlerine şiirde uygun bir yol açmayı becermişlerdir. Ne var ki, Tevfik Fikret'te düşüncenin parıltısı şiirsel gerilimi ezmiş, onu çok daha donuk bir söz dizisi haline getirmiştir. Mehmet Akif de başka yönden işi sonuna kadar götürememiştir: İslamiyet'e geçerek, tüme varacağı yerde günlük olayın kalabalığında soluk almayı yeğ tuttuğundan, ayrıntılar içinde boğulma eğilimi içinde olmuştur hep. Yahya Kemal'de siyasal yük çok dolaylıdır, o, bir anı defterine dayanarak, görkemli bir duyguyla reddeder Cumhuriyet'i. **Nâzım Hikmet'e kadar uzanan Cumhuriyet şiirinde ise, düşünce, CHP Tüzüğü'nün ve Mustafa Kemal'in "Nutuk'unun kısa yorumları" olmaktan ileri gitmemektedir. Kısaca belirtmek gerekirse, Nâzım Hikmet'e kadar şiirimiz köklü bir devrim düşüncesini üstlenmemiştir.**

Tanzimat, Servet-i Fünûn, Nâzım Hikmet'e kadar uzanan Cumhuriyet şairlerinin bu yöndeki özelliğini şu nedene bağlayabiliriz: **Bu şairlerin siyasa adına yapmak istedikleri şeyler, yaşadıkları dönemlerdeki devlet yöneticilerinin zaten yapmak istedikleri ya da yaparken eksik bıraktıkları şeylerdir.** Tanzimatçı şair Tanzimat değerlerini, Servet-i Fünûncu şair Meşrutiyet'in getirdiği siyasal özgürlük havasını benimsemekte, alkışlamaktadır. Cumhuriyet şiirinin ilk dönemi de yöneticileri devrimci görmekte, hatta devrim konusunda yine de kendilerinden ilerde olan yöneticilerin gidişine ayak uydurmaya çalışmaktadır. Bu açıdan, Nâzım Hikmet dışında, Cumhuriyet şiirinin 1940'lara kadar uzanan dönemi **devrimci olmaktan çok onaylayıcı** bir nitelik taşır. Hatta devrimci atılım yönünden Tanzimat şiirinden daha yumuşak ve duruk olduğu anlar vardır. "İçince bir tas ayran..."

Nâzım Hikmet'in önemi şurda: Bir devrim düşüncesini toptan üstlenmiş ve sonuna kadar götürmek cesaretini göstermiştir. Öte yandan şiirinde –anlatımında, kullandığı imgelerde, dil tutumunda– düşüncesinin, hayatının, varoluşunun karşılığını bulmuştur. Başka şairlerde görmeye alıştığımız, düşüncenin süs ve biçim olarak, iğreti olarak serpilişi, fikrin biçim cilveleri ve anlam oyunları halinde kalıp sırıtışı yoktur onda. Düşünce biçimsel olarak değil, yapısal **(structurel)** olarak yerleşir Nâzım Hikmet'in şiirine. Tümdengelmez onda düşünce. Daha çok hayatın verilenlerinden çıkışını yapar. Bu yüzden Tevfik Fikret gibi düşünceye boğulmaz. "Bereketli bir ırmak" gibi çoğala çoğala büyür.

Nâzım Hikmet, **şiirini hayatıyla doğrulamış** bir şairdir. Ama daha önemlisi, hayatını şiiriyle **eksiksiz bir planda** doğrulamayı da bilmiştir. Siyasal tutumdaki birçok şairin aksine, devrim düşüncesiyle şiirsel yük müthiş bir bütünleşme içindedir onda. Ve bu bizim şiirimizde Nâzım Hikmet'e kadar rastlanmayan, dünya şiirinde de seyrek rastlanan bir özelliktir. Şiirsel onur yiğitlik tavrıyla bir arada gider Nâzım Hikmet'te. Şiirin en büyük deneylerinden biri.

(Cemal Süreya, "Sonuna Kadar",
Papirüs, sayı 16, s. 1-31)

SORULAR

1. Divan şiirinin nitelikleri nelerdir?

2. Tanzimat edebiyatında şiir konusunda ne gibi gelişmeler olmuştur?

3. Tevfik Fikret, hangi edebiyat topluluğundandır? Sanatının özelliği nerededir?

4. Cumhuriyet döneminde, şiirin ilk yıllarında kimler egemen olmuştur? Faruk Nafiz Çamlıbel'in önemi nedir bunlar arasında?

5. Ahmet Haşim ile Yahya Kemal'in sanat anlayışları nelerdir? Yahya Kemal'in ölünceye dek el üstünde tutulmasının asıl nedeni nedir sizce?

6. Nâzım Hikmet, Türk şiirine hangi katkılarda bulunmuştur? Sanatçı olarak asıl önemi nerededir? (Okuma parçasını okuyunuz.)

7. Cahit Sıtkı Tarancı, Ahmet Muhip Dıranas ve Ahmet Hamdi Tanpınar'ın şiirinin temaları nelerdir?

8. Şiirimizde "1940 kuşağı"na kimler girer?

9. "Garipçiler" kimlerdir? Ve nasıl bir şiir anlayışına sahiptirler? Etkileri ne olmuştur?

10. Fazıl Hüsnü Dağlarca'nın şiiri nasıl bir gelişme geçirmiştir ve bugün hangi noktadadır?

11. Nâzım Hikmet'ten sonraki "toplumcu şairler"den kimleri tanıyorsunuz?

12. Şiirimizde "İkinci Yeni Olayı" nedir?

13. 1960'tan bu yana şiirimizde ne gibi gelişmeler olmuştur? Hangi yeni şairleri tanıyorsunuz? Hasan Hüseyin'in şiiri hakkında ne düşünüyorsunuz?

14. Şiirimizin 1970 sonrası tablosunu çiziniz. Bu tabloda yer alan belli başlı adlar kimlerdir? Hilmi Yavuz'un şiiri hakkında ne düşünüyorsunuz? Ya Can Yücel'in?

15. Cumhuriyet döneminde, halk şiirinde ne gibi gelişmeler olmuştur? Başlıca temsilcileri kimlerdir halk şiirinin bu dönemde? 1960'tan sonra halk şiirinde hangi yönde, ne gibi gelişmeler görüyoruz?

ROMAN VE HİKÂYE

Roman ve hikâye, 19. yüzyılda Batı'dan gelir bize.

Gerçi, belirli kişiler canlandıran, bunların başından geçenleri dile getiren **destansı** (Dede Korkut hikâyeleri), **dinsel destansı** (Battal Gazi), **lirik** (Kerem ile Aslı) nitelikteki manzum (mesnevi) ya da mensur (halk hikâyesi) eserler, Tanzimat'tan önceki Türk edebiyatının bildiği anlatı türleridir. Ve bazı özellikleri, Batı roman ve hikâyesini hatırlatan eserlerdir bunlar. Ama tür olarak roman ve hikâye Batı kaynaklıdır ve 19. yüzyılın ikinci yarısında, Türkiye'ye Tanzimat edebiyatı ile girmiştir.

Niçin bu gecikme?

Gerçekten roman, yani 18. ve 19. yüzyılın romanı Batı'da, burjuva yaşam biçiminin belirmesiyle ortaya çıkmıştır. Burjuva toplumunun insan örneği ise "birey"dir. Oysa aynı yüzyıllarda, Osmanlı toplumunun ekonomik yapısı, "birey"in ortaya çıkmasını engelleyen bir ekonomik yapıydı.

Bu temel nedenin yanında başka nedenler de ileri sürülebilir.

Önce çeviri yoluyla tanıdığımız, daha sonra "taklit" ve "nazire" yoluyla ilk yerli ürünlerini vermeye başlayan bu iki tür, gittikçe gelişerek bugüne gelir.

Cumhuriyet öncesi roman ve hikâye

Roman ve hikâye türü, 19. yüzyılın ikinci yarısında yapılmaya başlanan çevirilerle tanınır.

İlk yerli roman da 1872'de yayımlanır: **Şemsettin Sami**'nin *Taaşşuk-ı Talat ve Fıtnat*'ı. Bir görenek romanı. Ama olsa olsa yalnızca edebiyat tarihi açısından bir değeri var.

Namık Kemal'in *İntibah*'ı da öyle.

Yerli yaşamı anlatma, içinde yaşanan çevreyi canlandırma eğilimi, **Ahmet Mithat Efendi** ile gitgide yaygınlaşır.

İlk hikâyelerden bazısı genişletilmiş birer fıkra, bazısı da uzatılarak anlatılmış ve roman boyutuna yaklaştırılmış birer serüven biçimindeydi. Bunlarda, geleneksel edebiyatın halk arasında anlatılarak yaşayan sevda hikâyeleri ve masallardan gelen motiflerle anlatım özellikleri ağır basıyordu. Türün ilk başarılı örnekleri **Sami Paşazade Sezai**'nin *Küçük Şeyler* (1892) adlı kitabında topladığı hikâyeler olur. Bu hikâyeler herkesin çevresinde rastlanan ve hiçbir olağanüstülüğü bulunmayan kahramanların, herkesin başından geçebilecek nitelikteki serüvenlerini yalın çizgilerle dile getiriyordu.

Cumhuriyet'e değin uzanan dönemde, romanın çerçevesi, **büyük kentteki aydınların, varlıklı kişilerin yaşamından kenar**

mahallelere (Hüseyin Rahmi Gürpınar), **köy insanlarına** (Nâbizâde Nâzım) doğru genişler. **Siyasal ve sosyal konuları** ele alanlar (Mizancı Murat, Bekir Fahri) yanında, **psikolojik çözümlemelere** yönelen sanatçılar (Mehmet Rauf) görülür.

Ne var ki, Cumhuriyet'e değin olan dönemde, özellikle üzerinde durulması gereken ancak iki büyük romancı vardır: **Halit Ziya Uşaklıgil** ile **Hüseyin Rahmi Gürpınar.**

Onlar, tüm Cumhuriyet öncesi Türk romanının iki doruğudur aynı zamanda.

Halit Ziya Uşaklıgil (1866-1945), "Edebiyat-ı Cedide" topluluğunun roman ve hikâye yazarları içinde en büyüğüdür. *Mai ve Siyah, Aşk-ı Memnu, Kırık Hayatlar* en tanınmış romanları... Halit Ziya, yazı yaşamına atıldığı yıllarda, Fransa'da "gerçekçilik" (realizm) ve "doğalcılık" (natüralizm) akımları yaygın durumdaydı. Yazar, Tanzimat romancılarının düşkün oldukları "romantizm"e değil, kendi çağının bu yeni akımlarına yöneldi; o akımların ürünlerini kendi çalışmaları için örnek aldı. Edebiyatımızda küçük hikâye türünün yerleşmesinde ve gelişmesinde de güçlü etkisi olmuştur onun. Romanlarını, genellikle "aydın tabaka"nın yaşamından almış bulunan Halit Ziya, küçük hikâyelerinin önemli bir bölümünde halkın yaşayış, âdet ve inançlarını anlatmıştır.

En güzel hikâyeleri de bu yolda yazılmış olanlardır denebilir.

Hüseyin Rahmi Gürpınar (1864-1944), genel olarak "gerçekçilik"in (realizm) etkisi altındadır. Hemen bütün eserleri birer gözlem ürünüdür. Hüseyin Rahmi, toplum yaşamımızda Tanzimat'la başlayan ve süren değişmelerin, insanların yaşamlarında ve görüşlerinde doğurduğu etkileri ve tepkileri ele almış, bunları birer olay çerçevesi içinde işlemiştir. Hüseyin Rahmi'nin romanları "töre romanı"dır. Büyük konak ve yalılarda yaşayanlardan, en kenar mahallelerdeki yoksul halka değin, eski İstanbul'un her katından insanlar –her türlü özellikleriyle hem de– onun eserlerinde yer alırlar.

"Sanat için sanat" görüşünü benimseyen Edebiyat-ı Cedide'ciler, aydın kişilere seslenirlerdi. Hüseyin Rahmi ise doğrudan doğruya halk kitlelerine seslenmiştir. Bütün eserlerinde halkın sosyal eğitimini yükseltme amacını gütmüş; böylece, "toplum için sanat" görüşünü benimsemiştir, Türk romanına mutlaka bir "baba" bulmak gerekiyorsa –hiç kuşkusuz– Hüseyin Rahmi'dir o!..

Bu arada, romanımızın ideolojik evriminde önemli bir dönemece de işaret etmeli: **Ebubekir Hâzım Tepeyran'**ın *Küçük Paşa*'sı ile Türk romanı, ilk kez konağın dışına taşarak, Anadolu halkının yaşayış biçimini, kaba, ama keskin çizgilerle yansıtmaya çalışır.

Gerçekten bir dönemeçtir o roman, romanımızda.

Hikâyeye gelince... Milli Edebiyat dönemine değin hikâye kaleme alan sanatçılar ya ürünlerini salt roman alanında veren yazarlar (Hüseyin Rahmi Gürpınar, Halit Ziya Uşaklıgil) ya da eserleri hikâye türünün tarihinde ancak birer başlangıç adımı olarak kalmış edebiyat adamları (Hüseyin Cahit Yalçın, Ahmet Hikmet Müftüoğlu) oldu. Romanlarında canlandırdıkları kahramanların benzerlerinden biri ya da birkaçını ve yalın çizgili birer olayı ele alan Hüseyin Rahmi Gürpınar'la Halit Ziya Uşaklıgil'in hikâyeleri de romanları kadar ustalıklıdır. Ama edebiyatımızda hikâye –romanın sultasından kurtulmuş bir tür olarak– **Ömer Seyfettin'**le başlar.

Hikâyeyi romanın sultasından kurtarma doğrultusunda atılan adımların ilki gerçekten **Ömer Seyfettin'**indir. Edebiyatımız, ilk kez onunla, dünyaya bir "hikâyeci gözü ile" bakan, ayrıntıları dikkatle izleyip işlemeye çalışan bir hikâyeci kazanmıştır. Üstelik onun hikâyelerinde –sınıfsal temeline oturtulmuş olmasa bile– Osmanlı'nın son dönemindeki yapısının belirlediği insan tiplerinin yansıdığını görüyoruz. Kısacası, Ömer Seyfettin'le birlikte, hikâyemiz, "Türkiye'ye özgü bir kişiliğe" ulaşma sürecine girer.

Bu süreç içinde, Ömer Seyfettin'den sonra olumlu bir adımı, *Memleket Hikâyeleri* ile **Refik Halit Karay** atacaktır. Ve ondan sonra sökün eden hikâyecilerin çabaları ile hikâye kesin olarak özgürlüğünü ilan edecek, romandan ayrı kendi ekonomisini oluşturmaya başlayacaktır.

İkinci Meşrutiyet'ten sonra beliren **Milli Edebiyat akımının temsilcileri** (Halide Edip Adıvar, Yakup Kadri Karaosmanoğlu, Reşat Nuri Güntekin) asıl başarılı eserlerini Cumhuriyet döneminde verirler.

İdolojik açıdan ele aldığımızda, Cumhuriyet öncesi romana, **"bürokratik görüş biçimi"** egemendir.

Nedir o?

Bazılarının "resmî ideoloji" diye adlandırdıkları bu görüş biçimini, "toplumdaki aksaklıkların, oluşumlarına yol açan sosyo-ekonomik gerçekliklere eğilmeden, bir kadro aracılığıyla, biçimsel reformlarla düzeltilebileceğine inanmak" diye tanımlayabiliriz.

Bürokratik görüş biçimi, romanımızın oluşumuyla başlar; İkinci Meşrutiyet'te *Küçük Paşa* dönemecinden geçerek Cumhuriyet'e ulaşır ve az buçuk değişikliğe uğrayarak devam eder. Ne var ki, Cumhuriyet döneminde, romanda, burjuva ideolojisinin etkinlik kazandığı bir ikinci dönem yaşanacaktır.

Romanda, işçi sınıfı ideolojisinin etkin olmak üzere olduğu dönemi de gene Cumhuriyet'te görüyoruz.

Cumhuriyet döneminde roman ve hikâye

Cumhuriyet dönemindeki Türk romanı ve hikâyesi, Türkiye'nin ve Türkiyeli insanın gerçeklerine gittikçe daha çok eğilir.

Kentte ve köyde yaşanan gerçek yaşam, bütün sosyal ilişkiler, günlük yaşayışın bütün bölümleri doğrulukla yansıtılır. Çukurova'dan Ege kıyılarına, Doğu Anadolu'dan büyük kentlerin gecekondu mahallelerine değin uzanan çevreler, cephelerde savaşanlar, pamuk, tütün, tahıl üreticileri, süngerciler, fabrika işçileri, hapislerde yatanlar, gurbetçiler... gibi çok zengin bir kahraman kadrosu vardır artık roman ve hikâyenin.

Bütün bu eserlerde gerçekler ortaya konurken eleştiriye girişmekten kaçınılmaz. Roman türündeki eserler sosyal gelişimi gözlemekte, dile getirmekte; bununla da kalmayıp, sosyal bozuklukların giderilmesi için öneriler ileri sürerek, siyaset adamlarına, hatta bilim adamlarına öncülük etmektedir. Roman yazarları, anlattıkları gerçeklerin içinden, canlandırdıkları kahramanlar arasından yetişmiştir. Bu durum romana, doğruluk ve konu zenginliği kadar, dil ve anlatım zenginliği de kazandırır. Bölge ağızlarından derlenen sözler, anlatım biçimleri, sözdizimi özellikleri –roman aracılığıyla– yazı diline geçer.

Cumhuriyet döneminde roman ve hikâye, birkaç aşamadan geçerek günümüze ulaşır.

– Cumhuriyet Türk roman ve hikâyesinin ilk dönemi, **Milli Edebiyat akımı temsilcilerinin** eserlerini kapsar.

Aslında İkinci Meşrutiyet sonrasında başlayan bu dönem, 1931'de "toplumcu-gerçekçi roman ve hikâyeye geçiş dönemi"ne değin sürmüş; daha sonra temsilcileri ürün vermeyi sürdürmüşlerse de, roman ve hikâyede daha çok toplumcu-gerçekçi nitelikler ağır basmaya başlamıştır artık.

Milli Edebiyat akımı temsilcileri, kolay anlaşılır bir dille, gözleme dayanan, halkın yaşantısını konu edinen, sosyal sorunlara değinen eserler verdiler. **Doğalcılığa** yönelen deneylerden (Selahattin Enis), **psikolojik çözümlemelere** (Peyami Safa) değin uzanan eserlerdir bunlar.

Bu kuşağın temsilcilerinden **Yakup Kadri Karaosmanoğlu,** romanlarında, Türk toplumunun Tanzimat'tan 1950'lere değin uzanan serüvenini konu edindi. Onun, köy hayatını gerçekçi bir yöntemle dile getiren ve köylü ile aydın tipi arasındaki zıtlaşmaya değinen *Yaban*'ı, ileride yazılacak gerçekçi köy romanlarının öncüsü oldu bir bakıma. **Halide Edip Adıvar** ruh çözümlemelerine, duyarlıklı bir anlatıma yer veren eserleriyle tanındı. Cumhuriyet çağında yazılmış en iyi roman olduğu kabul edilerek CHP Roman Ödülü verilen (1942) *Sinekli Bakkal* (1936), Batı uygarlığına karşı "geleneksel-mistik değerleri" savunan bir tez getiriyordu. Köy ve kasaba gerçekleri içinde bir genç öğretmen kızın karşılaştığı güçlükleri dile getiren *Çalıkuşu* (1922) romanıyla ün yapmış **Reşat Nuri Güntekin,** yer yer romantizme uzanan bir anlatımla, yeni yaşamdan sahneler yansıttı.

Cumhuriyet döneminin bu ilk romancılar kuşağı, hikâye türünde de eser vermiştir. Bu kuşağın hikâyeleri, konu bakımından halkın yaşayışına, katı gerçeklere yöneliyor, Anadolu'ya ait canlı gözlemleri gitgide daha geniş ölçüde kullanıyordu.

– **Toplumcu gerçekçi roman ve hikâye akımının** doğuşu, 1930'lardan başlar. Bu dönemin önemli olaylarından biri, **"hikâyemizdeki büyük sıçrama"**dır.

Gerçekten, Ömer Seyfettin'le başlayan, hikâyemizin romandan ayrı bir tür olarak gelişimi, **Sadri Ertem, Fahri Celalettin, Memduh Şevket Esendal** ve **Kenan Hulusi Koray**'ın katkılarıyla, hikâyemizi bir sıçramanın eşiğine getirip bırakır. Beklenen sıçramayı ise, iki usta, **Sabahattin Ali** ile **Sait Faik** gerçekleştirir. Bu iki ustanın elinde, hikâye, tam anlamıyla "özerk" bir tür haline gelir artık. Bağlı oldukları dünya görüşlerinin birbirinden farklı olmasından dolayı, aralarında büyük farklar, giderek ayrılıklar bulunsa da.

Sabahattin Ali, "bürokratik görüş biçimi"nin karşısında yer alıp, rejimle hesaplaşmayı göze alarak giriştiği uğraşında, gerçekçi yöntemleri yerli yerine oturttuğu gibi, **Türkiyeli insanı da –bütün boyutlarıyla– hikâyeye taşımasını bilmiştir.** Ona gelinceye dek, ucundan bucağından hikâyeye taşınmış olan Türkiyeli insan, onun hikâyelerinde **sınıfsal bir temele** oturarak karşımıza çıkar. Sabahattin Ali'nin hikâyeye, konunun işlenişi açısından da kattıkları vardır kuşkusuz.

Dönemdaşı **Sait Faik** ise, daha çok, hikâyeye sağladığı **teknik ve tematik olanaklar** bakımından önemlidir. Yoksa, onun hikâyeleri bir **çelişkiler toplamıdır.** Değer yargılarından, yaşama biçiminden ve mekanikleşmiş ilişkilerinden nefret edip bir türlü mücadeleyi göze alamadığı burjuvazi ile yaşayışlarındaki doğallığa hayran olup bir sığınak olarak gördüğü, ama bir türlü de bütünleşemediği **küçük insanlar** arasında bocalayıp durmuştur yaşamı boyunca. Bu bocalamasını hikâyelerinde sürekli olarak dışlaştıran Sait Faik, insanları sınıfsal temellerinden koparıp, soyut bir sevgiyle yüceltme yanılgısına sürüklenmiştir. Gerçi o, hikâyelerini etkileyici kılan içtenliği ile, içerisinde bulunduğu açmazı dile getirmekten kaçınmamıştır. Ama içtenlik, onu kurtarmaya yetmemiştir.

Hiç kimseyi kurtarmaya yetmediği gibi...

1948 yılında Sabahattin Ali'nin öldürülmesi ile birdenbire gerçekçi hikâyemizin boş kaldığına, siyasal iktidarın baskısıyla da **Sait Faik anlayışının** ön plana geçtiğine tanık oluyoruz. Bu geçiş, 1950-1960 arasında, Demokrat Parti'nin faşizan baskıları altında iyice belirginleşecek ve 1966'lara değin sürecektir. Bu dönem içerisinde, hikâyemizin, teknik açıdan birtakım yeniliklerle zenginleşirken, tematik açıdan başını alıp Türkiye sınırlarının dışına çıktığına da tanık oluyoruz. Gerçekçi hikâyeye yeni bir boyut ekleyerek, hikâyemize de ivme kazandırmış olan **Orhan Kemal**'in, bu dönem içerisinde hikâyenin onurunu koruyan –belki– tek sanatçı olduğunu görüyoruz. Sait Faik'in, sınıfsal temelinde iğdişleştirerek anlattığı küçük insanı, yeniden sosyal temeline oturtarak anlatır Orhan Kemal.

Ancak Orhan Kemal hikâyesinin önemi, Orhan Kemal'in genel olarak hikâyemize –özel olarak da sosyal gerçekçi hikâyemize– kattıklarından ileri gelmemektedir yalnız. Onun, **Sait Faik'in çarpıttığı küçük insanı özüne uygun bir biçimde vermesi** kadar, 1950-1960 dönemi içerisinde, **"bunalımcı hikâye"mizin karşısında bir seçenek olarak yer almasının** da etkisi vardır bunda. Demokrat Parti'nin faşizan baskıları yoğunlaştıkça, Sait Faik'ten kaynaklanan ve –daha çok da– Fransız varoluşçularına özenen kimi hikâyecilerimizin, **kendi insani gerçeklerimiz yerine, Batılı olanı** anlatmaya yönelmeleri karşısında, Orhan Kemal, **insani özümüzü, ulusal ve sosyal boyutlarıyla verme kavgasını sürdürüyordu.**

Türlü yasal ve yasadışı baskılara karşın hem de...

Toplumcu-gerçekçi dönemin önemli bir kesimini **köy romanı** kapsar. Bu dönemin ana niteliği, köy yaşantısını, köy insanlarını ele almasıdır. Bazıları köyden yetişmiştir bu yazarların, bazıları kasabalıdır. Bazıları da taşradaki görev yıllarında ya da hapishanelerde yatarken tanımışlardır köyle ilgili gerçekleri. Köy romanı yazarları arasında, Anadolu'nun birbirinden ayrı bölgelerini –bütün iktisadi ve sosyal sorunlarıyla birlikte– konu edinenler oldu. **Yaşar Kemal** ile **Orhan Kemal'**in eserlerinde özellikle Toroslar ve Çukurova, **Kemal Tahir'**de Orta Anadolu, **Samim Kocagöz'**de Söke dolayları, **Kemal Bilbaşar'**da Ege bölgesi ve Doğu Anadolu, **Necati Cumalı'**da Urfa, **Fakir Baykurt'**ta Burdur ve Ankara dolayları, **Talip Apaydın'**da İçbatı Anadolu, **Ümit Kaftancıoğlu'**nda Kars yöresinin yaşamı anlatılır.

1960'lardan sonra, romanda sosyal-siyasal tezler de ağır basacaktır. 27 Mayıs hareketiyle, Türkiye sola açılınca, tüm aydınlar gibi romancı da yeni bir arayış içine girer. Bu konuda dikkatleri en çok çeken de –kuşkusuz– Kemal Tahir oldu.

Kemal Tahir, sanatçılığı ve romanımıza getirdiği yeni boyutların yanı sıra, bir düşünce adamı olarak da dikkatleri üzerine topladı.

Düşüncesinin ekseni yaptığı sorun, toplumumuzun en önemli sorunlarından biriydi: **"Doğu-Batı ilişkisi"**. Bu konuda, "resmî ideoloji"nin dışına çıkarak –daha doğrusu karşısına geçerek– aydınlatıcı, uyandırıcı ve arıtıcı bir rol oynadığı yadsınamaz. Ancak, bütün bu çabalarında aşırılıklara düşmediği de söylenemez. Bu yüzdendir ki, Kemal Tahir'in geniş, derin ve külyutmaz düşüncesinde, olumlu yanları olumsuzlardan iyice ayırmak, değerlendirmek ve gerçek yerine oturtmak gerekiyor.

Yazarlık sezgisiyle bilimsel kuramlar oluşturmaya kalkmanın tehlikelerine de işaret ederek...

Özellikle 70'lerden bu yana, romanımızın dünyası, **Adalet Ağaoğlu** ile, **Sevgi Soysal'**la, **Çetin Altan'**la, **Vedat Türkali** ile,

Oğuz Atay'la, **Erol Toy**'la, **Demir Özlü** ile, **Selim İleri** ile, **İrfan Yalçın**'la, **Pınar Kür**'le, **Aysel Özakın**'la... daha da zenginleşti.

Ama bütün bunlara karşın, romanımız genel olarak bir "çırpınış" içinde bugün.

Umut verici çabalar, bu gerçeği değiştirmiyor.

Hikâyeye gelince... Demokrat Parti iktidara geçtikten sonra, devrimcilerle devrimci sanatçılara karşı uygulanmaya başlanan baskı havası içinde ön plana geçmeye başlayan Sait Faik, kısa zamanda bir yığın izleyici bulur kendine: Daha ilk çıkışlarında kişiliklerini tanıtlamış olan **Oktay Akbal, Necati Cumalı** ve **Sabahattin Kudret Aksal**'ı bir yana bırakırsak, izleyicilerin, ilk aşamasında, onun çelişkilerle dolu, ama oldukça içten olan evrenini soyutlaştırmaya başladıklarını; evrenin anlaşılmazlığını, bunaltıyı, yılgınlığı, kaosu, insanın hiçliğini ve güçsüzlüğünü... odaklaştırarak "bunalımcı hikâye"ye doğru yelken açtıklarını görüyoruz. Batı'nın sıkıp posasını çıkardığı tekniklerle, Türkiyeli insanı değil de, Batılı bunalan insanı, zaman zaman da insan simgelerini anlatan bunalımcı hikâyecilerimiz arasında **Adnan Özyalçıner, Bilge Karasu, Vüs'at O. Bener, Yusuf Atılgan, Nezihe Meriç, Onat Kutlar, Feyyaz Kayacan, Demir Özlü...** adları sayılabilir.

Bu kördövüşü içerisinde 1960'lara ulaşan hikâyemiz, 27 Mayıs hareketinin getirmiş olduğu 1961 Anayasası'nın güvencesindeki özgürlük ortamında, uzun bir zaman, beklenen açılımı gerçekleştiremez. Orhan Kemal de, *Dünyada Harp Vardı*'da doruğuna ulaştırdığı ustalığını, söz konusu kitabın yayım tarihi olan 1963'ten sonra sürdüremez. Orta kuşak ve ara kuşak sanatçılarından da ileriye dönük, yeni ve olumlu bir atılım gelmez pek. Enstitülerin hikâyeleri ise, her geçen gün biraz daha bir-örnekleşmektedir. Artık, gerek okurda gerekse sanatçılar arasında, hikâyenin can çekişmeye başladığı hakkında birtakım kanılar oluşmaya başlamıştır. Herkes umutsuzdur; sanatçısı da, eleştirmeni de... İşte hikâyeye karşı ilginin oldukça azaldığı böylesi bir ortamda, *Reşo Ağa* adı altında bütünleştirdiği hikâyeleriyle –adı o güne dek kulaklara yabancı– bir kişinin sesi yükselir: **Bekir Yıldız**'ın!

Bu kitabı izleyen öteki kitaplarıyla, bütün gözlerin yeniden hikâyeye dönmesine yol açacaktır bu sanatçı...

DAHA ÇOK BİLGİ

Tahir Alangu, *Cumhuriyetten Sonra Hikâye ve Roman,* 3 cilt, İstanbul, 1959-1965.

Cevdet Kudret, *Türk Edebiyatında Hikâye ve Roman,* 2 cilt, Ankara, 1970-71.

Mehmet Ergün, "İdeolojik Açıdan Türk Romanının Evrimi", *Yeni Adımlar,* sayı 13.

Mehmet Ergün, *Hikâyemizde Bekir Yıldız Gerçeği,* İstanbul, 1975.

Konur Ertop, "Türk Romanının 50 Yılı", *Türk Dili,* sayı 266, s. 116-123.

Fethi Naci, *On Türk Romanı,* İstanbul, 1971.

Fethi Naci, *Türkiye'de Roman ve Toplumsal Değişme,* İstanbul, 1981.

Rauf Mutluay, *Çağdaş Türk Edebiyatı (1908-1912),* İstanbul, 1973.

Mehmet Şeyda, *Türk Romanı,* İstanbul, 1969.

Türkiye Ansiklopedisi (1923-1973), "Roman" ve "Hikâye" maddeleri.

Aytekin Yakar, *Türk Romanında Milli Mücadele,* Ankara, 1973.

Yansıma Dergisi, "Günümüz Türkiye Hikâyesi" özel sayısı (sayı 6).

Hilmi Yavuz, *Roman Kavramı ve Türk Romanı,* Ankara, 1977.

OKUMA

HİKÂYEMİZDE BEKİR YILDIZ GERÇEĞİ

Bekir Yıldız'ın birdenbire büyük bir ilgi bulması, bugüne kadar, onun hikâyeciliği veya hikâye kitapları üzerine yazı yazanlarca tartışma konusu yapıldı...

Türün genel evrimi dikkate alınmadan verilen bu yargıların ortak oldukları nokta, Bekir Yıldız'ın birdenbire ilgilerin odağı haline gelmesinin **sanat-dışı birtakım faktörlerle** açıklanmaya kalkışılmasıdır. Söz neredeyse "birtakım koşulların kesişmesiyle Bekir Yıldız diye bir sanatçı ortaya çıkmıştır ve bunda pay Bekir Yıldız'da değil, ortamdadır; o ortam Bekir Yıldız'ı yarattığı gibi, bir başkasını da yaratabilirdi" demeye getirilmek istenmektedir.

...Bekir Yıldız'ın hikâyelerini türün genel evrimini dikkate almadan belli bir yere oturtmaya imkân yoktur.

Yapılan açıklamalara dikkat edilirse, bir edebî tür olarak kendine özgü bir yapı inşa etmeye çalışmış olan hikâyemizin, 1936 sonrası dönem içerisinde, konumları farklı iki çizgi üzerinde gelişimini sürdürmekte olduğu görülüyor:

(a) Öncüsünün **Sait Faik** olduğu ve bunalımcı hikâyemize doğru uzanan bireyci çizgi,

(b) Öncüsünün **Sabahattin Ali** olduğu ve toplumcu gerçekçi hikâyeye doğru açılan **toplumsal gerçekçi hikâye çizgisi.**

Bekir Yıldız'ın ilk kitabını yayımladığı yıllarda birinci çizgi tam anlamıyla çıkmazda idi. Sait Faik'in tutarsız ama duru ve aydınlık olan dünyasını modaya katılarak karartmış olan 1950-1960'ın bunalımcıları ya susmuşlardı (Onat Kutlar, Yusuf Atılgan, Vüs'at O. Bener) veyahut da yine mezhepler peşinde koşmaya başlamışlardı (Leyla Erbil, Adnan Özyalçıner). Onları izlemeye kalkışan yeni yetmeler ise, tam bir keşmekeş içerisinde idiler ve Kafka-Joyce-Faulkner üçlüsü arasında dönenip duruyorlardı. İkinci çizginin tek temsilcisi durumunda bulunan Orhan Kemal ise, kendini yineleme dönemine girmekle, söz konusu çizginin önünün tıkanmasına yol açmış gibiydi. Orhan Kemal'in hikâye dünyasının yakınlarında dolanan ama insanı ve insani olanı onun kadar yetkin bir biçimde kavramanın oldukça uzağında bulunan Metin İlkin ise, gerek *Mescit Çıkmazı* ve gerekse *Konuşmak*'ta bütünleştirmiş olduğu hikâyeleriyle, saflarına katılma çabası içerisinde bulunduğu toplumsal gerçekçi hikâyeye ivme kazandırmanın oldukça uzağındadır. Üstelik eleştirel bir gözle vermesinden geçtik, gerçekliği bütün karmaşıklığı ile tespit etmenin de uzağındadır. Bu nedenle hikâyeleri insanı ve dolayısıyla da insani olanı içermemektedir. Böylece, ondan da hikâyemize herhangi bir hayır gelecek gibi değildir. Kısacası 1960 sonrası dönem içerisinde hikâye türü bir genel kriz içerisindedir. Ve Bekir Yıldız, böyle bir ortamda hikâyeye adımını atar. **Bu dönem, kesin bir seçmeyi gerektiren; yalpalamayı, kararsızlığı bağışlamayan bir dönemdir.** Bekir Yıldız, bu durum karşısında, toplumsal gerçekçi hikâye çizgisinden yana seçmesini yaparak, söz konusu çizginin uzantısında yer alır. Önü açık, toplumdaki değişim ve dönüşümler yoğunlaştıkça, daha da geniş olanaklara kavuşacak olan bu çizgiyi derinleştirmeye, ona ivme kazandırmaya çalışır. Üstesinden gelmeyi becerdiği için de, hikâyemizde bir gerçek haline gelir. Yani Bekir Yıldız'ın kısa zamanda hikâyeciliğimizin önde gelen imzaları arasında yer alışının nedeni, sanat dışı faktörler değil, bizzat **Bekir Yıldız'ın sanatçı yeteneği ve gücüdür...**

(Mehmet Ergün, *Hikâyemizde Bekir Yıldız Gerçeği*,
İstanbul, 1975, s. 36-39)

SORULAR

1. Roman ve hikâye, Türk edebiyatına bir tür olarak ne zaman ve nasıl girer? İlk romancı ve hikâyecilerimizden kimleri tanıyorsunuz? Genellikle hangi akıma bağlıdırlar eserlerinde bu sanatçılar?

2. Cumhuriyet'e kadar olan dönemde, Türk romanının çerçevesindeki genişleme nasıl olur?

3. Halit Ziya Uşaklıgil ile Hüseyin Rahmi Gürpınar'ın sanat anlayışları nasıldır? Bu iki yazarı karşılaştırınız.

4. Türk romanında "Küçük Paşa dönemeci" neyi anlatır?

5. Ömer Seyfettin'in Türk hikâyeciliğindeki önemi nedir?

6. Cumhuriyet döneminde, roman ve hikâyenin ulaştığı boyutlar nelerdir? Bu türlerin Cumhuriyet'teki gelişmesi hangi dönemlere ayrılır?

7. Cumhuriyet dönemi roman ve hikâyesinde Milli Edebiyat temsilcileri kimlerdir? Ne gibi katkılarda bulunmuşlardır? Bunlar arasında Yakup Kadri'nin yeri nedir?

8. Cumhuriyet dönemi hikâyesinde, Sabahattin Ali ile Sait Faik, hangi çizgileri temsil ederler? Ve ne gibi gelişmelere yol açmıştır bu çizgiler daha sonra?

9. Gerçekçi "köy romanı" ne zaman doğar? Kimleri tanıyorsunuz köye eğilen yazarlardan? Ve hangi bakımlardan ele almışlardır köyü?

10. Kemal Tahir'in sanatçılığının yanı sıra, düşünce adamı olarak yaptığı nedir?

11. Türk romanının bugünkü tablosu ve sorunları nedir?

12. Hikâyemizde Bekir Yıldız gerçeği nedir? (Okuma parçasını okuyunuz.)

BÖLÜM VIII

TİYATRO, SİNEMA VE MÜZİK

TİYATRO

19. yüzyılın, Türkiye'nin kültür tarihindeki önemi, tiyatro bakımından da kendini gösterir: Türkiye, o yüzyılda, kendi geleneksel tiyatrosunu bırakır, Batı tiyatrosunu kabul eder. Doğaldır ki, Batılı tiyatro uygulaması da bugüne değin önemli aşamalardan geçer.

Bu geçişi ve aşamaları –tanınmış tiyatro tarihçimiz Metin And'ın yardımıyla–[1] aşağıda özetleyeceğiz.

Ancak hemen şunu söyleyelim ki, Türkiye'nin gerek uzun tarihi boyunca geliştirdiği geleneksel tiyatrosuyla, gerek 19. yüzyılda benimsediği Batı tiyatrosunu vurgulayarak vardığı aşamayla, İslam dünyasında apayrı bir yeri vardır. İslam ülkelerinden hiçbiri, Türklerin tiyatro alanında gösterdiği yetkinliğe ulaşamamışlardır.

Geleneksel tiyatrodan Batılı tiyatroya

Türkler, Anadolu'ya gelirken, birtakım kukla türlerini biliyorlardı. Bunun yanı sıra, dansları ve belki birtakım ilkel taklit gösterileri de vardı. Anadolu'ya yerleştikten sonra, orada daha önce yaşamış halklarla, çağdaş oldukları halkların kültürleriyle alışverişleri olmuştur. Bunun sonucunda, özellikle Anadolu köylüsünün bugün de oynadığı, **bolluk törenlerinin kalıntıları** olan ve dünya tiyatrosunun en önemli kaynağı sayılan seyirlik oyunlarını geliştirmişlerdir. Aslında, Batı tiyatrosuna kaynaklık eden eski Yunan dramı da buradan gelmiştir. Ne var ki, Anadolu Türkleri, yüzyıllar boyunca bu bolluk törenlerini ilkel biçimlerinde korumuş olmalarına karşın, Batılılar gibi bunlardan olgun bir tiyatro geliştirememişlerdir.

1) Metin And, *Tiyatro Kılavuzu*, İstanbul, 1973, s. 415 vd.

Dramatik özellikte olan seyirlik oyunların belli başlıları, **meddah, yalancı savaşla, kukla, gölge oyunu, hokkabaz, dramatik danslar ve ortaoyunudur.**

Geleneksel tiyatromuzun türleri bunlardır.

Meddah ya da **dramatik biçimde hikâye anlatma sanatı,** İslam ülkelerinde çok görülen bir türdür. Bu yüzyılın başına değin –kesintisiz– gelebilmiş olan meddah geleneği, dramatik seyirlik oyun türleriyle birçok ortaklaşa özellikler göstermekle birlikte, öteki türlerin hep güldürmeye yönelmiş ve göstermeci bir sunuşta olmalarına karşılık; dinsel, destansı, yiğitsi, duygusal, ağlatılı konulara da yer vermesi, ayrıca dinleyici ve seyirciyle duygusallık bağı kurma ve özdeşleşmeye dayanması bakımından, meddah, öteki türlerden ayrılır. Kahvehanelerden, han köşelerinden, konaklara, saraylara değin, yüzyıllar boyunca meddah hikâyeleri Türk halkının dramatik gereksinmesini en iyi karşılayan türlerden birisi olmuştur.

Kuklaya gelince, bu belki de Türklerin Anadolu'ya gelmeden de bildikleri bir türdü. Ama kuklanın asıl gelişmesi, Türklerin Anadolu'ya yerleşmelerinden sonra başlar. Ne var ki, bu tür, 16. yüzyılda Türkiye'ye giren **gölge oyunu** ya da **Karagöz** kadar yaygınlaşmadı.

> Karagöz, aslında **Türklere özgü** bir gösteri türüdür. 16. yüzyılın ilk yarısında tekniği Mısır'dan öğrenilen gölge oyununu Türkler, yaratıcılıklarıyla en olgun, en özgün biçimine vardırmışlar, Balkanlı ve İslam komşularına da sevdirip öğretmişlerdir. Karagöz de, meddah gibi tek sanatçının gösterisidir. Ancak deriden yapılmış, renkli, ışıkla gösterilen görüntüler ve ustalıklı bir konuşma sanatıyla sunulan çok zengin bir tiyatro türüdür. Denebilir ki, **Türklerin en önemli kültür hazinelerinden birisidir** Karagöz. 16. yüzyılda Türkiye'ye girmiş, 17. yüzyılda kesin biçimini almıştır.
>
> Abdülaziz dönemine değin, büyük bir özgürlük ve dokunulmazlığı olan Karagöz, buna dayanarak bir yandan geniş ölçüde siyasal taşlamaya, öbür yandan da bütün halk tiyatrolarında görüldüğü gibi, açık saçıklığa yer vermiştir.

Karagöz'ün yanı sıra, tıpkı bunun üslubunda, ancak canlı oyuncularla gösterilen dans, taklit, güldürü karışımı bir halk tiyatrosu geliştirildi. Öyle ki, bu halk komedyası, belki Karagöz'den de eski olmakla birlikte, kesin biçimini ve **"Ortaoyu-**

nu" adını ancak 19. yüzyılda almıştır. Başka adları da vardır: Meydan Oyunu, Kol Oyunu, Zuhuri gibi...

Karagöz'ün baş kişilerinden biri, tutumu, davranışları ve diliyle özü sözü doğru bir halk adamı olan **Karagöz;** öteki seçkinlere, aydın sınıfa özenen, arabulucu, esnek kişiliğiyle **Hacivat'**tır. Ortaoyunu'nda ise, Karagöz'ün karşılığı **Kavuklu,** Hacivat'ın karşılığı **Pişekâr'**dır. Bunların dışında, öteki kişiler de tıpatıp bir benzerlik gösterirler. Ortaoyunu, dört bir yanı çepeçevre seyirciyle kuşatılmış bir meydanda oynanır. Dekor hemen hiç yok gibidir. Kişiler, Karagöz'de olduğu gibi giyinişleri, ezgileri, dansları, türküleri, tutum ve davranışlarıyla belirlenir.

Ortaoyunu'nun hızlı bir gelişme gösterdiği 19. yüzyıl, aynı zamanda Batı tiyatrosuna kapılarımızı açtığımız yüzyıldır. Ortaoyuncular, sahneli tiyatronun yaşamımıza girmesiyle, bir yandan kendi geleneksel tiyatrolarını sürdürürken, öte yandan Batı tiyatrosunun sahnesinden, yöntemlerinden yararlanarak bir bireşim yapmayı denemişler, böylece, Cumhuriyet dönemi başlarına değin süren **Tuluat** tiyatrosu doğmuştur. Ne var ki bu tür, kısa zamanda yozlaşmış, Ortaoyunu'nun –sözün ustalığına dayanan– gücünden uzaklaşıp, daha çok hareketlerin ve soytarılığın olanaklarına sığınmaları yüzünden, kendi kendini tüketmiştir.

Batı tiyatrosunun Türkiye'ye girişi, kukla, Karagöz, hokkabazlık gibi öteki geleneksel türleri de etkilemiştir.

Batılı Türk tiyatrosunun doğuşu ve gelişimi

Geleneksel tiyatronun yanı sıra, Batı örneğinde tiyatromuz **üç döneme** ayrılmaktadır. İlki 1839'dan başlayarak 1908'de II. Meşrutiyet'e değin süren **Tanzimat tiyatrosu;** ikincisi, 1908'den Cumhuriyet'in ilanına değin süren **Meşrutiyet tiyatrosu;** üçüncüsü ise, 1923'ten günümüze dek gelen **Cumhuriyet tiyatrosu**dur.

a) Tanzimat tiyatrosu

Batı tiyatrosunu, Türkler, önce İstanbul, İzmir gibi yabancı azınlıkların yaşadığı kentlerde, yabancı tiyatrolardan tanımışlardır. Bu konuda öncülüğü, Batı kültürüyle daha kolay ilişki kurabilen Ermeniler yapmıştır. Ermeniler, önce kendi dillerinde temsiller verirken, zamanla seyircilerini genişletmek ve kamu desteğinden yararlanmak için, Türkçe de oynamaya başlamışlardır. Bu arada saray ve çevresinin de gelişmede büyük katkısı olmuştur. Ayrıca yerli ve yabancı olmak üzere tiyatro toplulukları kurulmuştur.

Ermenilerin kurduğu **Şark Tiyatrosu** ile, bu topluluktan çıkma ve İzmir'de temsiller veren **Vaspuragan** topluluğu, Ermenice temsillerin yanı sıra Türkçe temsiller de veriyordu. Kurduğu tiyatro ile Türk tiyatrosuna ilk büyük hizmeti yapacak olan **Güllü Agop,** bu çalışmaların içinde yetişir.

Güllü Agop, yalnız Türkçe oynayan, zamanla Müslüman Türk oyuncuların da katılacağı bir tiyatronun önemini anlar. Önce kurduğu Asya Tiyatrosu'nu, **Osmanlı Tiyatrosu'**na dönüştürerek –İstanbul yakasında eski bir sirk ve tiyatro binası olan– **Gedikpaşa Tiyatrosu'**nda temsillere başlar. Daha çok yabancı tiyatroların oynandığı Beyoğlu yerine, Türklerin çoğunlukla olduğu bir bölgede açılan tiyatro, seyircinin yetişmesi bakımından da bir kolaylık sağlar. Her türlü yarışmaya karşı korunmak ve ayrıca kamu desteğinden yararlanmak için 1870'te bir **tekel fermanı** da alır. Böylece müzikli oyunlar dışında Türkçe temsillerin tekeli, on yıl için Güllü Agop'a tanınır.

Güllü Agop'un, Türk oyun yazarlarının yüreklendirilmesinde Müslüman Türk sahne sanatçılarının sahneye çıkmasında, seyircinin yetişmesinde, Batı tiyatrosunun tanınmasında büyük hizmetleri olmuştur.

Ancak, istibdat vardır.

Ve bir gün, **Namık Kemal'**in *Vatan Yahut Silistre* oyununun seyircide coşkunluk yaratması üzerine yazarı sürgüne gönderilirken, oynanacak oyunlar da sıkı bir denetim altına alınır. I. Meşrutiyet'in ilanıyla –bir ölçüde– ferahlama olursa da kısa sürer bu. Sonunda, Osmanlı Tiyatrosu'nun oynadığı **Ahmet Mithat Efendi'**nin müzikli oyunu **Çengi** ile, yine aynı yazarın **Çerkez Özdenleri,** saraya jurnal edilir ve Gedikpaşa Tiyatrosu –bir gecede– yıktırılır.

O dönemin önemli bir girişimi de, **Ahmet Vefik Paşa'**nın –Bursa valiliği sırasında kurduğu– **Bursa Tiyatrosu'**dur. Bursa'ya İstanbul'dan gelmiş, içlerinde Fasulyeciyan Efendi, Ahmet Fehim ve Küçük İsmail Efendilerin de bulunduğu topluluk oluşturur bunu. İyi seçilmiş ve hazırlanmış, halka tiyatro sevgisini aşılayacak oyunlarla birkaç yıl Bursa'da düzenli tiyatro temsilleri verilir. Ancak, jurnaller üzerine, Paşa, soruşturma için geri alınınca, çalışmalar da durdurulur.

Bu arada, Güllü Agop'un tekel fermanında açık kapı bulan iki grup tiyatrocu vardır: Bunlardan ilki, tuluatçılardır. Onlar metinsiz, doğmaca oynadıklarından, tekelin kendilerine karşı uygulanamayacağını söyleyerek tuluat tiyatrosunu kurmuşlar, başlangıçta, Güllü Agop tiyatrosunun oynamış olduğu oyunları kendi üsluplarında sahnelemişlerdir. Bunda öncülüğü, ünlü ortaoyuncusu **Kavuklu Hamdi, Hayalhane-i Osmanî Kumpanyası'**yla Aksaray'da kurduğu bir tiyatroda yapmıştır. Tekeldeki ikinci açık kapı ise, tekel dışı bırakılan **müzikli oyunlardır.** Çağın ünlü bestecisi **Dikran Çuhacıyan,** Opera Tiyatrosu adıyla kurduğu toplulukla, daha çok kendi müzikli oyunlarını, bu arada çeviri müzikli oyunları oynamıştır.

Gedikpaşa Tiyatrosu'nun yıkılışı ve tekelin süresinin sona erip bir daha yenilenmemesi üzerine birçok topluluklar kurulur. Bu arada, hem o çağın hem de Meşrutiyet tiyatrosunun önemli tiyatro adamlarından **Mardinos Mınakyan,** başlarda Güllü Agop'un oyun seçimine yakın bir yol izler, ancak, gerek kendi tiyatro anlayışı, gerek istibdat rejimi koşullarının zorlaması sonucunda, yerli oyunlara ve edebi değeri olan çeviri oyunlara sırtını döner, Fransa'da "kapıcı romanları" denilen ucuz romanlardan uyarlamalarla, ikinci üçüncü derecede melodramları sahnelemeye başlar.

Bu dönemde, **Ahmet Fehim** gibi sanatçılar eliyle, tiyatro **Anadolu'**ya da götürülür.

Bu dönemin yazarlarından, başta edebiyatın öteki türlerinde de ün yapmış olan geliyor:

İbrahim Şinasi'nin *Şair Evlenmesi* adlı eseri, aynı zamanda ilk Türk tiyatro eseri sayılıyor. **Namık Kemal,** dönemin en önemli oyun yazarlarından kuşkusuz. Sonra başkaları geliyor: **Abdülhak Hamit, Ahmet Mithat Efendi, vb.**

Ama, dönemin –özellikle komedya alanında– en önemli yazarı, Bursalı **Feraizcizade Mehmet Şakir'**dir. Molière etkisiyle yazan ilk komedi yazarımızdır o.

Araya, istibdat ve onun sıkı denetimi girmemiş olsaydı, Tanzimat tiyatrosu, kuşkusuz çok daha olumlu gelişmeler yapardı.

b) Meşrutiyet tiyatrosu

23 Temmuz 1908'de, **Meşrutiyet tiyatrosu** adı verilen dönem başlar.

Bu dönem tiyatro anlayışı, seyircilerin, oyuncuların ve tiyatro topluluklarının sayıca bolluğu ile oyunların özellikleri bakımından, dönemin çalkantılı havasını yakından izlemekte, onu en belirgin bir biçimde yansıtabilmektedir... Meşrutiyet'in ilanı büyük umutlar yaratmış, özgürlük ve Meşrutiyet kavramlarının bütün kapıları açan tılsımlı bir anahtar olduğu sanılmış; huzurun, umudun, güvenliğin hemen gerçekleşeceğine inanılmıştı. Bunun sevinci, coşkunluğu dolu doluya yaşanmış; tiyatro da bu sevincin, coşkunluğun sözcüsü olmuştur. Eski yönetimin kötülüklerine karşı toplumun hıncını, öfkesini dile getiren güçlü bir sesti tiyatro.

Bütün bunların sonucu olarak, sayıca pek bol oyun yazılmış, tiyatro toplulukları artmış, tiyatro çalışmaları yoğunlaşmıştır.

Başlarda, iktidar partisi "İttihat ve Terakki"nin ileri gelenleri de bu akıntıya kapılmışlar; tiyatroyu geniş ölçüde desteklemişlerdir. Ancak, bu coşkunluğun yerini, kısa bir süre sonra savaşlar, iktisadi sorunlar, parti çekişmelerinin doğurduğu karamsarlık ve yılgınlık alır. Çöküş ve yıkılış, büyük bir umut kırıklığı, aydınları, devletin nasıl kurtulacağı yolunda bir çözüm aramaya da iter. Bütün bunlar, tiyatroda da yankılanır; gerek olaylar, gerek düşünceler, sıcağı sıcağına sahneye çıkar.

Oyunculuğun okullu olması için ilk önemli adım da bu dönemde atılır: André Antoine, İstanbul'da bir konservatuvar kurması için çağrılır. **Dârülbedâyi-i Osmanî** adıyla açılan bu konservatuvar, iki yıl sonra ödenekli bir tiyatro topluluğuna dönüşmüş ve bugün İstanbul Şehir Tiyatrosu olarak bildiğimiz tiyatronun temeli atılmıştır.

Oyuncular, geçen dönemden kalma deneyimli oyuncularla, bu dönemde oyunculuğa heves eden gençlerdir. Bu oyuncuların çoğu, ilerde Cumhuriyet döneminin de kalburüstü tiytaro adamları olacaktır. **Burhanettin Bey, Raşit Rıza, Muhsin Ertuğrul, Behzat Butak, İ. Galip Arcan** ilk akla gelenleri bunların.

Büyük tuluatçı **Naşit**'i de unutmamalı!

Müslüman kadın oyuncu, gene sahnede değildir. Ancak dönemin sonlarına doğru **Afife** adında yürekli bir Türk kızı, bütün baskılara, engellere karşın ilk adımı atar.

Onu, sayıda az da olsa başkaları izler.

Sinemanın bu dönemde yayılması sonucu, birçok tiyatronun sinemaya dönüşmesine karşın, tiyatro toplulukları pek çoktur. Sayıları –hemen hemen– yüzü aşmaktadır. Ne var ki tiyatro yönetimi ve sahne düzeni, her bakımdan ilkeldir. Tiyatro toplulukları bir iki temsil için bir araya gelmekte, sonra dağılmaktadır. İyi sanatçılar da azdır aslında. Bunların da, çeşitli topluluklara dağılmasıyla, derme çatma topluluklar çıkar ortaya.

Dönemin başlıca yazarları arasında, edebiyatçılar gelir. Ama oyun yazarlığını başlı başına bir uğraş olarak benimsemiş ve verimliliklerini Cumhuriyet'e değin sürdürmüş iki yazarı görüyoruz. **İbnürrefik Ahmet Nuri** ve **Musahipzade Celal.**

Bu dönemde, gerek 19. yüzyıl Türk tiyatrosunun, gerek Batı tiyatrosunun etkisi vardır. Geleneksel tiyatromuz ise can çekişmektedir. Tuluat tiyatrosu, Naşit gibi ustaların elinde gelişmekle birlikte, tuluat toplulukları, daha çok öteki tiyatro topluluklarının sahneye koyduğu oyunların kopyacılığında kalmış, yaratıcı olmamışlardır.

Bu dönemin oyunları hayli çeşitlilik gösteriyor: Komedyalar, manzum oyunlar, siyasal ve belgesel oyunlar, tarihsel dramlar, savaş oyunları, sosyal ve aile dramları, duygusal dramlar, müzikli oyunlar...

Siyasal ve belgesel oyunlar, Meşrutiyet tiyatrosunun en ilginç türüdür. Çoğunlukla, istibdat döneminin olumsuz eylemlerini, 31 Mart Olayı'nı, Jön Türklerin gizli çalışmalarını, saray entrikalarını, iktidar partisinin içyüzünü gösteren oyunlar bunlar.

Ama sayıca en kabarık tür, **tarihsel dramlar.** Daha çok Osmanlı tarihinin parlak yapraklarına sığınarak, halkı yenilgiler karşısında yüreklendirmeyi amaçlayan bu oyunlar içinde başarılı olanlar da var: Şehabettin Süleyman ile Tahsin Nazif'in *Kösem Sultan*'ı, Salâh Cimcoz ile Celal Esat'ın (Arseven) *Selim-i Salis*'i bunlar arasında.

Müzikli oyunlar bakımından da çok başarılı örnekler görüyoruz.

Meşrutiyet tiyatrosu hakkında, son olarak ne söyleyebiliriz?

Meşrutiyet tiyatrosu, eski dönem ile Cumhuriyet tiyatrosu arasında bir köprü olmuştur.

Eski değerler ve kurumlar tartışılmış, bunların yerini alacak yeni değerler ve kurumlar araştırılmıştır. Tiyatronun toplum yararına olduğu yalnız düşüncede kalmamış, eylemde de ilginç örnekler verilmiştir. Tiyatroda sorunlar su yüzüne çıkmış, neler olduğu anlaşılmıştır. Tiyatro dilinde hayli gelişme olmuş, ödenekli tiyatronun temeli atılmış, tiyatro öğretiminin önemi anlaşılmış, kadın oyuncunun sahneye çıkması için mücadele edilmiş, Cumhuriyet'in birçok önemli oyuncuları ve tiyatro adamları görgü ve yaşantılarını Meşrutiyet'te kazanmışlardır.

Özetle, Cumhuriyet tiyatrosunun temelleri bu dönemde atılmıştır.

c) Cumhuriyet tiyatrosu

Cumhuriyet tiyatrosu derken, Cumhuriyet'in ilanından günümüze değin olan dönemin tiyatrosunu kastediyoruz.

Bu dönemde, tiyatroda, arama ve denemeden, yaratma ve kendini bulma aşamasına geçilir artık. Cumhuriyet'in ilk yıllarındaki bocalama dönemi kamu kesiminin de ilgi ve desteğiyle yolunu, yöntemini bulmuştur. Sorunlar anlaşılmış, tiyatronun önemi benimsenmiş; oyuncusu, yazarı, seyircisi el ele verip tiyatroyu birlikte yaratma çabasına girişmişlerdir.

Cumhuriyet'in tek partili döneminde, **devlet, tiyatroya elinden geldiğince yardım etmiştir.** Devlet eliyle tiyatro eğitimi, bir Devlet Tiyatrosu'nun kurulması, Halkevleri yoluyla yurt düzeyinde kültürü ve tiyatroyu yayma, halka erişme çabası gibi çeşitli yönlerde olumlu sonuçlar alınmıştır. Çok partili dönemdeyse, devletin ilgisi gevşemiş; iktidar partisi, bunları geliştirecek yerde, geriletecek bir tutum göstermiştir. Bununla birlikte, hiç değilse büyük kentlerde, oyuncu, yazar, seyirci yetişmiştir; kamu kesimine karşın, yine de hem nitelik hem nicelikte hızlı bir gelişme olmuştur. Tiyatro eylemi, bütün gücüyle kendisini duyurmuştur. Bu gelişme, 27 Mayıs hareketi ve 1961 Anayasası'yla daha ileri bir aşamaya ulaşmış; tiyatronun toplum içindeki işlevi –diyalektik bir biçimde– ele alınarak, **devrimin gerçek anlamı ve bunda tiyatronun yeri ve görevi** saptanmaya çalışılmıştır.

Seyirci sorunu da, giderek bir çözüme varmıştır. Artık, hiç değilse büyük kentlerde, kadın ve erkek seyirciler bir arada –bir ölçüde bilinçli olarak– oyunları değerlendirebiliyor. **Özel ve ödenekli tiyatroların** Anadolu'ya yaptıkları geziler dışında, bir kültür eylemi olarak, **Bölge Tiyatroları'**yla tiyatroyu yurt yüzeyine yaymak tasarlanıyor. **Oyuncu sorunu** da, bundan önceki dönemlere göre çözüme varmıştır. Artık Türk kadını sahnede yerini almıştır. Oyuncuların eğitimi için –Atatürk'ün önayak olmasıyla– bir **Devlet Konservatuvarı** kurulmuş, bu kurum yıllarca Devlet Tiyatrosu'na değerli sanatçılar yetiştirmiştir. Profesyonel düzeyde oyunculuk saygı gören bir uğraştır. **Tiyatro adamları** da, sayıca az olmakla birlikte yol göstermekte, tiyatro eylemine yön vermekte büyük katkıda bulunmaktadır.

> Bunların en başında, kuşkusuz **Muhsin Ertuğrul** gelir.
> Meşrutiyet döneminde yaptığı büyük işlerden sonra, Cumhuriyet döneminde her olumlu çabanın önderi o olmuştur. Tiyatro oyunculuğunun, sahneye koyuculuğunun, yöneticiliğinin yanı sıra, bir tiyatro düşünürü olarak yazılarıyla, dersleriyle, gençleri yetiştirmesiyle, yeni yeni tiyatroların açılmasında önayak oluşuyla, Cumhuriyet tiyatrosunun bir numaralı adamıdır o.

Cumhuriyet'in ilk yıllarında değişik bir görünümde olan **Dârülbedâyi'**nin yanı sıra, çeşitli tiyatro toplulukları vardı. Sarsıntılar geçiren Dârülbedâyi ise, daha sonra **İstanbul Şehir Tiyatrosu** adı altında tanınan en önemli topluluklardan biri olur. Önce **Devlet Konservatuvarı Öğrencilerinin Tatbikat Sahnesi** adı altında Ankara'da temsiller veren topluluk, kuruluş yasasının çıkmasıyla, bir geçiş döneminden sonra, **Devlet Tiyatrosu** olarak 1949'da kurulmuş, Ankara'da ve başka illerdeki çeşitli tiyatrolar arasında en önemli kuruluş haline gelmiştir. Başlarda operayı, sonra baleyi de içerirken; 1970'ten sonra biri **Devlet Tiyatrosu Genel Müdürlüğü,** öteki **Devlet Opera ve Balesi Genel Müdürlüğü** olmak üzere, iki bağımsız kuruluşa ayrılır.

İstanbul Şehir Tiyatrosu ve Devlet Tiyatrosu gibi iki ödenekli tiyatro yanında **özel tiyatroların gelişmesi,** 1951'de sanat yöneticiliğini Muhsin Ertuğrul'un yaptığı ve bir bankanın desteğiyle kurulan **Küçük Sahne**'yle başlıyor. Az sonra, gerek İstanbul gerekse Ankara'da birçok önemli topluluklar ortaya çıkar.

Bunların içinde ilk akla gelenler, Kent Oyuncuları, Gülriz Sururi-Engin Cezzar Topluluğu, Dostlar Tiyatrosu, Ankara Sanat tiyatrosu, Ulvi Uraz Topluluğu, Devekuşu Kabare Tiyatrosu, Dormen Tiyatrosu (1972'de kapanmıştır) ve başkaları...

Bunlardan **Ankara Sanat Tiyatrosu** (AST), yaşadığımız çağa ve halka dönük bir tiyatro anlayışının onurlu mücadelesini, günümüzde –hemen hemen– tek başına sürdürüyor.

Ne var ki, özel tiyatrolara devlet elinin uzanmaması, çoğunu ucuz, sanat değeri olmayan temsillere iter giderek.

Cumhuriyet döneminde en iyi gelişen, **oyun yazarlığı** olmuştur. Özellikle 60'larda başlayan yıllarda yaratılan oyunlar önemli bir aşama gösterir.

Son yıllarda, oyunları Türk tiyatro edebiyatına yepyeni bir görünüm kazandırmış –orta ve genç kuşak– yazarlar arasında şunları görüyoruz: **Aziz Nesin, Orhan Kemal, Yaşar Kemal, Melih Cevdet Anday, Oktay Rıfat, Haldun Taner, Orhan Asena, Turgut Özakman, Cahit Atay, Refik Erduran, Çetin Altan, Necati Cumalı, Sabahattin Kudret Aksal, Güngör Dilmen, Oktay Arayıcı, Nâzım Kurşunlu, Turan Oflazoğlu, Hidayet Sayın, Recep Bilginer, Adalet Ağaoğlu, Yıldırım Keskin, Başar Sabuncu, Tarık Buğra, Güner Sümer, Sermet Çağan, Vasıf Öngören, Erol Toy, Ömer Polat** ve ötekiler...

Cumhuriyet dönemi, kendi tür ve konularını da birlikte getirir. Burada artık komedya, melodram, tragedya gibi türler yerine, oyunlar konularıyla birbirinden ayrılır olur.

Müzikli tiyatro da gelişme göstermiştir. Burada, konumuz dışında kalan opera alanında da Türk bestecileri birtakım başarılı örnekler vermişlerdir. Operet, müzikli oyun türü ise çok zengindir. Özellikle **Cemal** ve **Ekrem Reşit Rey** kardeşlerin operetleri, **Muhlis Sabahattin**'in operetlerinin yanı sıra, **Haldun Taner, Refik Erduran, Erol Günaydın, Turgut Özakman** gibi yazarlar da son yıllarda bu alanda ilginç örnekler ortaya koymuşlardır.

Özetle, Cumhuriyet döneminde, tiyatromuzda, her yönüyle büyük gelişmeler görüyoruz. Ancak yazarlarımız henüz ulusal bir tiyatroyu yaratamamışlardır. Bazı yazarlar, geleneksel kaynaklarımızı kullanarak ilginç denemeler yapıyorlar yine de. Bunun gibi, tiyatro eğitimi, ilk baştaki yönelimde beklenen gelişmeyi gösterememiştir. Devlet konservatuvarı için bir yenileme, yeni bir atılım gereklidir. Eğitim yolunda önemli bir adım, üniversiteye tiyatronun girmesi olmuştur; Ankara Üniversitesi Dil ve Tarih Coğrafya Fakültesi'nde bir tiyatro kürsüsü ile bir Tiyatro Araştırmaları Enstitüsü kurulmuştur. Ege Üniversitesi'nde de öyle. Devlet Tiyatrosu da, onca başarılı çalışmalarına ve zengin olanaklarına karşın, bütün tiyatro eyleminde, dilde, oyun dağarında, sahne düzeninde öteki tiyatrolara örnek olacak bir ulusal tiyatro düzeyine erişememiştir.

Türk tiyatrosunun sorunları

Türk tiyatrosu, bugün büyük sorunları olan bir tiyatrodur.

Tiyatro-toplum ilişkileri, tiyatro ve devlet, tiyatro-sinema ve televizyon ilişkileri, oyun yazarlığı, yönetmenlik, tiyatro oyunculuğu, tiyatroların parasal gereksinmeleri... Yığınla sorun çıkarmaktadır karşımıza. Öyle ki, Türk tiyatrosunda, bir "yozlaşma", giderek bir "çöküş"ten bahsedenler var.

En azından, bir "bunalım"ın yaşandığı bir gerçek.

Aslında, Türk tiyatrosunun bugün içine düştüğü durum, birdenbire ortaya çıkmış değil; yılların getirdiği bir birikimin sonucu bu.

Ve tek yanlı kolayca çözümlenecek bir nitelik de taşımıyor.

Tiyatromuzu duraklamaya, yer yer yozlaşmaya götüren nedenlerin tümünü burada ele almak olanaksız.(2) Ancak, bir nokta, büyük bir önem taşıyor şu anda:

Son yıllarda, ülkemizde, kapitalizmin gelişmesine koşut bir olgu olarak, tekelci sermaye, ekonomiye ve dolayısıyla ülke yönetimine de tek başına egemen olma sürecine girmiş bulunu-

---

2) Bu konuda ilginç bir değerlendirme için bkz. Seçkin Cılızoğlu, "Kurtuluş Savaşımıza Kağnılarımız Kadar Katkısı Olmayan Tiyatrocularla Tulu'dan Guruba", *Sanat/Edebiyat 81,* sayı 1, s. 33-35.

yor. Bu süreç, kültür alanına da olduğu gibi yansımakta. Tekellerin kültür alanındaki faaliyetleri giderek artıyor. Bu gelişim, değişik sanat dallarında, birbirinden farklı özellikler taşıyor.

Örneğin, tiyatro alanında, son bir iki yıldır görülen Broadway tipi, sulu bulvar komedilerinin mali kaynaklarını, kadrolarını kurcaladığımızda ilginç şeyler çarpıyor gözümüze. Denecek odur ki, tekelci sermaye, bir **"sermaye tiyatrosu"** oluşturmayı gündemine almıştır. Ve sermaye, ülkemizin en etkin gücüne sahip olan devletin olanaklarını da –dilediğince– kullanabiliyor bu alanda. Devletle iç içe geçme süreçleri yaşıyor.

Ne yapmalı?

Tekelci sermayeye karşı verilecek temel mücadelenin bir parçası olan, "kültür alanını demokratikleştirme" mücadelesi içinde bakmalıdır soruna.

Bu mücadele ise, sanatçı örgütlerinin güçlenmelerine, etkinleştirilmelerine doğrudan bağımlı. Tiyatro sanatımızın bağımsızlığını sağlamanın ilk ve kaçınılmaz koşulu da, bu noktada düğümleniyor şimdilik.

DAHA ÇOK BİLGİ

Niyazi Akı, *Çağdaş Türk Tiyatrosuna Toplu Bir Bakış,* Ankara, 1968.

Metin And, *100 Soruda Türk Tiyatrosu,* İstanbul, 1970.

Metin And, *Tiyatro Kılavuzu,* İstanbul, 1973.

Metin And, *50 Yılın Türk Tiyatrosu (1923-1973),* İstanbul, 1973.

Memet Fuat, *Tiyatro Tarihi,* İstanbul, 1970.

Sevda Şener, *Çağdaş Türk Tiyatrosunda Ahlak, Ekonomi, Kültür Sorunları,* Ankara, 1971.

OKUMA

TİYATROMUZUN ÖNÜNDEKİ TEHLİKE: "SERMAYE TİYATROSU"

...1979 tiyatro döneminin sonunda, bütün tiyatrolar perdelerini kapattığı sırada Broadway tarzı yapımcılıkla ortaya çıkarılan bir **"Yedi Kocalı Hürmüz"** sergilenmeye başlandı.

"Cumbalı İstanbul evlerinin bu güzel dilberlerinden şarkılar dinleyip, oyunlar izleyeceksiniz. Hem de göbek atmadan, kalça kıvırmadan tutun da dansözlere taş çıkartan türünden oyunlar!" –"Kadınlar hamamı sahnesinin bile yer aldığı bu şenlikli oyun..." gibi sözlerle reklamı yapılan ve Türk tiyatrosuna emek vermiş kişilerin yıllar yılı halkın kafasından silmek için ter döktükleri "karı oynatılan kumpanya" imgesinin altını inatla çizerek tanıtılan "Yedi Kocalı Hürmüz", Egemen Bostancı'nın derlediği bir kadro tarafından oynatılıyordu. Oyun için gerekli yatırımı ise **Hürriyet gazetesi** ile bağlantılı bir oluşum gerçekleştiriyordu. Alınan haberlere göre, oyun bırakın büyük kazançlar getirmeyi, zararı bile güç bela kapatmaya çalışarak sürdürüldü. Çok da keyifli bir seyirci kalabalığı toplandı.

Ardından aynı ortaklık, **"Hisseli Harikalar Kumpanyası"**nı piyasaya sürdü...

Hürriyet gazetesi, Muhsin Ertuğrul'a ölümünden sonra birdenbire sahip çıkıp bir **"Muhsin Ertuğrul Ödülü"** koydu...

Bu arada yine Hürriyet gazetesi ile ilişkili çevreler, Şişli Ümit Tiyatrosu'nun yeni oluşumunda yer aldılar. Bu tiyatronun salonları, şimdiye dek örneklenmemiş elverişli koşullarda bulvar tiyatrolarına verildi. Bilinçli düzeyde tiyatro yapmak isteyen topluluklara oyun alanı tanınmadığı bir ortamda, İstanbul'un irili ufaklı salonlarının hemen hemen tümü **"seks tiyatrosu"** diyebileceğimiz gösteriler yapan, kabare ve show türüne yönelen ya da ucuz bulvar komedileri oynayan topluluklara dağıtıldı. Yıllardır tiyatrodan uzak kalmış kişilere olanaklar sağlandı...

Bizde yapılan, içinde bulunulan durumu gerçeğe bağlı kalarak yeniden yaratmak ve eleştirmek şöyle dursun, artık geride bırakılmış bir çağın konularını Hürmüz'lerle, Kumpanya'larla güldürü haline getirmek uyutmacasından başka bir şey değil. Seyirci bu yolla etkilenirken, kapitalist toplum sınıflamasında **"lümpen"** olarak tanımlanan tiyatro sanatçıları da başka kanallardan etkileniyorlar. Burada uygulanan yöntemin temelinde para ya da ün sahibi olmak anlamında **"köşeyi dönme"** görüşü var. Boyalı basının sayfalarında boy göstermek, bir inanç doğrultusunda tiyatro yapmanın bir ayda getireceği geliri bir gecede kazanmak, "köşeyi dönme" tutkusunun güçlü basamakları oluyor. Oysa, sosyalist gerçekçilik yöntemi, sanatçıdan yetenek ve ustalığın yanı sıra, burjuva toplumundaki sanatçı aydınların erişemeyecekleri düzeyde –sosyalist görüş tutarlılığı, bencil olmamak, çıkarlardan yana olmamak, estetik ve siyasal ilkeleri birleştirmek gibi– ideolojik, psikolojik ve ahlaki nitelikler bekler.

Bu niteliklere sahip olmayan sanatçılardan egemen sınıfın yararlanması, kapitalist düzende sosyalist gerçekçi sanat yapma uğraşı verenlerin yolunu belki biraz keser. Ama kapitalist düzenin devamlılığını sağlar mı dersiniz acaba?

(Seçkin Cılızoğlu, "Sermaye Tiyatrosu", *Sanat Emeği,* sayı 28, s. 15-17)

SORULAR

1. Geleneksel Türk tiyatrosunun nitelikleri ve belli başlı oyunları nelerdir? Bunlar içinde Karagöz ve Ortaoyunu'nun önemi nedir?

2. Türkiye'de, Batılı tiyatro ne zaman doğar ve hangi dönemlerden geçer?

3. Tanzimat tiyatrosunun özellikleri nelerdir? Bu dönemde ünlü tiyatro topluluklarından hangilerini biliyorsunuz? Bunlar arasında Güllü Agop'un yeri ve önemi nedir? Bu dönemde ünlü tuluatçılardan kimleri tanıyorsunuz? Dikran Çuhacıyan kimdir? Tanzimat döneminin oyun yazarları kimlerdir? Ve ne gibi nitelikler taşır yazdıkları oyunlar?

4. Meşrutiyet tiyatrosunun nitelikleri nelerdir? Bu dönemin başlıca tiyatro adamları kimlerdir? Oyun yazarları olarak kimleri tanıyorsunuz? Bu dönemin oyunları ne gibi türlere ayrılabilir? İçlerinde en önemli olanları hangisidir?

5. Cumhuriyet tiyatrosunda ne gibi gelişmeler olmuştur? Bu dönemde, önemli tiyatro adamlarından kimleri tanıyorsunuz? Bunlar arasında Muhsin Ertuğrul'un yeri ve önemi nedir? Cumhuriyet tiyatrosunda resmî ve özel, önemli tiyatro kuruluşları hangileridir? Bu dönemin önemli oyun yazarları kimlerdir? Cumhuriyet tiyatrosunda oyunların başlıca konuları neler olmuştur ve olmaktadır?

6. Türk tiyatrosunun bugünkü sorunları nelerdir? Bu sorunların çözümü için ne yapmalıdır?

7. "Sermaye tiyatrosu" deyimi neyi anlatmaktadır? Tiyatromuzun önünde niçin bir tehlikedir "sermaye tiyatrosu"? (Okuma parçasını okuyunuz.)

SİNEMA

Fransa'da **Lumière Kardeşler'**in 1895'te halka tanıttıkları *"cinématoghaphe"*, dünyanın her yerinde olduğu gibi, Türkiye'de de ilgi uyandırıyor. Aynı yıl, İstanbul'un tanınmış fotoğrafçılarından Vafidis, Lumière Kardeşler'e başvurarak, bu yeni buluş hakkında bilgi ister. Ertesi yıl, onların dünyanın dört bucağına gönderdikleri alıcı yönetmenlerinden biri olan **Alexandre Promio,** Türkiye'ye gelir ve bazı sahneler çevirir. 1897 yılının başlarına doğru, Yıldız Sarayı'nın hokkabazlarından **Bertrand,** saraya sokar bu buluşu. Bunu, İstanbul'da halka yapılan ilk genel gösteri izler. Sinema Türkiye'ye girmiştir artık. Ne var ki, 1908 yılına değin, "gezginci" olmaktan kurtulamaz. 1908 yılında İkinci Meşrutiyet'in ilanıyla ilk "yerleşik" sinema da açılır.

Gelişmesine de o tarihten sonra başlayacaktır.

Türk sinemasının doğuşu ve gelişimi

Türk sineması, doğuşundan bugüne, çeşitli dönemleri yaşayarak gelmiştir. Bu dönemleri –tanınmış sinema tarihçimiz Nijat Özön'den yararlanarak–(3) değerlendirmeye çalışacağız.

a) Başlangıç yılları

İlk Türk filmi 1914 yılında çevrilir. Adı, *Ayastefanos'taki Rus Abidesinin Yıkılışı.*

> Osmanlı İmparatorluğu –Almanlarla beraber– I. Dünya Savaşı'na girmiştir. Rusya'ya savaş ilan edilmiştir. Savaşın ilk günlerindeki coşkun hava içinde, bir topluluk, İstanbul yakınındaki Ayastefanos'a (Yeşilköy) giderek, oradaki bir Rus anıtını yıkar. Bu, 1876-1877 Savaşı'nda Rusların buraya dek ilerleyişlerini anmak için diktikleri bir anıttır. Anıt yıkılırken –o sırada yedek subaylığını yapmakta olan– **Fuat Uzkınay** da olayı alıcısıyla çevirir.

---

3) Nijat Özön, *Türk Sinema Kronolojisi,* Ankara, 1968, s. 11-37.

1915'te, **"Merkez Ordu Sinema Dairesi"** kurulur. Başında bir Alman vardır: **Weinberg.** Yardımcısı da **Fuat Uzkınay.** Türkiye'de, film yapmak için oluşturulan ilk kuruluştur bu. Savaşla ilgili çeşitli belge filmleri ve haber filmleri çevrilir.

Ertesi yıl (1916) Weinberg, "öykülü film" yapmak ister: *Himmet Ağa'nın İzdivacı*'nı çevirmeye başlar. Ne var ki, az sonra oyuncular silah altına alınır ve çekim de yarıda kalır. Filmi, savaştan sonra Fuat Uzkınay tamamlayacaktır.

1916'da **"Müdafaa-i Milliye Cemiyeti"** adlı –yarı askerî– bir kuruluş, gelir kaynaklarını artırmak amacıyla, film yapımına başlar ve **Sedat Simavi'**ye ilk filmi çevirtir: *Pençe* (1917) ile *Casus* (1917). Birincisi bir oyundan uyarlanmıştır; ikincisi ise bir savaş ve casusluk filmidir. Ama, asıl önemlisi, ilk "öykülü" filmlerimiz oluşları.

1919'da, tanınmış tiyatro oyuncusu ve yönetmeni **Ahmet Fehim Efendi,** *Mürebbiye* ile *Binnaz*'ı çevirecektir. Birinci filmin bir özelliği de şu: İşgalci güçlerce Anadolu'da gösterilmesi yasaklanarak ilk "sansür" edilen film oluşu bizde. Yine bir tiyatrocu olan Sadi Karagözoğlu –sahnede büyük bir başarıyla canlandırdığı "Bican Efendi" tipine dayanarak– *Bican Efendi Vekilharç* adlı güldürü filmini çevirir.

Kurtuluş Savaşı sonunda, orduya aktarılan sinema araçlarıyla *İstiklal, İzmir Zaferi* (1927) adlı büyük bir belge filmi yapılır. Yine aynı yıl, Türkiye'nin ilk özel yapım evi olan "Kemal Film" yapımcılığa başlar.

1922 yılında, Türk sinemacılığının ilk dönemi kapanmakta, yeni bir dönem başlamaktadır.

Sekiz yıl süren bu başlangıç yıllarında, yeni bir sanat alanında ilk örnekler ortaya konmuştur. Başkalarında da, bu alanda çalışma isteği uyandıran örneklerdir bunlar. Ayrıca, bugün bile değer taşıyan birçok belge-film yapılmıştır. Ve üstelik bütün bu ilk adımlar, savaş yıllarının çetin koşulları içinde atılır. Bu olumlu yanlarının yanı sıra, olumsuz bir yanı da var bu dönemin; Türk sineması, asıl işleri sinemadan başka olan kişilerin, özellikle tiyatrocuların ellerinde başlar ve sürdürülür. O dönemin altı filmi, aslında bir "tiyatro filmi"dir.

Bu özellik, 1922'den sonra başlayan ikinci dönemin niteliklerini belirleyecektir.

b) Tiyatrocular dönemi

1922 yılında, Türk sinemasında yeni bir dönem başlar. Tiyatronun etkisini gittikçe daha fazla duyurduğu bir dönemdir bu. "Tiyatrocular dönemi" diye adlandırılışı da bu yüzden. 1953'e değin süren bu dönemin tek temsilcisi de ünlü bir tiyatrocudur: **Muhsin Ertuğrul.**

> **Muhsin Ertuğrul,** 1922 yılından başlayıp, sinemayı kesinlikle bıraktığı 1953 yılına değin, Türkiye'de 29 film yaptı. Bunlar arasında, en önemlileri şunlar: İlk Türk kadınlarını **(Bedia Muvahhit** ve **Neyyire Neyir)** beyaz perdeye çıkaran *Ateşten Gömlek* (1923), ilk sesli Türk filmi olan *İstanbul Sokaklarında* (1931), daha sonraki bütün Kurtuluş Savaşı filmlerine örnek olan *Bir Millet Uyanıyor* (1932), biçim açısından yenilikler taşıyan *Aysel, Bataklı Damın Kızı* (1934).

Yeni Türk tiyatrosunun kurucusu olarak kazandığı ünün büyüklüğü oranında, Muhsin Ertuğrul'un sinemamız üzerindeki etkisinin olumsuzluğu da büyük oldu. Bu alandaki yeteneksizliğiyle sinemamızda çok kötü ve kolay kolay silinemeyen bir iz bıraktı. Muhsin Ertuğrul, her şeyden önce sinema dilini bilmiyordu. Ve hiçbir zaman öğrenemedi de bu dili. Kendisi tiyatrocuydu çünkü. Sinema, onun için, ikinci derecede bir işti. Böylece, filmlerinin hiçbiri, "filme alınmış tiyatro" düzeyini aşamadı. Çalışma arkadaşlarının hepsi de "Şehir Tiyatrosu"ndaki meslektaşları olduğundan, bu "tiyatro kokusu" kendisini daha çok gösteriyordu. Böylelikle, sinemamızın on yedi yıl süren bu dönemi, sinemaya çok aykırı düşen yönetmenlik anlayışı, oyunculuk anlayışı ve –yine sinemaya çok aykırı düşen– sahne oyunlarının uyarlanmasıyla, Türk sinemasının daha sonraki dönemlerinde de etkisini sürdüren yararsız bir geleneğin kurulmasına yol açtı.

Bu dönemin –pek az da olsa– kazanç sayılabilecek adımları ise şunlar: İlk özel yapımevinin, yani **"Kemal Film"** (1922) ile **"İpek Film"**'in (1928) kuruluşlarının yanı sıra, bugünkü film türlerinin ilk örnekleri –köy filmi, polis filmi, Kurtuluş Savaşı filmi, tarihsel filmler, dram, melodram, güldürü– bu dönemde ortaya konulmuştur. Türk kadınlarının beyaz perdeye çıkışları da, bu dönemin bir onuru. Teknik yönden bir yenilik de yine bu dönemde: Ses ile görüntünün aynı zamanda alınması...

c) Tiyatrocular döneminden sinemacılar dönemine geçiş

Türk sineması, 1939'dan 1950'lere değin bir "geçiş dönemi" yaşar.

II. Dünya Savaşı'nın koşulları ile tiyatrocuların ağırlığını omuzlarında taşıyan bir dönemdir bu. Üstelik, bunlar yetmezmiş gibi, geçiş dönemi sinemacılarının bir başka engel daha çıkar karşısına: "**Sansür.**"

> Savaş olasılığının belirmesiyle birlikte yavaş yavaş alınan sıkı önlemler arasından en ağırlarından biri, **faşist Mussolini** İtalya'sında uygulanan sinema sansürünün yurdumuzda da uygulanmaya başlaması olmuştur. 1939'da sinemamıza giren sansür, yurdumuzdaki bütün iktidar ve rejim değişikliklerine, tek partili yaşamdan çok partili yaşama geçişe karşın –özünde bir değişiklik olmadan– uygulanacaktır.

Bütün bunlardan dolayı, geçiş dönemi sinemacıları ortaya önemli bir şey koyamadılar. Ne var ki, aşılması zorunlu bir dönemdi bu. Ve Türk sinemasına –her şeye karşın– birtakım yararları dokunmuştur: Özellikle tiyatrocuların, Türk sinemasında kurdukları tekel bu dönemde yıkılır. Bu dönemin yönetmenlerinin hepsi işe, doğrudan doğruya sinemacılıkla başlamışlardı. Sinemacılık eğitiminden geçmişti içlerinden çoğu. Ne var ki bu eğitim, daha çok, sinemanın teknik kollarındaki bir eğitimdi. Öyle de olsa, başka teknikçilerin yetişmesinde önemli rol oynadı bu bilgiler. Ayrıca, bu dönemin yönetmenleri, kendileri gibi doğrudan doğruya sinemayla işe başlayan yeni bir oyuncu kadrosu yetiştirdiler. Yönetmenlerin bazılarının bağımsız çalışmaları, kendi yapımevlerini kurmaları, yeni yetişenlere olanak tanımaları, eski kadronun egemenliğini iyiden iyiye sarstı.

Geçiş döneminin en önemli yönetmenleri olarak, **Faruk Kenç, Baha Gelenbevi, Şadan Kâmil, Turgut Demirağ, Şakir Sırmalı, Çetin Karamanbey, Aydın Arakon** ve **Orhon M. Arıburnu**'nu görüyoruz.

Şadan Kâmil'in, haksız yere cinayetle suçlandırılan bir gencin başından geçenleri anlatan *Kaçak*'ı (1954-55) ya da baştan çıkarılan bir hizmetçi kızın serüvenini ele alan *Bir Aşk Hikâyesi* (1955); Şakir Sırmalı'nın, dağa çıkmak zorunda kalan insanların öyküsünü insancıl yönden işleyen *Efelerin Efesi* (1952); Aydın Arakon'un, Kurtuluş Savaşı'nda padişahçılar sınıfından milliyetçiler safına geçişi anlatan *Vatan İçin* (1951); Orhon M. Arıburnu'nun yine Kurtuluş Savaşı'nı konu alan *Yüzbaşı Tahsin* (1951) ile düşmanla işbirliği yaptıkları için bu savaşın sonunda yurtdışına kaçmak zorunda kalanların durumunu anlatan *Sürgün*'ü (1952), bu dönemin kalburüstü filmleri arasında.

d) Sinemacılar döneminin doğuşu: Lütfi Akad

1948 yılında, yerli filmlerden alınan "belediye eğlence resmi"nde yapılan indirim, film yapımının birdenbire artmasına, yapımevlerinin çoğalmasına yol açar. Türk sinemasında yeni bir dönemin başladığının ilk göstergeleridir bunlar.

Ne var ki, bu aşamada, kendini sinemada bütün ağırlığıyla duyuran iki olay vardır: **gericilik akımları** ile **iktisadi sarsıntılar.**

1950'de Demokrat Parti iktidara geçmiştir. Gericiliği, iktisadi çıkmazları ve emperyalizmin etkilerini de beraberinde getirir:

> **Gerici akım,** sinemaya sıçramakta gecikmedi. Dinsel filmler, daha doğrusu din duygularını sömürücü filmler büyük bir artış gösterdi. Ezan, mevlit okuma sahneleri, dua sahneleri, daha önceki yılların şarkılı göbekli sahneleri kadar gereksiz, bol bol ve onlarla birlikte yer almaya başladı. Aynı gericilik akımı, 1969'dan sonra, daha azgın ve daha örgütlü olarak yeniden baş gösterecektir.
>
> Emperyalizmin etkisine örnek, yabancı filmler piyasasının –hemen hemen bütünüyle– **Birleşik Amerika'**nın eline geçmesidir. Üstelik Amerikan sineması, en kötü örnekleriyle izlenir. Birleşik Amerika ile –her yönden– içli dışlı oluşun sinemadaki bir sonucu da, yalnız "Amerikan Haber Bürosu"nun onayından geçebilen Amerikan filmlerinin perdelerimize ulaşabilmesiydi. Kendi sansürümüz yetmiyormuş gibi, bir de Amerikan sansürü ortaya çıkar.

İşte bir avuç yönetmen, Türk sinemasını tiyatronun etkisinden kurtarmak, sinema dilini kurmak görevini böyle bir ortamda gerçekleştirmeye çalışırlar.

Ve gerçekleştirirler de.
Bu yönetmenlerin başında **Lütfi Akad** gelir.

Lütfi Akad, 1949'da Kurtuluş Savaşı'nı konu alan bir romandan *Vurun Kahpeye* filmini çevirerek işe başladı. Arkasından *Lüküs Hayat* (1950), *Tahir ile Zühre*'yi (1951-1952) ve *Arzu ile Kamber*'i (1951-52) çevirdi: Sinemacı olarak kişiliğini asıl belirten ilk eseri *Kanun Namına*'dır (1952). İstanbul'daki gerçek bir cinayet olayını ele alan bu eseriyle, Akad, Türkiye'de ilk kez, salt bir sinemacı çalışması gösterir: Günlük bir olayı ele almakta, bu olayı tipleri, çevresi, dekoruyla –en uygun biçimde– yeniden kurmaktadır.

Akad, yine gerçek bir polis olayından meydana getirdiği *Altı Ölü Var* (1953) ile, Amerikan gangster filmlerini andıran *Öldüren Şehir*'de de (1945) aynı başarıyı gösterir. Yaşar Kemal'in bir senaryosuna dayanarak çevirdiği *Beyaz Mendil* (1955), Akad'ın yalnız kent değil, köy çevresini de aynı ustalıkla yansıtabileceğini ortaya koyar.

Lütfi Akad, özellikle 1952-55 yılları arasında eserleriyle, Türk sinemasında önemli bir yer tutar. Çünkü Akad, sinema anlayışı, sinema duygusu, sinema dilini kullanışı, tekniği, sahne düzeni, oyunculardan yararlanışı, konularını seçişiyle tiyatrocuların, özellikle Muhsin Ertuğrul'un tam tersi bir kutbu temsil eder. Muhsin Ertuğrul'un etki bakımından tiyatrocular üzerindeki rolünü, Akad yeni sinemacılar üzerinde oynamıştır. Geçiş dönemi sinemacıları olsun, Akad'dan sonra ortaya çıkan yeni yönetmenler olsun, 1955'te onun bıraktığı yerden –çok kez tekrarlamakla– işe başlamışlardır.

Lütfi Akad'dan sonra, büyük çoğunluğu doğrudan doğruya sinemacı olarak işe başlayan elliden fazla yönetmen çıkar ortaya. Ne var ki, bunlar içinde üstünde durulmaya değer olanların sayısı bir düzineye bile varmaz. Bu dönemin, 1960'lara değin olan bölümünde, Akad'dan sonra en önemli yönetmenleri **Metin Erksan, Atıf Yılmaz Batıbeki, Osman F. Seden, Memduh Ün** ve **Muharrem Gürses** olmuşlardır.

Sinemacılar döneminin, 1960'lara değin süren on yılı büyük önem taşır. 1950-1960 arasındadır ki, sinema terimleriyle düşünmek, giderek sinema diliyle anlatmak çabalarına girişilmiş, bunun ilk örnekleri verilmiştir çünkü. Türk sinemasının daha önceki dönemleri, böyle bir dilden yoksundu. Son olarak, sinema eleştirisinin, ciddi sinema yayınlarının da bu dönemde başladığını; sinemacı-eleştirmeci-seyirci arasında –zaman zaman yararlı– bağların da bu dönemde kurulduğunu belirtelim.

Bütün bunlara karşın olmayan bir şey vardır gene de.

Nedir o?

Savaştan çıkan Avrupa, Latin Amerika, Asya ve Uzakdoğu'daki irili ufaklı birçok ülkede ulusal sinemaların ve yeni sinema okullarının ortaya çıkıp geliştiği bir dönemde, aynı olaya Türkiye'de rastlanmaz.

Olmayan bu.

e) Devrimci Türk sinemasının doğuşu ve Yılmaz Güney

1965 yılında, sinemamız bir "yol ayrımı"na gelir.

Nedenleri sosyaldir.

Gerçekten, 27 Mayıs'la beraber, ülkede demokratik bir hava esmeye başlamış; on yıllık DP döneminde dile getirilemeyen sorunlar gündeme getirilmiştir. Sol akımların da yaygınlaşmaya başladığı bir ortamda, sosyal sorunları dile getirmek, sinemacılara da çekici gelmeye başlamıştır. Bu nedenle de 1960-1965 yılları arasında, toplumsal gerçekçiliğimizi –şu ya da bu ölçüde– dile getiren filmler yapılmaya başlanmıştır. Ne var ki, egemen güçler, bu filmlere ve onların yapımcılarına karşı hayırhah bir tutum takınmamışlardır.

> Örneğin, Metin Erksan'ın yaptığı *Yılanların Öcü* adlı film, ancak Cumhurbaşkanı Cemal Gürsel'in uyarısı ile sansür engelini aşabilmiş; ama yine de oynanması sırasında, bir yığın engelleme ile karşılaşmıştır.

Kıbrıs olayları nedeniyle başlayan ve giderek anti-emperyalist bir boyuta ulaşan gençlik eylemleri; TİP'in 1965 seçimlerinde sağladığı başarı, egemen güçleri yeni önlemler almaya götürmüş ve aldıkları önlemleri de –zaman geçmeden– uygulamaya başlamışlardır. İşte bu durumda, düzenin sinemasına karşı direnmek, gerçek bir sorun olup çıkar. Böylece, 1965'e dek, bir "blok" oluşturan yönetmenler, bu tarihten sonra bir "yol ayrımı"na gelirler.

Nedir onları yol ayrımına getiren?

Gerçekliği kavrama ve yansıtma yöntemi konusundaki görüş ayrılıkları.

Bu nedenle, 1965'e dek, sosyal gerçekleri dile getirme konusunda birleşen yönetmenler, bu tarihten sonra gerçekliği dile getirme temelinde birbirlerinden ayrılmaya başlamışlardır. Bu ayrılma, zamanla bir kutuplaşmaya dönüşür: "Tutucu" ve "dönüşümcü" eğilimler çıkar ortaya.

Tutucu eğilimler, Türkiye toplumunun temel sorununun "Doğu-Batı çatışması" olduğunu ileri sürmekte; sınıf gerçeğini, giderek sınıf çatışmasını reddetmektedir. Başka ulusların kültürlerine kapalı, salt yerli geleneklere yaslanan bir sinema anlayışıdır bu. **Dönüşümcü eğilimdekilerin** önerdikleri sinema anlayışı ise, bir çözüm önerisi getirmeden, toplumsal yapıdaki aksaklıkları dile getirmektedir.

Ve her iki eğilim, kendi içlerinde de ayrışmalara uğrar zamanla.

Tutucu eğilimlerin ayrışımı "ırkçı" bir sinema anlayışına kadar varırken, dönüşümcü eğilimin ayrışımı, **ilerici-devrimci bir sinema anlayışının** doğmasına neden olur. Sınıf gerçeğini ve sınıflararası mücadeleyi kabul eden, sahnede her şeyin bu bağlam içinde gösterilmesi gerektiğini öneren bir sinema anlayışıdır bu.

Bu eğilimin –şimdilik– tek temsilcisi **Yılmaz Güney**'dir.

Yılmaz Güney, sinemacılığımızda yeni bir satırın ilk harfidir. Kendisinin de içinde yer aldığı "dönüşümcü" eğilimleri daha ileri götürmüş; niteliksel bir değişime uğratarak, "devrimci" bir boyuta ulaştırmıştır onları.

Bu nedenle de o, sinemacılığımızın bir "dönemeci"dir.(4)

Yılmaz Güney, katkılarını sürdürür ve giderek sinemamızı ulusal plandan uluslararası plana çıkarıp kabul ettirirken; son yıllarda, özellikle **Atıf Yılmaz'**ın (*Adak, Selvi Boylum Al Yazmalım, Talihli Amele*), bir **Süreyya Duru'**nun (*Kara Çarşaflı Gelin, Güneşli Bataklık, Derya Gülü*), bir **Erden Kıral'**ın (*Kanal, Bereketli Topraklar Üzerinde*), bir **Şerif Gören**'in (*Endişe,*

4) Bu konuda ilginç bir eser olarak bkz. Mehmet Ergün, *Bir Sinemacı ve Anlatıcı Olarak Yılmaz Güney,* İstanbul, 1978.

Almanya Acı Vatan), bir **Ömer Kavur**'un (*Yusuf ile Kenan*), bir **Korhan Yurtsever**'in (*Fırat'ın Cinleri*), bir **Yavuz Özkan**'ın (*Maden, Demiryolu*), kısa metrajlı filmlerden bir **Süha Arın**'ın, son olarak bir **Ali Özgentürk**'ün (*Hazal*) katkılarını görüyoruz.

Hepsi de, sinemamızdaki büyük atılımın örnekleridir.

Türk sinemasının sorunları

Bütün bu iç açıcı gelişmelere karşın, Türk sineması, büyük sorunları olan bir sinemadır. Sinemamız, açıkçası, bir "bunalım" içindedir ve çıkamamaktadır bu bunalımdan.

Gerçekten, Türk sineması, birkaç olumlu adım bir yana bırakılırsa, bugüne değin, halkımızın çıkarlarına uygun, gerçek ve dürüst bir sanat kolu durumuna gelememiştir.

Niçin?

Sorunun kaynağında, **ülkemizin** sosyal yapısı yer almaktadır.

Başta **ekonomik yapı,** birikim ve işleyiş yönünden, belirli bir düzeyin üstüne çıkan filmler yapılmasına engeldir: Teknik düzeyi sağlayacak sanayi yatırımları ya hiç yapılmamıştır ya da yetersizdir. Mevcut kapkaççı sanayiyi denetimi altında tutan güçler de (yapımcılar, dağıtımcılar ve tefeciler), halkın çıkarlarının ve sinema sanatının karşısındadırlar. Ekonomik yapıya bağlı olarak siyasal düzen de sinemamızın gelişmesine elverişli olmamıştır hiçbir zaman. Bu düzenin genel çizgilerini –bir an için– bir yana bırakalım. Sadece **"sansür"** adı verilen siyasal denetim bile, sinemamızın bunalımdan niçin kurtulamadığını apaçık ortaya koyan bir kanıttır.

Bu iki temel nedenin zorunlu bir uzantısı da **estetik yetersizliktir.**

Özetle, kültürel açıdan sinema, Türkiye'de hiçbir zaman gerekli biçimde benimsenmiş değildir. Halka itilen eğlence türlerinin içinde, sanata en uzak durumda olanlardan biridir. Her yıl yapılan yüzlerce filmin içinden yalnızca birkaçının bir değer taşıması gerçeği değiştirmiyor.

Sinemamız çağdaş düzeye nasıl çıkarılabilir?

Ulusal filmcilik merkezinin doğru bir biçimde kurulması, sinema kulüpleri ve sinemateklerin çalışmalarının desteklenmesi ve geliştirilmesi, sansürün kaldırılması ya da düzeltilmesi, kaliteli filmler ve belgesel filmler için devlet desteğinin kanunla düzenlenmesi, sinema okullarının açılması ve üniversitelerimizde filmoloji bölümlerinin kurulması, akla ilk gelen önlemler arasında...

Ama, gerçekten çağdaş bir sinemanın kuruluşunun, düzendeki bir değişikliğe bağlı olduğu da unutulmamalı!

DAHA ÇOK BİLGİ

Zahir Güvemli, *Sinema Tarihi,* İstanbul, 1960.
Nijat Özön, *Sinema El Kitabı,* İstanbul, 1964.
Nijat Özön, *Türk Sinema Kronolojisi,* Ankara, 1958.
Nijat Özön, *100 Soruda Sinema Sanatı,* İstanbul, 1961.
Türkiye Ansiklopedisi (1923-1973), "Sinema" maddesi.

OKUMA

"SÜRÜ" NE ANLATIYOR?

"Sürü", Doğu Anadolu'nun bağrından kopup gelen bir büyük fırtına, bir önünde durulmaz rüzgâr, bir acı çığlık, bir vahşi senfoni gibi insanı alıp götürüyor. Her türlü direnişi, ön veya art-yargıyı, eleştirme çabasını, yaklaşım belirsizliklerini veya "retorik" tartışmalarını göğüsleyen, göğüslemeye yeterli bir sinema karşısındayız... Bir Helenistik duvar kadar sağlam, bir Golyat kadar ayakta bir yapı, bir olay-film... Öncelikle susalım, sinemanın (Sine-Pop sinemasının bozuk projeksiyonunda bile kendini gösteren) gücüne bırakalım kendimizi; bu görüntüleri tadalım, bu sarsıcı destanı içimizde duyalım, bu müziği yaşayalım... Filmi duygu düzeyinde algılayalım önce. Sonra, tartışalım.

"Sürü", Siirt dağlarında yaşayan Veysikan ve Halilan aşiretlerinin çatışması çerçevesinde **Veysikan'ların çöküşünü,** dağılışını, Veysikan'dan Şivan'la, Halilan'dan Berivan'ın acılı sevgisini anlatıyor.

"Sürü" çok değişik planlarda gelişen, zengin dokusunda çok **çeşitli malzeme** taşıyan, **çeşitli yaklaşımlar** gerektiren bir film... Nerden başlamalı? Filmin en önemli bir yanı, çok iyi çalışılmış bir senaryonun ana kaynağını oluşturduğu bu zenginlik. Yılmaz Güney (yazar Yılmaz

Güney, ozan Yılmaz Güney, ülkesini, halkını onca iyi tanıyan gözlemci Yılmaz Güney), Berivan'la Şivan'ın öyküsü çevresine bir dolu zenginlik serpiştirmiş... Sinemamızdaki tek boyutlu, tek-çizgili öykülere kıyasla nasıl bir zenginlik bu!.. Ne çok hayat, ne çok gerçek insan yüzü beliriyor iki saat boyunca: Berivan ve Şivan denli Hamo'yu, karısını, Şivan'ın saralı kardeşi Abuzer'i, uçkuruna düşkün, mağaralardan bulduğu Urartu eserlerini yok pahasına, "bir kilo lokumla bir kilo kuru üzüm" karşılığı çerçiye satan diğer kardeş Silo'yu, sonra Halilan'ları, Berivan'ın kardeşlerini, kente yerleşmiş, apartman kapıcılığına girip hayatını kurtarmış, gazinoda alaturka dinleyip "Balarıları"nın esprilerine gülecek denli "kentlileşmiş" hemşeriyle karısını, sonra toptancı celebi, kasaba doktorunu, kentli doktoru... Trendeki, 'türkü' söylediği için 'tutuklu' devrimci ozanı, topal fahişeyi, köy meddahını... Daha kimleri tanımıyoruz... Hepsi senaryocu/yönetmenin ustalığıyla gerçeklik kazanmış, hayatın içinden çıkmış gibi duran kişiler...

"Sürü"nün asıl başarısı ise, bu zengin insan yüzleri galerisine toplumun dönüşüm noktasında olmasından gelen simgesel boyutları, "temsilci" niteliğini eklemiş olmasında... Feodal düzenin özellikle Doğu ve Güneydoğu Anadolu'da süregelen altyapısal ve üstyapısal süreçlerinin sonsal noktaya yaklaştığı bir dönemin dramıdır "Sürü". **Feodalizmden kapitalizme geçişin kıskacına yakalanmış** kişilerdir "Sürü"nün kişileri... Bu açıdan öykünün/filmin en önemli, en anlamlı kişisi kuşkusuz Hamo Ağa oluyor. Bu yaşlı Kürt beyi, film boyunca insanı iten, tedirgin eden acımasızlığını, hoşgörüsüzlüğünü, insan sevgisizliğini kişisel (psikolojik) değil, ekonomik nedenlerden alıyor. Düzenin sarsıldığını, ayaklarının altından yerin kaydığını duyuyor Hamo... Gideni durdurmaya, olaylara (eskisi gibi) egemen olmaya çabalıyor. Bu umutsuz çaba, onu zalim kılıyor, kötü kılıyor, insafsız kılıyor. Hamo'nun 'kötülüğü' anlam kazanıyor, temsil gücü kazanıyor, boyutlanıyor...

İnsanlar hep sert, haşin zaten "Sürü"de... Kuşkusuz, tüm bu sertlik, bu acımasızlık, yalnız bölge insanlarının etnik yapılarından, özelliklerinden değil, daha çok hayatın, düzenin kendisinin acımasızlığından, zalimliğinden kaynaklanıyor...

...Ve "Sürü", edebî yapısıyla, sinemasal çalışmasıyla, anlatımıyla, yerel öğelerin, çadırların, giysilerin, türkülerin, sazların kullanımıyla şaşırtıcı, sarsıcı, **destan boyutlarına ulaşan** ve destansal anlamında **'epik'** bir sinema olup çıkıyor. Diyalektiğini son denli sağlam kurmuş, temelde akılcı, ama seyircisine seslenen yapısını, görsel yanını, sinemasal yanını, kimsenin ilgisiz kalamayacağı epik bir yapıya oturtmuş bir film... "Sürü", sinemamızdan kuşkusuz uzun zaman sürecek, konuşulacak ve tartışılacak izler bırakarak geçip gidecek...

(Atilla Dorsay, "Sürü: Diyalektik Öykünün Epik Anlatımı", *Cumhuriyet,* 9 Mart 1979)

"Sürü" filmi Locarno Şenliği'nde büyük ödülü aldı. Ayrıca Melike Demirağ da bir Alman oyuncuyla ortak olarak en iyi kadın oyuncu ödülünü paylaştı. "Sürü"nün bu çifte başarısı, "Susuz Yaz"ın Berlin'de 1963 yılında aldığı büyük ödülden (Altın Ayı) sonra Türk sinemasının aldığı en büyük ödül ve dışarda kazandığı en büyük başarıdır... Böylece sinemamızın tarihine bir Altın Ayı'dan sonra bir Altın Leopar da gelip eklenmektedir...

"Sürü" büyük ödül kazanınca daha çok ülkede daha çok seyirci tarafından seyredilecek ve böylece Türkiye aleyhine daha çok propagandaya fırsat mı oluşturacaktır?

Aslında tüm bunlar, hiçbir ciddi yanı olmayan varsayımlardır, hiçbir biçimde üzerinde durmaya değmeyecek düşüncelerdir, savlardır...

Gerçekten de, en ilerici gözüken bazı çevrelerimizde bile "Sürü" gibi filmlerin tanıtma açısından işlevi üstüne yanlış kanılar beslenmektedir. Bu kanılara göre bu tür filmler Türkiye gerçeğinin en acı, en olumsuz yanlarını sergilemektedirler; bu gerçekler vardır, evet, ama bunları yabancılara göstermek yanlıştır, çünkü aleyhimize "olumsuz propaganda"ya vesile olacaktır. Hele Türkiye'yi bu filmlerle tanıyacak veya ilk kez bir Türk filmi seyredecek kişiler üstünde bu filmlerin etkisi çok olumsuz olacaktır, vs. vs...

"Sürü"yü olduğu gibi görmek gerekir; yani kuşkusuz belli bir öykü anlatan, belli bir kişinin (senaryo yazarının) bakışıyla bir öykü anlatan, ama film haline (başarılı bir film haline) dönüştüğünde senaryodaki öyküleri olayların, ayrıntıların tümünü (doğrularıyla veya yanlışlarıyla) aşıp, bambaşka bir noktaya, gerçek bir sanat yapıtının insanda uyandırdığı heyecana ulaşan bir yaratıştır "Sürü"... İşte bizim öküz altında buzağı arar gibi filmin her olayı, davranışı ve kişisi altında "lehte aleyhte propaganda yapıyor" diye anlam arayan ve sonuç çıkartan yetkili kişilerimizin anlamadığı budur; çünkü onlar, bırakın uzmanlaşmışı, sıradan bir sinema seyircisi bile değildirler. Batılının anladığı ve başardığı ise budur: Onlar filmi polis hafiyesi değil, sinema seyircisi gibi seyrettiklerinden seyrettiklerinin tadına varırlar, zevkini çıkarırlar... Ve onun için "Sürü" Türkiye'deki bürokrasi tarafından tu-kaka edilirken Batılı ona büyük ödülünü veriverir...

"Sürü" Türkiye'nin geri kalmışlığını anlatıyormuş... Ne yapalım ki, Türkiye'nin ilerici sanatçısı şimdilik her alanda geri kalmışlığımızı anlatmayı yeğliyor. Bundan yakınanlar o zaman kendi sanatçılarını çıkarsınlar ortaya, geri kalmışlığımızı değil ileriye gitmişliğimizi, köylümüzü değil kentlimizi, emekçimizi değil burjuvazimizi anlatan pembe yapıtlar koysunlar ortaya... Ne yazık ki bunu yapamıyorlar, resmî ideolojiye uygun yapıtlar verecek gerçek, büyük, çaplı sanatçıları çıkaramıyorlar ortaya... Sinemamız, diğer sanat dallarımızdaki gibi ülke gerçeklerini anlatan, bu gerçeklerden güç ve esin alan sanatçılar yetiştiriyor. Bunların yaptıklarının resmî ideolojiyle yetkili veya az yetkili kişilerin beğenisiyle yerinde ve tarihin her döneminde gerçek sanatçının yazgısı resmî ideolojiyle çatışmak, iktidarla uyuşamamak olmuştur. Bu gerçeği bilerek ve karşılaşacağı güçlükleri unutmayarak çalışmalı Türk sinemacısı... başka yolu yok. Bugünkü güçlükler, yarının gerçek demokratik Türk halk sinemasına giden yolda aşılması gereken kaçınılmaz aşamaları simgeliyor...

(Atilla Dorsay, "Sürü'nün Ödülü ve Alınacak Dersler", *Cumhuriyet,* 17 Ağustos 1979)

SORULAR

1. Sinema Türkiye'ye ne zaman ve nasıl girer?
2. İlk Türk filmini kim, ne zaman ve hangi rastlantıyla çevirmiştir?
3. Türk sineması, gelişiminde hangi dönemleri yaşamıştır bugüne değin?
4. Türk sinemasının ilk dönemi hangi yıllara rastlar? Bu dönemde hangi yönetmenlerin hangi filmlerini hatırlıyorsunuz? Bu dönem için olumlu ve olumsuz yönde neler söylenebilir?
5. Türk sinemasında "tiyatrocular dönemi" ne zaman başlar ve hangi tarihe değin sürer? Bu dönemin sinemacılık anlayışı bakımından özellikleri nelerdir? Bu dönemden kalan önemli filmler hangileridir? Ve kim çevirmiştir?
6. Türk sinemasında "geçiş dönemi" hangi yıllara rastlar? Bu dönemin özellikleri nelerdir? Geçiş döneminin en önemli yönetmenleri olarak kimleri tanıyorsunuz?

7. Türk sinemasında "sinemacılar dönemi" ne zaman ve hangi koşullar altında başlar? Bu dönemi etkileyen başlıca neler olmuştur? Ve ne gibi sonuçlar doğurmuşlardır? Sinemacılar dönemini, öteki dönemlerden ayıran nitelikler nelerdir?

8. Sinemacılar döneminin yönetmenlerinden kimleri tanıyorsunuz? Lütfi Akad'ın bu yönetmenler arasındaki yeri ve önemi nedir?

9. Türkiye'de bir "ulusal sinema"nın doğmayışının nedenleri nelerdir?

10. Türk sinemasının 1960'larla başlayan döneminde neler görüyoruz? 1965 yılı, sinemamız bakımından, niçin bir "yol ayrımı" olmuştur? Bu dönemde ortaya çıkan eğilimler nelerdir?

11. Yılmaz Güney'in sinemamızdaki yeri ve önemi nedir? En önemli filmleri hangileridir? "Sürü", Türkiye sinemasına ne getirmiştir? Egemen sınıfların, bu filme gösterdikleri düşmanlığın asıl nedeni nedir?

12. Türk sinemasının bugünkü tablosu ve sorunları nelerdir? Bu sorunları çözmek için neler yapılmalıdır? Gerçekten bir sinemanın kuruluşu, neye bağlıdır aslında?

MÜZİK

Türkler, tarihleri boyunca, müziğe büyük önem verdiler. Eski Türklerde ve Osmanlılarda, davul, bağımsızlığın simgelerinden biridir. Savaşa türkü ve davul sesi ile çağrılır, ordular savaş alanına müzikle gider ve müzikle savaşırlardı. Mehterler, yürüyen kıtaların düzen ve görkemini sağlarlar; çarpışan askerlere, davullar, kahramanlık efsanelerini hatırlatırdı. Ozanları ve kopuzcuları olmayan hiçbir Selçuklu ordusu yoktu. Eski Türk hakanlarının saraylarında ve ordugâhlarında müzik takımları, her gün "9 Kök" denilen eserleri çalardı. İlk Osmanlı sultanı Osman Bey'e Selçuklu hükümdarı –hükümdarlık simgesi olarak– tabıl ve alem (müzik takımı ile sancak) göndermişti. Osmanlılar ise, yalnız müzik sanatına değil, müzik bilimine de (müzikoloji) büyük önem verdiler. Müziğimizin Batı müziği ile karşılaşmadan önceki aşamada, asıl büyük atılımları da, Osmanlılar döneminde oldu.

Türk müziğinin Arap, Acem, eski Yunan ve Bizans asıllı olduğunu ileri sürenler vardır. Her sanat dalı gibi müzik de çevrenin etkisinde kalmış, dolayısıyla Türkler de yaşadıkları çevrelerin kültür ve sanatlarıyla birlikte müziklerinden de etkilenmişlerdir.

Ne var ki, bir taklit değildir bu etkilenme.

Türk müziği, kendi sistemi ve geleneği içinde biçimlenerek ürünlerini vermiştir.

Köyde, kentte, sarayda, konakta, tekkede, camide, sınır boylarında, kışlada Türk müziği, değişik türlerde ürünler verdi. Bu müzik, çeşitli ortamlarda şöyle belirir: Kentte, saray çevresinde, konakta kâr, beste, semai, şarkı; camide ezan, dua, sela, tekbir, temcit, münacat; tekkede naat, ayin, durak, ilahi, nefes, niyazi; köyde türkü, bozlak, uzun hava, zeybek, oyun havası; sınır boylarında serhat türküsü; kışlada mehter müziği...

Günümüzdeki Türk müziğini, müziğimizdeki bütünlüğü gözden kaçırma tehlikesini taşısa da, üçe ayırmak olası: Bunlar **halk müziği, alaturka kent müziği** ve **çok sesli müzik**'tir.

Aşağıda bunları ayrı ayrı inceleyeceğiz.

Türk halk müziği

Türk halk müziği, **sözlü** ya da sözsüzdür. Sözlü müzik, bütün türleriyle halk türkülerini ve türkülü oyun havalarını; sözsüz müzik ise, türküsüz halk oyunlarının ezgilerini kapsar.

Halk türküleri **ölçülü** ya da **ölçüsüz** olur. Ölçülü olanlarına kırık hava, ölçüsüz olanlarına da genellikle uzun hava denir.

Uzun havalar, Anadolu'nun değişik bölgelerinde, bozlak, türkmeni, maya, hoyrat, divan, ağıt gibi adlarla anılır. Bunlar, genellikle, Karacaoğlan, Emrah, Ruhsati, Sümmani ve daha birçok tanınmış halk ozanının deyişleri üstüne yakılmıştır. Kırık havalar ise koşma, yiğitleme, güzelleme, taşlama, ninni ve daha başka adlar altında kümelenir. Bunlar da, genellikle gurbet, ayrılık, sıla hasreti, ölüm, sevgi, askere gidiş, yiğitlik, düğün, çocuk sevgisi, kız kaçırma gibi köye has toplumsal bir olayı konu alır; yalınlık, içtenlik, duygululuk gibi özellikler gösterir ve "yerel renkler" taşır.

Lirizm payı ağır basan bu müzik, geleneklere bağlı, daha çok sınırlanmış bir yaşamı yansıtır. Ve melodi, ritim, ölçü ve tonalite bakımından, Anadolu'nun çeşitli bölgelerinde değişik ve renkli özellikler gösterir ve birbirinden –aşağı yukarı– kesin çizgilerle ayrılır.

Belki, çok az folklorda, duygulardaki içtenlik ve yöresel renk bakımından bu denli çeşitlilik ve dirilik vardır. Bu türküler, oyun havaları, bunları çevreleyen yöresel giyim-kuşam, danslar, zevk ve duygu bakımından, hayret verici ayrılıklar gösterir. Ulusal geleneklerin kaynağı olan bu müzikli, danslı, süslü âlemde dışa yansımaların hep efendiliği, mertliği ve ruh inceliğini dile getirdiğini görürüz.

Müziğimizin, duygulu olduğu kadar, gür kaynaklarından biridir halk müziği.

Halk müziği, bilimsel araştırma düzenine bağlı çeşitli çalışmaların konusu olmuştur. Hemen hepsi de Cumhuriyet döneminde başlayan bu çalışmalar, çeşitli aşamalardan geçerek bugüne varmıştır.

Halk müziğinde büyük sanatçıların ortaya çıkışı da, gene Cumhuriyet döneminde olur. Bunların içinde, özellikle **Ruhi Su** –Anadolu Türk köylüsünün büyük başkaldırı dizisinin bir halkası olarak– çalışı, söyleyişi ve besteciliğiyle yepyeni bir yorum getirmiştir.

Başka sanatçılar da görüyoruz bu alanda: Bir **Rahmi Saltuk,** bir **Zülfü Livaneli,** bir **Sadık Gürbüz...** Klasik müziğimizi çokseslendirmeye değin varan –geniş çaplı– çalışmalarıyla, **Timur Selçuk'**un apayrı bir yeri var bu gelişmede.

Âşıklar müziği içinde de **Âşık Veysel'**in, **Âşık İhsani'**nin, **Âşık Mahzuni'**nin yerlerini unutmamalı!

Alaturka kent müziği

Osmanlı tarihi boyunca sarayda padişahların, kişizadelerin; kentlerde de aydın kişilerin duygulandıkları, destekledikleri bu müzik, her şeyden önce bir **zümre müziğidir.** Ve yüzyıllar boyunca, bu zümre hangi estetik değerlere eğilim göstermiş, giderek bağlanmışsa, müziğinde de bunların yankılarını görürüz.

Bu müziğin iki niteliği vardır: **Tekseslilik** sınırları içinde kalmış olması ve tam bir **kalıp müziği** oluşu. Ezgiler, bir derenin akışı gibi, "belli makamlar"ın yatağı boyunca akıp gider bu müzikte. "Çoksesli" müzikte olduğu gibi, bestecinin her yöne yayılma olanağı yoktur.

Ve çeşitli aşamalardan geçer bu müzik.

İlk klasik dönemde, kurallara tam bağlılık vardır. Meragalı Abdülkadir, Gazi Giray Han... bu dönemin başlıca temsilcilerindendir. **Son klasik dönemde,** kurallar zorlanmaya başlanır. Itri, Zaharya, Hafız Post, Mustafa Çavuş, III. Selim, Numan Ağa... bu dönemin ünlü bestecilerindendir. **Neoklasik dönemde,** daha önce zorlanmış bulunan klasik kuralların yıkılmaya başladığı görülür. Öyle ki, II. Mahmud döneminde, klasik kurallar dışında eser vermek moda haline gelir.

Bu gelişimde, **Dede Efendi'**nin (1778-1846) çok önemli bir yeri var: Klasik kurallara bağlı kaldığı halde, lirizm öğesini geliştiren Sadullah Ağa ile romantik Küçük Mehmed Ağa'dan sonra, klasik kuralları yıkarak –Mevlevi ayininden köçekçeye dek– her tür eser veren bu besteci, bütün çağdaşlarını gölgede bırakır.

Belirli sınırlarla ayrılması olanaksız klasik dönem, klasik kurallar yerine anlatım öğesine önem veren **Hacı Arif Bey** ile, daha önceleri III. Selim zamanından beri üstünde çalışılan –şarkı biçiminin öne geçmesiyle belirlenen– **romantik dönemle** sona erer.

Cumhuriyet'in ilanından sonra –her alanda olduğu gibi– müzik alanında da Batı'nın örnek alınması, teksesli Türk müziğinin devlet desteğinden yoksun kalmasına yol açar. "Türk halkına mal olmadığı", "milli duygulara seslenmediği" gerekçesiyle, konservatuvarın dışında bırakılır bu müzik ve radyodan çıkarılır. O koşullarda, eski Türk müziğini incelemek, değerlendirmek, notaya almak, tek tek kişilere kalır. **Hüseyin Sâdettin Arel'**in (1880-1955) bu yoldaki hizmetleri unutulamaz. Daha sonra, gerçekçi bir tutum izlenerek, yeniden konservatuvara ve radyoya alınır ve belirli bir sanat düzeyine çıkarılmak için çabalar harcanır. Ne var ki, bütün bu içten çabalara karşın, geleneksel teksesli Türk müziği –ürünü olduğu uygarlıkla birlikte– gerilemeye devam eder. Bir Şerif Muhittin Targan'ın "ut"u, bir Hasan Ferit Alnar'ın "kanun"u yaşatan çabaları, geleceği olmayan denemeler olur.

Geleneksel Türk müziğinin, "çokseslilik"e yönelmedikçe kısır bir döngüde kalacağını, artık en koyu alaturkacılar bile kabul ederken; bugünün bestecileri de, belirli bir dönemde tarihsel işlevlerini tamamlamış eski biçimleri şu ya da bu biçimde canlandırmaya kalkışmanın verimsiz bir yol olduğu, gerçek Türk müziğinin, dünün değil, bugünün koşullarından ve duyarlığından doğacağı kanısındalar.

19. yüzyılda, Batı, "çoksesli" müziğiyle de geliyor. Onun –belki– tek olumlu etkisi bu noktadadır.

Gerçekten, 19. yüzyılda, Batı'dan değerli sanatçılar getirtilip, sarayda Batı müziğine yer veriliyor. **Muzika-yı Hümayun** kuruluyor. Avrupa'dan büyük kadrolarıyla operalar getirilip, anlaşılması oldukça kolay olan eserler oynanıyor; yabancı virtüozlar konserler veriyor. Ne var ki, büyük bağışların sağladığı bu geçici faaliyet, hep sarayda ve kentte yabancıların çevresinde oluşur. Halk katılmadığı ya da katılamadığı için de, Batı müziği yayılamaz, dar bir çevrede kalır.

Bununla beraber, ilk büyük atılım gereksinmesi, kendini orduda duyuruyor. Kıtaların yeni yürüyüş düzenini sağlayan bandoların hızla kurulduğunu görüyoruz. Sarayda, Batılı uzmanların yetiştirdiği **Saffet Bey, Zati (Arca) Bey, Zeki (Üngör) Bey** bu anlayışta ilk müzikçilerimizdir.

Bunlar arasında, özellikle **Zeki Üngör,** kemanda ve müzik kültüründe ulaştığı üstün düzey ile sarayda ve İstanbul'un ileri çevrelerinde, keman resitalleri, oda müziği konserleri verir. Muzika-yı Hümayun'u senfonik bir düzeye ve düzene ulaştırır. Bu orkestra ile Bach, Haydn, Mozart, Beethoven, Schumann gibi, Batı'nın ünlü bestecilerinin eserlerini konserlerde yönetir. Kurtuluş Savaşı'ndan hemen sonra, sanatçıyı, Cumhuriyet iktidarı da destekler: Ülkeye müzik öğretmeni yetiştiren **Musiki Muallim Mektebi'**ni kurar.

Yeni rejim, "Batılılaşma"yı resmî felsefe olarak kabul ettiğinden, müzikte de aynı yol tutulur. Batı'dan getirilen uzmanlara **Devlet Konservatuvarı** ile **Devlet Operası** kurdurulur.

Geleceğin "çoksesli" müziğinin sanatçıları, bu kurumlarda yetişeceklerdir. Yetişirler de...

Çoksesli Türk müziğinde, en yalın çoksesli türkülerden başlayıp, oda müziği, senfoni, konçerto, opera çapındaki biçimlere dek uzanan geniş alanda eser vermiş bestecilerimiz vardır.

Çoksesli müziğin Cumhuriyet dönemindeki ilk öncüleri olarak kabul edilen beş bestecimiz **(Cemal Reşit Rey, Adnan Saygun, Ulvi Cemal Erkin, Hasan Ferit Alnar, Necil Kâzım Akses),** yetiştikleri ortamlarda, çağları için geçerli ve önemli bazı akımların etkisini sürdürürken, ulusal kaynaklardan da yararlanma yolunda denemeler yapmışlar; bu tür öğeleri sayılı örneklerde başarıyla kullanmışlardır.

Ayrıca, yetiştirdikleri yetenekli gençler, Cumhuriyet döneminin ikinci besteciler kuşağını oluşturur. Bunlar arasında **Ekrem Zeki Ün, Mithat Akaltan, Sabahattin Kalender, Ferit Tüzün, Bülent Tarcan, İlhan Usmanbaş** ile **Bülend Arel,** ilk akla gelen adlar.

Bu zenginleniş, daha yeni adlarla gelişmesini sürdürüyor.

Sonuç olarak, çoksesli müziğin son elli yıl boyunca gösterdiği gelişme, aslında ilgi çekicidir. Türk bestecileri, genellikle çağlarının gerisine düşmemek için çaba harcarlarken, geçmişten kalan teksesli müzikle, zengin ve renkli folklora da eğilmişlerdir. Batı tekniğini ve ulusal kaynakları birleştiren müzik çalışmaları, müzik sanatının gelişmesi bakımından olumlu bir bireşimin simgesi olmuştur. Ne var ki, bu bireşim, halka ulaşan, halkın malı haline gelen bir müzik yaratılmasını sağlayamadı; ancak mutlu bir azınlığın sanat gereksinmesini karşıladı. Çoksesli müziğin halka götürülmesi, halkça benimsenmesi –yüz ağartıcı bütün başarılara karşın– Cumhuriyet'in yarım yüzyılda gerçekleştiremediği adımlardan biri olmuştur.

Türkiye'de "müzik politikası"nı nasıl ayarlamalı?

Her alanda olduğu gibi, müziğimiz de bir kargaşa içinde.

Önce bir olaydan bahsedelim: Son yıllarda, "Arap taklidi" bile değil, düpedüz "Arap kopyası" olan bir müzik türünün örnekleri çevremizi sarmıştır. Uzmanların dilinde "arabesk" diye geçer bu müziğin adı.

"Dolmuş müziği" dendiği de olur.

Doğu kaynaklı ezgilerin, yalvarıp yakarma, inleme, acı çekme gibi duyguları dile getirecek biçimde kullanılması bu.

Bir "tür" değil, bir "üslup" açıkça.(5)

Dikkati çeken bir nokta da, dışa bağımlı kapitalistleşmeye koşut olarak yaygınlık kazanmış olması. Hiçbir kültürel değer yaratmayan burjuvazinin, önüne gelen en yoz, en geri, en ye-

5) Bu konuda özellikle bkz. Süheyla Dura, "Arabesk Üzerine", *Sanat / Edebiyat 81,* sayı 3, s. 54-55.

tersiz değerleri benimseyip, benimsetmekteki ustalığının bir örneği bu da. Burjuvazi, bir yandan Batı'daki disko müziğine ve hafif müzik ürünlerine Türkçe söz döşeyip "aranjman" soytarılığına yol açarken; halkın belli bir kesimine de "arabesk"i götürmüştür.

Biri, içkili gazino ve tavernalarda mezelik; öteki afyon!

Mümtaz Soysal'ın dediği gibi, aslında küçümsenmemesi ve üzerinde titizlikle durulması gereken bir olayla karşı karşıyayız.

"Arabesk" dediğimiz şey, müzik alanındaki "tarihsel yanılgı"nın bir sonucu değil mi acaba?

Yasaklarla, zorlama yayınlarla bir müziği ortadan kaldırabileceğimizi sandık, ortaya "arabesk" çıktı.

Tıpkı gizli Kur'an kursları, sıkmabaş modalar gibi...

Hemen bütün tarihsel yanılgılar kadar bunun da üzerine bilinçli, akıllı ve dikkatli bir biçimde eğilmek gerekiyor. Halkı "arabesk" müziğine iten etkenler nelerdir? Eksik kalan nedir? O yığınlara nasıl yaklaşmak doğrudur? İtici bir "kültür patronluğu"na sapmadan müzik zevki nasıl geliştirilebilir?

Bütün bunlar, uzmanlık ve ustalık isteyen konulardır.

Ama herhalde Türk toplumunu, her alanda olduğu gibi, müzikte de yaşadığı "keşmekeş"ten kurtarıp, bir "bütünlüğe" varmak için hayli dikkatli çabalar harcamak gerekiyor.

Müzikte ulusal bir bileşime de bu çabalar sonunda varılacak.(6)

DAHA ÇOK BİLGİ

"Atatürk Devrimleri İdeolojisinin Türk Müzik Kültürüne Doğrudan ve Dolaylı Etkileri" (Açık oturum, 8.11.1978), Boğaziçi Üniversitesi Türk Müziği Kulübü Yayınları, İstanbul, 1980.

Muammer Sun, *Türkiye'nin Kültür-Müzik-Tiyatro Sorunları,* Ajans Türk Kültür Yayınları, İstanbul, 1969.

6) Bu konuda çok ilginç bir yazı için bkz. Azer Yaran, "Müzikte Temel Yaklaşım Yanlışlığı", *Bilim ve Sanat,* 1981, sayı 7, s. 40-41.

OKUMA

TÜRK SAZI VE RUHİ SU

Saz, bu üç telli Türk çalgısı, kendisine söz geçiren kişiyle, Âşık'la özdeştir. Saz her şeyi bilir, duyar, canlıdır, falcıdır. Duvardaki bir çiviye asılı bekler. Âşık uzaklarda olsa bile onun titreşimlerini yansıtır.

Şimdi bana söylenenleri aktarıyorum:

"Sazın kopan tellerinin inlemesi, kimi zaman, yer yer geceyi böler, uyuyanları hoplatır, köpekleri ulutur, atlara çifte attırır, öküzleri böğürtür, sanki yer yerinden oynamıştır; çünkü bilmem nerede kötü bir şey olmuş, ya âşık, ya dostu ya da sevgilisi ölmüştür..."

Saz yalnız ve ancak âşık aracılığıyla, ondan yaşadığından, onun özelliklerini, kişiliğini, alışkanlıklarını kazanır; "layık olmayan"ın elinde ses vermez, hatta kendisine dokunmasından bile hoşlanmaz.

Âşığa gelince, büyülü sözün etkisine kapılmış, **düzene başkaldırmış bir köylüdür.**

Gerçek âşık için "çok yanık söylüyor" denir. Âşık "yanık yanık" söyler ve artık durduğu yerde duramaz, köy köy dolaşır, ilden ile göçer, türkü onu geçici bir süre yatıştırır. Bütün Türkiye'yi dolaşır, bununla yetinmez, daha uzaklara, başını alıp yaban illere gider.

Âşıklar kimi zaman Fransa'da Citroen fabrikasına bitişik bir biraevinde, kimi zaman da Batı Almanya'daki B. G. Farben yakınlarındaki biraevlerinde boy gösterir. Yurt sazıdır, her şey yitip gitmemiştir. Âşık, Almanya'ya göç eden 700.000 işçiye eşlik eder. Zaten âşıklar öteden beri, Orta Asya'dan tutun da Anadolu'ya, Balkanlar'a dek uzanan bütün büyük Türk göçlerine öncülük etmiştir.

Âşıkların müziği, şiiri, bir rastlaşmanın ürünüdür: Önce Şaman dinine bağlı olup sonradan Müslümanlığı benimseyen ve Orta Asya'dan kalkıp Anadolu'ya gelen büyük insan seliyle ilkin Dionisos'a tapan, sonra Hıristiyan olan yerli halkın rastlaşmasının ürünü.

Birincilerin İslamlığıyla ikincilerin Hıristiyanlığı, bütün katı gelenekçilerin, bütün yöneticilerin saçlarını diken diken edecek nitelikteydi!

Yönetenlerle yönetilenler arasındaki çatışmalar çok korkunç oldu. Bizans ordularıyla Sultan orduları sınırsız Hıristiyan ve Müslüman kanı akıttı. Saldırıya uğrayan halk da şöyle türküler yaktı:

Bir Allah'ı tanıyalım
Ayrı gayrı bu din nedir?
Senlik benliği nidelim,
Bu kavga döğüş, kin nedir?

Bursa'da XV. yüzyılda, Papa'nın başkanlığında yapılan bir toplantıda İslamlıkla Hıristiyanlık birleştirilmek, birbirinin içinde eritilmek istendi. İznik'in Simavna kasabasında kadılık eden bir beyin oğlu bilgin **Şeyh Bedreddin'**in yönettiği, sonra Balkanlar'a, Bulgaristan'daki Ağaç Denizi'ne sıçrayan büyük halk ayaklanması da XV. yüzyıldadır. Anadolu'nun yoksul Türk, Yunan, Yahudi ve Ermeni köylülerini aynı sancak, aynı kardeşlikte toplayan ilke: "Yârin dudağından gayri her şeyde ortak" olma özlemiydi.

Bilginler olsa, ilkel toplumculuk derdi... Bana sorarsanız, hiç de o kadar ilkel değil. Daha yalın terimlerle söylersek, bu, bütün emekçilerin, tarih boyunca kardeşçe, özgür yaşama duydukları özlemdir.

Türk âşıkları, daha Anadolu'ya ayak basar basmaz, bu umudun taşıyıcıları olmuşlardır. XIII. yüzyıldaki büyük **"Babai" ayaklanması,** lal renkli çuha külahlar giymiş, sırtlarına dikişsiz cüppeler geçirmiş, yanlarında kocaman gözlü evcil geyikler gezdiren insanların istilacı Moğollarla işbirliği yapan Selçuklulara başkaldırmasıdır.

"Baba"lar başkaldırılarını türküye dökmüşler, saz da onlara eşlik etmiştir.

Çok iyi tanırım bu savaş erlerini.

Homeros'un doğduğu, yaşadığı yerlerde yaşayan bu yiğitler, Homeros gibi yalnız gönül gözüyle görür, aydınlanırlar, kapalı gözle her şeyi görür, her şeyi, hatta geleceği bile bilirler.

Gözü görmeyen köylü âşık Senem Bacı'ya Çorum'un köylerinden Dağ Saray'da rastlamıştım. Bana hem o günkü halimi, hem de geleceğimi anlatan bir hoşgeldin türküsü söylemişti. Köyde anlatılanlara bakılırsa, böyle türkülü falcılığın ustasıymış.

Daha başka âşıklarla karşılaştım. Örneğin, kendi adını verdiği küçük Veysel'e yaslanarak yürüyen büyük ozan **Âşık Veysel'**le tanıştım; şöyle diyordu toprak için:

"Benim sadık yârim kara topraktır..."

Geliyorum **Ruhi Su'**ya. O, ömrünü âşıklara ve türkülere adamış insandır. Yitik dizeyi şurada, başka birini ötede bulur; bir ezgiyi şu bölgede saptar; sazdaki bir iniş çıkışı başka bir yerde. Bir müzik bilgini gibi değil, bir müzik vurgunu, kendine özgü bir âşık gibi çalışır;

bir "türkü devşiricisi"dir o. Galiba Toros eteklerinde işittim bu lafı, durmadan türkü aradığını, zamanın yıkıntıları arasından türkü bulup çıkardığını anlatmak istiyorlardı besbelli.

Ama Ruhi Su kelebek avcısı değildir. Kelebeklerin karnına iğne batırıp cam altına yerleştirmez, okur onları, yüzyıllarca deniz altında kalmış Eski Çağ yontularına yapıldığı gibi, üstlerindeki zaman köpüklerini temizleyerek o güzelim sesiyle söyler; yaşar; altta yatan başyapıtı ortaya çıkarabilmek için, üstteki yosunlarla kabuklu hayvanları büyük bir dikkatle kazımak gerekir. Ruhi Su, eşsiz bir sabırla başarır bu işi.

Onun sayesinde canlanan türkülerin aralıksız yetkinleşmesini, bu titiz yaratıcının çalışmasını kuşaklar (bir mi, iki mi, üç mü?) izleyegelmiştir.

Yirmi yıllık aradan, yurdumdan ayrı geçirilen yirmi yıldan sonra, yeniden dinledim bu türküleri –deyim yerindeyse– daha bir güzelleşmiş, billurlaşmışlardı. Her aşaması insana sönmüş gibi gözüken bu yetkinleştirme araştırısının sonu yoktur.

Ruhi Su, bu yapıtı, belirli zaman aralıklarıyla gözaltına alınarak, izlenerek, köşelere kıstırılarak, hapse atılarak yaratmıştır. Neden mi? Yozlaşmaz saygınlığıyla direngenliğini simgelediği **Anadolu Türk köylüsünün büyük başkaldırı dizisinin bir halkası olduğu için** belki.

Ruhi Su yakışıklıdır, saygındır. Bir Hitit yontusu gibi genç ve ölümsüzdür.

Üç telli saz, Ruhi Su'nun elinde, en güzel gitarların beş teline denktir.

Ruhi Su'nun sazında, çeyrek tonlar, hem kesik kesik, hem de birbirine bağlı bir deyişe eşlik eder; ansızın çok özel bir titreşim işitilir, müziğin doruğuna çıkan çalgıyla insanın sarmaş dolaş olduğu görülür, dünyanın olumsuzluğuna karşı açılmış bir savaş, bir öç almadır bu.

Üstelik iş bu kadarla da kalmaz, Ruhi Su yeni ezgiler bestelemiştir. Ne olursa olsun, her kuşakta söylenecektir bunlar; bu ezgiler, çağımıza tanıklık edecektir.

(Abidin Dino, "Saz ve Ruhi Su Üstüne Notlar",
Guitare et Musique Dergisi, Çev. Bertan Onaran)

SORULAR

1. Türklerin, tarihleri boyunca müziğe verdikleri önemi belirtiniz.

2. Günümüzde, Türk müziği denilince ne anlaşılır?

3. Türk halk müziğinin özelliklerini belirtiniz. Bizde, halk müziği üstüne çalışmalar ne zaman başlamış, nasıl bir gelişim izlemiştir? Türkiye'de "âşıklar müziği", sosyal planda neyi dile getirir? Ruhi Su'nun, Türk halk müziğinde, giderek müziğimizdeki yeri nedir? (Okuma parçasını okuyunuz.)

4. Klasik Türk müziğinin nitelikleri nelerdir? Bu müzik hangi aşamalardan geçmiştir? Bu aşamaların özellikleri nelerdir? Dede Efendi, bu aşamalardan hangisinde yer alır ve ne gibi bir rol oynamıştır?

5. Tek sesli müzik, Cumhuriyet döneminde, devletçe niçin horlanmıştır? Bu müziğin bugünkü sorunları nelerdir? Müziğimizdeki "Arabesk" olayı hakkında ne düşünüyorsunuz?

6. Batılı "çoksesli" müzik, Türkiye'ye ne zaman ve nasıl girer?

7. Çoksesli müzik, Türkiye'de, bugün başlıca kaç yönden gelişmektedir?

8. Çoksesli müzikte, ilk "Türk beşleri"nin içine hangi besteciler girmektedir? Bunların katkıları ne olmuştur? Bunlardan Adnan Saygun'un eserleri ve görüşleri hakkında bilgi veriniz. "İkinci Kuşak" bestecileri içinde kimler yer alır? Her birinin eğilimlerini belirtiniz.

9. Çoksesli müziğin, Türkiye'de, bugüne değin gelişiminden çıkarılacak genel sonuç nedir? Gelecek için ne yapmalı, nasıl bir "kültür politikası" izlemelidir?

BÖLÜM IX

MİZAH VE KARİKATÜR

Kültürümüzün en zengin alanları arasındadır mizah ve karikatür. Çok eski ve derin bir mizahımız var. Karikatürümüz ise, özellikle son yıllarda büyük gelişmeler kaydetmiştir. Mizahçımız gibi karikatüristlerimiz arasında da uluslararası şöhretler yaşıyor bugün.

MİZAH

Mizah deyince ne anlaşılır?

Tarihte, hemen her ülkede mizahın şahlandığı dönemler vardır. Örneğin eski Yunan'da güldürünün babası Aristofanes, Selçuklularda **Nasrettin Hoca,** Fransa'da **Molière,** bizde **Marko Paşa** dönemleri, mizahın şahlandığı, doruğuna vardığı zamanlardır.

Nedir bu dönemlerin özellikleri?

– Aristofanes'in yaşadığı ortama şöyle bir bakalım: **Perikles** iktidarında Atina altın çağını yaşamıştı. Onun ölümünden sonra, yalnız kendi çıkarlarını düşünen şarlatanlar, şımarık soylular iktidara geçer. Atina halkı da yoksulluğa düşer onlar iktidardayken. Bir yandan Isparta'ya karşı savaş körükleniyor, Atina halkı aşırı ordu harcamaları yüzünden büyük sıkıntılara giriyor; öte yandan da halka baskı artıyordu. Halktaki, Perikles döneminin altın çağı anısı, gelecek için özlemi olup çıkar.

İşte, dünya güldürüsünün babası **Aristofanes,** böyle bir ortamda ölümsüz mizah eserlerini yarattı.

– Nasrettin Hoca döneminin ortamını ele alalım: Selçuklu hükümdarı **I. Alaettin Keykûbat** zamanında (1220-1237) ülke zenginleşmiş, görkemli anıtlarla süslenmişti. Selçuklu Türkleri tarihlerinin en ileri aşamasına varmışlar, üstün bir uygarlık düzeyine yükselmişlerdi. I. Alaettin Keykûbat'tan sonra, o gücün birikiminin etkisiyle Selçuklular bir süre daha parlak yaşam sürdüler. Ama bu dönemde, gittikçe zenginleşen yönetici sınıfla yoksul halk arasındaki ayrım uçurumlaştı; bu arada amansız, kıyıcı Moğol akınları ülkeyi sarstı. Selçuk beyleri, karılarını, kızlarını bile, işgalci Moğol komutanlarına sunmaya başladılar. Bu çöküntü, bu kokuşmuşluk içinde halk, eski altın çağını geleceğin özlemi olarak duyuyordu.

Nasrettin Hoca, işte böyle bir ortamda yaşamış, Nasrettin Hoca fıkraları adı altında toplanan o büyük halk mizahı böyle bir ortamda oluşmuştur.

– *Marko Paşa*'nın çıktığı döneme gözlerimizi çevirelim: Bir Mustafa Kemal çıkıyor... Türk halkı, dünya tarihinde ilk kez, sömürücü emperyalistleri yurdundan kovup bağımsızlığına kavuşuyor. Kuruculuk ve yapıcılık başlıyor. Yoksulluk vardı, ama geleceğe de umut vardı. Bir bakıma Cumhuriyet'in altın çağıdır o yıllar. Sonra ne olur? II. Dünya Savaşı sonunda, savaşa girmemiş Türkiye'nin yoksulluğu, zorba yönetim, karaborsa zenginleri, halk kan ağlıyor. Ve dünyaya, emperyalizme karşı savaşta ilk zafer örneğini veren Türkiye, Truman doktriniyle Amerika'ya bağlanıyor. İstanbul'un işgalinde Yunan, Fransız, İngiliz bayrakları asılan Beyoğlu'nda, bu kez "Wellcome U.S. Navy", "Fresh Beer", "Nice Girls" levhaları asılmıştır.

İşte *Marko Paşa* mizahı, böyle bir dönemin ürünüdür.

Şimdi bu büyük mizah dönemlerini incelediğimiz zaman, ortaklaşa şu benzerliği görürüz: Halk, daha önce bir **altın çağ** yaşamıştır ya da yaşanmış bir altın çağın öyküsünü önceki kuşaklardan dinlemiştir. Bu altın çağı yaşamış ya da dinlemiş olan halk, yönetenlerin ağır baskısı altındadır ve sıkıntılarla kıvranmaktadır. Geçmişin bir tatlı düşü, güzel bir anısı olan o altın çağ, geleceğin de bir umudu, bir özlemi olur. Bu durumda halkın yapacağı iki şey vardır: O eski altın çağı yeniden gerçekleştirmek için, buna engel olan baskıcı, zorba iktidara **başkaldırmak;** buna olanak bulamazsa, silaha sarılıp deviremediği iktidarı içinden çürütüp yıkmak için onunla **alay etmek!**

Silahın yerine mizahı kullanmak yani.

Mizah, daha doğrusu büyük mizah ve mizahçı, toplumlarda işte böyle ortamlarda doğar ve çok önemli bir görev yüklenir.

Türkiye'de mizahın gelişimi

Türk halk edebiyatında, yazılı eserlerle birlikte sözlü gelenekte de, günümüze değin süren, zengin bir mizah birikimi vardır.

"Fıkralar", geniş yer tutar bunlar arasında.

Nasrettin Hoca başta olmak üzere, **Bekri Mustafa'**nın, **İncili Çavuş'**un fıkraları, hele hele **Bektaşi fıkraları... Seyirlik oyunları** da (Karagöz, Ortaoyunu), bütünüyle mizaha dayanan gösterilerdendir. Bunların hepsi de halkımızın, yaşam ve toplum koşulları karşısındaki alaycı tutumunu, yer yer öfkesini, giderek hıncını dile getirirler.

Güldüren, ama güldürürken de düşündüren şeylerdir bunlar.

Divan edebiyatı da, mizahta zengin örnekler ortaya koymuştur.

Bunlar incelik taşıyan güldürücü hikâyelerden, sövme biçimindeki yergilere değin çeşitlidir. İçlerinde ancak yer yer mizah öğesi taşıyanlar bulunduğu gibi, doğrudan doğruya mizah amacıyla yazılmış manzum (**Şeyhi'**nin *Harname*'si **Delbirader'**in *Cername*'si, **Nef'i'**nin *Sihamı Kaza*'sı, **Galip Paşa'**nın *Mutayebatı Türkiye*'si vb), mensur (**Lâmi'**nin *Nefsülemrname*'si, **Tıfli'**nin *Sansar Mustafa*'sı, **Ebubekir Kâni'**nin *Hırrename*'si ve mizahi mektupları vb) eserlerle, halk fıkralarını toplayan derlemeler (Nasrettin Hoca fıkraları, tiryaki ve sarhoş hikâyeleri, esnaf hikâyeleri, vb) yer alıyordu.

Tanzimat'la beraber, Batı etkisindeki edebiyatın gelişmesine ayak uydurur mizahtaki gelişme de. Siyasal olayları (Ziya Paşa'nın *Zafername ve Şerhi* adlı eseri), töre ve davranışları (Ali Bey'in *Lehcetül Hakayık*'ı) yergi konusu yapan eserler, bu gelişmeyi hazırlar. *Diyojen* dergisinden başlayarak, mizah dergileri de bu gelişmeye yardımcı olur.

Ne var ki, çağdaş Türkiye, bunalımlarla doludur ve mizah da iktidarların gözünde korkutucu bir silahtır. Öyle olduğu içindir ki, istibdat dönemi, savaş yılları, Cumhuriyet'in ilanından sonra İstiklâl Mahkemeleri'nin faaliyette bulunduğu yıllar, sıkıyönetim yılları, tek parti baskısının yoğunlaştığı dönemler boyunca mizah, baskı altında tutuldu. Öyle de olsa mizah, Türkiye'de, çevresini ve içeriğini genişleterek ve zenginleştirerek,

dar çevrelerden geniş kitlelere, kişiselden sosyale, eğlendirici olmaktan uyarıcı, bilinçlendirici olmaya doğru gelişti.

Bu gelişmeyi bugün de sürdürmekte...

Mizah hikâyesi, mizah romanı, yergi ve taşlama

– **Mizah hikâyesi,** mizahın en yaygın türlerinden biridir. Geleneksel Türk mizahında fıkraların bazılarıyla, meddah hikâyeleri bu türe girerler.

Modern Türk edebiyatında bu türün ilk başarılı örneklerini, **Hüseyin Rahmi Gürpınar** ile **Ahmet Rasim** vermiştir.

Bu iki yazar, yerel yaşamı gerçekçi çizgilerle dile getirirken, gülünç tiplerin, güldürücü durumların zengin örneklerini de ortaya koyuyorlardı. Mizahları –geniş ölçüde– töre ve geleneklerin eleştirisiyle boş inançların yergisine yönelmiştir. **Ömer Seyfettin'**in, sosyal eleştiri niteliği taşıyan mizahi nitelikteki hikâyeleri, özellikle şaşırtıcı sonuçlara bağlanarak sonuçlanmaktaydı.

Daha sonra bir başka kuşak yetişecektir mizahta: **Sermet Muhtar Alus, Ercüment Ekrem Talu,** Osmanlı İmparatorluğu'nun son günlerindeki yaşam ve geleneksel mizaha giren taklit öğelerini; **Osman Cemal Kaygılı** kendi çevresine yönelen canlı gözlemlerini mizah hikâyelerinde kullandı. Bu arada **Refik Halit Karay,** "hafif mizah hikâyesi" tipinin yerli örneklerini verir.

Birçok mizahçılar onu izlemiştir.

II. Dünya Savaşı sonunda, **gerçekçi** ve **toplumcu** yeni bir mizah hikâyesi tipi gelişmeye başlar: Bu hikâyede sosyal olaylar ele alınıyor, köşklerde geçen hayalî serüvenlerin yerini, halkın gerçek yaşamı alıyordu. Sabahattin Ali'nin örneklerini verdiği gerçekçi hikâye anlayışını, **Aziz Nesin** ve **Rıfat Ilgaz** mizah alanına uyguladılar.

Bizde, gerçekçi ve toplumcu mizahın kurucuları bu ikisidir aslında.

Hele Aziz Nesin'le, Türk mizahı uluslararası bir değer kazanır.

Onları, aynı anlayışı geliştirerek, Hüseyin Korkmazgil, Vedat Saygel, Muzaffer İzgü gibi yazarlar izledi. Adnan Veli Kanık, Bülent Oran, Yalçın Kaya, Oktay Verel... mizah hikâyesi geleneğindeki değişik kaynaklara uzanan etkilerle hikâyeler yazdılar. Suavi Süalp'in Karagöz sanatı geleneğine bağlanabilecek bir anlatımı kullanan, anlamsızın, saçmanın mizahını veren hikâyeleri de dikkate değer ürünler arasındadır.

– Mizah hikâyeleri, giderek daha geniş çaplı ve sürekli bir türü geliştirir: **Mizah romanı** ortaya çıkar.

Türk romanının büyük temsilcilerinden **Hüseyin Rahmi Gürpınar,** mizah öğesine geniş yer verdiği romanlarında, türün ilk ve en başarılı örneklerini ortaya koyar. Daha sonra, mizah yazarlarının büyük çoğunluğu bu türde eserler vereceklerdir.

– Mizahın manzum türü olan **yergi** ve **taşlama'**nın ilk akla gelen temsilcisi, kuşkusuz **Şair Eşref'**tir.

Türün, Cumhuriyet dönemindeki başlıca temsilcileri arasında Neyzen Tevfik, Fazıl Ahmet Aykaç, Halil Nihat Boztepe, Necdet Rüştü Efe, Ümit Yaşar Oğuzcan, vd sayılabilir.

DAHA ÇOK BİLGİ

Semih Balcıoğlu - Ferit Öngören, *50 Yılın Türk Mizah ve Karikatürü,* İstanbul, 1973.

Aziz Nesin, *Cumhuriyet Döneminde Türk Mizahı,* İstanbul, 1973.

Türkiye Ansiklopedisi (1923-1973), "Mizah" maddesi.

OKUMA

AZİZ NESİN'İN MİZAH ANLAYIŞI

– Dünyanın en ünlü mizah yazarlarından birisiniz. Sizi mizaha yönelten iç ve dış etkenler nelerdir? Mizah yazarları hangi ortamda yetişir?

Otuz yıldan beri mizah yazmaktayım. Beni mizaha yönelten iç ve dış etkenlerin neler olduğu konusunda, ancak Nasrettin Hoca'yı incelemeye giriştiğim 1958 yılından bu yana düşünmeye başladım.

...Mizah deyince **halk yararına işlevi olan görevci mizahı** anladığımı baştan söylemeliyim.

...Beni mizah yazarlığına iten etken, o günkü ortamın koşullarıydı. Kısaca şunu söyleyeyim; genellikle **yoksunluk ve yoksulluk yaşa-**

mından gelen bir kızgınlık, öfke, bir hınç alma biçimidir mizah. Tanınmış mizahçıların yaşamlarını incelersek, bunların rahat ve normal yaşam sürmediklerini, dar geçitlerden geçip çok zor yerlerden geldiklerini görürüz: "Şarlo, Mark Twain, Bernard Shaw, Molière, O. Henry, Çehov, Zoşcenko, vb." Rahat bir çevrede, normal koşullarda yetişen, varlıklı ailelerden gelen insanlardan mizahçı çıkamaz. Her zorluk, her acı çeken ille de mizahçı olamaz elbet, ama bu ağır koşullar kişinin mizahçı yeteneğini geliştirir.

Yukarıda anlatmaya çalıştığım mizah ortamıyla, mizah yeteneği olan kişi denk düşerse, bir zamana gelirse, o zaman mizahçı önem ve değer kazanır. Dünyada mizah yazarının az olması, mizahçının az yetişmesinin başlıca nedeni budur. Her zaman, dış ve iç etkenler, yani mizah yeteneği olan kişiyle mizah ortamı denk düşmez.

Mizahçının yetişmesi için gerekli bireysel koşuldan da anlaşılacağı üzere, **mizah bir yıkıcılıktır.** Mizahçı, kızgınlıklarını, nefretini, kinini, öfkesini, hıncını, bilinçli bir biçimde gerçekten yıkılması gereken hedefe yöneltebilir ve mizah silahını halk yararına kullanabilirse, bir **olumlu yıkıcı** olur. Bunun tersi, **inançsız alaycılıktır,** her şeyi yıkıcılıktır; bu olumsuz yıkıcılığa en iyi örnek **Pitigrilli'**dir. Haincesine zeki, ama olumsuzluğu yüzünden büyük mizahçı değildir. **Marcel Aymé** ise, hedefini bilen mizahçıdır.

– Bugüne dek yüzleri aşmış hikâyeniz ve her hikâye kitabınızın birçok basımı var. Bu denli verimliliği ve yaygınlığı neye bağlıyorsunuz?

Verimliliğim, sanırım, zamanımı çok iyi değerlendirmeye çalışmamdan ileri geliyor. Bütün yaşamım, yazarlığıma göre ayarlanmıştır. Bir; ikincisi de, yaşamımın her ayrıntısından yazarlığım için yararlanırım.

...Yaygınlığa gelince, mizah genellikle kendiliğinden yaygınlığı olan bir sanat dalıdır. Mizah yazarlığımda üç dönem vardı. İlk dönemdeki şimdi de sürmektedir –**çağımızdaki Türkiye'nin topografyasını** vermeye çalıştım. Bu, şu demektir: Çağdaşlarım olan yurttaşlarım, bu hikâye ve romanlarda kendilerini görüyorlar. Kendilerini görüyorlar, demek pek doğru olmaz. Çünkü hiçbirimiz bir mizah olayının içinde kendimizi görmeyiz de, yakınlarımızı, tanıdıklarımızı, birbirimizi görürüz. Okurlarımın yazılarımda birbirlerini gömeleri, yazılarımın yaygınlığını sağlayan nedenlerden biridir. Bunun dışında, bu tür hikâye ve programlarımı her düzeyde okurun anlayabilmesi için özel çaba gösteriyorum. Bu çabam yüzünden, kimi hikâyelerimin sanat düzeyini bilerek düşürdüğüm bile oluyor.

...Bir de sürekli olarak, çok kıyıcılıkla kendimi eleştiririm. Her kitabımı yeni basımında düzeltir, değiştirir, sanki bir sona hazırlanıyormuşum gibi, onlara son biçimini veririm. Bu da yaygınlığın nedeni olmalıdır.

– Günümüzde bir yazarın güdümlü olmasını gerekli buluyor musunuz? Sizce sanatın işlevi ne olmalıdır?

Önce kavramlar üzerinde anlaşmaya varmalıyız. Güdümlü olmaktan ne anlıyoruz? Güdümlülükten sanatçının dışında birtakım politikacıların, yönetmenlerin sanata ve sanatçıya karışmaları anlaşılıyorsa, ben buna karşıyım. Ben güdümlülüğü, yazarın, sorumluluğunun doğrultusunda kendisine bir yol tutturması diye anlıyorum. **Güdümlülük, sorum bilincinin bir sonucudur.** Ancak sorum bilincinden yoksun olanlar kendilerini güdümsüz sanırlar ve onlar güdümlü olduklarından habersiz olarak asıl güdümlüdürler. **Sınıfsal bilinci olan her yazar, ister istemez güdümlü olduğunu, kendi kendini güdümlediğini bilir. Ötekiler, kendilerini güdümsüz sanırlar, ama kendilerini kimlerin güttüğünü bilmezler.** Sınıfsal bilince sahip bir yazarı, bir sanatçıyı güdümlü kılmak hiçbir politikacının hiçbir yönetmenin haddi değildir. Bu tanıma göre, **yalnız yazarlar değil, her aydın güdümlüdür, güdümlü olmak zorundadır:** Güdümlü olmadıklarını söyleyenler de, kendilerini güdümlemediklerinden, kendilerini başkalarının güdümlediğinin farkında bile değillerdir.

Sanatın işlevi? Siz bana birer kitaplık konuyu, birer soru olarak yönelttiniz. Her sorunuz çok önemli. Üstelik bu konuda başkalarınınkine uymayan bir düşüncedeyim. Bütün yanlış anlaşılmaları da göze alarak, düşüncemi tek cümlede özetlemeye çalışayım: **Sanatçının kendini, kendi sınıfıyla özdeşleştirmesi koşuluyla, sanatın işlevi, sanatçının kendini dışlaması, varlaması, ortaya koyması demektir; sınıfıyla özdeşleşmiş olduğundan, kendini anlatırken, sınıfını anlatmış olur.**

(Zeynep Oral, "Aziz Nesin", *Milliyet Sanat Dergisi*, sayı 45, s. 3-4, 14)

SORULAR

1. Mizah deyince ne anlaşılır?

2. Türkiye'de mizahın gelişimi hangi aşamalardan geçmiştir? Çağdaş anlamda ilk mizah dergisi hangisidir bizde? Daha sonra ad bırakmış başka hangi dergileri tanıyorsunuz?

3. Mizah hikâyesi, mizah romanı, yergi ve taşlama türlerinin özellikleri nelerdir? Bizde bu türlerde eser vermiş başlıca yazarlardan hangilerini tanıyorsunuz?

4. Büyük mizahçımız Aziz Nesin'in mizah anlayışı nedir? (Okuma parçasını okuyunuz.) Aziz Nesin'in, bu okuma parçasında, "güdümlülük" ile "sanatın işlevi" konusundaki düşüncelerine katılıyor musunuz? Katılıyorsanız niçin, katılmıyorsanız niçin?

KARİKATÜR

Türkiye'de, karikatür, yüz yaşını aşmıştır.

Karikatürümüzün geçmişi incelendiğinde, onu demokratik mücadelelerle iç içe görüyoruz. Çağdaş Türkiye'de karikatür, hep özgürlükten ve demokrasiden yana oldu.

Çileli yaşamı da başta buradan geliyor.

Her siyasal ve sosyal olay karikatürümüzü etkilemiştir. Onun için, karikatürümüzün gelişimini anlatırken, yakın tarihimizin önemli olaylarını da hatırlamak gerekir.

Aşağıda bu gelişimi –tanınmış karikatürcümüz Tan Oral'dan yararlanarak– anlatacağız.[1]

Türkiye'de karikatürün doğuşu

Bilinen ilk Türk karikatürü, 1870 yılında *Diyojen* dergisinde yayımlanmıştır. **Teodor Kasap**'ın çıkarmaya başladığı bu dergide, çizgi ile mizah buluşur.

Diyojen dergisi ve bu dergide yayımlanan karikatürler, o günkü Osmanlı yönetimini eleştiriyor; eşitlik, özgürlük, adalet ve Meşrutiyet'ten söz ediyorlardı. Bu dergide, Namık Kemal'in de –takma adlarla– yazılar yazdığını biliyoruz.

Karikatür, bu dönemde "Meşrutiyet"ten yanadır. Öyle olduğu için de, mutlakıyet yönetiminden karşılığını almakta gecikmez: Teodor Kasap'ın dergisi birçok kez kapatılır, yeniden çıkar. Böyle böyle 183 sayıya kadar ulaşır.

Sonunda temelli kapatılır.

---

1) Bkz. Tan Oral, "Türk Karikatürünün Yüz Yıllık Tarihine Kısa Bir Bakış", *Yansıma,* sayı 33, 34, 35.

Meşrutiyet yıllarında karikatür

1876'da Meşrutiyet ilan edilir ve bir parlamento toplanır. Ne var ki, sorunlar tükenmiş değildir. O günlerdeki karikatürlerde Meşrutiyet'in savunulmasına devam edildiğini, ama süregelen aksaklıkların ve baskıların da kıyasıya eleştirildiğini görüyoruz.

Bu dönemdeki sert mizah, 1877'de II. Abdülhamit'i, "Matbuat Kanunu Tasarısı"na, mizah dergilerinin yasaklanmasını isteyen bir madde koydurmaya götürür. Mizahın serbest olup olmaması, günah sayılıp sayılmayacağı gibi ilginç parlamento tartışmaları yapılır. Gerçi tasarı, parlamentodan bu hali ile geçmez, mizah yasaklanmaz; ama, mizah dergilerine, karikatüre pek göz de açtırılmaz.

Teodor Kasap, yayımladığı bir karikatür yüzünden, üç buçuk yıl hapse mahkûm edilir. O karikatürde, elleri, ayakları zincirle bağlanmış Karagöz resmi ve altında da "matbuat kanun dairesinde serbesttir" yazısı yer alıyordu. Bu cümle, aslında 1876 Anayasası'nda bulunan bir maddeydi.

1878'de, meclisin dağıtılıp Meşrutiyet'in sona ermesi ile başlayan mutlakıyet yönetimi, karikatür için gerekli olan hoşgörü ortamını da ortadan kaldırır. Mutlakıyetin gelişiyle, yazılı ve çizili mizah ülkeyi terk eder. Ne var ki, karikatürün, özgürlük adına istibdatla savaşı durmuş değildir. Karikatür, Meşrutiyet yanlısı aydınlarla birlikte Avrupa'ya geçer.

Mutlakıyet döneminde, Türkiye'de tek karikatür çizdirmeyen Abdülhamit, o günlerde bütün Avrupa karikatürcülerinin baş tiplerinden biri olup çıkar. Jön Türklerin yönlendirdiği mizah dergileri, Abdülhamit'e şiddetle muhalefet ediyor; düşüncelerini Avrupa'da ve Türkiye'de yaymaya çalışıyorlardı. Bu etkili yayın, Avrupa'da günün konusudur.

Karikatürcü Cem, işte bu ortamda yetişir.

Cem, adı geçen mizah dergilerinde, güçlü çizgileriyle sert eleştiriler yapmakta; Abdülhamit'i, sarayı ve mutlakıyet yönetimini alaya almakta, rejimin hoşgörüsüzlüğüne karşı çıkmaktadır.

O günlerin karikatürü, onun damgasını taşır ve çoğunlukla **"Cem Dönemi"** diye anılır karikatür tarihimizde.

Karikatürcü Cem'in katkısıyla da büyüyen muhalefetin sonunda, 1908'de, ikinci kez Meşrutiyet ilan edilir. Ve bir anda otuzdan fazla mizah dergisinin yayına başladığı görülür. Bu dergiler, istibdatın sona ermesinden doğan sevinci, özgürlük sevincini haykırmaktadırlar.

Gülmeyen düşüncenin alt edilmesi, karikatürlerle kutlanmaktadır.

Bu arada Cem de Avrupa'dan döner ve *Kalem* dergisinde çizmeye başlar. Cem, Abdülhamit ile olan mücadelesini sürdürmektedir. İttihat ve Terakki, Cem'in karikatürlerini birer propaganda aracı olarak imparatorluğun her yanına yaymaktadır.

Ne var ki, Abdülhamit'e karşı –Avrupa çapında– bir karikatür kampanyası açtıran, karikatürü bir silah sayıp destekleyen İttihat ve Terakki Partisi, iktidara geçtikten sonra, mizaha ve karikatüre karşı baskıya kalkışmaktan kendini alamadı. Ancak, "Batıcı bir anlayışla" yayın yapan Cem, İttihat ve Terakki'yi eleştirdiği halde, kendisine pek dokunan olmuyordu. O da partinin ileri gelenlerine pek dokunmuyordu.

Bu dönemin önemli bir karikatürcüsü de **Sedat Nuri**'dir.

Sedat Nuri de, Cem gibi Avrupa'da yetişmiş ve ustalaşmıştır. Karikatürlerinde daha çok sosyal konuları işleyen Sedat Nuri, hicvetmekten çok güldürmeye önem veriyordu. *İleri* adlı bir dergi çıkaran ve karikatürlerini bu dergide yayımlayan Sedat Nuri, özellikle usta çizgileri ile kendinden sonra gelen karikatürcüleri etkilemiştir.

Bu etkinin olumlu sonuçları günümüze değin izlenebilir.

İkinci Meşrutiyet'in sonlarına doğru baskılar yine yoğunlaşır; dergiler kapatılır, hoşgörüsüzlük, gülmeyen düşünce yeniden sarar ortalığı.

Bir süre sonra da hoşgörünün, gülen düşüncenin hiç yaşayamayacağı I. Dünya Savaşı günleri gelir ve büyük acılarla biter. İmparatorluk dağılmış, parçalanmış ve paylaşılmıştır. Ne var ki, aynı günlerde, yeni bir devletin de temelleri atılmaktadır:

Kurtuluş Savaşı başlamıştır.

Ulusal Bağımsızlık Savaşı'ndan Cumhuriyet'e

Kurtuluş Savaşı'nın başladığı yıllarda, işgal altındaki İstanbul'da iki mizah dergisi vardır ki, ayrı görüşleri savunurlar ve birbirleri ile de çatışırlar: *Aydede* ile *Güleryüz* dergileridir bunlar.

> *Aydede* dergisini **Refik Halit** yayımlamaktadır. Dergi işgalcileri, emperyalistleri tutmakta, Anadolu'da bağımsızlık savaşı verenlere saldırmakta, alay etmektedir onlarla. İlginç bir karikatürcüsü vardır derginin: **Rıfkı.** Rıfkı, Anadolu'ya cephane ve para kaçıran inanmış kişileri yargılayan İstanbul mahkemesinde, işkencecibaşı olarak da görev yapmaktadır.
>
> Karşı düşünceyi savunan derginin adı *Güleryüz*'dür. **Sedat Simavi** çıkarmaktadır. *Güleryüz,* Bağımsızlık Savaşı'nı desteklemekte ve Anadolu'da direnen insanlarca kapışılmaktadır.

Her iki dergi arasındaki bu mücadele, Ulusal Bağımsızlık Savaşı'nda mücadele eden tarafların birer yansıması gibidir. Bu dönemin çizgilerinde Cem ve Sedat Nuri'nin etkileri sürmektedir. Karikatürlerde çizgi sağlamlığı ve resim öğeleri ağır basmaktadır.

Bağımsızlık Savaşı kazanılır, imparatorluk sona erer, Cumhuriyet ilan edilir. Cumhuriyet'in ilk yıllarında çizilen karikatürler, çizgi ve mizah anlayışı bakımından, Meşrutiyet yıllarındaki gibidir. Ancak, harf değişikliğinden sonradır ki, Cumhuriyet karikatürü yenilenmeye başlar. 1928'de yapılan bu yazı değişikliği, yeni yazıyı öğrenemeyenleri, olayları çizgilerden izlemeye yöneltmiştir.

Aydede dergisi, İstanbul'un kurtarılması, Refik Halit'in, onun arkasından da Rıfkı'nın yurdu terk etmeleri ile başsız kalmıştır. Dergi kadrosunda bulunan Yusuf Ziya Ortaç ve Orhan Seyfi Orhon, eski kılığıyla ve yeni bir adla dergiyi sürdürmeye başlarlar: *Akbaba* dergisidir bu.

Cem ise, Cumhuriyet'in ilanından sonra İstanbul'a gelir ve az sonra yeni harflerle *Kalem* dergisini çıkarır. Ancak, genç kuşak, bu Kurtuluş Savaşı kaçağına karşı öyle bir saldırıya geçer ki, dergisini kapatmak zorunda kalır ve çizmeyi de bırakır.

Sedat Simavi de, *Güleryüz* dergisinden sonra, *Karagöz, Karikatür* ve *Mizah* dergileri ile Cumhuriyet mizahında etkinliğini sürdürür.

Cumhuriyet döneminin karikatürde yepyeni bir imzası vardır: **Cemal Nadir.**

Ve yeni dönemin en önemli imzası da odur kuşkusuz.

Cemal Nadir (1902-1947), karikatür tarihimizde "gazete karikatürcülüğü"nü başlatan çizerdir.

Cemal Nadir karikatürünün, artık **çizgi** ve **içerik yönünden,** eski karikatürle hiçbir ilişiği kalmamıştır. Cumhuriyet'le beraber değişmeye başlayan Türkiye'nin sosyal yapısını sürekli kendine konu edinmiş görülür; insanları ve eşyaları çiziminde ayrıntılı bir gerçekçidir. Cemal Nadir çizgiciliğini, çevre inceleyiciliği ile birlikte götürmüştür. Cemal Nadir, mizahın Doğulu karakterini de çizgilerinde yansıtmasını biliyordu. Ve bütün bu getirdiği yeniliklerle, ölümsüz tipler yaratmıştır karikatürde.

Başta "Amcabey"i kim unutabilir?

Bu dönemin bir başka önemli çizeri de **Ramiz'**dir.

Ramiz, dergi karikatürcüsü olarak belirmiş ve daha çok eğlendirici çizgiler çizmiştir. Bir dergiyi baştan sona çizgileri ile doldurabilen Ramiz'in "Tombul Teyze ve Sıska Dayı"sı günün sevilen tipleriydi.

1939'da dünya, yeni bir boğazlaşmanın içine girmiştir. Genç Cumhuriyet bu savaşta yansızlığını korumaktadır. Ne var ki, ülkede, faşizmin zaferini umanlar az değildir. Oysa, karikatür faşizme karşıdır ve barıştan yanadır. Yunanistan'ı işgal edip, sınırlarımıza dayanmış bulunan faşist Almanya'ya karşı, Cemal Nadir yürekli bir karikatür savaşı başlatıp, "barış"ı savunmaktadır. Ve bu tutumu ile, öteki karikatürcüleri de faşizme karşı karikatür savaşı vermeye özendirir.

Önemli özelliği de buradadır bu dönem karikatürünün.

Bu yıllarda **Ratip Tahir, Togo, Salih, Necmi Rıza, Orhan Ural** gibi imzalardan başka; **Sadi Dinçağ, Semih Balcıoğlu, Turhan Selçuk, Nehar Tüblek, Mim Uykusuz** gibi yeni karikatürcüler de ilk çizgilerini veriyorlardı.

II. Dünya Savaşı, sonunda faşizmin yenilgisi ile sona erer. Türk karikatürü –özellikle Cemal Nadir'in kaleminden– demokrasiyi savunan çizgileriyle savaş yıllarını geçirerek 1946 yılına varır. Bir yıl sonra da Cemal Nadir ölür. Savaş sonrasında, Türkiye, çok partili demokratik yaşama hazırlanmaktadır. II. Dünya Savaşı'nın büyük sarsıntısı kadar, savaş sonrasının yaygınlaşan demokratik görüşleri de mizah ve karikatürümüzün serpilmesinde başlıca etkenlerden olur. Çok partili yaşama geçiş ve –görece de olsa– genişleyen özgürlükler, karikatürcülere yeni olanaklar sağlamaktadır.

Demokrasi bayrağı, yeni karikatürcülerin ellerindedir artık.

Çok partililiğin doğuşu ve Demokrat Parti iktidarı

– Çok partili ortamda, sosyal konular rahatlıkla yazılıp çizilmektedir. Sosyalist partiler kurulmuş; sosyalist gazete ve dergiler yayımlanmaktadır. *Gerçek* gazetesinde Esat Adil, Sabahattin Ali; *Tan*'da Sertel'ler yazmaktadır. *Gerçek* kapanınca, yeni bir dergi, *Marko Paşa* yayın alanına çıkar.

Mizah dünyamızda uzun süre adından söz ettirecek bir dergidir bu.

Bütün sahte değerlere vuran dergi, kötüye kullanmaları, karaborsacıları, harp zenginlerini konu edinen mizahını sürdürür.

Halk katlarında çok tutulmaktadır; öyle ki, tirajı gitgide yükselir ve 60 bini bulur. Zamanın tek parti iktidarı ile çalıştığı kadar, Ulusal Şef politikasını savunan *Akbaba* dergisi ile de çatışmakta ve iktidar tarafından kapatıldıkça *Malum Paşa, Merhum Paşa, Ali Baba* gibi yeni adlarla yayınını sürdürmektedir. Bir keresinde teksir ile basılan dergiye "Gütenberg matbaasında basılmıştır" ibaresi konur. Zamanın iktidarının *Marko Paşa*'yı lanetlemek amacıyla düzenlediği Ankara mitinginde, halk, iktidar gazetesini yakar.

Rıfat Ilgaz'ın da girdiği *Marko Paşa*'da, köyden gelen bir karikatürcünün güçlü karikatürler çizdiğini görüyoruz: Bu sanatçı **Mim Uykusuz**'dur. Uykusuz'un çizgilerinde –Türk karikatüründe bir yenilik olarak– ilk kez "sınıf çelişkileri"nin sergilenmeye başlandığı görülür.

– 1950'de CHP iktidardan düşer ve yerine Demokrat Parti geçer. 1950 sonrası, karikatür dünyamızda yeni ve hareketli bir dönemdir.

Basında da bu oluşumu destekleyen gelişmeler vardır: Baskı tekniği gelişmekte, günlük gazeteler dolgun pazar ekleri vermektedir. Buralarda yerli ve yabancı karikatürler yayımlanmaktadır. Avrupa ve Amerikan karikatürleri gazetelere, dergilere aktarılır. Bu, ülkenin yeniden dışa açılma siyaseti ve dış yardımların başlaması olayı ile de koşutluk göstermektedir. "Resimli roman"ların yayımlanmaya başlaması da, çizgili anlatıma yeni boyutlar kazandırır. *Hoş Memo, Fatoş, Nilüfer, Güngörmüşler, Kahraman Prens* gibi çizgi romanlar, gazetelerin aranılan bölümleri olmaya başlamıştır. Bir süre sonra da yerli benzerleri ya da onları alaya alan yeni çizgi romanlar çizilmeye başlar. Öte yandan, Cemal Nadir ile günlük gazeteye giren karikatür gazetelerin birinci sayfalarına iyice yerleşmektedir.

Bu dönem karikatürü "demokrasi" yanlısıdır gene. Gericilik ve bağnazlık onun sürekli boy hedeflerindendir. Tek parti dönemi karikatürlerinde görülen "karaborsacı" tipinin yerini, "politikacı" tipi ve soyut "pahalılık" konuları almıştır. Çizgiler, faşizan düşüncelerle de dalgasını geçer; ama öte yandan soğuk savaşın etkileri de görülür. Sosyalizme karşı karikatürler de çizilmektedir. Bir süre sonra baskılar yoğunlaşacak; karikatürcüler, "komünizm propagandası" yapmakla suçlanacaklardır.

Çizgilerde ilk kez büyük bir çeşitlilik ve zenginlik göze çarpar. Genel olarak çizgide yalınlığa gitmek, yorumlayıcı bir gözle çizmek, araştırıcı geliştirici olmak, karikatürcülerin ortak özellikleri arasındadır. Bu yeni kuşak karikatürcüler, Cemal Nadir'in miras bıraktığı anlayıştan yola çıkmış olmalarına karşın, kendi kişiliklerini bulmakta gecikmemişlerdir. Karikatür, çizgi ile mizah yapma sanatı olarak nitelenmekte ve o güne değin karikatürün altındaki yazıda beliren mizah öğesini daha çok çizgi üstlenmektedir. Yeni karikatürde, çizginin mizahı ağır basınca, çizgiler de bu amaca hizmet edebilmek için nitelik değiştirir.

Bu da, karikatürün kendine özgü bir sanat olması yolunda önemli bir adımdı.

Karikatürcüler, karikatürün temel sorunları üzerinde de araştırmaya, düşünmeye ve yazmaya koyulurlar. Karikatürün yeni bir sanat dalı olduğu ve kalıcı olmasının gerektiği savları ile sürülür. Mizahın, artık, ahlak kaygıları yerine, insanın değişen dünya ile mücadelesini konu edindiği belirtilir. 1952'de, Turhan Selçuk, *Yeni İstanbul* gazetesinde, "yeni karikatür"ü araştıran yazılar yazar. *Pazar Postası, Durum* gibi dergilerde karikatürün sorunları enine boyuna tartışılır. Gülen düşüncenin bu çizgili silahı, değişen dünyada kendini yenilemesini biliyor; keskinliğini, vuruculuğunu artırarak, gülmeyen düşünceye karşı işlevini sürdürüyordu.

1950'den hemen sonra *Karakedi* adlı bir mizah dergisi yayına başladı. Bu derginin tek parti yönetimine vuran –gecikmiş– mizahı fazla tutmadı. Daha çok öğrenci haylazlıklarını konu edinerek okullarda bir süre izlendi. *Akbaba* dergisi ise, yeni karikatürcülere zaman zaman sayfalarını açmasına karşın, bu dönem karikatürüne örnek gösterilemez. Derginin genel politikası, gene iktidar yanlısıdır ve örtülü ödenekten yeterince karşılığını da almaktadır. Kısa bir süre yayımlanan *Deve* ve daha sonra yayımlanan *41,5* dergileri, yeni karikatürün ilk örnekleri oluyordu.

1950 kuşağının bir araya geldiği ilk önemli dergi kuşkusuz *Tef* olmuştur. Günlük politikadan çok, "sosyal konuları" ele alan bu dergi, karikatürün çizgi ve konu olanaklarının genişlemesine yardım etmiştir. Derginin kapağına göz atarsak yirmiden fazla mizah yazarı, otuzun üzerinde karikatürcü adına rastlarız.

Dolmuş dergisi, aynı karikatürcü kuşağın "demokratik özgürlükleri kollama" görevi ile toplandıkları en önemli dergisidir bu dönemin. *Dolmuş,* daha sonra *Karikatür* adıyla yayınını sürdürecektir. Yine aynı günlerde *Taş* adıyla başka bir mizah dergisi de yayına başlar. Daha sonra bu iki dergi birleşerek *Taş-Karikatür* adıyla yayımlanır. Burada otuzun üzerinde karikatürcü adına rastlarız.

Çok partili düzen, büyük siyasal tartışmalara neden olur. Zaman zaman sertleşen bu tartışmalar karikatürlere de yansır. Giderek eleştiriler hoşgörü ile karşılanmaz ve mizahla karikatür baskılarla bir kez daha sindirilmek istenir. Dergiler toplatılır, karikatürcülerden hapsedilenler olur. DP iktidarı sallanmaktadır.

Sallanır, sallanır ve düşer sonunda.

27 Mayıs ve sonrasında karikatür

27 Mayıs hareketi ile beraber Türkiye'de yeni bir dönem başlar. Bu dönem karikatürlerinde artık parti çalışmalarının ikinci plana atıldığını, yerine "sosyal konular"ın daha fazla çizgiye döküldüğünü ve anayasal özgürlüklerin savunulduğunu görüyoruz. Önceleri –eski dönemin kalıntılarına o günlerde takılan adla– "kuyruklar" ve düşürülen iktidarın başı karikatürlere konu olur. *Tef* dergisi, bu yolla yeniden yayına başlarsa da etkili olamaz ve kapanır. Çoğalan yayınlar, değişen konular ve 27 Mayıs'ın getirdiği –görece– özgürlük ortamında, birinci sayfa karikatürlerinin güncelliği artık okuyucu istemini karşılayamamaktadır. Gazete patronları da, kendi çıkarları gereği birinci sayfa karikatürünü gereksiz bulmakta ve karikatür, gazetelerin birinci sayfalarında yavaş yavaş silinmektedir.

Gerçekten 27 Mayıs'tan sonradır ki, **sermaye çevrelerinin** gözleri açılmış, kendi çıkarları yönünde bilinçli bir savaşa girişmişlerdir. Bunlardan biri de, basından devrimci karikatürcüleri uzaklaştırmak ya da denetim altına almak olmuştur.

Ne var ki, 27 Mayıs'tan sonra, sermaye çevreleri gibi, işçi sınıfı da kendi bilincine varmaya başlamıştır. Bu sınıf çatışması ise, karikatürcülerin bulundukları yerleri daha belirgin hale getirir.

Sanayileşme hızlandıkça işçi-işveren konuları karikatürün ilgi alanına daha fazla girmeye başlar. Ülkede gelişen **devrimci görüşler** karikatürlere de yansır. Grevler, işçi-işveren ilişkileri, sınıf çelişkileri, emperyalizm konuları işlenmeye başlanır; karaborsacı tipinin, soyut pahalılık konusunun yerini, somut bir biçimde "patron" alır. Gazetelerden patronların attığı karikatürün, duvarlarda afiş olduğu görülür.

Bu dönemde çizilen karikatürün en önemli özelliği, halkın çıkarını savunması ve sömürüye kesin olarak karşı çıkmasıdır. Bir özelliği daha vardır:

Uluslararası planda da değerini kabul ettirir.

Türk karikatürü, ilk kez 1957'de Bordighera'da yapılan yarışmada, **Turhan Selçuk**'un çizgileri ile *Altın Palmiye* ödülünü alır. 1960-1970 arasında ise dış yarışmaların bir çoğunda ilk dereceleri Türk karikatürcüleri alacaklardır.

Ve daha sonraki yıllarda da sürecektir bu başarılar.

Türk karikatürünün gücü nereden geliyor?

Yüz yılı aşkın bir tarihten sonra Türk karikatürü ve karikatürcüsü için söylenecek olan nedir?

Başta belirtilmesi gereken şudur herhalde: Türk karikatürünün gücü, çizgi yeteneğinden çok, **demokrat, ilerici** ve giderek **devrimci niteliğinden** ileri gelmektedir.

Bu yanıyla ulusaldır da o!

Karikatürde ulusal karakter, ne cami-medrese çizerek, ne Karagöz-Hacivat figürlerindeki çizgilere, tiplere özenerek oluşur. Ne de minyatürleri taklit ederek yaratılır ulusal çizgi.

Sonra, bir yenilik de sayılmaz bu.

Kendi toplumunun değişim kavgasına katılan, kendi insanının dertlerini, acılarını, isteklerini dile getiren, kendi yurttaşlarının eşitliği ve özgürlüğü için savaş veren ve bunun için çizen karikatürcünün eseri "ulusal" bir karakter taşır.

Türk karikatürcüsü ise, bugüne değin bunu yapmıştır. Hep **halktan yana, özgürlükten** ve **demokrasiden yana** olmuştur.

Ve yeni imzalar, bu sanatın geleceğine büyük güvenimizi tazeleyip durmaktadır: **Haslet,** bunların başında.

O unutulmaz "Küçümen"i ile Haslet Soyöz...

DAHA ÇOK BİLGİ

Semih Balcıoğlu - Ferit Öngören, *"56 Yılın Türk Mizah ve Karikatürü",* İstanbul, 1973.

Cumhuriyet Gazetesi 50. Yıl Eki, "50 Yılın Karikatürü".

Ferruh Doğan, "Cumhuriyet Döneminde Karikatür", *Milliyet Sanat Dergisi,* sayı 52.

Tan Oral, "Türk Karikatürünün Yüz Yıllık Tarihine Kısa Bir Bakış", *Yansıma,* sayı 33, 34, 35.

Turhan Selçuk, *Söz Çizginin,* İstanbul, 1979.

Türkiye Ansiklopedisi (1923-1973), "Karikatür" maddesi.

OKUMA

TURHAN SELÇUK VE ABDÜLCANBAZ

– "Çizgi-Roman" dediğimiz sanat türü nedir? Hangi özellikleri vardır? Toplumu ne yönde etkiler?

20. yüzyıl insanının yoğun çalışma düzeni, dinlenmeye, gezmeye, okumaya ayırdığı saatleri kısıtlamış ve bu hızlı yaşama zorunluğu, okunması ve izlenmesi kolay olan çizgi roman türünün gelişmesini, yayılmasını sağlamıştır. Sinema, hatta tiyatro tekniğine pek yakın olan çizgi romanı günlük gazetelerde, dergilerde, kitaplarda izlemek çağımız insanı için, uzun zaman alan yazılı romanları okumaktan çok daha kolay oluyor.

Bugün yaygın çizgi romanın okuyucusu, yediden yetmişe herkes oluyor. Sabık Amerikan başkanı Truman'ın bu tür yayınların hastası olduğunu okumuştum bir yerde. *Abdülcanbaz* okuyucuları arasında her sınıftan halkla beraber profesörler, öğretmenler, sanatçılar, şairler, doktorlar, memurlar vardır.

Boş zaman romanları, hikâyeleri vardır. Toplum üzerindeki etkileri olumsuzdur, sanat değerleri de yoktur. Oysa roman ve hikâye vardır, toplum üzerindeki etkileri olumludur, sanat değerleri, demek istedikleri sağlamdır. Çizgi romanları da böyle değerlendirmek gerekir... Aşklı, meşkli, hafiyeli, kovboylu çizgi romanlar vardır ki, okuyup bitirdiğiniz zaman neyi anlatmak istediğini, demek istediği şeyi bir türlü anlayamazsınız... Ne yazık ki, bu tür çizgi romanlar, dünya piyasasını ağ gibi örmüşlerdir. Yüzlercesi arasında bir Hoşmemo "Lalabner"i bunların dışında sayarım. *Asterix, Tenten, Red Kit*'i de çocuksu olmalarına rağmen, çizgi ve mizah yönünden ayırmak gerekir.

– Yerli çizgi-romanlar arasında, bugün Türkiye'de en yaygın olanı *Abdülcanbaz*'dır. Abdülcanbaz nasıl doğdu? Günümüzdeki yaygınlığına nasıl ulaştı?

Abdülcanbaz 1958 yılında *Milliyet* sütunlarında doğdu. Böyle bir tipi çizmekteki düşüncemi "parasızlık" geliştirdi... "Parasız yatılı" Füruzan'la tanıştıktan sonra paraya ihtiyaç duyulmaya başladı, ek iş olarak da *Abdülcanbaz* seçildi. *Milliyet*'te yayınlanan "Turist Rehberi" serüvenine Aziz Nesin'le birlikte başlamıştık. O yazıyor, ben çiziyor, gelirini de bölüşüyorduk. Bu serüvenden sonra Abdülcanbaz'ın isim babası olan Aziz Nesin, işlerinin çokluğundan olacak, vazgeçti. Abdülcanbaz başlangıçta yalnızdı, bir turist rehberi, bir Yeşilçam simsarı, anasının gözü, hatta üçkâğıtçı bir tipti. Tek başıma sürdürmek zorunluğunda kalınca onu yeniden yaratmaya, karakterini yeniden çizmeye mecbur oldum. Abdülcanbaz giderek arınıp sağlam bir kişilik edindi. Daha sonra karşıtları ve yandaşları ile değişik karakterlerin belirlendiği bir kalabalık oluştu onun çevresinde...

Sanırım Abdülcanbaz'a duyulan ilgi **yerliliğinden, geleneksel köklerden renk almasından** (Karagöz-Hacivat, Ortaoyunu gibi) ileri geliyor... Bir çizgi, bir üslup araştırması yanında, onun diğer çizgi romanlara benzememesi, kendine özgü anlatım, kendine özgü çizgi dünyası, kısacası bir üslup edinmesine çalıştım, hâlâ da çalışıyorum. Bu özgün anlatımın bir bakış açısı vardır. Olayları, sonuçları bu açıdan bakarak değerlendirmek, eleştirmek ve sonuca bağlamak gerekir... Karagöz ve Hacivat'taki gibi halkın içinden kişiler vardır *Abdülcanbaz*'da. Olaylar içinde bunların çatışmaları savunmaları görülür. Bizim halkımızın, insanımızın çatışmaları, savunmalarıdır bunlar. *Abdülcanbaz*'ın günümüzdeki yaygınlığını bu niteliklerine bağlamak yanlış olmaz sanırım.

– Abdülcanbaz'ın kişiliğinin başlıca özelliklerini belirtebilir misiniz?

Abdülcanbaz halktan bir kişidir. Değerlerini, cevherlerini yitirmemiş bir halktan kişidir... **İyiden, doğrudan, haktan, halktan yana olduğu için güçlüdür. "Bizim insanımız"dır o...** Halkın karşısında, kendilerine halktan ayrıcalık tanıyan kişilerin tarihi süreç içinde elenmeleri, yok edilmeleri yanında, Abdülcanbaz'ın temsil ettiği prototipin seçilmesi, desteklenmesi, devamlılığını sağlayan unsurlardan birincisidir. Sakin görünüşlüdür, fakat zamanında ve gerektiğinde, ünlü **Osmanlı tokadını** en can alıcı noktaya vurmasını bilir. **Halkını seven her dürüst ve namuslu kişide az çok Abdülcanbazlık vardır.**

– Bugüne dek süregelen toplumsal gerçekçi sanat doğrultusundaki çalışmalarınıza katmayı düşündüğünüz yeni olgular nelerdir? Bu yeni olgulara dayanarak vermeyi düşündüğünüz mesaj nedir?

Ben *Abdülcanbaz*'ı kahramanlık ötesi kaba kuvvetten güç alan, yozlaşmış bir çizgi roman türünden ayırıp arıtmak istedim. Bir roman ya da bir hikâye anlatımının sanat değerini katarak, bunu grafik sanatın çizgi gücüyle besleyerek kişiliğini bulması yolunda çalıştım. Elbette ki, bundan sonra da çalışmalarımda aşamalar olacaktır. Bu gayretler çizgi roman türünü bir roman gibi, bir hikâye gibi, bir resim gibi kesin bir şekilde sanat alanındaki yerine oturtmak yolunda, gelişecektir. Bunun yanında *Abdülcanbaz* çizgi romanının asıl görevi şimdiye kadar süregeldiği gibi toplumsal olaylar üzerine eğilmek, haklının, eşitliğin yanında, sömürü düzeninin karşısında olmaktır...

(Zeynep Oral, "Turhan Selçuk",
Milliyet Sanat Dergisi, sayı 12, s. 3-7)

SORULAR

1. İlk Türk karikatürü hangi dergide yayımlanır? Bu dergi, kime karşı, neyin mücadelesini yapmıştır?

2. Meşrutiyet yıllarında Türk karikatürünü başlıca kimler temsil eder? Bunların karikatür anlayışlarındaki özellikler nelerdir?

3. Ulusal Bağımsızlık Savaşı döneminde, *Aydede* ile *Güleryüz* dergileri hangi görüşleri temsil ediyorlardı?

4. Cemal Nadir'in Türk karikatürüne katkısı nedir? Sosyal sorunlar karşısında nasıl bir görüş taşır? Ölümsüzleştirdiği tiplerden hangilerini hatırlıyorsunuz?

5. *Marko Paşa* dergisi, hangi dönemde yayımlanır? Mizah anlayışı nedir? Ve ne gibi etkilerde bulunur? Bu derginin büyük mizahçı ve karikatüristlerinden kimleri tanıyorsunuz? Özellikle, Mim Uykusuz'un Türk karikatürüne getirdiği yenilik nedir?

6. 1950 ile başlayan dönemde, karikatür, gelişmesinde ne gibi özellikler gösterir? Bu dönemde ortaya çıkan belli başlı karikatürcülerden kimleri tanıyorsunuz? Yine bu dönemde, ünlü mizah ve karikatür dergilerinden hangilerini biliyorsunuz? Eğilimleri neler olmuştur bunların?

7. 1960'tan bu yana, Türk karikatüründe ne gibi gelişmeler görüyoruz?

8. Turhan Selçuk'un karikatür anlayışı nedir? Ünlü çizgi-romanının baş kahramanı "Abdülcanbaz"ın nitelikleri nelerdir? (Okuma parçasını okuyunuz.)

9. Genç kuşak Türk karikatüristleri arasında kimleri tanıyorsunuz? Özellikle Haslet Soyöz, "Küçümen"de, çizgileriyle nasıl bir eleştiriyi geliştirmektedir?

10. Yüz yılı aşan tarihi içinde, Türk karikatürünün savunduğu başlıca değerler neler olmuştur?

BÖLÜM X

MİMARLIK, RESİM VE HEYKEL

Mimarlık, görsel sanatlarımız arasında en eski ve köklü olanlardan biri. Dünya sanat tarihimizdeki yerimizi zenginleştiren de en başta o. Resim ve heykel ise –önce dinsel olmak üzere– çeşitli nedenlerden dolayı 19. yüzyılda giriyor ülkemize. Ve Batı'dan geldiği için de, uzun süre onun etkisinde kalıyor. Görsel sanatlarımız içinde –belki– en çok ulusal olan mimarlık da, 19. yüzyılda Batı'dan gelen etkiler altında kalacaktır. Ama bir an gelecek, "ulusal" arayışlar başlayacaktır bu alanda.

Resim ve heykel de öyle.

Bugün de, her üçünün çeşitli sorunları arasında biri, işte o "ulusal" olanı bulmak...

MİMARLIK

Türkiye'de mimarlık, İslam-Türk mimarlığı, 19. yüzyıla gelinceye dek, ilkin **Osmanlı öncesi** bir aşamadan geçer. Osmanlı Devleti'nin kurulmasından İstanbul'un fethine değin, önemli bir gelişme içine giren mimarlık, fetihten sonra klasik çağını yaratacaktır. Ama, yalnız mimarlıkta değil, hemen her alanda klasik yetkinliğe varacaktır Osmanlı sanatı.

19. yüzyılda bir değişme görülür mimarlıkta: Batı, etkisini göstermeye başlamıştır. Bu etkiye karşı "tepkiler"in yer aldığı ve yeni bir gelişme içine girer mimarlık. O etki ve tepkiler –başka sorunlarla beraber– bugün de sürmektedir.

Klasik Osmanlı mimarlığı

Batı Anadolu'da ağır ağır oluşan Türk toplum yapısının mimarlık alanındaki istekleri, Osmanlılarda da, öteki beyliklerde olduğundan farklı değil. Orhan Bey'in padişahlığından öteye, hemen hemen bütün yapı tipleri ortaya çıkmış ve klasik Osmanlı mimarlığına götüren farklılaşma, 14. yüzyılın birinci yarısından kalkarak kendisini göstermeye başlamıştır.

İstanbul'un alınmasından sonra, Osmanlı Devleti, Doğu Roma'nın ardılı olan yeni bir imparatorluk bilincine varır. Fatih'in söz ve hareketlerinde böyle bir bilinçlenmenin dile geldiğini görüyoruz. Fatih, Akdeniz çevresindeki toplumları inceler, İtalyan sanatkârlarını çağırır, kendi portrelerini yaptırır. Yenilikler yalnız resimde değil hemen her alandadır. Öteki sanatlara oranla daha çok yerel kanunlara uyan mimarlık, 14. yüzyıldan başlayarak gösterdiği gelişmeyi, İstanbul'da "Ayasofya"nın fatihler üzerinde yaptığı güçlü etkiden sonra büsbütün hızlandırır. Tarihçi Tursun Beg, eserinde, "Ey Sufî, eğer Cennet'i arıyorsan, o Ayasofya'dadır" derken, bu etkiyi dile getirir. İstanbul'un alınmasından kısa bir süre sonra yapılan eserlerin gösterdiği şu: Mimari kompozisyon düşüncesinde –daha önce bulunmayan– "yeni boyutlar" girmiştir. Ve bundan böyle, Türk sanatında görülecek gelişmelerin asıl kaynağı İstanbul ve onun içinde de saray olacaktır. Saray çevresinde gelişen eğilimlerin etkisi, sanatın rotasını belirleyecek –hemen her alanda olduğu gibi– mimarlıkta da, imparatorluğun her yanına "İstanbul'un kuralları" götürülecektir.

Türk mimarlığı, klasik çağında, evrensel değerde bir yaratış düzeyine varır giderek.

> Bu mimari, Osmanlı toplumunun uygarlık yapısının direkt ifadesi olarak da büyük bir belgesel nitelik taşır, Osmanlı tecrübesi, dünyanın en uzun politik tecrübelerinden biridir. Ve dünya uygarlığının doğuşunu gören topraklar üzerinde, Akdeniz çevresinde, bütün geçmiş uygarlıkların verilerini bir ölçüde içererek ortaya çıkmıştır. Bu kadar uzun bir deneyim sonuçlarının sadece onu yaratanların malı olarak kalması imkânı yoktur. Osmanlı anıtsal mimarisinde görülen biçimsel sentez, estetik, teknik ve tarihi nitelikleriyle, sadece Türk ya da sadece İslami olmaktan çıkarak, insanlığın büyük sanat denemeleri düzeyine erişmiştir.(1)

---

1) Doğan Kuban, *Türkiye Sanatı Tarihi,* 3. Bası, İstanbul, 1979, s. 189.

Mimarlıkta Batı etkisi ve Batılılaşma

Osmanlı mimarlığı, bir tarih gelir Batı'nın etkisi altına girer, giderek "Batılılaşır". 19. yüzyılda, olanca açıklığıyla görülen bu olay, ne zaman başlar aslında?

Osmanlı mimarlığında Batılı etkiler, 18. yüzyılda, **Lale Devri'**nde kuvvetle duyulmaya başlanmış olmalı...

Gerçi, III. Ahmed'in ve vezirlerinin, Kâğıthane ve İstanbul'un başka yerlerinde yaptırdıkları Fransız "Rokoko" stilinden esinlenmiş yapılardan günümüze hiçbir şey kalmamıştır. Ne var ki, 1730'da tahta çıkan I. Mahmud zamanında, Avrupalı sanatçılar eliyle Avrupa "Rokoko" ve "Barok" sanatlarından aktarılarak mimarlığa giren çeşitli motifler, klasik Osmanlı mimarlığının bütün dekoratif niteliklerinin çözülmesine ve –bir daha görülmemek üzere– ortadan kalkmasına neden olmuştur. Bu şaşılacak değişme sonucunda, çeşitli biçimler, yerlerini, garip bir şekilde yorumlanmış "Batılı" biçimlere bırakır.

Osmanlı mimarlığının Batılılaşması süreci, 18. yüzyılda başlar; 19. yüzyılda tamamlanır. İlk büyük Batılı yapılar, askerî binalardır. Kısa bir zamandan sonra bunlara öğretim kurumları ile ilgili yapılar katılacaktı.

Ne var ki, Türk mimarlığının içine girdiği bu süreç, bir "ithal ve kopya" sürecidir. Öyle de olacağı açıktı. Çünkü Batı'dan gelen biçim, Türkiye'nin geleneksel kültüründe bulunmayan ve üretilmesi olanaksız bir düşüncenin, tekniğin ve beğeninin ürünüydü. Ancak, yeni gelen biçimin özü, toplum yapısına yabancı kaldığından, dışarıdan getirilenle onu sürdürmek durumunda olan bünye arasında sürekli bir karşıtlık ortaya çıkar.

Hemen her alanda görülen bu olayı, mimarlık alanında da görüyoruz.

Mimarlık alanında ilk büyük değişiklikler, Batılı üslupların doğrudan doğruya uygulanması ile ortaya çıkar. "Ampir", "neo-klasik" mimari ürünler, 19. yüzyıl Osmanlı mimarlığının başta gelen üsluplarıdır. Bunların yanı sıra, özellikle büyük sarayların yoğun bir **"dekorativizm"**e düştükleri görülür. Dolmabahçe Sarayı, buna bir örnektir.

Osmanlı mimarlığının son döneminde, özellikle anıtsal büyük yapıların yabancı mimarların elinden çıktığı dikkati çeker. Bu mimarlar, Batı'da, kendi ülkelerinde geçerliği olan mimari akımın örneklerini Türkiye'ye taşırlar. Ve başta İstanbul olmak üzere, imparatorluk toprakları üstünde ilginç yapılar yükselir. Bu ürünlerin yaratıcıları arasında, başlıcaları **Gaspare Fossati, Valaury, Raimondo d'Aronco, Jachmund'**dur.

Ortaya çıkan mimari tablo, değişik etkilerle beslenmiş bir dönemi yansıtır. Son Osmanlı dönemindeki bütün önemli mimarlık ürünlerine damgasını vuran **"uzlaşmacılık"**tır aslında ve bir tarih gelecek, tepkiyle karşılaşacaktır bu.

1910'lardan kalkarak, Türk mimarlığında **"ulusal arayışlar"** böyle başlar.

Mimarlıkta "ulusal arayışlar"

"Milli edebiyat" akımının doğduğu İkinci Meşrutiyet yılları, mimarlıkta da **ulusal arayışların** ortaya çıktığı bir dönemdir. Ziya Gökalp'le başlayan "Türkçülük akımı", sanatta, özellikle mimari ürünlerin biçimlenişinde de kendini duyurur ve bazı Türk mimarları, Batı'daki gelişmelerden uzak, **neoklasik bir anlayışla,** klasik Osmanlı dinsel yapılarının dekoratif öğelerini kopya etmeye başlar; "ulusal bir mimarlık" yaratmaya çalışırlar. Bu tür bir anlayışı benimseyip uygulamaya girişen yabancı mimarlar da görülür. Ve böylece, ulusal mimarlık arayışlarının ilk dönemi başlamış olur.

Bu dönemin en ünlü mimarları olan **Vedat Tek, Muzaffer Bey** ve **Kemalettin Bey'**in yanı sıra, 1882'de kurulan Sanayi-i Nefise Mekteb-i Âlisi'nden çıkan genç mimarlar da bu akımın savunucusu olmuşlardır.

Birinci ulusal mimarlık döneminde, Batı uzlaşmacılığından farklı olarak, ulusal bilinci yaratmak amacıyla **Selçuklu,** özellikle **Osmanlı din ve eğitim kurumlarının mimari öğelerini** yeni ürünlerde kullanma yoluna gidilmiş, saçak, pencere, sütun başlıkları gibi mimari öğelerin biçimlenişleri eskisinin –bir anlamda– yinelenmesi olmuştur. Uzlaşmacı bir tutumun ağır bastığı bu dönemde "bölgesel öğelere" daha fazla yer verilmesi olumlu sayılabilir. Ancak bu dönemde, yapı, mimarın yaratıcı gücünü gösterecek bir görsel eser olarak kabul edilmiş, gereksinmeler ile olanaklar arasında tam bir denge kurulamamıştır.

Çağdaş mimarlık tarihimizde, ulusal mimarlık anlayışlarının ilk dönemi 1910-1927 yıllarını kapsar. İkinci dönem başlamadan önce, araya 1927-1933 yıllarını kapsayan ve farklı bir mimarlık anlayışını temsil eden bir parantez girer.

Gerçekten, 1922'den sonra, mimarlık, bir yandan çeşitli amaçlarla yurdumuza gelen yabancı mimar ve hocaların etkisiyle, öte yandan Türk toplumunun sosyal yapısındaki değişikliklerin ışığı altında yeni bir görünüş kazandı. Çoğu Alman ve Avusturyalı olan bu mimarlar, eğitim kurumlarımızın ana eğitim yöntemlerini saptarken, bir yandan da uygulamalarıyla Türk mimarlığındaki birinci ulusal mimarlık dönemini kapatıp, daha çağdaş, daha fonksiyonel mimarlık akımlarının gelişmesini sağlamaya çalıştılar. Kısacası Cumhuriyet dönemindeki mimarlığın 1927-1933 yılları hep yabancı mimarların etkisinde gelişti. Cumhuriyet Türkiyesi'nin başkenti Ankara, Prof. **Helmuth Jansen**'in hazırladığı plana uygun bir biçimde geliştirilirken; bunu, 1927'de Avusturyalı mimar Prof. **Clemens Holzmeister**'in Türkiye'ye gelişi izledi. O dönemde yabancı mimarların Türkiye'ye çağrılmasının başlıca nedeni, Ankara'ya "Batılı" bir başkent görünümü kazandırmaktı.

> 1927-1933 yıllarında uygulanmasına geçilen –Cumhurbaşkanlığı Köşkü, Orduevi, Bakanlıklar gibi– temsilî nitelikteki yapıların görsel görünümleri, Mimar Kemalettin ve Vedat beylerin biçim anlayışından çok uzaktır. Artık, üslup taklitçiliğine son verilen bu dönemde, Türk mimarlığı, yapılarda anıtsal görünüşün ağır basması, cephelerde kesme taşın egemen oluşu, giriş bölümlerinde sütun düzenlemeleri ve daha bir yığın biçimsel öğelerle nitelik kazanıyordu. Ancak, 1927'den sonra mimarlığımızda baş gösteren değişikliklerin en önemlisi, **biçimlendirmede uluslararası bir öznelliğin** egemen oluşudur. Başka bir deyişle, mimarlığımızda, ulusal ya da bölgesel bir öznelliğin biçimsel öğeleri bırakılmış; bunun yerini, yabancı mimarların uluslararası nitelikte sayılabilecek, her ülkede uygulama olanağı bulabilecek biçimsel öğeleri almıştır. Özellikle Clemens Holzmeister'in yapılarında bu özelliği açıkça görebiliriz. Holzmeister, uluslararası mimarlık tutum ve davranışıyla daha sonraki kuşakları da etkilemiştir.

Türkiye'ye gelen bu yabancı mimarlar, önceleri çok olumlu karşılanır, uygulamaları beğenilir. Ne var ki, bir süre sonra tepki başlar kendilerine. Çeşitli eleştirilerin arasında, bu yabancı mimarların uygulamalarının, yani uluslararası mimari tutumun, ulusal duyguları ve toplumun yüzyıllarca gelişmiş estetik anlayışını yansıtmadığı da yer alıyordu. Yabancı mimarlara karşı gittikçe büyüyen tepki, 1940-1950 yıllarında, yeni bir ulusal mimarlık akımının doğmasına yol açar.

1930-1940 yılları arasında ulusal mimarlığa bir "geçiş dönemi" yaşanır. Bu dönem mimarları, yeniden eski Osmanlı klasik yapılarının dekoratif öğelerine, sivil mimarlığın biçimsel özelliklerine, hatta iç düzenlemelerine başvururlar. İlk ulusal mimarlık döneminden farklı olarak, bu dönemde, klasik Osmanlı yapılarındaki kubbe ya da sütun başlıkları olduğu gibi kopya edilmez. Bu mimari öğeler, daha çok amaca uygun, "fonksiyonel" nitelikte kullanılır. Yine aynı dönemde, 1937-1938 yıllarında Güzel Sanatlar Akademisi'nde hocalık yapan **Bruno Taut,** öğrencileriyle birlikte, Cumhuriyet döneminde –belki– ilk kez, topluma dönük projeler geliştirir. Bütün bu çalışmalar, 1940-1950 yıllarındaki ikinci ulusal mimarlık dönemi gelişmelerine temel olur.

1939'ların Alman mimarlığı, Türkiye'deki ikinci ulusal mimarlık dönemini etkileyen etkenlerden biridir.

Gerçekten, "millilik" anlayışının mimarlarımızca benimsenmesi ve sivil mimari uygulamalarda, klasik Osmanlı motiflerinin yanı sıra anıtsal bir görünüşün egemen olması isteği, o günün Alman mimarlığıyla bir koşutluk gösteriyordu. Gerçekten Alman mimarlığı da, o günkü rejimin gücünü, milliyetçi anlayışını –ama şoven, ırkçı, giderek faşist bir milliyetçiliktir bu– yansıtmaya yönelmişti. Kesme taşın kullanılması, sütun dizilerinin düzeni, mimaride insanı ezen boyutlara gidilmesi, Alman anıtsal mimarlığının başlıca özellikleridir o dönemde. Mimarlığımızı biçim açısından etkileyen bu tutum, o günün Almanya'sıyla olan siyasal ve kültürel ilişkilerimiz yönünden doğaldı. Alman uzmancılığı da diyebileceğimiz bu dönemde, mimarlık eğitimi yapan kurumlarımızdaki ileri gelen yabancı öğretim üyelerinin Alman ya da Avusturyalı olması, ikinci ulusal mimarlık akımını etkileyen bir başka nedendir.

Ne var ki, 1940-1950 döneminde de, öteki dönemlerde olduğu gibi, toplum gereksinmelerine bilimsel bir anlayışla eğilinmemiş, mimarlık sanatı tek bir ürün yaratma eylemi olarak düşünülmüştü. Ekonomi ve işgücü yönünden ele alındığında, fonksiyonel olmayan, dekoratif bir mimarlığın ulusal geliri olumsuz biçimde etkilediğinin göz önünde tutulması, toplum gereksinmelerine dönük konut sorununun Türkiye'nin başlıca sorunlarından biri olduğunun anlaşılması, ikinci ulusal mimarlık akımının çöküşünü hazırlayan belli başlı nedenler olur.

Türk mimarlığında bugünkü gelişmeler ve sorunlar

İkinci ulusal mimarlık dönemi sona erdikten sonra, mimarlığımız en özgür dönemine girer. Ama yığınla sorunu da ortaya çıkaran bir dönemdir bu.

1950'lerden sonra, mimarlık eylemlerinde dikkati çeken en büyük özellikler, ünlü mimarların eserlerinin örnek alınması, büyük çapta sanayi binaları yapılması, şehircilik anlaşmalarının hızlanması, kampus planlamalarına ağırlık verilmesidir. Bu ürünlerde, genellikle Le Corbusier, Mies van der Rohe, Frank Lloyd Wright, Walter Gropius, Richard Neutra, Skidmore, Owings ve Merril gibi ünlü mimarların etkileri görülür.

Türk mimarlarının bugünkü sorunlarına gelince... Bu sorunlar, başta "kentleşme"nin doğurduğu sorunlarla yakından ilgilidir.

Önce, nedir kentleşmenin doğurduğu sorunlar?

Bilindiği gibi, Türkiye, 1950'lerden başlayarak, **"kırsal etkenlerden kaynaklanan"** bir "kentleşme" olayına tanıktır. Köy, kente göç etmektedir. Bu olay, yığınla sorun çıkartmaktadır. Bu sorunların –Prof. Ruşen Keleş'in toplayıcı görüşüyle–[2] başlıcaları şunlar:

– Birinci sorun, Türkiye'de kentleşmenin **temel sanayiye dayanan, gelişmeyi gereğince hızlandıran bir yönde olmamasıdır.** Üretici güçleri yeterince harekete geçirememekten doğan ve emek-sermaye arasındaki sömürü ile devam eden bu sağlıksız kentleşme, özellikle büyük kentlerde, daha çok zanaatlara dayanan, işsizi ve gizli işsizi bol, hizmet kesimlerini kabartan bir süreçtir.

---

2) Ruşen Keleş, *Türkiye'de Şehirleşme, Konut ve Gecekondu,* İstanbul, 1972, s. 40-41.

– İkinci sorun, kentleşmenin Batı Anadolu'ya yönelmiş olmasının bir sonucu olarak, **Doğu-Batı arasındaki kentleşme hızlarının farklılaşması** ve Türkiye'nin batısının büyük kentlere, uygarlık nimetlerine, doğudan daha çabuk ve daha çok kavuşmasıdır. Buna, "bölgelerarası farklılıklar" ya da "bölgelerarası dengesizlik" adı veriliyor.

– Üçüncü sorun, **köylerle kentler arasındaki gelir ve yaşam düzeyi farklılıklarının** gittikçe büyümesidir. Tarımda ve tarımdışı kesimlerde kişi başına düşen gelir karşılaştırması, köy-kent farklılığının açık bir göstergesidir.

– Son bir sorun olarak, kentleşme ile, **köy-kent arasındaki farklılıklar** –az çok değişme ile– **kentlere de taşınmakta;** bazı kesimlerin –yanlış olarak– **"kentlerin köyleşmesi ya da kasabalaşması"** adını verdikleri olay ortaya çıkmaktadır.

Başka boyutlarda sorunları da vardır kentleşmenin.

Onlar da, kent imar planlarının uygulanmasına, kentsel fonksiyonlara arazi üzerinde yer ayrılmasına, kent estetiğinin, kentin tarihsel ve doğal değerlerinin korunmasına ilişkin sorunlardır. Trafik düzensizlikleri, yeşil ve açık alanların yetersizliği, otopark gereksinmesi, hava kirlenmesi ve bakımsız sokaklar gibi sorunlar da bu gruba girmektedir.

Kentleşmede şu iki gözlem de önemli ve mimarlığın geleceği bakımından yaşamsal nitelikte:

– Büyük kentler içinde, **yerleşme kararlarında sınıflaşma eğilimleri,** kapitalist gelişme ile birlikte güçlenmektedir. Bugün, hemen hemen bütün büyük kentlerimizde, bir kesimin dünyası, yaşamı ve yararlandıkları hizmet düzeyi, öteki kesimden bütünüyle farklı ikili bir görünüm gösterir. Gecekondu bölgeleriyle, kentlerin zengin ve varlıklı bölgeleri arasında bu farklılık çok belirgindir. Kentlerin içindeki gelir dağılımı farklılıklarının dolaysız sonucu olan **barınma** ve **hizmet düzeyi** farklılıkları, gecekondu bölgeleriyle onlar dışında kalan konutlarda açıkça izlenebilmektedir.

Bunun gibi, artan arsa spekülasyonunun da etkisi ile dar gelirli kitleler, kentlerde ne konut sahibi olmaya, ne de –gelirlerine göre yüksek olan– konut kiralarını ödemeye olanak bulabilmektedirler.

– Türkiye'de bugüne değin olagelen, **düzensiz ve plansız** bir kentleşmedir. Kentleşmeyi, düzenli bir kentleşme haline getirip kalkınmaya yardım sağlamak olanağı olmamıştır. Doğaldır ki, bu, mimarlık alanındaki gelişmeleri de etkilemekte, yer yer "sapmalara" ve "yozlaşmalara" götürmektedir Türk mimarlığını. Ne yapmalı peki?

Batıda, Sanayi Devrimi, kentleşme ve makineleşme, kendi üstünlüğünü eski değerleri yıkarak gerçekleştirdi. Oysa, dünya, 20. yüzyıl sonlarında, artık başka aşamalara geçmek istiyor ve bu arada –uzun süre savsakladığı– eski değerlerine de yeni bir gelecek yaratmaya çalışıyor. Bu bağın kuruluşu ise, çeşitli sosyal ve siyasal sorunların da çözümüyle yakından ilişkili.

Yeni dönemde **tarihsel değerlerin** artık bir "bütün" oluşturduğu kavranılmakta; tek tek eserler ya da anıtlar yerine tüm tarihsel çevrenin saklanıp korunmasına çalışılmaktadır.

Yalnız tarihiyle değil, coğrafyasıyla da.

Batı'nın iki yüz yıldır yaşadığı tarihsel değişim süreci, Türkiye'de ve özellikle bir tarih merkezi olan İstanbul'da, son çeyrek yüzyılda bütün boyutlarıyla ortaya çıkmıştır. İstanbul, birdenbire büyük yıkımlar ve değişimlerle karşılaştı. 20. yüzyıl sonunda 8-10 milyon kişiyi barındıracak olan İstanbul'un yeni yörelere yayılma zorunluğu ortaya çıkıyor. Bu yeni yöreler oluşturulurken, tarihsel İstanbul'u da –Boğaziçi ile birlikte– bir bütün olarak alıp korumak, bugünkü kuşakların görevi haline gelmiştir.

Ve onlar bu görevi yerine getirmezlerse, ilerde uygarlık tarihi çok acı bir dille bahsedecektir kendilerinden...

DAHA ÇOK BİLGİ

Celal Esat Arseven, *Sanat Ansiklopedisi.*

Ernst Diez - Oktay Aslanapa, *Türk Sanatı,* 1955.

Konur Ertop, "Cumhuriyet Döneminde Türkiye'de Güzel Sanatlar", *Cumhuriyet Gazetesi'nin 50. Yıl Eki.*

Zahir Güvemli, *Sanat Tarihi,* İstanbul, 1968.

Ruşen Keleş, *Türkiye'de Yerleşme, Konut ve Gecekondu,* İstanbul, 1972.

"Mimari Miras ve Tarihsel İstanbul, Düşünenlerin Forumu", *Milliyet,* 23 Mart 1975.

Metin Sözen - Mete Tapan, *50 Yılın Türk Mimarisi,* İstanbul, 1973.
Türkiye (1923-1973) Ansiklopedisi, "Mimarlık" maddesi.
Suut Kemal Yetkin, *Türk Mimarlığı,* Ankara, 1970.

OKUMA

GEÇMİŞİN ANITLARI KARŞISINDA TUTUMUMUZ NE OLMALI?

Boğaz yalıları üstüne yazdığımız bir yazıyı eleştiren iki okur mektubu aldım. Çoktan beri değinmek istediğim bir konuya yaklaşım gerekçesini yarattıkları için okurlarıma teşekkür ederim. Boğaz'daki eski yalıların yakılmasını ve yerlerine beton apartmanların kondurulmasını yermiştim ben... Esentepe Blok Apt. 52-10'da oturan Sayın Erdoğan Gürkan, bu tutumu benim "halkçı kişiliğime" yakıştıramamış ve "burjuva sanatından öte, aristokrasi sanatının yıkılmaya yüz tutmuş döküntülerini savunmak 'steril' bir sanat aşkının tepkisi değil midir?" diye sorduktan sonra diyor ki:

"– Halktan bir tek kişinin bile mutluluğu için, denizi ve kıyıları insafsızca parsellemiş eski yalıların yanışını zevkle seyrediyorum. Ya siz?"

Mudanya PK 4 adresini veren Sayın Samet Kıvrım ise bu konudaki fikrini şöyle özetliyor:

"– Yalılar uygarlığın tanıklığını yaptığı kadar Osmanlıların son devirlerinin acılı birer hatırasıdırlar. Halktan kopuk bir sınıfın kötü ve hazin anılarını yansıtıyorlar. Yalılar, halktan aldığı vergilerle zevk ve sefalarını sürdürenlerin yaşantılarının simgesidir. Yalılara ve köşklere baktıkça o sınıfa karşı nefretim uyanıyor."

Bu konuda gerçeğe yaklaşabilmek için önce şu soruyu kendimize yöneltmek gerekir:

– Kökeninde sömürü yatıyor diye tarihsel olan anıtlardan nefret edeceksek, acaba sevebileceğimiz bir tek uygarlık anısı ve kalıntısı bulabilir miyiz?

Şimdiye dek tüm uygarlıklar sömürü düzenleri üstüne kurulmuştur. Batı Anadolu'daki güzelim tapınaklar, su kemerleri, açık hava tiyatroları, eski saraylar, Selçuk ve Osmanlı anıtlarının hangi biri bize sömürü düzenlerinden anılar taşımıyor?.. Mısır'daki Ehramlar; kölelerin ter, kan ve gözyaşlarıyla yükseldi. Çin Seddi, Ayasofya, Akropol, Versailles, Kremlin, Topkapı... Tümünün harcında sömürünün çeşitli biçimlerini görürüz. Ortaçağın ya da "uyanış çağı"nın Avrupası'nda oluşturulmuş kiliseler, süslemeler, saraylar, resimler, müzik parçaları, heykeller, sömürü düzenlerinin uyumlarını yansıtırlar bize...

Devrimci kişinin öncelikle bilmesi gereken, şimdiye dek bilimin ve sanatın yeryüzünde sömürünün hızlı yürüdüğü odak noktalarında geliştiğidir. Kölelik, derebeylik ve kapitalizm çağlarında, hangi ülke sömürüyü genişletmiş, yoğunlaştırmışsa, orada uygarlık hızlanmıştır. Sosyalistler bu yalın gerçeği iyi bilirler... Fransa'da, İngiltere'de, Almanya'da bilim ve sanat, o ülkelerdeki egemen sınıfların sömürüyü evrensel boyutlara kavuşturmaları nedeniyle ivmeli bir gelişmeye kavuşmuştur.

İlk kez, 20. yüzyılda, insanlık, **sömürü uygarlıklarından sömürüsüz uygarlığa geçiş dönemini** yaşamaktadır.

Bugün sosyalist ülkelerde, tarihsel anıtlara ve sanat yapıtlarına olağanüstü bir titizlik gösterilir. Çarların saraylarına gözbebeği gibi bakılır Rusya'da... Dünyanın hiçbir yerinde görülmedik arkeoloji araştırmalarıyla, on binlerce anıt gün ışığına çıkarılmıştır. Çin'de... Ortaçağ'dan kalma kiliselerde, ressamların yapıtları yeniden değerlendirilmektedir Arnavutluk'ta... İster insafsız derebeyinin şatosu olsun, ister acımasız Osmanlı paşasının yalısı, ister zalim imparatorun sarayı; sanat ve tarih değeri taşıyan her katılım, tüm insanlığın malı gibi korunur sevecenlikle, titizlikle...

Sevgi, bilgiden doğar; nefret, bilgisizlikten... Devrimci, toplum olaylarını doğa olayları gibi bilimsel yasalarla açıklar. Geçmişin toplumsal olaylarına, jeolojinin, biyolojinin, fiziğin koşullarında bakabilen bilim adamının yüreği, geçmişin anıtlarına nefretle dolamaz. Bugünkü sömürülere karşı kavgamızla tarihimize karşı sevgimizi birbirine karıştırmayalım. Yedi Sekiz Hasan Paşa'ya sosyalist olmadığı için kızamayız ve tarihsel anıtlarımızı devrimci bilinciyle sevmezsek, çağdaş insan olamayız.

Sevgi, insanın insan oluşunda bir büyük öğedir. Çağdaş bilinçle sevelim insanları, sanatları, tarihi ve doğayı... Güzelim bir tarihsel anıtı sevemeyen, halkı nasıl sever? İş bir eski yalıyı yakmakla değil, halkçı düzen içinde eski yalının **yerini** ve **işlevini** saptamaktadır.

(İlhan Selçuk, "Sevgi Bilgiden Doğar",
Cumhuriyet, 25 Mart 1975)

SORULAR

1. Klasik Osmanlı mimarlığı ne zaman doğar? Nelerden kaynaklanır ve nasıl bir düzeye varır? Klasik Osmanlı mimarlığının doğuş ve gelişmesinde İstanbul'un önemi nedir?

2. Osmanlı mimarlığında "Batılılaşma" süreci ne zaman başlar ve ne zaman tamamlanır? Bu sürecin mimarlık ürünlerinin temel niteliği nedir? Ve ne gibi tepkiler uyandırır?

3. Mimarlığımızda "ulusal arayışlar" niçin ve ne zaman başlar? Ve hangi aşamalardan geçerek, ne gibi sonuçlara ulaşır?

4. Mimarlığımızda 1927-1933 yıllarını kapsayan dönemin özelliği nelerdir? Ve nasıl bir tepkiyle karşılaşır?

5. İkinci ulusal mimarlık akımı ne zaman ve hangi etkenlerin sonucu olarak doğar? Olumlu ve olumsuz yanları nelerdir?

6. Türk mimarlığında bugünkü gelişmeler ve başlıca sorunlar nelerdir?

7. Türkiye'de kentleşmenin doğurduğu sorunlar nelerdir?

8. Geçmişin anıtları karşısında tutumumuz ne olmalı? (Okuma parçasını okuyunuz.)

RESİM VE HEYKEL

Resim

Osmanlı kültüründe resim sanatı vardır ve önemli bir yer tutar. Başta, Batılıların "minyatür" dedikleri eserleri görüyoruz. Sonra, çeşitli "figüratif" resimler: Yağlıboya padişah ve şehzade portreleri, resimli falcı kitapları, taşbasması halk resimleri... bu sonuncular, 19. yüzyılın başlarında bile, duyuşta, görüş ve teknikte geçmiş yüzyılların üslubunu sürdürmekten kurtulamazlar. Minyatür ise, 18. yüzyıl sonlarına doğru, **Levni** ve **Abdullah Buhari** ile son sözünü söyler.

19. yüzyılda, resim sanatımız yeni bir yön alır: Doğu resminden Batılı resme döneriz. Ama kolay olmaz bu. Hayli beklemek gerekir. Ancak, 19. yüzyılın hemen hemen ortalarındadır ki, Batı estetiğine ve onun çeşitli tekniklerine yönelen yeni Türk resim sanatı doğar ve çeşitli aşamalardan geçerek bugüne gelir.

a) Çağdaş Türk resminin doğuşu ve gelişimi

Batı görüş ve tekniği ile eser veren ilk ressamlarımız, asker ocağından yetişmedirler: **Şeker Ahmet Paşa, Halil Paşa, Hüseyin Zekâi Paşa, Miralay Ali Rıza Bey, Süleyman Seyit Bey.**

Çoğunun eserleri, Avrupa'daki örneklerin hayli sönük yankılarıdır.

İlk tanınmış sivil ressamımız da **Osman Hamdi Bey.** Güçlü bir teknik, hikâyeci ve gösterişli bir akademizmle, Osmanlı toplum yaşamını –biraz sahte bir pitoresk içinde– yansıtmıştır. Osman Hamdi Bey'in bir önemi de şu: **"Sanayi-i Nefise Mektebi"**'ni o kurar ve geliştirir. Bu okulda gençler, geleneksel kurallara göre yetiştirilir; daha sonra öğrenim için Fransa'ya gönderilmeye başlanır.

Öğrenim için Fransa'ya gönderilip de I. Dünya Savaşı'nın başlaması üzerine yurda dönen bir bölük ressam, Batı anlamındaki resim sanatını Türkiye'de kökleştirirler. Bunlar **Çallı İbrahim, Hikmet Onat, Ruhi Arel, Nazmi Ziya, Avni Lifij, Namık İsmail** ve **Feyhaman Duran**'dır.

Modern Türk resminin ilk temsilcileri ve öncüleri bunlardır.

Yurda döndükten sonra, daha önce kurulmuş bulunan **Osmanlı Ressamlar Cemiyeti**'ne girerler. Bu genç ressamlarla değer kazanan ve gerçek anlamına kavuşan derneğe, **Sami Yetik, Ali Cemal, Ali Sami Boyar, Tahsin** ve **Şevket Dağ** gibi ressamlar da katılır.

İlk sanat hareketleri, Osmanlı Ressamlar Cemiyeti'nin çevresinde toplanan bu ressamlarla başlar. İlk gerçek sergileri de onlar açarlar.

Bütün bu sergilerde en belirgin eğilim, bir çeşit **"izlenimcilik"**tir. 1914 dönemi sanatçılarının Türk resmine getirdikleri taze görüş –yeni teknik ve sanat anlayışlarımızın hayli değişmiş olduğu– bugün de, gücünü ve ağırlığını yitirmiş sayılmaz.

1928 yılından kalkarak, yeni gruplar ve kümeleşmeler başlar Türk resminde: 1928'de **"Müstakil Ressam ve Heykeltıraşlar Birliği"**, 1933'te **"D Grubu"**, 1940'tan sonra **"Yeniler Grubu"** ortaya çıkacaktır.

Ve hepsinin de kendine özgü eğilimleri ve sanat anlayışları vardır.

– **Hadi Bara, Muhittin Sebati, Hâle Asaf, Saim Özeren, Turgut Zaim, Refik Epikman, Ali Avni, Zeki Kocamemi, Cevat Dereli, Şeref Akdik** gibi sanatçıları bir araya getiren **"Müstakil Ressam ve Heykeltıraşlar Birliği"**, 1914 dönemi hocalarına kıyasla, desene, tablonun çizgi yapısına daha çok bağlanarak bir çeşit konstrüktivizm yoluyla izlenimcilikten öteye geçtiler. Bunların içinde **Ali Avni Çelebi** ile **Zeki Kocamemi'**nin Türkiye'de modern akımların kökleşmesi kavgasında rolleri pek büyük; **Turgut Zaim** ise, Türk resminde, ilk olarak Anadolu'ya, köylüye, köyle ilgili konulara eğilen, onları kendine vergi bir işleyişle canlandıran ressam.

– **"D Grubu"nu,** 1933'te **Nurullah Berk, Cemal Tollu, Zekai Faik İzer, Abidin Dino, Elif Naci** ve **Zühtü Müridoğlu** kurarlar. "D Grubu" gerçekten çok canlı, hareketli bir sanat yaşamının doğmasına yol açtı. Hepsi de ateşli, çalışkan, ülkenin o zamana değin görmediği "çağdaş" resmi temsil eden kimselerdi. Önceki dönemler, en az seksen yıl öncekini tekrarlarken, "D Grubu" birdenbire, yaşanılan yılların sanat görüşünü yansıtmak istiyordu. Doğaldır ki, bu alışılmamış görüş, sert ve geniş tepkiler yaratır. Grubun adından yararlanan ucuz nükte düşkünleri –vaktiyle edebiyatımızda Servet-i Fünûn şairlerine ve Fransa'da empresyonistlere yapıldığı gibi– onları "Deliler Grubu" diye anacak denli ileriye giderler. Konusu olan modern sanat, hiç değilse sanatçılarca anlaşılır hale gelinceye dek uğraşır. Daha sonra kendiliğinden dağılır.

Bedri Rahmi ve **Eren Eyüboğlu, Sabri Berkel, Eşref Üren, Halil Dikmen, Arif Kaptan, Salih Urallı, Nusret Suman, Hakkı Anlı** gibi ressam ve heykeltıraşlar da bir süre D Grubu sergilerine katılacaklardır.

– 1941'de kurulan **"Yeniler Grubu"**nun belli başlı temsilcileri **Nuri İyem, Ferruh Başağa, Avni Arbaş, Selim Turan, Fethi Karakaş, Turgut Atalay, Nejad Devrim, Haşmet Akal, Mümtaz Yener** ve **Agop Arad** olmuştur. İstanbul Güzel Sanatlar Akademisi'nde **Leopold Levy'**nin atölyesinde yetişen bu genç ressamlar, ülkenin sorunlarına eğilmek, bunu yaparken de Batı izlenimciliğinden kurtulmak gibi belirli bir çizgi çevresinde toplanmışlardı.

– Daha sonraları **"Tavanarası Ressamları", "Onlar Grubu", "Yeni Dal Grubu"** gibi topluluklar ortaya çıkar, ama kısa sürer ömürleri, toplandıkları gibi dağılırlar.

Bunların yanı sıra, hiçbir gruba yanaşmamış ya da yanaşmışsa da uzun süre orada kalmamış, belli bir estetik ya da teknik etiketlenmeye uygun düşmeyen ressamlar da var. **Ercüment Kalmık, Malik Aksel, Aliye Berger, Fikret Mualla, Abidin Elderoğlu, Şükriye Dikmen, Leyla Gamsız, Şefik Bursalı, Hamit Görele** böyle sanatçılardır.

b) Türk resminin bugünkü tablosu ve sorunları

Son on, on beş yıldır yeni adlar katıldı resim sanatımıza. İlk göze çarpan; dağınıklık; belli ressamların belli bir görüşte, bir yönde toplanmamış olmaları.

Günümüzün Türk resim sanatında –eskilerin yanı sıra– orta kuşak ve genç sanatçılar olarak **Neşet Günal, Nuri İyem, Cihat Burak, Nedim Günsür, Orhan Peker, Turan Erol, Fethi Kayaalp, Abidin Elderoğlu, Cemal Bingöl, Şadan Bezeyiş, Osman Oral, Fethi Arda, Hamit Görele** ilk akla gelen adlar.

> Bunlar içinde **Neşet Günal, Nuri İyem, Cihat Burak, Nedim Günsür, Orhan Peker, Turan Erol** –nereye gittikleri, tuttukları yolun aydınlığı bakımından– en çok dikkati çekenler. Yapmacıksız, zorlamasız, "yapabildiğini yapan" bir sanat onlarınki.
>
> Geleceğe bırakacakları büyük miras da daha şimdiden belli...

Kişiliklerini kabul ettirmiş daha başka ressamlarımız da var: Adnan Çoker, Özdemir Altan, Devrim Erbil, Dinçer Erimez, Mehmet Pesen, Gündüz Gölönü, Kemal Bilensoy, Altan Gürman, Nihat Akyunak, Reşat Atalık, İsmail Çobanoğlu, Oya Katoğlu... Onları ve öteki arkadaşlarını, bugünün Türk resminde hareketli, dinamik kişiler olarak görüyoruz.

Ya Balaban?

Balaban, bugün Türk resminin "onsuz olmaz" sanatçısıdır...

Türk resim sanatı bugün nerededir? Nerelere varmıştır? Dünya görsel sanatları içindeki yeri nedir? Uluslararası bir varlığı, bir değeri var mıdır?

Bu soruları yanıtlamayı –resmimizin bugün de yaşayan büyük ustalarından– Nurullah Berk'e bırakalım: "Bu soruları cevaplandırmak dikenli yolda yürümek gibi tedirgin eder kişiyi. Türk resminin uluslararası bir üne kavuşmuş, sanat literatürüne girmiş tek kişiyi çıkaramamış olması değerini küçültmez bir kere. Duralım bunun üstünde. Çağdaş değil, modern resmimiz –ki bence başlangıç noktası orada– ancak 40 yaşında; 1933'ten 1973 yılına. Bir şeyin eksikliğini anlatmak için 40 yıllık deriz. Ama bu 40 yıllık süre, bir sanatın doğması, gelişmesi, kendini dünyaya tanıtacak güce erişmesi için ne kadar kısa. Modern ressamımız hiçbir geleneğe dayanamamak, ne aldıysa Batı'dan almış olmak dramı içindedir. Eski Türk sanatlarından, minyatürden, yazıdan, süsleme türlerinden, halı, kilim, çinilerden alınacak ne vardı? Çok şey vardı, nitekim alınmaya, bir senteze varmaya başlandı, ama bundan 40 yıl, 30 yıl önce ne alınabilirdi? Türk ressamı, 19. yüzyıl natüralizminden kurtulmuş, düşünüş ürünü olan Batı eğitimlerini henüz anlamamıştı. Batı'dan etkilenmekten, Batı ustalarını örnek almaktan başka çare yoktu. Nitekim, bundan 20 yıl öncesine bakarsak, Dufy'nin, Picasso'nun, Gromaire'in, Lhote'un modern resmimizde hayli öğrencilerini görürüz. Öğrenci sözünü burada "izleyici" anlamında kullanıyoruz. Daha sonra bu belirli etkiler silindi, ama Türk modern resmi Batı'yı uzaktan yakından izlemeye devam etti. Bugün ressamlarımız arasında belli başlı iki anlayış seziliyor: Biri, bir **ulusal, yöresel sanat yapma** isteği; öteki, sanatın bundan böyle uluslararası bir "fonksiyonalizm"e yöneldiği düşüncesiyle, **resim sanatını her türlü yerlilikten sıyırma çabası.** Türk resim sanatının uluslararası bir kırata varamayışının ya da en azından, uluslararası üne kavuşmuş bir temsilci yetiştiremeyişinin nedenini bu iki anlayışın ne gibi sonuçlar verdiğini araştırmakla buluruz. Ulusal, yöresel bir resim arayan sanatçıların kimileri konuya verdikleri önem bakımından "salt resim"den uzak, bir çeşit hikâyecilik peşindeler. Konudan kurtulup plastik elemanların öngörüldüğü bir çeşit Doğu-Batı sentezi arayanlarsa, birincilerden çok daha ilginç sonuçlara varabilmekle beraber, sanatlarını sınır dışlarına götürebilecek bir olgunluğa varamamış görünürler. Kültürel sınırların gitgide yumuşadığı düşüncesiyle plastik sanatların uluslararası bir "anonim"liğe varacağı kanısıyla çalışanlar, Avrupalının bugün de hoş görmediği –çünkü onlarda bu modellerin büyük ustaları var– bir izleme, modalara, hiç değilse günün akımlarına bir uyma var. Demek ki, bu iki anlayışın, düşüncesinin temsilcileri, ne kadar da değerli kişiler olsa, Türkiye için, dünya sanat literatüründe yer alacak çapa ulaşmış değildirler. Ama bu, yalnız resim sanatında mı?"(3)

Resim sanatımızla ilgili bir başka sorun da şu: Tekelci sermaye, son yıllarda, kültürümüzün öteki alanlarına olduğu gibi, resme de el atmıştır. Resim sanatını, ressamları ihya ettiklerini

---

3) Nurullah Berk, "50 Yılda Resim Sanatımız", *Türk Dili,* sayı, 266, s. 186-204.

ileri süren spekülatörler, özel galeri sahipleri ve onlarla çıkar ilişkisi içindeki tanıtma yazarları, resim sanatımızı yönlendirmeye başlamışlardır. Böyle giderse, piyasada geçerli resim türünün ne olduğu konusu, ressamın kendi özgür araştırmalarının önüne geçecektir.

Ve iyi bilelim: Resim spekülasyonu ne bir "kültür hizmeti", ne de "özgün" bir olgudur. Resim alanında fiyat patlaması olayı, kapitalizmin genel bunalımının Batı ülkelerinde yarattığı durumun ülkemize de yansımasıdır.(4)

Heykel

Batı resminden farklı da olsa, Osmanlı kültüründe bir resim sanatı olmuş.

Ya heykel?

Heykelin, bir sanat türü olarak –gelişmek şöyle dursun– doğduğunu bile görmüyoruz. Heykelcilik, geçmişle bağı en kopuk olan sanatımızdır.

Başta, heykelcilikle putataparlığı karıştıran dinsel yorum –daha doğrusu yasak– engellemiş bu doğuşu.

> Hüseyin Gezer, konuya şöyle yaklaşıyor: "İslamlığın kuruluş yıllarında insanların kalplerine asıl tanrı inancını yerleştirmek, ancak, orada daha önce taht kurmuş olan tanrıları kovmakla mümkün olacaktır. Bu amaçla, put heykeller lanetlendi, yok edilmesi gereken yapıtlar olarak ilan edildi. Ancak, akli bir din olan, zamanın gelişmesiyle ahkâmda değişme olması gerektiğini öneren İslamiyet gibi gerçekçi ve ilerici bir din, zamanla bu hükmü değiştirebilirdi. Bu olmadı. Çünkü büyük liderler devresinin kapanmasıyla birlikte, bu akılcı kurum kendi felsefesinin üstün ilkelerini yitirmeye, şekil içinde katılaşmaya yüz tuttu. Değil çağa göre yenileşmek, hemen hemen her konuda değişmelere, yenileşmelere ilk karşı çıkan o oldu. Tutuculuğun bayrağını o çekti."

Heykele din adına karşı koyuş, 19. yüzyıl sonlarına dek sürer. 1882 yılında, **"Mekteb-i Sanayi-i Nefise-i Şahane"** kurulur ve heykel, resmî olarak öğretim programına girer.

---

4) Bu konuda ilginç iki yazı için bkz. Canan Çoker, "Tekelci Sermaye ve Resim Sanatı", *Sanat Emeği,* sayı 25, s. 60-80; aynı yazardan, "Menkul Değer Olarak Resim Sanatı", *Sanat Emeği,* sayı 28, s. 21-35.

Ve böylece o tarihe değin Türkiye'de heykeltıraş yetişmez. Mimarlıkta bir Sinan'ı, yazıda bir Hafız Osman'ı, bir Şeyh Hamdullah'ı, bir Karahisari'yi; minyatürde bir Levni'yi yetiştiren toplum, heykelde kimbilir ne sanatçılar yetiştirecekti!

Yolu kesilmiş olan yontucu da, dehasını, mezartaşlarında heykelleştirir yüzyıllarca.

Sanayi-i Nefise'nin kuruluşuyla öğretilmeye başlanan heykeltıraşlık, resim gibi, sıradan öğreticilere bırakılır önce. Daha sonra, ilk Türk heykeltıraşları yetiştirmeye başlar: **İlhan Özsoy,** arkasından **İsa Behzat.** Ancak **Mahir Tomruk'**la, Türk heykeltıraşlığı üstünde durulacak bir temsilciye kavuşur. Yalnız şu da var: Cumhuriyet kurulup da, kurucusunun ve zaferlerinin anıları tunçta ebedileştirilmek istendiğinde, dışardan heykeltıraş çağırmak zorunda kalınır.

İtalyan **Pietro Canonica,** Avusturyalı **Heinrich Krippel, Josef Thorak** ve **Anton Hanak** gelirler; İstanbul, Ankara, Konya, Samsun, Afyonkarahisar ve öteki bazı kentlerde anıtlar dikerler.

Ne var ki, çoğunlukla "Nazi heykelciliği"nin uygulamasıdır yaptıkları.(5)

> **Josef Thorak** ile **Anton Hanak,** Alman Nazilerinin resmî sanatçıları idiler. Josef Thorak'ın adı –gene kendi gibi ünlü heykeltıraş **Arno Breker** ile birlikte– "Üçüncü Reich sanatının temsilcisi, büyük usta" olarak geçmektedir. Nazi sanatı üstüne yapılan değerlendirmelerde, Almanya'da bulunan "Arkadaşlık" adlı heykeli, artık Nazi sanatının simgesi haline gelmiş. Onun Ankara'da Kızılay'da –Hanak'la birlikte yaptığı– o garip **"Güven Anıtı"**, Nazi sanatının –yerini şaşırmış– bir örneğidir.
>
> Bir başka örnek olarak, **Krippel'**in "Afyonkarahisar Zafer Anıtı" her yönüyle bir vahşet, kin ve gaddarlık simgesidir.
>
> Bu Nazi sanatı etkisini, özellikle Atatürk figürlü heykellerin pek çoğunda yıllarca sürdürür durur.

Onlardan sonra, heykelde, yeni Türk heykeltıraşları yetişecektir: **Ratip Aşir Acudoğu, Ali Hadi Bara, Zühtü Müritoğlu, Nusret Suman.** Batı'da büyük ustalar yanında çalışmış, ile-

---

5) Bu konuda çok ilginç bir inceleme için bkz. Orhan Taylan, "Türkiye'de Nazi Heykelciliği", *Sanat Emeği,* 1978, sayı 1, s. 9-20.

ri görüşlü, çağdaş estetiği kavramış, görsel sanatın yalnızca doğayı kopya etmek demek olmadığını anlamış sanatçılardır bunlar.

Cumhuriyet'in genç heykel sanatının öncüleri de onlar olur.

Güzel Sanatlar Akademisi'nin 1936'dan sonra yeniden düzenlenmesiyle Batı'dan çağrılan büyük ustalar arasında gelen ünlü Alman heykeltıraşı **Rudolf Belling,** heykel bölümüne yeni bir can katar. Bugün Türk heykel sanatının başlıca temsilcileri olan **Hüseyin Özkan, Yavuz Görey, Sadi Çalık, Hüseyin Gezer, Hakkı Atamulu, Zerrin Bölükbaşı, Turgut Pura, Hakkı Karayiğitoğlu, Sadi Öziş** gibi sanatçılar onun öğrencileri olmuşlardır. Gençliklerinde, doğal olarak hocalarının etkisini taşıyan bu sanatçılarımız, daha sonra kişiliklerini bulmuş, övülmeye değer eserlerle, yurdun çeşitli köşelerini süslemişlerdir.

Yeni Türk heykeltıraşlığına katkılarda bulunan başka sanatçılar da var: **Kuzgun Acar, Aloş Germaner, Semahat Acuner, Gürdal Duyar, Tamer Başoğlu, Mehmet Aksoy...** Demir heykelleriyle **Saim Bugay;** tahta, bakır, alçı ve bazı madenleri birleştirerek yaptığı soyutlamalarıyla **Metin Haseki,** modern akımlara yatkınlığıyla **Ferit Özsen** ilgi toplayan sanatçılar, **Lerzan Bengisu, Günseli Aru,** tahta işleriyle dikkati çeken kadın sanatçılarımızdır.

Son yıllarda, çalışmalarıyla bir başka ad kendini kabul ettirir heykeltıraşlığımızda: **Halûk Tezonar.**

Türk heykel sanatı hangi noktadadır bugün?

Ve varsa sorunları nelerdir?

Atatürk ve Kurtuluş Savaşı'yla, devrimlerle ilgili pek çok eser bugün illerimizde, ilçelerimizde yer almaktadır. Bunlara birçok sanatçının heykelleri, büstleri de eklenmiştir. Böyle olduğu halde, kendi insanımızın bu eserlerle ilgilenmesi, bunların tadına varması sağlanamamıştır.

Bunun kusurunu yalnızca halkın sanat eğitimindeki eksikliğe bağlamak yanlış olur. Heykel sanatımızın henüz genç bir sanat olmasının, yönünü daha belirleyememiş bulunmasının da payı olsa gerek bunda...

DAHA ÇOK BİLGİ

Malik Aksel, *Anadolu Halk Resimleri,* İstanbul, 1960.

Nurullah Berk - Hüseyin Gezer, *50 Yılda Türk Resim ve Heykeli,* İstanbul, 1973.

Nurullah Berk, "50 Yılda Resim Sanatımız", *Türk Dili,* sayı 266.

Konur Ertop, "Cumhuriyet Döneminde Türkiye'de Güzel Sanatlar", *Cumhuriyet Gazetesi'nin 50. Yıl Eki.*

Zahir Güvemli, *Sanat Tarihi,* İstanbul, 1968.

Doğan Kuban, *Türkiye Sanatı Tarihi,* İstanbul, 1970.

Osman Şekerci, *İslam'da Resim ve Heykelin Yeri,* İstanbul, 1974.

Sezer Tansuğ, *Resim Kılavuzu,* İstanbul, 1974.

Türkiye Ansiklopedisi (1923-1973), "Resim" ve "Heykel" maddeleri.

OKUMA

BİR BALABAN SERGİSİNDEN...

Her şeyiyle somut, her şeyiyle insana en yakın bir ressam Balaban. Onda düşünceyle sanatsal eylem arasında en ufak bir uyumsuzluğa, kararsızlık veya kuşkuya rastlamak olanaksız. Her bir eseri insan ve toplum olgularını şiddetle vurguladığı halde, hiçbir eserinde olguya, konuya yenilmişlik göremezsiniz.

Ona göre konu bir özdür. Her öz kendi kabuğunu yapar, yani kendi tekniğini, kendi biçimini getirir. Sanatçı konusunu yaşar. Konuyu yaşamak ise onu içten kavramak, dünya görüşüne ve kişisel duyarlığa göre süzgeçten geçirmek, damıtmak demektir. Bu nedenle Balaban, **"sanat yaşantının izdüşümüdür"** der. Bu nedenle sahici bir sanatçı olan Balaban'da söylev ve içerikliğe kayma tehlikesi bir tutum zorunluluğu olarak ortadan kalkmıştır.

Neyi nasıl verirse versin, onun eserlerinin mutlaka akıştığı temel çekim noktası, belirli ekonomik ilişkiler içinde kavranan ayakları yerde insanın yaşam uğraşıdır. Bu uğraşta özenli bir anı tatlılığıyla dirilen kaygısız çocukluk vardır; aşk vardır, hüzün vardır, toprak ve toplumla didişme vardır; ama her şeyin önünde, bu uğraşta, umut ve direnç vardır. Her şey etiyle kemiğiyle, hüznü ve umuduyla, ezilmişliği ve direnme gücüyle görülen somut insana göre, yani size göre, bana, onlara göre ölçü kazanmıştır. Örneğin **Köroğlu**'nda alışılmış bütün ölçüler altüst edilmekte, zeki ve bilinçli yeni bir insan ölçüsü getirilmektedir. Artık insan ata göre değil, at insana göre boyut almaktadır. Ne var ki, böyle bir uygulamada, doğal oranın dışına çıkmada, karikatüre düşme tehlikesi de belirir. Ama Balaban, yaptığının her bakımdan bilincinde olan Balaban, ölçüsüzlüğe yeni bir düzen getirmesini biliyor. Çünkü düşünceyi yaşıyor, düşünceyi yalnızca kuramsal olarak değil hayal gücüyle yaşıyor, ona, onu kalıcı yapacak biçimi vererek üsluplaştırıyor.

Fakat onda üsluplaşma yoktur, çünkü o, zihinsel, duygusal her yeni oluşuma yeni bir süreç olarak bakar. İşte **Göç I** ve **Göç II.** Biliyoruz ki, o insanlar bizim insanlarımız, her şeyleriyle, ezilmişlikleriyle, korkularıyla, yıkılmışlıklarıyla; birbirlerine sokuluşlarıyla; birbirlerini arayışlarıyla; birbirlerine destek oluşlarıyla, kaçışlarıyla; ayaklarını bu dünyanın topraklarına bütün haklılıklarıyla basışlarıyla, ama daha çok yılmayışlarıyla, direnişleriyle, sağlam umutlarıyla, bizim insanlarımız. Bu insanlar, biçimlerini, mekânda bulunuşlarını, bu gidişten alıyorlar. Sanki yalnızca onlar değil, bütün evren göç ediyor; evren ve insan hep birlikte yaşıyor sanki bütün duyguları. Bunun için de tek bir kütleden oyulmuşlar gibi; o kütlenin içinde, o kütleyle birlikte geleceklerini mutlaka belirleyecekler gibi.

Göç'te, kendine özgü iri biçimini bulan yaşam, *Çocukların Oyunu*'nda pırıl pırıl bir aydınlık içinde masallaşıveriyor...

Öteki tablolarda ise... Onun kurduğu kompozisyonlar sağlam bir damar halinde, nakışlarımıza dek iniyor. Tablolarında bu ortada buluşma, bu çevreyi seyrekleştirip ortada yoğun bir çekirdek oluşturma, seccadelerdeki, halılardaki, kilimlerdeki göbeklenmelerden alıyor esinini. Buna tuğralaştırma da diyebiliriz. Bütün öğeler göbeği besliyor, bunun sonucu olarak da yanlar seyrekleşiyor, giderek salt ışığa dönüşüyor.

Köyden Kopanlar'da bu özelliği daha bir belirginlikle görüyoruz. Arılar gibi uğuldaşarak, bir bütün, bir direnç halinde kopup akan bu insanlar, yalnız ışık içindedirler. Bu teknik uygulamanın anlatım açısından da etkisi çok önemli. Çünkü böyle bir kitle, tek bilek, tek güç halinde ışığa giden bu özlem seli, ancak parlak bir geleceğin yolunda yürüyebilir. Işık, hiçbir figürün, hiçbir motifin peşini bırakmayan ışık; devinimin anahtarı, anlatımın zembereğidir Balaban'da...

(Bedrettin Cömert, "Balaban'ın Resimleri",
Yeni Ortam, 10 Şubat 1975)

SORULAR

1. Osmanlı kültüründe resmin özelliği ve yeri nedir?

2. Batılı resim, bizde ne zaman ve nasıl başlar? İlk temsilciler kimlerdir? Ressam Osman Hamdi Bey'in Türk resmine asıl hizmeti nedir?

3. Çağdaş Türk resminde, 1914 dönemi ressamlarından kimleri tanıyorsunuz? Bunların resim anlayışı ve Türk resmine katkıları neler olmuştur?

4. "Müstakil Ressam ve Heykeltıraşlar Birliği", "D Grubu", "Yeniler Grubu" hangi anlayışları temsil ederler? Bu gruplara giren ressamlardan kimleri tanıyorsunuz?

5. Bugün yaşayan eskilerin yanı sıra, orta ve genç kuşak ressamlarından kimleri tanıyorsunuz? Balaban kimdir ve resim anlayışı nedir? (Okuma parçasını okuyunuz.)

6. Türk resmine bugün egemen olan görüşler nelerdir? Sizce, hangi görüş daha yerindedir?

7. Tekelci sermaye, resim sanatımız karşısında ne gibi bir tehlike yaratmaktadır? "Resim spekülasyonu" denen olay, aslında neyi dile getirmektedir?

8. Bizde, 19. yüzyıla gelinceye dek, heykel yasağının kaynağı nedir? Heykel, bir "sanat türü" olarak ne zaman ve nasıl gelir bize?

9. Cumhuriyet'in ilk yıllarında, dışardan gelen heykeltıraşlardan kimleri tanıyorsunuz? "Nazi heykelciliği" nedir? Böyle bir anlayışın Türkiye'de de uygulanması olmuş mudur? Olmuşsa, önce kimler başlatmıştır bunu? Örnekleriyle açıklayınız.

10. Cumhuriyet döneminin ilk Türk heykeltıraşları kimlerdir? Sanatlarının özelliği nedir bu heykeltıraşların?

11. Rudolf Belling kimdir? Ve ne gibi yararları dokunmuştur Türk heykel sanatının gelişimine? Onun yetiştirdiği öğrencilerden kimleri tanıyorsunuz? Yeni Türk heykeltıraşlığına katkıları olan başka hangi sanatçıları biliyorsunuz?

12. Türk heykel sanatı bugün hangi noktadadır? Heykeli kitlelere götürmenin ve benimsetmenin yolları nedir? Bu konuda, sanatçıya ve devlete ne gibi görevler düşmektedir sizce?

KAYNAKÇA(*)

1. Genel kaynaklar

A. Kadir, *Dünya Halk ve Demokrasi Şiirleri,* 3 cilt, İstanbul, 1973-1980.

A. Adnan Adıvar, *Tarih Boyunca İlim ve Din,* İstanbul, 1944.

Richard Alcock, *Kısa Dünya Edebiyatı Tarihi* (çev. Ü. Tamer), İstanbul, 1961.

Necip Alsan, *Çağımız 20. Yüzyıl,* İstanbul, 1969.

Metin And, *Tiyatro Kılavuzu,* İstanbul, 1973.

Max Beer, *Sosyalizmin ve Sosyal Mücadelelerin Tarihi* (çev. G. Üstün), İstanbul, 1965.

J. D. Bernal, *Materyalist Bilimler Tarihi* (çev. Emre Marlalı), 2 cilt, İstanbul, 1976.

J. Bronowski, *İnsanın Yücelişi* (çev. F. Ofluoğlu), İstanbul, 1975.

John B. Bury, *Düşünce Özgürlüğünün Tarihi* (çev. Durul Bartu), İstanbul, 1978.

Henri Denis, *Ekonomik Doktrinler Tarihi* (çev. Atilla Tokatlı), 2 cilt, İstanbul, 1973-74.

Emin Türk Eliçin, *Tarih Boyunca İleri-Geri Kavgası,* İstanbul, 1967.

E. H. Gombrich, *Sanatın Öyküsü* (çev. Bedrettin Cömert), İstanbul, 1980.

Macit Gökberk, *Felsefe Tarihi,* 4. Bası, İstanbul, 1980.

Zahir Güvemli, *Sanat Tarihi,* İsanbul, 1968.

Orhan Hançerlioğlu, *Düşünce Tarihi,* İstanbul, 1970.

Selahattin Hilav, *Felsefe Elkitabı,* 2. Bası, İstanbul, 1975.

Claude Julien, *Demokrasilerin İntiharı* (çev. Mehmet A. Kayabal), İstanbul, 1974.

Gülten Kazgan, *İktisadi Düşünce veya Politik İktisadın Evrimi,* 2. Bası, İstanbul, 1980.

---

*) Burada verdiğimiz kaynaklar yalnız Türkçe olup, akla ilk gelen eserleri kapsamaktadır (yazarın notu).

Berna Moran, *Edebiyat Kuramları ve Eleştiri,* 3. Bası, İstanbul, 1978.

Murat Sarıca, *Siyasal Tarih,* İstanbul, 1980.

Murat Sarıca, *Siyasal Düşünce Tarihi,* 3. Bası, İstanbul, 1980.

Kurt Schilling, *Toplumsal Düşünce Tarihi,* İstanbul, 1971.

Mehmet Selik, *İktisadi Doktrinler Tarihi,* 3. Bası, İstanbul, 1980.

Mümtaz Soysal, *Anayasaya Giriş,* 2. Bası, Ankara, 1969.

Paul Sweezy - Paul Baran - Harry Magdoof, *Çağdaş Kapitalizmin Bunalımı,* Ankara, 1975.

Tarık Z. Tunaya, *Siyasal Kurumlar ve Anayasa Hukuku,* 4. Bası, İstanbul, 1980.

Ülke Ülke, Çağdaş Dünya Şiiri, 2 cilt, İstanbul, 1979-1980.

H. G. Wells, *Kısa Dünya Tarihi* (çev. Ziya İhsan), İstanbul, 1962.

N. V. Yeliseyeva - Manfred A. Z., *Yakın Çağlar Tarihi* (çev. Y. Çakır - E. Tuncalı), 3 cilt, İstanbul, 1975-77.

2. Türkiye ile ilgili kaynaklar

Tahir Alangu, *Cumhuriyetten Sonra Hikâye ve Roman,* 3 cilt, İstanbul, 1966.

Doğan Avcıoğlu, *Türkiye'nin Düzeni,* Ankara, 1968.

Semih Balcıoğlu - Ferit Öngören, *50 Yılın Türk Mizah ve Karikatürü,* İstanbul, 1973.

Nurullah Berk - Hüseyin Gezer, *50 Yılda Türk Resim ve Heykeli,* İstanbul, 1973.

Niyazi Berkes, *İki Yüz Yıldır Neden Bocalıyoruz?,* İstanbul, 1965.

Niyazi Berkes, *Türkiye'de Çağdaşlaşma,* Ankara, 1973.

Niyazi Berkes, *Türkiye İktisat Tarihi,* 2 cilt, İstanbul, 1969-1970.

Niyazi Berkes, *Türk Düşününde Batı Sorunu,* Ankara, 1975.

Niyazi Berkes, *Batıcılık, Ulusçuluk ve Toplumsal Devrimler,* İstanbul, 1965.

Niyazi Berkes, *İslamcılık, Ulusçuluk, Sosyalizm,* 2. Bası, Ankara, 1975.

Korkut Boratav, *Türkiye'de Devletçilik,* İstanbul, 1974.

Kudret Cevdet, *Türk Edebiyatında Hikâye ve Roman,* 2 cilt, Ankara, 1970-1971.

Ali Gevgilili, *Yükseliş ve Düşüş,* İstanbul, 1981.

Şükran Kurdakul, *Çağdaş Türk Edebiyatı,* İstanbul, 1976.

Doğan Kuban, *Türkiye Sanatı Tarihi,* 3. Bası, İstanbul, 1978.

Rauf Mutluay, *Tanzimattan Günümüze Kadar Türk Şiiri,* İstanbul, 1973.

Aziz Nesin, *Cumhuriyet Döneminde Türk Mizahı,* İstanbul, 1973.

Özlem Özgür, *Türkiye'de Kapitalizmin Gelişmesi,* İstanbul, 1972.

Nijat Özön, *Türk Sinema Kronolojisi,* Ankara, 1968.

İsmail Habip Sevük, *Avrupa Edebiyatı ve Biz,* 2 cilt, İstanbul, 1940-1941.

A. Snurov - Y. Rozaliev, *Türkiye'de Kapitalistleşme ve Sınıf Kavgaları,* İstanbul, 1970.

Mümtaz Soysal, *Anayasa'nın Anlamı,* 4. Bası, İstanbul, 1977.

Metin Sözen - Mete Tapan, *50 Yılın Türk Mimarisi,* İstanbul, 1973.

Ahmet Hamti Tanpınar, *19. Asır Türk Edebiyatı,* İstanbul, 1960.

Sezer Tansuğ, *Resim Kılavuzu,* İstanbul, 1970.

Hilmi Ziya Ülken, *Türkiye'de Çağdaş Düşünce Tarihi,* İstanbul, 1970.

Stefanos Yerasimos, *Az Gelişmişlik Sürecinde Türkiye* (çev. Babür Kuzucu), İstanbul, 1980.

3. Sözlük ve ansiklopediler

N. S. Aşukin ve arkadaşları, *Politika Sözlüğü* (çev. Mazlum Beyhan), İstanbul, 1980.

M. Mauwier - A. Ibarrola - N. Pasquarell, *Marksist Ekonomi Sözlüğü* (çev. B. Aren - İ. Yaşar), İstanbul, 1977.

Devrimler ve Karşı-Devrimler Tarihi Ansiklopedisi, 4 cilt, İstanbul, 1975.

Orhan Hançerlioğlu, *Felsefe Ansiklopedisi,* 7 cilt, İstanbul, 1976-1980.

M. Rosenthal - P. Yudin, *Materyalist Felsefe Sözlüğü* (çev. E. Aytekin - A. Çalışlar), 4. Bası, İstanbul, 1972.

Türk Dili ve Edebiyatı Ansiklopedisi, 4 cilt, İstanbul, 1977-1981.

Türkiye Ansiklopedisi (1923-1973), 4 cilt, İstanbul, 1974.

EKLER

SAVUNMA

İstanbul Devlet Güvenlik Mahkemesi
Başkanlığına,

Dosya no. 975/44

Sayın Başkan, Sayın Üyeler,

18 Aralık 1975 tarihinden başlayarak, bu salonda, çok önemli bir davaya bakıldı. "Çok önemli" dedim: Gerçekten, daha şimdiden, bu dava Türk kültür tarihinin malı olmuştur. İlerde, ülkemizin kültür tarihini yazacak olanlar, bu davadan da bahsedeceklerdir, ama mutlaka bahsedeceklerdir. Şimdi, sizlerin kararınıza iktiran etmeden önce, değerli avukat arkadaşlarımın savunma sadedinde söylediklerine benim ilave edeceğim pek bir şey kalmamış gibidir; yine de –çok genel planda da olsa– önemli bulduğum bir iki noktaya değinmek isterim.

Biliyorsunuz, "sosyal bir sınıfın diğer sosyal sınıflar üzerinde tahakkümünü tesis etmeye matuf propaganda" yapmakla itham ediliyorum. Sayın Savcı, bu ithama gerekçe olarak, *Uygarlık Tarihi* adlı kitabımı, tarafsız bir ilim adamı gözü ile değil Marksist görüşle yazdığımı, Marksizm-Leninizmi övdüğümü, ona karşı olan görüşleri kötülediğimi, kültürün her dalının komünizm propagandası yapması gerektiğini telkin ettiğimi, bilimsel tarafsızlığa uymadığım için de "liseden kopup gelen öğrencileri tek yönlü şartlandırdığımı" ileri sürmektedir.

Bütün bu iddia ve gerekçeler, başta birtakım kavram kargaşasından doğan son derece yanlış görüşler ve değerlendirmelerin sonucudur. Bu kavram kargaşası, önce "bilimde objektiflik" konusunda görülmektedir. Açıklamalarıma da bu noktadan başlayayım.

1. BİLİMDE "OBJEKTİFLİK" NE DEMEKTİR?

Bizde, bilimde objektiflik konusunda yanlış bir görüş savunulur ve "objektiflik"le "taraf tutmama" birbirine karıştırılır. Bu karışıklık, yalnız savcılık iddianamelerinde değil, politik çevrelerde, hatta akademik çevrelerde de sıkça görülen bir olaydır.

Ne demektir bilimde "objektiflik"?

Bilimsel objektiflik, gerçekliği (realiteyi), "olduğu gibi", "sübjektif önyargıların etkisinde kalmadan" tespit etmektir. "Taraf tutmak" ise başka şeydir. Hemen söyleyelim: Bilim, taraf tutar; bilim adamı taraf tutar. Ama kimin tarafını? Gerçeğin, doğruların tarafını! Bütün bilim tarihi, gerçeklerin, doğruların tespit edilmesi ve kabul ettirilmesi, yanlışların giderilmesi çabasının, bu uğurda verilen mücadelelerin tarihidir. Bu mücadelede, bilim adamları, gerçeklerden; doğrulardan yana olmayan güçlerle karşı karşıya gelmiştir, zaman zaman korkunç ve iğrenç baskılara uğramışlardır. Galilei'nin Katolik Kilisesi ile çatışması bunun herkesçe bilinen bir örneğidir.

Toplumlara baktığımızda, toplumsal gerçekliğin (realitenin) kendisinde "taraflar" vardır. Bilimsel, objektif metotla bu gerçekliği inceleyip tespit ettiğimizde, bu "taraflar" ve onların arasındaki gerçek ilişkiler, bu ilişkilerin nasıl işlediği ortaya çıkar. Şimdi, bu tespitin kendisi –hiçbir yorum yapılmasa bile– ister istemez bir taraf tutma anlamını taşır. Çünkü, bu objektif tespit, toplumda bir tarafın işine gelir, öbür tarafın işine gelmez. Niçin? Çünkü, taraflardan biri gerçeğin, doğruların ortaya çıkmasından, bilinmesinden yanadır; öteki değildir. Böylece, bilim adamı istemese, uzak durmaya çalışsa da, toplumda taraflar arasında objektif bir durumdan doğan anlaşmazlığa, çekişmeye, mücadeleye –dolaylı olarak– katılmış olur. Kaldı ki, bilim adamı, bilimsel çalışmalarından çıkan sonuçları kabullenmek ve ona göre bir tavır almak durumundadır da. Fikir dürüstlüğü, bilimsel cesaret bunu gerektirir.

Şimdi, iddianamesinde, beni "tarafsızlığa hiçbir şekilde riayet etmemek, bir ilim adamından çok bir görüşün insanı olarak öğrencilerine tek yönlü bir öğretim yapmakla" (İddianame, s. 4) itham eden Sayın Savcı'ya, yukarıdaki açıklamalarımın ışığında hemen cevabımı vereyim: Kitabımı yazarken, içinde yaşadığımız çağa ve topluma, bir bilim adamı gözüyle, yani objektif olarak baktım. Öyle olduğu için de tarafsız kalmadım, kalamazdım. Evet, bir görüşün insanıyım. Bir bilim adamı olarak zaten böyle bir görüş sahibi olmam gerekir. Görüşüm, bütün açıklığı ile şudur:

Kapitalist dünya, sosyalist dünya, geri kalmış ülkeler dünyası diye üç ayrı gerçekliğin yaşandığı bir dünyada, ben, geri kalmış bir toplumun aydınıyım. Ülkemi, emperyalist kapitalizm, içerideki ortakları ile işbirliği halinde sömürmektedir. Bu sömürü, ona karşı çıkanlara, zaman zaman "zor"a başvurarak sürdürülmektedir. Böylesine acı bir gerçekliği yaşayan bir toplumun aydını olarak:

– "Emperyalizm"e ve "faşizm"e karşıyım. Tam bağımsız ve gerçekten demokratik bir Türkiye'den yanayım;

– "Kapitalizm"e karşıyım. İnsanların insanlıklarını bütün boyutlarıyla duyarak ve tadarak yaşayacakları, sömürüsü, nihayet yabancılaşması olmayan bir düzenden yanayım;

– Bugünkü "geri ve bağımlı" bir kapitalizmin devamında yarar gören güçlere karşıyım. Tam bağımsız, gerçekten demokratik, sömürüsü olmayan, ileri ve uygar bir Türkiye'yi yaratacak olan güçlerden yanayım.

Tarihe, içinde yaşadığımız çağa ve topluma bu görüş açısından bakıyorum. Böyle bir görüşe sahip olduğum için de, öğrencilerime yaptığım öğretim "tek yönlü" değil, "çok yönlü"dür.

2. KİME KARŞI SORUMLUYUM?

Doğrudur veya yanlıştır, taraftar olunur veya olunmaz, bir bilim adamı olarak kabul ettiğim metot, görüş ve düşüncelerimden dolayı kime karşı sorumluyum?

Yaşadığım çağa ve topluma karşı.

Ya mahkemeler? Asla!

Bilim adamı, seçtiği metottan dolayı, başta çağına karşı sorumludur. Bir bilim adamı, metodunu seçerken, çağının metot konusundaki gelişmelerini çok iyi bilecektir. Çağının terk ettiği, nihayet mahkûm ettiği bir metodu seçmemekle yükümlüdür. Aksi takdirde yanlışlar yapar, giderek bilim adamı niteliğini yitirebileceği gibi, çağına ve kendi halkına karşı zararlı bir kişi olur.

Bilim adamı, seçtiği metottan dolayı yaşadığı topluma karşı da sorumludur. Toplumda, "akademik çevreler"den başlayarak, halk kitlelerine varıncaya dek çeşitli kesimlerle yüz yüzedir. Yanlış bir metot seçmişse, toplumda gerçeklerin, doğruların ortaya çıkmasından yana olmayan güçlerin –bilerek veya bilmeyerek– oyuncağı olur; gerçeklerin, doğruların ortaya çıkmasından yana olan güçlere, giderek halka karşı bir duruma düşer.

Bilim adamının mahkemelere karşı sorumluluğu var mıdır?

Hayır! Bilim adamı, bilimsel görevini yerine getirirken, mahkemelere karşı hesap vermez. Böyle bir yol tutulursa, o toplumda hem bilim ilerleyemez, hem de tarihte çok acı örneklerini gördüğümüz büyük yanlışlıklar yapılmış olur mahkemelerce; giderek, adalet ağır yaralar alır.

Bir bilim adamı olarak, beni, bu genel tarihî ve sosyal doğrular açısından olduğu gibi, Türkiye'de –bugün eğer kalmışsa– demokrasi ilkeleri ve hukuk açısından da suçlandırmak, giderek cezalandırmak imkânsızdır.

Gerçekten, Türkiye'de, ideal sayılan ve gerçekleştirilmek istenen demokrasi, "Batılı" tipte bir demokrasidir.

Peki, nedir Batı demokrasisinin başta gelen özelliği?

Batı demokrasisinin –o demokrasi tipine taraftar olanların ısrarla işaret ettikleri– en büyük özelliği, toplumda değişik görüşlerin varlığını ve yaşama hakkını tanımasıdır: Değişik sosyal çıkarların barış içinde mücadele edebilmesi, bir taraf için "zararlı" gözükenin öteki taraf için –tam tersine– "yararlı" olabileceği gerçeğinin kabulüdür Batı demokrasisi. Bu demokraside, hiçbir doktrinin imtiyazı yoktur. Hürriyete saygılı oldukça, her düşünce serbesttir; serbestçe açıklanır, serbestçe teşkilatlanır, serbestçe yarışır. Ve her düşüncenin siyasi iktidara gelme hakkı vardır.

Düşünceler serbestçe açıklanacak, serbestçe teşkilatlanacak ve serbestçe yarışacaktır. Ancak, demokrasi, kendini korumayacak demek midir bu? Hayır! Her rejim gibi, demokratik rejim de varlığına yönelecek tehlikeler karşısında kendini koruma hakkına sahiptir.

Ne zaman vardır o tehlikeler?

O tehlikeler –Batı demokrasisine taraftar olanların belirttikleri gibi– düşüncelerin "şiddet hareketleri" halini aldığı anda vardır. Devlete karşı girişilmiş şiddet eylemleri, sabotajlar, silahlı çatışmalar vb. Bunlar maddi olaylardır, suçtur ve cezalandırılırlar. Ne var ki, o maddi olaylara ilham veren düşünceler yasaklanamaz ve cezalandırılamaz. Çünkü, Batı demokrasisine göre, "düşünce suçu olmaz". Örneğin "anarşik" tipte olaylar cezalandırılacak, ama "anarşizm" hakkındaki görüşler ve eserler yasaklanamayacak ve cezalandırılamayacaktır.

Bu noktayı daha da aydınlığa çıkartmak amacı ile, hem de Fransız Devlet Güvenlik Mahkemesi'nde, birkaç yıl önceki duruşmalardan birinde, mahkemenin başkanı Romeiro'nun söylediği sözleri hatırlatmak isterim. Çeşitli sabotaj hareketlerine girişen, binaları kundaklayıp kamyonları havaya uçuran bir grup insanın duruşması başlarken, mahkemenin başkanı Romeiro, savcıya ve sanıklara şu önemli noktayı hatırlatmaktadır: "Fransız hukukunda düşünce suçu diye bir şey yoktur. Burada yargılayacağımız maddi olaylardır; yoksa bu olaylara ilham veren fikirler değildir..." (*Le Monde,* 6/10/1972).

Anarşist olaylar karşısında tavrı bu olan Batı demokrasisinin bilim adamları karşısındaki tavrının ne olabileceğini ayrıca belirtmeye bilmiyorum gerek var mı?

Benim, bir bilim adamı olarak, hukuki açıdan, Türkiye'de bugün yürürlükte bulunan Anayasa ve kanunlar açısından da suçlandırılmam, giderek cezalandırılmam imkânsızdır.

Başta Anayasa, bir maddesinde, "Herkes, dil, ırk, cinsiyet, siyasi düşünce, felsefi inanç, din ve mezhep ayrımı gözetilmeksizin kanun önünde eşittir" (m. 12/1) derken, bir başka maddesinde "Herkes düşünce ve kanaat hürriyetine sahiptir: Düşünce ve kanaatlerini, söz, yazı, resim ile veya başka yollarda tek başına ve toplu olarak açıklayabilir ve yayabilir" (m. 20) demektedir. Böylesine mutlak ve sınırsız bir düşünce hürriyetinin doğal bir uzantısı olarak bir başka maddesinde de şöyle demektedir: "Herkes bilim ve sanatı serbestçe öğrenme ve öğretme, açıklama, yayma ve bu alanlarda her türlü araştırma hakkına sahiptir" (m. 21/1).

Sayın Savcı'nın hakkımda uygulanmasını istediği 142. maddenin öngördüğü unsurlar, özellikle "cebir" unsuruna da ne yazılarımda ne de sözlerimde rastlamaya imkân yoktur. Burada, Anayasa Mahkemesi'nin 141. ve 142. maddeler hakkında verdiği ünlü kararında, "bilim ve sanat çalışmaları serbesttir" diyerek, bu maddelerin bu tür çalışmalara uygulanamayacağı yolundaki görüşünü de hatırlatmak isterim.

Sayın Başkan, Sayın Üyeler,

Çağına ve toplumuna karşı görevini yerine getirmiş bir hocanın huzuru içindeyim şu anda. Yazdıklarım, yazılması gereken şeylerdi. Bugün yazmaya kalksam –en azından– gene aynı şeyleri yazardım. Hiçbiri hakkında, en ufak bir pişmanlık duymuyorum. Kalemimden çıkmış her cümlenin –cümle ne demek– her kelimenin ve hecenin altında, entelektüel şeref ve haysiyetim yatmaktadır. İnsanım; hayatta dönebileceğim şeyler olabilir. Ama entelektüel şeref ve haysiyetimden –ölüm bahasına da olsa– dönemem. Attilâ İlhan'ın, o yeni ve unutulmaz şiirlerinden birinin son mısraları geliyor aklıma.

O sözler ki, kalbimizin üstünde
dolu bir tabanca gibi
ölüp ölesiye taşırız.
O sözler ki, bir kez çıkmıştır ağzımızdan
uğrunda asılırız.

Ben, içinde yaşadığım çağa ve topluma karşı, bir bilim adamı olarak, sorumluluğumu yerine getirdim. Şimdi sorumluluk sırası sizde. Yalnız, unutmayınız ki, siz de çağınıza ve topluma karşı sorumlusunuz. Çünkü, her mahkeme kararı, onu verenlerin yalnız hayatları boyunca değil, onu verenler hayattan çekildikten sonra da anılır; iyi anılır, kötü anılır, ama anılır. İsterim ki, sizin kararınız –ilerde kültür tarihinin mutlaka bahsedeceği bu dava dolayısıyla– iyi anılsın, takdirle anılsın. Sizleri, tarihin huzurunda, toplumun huzurunda sorumluluklarınızla baş başa bırakıyorum.

Hoşça kalınız.

(30 Eylül 1976)
Server TANİLLİ

MAHKEME KARARI

T.C.
İSTANBUL
5. AĞIR CEZA MAHKEMESİ

Esas No.	: 1977/294
Karar No.	: 1978/62
C.Sav. Esas No.	: 1976/10008

KARAR

Başkan	: Naci Tanverdi 10316
Üye	: Lamia Onat 6784
Üye	: A. Nuran Tosun 15268
C. Sav. Yrd.	: Mustafa Akduman 11569
Kâtip	: Zerrin Özseren
Davacı	: K. H.
Sanık	: Server Bedii Tanilli, Servet oğlu, 1931 doğumlu, Erenköy, Şemseddin Günaltay Cad. Afşar Sok. No: 5, Daire: 6'da oturur.
Suç	: TCK. 141/6, 142/1, 5, 6. maddelerine muhalefet.
Suç Tarihi	: 14.4.1975

Devlet Güvenlik Mahkemesi C. Savcılığı'nın Esas 1975/35 sayılı iddianamesiyle, sanığın TCK'nun 142/1, 5 ve 6. maddeleri gereğince tecziyesi için İstanbul Devlet Güvenlik Mahkemesi'ne açılan davanın bu mahkemelerin iptali sebebiyle mahkememize gönderilmiş bulunmakla yapılan yargılama sonunda:

Devlet Güvenlik Mahkemesi Savcılığı'nın 30.11.1975 tarihli iddianamesinde, sanık Server Tanilli'nin 1972 yılında Şişli Siyasal Bilimler Yüksek Okulu'na "Uygarlık Tarihi" adlı ders için öğretim üyesi tayin edildiği, bu dersin "Humanity" adlı ders kitabı örnek alınarak yalnız Siyasal Bilgiler Yüksek Okulu'nda okutulduğu, sanığın bu dersi okutmaya başladığı anda aleyhine ihbarlar yapılması üzerine, İktisadi ve Ticari İlimler Akademisi'nden üç kişilik bir heyet, sanığın *Uygarlık Tarihi* adlı eserinde suç unsuru görülmediğini bildirmiş ise de, bu tetkikat birinci bölüm ve ilk baskıya münhasır olup, bilahare tüm eseri Prof. Nurullah Kunter incelediğinde bu eserde komünizm propagandası olduğunu saptadığı;

Kitapta marksizm uzun uzun anlatılmakta, onun "tüm doğa ve insanla ilgili sorunun karşılığını veren eksiksiz bir dünya görüşü" olduğunu söyleyerek övmekte, "marksist görüşün diğer görüşlerden daha doyurucu olduğu" belirtilmekte, bilahare imtihanlarda da soru olarak "bu görüşlerden, hangisi doyurucudur" denmek suretiyle öğrenci tek yönlü bir cevaba zorlanmakta;

"Türk halkı ekonomik ve siyasal bağımsızlığını yitirme pahasına Avrupalı olmayı kabullenecek kadar onursuz değildir..." gibi cümlelerle Batılılaşmayı yermekte ve sosyalist görüşü benimsemeyen her müesseseye karşı bu yolda propaganda yapmaktadır.

Kitapta "çoğalan, güçlenen proletaryanın nasıl olsa bir gün burjuvaziyi devireceği, bunun kendiliğinden olmayıp zora başvurmakla, yani ihtilalle" olacağı, ancak burjuva sınıfı anlayış gösterir, insanların "iyiliği" adına gelişmeyi engellemezse parlamento yolu ile de iktidar değişiminin olabileceği... gibi marksist görüşleri ileri sürdüğü;

Tarafsız görüşleri de anlatması görevi olduğu halde bunu yapmadığı;

Sanığın, sosyal demokrasi anlayışına da karşı çıkmakta ve sosyal demokrasi anlayışında olanları revizyonist olarak nitelemekte olduğu;

Reformcuların Marx'tan yana görünüp marksist görüşü "saptırdıkları", marksçılığı "bozdukları" görüşünü empoze etmeye çalıştığı;

Sanık, marksizm derken Leninist marksizmi yani komünizmi kast ettiğini de belirtmekte, sosyalist partileri reformcu yani marksçılığı bozucu partiler olarak yermekte ve sosyal devletin iktisadi alana müdahalesiyle kapitalist sistemin ayakta durduğunu söylemekte;

Gene ders anlatışı sırasında siyasi partileri anlatırken, CHP'nin işçi partisi olmadığını, CHP'nin sol tarafının bir süre sonra partiden ayrılacağını ve CHP'nin son gelişmelerinin sol kanadının ayrılmasıyla neticeleneceğini söyleyip marksist olmadığı için halen muhalefette olan bu partiyi derste yermekte, Türkiye İşçi Partisi'nin övücülüğünü yapmakta;

Türkiye'nin yakın bir gelecekte komünist olacağını ve komünist partisi kurulması gerektiğini telkin etmekte, ancak bazen de "eğer Batı demokrasisi sözü ediliyorsa Batı demokrasisinin ön şartının toplumdaki bütün sınıf ve zümrelerin özgürce teşkilatlanabilmesi olduğu bilinmektedir" cümlesi ile marksist görüşünü maskelemekte ve TCK'nun 141. ve 142. maddelerinden bahsederken böylece komünist partinin kurulmasını Batı demokrasisinin bir şartı gibi göstermektedir. Bu suretle bilimselliğin ötesinde bir görüş lehine yapmış olduğu propagandayı bir yönlü de olsa teyid etmektedir.

Sanık, sendikaların partiler üstü olmasını savunmakta ve Türk-İş'in bir aldatmaca olduğunu söyleyerek marksist propaganda yapmaktadır.

Ve gene derslerinde, kültürün her dalının komünizm propagandası yapması gerektiğini öğrencilerine telkin etmekte; Türk şiiri, mizahı, karikatürü, sineması, tiyatrosu, roman ve hikâyesini bu açıdan ele almakta, marksist görüşü benimsemeyen yazar, şiir ve karikatürlere mümkün olduğu kadar az yer verip aksine marksist olanları övmektedir. Bu nedenle "liselerden kopup gelen öğrencileri tek yönlü şartlandırmaya çalışmıştır" demek suretiyle sanığın TCK'nun 142/1-5-6. maddeleri gereğince tecziyesi istenmiştir.

Sanık Server Tanilli hakkında ilk şikâyet 31.1.1975 tarihli İ.İ.T.İ.A. Şişli Siyasal Bilgiler Yüksek Okulu milliyetçi, ülkücü ve Atatürkçü öğrencileri... Sıddık Akaryıldız ve Mustafa Demir imzalı dilekçe ile yapılmış ve bu dilekçede sanığın anarşistleri bir araya getirerek kanunsuz bir şekilde bir dernek kurduğu da iddia edilmiştir. Sıddık Akaryıldız ve Kâmil Yılmaz şahadetlerinde sanığın ders notlarının propaganda niteliğinde olduğunu ileri sürmüşler, dinlenen diğer şahitler Selim Araçoğlu, Rıfat Fırat, Neşe Gözem, Muharrem Yalçın, Erdal Mut,

Yusuf Eryasun, Mete Özpolat ifadelerinde derslerinde sanığın propaganda yapmadığını, verdiği ders gereği bazı iktisadi görüşlerini anlattığını ve derslerinin tamamıyla kültür tarihi ile ilgili ders niteliğinde olduğunu belirtmişlerdir.

Sanık savunmasında, özet olarak, *Uygarlık Tarihi* ders kitabının ilk çıktığında 3 kişilik profesör heyetine incelettirilmiş olduğunu, kitapta komünizm propagandası olmadığını ve tüm bahislerin ilmî bir ciddiyet içinde incelendiğinin bu şahıslarca tespit edildiğini ve binnetice kendisinin kitapta ve sair surette komünizm propagandasını yapmadığını ileri sürmüştür.

"Bilirkişi" Nurullah Kunter imzalı, 10 sayfalık raporda kitaptan bazı pasajlar alınıp bunlardan sonuçlar çıkarıldıktan sonra, kanaat olarak, sanığın ders kitabında bulunanları derste de okuttuğu kabul edileceğine, kitaptaki sözlerin bir bütün olarak incelenmesi sonunda ilerde mahkemece, "proletarya sınıfının diğer sınıflar üzerinde hâkimiyetini zorla kurması ve burjuva sınıfının ortadan kaldırılması gerektiği fikrinin öğrencilere propagandasını yapmak veya övmek" şeklinde tavsifi mümkün bulunduğuna göre, 142. maddede öngörülen suç unsurunun bulunduğu belirtilmiş ise de, görüldüğü gibi bu mütalaa dahi şarta muallak bir beyan olup suç unsurunun mevcudiyetinden kesin olarak bahsedilmemektedir. Kaldı ki, 22.5.1973 tarihli Prof. Reşat Kaynar, Süleyman Barda ve Vakur Versan imzalı raporda, "Server Tanilli tarafından yazılan eserin tamamıyla konuyu kapsayan bilgileri ihtiva etmekte olduğu, bilimsel gerçeklerin dışına çıkılmadığı ve herhangi bir ideoloji propagandası yapılmadığı görülmüştür" denmek suretiyle kesinlikle bu kitabın bir ders kitabı olduğu açıklanmıştır.

Şikâyetlerin sanık aleyhine ve tarafgirane ithamlarına rağmen, diğer şahitlerin kesinlikle derslerde, ders saatlerinde sanığın komünizm propagandası yaptığına şahit olmadıkları yolundaki beyanları, kitap hakkındaki üç kişilik profesör heyetinin ilmî bir eser olup, okutturulmasında mahzur olmadığını bildirmiş bulunmaları ve tüm dosyanın tetkikiyle test sualleri ve *Uygarlık Tarihi* isimli ders notları kitabının incelenmesinde, sanığın Anayasa'nın 20. ve 21. maddelerinin sarahatine uygun şekilde bir ilmî eser hazırlayıp sıfatı ve üniversitenin müsaadesi ile bu kitabını derslerinde okuttuğu anlaşılmakta ve ilmî bir eserden dolayı bir üniversite öğretim görevlisinin kınanmasını icap ettirecek görüşler tevlit ettiği anlaşılmadığı gibi, komünizm propagandası veya komünizmi övmek kastıyla hareket ettiği de anlaşılamadığından heyetimizce sanığın beraatine karar verilmesi icap etmiştir.

KARAR: Gerekçesi yukarda gösterildiği üzere Anayasa Doçenti olup Şişli Siyasal Bilimler Yüksek Okulu öğretim görevlisi bulunan sanığın, ders kitabı olarak yazdığı ve *Uygarlık Tarihi Ders Notları* isimli kitabın muhtevasının ve gene derslerde ve ders harici öğrencilere komünizm propagandası teşkil edecek veya övecek şekilde telkinli sualler sorup propaganda yaptığı ileri sürülen sanığın, TCK'nun 141/6,141/1-5-6.80. maddeler gereğince tecziyesi için amme davası açılmışsa da, Anayasa'nın 20. maddesi de nazara alınarak öğretim üyesi olan sanığın ilmî mahiyette yazdığı eserin ve ders verdiği sırada ilmî görüşlerini açıklamasının komünizm propagandası olarak kabulüne ve gene komünizmi övme fiili olarak kabulünę imkân görülemediğinden, suçluluğu anlaşılamayan sanığın müspet suçtan BERAATİNE, talep veçhile ve temyizi kabil olmak üzere oy birliğiyle verilen karar sanık Server Tanilli ve müdafileri Av. Gülçin Çaylıgil ve Av. Şeref huzuruyla C. Savcısının yüzüne karşı açıkça okunup anlatıldı. 31.3.1978.

Başkan	Üye	Üye
Naci Tanverdi	Lamia Onat	A. Nuran Tosun

İÇİNDEKİLER

II

SOSYALİST DÜNYA

III

ÜÇÜNCÜ DÜNYA

IV

TÜRKİYE

SERVER TANİLLİ
NASIL BİR DEMOKRASİ İSTİYORUZ?
Cumhuriyet Kitapları